NATURA

BIOLOGIE FÜR GYMNASIEN

Ausgabe A
7. bis 10. Schuljahr

Bearbeitet von
Imke Schlufter
Bärbel Schreiber

Ernst Klett Verlag
Stuttgart · Düsseldorf · Leipzig

1. Auflage

A 1 5 4 3 2 1 | 2005 2004 2003 2002

Redaktion
Ulrike Fehrmann

Mediengestaltung
Ingrid Walter

Reproduktion:
Meyle + Müller, Medien-Management, Pforzheim

Druck: Appl, Wemding

ISBN 3-12-045210-6

Autorinnen
Imke Schlufter; Staatl. Gymnasium Klosterschule Roßleben; Fachberaterin für Biologie für Gymnasien
Bärbel Schreiber; Runge Gymnasium, Wolgast; Oberstufenkoordinatorin

unter Mitarbeit von
Dr. Horst Bickel; Gymnasium Neuwerk, Mönchengladbach; Studienseminar Mönchengladbach
Roman Claus; Gymnasium Aspel, Rees
Roland Frank; Gottlieb-Daimler-Gymnasium, Stuttgart-Bad Cannstatt; Staatl. Seminar für Schulpädagogik (Gymnasien) Stuttgart I
Gert Haala; Konrad-Duden-Gymnasium, Wesel; Studienseminar Oberhausen
Martin Lüdecke; Alexander von Humboldt-Gymnasium, Lauterbach
Günther Wichert; Theodor-Heuss-Gymnasium, Dinslaken
Dirk Zohren; Städtische Gesamtschule Duisburg-Meiderich

Regionale Fachberatung
Sachsen-Anhalt: Annette Both; ehem. Gymnasium am Reileck, Halle / Saale

Gestaltung des Bildteils
Prof. Jürgen Wirth; Fachhochschule Darmstadt (Fachbereich Gestaltung)

unter Mitarbeit von
Matthias Balonier, Lützelbach
Ruth Hammelehle, Kirchheim/Teck normal Industriedesign, Schwäbisch Gmünd

Einbandgestaltung
höllerer kommunikation, Stuttgart; unter Verwendung zweier Fotos von höllerer kommunikation und Okapia (Christen), Frankfurt

Gefahrensymbole und Experimente im Unterricht

Experimente im Unterricht

Eine Naturwissenschaft wie Biologie ist ohne Experimente nicht denkbar. Auch in Natura 7 – 10 finden sich eine Reihe von Versuchen. Experimentieren mit Chemikalien ist jedoch nie völlig gefahrlos. Deswegen ist es wichtig, vor jedem Versuch mit dem Lehrer die möglichen Gefahrenquellen zu besprechen. Insbesondere müssen immer wieder die im Labor selbstverständlichen Verhaltensregeln beachtet werden. Die Vorsichtsmaßnahmen richten sich nach der Gefahr durch die jeweils verwendeten Stoffe. Daher sind in jeder Versuchsanleitung die verwendeten Chemikalien mit den Symbolen der Gefahrenbezeichnung gekennzeichnet, die ebenfalls auf den Etiketten der Vorratsflaschen angegeben sind: Dabei bedeuten:

C = ätzend, *corrosive:* Lebendes Gewebe und Material, das mit diesen Stoffen in Berührung kommt, wird an der betroffenen Stelle zerstört.

F = leicht entzündlich, *flammable*: Stoffe, die durch das kurze Einwirken einer Zündquelle entzündet werden können.

X$_i$ = reizend, *irritating* (X für Andreaskreuz): Stoffe, die reizend auf Haut, Augen oder Atemorgane wirken können.

Xn = gesundheitsschädlich, *noxious* (schädlich). Stoffe, die beim Einatmen, Verschlucken oder bei Hautkontakt Gesundheitsschäden hervorrufen können.

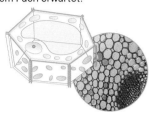

Sicher hast du dein neues Biologiebuch schon einmal durchgeblättert, weil du gespannt darauf bist, was dich in den nächsten Jahren Neues in diesem Fach erwartet.

Nun, in den vergangenen Schuljahren hast du viele Tier- und Pflanzenarten in ihrem Bau und ihren Lebenserscheinungen kennen gelernt. Diese Kenntnisse werden jetzt erweitert und vertieft. Allerdings kommen neue, wichtige Aspekte hinzu. Bisher standen die einzelnen Arten im Vordergrund der Betrachtung. Jetzt werden zunehmend zwei weitere Ebenen angesprochen, die eine Rolle für die Existenz eines Lebewesens spielen: die *zelluläre Ebene*, die nur mit dem Hilfsmittel Mikroskop erschlossen werden kann, und die *Ebene der Lebensgemeinschaft*, in der deutlich wird, dass die Lebewesen voneinander abhängen.

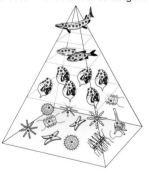

Die beiden zugehörigen Wissenschaftsrichtungen sind die *Cytologie* (Zellenlehre) und die *Ökologie* (Lehre vom Haushalt der Natur). Ihre Ergebnisse nehmen in diesem Buch einen großen Raum ein. In diesem Zusammenhang müssen auch biologische Untersuchungsmethoden, zum Beispiel das Experimentieren oder der Umgang mit dem Mikroskop, gefestigt oder neu gelernt werden.

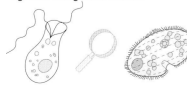

Ein weiterer Schwerpunkt des Buches ist die *Humanbiologie*, d. h. die Biologie des Menschen. Bau, Funktion und Zusammenarbeit der Organe im menschlichen Organismus werden besprochen und du erhältst Hinweise, wie du deine Gesundheit erhalten kannst.

Ganz neu und sicher auch interessant werden die letzten drei Kapitel des Buches sein. Hier geht es zunächst um das *Verhalten* von Mensch und Tier, dann um die Vererbungslehre *(Genetik)* und schließlich um die Abstammung der Lebewesen, die *Evolution*.

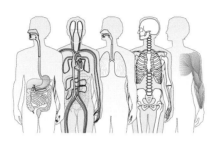

Nach diesen Bemerkungen zum Inhalt des Buches, nun noch einige Hinweise zum Aufbau.

Normalerweise findest du auf einer Seite oder Doppelseite einen **Informationstext**, der alles Wesentliche zu einem Thema enthält. Zusätzlich sind **Aufgaben** vorhanden, die dazu anregen sollen, das Gelesene zu vertiefen und anzuwenden.

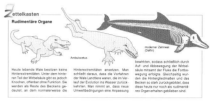

Oft greift ein **Zettelkasten** einen neuen Aspekt des Themas heraus.

Darüber hinaus gibt es einige Seiten, die durch ihre besondere Gestaltung auffallen.

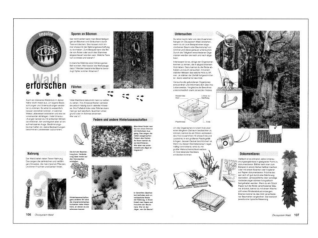

Die **Impulseseiten** geben Anstöße und werfen Fragen auf, die über das Fach Biologie hinaus führen. Sie sollen dazu dienen, dass du dich selbstständig — manchmal in Form eines kleinen Projektes — mit einem neuen Thema beschäftigst.

Auf den **Praktikumseiten** werden umfangreiche Vorschläge gemacht, wie du dich einmal praktisch mit einem bestimmten Thema beschäftigen kannst.

Mithilfe der **Materialseiten** kannst du — oft mit anderen zusammen — wesentliche naturwissenschaftliche Methoden erarbeiten.

Als **Lexikon** sind solche Seiten bezeichnet, die über den normalen Unterrichtsstoff hinaus interessante Zusatzinformationen zu einem abgegrenzten Thema geben.

Und nun viel Freude bei der Arbeit mit deinem neuen Biologie-Buch!

Inhaltsverzeichnis

Sexualität, Fortpflanzung und Entwicklung des Menschen

Verhalten

Genetik

Evolution

Von der Zelle zum Organismus

Ein-zeller

Was wir nicht mit eigenen Augen sehen, das glauben wir häufig auch nicht. Es gibt aber tausende von Dingen, die um ein Vielfaches kleiner sind als der Punkt in deinem Schulbuch. Dazu gehören auch die Lebewesen, die dir im folgenden Kapitel vorgestellt werden. Sie sind teilweise so winzig, dass du sie ohne Hilfsmittel nicht entdecken kannst. Dieses Hilfsmittel ist das Mikroskop.

Organismus

Organ

Gewebe

Zelle

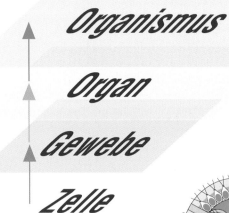

Zellkolonie

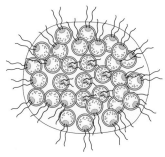

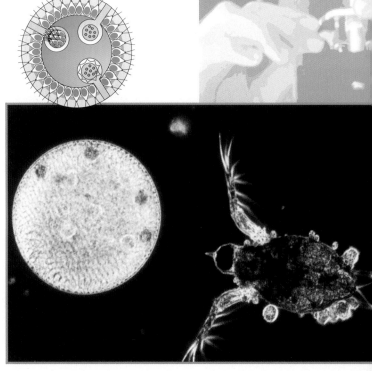

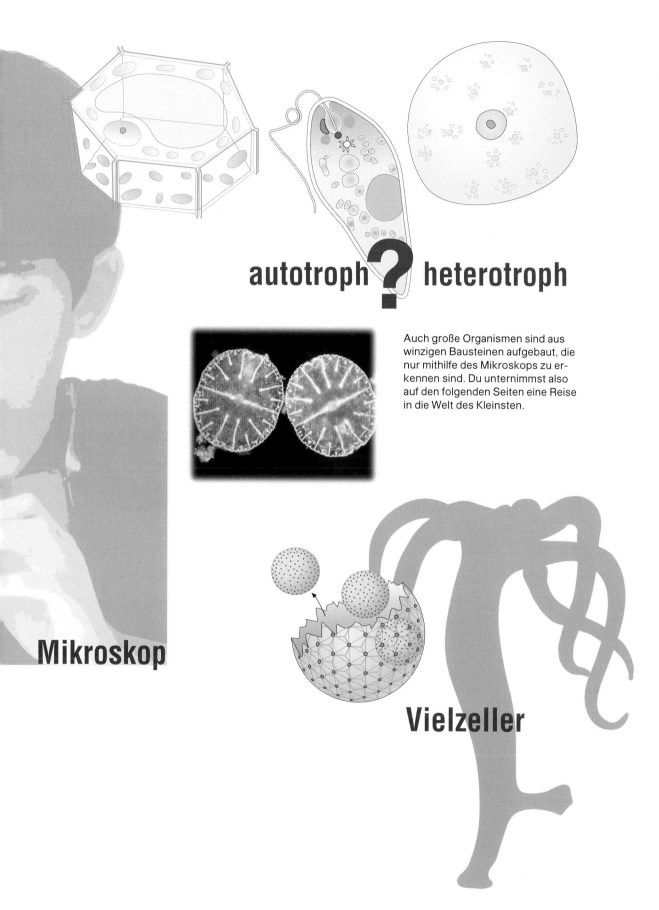

autotroph **?** heterotroph

Auch große Organismen sind aus winzigen Bausteinen aufgebaut, die nur mithilfe des Mikroskops zu erkennen sind. Du unternimmst also auf den folgenden Seiten eine Reise in die Welt des Kleinsten.

Mikroskop

Vielzeller

Mikroskop und Zelle

Schon lange vor Christi Geburt war bekannt, dass Glaslinsen das Licht brechen können. Doch erst im 16. Jahrhundert kam man auf die Idee, geschliffene Linsen als Vergrößerungsgläser zu benutzen. Und weitere 100 Jahre vergingen, bis die ersten Mikroskope gebaut wurden.

Zellen im Elektronenmikroskop

Zellen im Lichtmikroskop

Hookes Korkzellen

Zellen im Rasterelektronenmikroskop

Vergrößerungsmaßstäbe von 1 : 200 000. Im *Raster-Elektronenmikroskop* (REM) erhält man räumlich wirkende Bilder.

Bis zum 17. Jahrhundert wussten die Menschen nicht viel vom Feinbau der Pflanzen und Tiere. Die erste Beschreibung vom mikroskopischen Aufbau der Pflanzen verdanken wir ROBERT HOOKE.

Einer der Pioniere auf dem Gebiet der Mikroskopie war der englische Physiker ROBERT HOOKE (1635 – 1703). Mithilfe einer mit Wasser gefüllten Glaskugel konzentrierte er das Licht auf das Präparat und konnte so die ersten Vergrößerungen von Läusen und Flöhen zeichnen. Mit seinem Mikroskop gelangen ihm bis zu 100fache Vergrößerungen, was für damalige Verhältnisse erstaunlich war. Allerdings reichte er damit bei weitem nicht an die Genauigkeit der Instrumente des Holländers ANTHONIE VAN LEEUWENHOEK (1632–1723) heran. Dieser konstruierte Ein-Linsen-Mikroskope, die bis zu 270fache Vergrößerungen ermöglichten.

Seit HOOKE und LEEUWENHOEK sind mehr als 350 Jahre vergangen, die Technik hat rasante Fortschritte gemacht und auch die optischen Geräte wurden zu Präzisionsinstrumenten weiterentwickelt. In der Schule benutzt man normalerweise das *Lichtmikroskop* (LM). Mit modernen Lichtmikroskopen erreicht man bis zu 1600fache Vergrößerungen, mit dem *Elektronenmikroskop* (EM), bei dem nicht Licht-, sondern Elektronenstrahlen zur Abbildung verwendet werden, sogar

Er führte den Begriff *Zelle* in die Biologie ein. HOOKE untersuchte Flaschenkork und sah nur die pflanzliche Zellwand. Er wollte mit der Bezeichnung „Zelle" vor allem den gekammerten Aufbau des untersuchten Gewebes kennzeichnen.

Bis in das erste Drittel des 19. Jahrhunderts trugen andere Naturforscher eine Fülle von Einzelbeobachtungen über den mikroskopischen Bau der Organismen zusammen. Die eigentliche *Zellenlehre* wurde im Jahre 1838 von dem Botaniker JAKOB MATTHIAS SCHLEIDEN (1804 – 1881) und dem Zoologen THEODOR SCHWANN (1818 – 1882) begründet. SCHLEIDENS Lehre besagte, dass Pflanzen ausschließlich aus Zellen bestehen. Sein Kollege SCHWANN konnte ein Jahr später nachweisen, dass auch die Körper der Tiere aus Zellen aufgebaut sind. Damit war der Grundstein für die wissenschaftliche Zellenlehre gelegt. Noch heute gilt der von SCHLEIDEN und SCHWANN formulierte Lehrsatz:

„Alle Lebewesen sind aus Zellen aufgebaut"

Die Pflanzenzelle

Pflanzenzellen sind meistens von einer festen Hülle, der *Zellwand*, umgeben. Sie besteht überwiegend aus Zellulose und verleiht der Zelle ihre starre äußere Form. Den größten Anteil im Zellinnern nimmt der Zellsaftraum, die *Vakuole*, ein. Sie enthält den *Zellsaft*, der vor allem aus Wasser und darin gelösten Stoffen besteht. Die Vakuole ist von einer dünnen *Zellmembran* umgeben, die im Lichtmikroskop allerdings nicht sichtbar ist.

Die Vakuole liegt in einer gallertartigen, körnigen Masse, dem *Cytoplasma*. Bei ausgewachsenen Pflanzenzellen ist es nur noch als dünne Schicht vorhanden, die der Zellwand anliegt. Hier begrenzt eine weitere *Zellmembran* das Cytoplasma.

Im Cytoplasma kann man winzige, unterschiedlich geformte Strukturen erkennen. Jede einzelne hat für die Lebensprozesse der Zelle unerlässliche Aufgaben zu erfüllen und wird — in Anlehnung an den Begriff Organ — *Organell* genannt. Das größte, im Lichtmikroskop gut sichtbare Organell ist der *Zellkern*. Eine *Kernmembran* umschließt das *Kernplasma* und grenzt es so vom Cyto-

plasma ab. Bei etwa 400facher Vergrößerung sieht man im Kerninnern manchmal mehrere rundliche *Kernkörperchen*.

Charakteristisch für die Zellen aller grünen Pflanzenteile sind die Blattgrünkörner, die *Chloroplasten*. Sie sind Träger des Farbstoffes *Chlorophyll*, der den Pflanzen die grüne Farbe verleiht. In ihnen werden mithilfe des Sonnenlichts Stoffe aufgebaut, die die Pflanze zum Wachsen und Gedeihen braucht.

Die Tierzelle

Betrachtet man eine tierische Zelle im Lichtmikroskop, wird man zunächst enttäuscht sein, wie wenige Strukturen bei dieser Zelle wiederzufinden sind. Eine Zellwand ist nicht vorhanden, nur eine *Zellmembran* umgibt das Cytoplasma. Außerdem sind in Tierzellen weder große Vakuolen noch Chloroplasten vorhanden. Der Zellkern in einer Tierzelle ist im Gegensatz zum Kern der Pflanzenzelle meist zentral gelegen.

Während die Pflanzenzellen starr kugelig, würfelartig oder lang gestreckt gebaut sind, ist die Formenvielfalt der Tierzellen wesentlich größer. Tierische Zellen können sogar ihre Gestalt verändern.

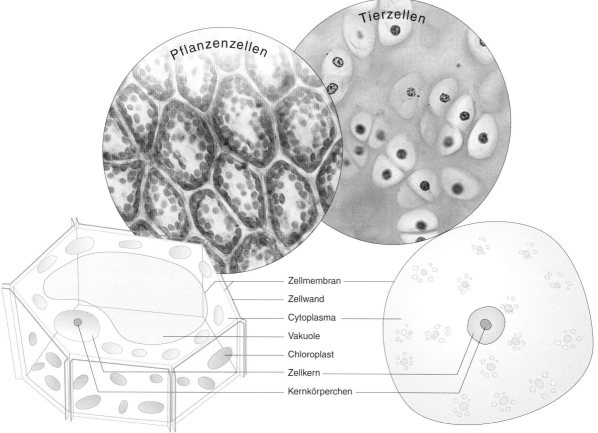

Pflanzenzellen

Tierzellen

Zellmembran
Zellwand
Cytoplasma
Vakuole
Chloroplast
Zellkern
Kernkörperchen

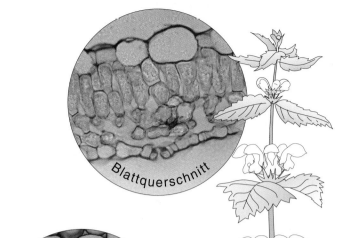

Blattquerschnitt

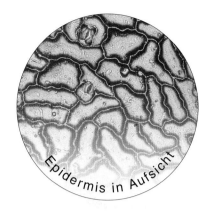

Epidermis in Aufsicht

Grundgewebe

Zellen, Gewebe und Organe

Erinnern wir uns noch einmal an den Satz „Alle Lebewesen sind aus Zellen aufgebaut." Menschen, Tiere und Pflanzen sind also ein Zusammenschluss von vielen Milliarden *Zellen*. Ein Zelltyp allein kann jedoch die in uns ablaufenden, vielfältigen Lebensprozesse nicht bewältigen. Die Zellen haben sich *spezialisiert*. Jede Zelle hat eine ganz *bestimmte Funktion*. Spezialisierte Zellen kommen aber kaum allein vor. Sie sind zu Zellverbänden zusammengeschlossen und haben eine besondere, der jeweiligen Aufgabe angepasste Form. Den Zusammenschluss solcher gleichartiger Zellen nennt man **Gewebe**.

Pflanzengewebe

Betrachten wir die Mikrofotos auf dieser Seite, so fällt auf, dass je nach Schnittebene nicht nur ein Gewebe zu erkennen ist, sondern oft verschiedene *Gewebeschichten* dicht an dicht nebeneinander liegen. Mehrere Gewebe, die gemeinsam eine übergeordnete Aufgabe erfüllen, bilden ein **Organ**. Bei der Pflanze sind das die drei Grundorgane

Wurzel, Sprossachse (Stängel) und *Blatt*. Diese Organe setzen sich aus verschiedenen Gewebearten zusammen.

Am Beispiel einer Taubnesselart untersuchen wir zunächst das *Abschlussgewebe*, die *Epidermis*. Sie besteht aus plattenförmigen, lückenlos aneinander liegenden Zellen, ist meistens einschichtig und schützt die Pflanze vor Wasserverlust durch Verdunstung, Beschädigung und Eindringen von Krankheitserregern. Epidermiszellen bilden auch *Pflanzenhaare*, z. B. die der Taubnessel oder die Brennhaare der Brennnessel.

Im Blattquerschnitt sind neben der Epidermis das aus lang gestreckten, chloroplastenreichen Zellen bestehende *Palisadengewebe* und das lockere *Schwammgewebe* gut zu unterscheiden. Die Ausschnittvergrößerung aus dem Stängelquerschnitt zeigt das *Grundgewebe*, das den Hauptteil des Pflanzenkörpers ausmacht. Zellen mit verdickten Zellwänden sind typisch für das *Festigungs- und Stützgewebe*. Es ist im Stängelquerschnitt deutlich zu erkennen.

Die genannten Gewebe und noch einige andere mehr ergänzen sich in ihren Funktionen und bilden so den **Organismus** Pflanze mit seiner ihm eigenen Lebensweise.

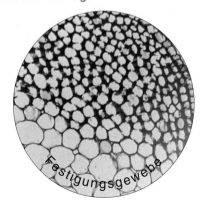

Festigungsgewebe

1 Zell- und Gewebetypen einer Blütenpflanze

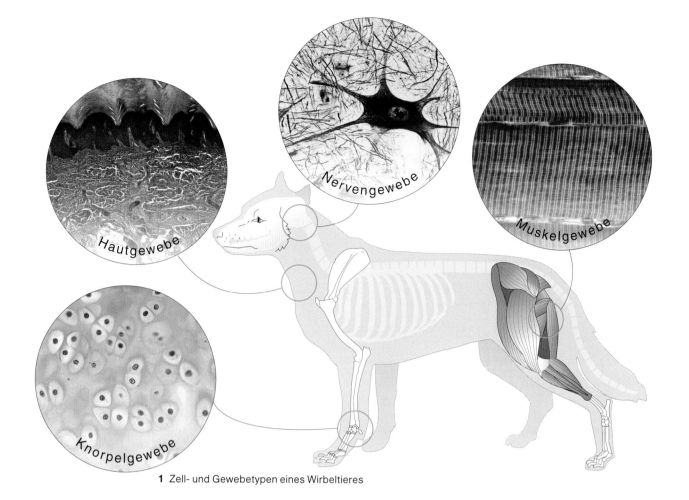

1 Zell- und Gewebetypen eines Wirbeltieres

Tierische Gewebe

Vergleicht man den Menschen oder ein Tier mit einer Pflanze, fallen nicht nur die großen Unterschiede in der Gestalt auf, auch die Lebensäußerungen erscheinen vielfältiger und aktiver. Während eine Pflanze mit ihren Wurzeln im Boden verankert ist und von manchen Menschen noch nicht einmal für ein Lebewesen gehalten wird, läuft ein Hund herum, sucht seine Nahrung oder bellt. Für diese Aktivitäten besitzt der Hund eigens darauf spezialisierte Zellen, Gewebe und Organe.

Die Fortbewegung z. B. ermöglichen ihm in erster Linie die *Muskelfasern*. Die bis zu 30 cm langen Muskelfasern bilden zusammen mit anderen Geweben den *Muskel*. Der Wirbeltierkörper erhält seine Stabilität durch das *Stützgewebe*. Zu ihm rechnet man die verschiedenen Formen des *Bindegewebes*, das *Knochen-* und *Knorpelgewebe*. Die abgebildeten *Knorpelzellen* liegen in der von ihnen ausgeschiedenen Grundsubstanz in Gruppen beieinander. Das druckfeste Knorpelgewebe findet man u. a. in *Gelenken*.

Ein Hund reagiert auf seine Umwelt, über *Sinneszellen* nimmt er Reize auf. Diese müssen im Körper weitergeleitet, übertragen und verarbeitet werden. Dafür sind die mehr oder weniger verästelten *Nervenzellen* mit langen Zellfortsätzen zuständig. Das *Deck-* oder *Epithelgewebe* bildet beim Tier nicht nur die äußere Oberfläche, sondern es kleidet auch die inneren Hohlräume des Tierkörpers aus. Die dicht zusammenliegenden *Epithelzellen* der Haut haben im Wesentlichen die selben Aufgaben wie die Epidermis der Pflanzen.

Manchmal bilden mehrere Organe eine größere Funktionseinheit. So wirken Mund, Speiseröhre, Dünn- und Dickdarm bei der Verdauung zusammen. In diesem Fall spricht man von einem *Organsystem*, z. B. dem Verdauungssystem, dem Fortpflanzungssystem oder dem Nervensystem.

Aufgabe

① Zeichne einige der abgebildeten Gewebetypen. Beschrifte jeweils die erkennbaren Zellstrukturen.

Elektronenmikroskopisches Bild der Pflanzen- und Tierzelle

Pflanzenzelle

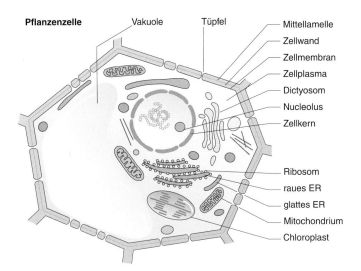

Vakuole
Tüpfel
Mittellamelle
Zellwand
Zellmembran
Zellplasma
Dictyosom
Nucleolus
Zellkern

Ribosom
raues ER
glattes ER
Mitochondrium
Chloroplast

Tierzelle

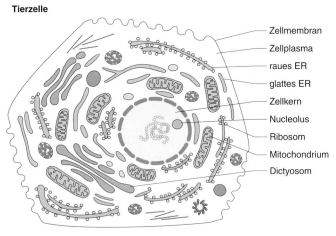

Zellmembran
Zellplasma
raues ER
glattes ER
Zellkern
Nucleolus
Ribosom
Mitochondrium
Dictyosom

Chromatin
Kernplasma
Kernhülle
Nucleolus
Kernpore

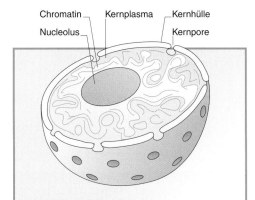

Der **Zellkern** *(Nucleus)* hat einen Durchmesser von 10 — 20 µm. In seinem Inneren befinden sich ein oder mehrere Kernkörperchen, auch *Nucleoli* genannt. Das Plasma des Kerns wird durch eine Kernhülle gegen das übrige Cytoplasma abgegrenzt. Im Plasma befindet sich das Chromatin, das DNA *(Desoxyribonucleinsäure)* enthält. Der Zellkern steuert Stoffwechselprozesse und ist Träger der Erbinformation.

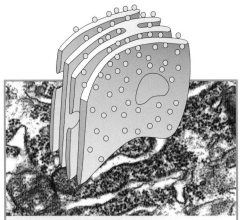

Endoplasmatisches Retikulum, Vergr. 20 000 x

Membranen unterteilen das gesamte Zellinnere in eine Vielzahl von Reaktionsräumen und die Zellmembran grenzt die Zelle nach außen ab. Ein Membransystem der Zelle ist das **endoplasmatische Retikulum** (abgekürzt ER). Es dient mit seinen weit verzweigten Kanälen dem Transport von Stoffen in der Zelle. Auf einem Teil des endoplasmatischen Retikulums oder frei im Plasma liegen die winzigen Ribosomen.

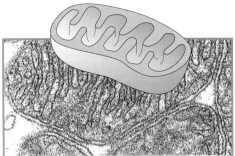

Mitochondrium, Vergr. 50 000 x

Mitochondrien sind von einer Hülle aus zwei Membranen umgeben. Die innere Membran ist stark gefaltet, dadurch wird ihre Oberfläche vergrößert. In den Mitochondrien findet die Zellatmung statt, d. h. hier wird die in den Nährstoffen enthaltene Energie so umgewandelt und freigesetzt, dass sie für den Organismus verwertbar ist.

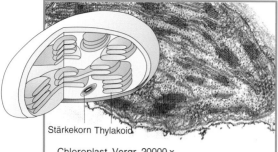

Stärkekorn Thylakoid

Chloroplast, Vergr. 20000 x

Chloroplasten befinden sich nur in Pflanzenzellen. Sie sind von einer Doppelmembran
umgeben. Im Inneren befinden sich flächige
Membranstapel, die *Thylakoide*, die Farbstoffe *(Chlorophylle)* enthalten. Mithilfe der
Chlorophylle findet die Fotosynthese statt.

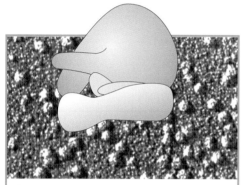

Ribosomen, Vergr. 175 000 x

Ribosomen sind nicht von einer Membran
umgeben. Es sind kleine, körnchenförmige
Strukturen, die zu 40 % aus Ribonucleinsäure
und zu 60 % aus Eiweißen bestehen. An ihnen
wird nach Anweisung des Zellkerns körperei-
genes Eiweiß hergestellt.

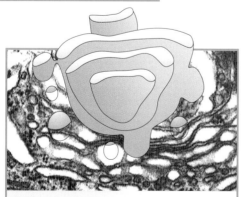

Dictyosomen (Golgi-Apparat), Vergr. 32 000 x

Dictyosomen sind flache Membranstapel,
die in Drüsenzellen in großer Zahl vorkomm-
men. In ihrem Inneren lagern vor allem Eiweiße, bei Pflanzenzellen auch Baustoffe für
die Zellwand.

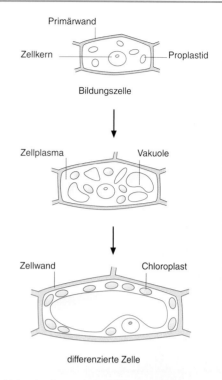

Primärwand
Zellkern — Proplastid
Bildungszelle

Zellplasma — Vakuole

Zellwand — Chloroplast

differenzierte Zelle

Vakuolen kommen bei Pflanzen vor und nehmen in der ausgewachsenen Zelle fast den
ganzen Raum ein. Es sind Zellsafträume, die
zum größten Teil mit Wasser gefüllt sind.
Außerdem enthalten sie Farbstoffe, Gifte
oder Abfallstoffe der Zelle. Sie entstehen aus
jungen Bildungszellen durch das Plasma-
wachstum. Dabei zerreißt das Plasma und
kleinere Hohlräume entstehen. Diese werden
bei weiterem Wachstum zur großen Zentral-
vakuole vereint.

Zellbestandteile

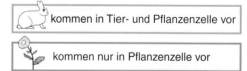

kommen in Tier- und Pflanzenzelle vor

kommen nur in Pflanzenzelle vor

Aufgaben

1. Übertrage die Abbildungen von Chloroplasten, Mitochondrien und Zellkernen
in dein Heft und beschrifte die Zeichnungen mit den im Text genannten Begrif-
fen.
2. Vergleiche den Bau der Pflanzen- und
Tierzelle. Stelle Gemeinsamkeiten und
Unterschiede tabellarisch heraus.
3. Kennzeichne alle lichtmikroskopisch sichtbaren Bestandteile.
4. Vergleiche den Bau einer Bakterienzelle
(s. Seite 26) mit dem einer Pflanzenzelle.

Arbeiten mit dem Mikroskop

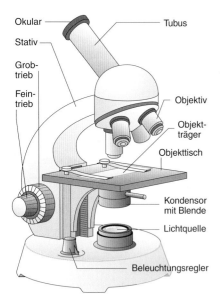

Okular
Stativ
Grob-
trieb
Fein-
trieb
Tubus
Objektiv
Objekt-
träger
Objekttisch
Kondensor
mit Blende
Lichtquelle
Beleuchtungsregler

Mikroskopieren – aber richtig

Folgende Anleitung soll dir helfen, beim Mikroskopieren Fehler zu vermeiden:

1. Das Mikroskop beim Herausnehmen aus dem Schrank und beim Transport nur am Stativ anfassen.
2. Verschmutzte Objektive nur mit einem weichen Läppchen, das mit Benzin oder destilliertem Wasser getränkt ist, reinigen.
3. Nie Objektive und Okulare auseinander schrauben.
4. Die Unterseite des Objektträgers stets trocken halten.
5. Beim Mikroskopieren den Tubus mit dem Grobtrieb nur von unten nach oben bewegen.
6. Immer mit der schwächsten Vergrößerung beginnen.
7. Kondensor in die oberste Stellung bringen.

8. Bildhelligkeit und Bildkontrast mit der Blende regeln.
9. Nach erfolgter Grobeinstellung die Feineinstellung mit dem Feintrieb vornehmen.
10. Achtung! Beim Arbeiten mit stark vergrößernden Objektiven können Präparat und Deckglas leicht zerdrückt und das Objektiv beschädigt werden.
11. Nach Beendigung der Arbeiten schwächste Vergrößerung einstellen. Mikroskop säubern und Arbeitsplatz sorgfältig aufräumen. Den Arbeitsplatz stets sauber halten.

① Vergleiche den Aufbau deines Schulmikroskops mit unserer Abbildung. Vergleiche und benenne die Teile.
② Wenn man die Vergrößerungen von Objektiv und Okular multipliziert, erhält man die Gesamtvergrößerung. Berechne die möglichen Werte für dein Mikroskop.
③ Lege ein Stückchen Millimeterpapier auf den Objekttisch und miss damit dein Beobachtungsfeld aus. Notiere dir die Werte für die verschiedenen Objektive. So kannst du später leichter die wirkliche Größe eines Objektes abschätzen.
④ Lege ein Haar, eine Stecknadel und einen Wollfaden auf das Millimeterpapier und gib deren Dicke an.

Herstellung eines Nasspräparates

Durchführung: Zerschneide eine Küchenzwiebel mit einem Messer in vier Teile. Nimm eine Schuppe und schneide auf der Innenseite mit einer Rasierklinge ein kleines Rechteck hinein. Ziehe das eng anliegende Zwiebelhäutchen mit einer Pinzette vorsichtig ab. Lege anschließend das Präparat auf einen Objektträger in einen Tropfen Leitungswasser. Führe das schräg gehaltene Deckglas an den Wassertropfen heran. Lass dann das Deckglas langsam auf das Präparat sinken, ohne dass Luftblasen entstehen. Sauge überschüssiges Wasser mit Filterpapier ab. Bei Wassermangel unter dem Deckglas (erkennbar an Lufteinzug vom Rand her) mit einem Tropfen Wasser aus der Pipette ergänzen.

⑤ Zeichne bei schwacher Vergrößerung die Anordnung der Zellen.
⑥ Zeichne eine möglichst große Umrissskizze (5 x 10 cm) einiger weniger Zellen bei ungefähr 100facher Vergrößerung.
⑦ Betrachte das Innere der Zelle. Übertrage die erkennbaren Einzelheiten in deine Umrissskizze.

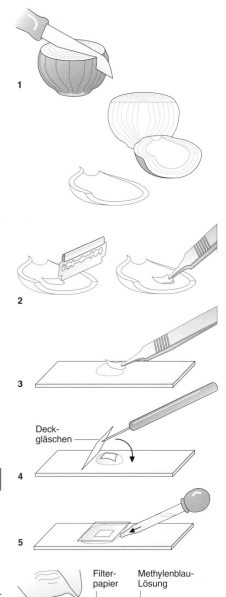

1

2

3

Deck-
gläschen

4

5

Filter-
papier
Methylenblau-
Lösung

6

Anfärben von Präparaten

Durchführung: Fertige ein weiteres Nasspräparat des Zwiebelhäutchens an. Füge an einer Deckglaskante, wie in Abb. 6 dargestellt, einen Tropfen Methylenblaulösung hinzu. Sauge mithilfe eines Filterpapierstreifens das Färbemittel unter dem Deckglas durch.

⑧ Fertige auch hiervon eine genaue Zeichnung an. Welche Unterschiede zum ersten Präparat lassen sich erkennen?

Heu- und Laubaufguss

Ein Tümpel oder Teich bietet ideale Lebensbedingungen für eine Vielzahl kleinster Lebewesen, die man auch als *Mikroorganismen* bezeichnet. Zu ihnen gehören Bakterien, bestimmte Algen und Pilze sowie winzige Tierchen, die oft nur aus einer Zelle bestehen. Mit bloßem Auge erkennt man die größten dieser *Einzeller* gerade noch als Punkte, man braucht also das Mikroskop, um sie genau beobachten zu können. Da es aber doch sehr umständlich wäre, mit dem Mikroskop zum nächsten Teich zu laufen, empfiehlt es sich, die Untersuchungsobjekte ins Klassenzimmer zu holen.

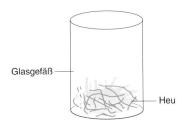

Glasgefäß — Heu

Das lässt sich erreichen, wenn man z. B. einen *Heuaufguss* ansetzt. Dafür gibt man eine Handvoll zerschnittenes Heu in ein Einmachglas, einen Liter Teich- oder Aquariumwasser dazu, deckt mit einer Glasplatte ab und lässt den Ansatz bei Zimmertemperatur im Tageslicht stehen. Beim Laubaufguss werden in gleicher Weise einige Blätter vom Waldboden gesammelt und mit Regenwasser angesetzt.

Schon nach wenigen Tagen riecht das Wasser faulig und auf der Wasseroberfläche bildet sich eine dünne *Kahmhaut*. Sie besteht vor allem aus Bakterien. Deshalb findet man beim Mikroskopieren zu diesem Zeitpunkt hauptsächlich Bakterien. Drei bis vier Tage später sind schon Algen zu entdecken sowie die ersten einzelligen Tierchen. Nach etwa 14 Tagen huschen ganze Scharen von *Pantoffeltierchen* unter der Kahmhaut herum.

Tümpelwasser

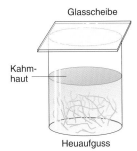

Glasscheibe

Kahmhaut

Heuaufguss

Kleinlebewesen im Heuaufguss

In jedem Heu- oder Laubaufguss findet man verschiedene Kleinlebewesen. Sie waren als Dauerform an den Pflanzen vorhanden und sind durch die günstigen Bedingungen wieder zum Leben erwacht.

Für die Untersuchung benötigst du eine Pipette (möglichst mit einem Gummiballon an einem Ende), Objektträger und Deckgläschen. Mit der Pipette kannst du von jeder beliebigen Stelle eine Wasserprobe entnehmen. Gib davon einen Tropfen auf den Objektträger und untersuche dieses Nasspräparat.

Aufgaben

① Beobachtung des Heuaufgusses mit bloßem Auge und Lupe:
a) nach Ansetzen des Aufgusses, wenn sich das aufgewirbelte Material gesetzt hat;
b) nach einigen Tagen;
c) nach etwa 14 Tagen. Halte das Gefäß dazu gegen das Licht.

② Beobachtung mit der Stereolupe (Binokular) oder mit dem Mikroskop: Führe die Arbeiten zu den oben angegebenen Zeiten durch; entnimm dabei zusätzlich Proben aus folgenden Zonen:
a) oberster Bereich (d. h. an der Stelle, an der sich die Kahmhaut gebildet hat);
b) freier Wasserbereich;
c) Bodensatz.

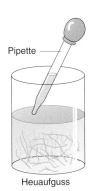

Pipette

Heuaufguss

2000x

Heubazillus

670x

Schlammamöbe

650x

Flussgeißeltierchen

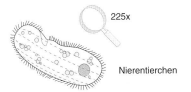

245x

Heutierchen

225x

Nierentierchen

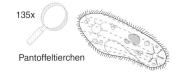

135x

Pantoffeltierchen

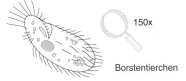

150x

Borstentierchen

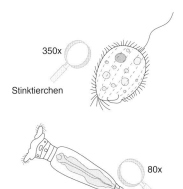

350x

Stinktierchen

80x

Rüsselrädertier

Einzellige Lebewesen

Mit etwas Glück findet man in Tümpelwasser oder an zersetzten Pflanzenteilen im Heu- und Laubaufguss eines der folgenden Lebewesen.

Paramecium: Das *Paramecium* oder Pantoffeltierchen ist mit bis zu 0,3 mm Länge einer der größten *Einzeller*. Seine Oberfläche, eine elastische *Zellhaut*, ist mit mehr als 10 000 *Wimpern* bestückt. Die Wimpern schlagen rhythmisch und treiben den Einzeller in einer lang gestreckten Spirale durch das Wasser. Dabei dreht er sich um seine Längsachse. Stößt das Pantoffeltierchen irgendwo an, schwimmt es kurz zurück und mit veränderter Richtung wieder vorwärts, bis das Hindernis umgangen ist. Wird es aber z. B. von einem anderen Einzeller angegriffen, kann es sich recht gut verteidigen: Unmittelbar unter der Zellhaut lagern spitze, harpunenähnliche Eiweißstäbchen. Bei einer Bedrohung werden diese *Trichocysten* explosionsartig ausgestoßen.

Mit den Wimpern werden ständig Nahrungspartikel an das *Mundfeld* herangestrudelt. Das können z. B. einige tausend Bakterien innerhalb einer Stunde sein. Über den *Zellmund* gelangen sie ins Zellplasma. Dabei werden sie in Bläschen, die *Nahrungsvakuolen*, eingeschlossen und darin verdaut. Diese Bläschen bewegen sich auf festgelegten Bahnen durch die Zelle. Unverdauliche Reste werden am *Zellafter* ausgeschieden.

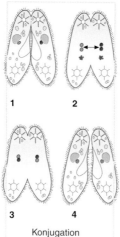

1

2

3

4

Konjugation

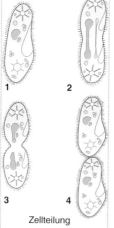

1

2

3

4

Zellteilung

Pantoffeltierchen haben keine speziellen Atmungsorganellen, sie atmen über die gesamte Zelloberfläche. Durch die Zellhaut dringt jedoch ständig Wasser ins Plasma ein. Zwei *pulsierende Vakuolen* nehmen dieses überschüssige Wasser über sternförmige Zufuhrkanäle auf und befördern es wieder nach außen.

Alle Zellfunktionen werden bei Paramecium vom *Großkern* gesteuert. Dieser Einzeller hat aber noch einen zweiten Kern, den *Kleinkern*, der bei der *geschlechtlichen Fortpflanzung* von Bedeutung ist. Bei dieser Vermehrungsart, die auch als *Konjugation* bezeichnet wird, legen sich zwei Tiere aneinander und verschmelzen an den Mundregionen. Über eine Plasmabrücke werden Teile der Kleinkerne ausgetauscht. Nach der Trennung besitzt jede Zelle Kernmaterial der anderen.

In der Regel vermehrt sich das Pantoffeltierchen jedoch *ungeschlechtlich* durch *Querteilung*. Vor der Durchschnürung des Zellkörpers teilt sich zunächst der Kleinkern, dann der Großkern. Jede Zellhälfte enthält eine pulsierende Vakuole, die zweite wird jeweils neu gebildet. Die Teilungsdauer beträgt ca. 1 Stunde. Nach der vollständigen Trennung sind zwei kleine Pantoffeltierchen entstanden, die nach und nach auf die für Paramecien übliche Größe heranwachsen.

Aufgaben

① Vergleiche den Weg der Nahrung bei Paramecium und Mensch. Welches Organell entspricht welchem Organ?
② Pantoffeltierchen teilen sich etwa alle 24 Stunden. Nach 19 Tagen können theoretisch aus einem Tierchen 500 000 entstehen. Wann wäre eine Million überschritten?

Schlammamöbe: Dieser Einzeller wird auch *Wechseltierchen* genannt, denn er hat keine feste Gestalt. Von Sekunde zu Sekunde ändert die Amöbe ihre Form: *Scheinfüßchen* treten hervor und der übrige Plasmakörper strömt nach. Auf diese Weise gleitet die Amöbe über den Untergrund.

Trifft eine Amöbe beim Dahingleiten auf ein Nahrungsteilchen, so wird es durch Umfließen eingeschlossen. Eine *Nahrungsva-*

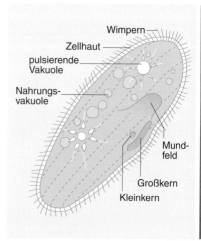

Wimpern
Zellhaut
pulsierende Vakuole
Nahrungsvakuole
Mundfeld
Großkern
Kleinkern

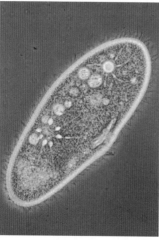

1 Pantoffeltierchen

kuole ist entstanden. Dieser Vorgang kann an jeder Stelle der Zelloberfläche ablaufen. Die Nahrungsvakuolen kreisen so lange in der Zelle, bis die Nahrung verdaut ist. Berührt das Bläschen dann die Zellhaut, verschmilzt es mit ihr. Es platzt auf und gibt die unverdaulichen Reste nach außen ab. Lösliche Schadstoffe und überschüssiges Wasser werden durch eine *pulsierende Vakuole* ausgeschieden.

Wie jede lebende Zelle, hat auch die Amöbe einen *Zellkern*, der die Lebensfunktionen des Einzellers steuert. Hat die Amöbe eine bestimmte Größe erreicht, teilt sich der Zellkern. Darauf folgt die Teilung des *Zellkörpers*. Das Ergebnis sind zwei Tiere mit jeweils halber Größe. Das Muttertier ist restlos in die beiden Tochterzellen übergegangen. Innerhalb weniger Stunden wachsen die Tochterzellen zur ursprünglichen Größe heran, fehlende Organellen werden dabei ergänzt. Jetzt kann der Teilungsvorgang von neuem beginnen.

Plötzliche Trockenheit überlebt eine Amöbe nicht. Bleibt dem Tier aber ausreichend Zeit, eine schützende *Hülle* auszuscheiden, hat es gute Überlebenschancen. Die Zelle kugelt sich ab und überdauert die widrigen Bedingungen in einem *Ruhestadium*. Sobald die Kapsel mit Wasser in Berührung kommt, schlüpft die Amöbe wieder heraus.

Aufgabe

(1) Vergleiche eine Amöbe mit Paramecium. Schreibe Gemeinsamkeiten und Unterschiede in Form einer Tabelle auf.

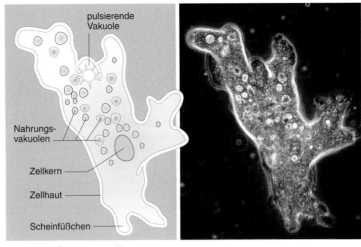

2 Bau der Schlammamöbe

Scheinfüßchen

Nahrungspartikel

umfließen

einschließen

Zellkern   Nahrungsvakuolen

Nahrungsaufnahme

Euglena: Dieser in Tümpeln recht häufige Einzeller ist etwa 0,05 mm lang. Der spindelförmige Körper ist von einer elastischen *Zellhaut* umgeben. Im *Geißelsäckchen* am Vorderende entspringen zwei *Geißeln*. Wie eine Peitschenschnur treibt die lange Geißel den Einzeller an. Dabei dreht er sich um seine Längsachse und schraubt sich förmlich durch das Wasser. Die zweite Geißel endet noch innerhalb des Geißelsäckchens, unmittelbar vor einer Verdickung der langen Geißel. Diese Verdickung ist ein *lichtempfindliches Organell*. Zusammen mit dem roten Augenfleck dient es Euglena zur Lichtorientierung: Bei seitlich einfallenden Sonnenstrahlen beschattet der Augenfleck das lichtempfindliche Organell. Euglena ändert dann die Bewegungsrichtung und schwimmt zum Licht hin. Deshalb bezeichnet man Euglena auch als *Augentierchen*.

Um den *Zellkern* liegen sternförmig angeordnete *Chloroplasten*. Mit ihnen bildet Euglena im Licht stärkeähnliche Stoffe und speichert sie. Das Augentierchen ernährt sich also wie eine Pflanze; man sagt auch, es ist *autotroph*. Einige Euglenaarten bauen ihre Chloroplasten ab, wenn man sie im Dunkeln hält. Ähnlich wie beim Pantoffeltierchen werden dann Nahrungspartikel aufgenommen, verdaut und im Körper verteilt. Diese Ernährungsweise nennt man *heterotroph*.

Euglena vermehrt sich durch *Längsteilung*. Der Zellkern und alle Organellen — Geißelsäckchen, Geißeln, Augenfleck, pulsierende Vakuole — werden verdoppelt. Bei der Durchschnürung des Zellkörpers verteilen sie sich auf die beiden Tochterzellen.

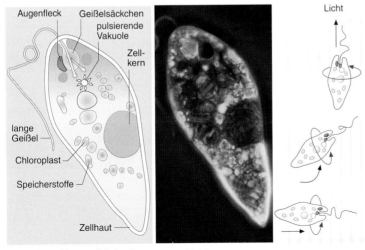

1 Euglena, Bau und Orientierung zum Licht

Einzeller und Zellkolonie

Heute kommen auf der Erde einzellige und vielzellige Lebewesen nebeneinander vor. In ca. 3,5 Milliarden Jahre alten Versteinerungen finden sich jedoch nur die Abdrücke einzelliger Formen. Wissenschaftler gehen deshalb davon aus, dass am Anfang des Lebens auf der Erde Einzeller standen. Aus ihnen haben sich im Laufe von Jahrmillionen *mehrzellige* Pflanzen und Tiere entwickelt. An Beispielen bei den *Grünalgen* kann diese Entwicklung für heute lebende Pflanzen modellhaft nachvollzogen werden.

Sehr einfach gebaut ist die ca. 0,02 mm große *Chlorella* mit ihrem becherförmigen Chloroplasten. Die einzellige Alge *Chlamydomonas* bevorzugt besonnte Uferregionen sauerstoffreicher Seen. Die ovale Zelle liegt in einer *Gallerthülle* und ist von einer festen *Zellwand* begrenzt. Charakteristisch sind der becherförmige *Chloroplast*, der den Zellkern umgibt, zwei *Geißeln* und ein roter *Augenfleck*. Bei der ungeschlechtlichen Fortpflanzung teilt sich die Zelle zweimal innerhalb ihrer Hülle. Die vier Tochterzellen bleiben zunächst in der schützenden Hülle. Erst kurze Zeit später werden sie durch das Platzen der Gallerthülle freigesetzt.

Chlorella

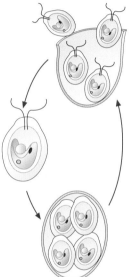

ungeschlechtliche Fortpflanzung von Chlamydomonas

Der Weg zum Vielzeller hat wahrscheinlich damit begonnen, dass sich die Tochterzellen eines Einzellers nach der Teilung nicht getrennt haben, sondern innerhalb der gemeinsamen Gallerthülle zusammengeblieben sind. Solche Zusammenschlüsse gleichwertiger Zellen nennt man *Zellkolonien*.

Die Mosaikgrünalge *(Gonium)* stellt ein solches Stadium dar. Bis zu 16 Zellen, deren Bau Ähnlichkeit mit Chlamydomonas hat, stecken in einer flachen Gallerthülle und die Geißeln der Zellen ragen nach außen. Zwar sind die Zellen noch nicht spezialisiert, doch sind sie zu einer Gesamtleistung fähig, z. B. dem Schwimmen in eine Richtung. Da alle Zellen gleich sind, kann eine losgelöste Alge aber auch alleine weiterleben, sich teilen und eine neue Kolonie bilden.

In der Algenkolonie *Eudorina* werden 32 Zellen in der Gallerthülle zusammengehalten. Die zu einer Hohlkugel angeordneten Einzelzellen sind ebenfalls ähnlich wie Chlamydomonas gebaut. Eudorina kann sich ungeschlechtlich fortpflanzen, aber auch Ei- und Spermienzellen — also Geschlechtszellen — ausbilden.

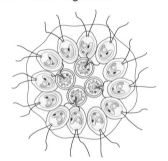

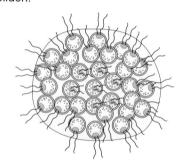

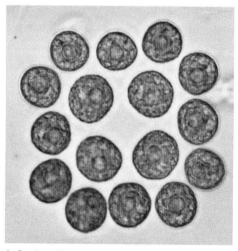

1 Gonium (Originalgröße: Ø ca. 60 µm)

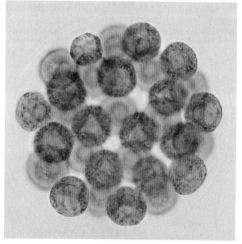

2 Eudorina (Originalgröße: Ø ca. 100 µm)

Die Kugelalge Volvox — ein einfacher Vielzeller

Die Kugelalge *Volvox* kommt in stehenden und langsam fließenden Gewässern vor. Sie besteht aus tausenden von Zellen, die eine mit Gallerte gefüllte ca. 1 mm große Hohlkugel bilden. Wie schon bei Chlamydomonas, haben alle Zellen neben Kern und Plasma einen Chloroplasten, einen Augenfleck und zwei Geißeln. Untereinander sind die Zellen durch ein Netz aus dünnen Plasmafäden, den *Plasmabrücken*, verbunden. Diese ermöglichen den Stoff- und Informationsaustausch zwischen den einzelnen Zellen. So kann z. B. der Schlag der Geißeln beim Schwimmen untereinander abgestimmt werden.

Bei Volvox kann man zwei Arten von Zellen unterscheiden. Die zahlreichen kleinen *Körperzellen* dienen der Fortbewegung und der Ernährung. Sie haben ihre Teilungsfähigkeit verloren.

Der zweite Zelltyp sind die wesentlich größeren, aber selteneren *Fortpflanzungszellen*. Diese können sich noch teilen und bilden dabei *Tochterkugeln*, die im Innern der Mutterkugel liegen und dort heranwachsen. Nach Erreichen eines bestimmten Alters stirbt die Mutterkugel ab, sie zerfällt und die Tochterkugeln werden frei. Neben dieser ungeschlechtlichen Vermehrung kann sich Volvox auch geschlechtlich fortpflanzen. Die Fortpflanzungszellen werden dabei zu *Spermien*- oder *Eizellen*.

Volvox kann bereits als vielzelliges Individuum angesehen werden. Im Gegensatz zu den einfachen Zellkolonien sind bei der Kugelalge isolierte Zellen nicht mehr lebensfähig. Bedingt durch die Arbeitsteilung und Spezialisierung können sie nur noch bestimmte Aufgaben erfüllen. Die Körperzellen altern und sterben, damit stirbt auch der Gesamtorganismus. Nur die Fortpflanzungszellen leben in den neuen Individuen weiter.

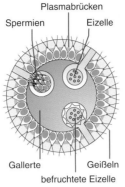

Plasmabrücken
Spermien — Eizelle

Gallerte — Geißeln
befruchtete Eizelle

geschlechtliche Fortpflanzung

Aufgaben

1. Welche Vorteile bringt der Zusammenschluss einzelner Zellen zu Kolonien?
2. Stelle nach den Abbildungen dieser Seite in einer Tabelle Gemeinsamkeiten und Unterschiede zwischen Chlamydomonas, Gonium, Eudorina und Volvox zusammen.
3. „Einzeller sind unsterblich". Begründe diese Aussage anhand der Beispiele.

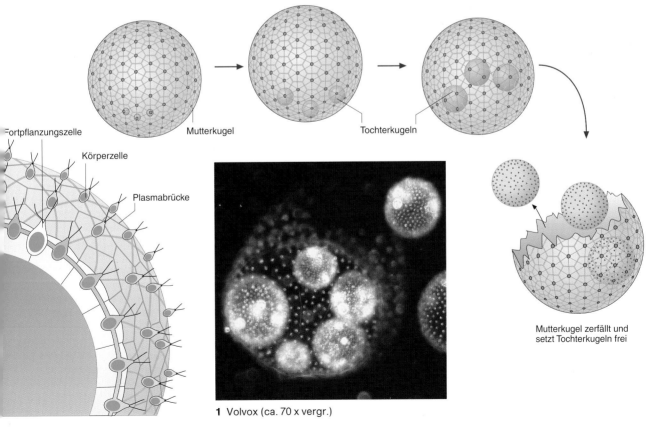

Fortpflanzungszelle — Mutterkugel — Tochterkugeln

Körperzelle

Plasmabrücke

1 Volvox (ca. 70 x vergr.)

Mutterkugel zerfällt und setzt Tochterkugeln frei

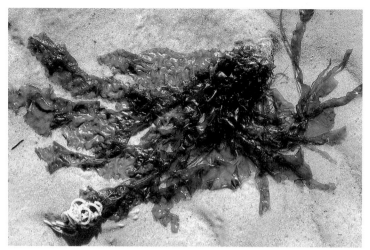

1 Meersalat

2 Blasentang

3 Rotalge

Tange — Algen der Meere

Strandwanderer kennen die angespülten grünen, braunen oder roten *Meeresalgen*, auch *Tange* genannt. Diese wachsen aber nicht auf dem sandig-schlickigen Meeresboden der Flachküste, da sie in dem durch die Gezeiten ständig stark bewegten Wasser keinen Halt finden. Die abgerissenen Klammerorgane, mit denen sich Tange am Untergrund verankern, sind keine Wurzeln. Ebenfalls fehlen den Algen ein Stängel und Blätter, sie sind **Lagerpflanzen**. Sie haben auch kein besonderes Festigungsgewebe, sodass sie auf dem Untergrund aufliegen, sobald sie nicht mehr vom Wasser umgeben sind.

Wenn man an einer Felsenküste, wie z. B. bei Helgoland, den Tangen bis ins tiefere Wasser folgt, fällt auf, dass nicht alle Tange nebeneinander vorkommen. Man kann das sehr gut an der Farbe der Pflanzen beobachten. An den Felsen, die bei Flut gerade noch vom Wasser bedeckt werden, wachsen hauptsächlich grüne Arten, wie z. B. der *Gemeine Meersalat*. Diese wohl bekannteste Meeresgrünalge bildet hellgrüne, große Lappen mit unregelmäßig gewelltem Rand. Ihr Aussehen erinnert an Salatblätter. In Ostasien wird Meersalat auch gegessen.

Den anschließenden, immer von Wasser bedeckten Teil der Felsen besiedeln hauptsächlich braune Algen und noch tiefer unten wachsen überwiegend rot gefärbte Algen. Diese *Algengürtel* sind die Folge der unterschiedlich starken Durchlüftung des Wassers, die mit zunehmender Tiefe abnimmt. Meeresalgen können bis zu einer Tiefe vorkommen, in die noch genügend Sonnenlicht für die Fotosynthese vordringen kann. In der Nordsee beträgt diese Tiefe ca. 12 Meter.

Typische Vertreter der Tange sind die *Braunalgen*. Die Färbung erhalten sie durch einen braunen Farbstoff in den Chloroplasten, der das Chlorophyll überdeckt. Ihr Körper, der mit einer Haftscheibe am Fels befestigt ist, besteht vielfach aus verzweigten, lederartig derben Bändern, die durch eine Mittelrippe versteift werden. Dies gilt etwa für den *Blasentang*, der seinen Namen von seinen gasgefüllten Schwimmblasen bekommen hat.

Rotalgen sind mit ihren roten Farbstoffen in der Lage, selbst schwaches Licht noch zu nutzen. Unter den Rotalgen findet man sowohl feingliedrige als auch derb entwickelte Formen. Andere Rotalgenarten bilden krustenartige Überzüge auf den Felsen.

Häufige Meeresalgen der Nord- und Ostsee

Tange wachsen fast nur auf Felsen, wo sie sich fest verankern können. An günstigen Plätzen kommt es dann zum Wachstum regelrechter Tangwiesen.

Der **Flache Darmtang** ist ein ca. 30 cm langer, schmaler, grüner Streifen, der sich mit einem Ende an der Unterlage festheftet. Viele dieser Grünalgen bilden grüne Säume auf den bei Niedrigwasser trockenliegenden Felsen.

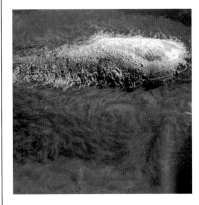

Die **Felsenalge** bildet große dunkelgrüne, fädige Büschel. Sie wächst bevorzugt an Felsen und Steinen der Gezeitenzone. Auch die Felsenalge verträgt ein Trockenliegen.

Der **Sägetang** ist in der Nord- und Ostsee bis zu einer Wassertiefe von 5 Metern weit verbreitet. Sein grünlich braunes bis gelblich braunes Lager wird bis zu einem Meter lang. Er ist in lederartige, platte „Bänder" verzweigt, die durch eine Mittelrippe versteift sind. Der Sägetang ist dem *Blasentang* ähnlich, hat aber am Rande gesägte Bänder ohne Schwimmblasen. Mit einer Haftscheibe ist diese Braunalge so fest am Fels angewachsen, dass unter Zug eher das Lager von der Fußscheibe abreißt, als dass sich die Haftscheibe von der Unterlage löst. Dadurch ist der Sägetang hervorragend an die Brandung angepasst.

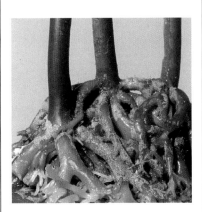

Das Lager des **Zuckertangs** ist ein bis zu vier Meter langes und ca. 30 Zentimeter breites, lederartiges Band mit gewelltem Rand. Diese Braunalge heftet sich mit einem verzweigten Klammerorgan an Felsriffen fest. Beim Trocknen überzieht sich das Lager mit einem zuckerähnlichen Stoff. Wie der Name sagt, schmeckt diese Tangart süß und wird deshalb in vielen Teilen der Erde in der Nahrungsmittelindustrie zum Süßen, Rösten, Kandieren und als billiger Zuckerersatz in Backwaren verwendet. Auch als Gemüse hat der Zuckertang vor allem in Ostasien eine lange Tradition.

Der **Palmentang** wird mehrere Meter lang und bildet regelrechte Wiesen. Das palmwedelartig zerschlitzte, ledrige Lager wird bis zu einem Meter breit. Es geht in einen dünnen Stiel über, an dessen Ende ein krallenartiges Haftorgan sitzt. Ein in der Antarktis lebender, naher Verwandter dieser Braunalge erreicht mit über 100 Metern Länge gewaltige Ausmaße.

Der **Blutrote Seeampfer** kommt in zwei verschiedenen Formen vor. Vorherrschend ist ein leuchtend rotes, blattartiges Lager, das bis 15 cm groß wird. Es ist ganzrandig und hat zur Aussteifung eine Mittelrippe mit Seitenrippen. Oft ist aber nur noch die Mittelrippe mit zerschlitzten Seitenlappen vorhanden. Wie viele Rotalgen, kommt auch diese Art im tieferen Wasser bis zu 20 Meter Tiefe vor. Im Herbst stirbt das blattartige Lager bis auf die Mittelrippe ab, die im Frühjahr wieder austreibt. Verschiedene Rotalgenarten werden in Ostasien kultiviert. Aus ihnen wird *Agar-Agar* für feste Bakteriennährböden industriell gewonnen. Auch Geliermittel, Soßenbinder, Seifen und Shampoos enthalten Algenbestandteile, sogenannte *Alginate*.

Bakterien, Pilze

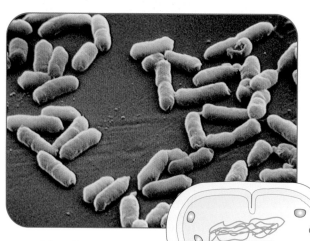

Bakterien

Pilze

Die Worte in der Kapitelüberschrift
kennst du . Doch weißt du, was
Bakterien alles können, was Steinpilz,
schimmliges Brot und ein Hefezopf
gemeinsam haben, warum der Wurmfarn Wurmfarn heißt — und wie man
die Vielfalt von Organismen ordnen
kann?

Die Antworten auf diese Fragen und
Vieles mehr findest du auf den folgenden Seiten!

und blütenlose **Pflanzen**

Hefen

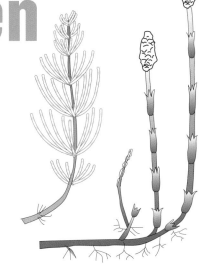

Farne

Moose

Flechten

Bakterien sind besondere Einzeller

Schon 1683 entdeckte LEEUWENHOEK mithilfe seines sehr einfachen Mikroskops winzige, zu Ketten zusammengeschlossene Kügelchen im Zahnbelag. Heute weiß man, dass LEEUWENHOEK Bakterien gesehen hatte. Er muss dabei auf relativ große Exemplare gestoßen sein, die eine Länge von ca. 7 µm hatten. Die kleinsten Bakterien lassen sich nur im Elektronenmikroskop sichtbar machen.

Eine feste, vergleichsweise dicke *Zellwand* grenzt die Zelle nach außen ab. Sie gibt ihr Halt und die charakteristische Form. Bei manchen Bakterien ist die Zellwand von einer *Schleimhülle* umgeben, die einen zusätzlichen Schutz bietet. Innerhalb der Zellwand umgibt die dünne *Zellmembran* das *Zellplasma*. An manchen Stellen ist die Oberfläche der Zellmembran durch Einstülpen und Auffalten stark vergrößert. Im Zellplasma liegen *Reservestoffe* und die *Erbsubstanz*, ein Zellkern fehlt. Auffallend an der Gestalt mancher Bakterien sind die im Zellplasma verankerten *Geißeln*. Sie dienen der Fortbewegung.

Gelangt ein Bakterium in eine geeignete Umwelt, stellt es zunächst seinen Stoffwechsel auf die neuen Lebensbedingungen ein. Es kann die für seinen Stoffwechsel notwendigen Stoffe über die gesamte Zelloberfläche aufnehmen und genauso Stoffe abgeben. Es wächst bis zu einer bestimmten Größe heran und teilt sich dann. Die beiden dabei entstehenden Zellen wachsen wiederum, bis sie für eine erneute Zellteilung groß genug sind. Bei gutem Nahrungsangebot, ausreichender Luftfeuchtigkeit und Temperaturen um 30 °C kann sich ein Bakerium alle 20 Minuten teilen. Doch diese *Massenvermehrung* führt mit der Zeit zu einschneidenden Veränderungen der Bakterienumwelt: Nahrung wird knapp und giftige Stoffwechselendprodukte, die von den Bakterien ausgeschieden werden, reichern sich in der Umgebung an. Das Bakterienwachstum wird gehemmt.

Bei sehr ungünstigen Umweltbedingungen bildet die Bakterienzelle eine zusätzliche, kräftige Wand aus; sie kapselt sich ab und bildet eine sogenannte *Spore* aus. Diese ist sehr widerstandsfähig und kann mehrere Jahre überdauern. Es wurde nachgewiesen, dass solche Bakteriensporen extreme Tem-

peraturen bis etwa + 90 °C und − 250 °C überstehen können. Sie überleben sogar im Weltraum. Sobald sich die Umweltbedingungen bessern, keimt die Spore zur Bakterienzelle aus und diese beginnt erneut mit Wachstum und Teilung.

Aufgaben

1. Vergleiche den Bau von Bakterienzellen mit dem von Pflanzen- und Tierzellen. Nenne Gemeinsamkeiten und Unterschiede.
2. Berechne die Nachkommenzahl eines Bakteriums bei optimalen Bedingungen je Stunde. Zeichne im Heft eine Vermehrungskurve bis zu 1 Million Bakterien.
3. Weshalb geht diese Vermehrung in Wirklichkeit nicht immer so weiter? Welche Ursachen bewirken die Form der realen Vermehrungskurve in den Abschnitten 1, 2 und 3?

Bakterienformen

Streptokokken

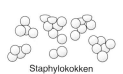

Staphylokokken

Stäbchenbakterien

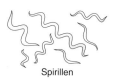

Spirillen

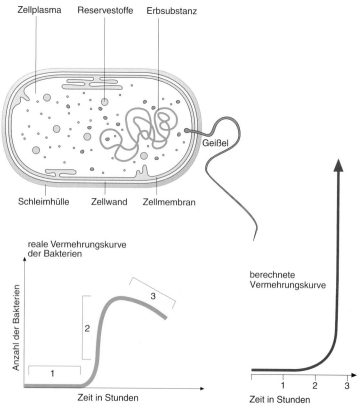

1 Bakterienzelle und reale Vermehrungskurve

Was Bakterien können

Darmbewohner

Das Darmbakterium **Escherichia coli**, auch Colibakterium genannt, lebt im Darm von Mensch und Tier. Es kommt aber auch in verunreinigtem Trinkwasser oder in Nahrungsmitteln vor. Verunreinigtes Wasser entsteht durch menschliche Fäkalien, Mist oder Jauche, die ins Trinkwasser gelangen können. Eine vermehrte Aufnahme von Colibakterien kann zu Magen-Darm-Erkrankungen führen, die sich mit Erbrechen oder Durchfall äußern.

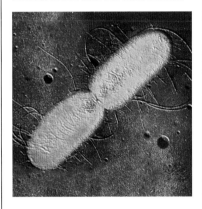

Deshalb werden Trinkwasser und das Wasser in Schwimmbädern dauernd von Mitarbeitern des Gesundheitsamtes auf Colibakterien und Keime untersucht. Man misst die Anzahl der vermehrungsfähigen Keime in 100 ml Wasser. Darin dürfen keine krankheitserregenden Keime, keine Colibakterien und höchstens 100 nicht gefährliche Keime vorkommen, sonst muss gechlort werden.

Krankheitserreger

Lebensmittelvergiftungen werden oft durch **Salmonellen** hervorgerufen. Meist dauert die Vergiftung nur wenige Tage, sie ist mit Durchfall und Erbre-
chen verbunden. Die Erkrankung ist meldepflichtig, da einige Menschen noch nach Jahren Salmonellen ausscheiden können und andere dadurch infizieren können. In der Lebensmittelbranche Beschäftigte werden regelmäßig auf Salmonellenausscheidung untersucht.

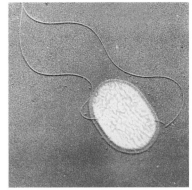

Eine Salmonellenart ruft **Typhus** hervor. Die Erreger werden mit der Nahrung aufgenommen, die mit verseuchtem Wasser zubereitet wurde. Nach 7 bis 14 Tagen kommt es zu hohem Fieber ($40-41\,°C$), wodurch der Körper stark geschwächt wird. Durch die Einnahme von Antibiotika wird die Krankheit besiegt und man kann sich nicht wieder infizieren, man ist ein Leben lang immun.

Eine krankhafte Erstarrung der Muskulatur ist eine Folge eines Giftes *(Toxins)*, das die **Tetanus-Bazillen** abgeben. Meist gelangen die Bakterien mit Erde von Feldern und Gärten oder mit Straßenschmutz schon bei kleinen Verletzungen in die offenen Wunden. Gegen Tetanus *(Wundstarrkrampf)* gibt es eine vorbeugende Impfung, die nach 8 Jahren aufgefrischt werden muss. Bei Infektion muss innerhalb von 24 Stunden ein Heilserum verabreicht werden.

Bakterien als Humusproduzenten

Bakterien können aber auch nützlich sein. In der Natur sind sie genauso wichtig wie die grünen Pflanzen als Produzenten oder die Tiere als Konsumenten. Erst durch sie wird der Stoffkreislauf in der Natur geschlossen.

Denn was geschähe, wenn Lebewesen nach ihrem Tod nicht abgebaut bzw. zersetzt würden? Die in ihrem Körper festgesetzte organische Substanz bliebe unverändert. Abgestorbene Pflanzen und Tiere bedeckten die Erde und würden die Entwicklung neuen Lebens behindern.

Bakterien bauen zusammen mit Pilzen, Einzellern und Kleininsekten organische Abfälle zu Wasser, Kohlenstoffdioxid und Mineralstoffen ab. Im Waldboden oder auf dem Komposthaufen sorgen sie dafür, dass Laub oder Küchenabfälle bis zum nächsten Herbst völlig verarbeitet sind. Dadurch entsteht mineralstoffreicher Humus, der die Bodenqualität wieder verbessert.

Bakterien reinigen Gewässer

Auch in unseren Flüssen, Bächen oder Seen gibt es in allen Bereichen Bakterien. Mithilfe von Sauerstoff können sie abgestorbene Pflanzen und Tiere, aber auch verunreinigtes Abwasser mineralisieren. Die dabei entstehenden Stoffe werden von den grünen Pflanzen als Nahrung wieder aufgenommen. So bleibt das Gewässer sauber und die Bakterien tragen entscheidend zur Selbstreinigung bei. Je stärker verschmutzt das Gewässer ist, desto länger dauert es jedoch, bis das Wasser wieder sauber ist. Mitunter reicht der Sauerstoff nicht aus und Bakterien, die ohne Sauerstoff leben können, werden aktiv. Diese erzeugen aber Faulgase und das Gewässer fängt an zu stinken, Fische sterben aufgrund des Sauerstoffmangels.

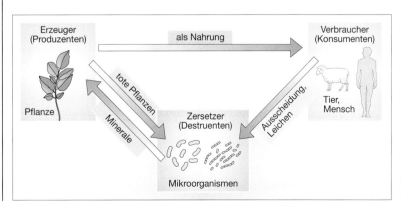

1 Mit Bakterien hergestellte Lebensmittel

Bakterien verändern Lebensmittel

Auf jeder Milchtüte ist ein Haltbarkeitsdatum aufgedruckt. Bricht man die Frischmilch erst einige Tage später an, ist sie sauer und dick, es ist *Sauermilch* entstanden. Diese Veränderungen sind auf das Vorhandensein ganz spezieller Bakterien zurückzuführen, für die die Milch ein idealer Nährboden ist. In ungekochter und ungekühlter Milch kommt es — besonders bei warmen Sommertemperaturen — zur Massenvermehrung solcher Bakterien. Diese bauen den in der Milch vorkommenden Milchzucker zu Milchsäure ab. Man nennt sie deshalb *Milchsäurebakterien*. Sie erhalten aus dem Abbauvorgang die notwendige Energie, ohne dass sie dafür Sauerstoff benötigen. Die Milchsäure lässt das Eiweiß in der Milch gerinnen und verklumpen. Außerdem verhindert die Säure, dass sich Fäulniserreger entwickeln können, die die Milch ungenießbar machen würden.

Der Mensch ist in der Lage, den Stoffwechsel der Milchsäurebakterien zur Herstellung verschiedener Produkte einzusetzen. Diese bekommen einen besseren Geschmack, sind leichter verdaulich und werden gleichzeitig noch konserviert. Aus Weißkohl entsteht dann z. B. Sauerkraut. Früher wurden so auch Bohnen und Gurken haltbar gemacht. In der Landwirtschaft wird das Grünfutter in luftdichten Silos gelagert. Durch Milchsäurebakterien entsteht *Silage*, die im Winter als gehaltvolles Viehfutter genutzt wird.

Lässt man mit Wasser bedecktes Hackfleisch bei Zimmertemperatur acht Tage stehen, tritt starker Fäulnisgeruch auf. Die Zersetzung eiweißhaltiger Nahrungsmittel erfolgt durch *Fäulnisbakterien*. Die notwendige Energie gewinnen sie durch den Abbau von Eiweiß ohne Sauerstoff. Dabei bilden sich Schwefelwasserstoff und Ammoniak. Vor dieser zersetzenden Tätigkeit der Bakterien schützt man Lebensmittel, indem man sie haltbar macht. Das geschieht mithilfe bestimmter *Konservierungsmethoden* (vgl. Tabelle). Konservierungsstoffe sind auf den Nahrungsmitteln mit E-Nummern gekennzeichnet. Die älteste Methode zur Konservierung ist der Zusatz von Säuren. So werden z. B. Salze der Essigsäure (E 263) als Säuerungsmittel im Spezialbrot verwendet. Neben dem Vorteil, Nahrungsmittel vor dem Verderben zu bewahren, gibt es beim Konservieren auch Nachteile wie Vitaminverlust und Geschmacksveränderungen.

Methode	Wirkung auf Bakterien	Lebensmittel
Dörren	verhindert Wachstum und Vermehrung durch Wasserentzug	Äpfel, Pflaumen, Fleisch, Fisch, Pilze
Pasteurisieren bei 75 °C Sterilisieren bei 120 °C	Abtöten der Bakterien und anderer Mikroorganismen	Milch, Wein, Apfelsaft, Bier, Dosenfleisch, Obst: Äpfel, Birnen, Quitten, unreife Stachelbeeren
Salzen (Pökeln) Zuckern	Abtöten der Bakterien durch den Entzug von Wasser und Zellsaftflüssigkeit	Fleisch, Fisch Marmelade, Gelee, Konfitüre
Einlegen in — Öl — Zucker/Alkohol — Zucker/Säuren (Weinessig)	Verhinderung des Bakterienwachstums	Käse Obst Obst, Kürbis, Gurken, Kräuter
Konservierungsstoffe	Abtöten der Bakterien	Wurst, Fleischwaren, Konserven, Säfte, Senf
Kühlen/Einfrieren	verhindert das Wachstum der Bakterien	alle Lebensmittel

Bakterien sind vielseitig

Bakterien sind nicht nur Krankheitserreger und eine Plage der Menschen, sondern auch nützliche und wichtige Bestandteile in unserer Umgebung und unserem Leben. Bakterien sind wichtig im Stoffkreislauf des Bodens, hier bauen sie altes Laub und anderes abgestorbenes Material in Wasser, Kohlenstoffdioxid und Mineralstoffe um. Auch in Gewässern sind sie für die Selbstreinigung des Wassers sehr wichtig, daher sind sie in Kläranlagen entscheidende Helfer bei der Abwasserreinigung.

Eine große Bedeutung haben die Mikroorganismen auch in der *Nahrungsmittelherstellung*. Milchsäurebakterien verwandeln Milch in Dickmilch, Quark oder Jogurt oder Weißkohl in Sauerkraut. In der Landwirtschaft werden die selben Prozesse zum Haltbarmachen des Grünfutters als Silage in Silos genutzt. Mithilfe der Essigsäurebakterien wird aus Wein Essig hergestellt.

Milchsäurebakterien werden mit der Milch frei Haus geliefert — in Frischmilch sind sie immer vorhanden. Diese Milch ist bereits das richtige Nährmedium für die Versuchsbakterien, die sich darin züchten lassen. Im Mikroskop kann man Milchsäurebakterien mit der stärksten Vergrößerung gut erkennen, wenn man sie mit Methylenblaulösung anfärbt. Man kann sie in Kugel- oder Stäbchenform entdecken.

Milchsäurebakterien sind für Menschen ungefährlich. Es ist bei den Versuchen jedoch darauf zu achten, dass sich während der Versuchsdurchführung und -beobachtung keine anderen Mikroorganismen auf dem Versuchsmaterial ansiedeln: *Fäulnisbakterien* erkennt man an dem muffigen Geruch, *Schimmelpilze* an einer weißlich bis grünlichen zusammenhängenden Schicht. Solche Versuche muss man sofort abbrechen!

Die benutzten Kulturen und Gefäße müssen von der Lehrkraft fachgerecht entsorgt werden.

Die Nährlösungen oder Gemüseschnitzel lassen sich auf dem Komposthaufen und evtl. auch in der Toilette mit dem Abwasser beseitigen, ohne dass sie dort Schaden anrichten können.

Dickmilch und Quark

Am einfachsten geht die Herstellung von Dickmilch, weil man nur etwas warten muss. Besorge frische Milch, fülle einen halben Liter portionsweise in große Tassen oder Trinkgläser und stelle diese in die Küche oder an die Heizung bei über 20 °C. Nach wenigen Stunden bis zu zwei Tagen wird sie von alleine dick. Dann kannst du die Milch mit etwas Marmelade oder Fruchtsirup auslöffeln.

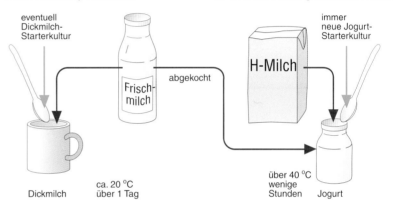

eventuell Dickmilch-Starterkultur

Frisch-milch

abgekocht

H-Milch

immer neue Jogurt-Starterkultur

Dickmilch — ca. 20 °C über 1 Tag

über 40 °C wenige Stunden — Jogurt

Rascher geht es, wenn du einen Esslöffel von bereits vorhandener Dickmilch in die Milch rührst, denn dann starten die Bakterienkulturen schneller. Beim längeren Stehen der Dickmilch trennt sich die wässrige *Molke* ab, der Rest wird fester. Schütte alles in ein feines Sieb. Die Molke tropft ab und übrig bleibt richtiger Quark.

Sauerkraut

Die Herstellung von Sauerkraut dauert länger und erfordert sauberes Arbeiten, damit nicht Schimmel unseren Versuch verdirbt. Einen kleinen Weißkrautkopf waschen, äußere Blätter wegwerfen, Schadstellen ausschneiden, mit dem Krauthobel oder der Küchenmaschine schnitzeln. Als Behälter eignet sich ein Steinguttopf mit 2 Liter Inhalt. Er wird mit kochendem Wasser ausgespült und so keimfrei gemacht. Nun eine Krautschicht 1 cm hoch einstampfen, darauf folgt ein Esslöffel Salz. So geht es weiter, bis im Topf nur noch etwas Platz ist. Auf das Kraut kommt ein Brett, mit einem Stein

beschwert, darüber wird ein Tuch gedeckt. Zu beachten dabei ist, dass alle diese Teile vorher in kochendem Wasser sterilisiert werden müssen. Im Keller reift in zwei Wochen die erste Mahlzeit heran.

Jogurt und Kefir

Jogurt ist ein Sauermilchprodukt aus dem Balkan. Heute ist Jogurt in vielerlei Variationen und Geschmacksrichtungen in den Geschäften zu kaufen. Zur Eigenproduktion eignen sich nur die Bakterienkulturen aus gekauftem Jogurt, der ohne Zusätze, nicht sterilisiert und möglichst frisch sein soll. Die Milch muss bereits pasteurisiert sein; Frischmilch müssen wir also erst abkochen. Ein Liter warme Milch wird mit einem Esslöffel Jogurt verrührt, portioniert und warm gestellt. Die Jogurt-Bakterien brauchen etwa 40 °C. In der Schule geht das im Wärmeschrank, zu Hause in der Backröhre oder im Jogurt-Gerät. Dafür dauert es nur wenige Stunden, bis unser Jogurt fertig ist.

Essig aus Wein

Wein, der längere Zeit offen steht, wird von alleine sauer. Im Weinkeller ist dieses Umkippen gefürchtet, denn manch guter Tropfen ist dann nur noch als Salatessig zu gebrauchen. Dabei verarbeiten *Essigsäurebakterien* den Alkohol. Sie brauchen dazu Sauerstoff aus der Luft. Anders ist es bei den Milchsäurebakterien, die ohne Sauerstoff auskommen.

Für unseren Versuch brauchen wir die sogenannte *Essigmutter*, das sind lappenförmige Kolonien von Essigsäurebakterien. Als Nährlösung empfiehlt sich ein einfacher, trockener Rotwein. Ein bauchiges Glasgefäß wird nur halb gefüllt und bleibt eine bis zwei Wochen nicht zu warm stehen. Dann können wir den Weinessig probieren und noch nach Geschmack mit Kräutern würzen.

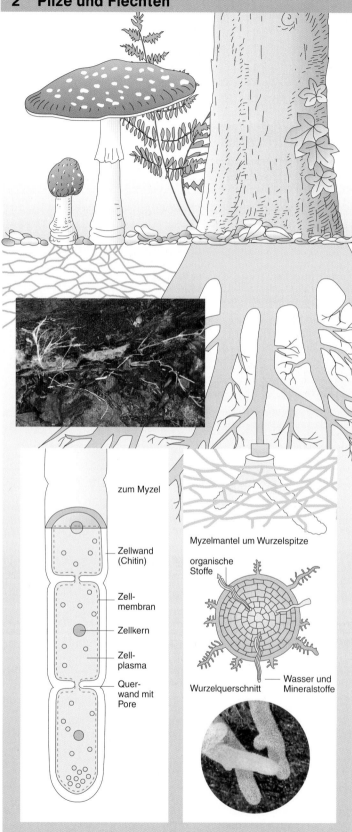

zum Myzel

Zellwand (Chitin)

Zell-membran

Zellkern

Zell-plasma

Quer-wand mit Pore

Myzelmantel um Wurzelspitze

organische Stoffe

Wurzelquerschnitt

Wasser und Mineralstoffe

Pilze, wie sie jeder kennt

Besonders im Herbst machen sich viele Pilz-sammler auf die Suche nach den begehrten *Speisepilzen*. Was sie mit einem Messer am Boden abschneiden und dann im Korb als „Pilze" nach Hause nehmen, verdient — ge-nau genommen — diesen Namen aber nicht! Es handelt sich dabei nämlich nur um die oberirdischen Fortpflanzungsorgane des Pilzes, seinen *Fruchtkörper*. Hebt man einen Fruchtkörper vorsichtig aus dem Boden, so zieht man dabei am Stielende stets zahlrei-che weißliche Fäden mit heraus. Diese Pilz-fäden nennt man *Hyphen*.

Im Mikroskop erkennt man, dass eine Hyphe aus vielen, hintereinander gereihten Zellen besteht. Schlauchartig umgibt eine chitin-haltige Zellwand diesen langen Zellfaden. Das Wachstum der Hyphen findet durch Zell-teilung an der Spitze statt. Verfolgt man ih-ren unterirdischen Verlauf, so zeigt sich, dass sich die Hyphen vielfach verzweigen und wieder zu Büscheln zusammenlagern. So entsteht ein weitläufiges Geflecht aus Hyphen, das *Myzel*. Dieses unterirdische Myzel ist der eigentliche Pilzorganismus.

Auf der Suche nach Nahrung durchwächst das Myzel ganzjährig den Boden. Jede Hy-phe sondert Stoffe aus, die in ihrer Umge-bung befindliche pflanzliche oder tierische Rückstände abbauen. Dabei frei werdende Nährstoffe werden dann durch die Zellwand hindurch in die Zellen aufgenommen. Es ge-lingt dem Myzel, selbst von anderen Orga-nismen nicht verwertbare Stoffe, z. B. Holz-bestandteile oder Horn, abzubauen. Weil sie auf diese Weise große Stoffmengen in den biologischen Kreislauf zurückführen und wieder für andere Organismen verwertbar machen, sind Pilze im Naturhaushalt wich-tige Zersetzer.

Neben Pilzen, deren Myzel nur totes Material abbaut, gibt es auch parasitische Arten. Sie befallen lebende Organismen.

Erfahrene Pilzsammler wissen längst, dass manche Pilzarten nur in der Umgebung be-stimmter Baumarten erscheinen. Der *Lär-chenröhrling*, die *Birkenkappe* oder der *Ei-chenreizker* haben daher ihre Namen erhal-ten. Untersucht man die Wurzelspitzen die-ser Bäume, dann zeigt sich, dass sie von ei-nem dichten Myzelmantel umwoben sind.

1 Fliegenpilz

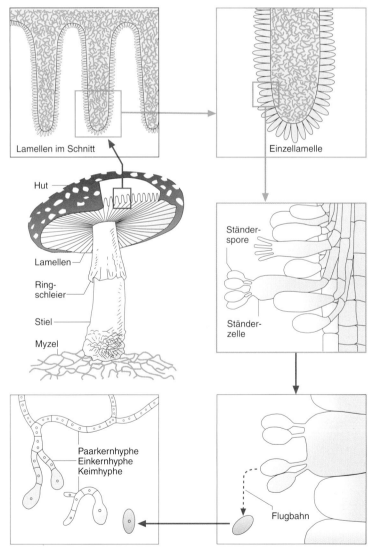

Lamellen im Schnitt

Einzellamelle

Hut

Lamellen

Ring-
schleier

Stiel

Myzel

Ständer-
spore

Ständer-
zelle

Paarkernhyphe
Einkernhyphe
Keimhyphe

Flugbahn

2 Fortpflanzung und Entwicklung bei einem Ständerpilz

Einzelne Hyphen dringen sogar bis in die Wurzelrinde vor. Diese Wurzelverpilzung nennt man *Mykorrhiza*.

Die Vermutung liegt nun nahe, dass das Myzel der Mykorrhiza und die an die Baumart gebundenen Fruchtkörper zum gleichen Pilz gehören. Der Nachweis dafür gelang in einem Laborversuch. Aus Fruchtkörperstückchen des *Lärchenröhrlings* züchtete man unter sterilen Bedingungen ein Myzel. Genauso zog man Lärchensämlinge auf pilzfreiem Boden auf. Impfte man nach einigen Wochen den Wurzelbereich der Bäumchen mit dem Myzel, so bildete sich bald die typische Mykorrhiza.

Welche Vorteile bietet die Mykorrhiza für Pilz und Baum? Einerseits entziehen die Hyphen der Pflanze Kohlenhydrate zu ihrer eigenen Ernährung, andererseits verbessern sie die Versorgung des Baumes mit Wasser und Mineralstoffen (Symbiose). So ist es nicht verwunderlich, dass etwa vier Fünftel aller Landpflanzen eine Mykorrhiza besitzen! Besonders auf mineralstoffarmen Böden können sich Pflanzen ohne symbiontischen Mykorrhizapilz nur schlecht entwickeln.

Fortpflanzung der Ständerpilze

Pilze pflanzen sich durch *Sporen* fort. Beim Fliegenpilz entstehen diese auf der Hutunterseite des Fruchtkörpers an den blättrigen *Lamellen*. An der Lamellenoberfläche stehen zahlreiche *Ständerzellen*. An ihrer Spitze schnüren sie an kurzen Stielen (Ständern) die *Ständersporen* ab. Auf einem Quadratzentimeter stehen etwa 250 000 Ständerzellen mit je 4 Ständersporen!

Die reifen Ständersporen fallen aus den Lamellen heraus und werden vom Wind mitgerissen. Bei genügend hoher Temperatur und Feuchtigkeit keimen sie aus. Jede Zelle einer solchen Keimhyphe besitzt einen einzelnen Zellkern. Man spricht von *Einkernhyphen*. Treffen zufällig zwei mit verschiedenem Erbmaterial ausgestattete Einkernhyphen aufeinander, so verschmelzen ihre Spitzen. Dabei entsteht eine Zelle mit zwei Zellkernen. Aus ihr entwickelt sich ein ganzes *Paarkernmyzel*. Bei hohem Nahrungsangebot, ausreichender Feuchtigkeit und Wärme bringt das Myzel die aus zahllosen Paarkernhyphen zusammengesetzten Fruchtkörper hervor.

Alle Pilze, die Sporen an Ständerzellen bilden, zählen zu den *Ständerpilzen*.

1 Speisemorchel

Die Speisemorchel — ein Schlauchpilz

Speisemorcheln gehören zu den von Feinschmeckern besonders geschätzten Pilzen. Am häufigsten findet man sie an Waldrändern oder in Auwäldern in der Nähe von Erlen, mit denen sie häufig Mykorrhizen bilden. Die hohlen Fruchtkörper erscheinen im Frühjahr. Sie bestehen aus einem blassen Stiel, der einen bräunlichen, glockenförmigen Hut mit zahlreichen Gruben trägt.

Bei einer mikroskopischen Untersuchung der Hutoberfläche sucht man vergebens nach Ständerzellen. Vielmehr entstehen die Sporen bei der Speisemorchel im Inneren besonders langer Zellen, den *Schlauchzellen*. Explosionsartig werden die *Schlauchsporen* nach ihrer Reifung mit Überdruck aus der Schlauchzelle geschleudert.

Das sich aus den Schlauchsporen entwickelnde Myzel besteht ausschließlich aus Einkernhyphen. Bei der Bildung der Fruchtkörper lagern sich die Hyphen zu dichten Bündeln aneinander und formen Stiel und Hut. Erst unmittelbar unter der Hutoberfläche verschmelzen jeweils zwei Hyphenspitzen zu einer Paarkernhyphe. Nach kurzem Wachstum entsteht an deren Ende dann eine Schlauchzelle, in der meist acht einkernige Schlauchsporen reifen.

Weltweit zählen über 45 000 verschiedene Pilzarten zum Stamm der *Schlauchpilze*! Die Schlauchpilze sind damit vor den Ständerpilzen (30 000 Arten) die größte Verwandtschaftsgruppe unter den Pilzen. Ihr gemeinsames Merkmal ist die Bildung der Sporen in Schlauchzellen.

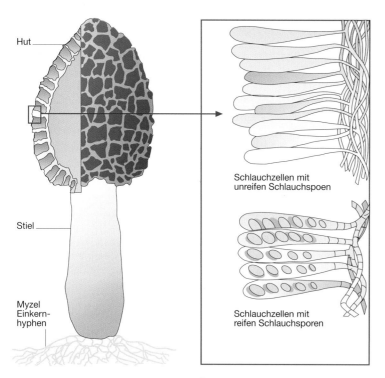

Hut

Stiel

Myzel
Einkern-
hyphen

Schlauchzellen mit
unreifen Schlauchspoen

Schlauchzellen mit
reifen Schlauchsporen

Aufgaben

(1) a) Fertige beschriftete Zeichnungen der Zellen von Pflanzen, Tieren und Pilzen an.
   b) Erstelle eine Tabelle, in der die lebensnotwendigen Umweltbedingungen und Ernährungsweisen von Pflanzen, Tieren und Pilzen aufgeführt sind.
   c) Warum zählt man die Pilze weder zum Pflanzenreich noch zum Tierreich?
(2) Nenne die verschiedenen, bei den Ständerpilzen vorkommenden Fruchtkörpertypen. Gib jeweils eine Pilzart als Beispiel an! (vgl. Lexikon Seite 34/35)
(3) Angenommen, alle Pilze auf der Erde würden plötzlich absterben. Beschreibe die Folgen.

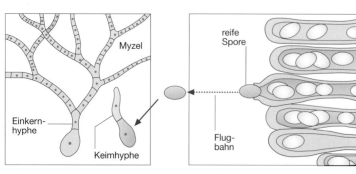

Myzel

reife
Spore

Einkern-
hyphe

Keimhyphe

Flug-
bahn

2 Fortpflanzung und Entwicklung bei einem Schlauchpilz

Untersuchungen an Pilzen

Sporen von Ständerpilzen

Farbe, Form und Größe der Sporen sind die kennzeichnenden Merkmale einer jeden Pilzart.

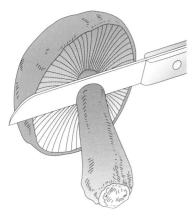

Die Sporen eines Ständerpilzes kann man auf folgende Weise gewinnen: Schneide bei einem frischen, reifen Fruchtkörper den Hut unmittelbar am Stielansatz ab. Lege ihn mit seiner Unterseite auf ein weißes Blatt Papier und überdecke ihn zum Schutz vor möglichen Luftströmungen mit einer Schüssel oder einem Glas. Über Nacht entsteht ein sogenanntes *Sporenbild* aus den abgefallenen, reifen Sporen.
Notiere die Farbe der Sporenbilder verschiedener Hutpilze!

Übertrage mit einer Messerspitze etwas Sporenpulver in einen Tropfen Wasser auf einem Objektträger. Betrachte die Ständersporen bei größter Vergrößerung im Mikroskop.

Miss, falls vorhanden, mit einem Okularmikrometer ihren Durchmesser und notiere Farbe und Oberflächenbeschaffenheit. Skizziere eine einzelne Spore.

Zuchtchampignon – Ständerzellen

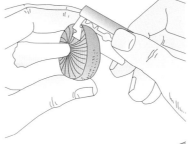

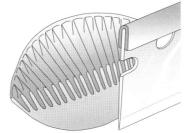

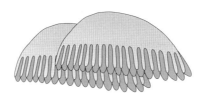

Fertige in der abgebildeten Weise möglichst dünne Querschnitte von den Lamellen eines *Zuchtchampignons* oder eines anderen Lamellenpilzes.

Überführe die Schnitte in einen Tropfen Wasser auf einem Objektträger. Lege ein Deckglas auf. Betrachte die Schnitte zunächst bei geringer Vergrößerung und zeichne eine Übersichtsskizze.

Stelle dann durch sanften Druck mit dem Daumen ein Quetschpräparat her. Überschüssiges Wasser wird mit Fließpapier abgesaugt. Suche bei stärkster Vergrößerung nach Ständerzellen mit reifen (braunen) und unreifen (farblosen) Ständersporen und zeichne sie.

Hinweis: Ständerzellen des Zuchtchampignons tragen je zwei Ständersporen. Besseren Bildkontrast erhält man, wenn man statt Wasser eine Lösung des Farbstoffes Trypanblau verwendet. Trypanblau färbt die Zellwände der Hyphen blau.

Schlauchzellen der Wandflechte

Die gelbe *Wandflechte* mit ihren orangeroten Fruchtkörpern ist auf Mauern oder Straßenbäumen häufig anzutreffen. Ohne Zerstörung der Flechte kann man die Fruchtkörper ablösen, indem man ein Stück Klebeband auf sie drückt und sie dann mit einer Messerspitze vorsichtig von der Unterlage abschabt.

Befeuchte mit einem Pinsel einen einzelnen, auf dem Klebeband haftenden Fruchtkörper und warte, bis er das Wasser aufgenommen hat und weich geworden ist. Fertige dann dünne Schnitte und überführe sie in einen Tropfen Wasser auf dem Objektträger. Lege ein Deckglas auf und begutachte bei kleinster Vergrößerung, ob die Schnitte dünn genug sind. Stelle dann durch sanften Druck mit dem Daumen ein Quetschpräparat her. Überschüssiges Wasser wird mit Fließpapier abgesaugt. Betrachte den Schnitt bei größter Vergrößerung und suche nach Schlauchzellen. Zeichne eine einzelne Schlauchzelle mit Schlauchsporen. Setze dann einen Tropfen Iod-Kaliumiodid-Lösung neben den Deckglasrand und sauge ihn mit Fließpapier unter das Deckglas. Was ist zu beobachten? Versuche, durch weiteren sanften Druck auf das Deckglas Schlauchsporen aus den Schlauchzellen auszupressen.

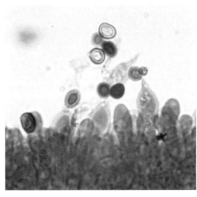

1 Ständerzellen des Zuchtchampignons mit unreifen Sporen, daneben reife Sporen (Trypanblaufärbung)

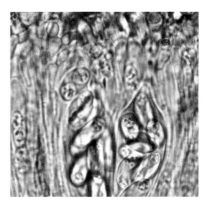

2 Schlauchzellen einer Flechte mit Schlauchsporen (Färbung in Iod-Kaliumiodid-Lösung)

Pilze

Wildpilze sammeln — noch zeitgemäß?

Manche früher häufigen Pilze sind durch rücksichtsloses Sammeln selten geworden. Dabei braucht heutzutage niemand auf Pilzgerichte zu verzichten, denn überall sind Zuchtpilze, wie *Champignon* oder *Austernpilz*, erhältlich. Zuchtpilze weisen zudem keine Belastung mit giftigen Schwermetallen und radioaktiven Stoffen auf.

Wer trotzdem sammelt, sollte unbedingt die folgenden **Regeln** einhalten:
— Fruchtkörper zum Schutz des Myzels abschneiden, nicht ausreißen!
— Nur sicher bekannte und zweifelsfrei essbare Pilze sammeln!
— Bei Verdacht auf Pilzvergiftung: **Notruf 110** und Arzt oder Krankenhaus anrufen.

Achtung! Eine zuverlässige Unterscheidung von giftigen und ungiftigen Pilzen ist allein mit den Angaben in diesem Lexikon nicht möglich!

Ständerpilze

Der **Feldchampignon** trägt, wie andere Lamellenpilze, blättrige Lamellen auf seiner Hutunterseite. Er wächst oft massenhaft auf Viehweiden und ist, wie viele andere Champignonarten, ein beliebter Speisepilz. Immer wieder kommt es allerdings zu Todesfällen durch Verwechslung von Champignons mit dem giftigen *Grünen Knollenblätterpilz!* Einziges sicheres Unterscheidungsmerkmal ist die Farbe der Lamellen. Beim Knollenblätterpilz sind sie immer weiß, bei jungen Champignons sind sie rosa, bei älteren schokoladenbraun.

Der **Grüne Knollenblätterpilz** ist ein Mykorrhizapilz von Eichen. Allerdings können seine Fruchtkörper auch noch viele Meter weit von der nächsten Eiche entfernt erscheinen, z. B. direkt neben Champignons auf einer Wiese.

Der **Steinpilz**, ein *Röhrenpilz*, ist durch Sammeln selten geworden. Die Unterseite des Pilzhutes wird von einer leicht abtrennbaren, 1 bis 3 cm dicken Röhrenschicht gebildet, die zunächst weiß, später gelblich gefärbt ist und sich im Gegensatz zu anderen Pilzarten bei Druck nicht bläulich verfärbt. Eine Zucht dieses geschätzten Speisepilzes ist bisher noch nicht gelungen.

Büschelig steht der **Hallimasch** auf Stümpfen oder am Grund noch lebender Bäume. Er ist als Forstschädling gefürchtet. Sein parasitisches Myzel dringt zwischen Rinde und Holz vor und tötet dabei lebende Bäume ab.

Der Hut des **Flockenstieligen Hexenröhrlings**, der dem giftigen *Satansröhrling* sehr ähnlich sieht, ist braun oder graubraun. Die Röhren auf der Hutunterseite und der Stiel sind rot, das Fruchtfleisch gelblich gefärbt.

Schmetterlingstrameten bilden keine Stiele aus. Die oberseits bunt gezonten Fruchtkörper bedecken dachziegelartig die Schnittflächen alter Laubbaumstümpfe.

Bei *Bauchpilzen* wie dem **Flaschenstäubling** werden die Ständersporen im Inneren des Fruchtkörpers gebildet. Tritt man auf einen reifen Stäubling, so zerbirst er und das enthaltene Sporenpulver stäubt empor.

Der **Pfifferling** oder **Eierschwamm** gehört zu den *Leistenpilzen*. Seine Leisten laufen weit am Stiel herab. Er ist ein beliebter Speisepilz, der angenehm riecht und einen pfefferartigen Geschmack hat (Name).

Die Fruchtkörper des **Orangeroten Becherlings** erscheinen in manchen Jahren massenhaft auf Waldwegen oder Böschungen. Bei geringster Berührung der Becherinnenseite werden die Schlauchsporen ausgeschleudert.

Der **Habichtspilz**, ein *Stachelpilz*, kommt vor allem in Nadelwäldern vor und ist essbar. Sein Hut ist mit graubraunen, schollenartigen Schuppen bedeckt, die gewisse Ähnlichkeit mit dem Gefieder eines Habichts haben.

Ständersporen des **Tintenfischpilzes** wurden vermutlich mit australischer Wolle etwa im Jahr 1920 nach Europa eingeschleppt. In Deutschland taucht er vor allem in warmen Laubwaldgebieten auf. Seine 5 bis 13 „Arme" sind mit einem übel riechenden, sporenhaltigen Schleim überzogen.

Schlauchpilze

Von den winzigen, kugeligen Fruchtkörpern des **Zinnoberroten Pustelpilzes** übersäte dünne Äste von Laubgehölzen kann man während des ganzen Jahres finden.

Die **Geweihförmige Holzkeule** ist auf faulenden Baumstümpfen ganzjährig zu finden. Am Grund ihrer Stiele trägt sie kugelige, schwarze Fruchtkörper.

Die teuersten aller Pilzdelikatessen sind **Trüffeln**. Es handelt sich bei ihnen um unterirdische Fruchtkörper, in deren Innerem Schlauchzellen entstehen. Angelockt von ihrem starken Duft, graben Waldtiere die Trüffeln aus. Die mitgefressenen Schlauchsporen überstehen den Verdauungsvorgang unbeschadet. Für die Suche nach Trüffeln werden vom Menschen Hunde und Schweine besonders abgerichtet.

Wegen seiner gummiartig zähen Fruchtkörper zählt der **Klebrige Hörnling** zu den *Gallertpilzen*. Er erträgt gewisse Austrocknung. Man findet ihn häufig auf Fichtenstümpfen.

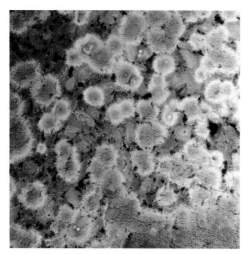

1 Verschimmeltes Brot

Schimmelpilze

Fest eingepackt unter der Schulbank vergessen: ein häufiges Pausenbrotschicksal! Nach wenigen Tagen schon kann das Brot völlig *verschimmelt* sein. Ein dichter, weißer Filz überzieht es dann. An seiner Oberfläche erkennt man etwas später ein feines, vom leisesten Lufthauch mitgerissenes Pulver. Im Mikroskop erweist sich der wattige Filz als dichtes Gewirr von Hyphen. Solch ein *Luftmyzel* besitzen alle als „Schimmel" bezeichneten Pilze. Schimmelpilze können auf unterschiedlichsten Nährböden leben. Sie besiedeln z. B. Kot, feuchten Tapetenkleister, Leder und Lebensmittel. Auch auf abgestorbenen Organismen, wie z. B. Pflanzenresten, leben als Fäulnisbewohner oder *Saprophyten* Schimmelpilze, die auf diese Weise zum Abbau toter Organismen beitragen.

Zu den häufig auf Brot und Marmelade vorkommenden Schimmelpilzen gehören Arten der *Pinselschimmel (Penicillium)*. Feuchtigkeit und Wärme vorausgesetzt, dringen ihre aus den Sporen keimenden Hyphen rasch in den Nährboden vor. Erst wenn der Nährboden, z. B. ein Brot, ganz durchwachsen ist, streben die Hyphen zur Oberfläche und bilden das Luftmyzel. Hier entstehen dann die meist grünlichen Sporen. Bei Pinselschimmel werden sie an den Spitzen verzweigter *Sporenträger* fortgesetzt abgeschnürt. Sie werden in so hoher Zahl freigesetzt, dass sie in der Luft allgegenwärtig sind.

2 Pinselschimmel, Sporenträger

Ein gutes Mittel im Kampf gegen Nahrungskonkurrenten sind die vom Myzel der Schimmelpilze ausgeschiedenen *Schimmelgifte*, z. B. das *Penicillin* der Pinselschimmel. Sie hemmen das Wachstum von Bakterien. Als *Antibiotika* sind sie im Kampf gegen bakterielle Krankheiten unersetzlich. Allerdings bergen die Schimmelgifte auch für den Menschen höchste Gefahr. So bilden auf Erdnüssen vorkommende Schimmelpilze die stärksten aller natürlichen Gifte, die *Aflatoxine*.

Völlig ungefährlich sind die bei der Käseherstellung verwendeten *Edelschimmel*, wie *Camembert*- oder *Roquefortschimmel*. Man schätzt den würzigen Geschmack, den sie dem reifen Schimmelkäse verleihen.

Aufgabe

1 Bei geringsten erkennbaren Schimmelspuren sollen Lebensmittel unbedingt und vollständig weggeworfen werden! Erkläre, warum dies notwendig ist.

3 Schimmelkäsesorten

Hautpilze — lästige Begleiter

Vorsichtigen Schätzungen zufolge trägt ungefähr jeder dritte Mensch in Mitteleuropa einen *Fußpilz* als ständigen Weggefährten mit sich herum. An befallenen Hautstellen dringen dessen Hyphen in die Oberhaut ein. Sie ernähren sich dort vom Abbau des Horns. Dabei wird eine Abwehrreaktion des Körpers ausgelöst, die zu lästigem Jucken, Hautrötung und Bläschenbildung führt. Schädigt man die Haut zusätzlich durch Kratzen, so können eitrige Wundentzündungen folgen.

Feuchtigkeit und Wärme sind, wie bei allen Pilzen, die idealen Bedingungen für das Wachstum der Hyphen in der Haut. Fußpilzbefall beginnt deshalb häufig in den Zehenzwischenräumen. Besonders in öffentlichen Bädern steckt man sich leicht mit Fußpilz an, da jeder Mensch ständig Hautschuppen verliert. Bei Fußpilzkranken sind darin Bruchstücke der Hyphen enthalten. Gesunde Personen sammeln diese dann beim Barfußlaufen auf. Werden die Füße vor dem Ankleiden gründlich desinfiziert, gewaschen und getrocknet, so bleibt ein Badbesuch ohne lästige Folgen. Andernfalls gelingt es den Hyphen in kurzer Zeit, in die gesunde Haut einzuwachsen.

Zu warme Strümpfe oder Schuhe, die undurchlässig für Fußschweiß sind, schaffen beste Voraussetzungen für eine rasche Entwicklung des Fußpilzes. Durch die Benutzung gleicher Handtücher für Füße und Hände wird der Pilz auch leicht auf andere Hautbereiche verschleppt. Während der langwierigen Behandlung eines Fußpilzes mit Medikamenten ist deshalb besondere Hygiene unerlässlich.

Hautpilze vermehren sich zusätzlich auch durch Sporen, die von den Hyphen an der Hautoberfläche abgeschnürt werden. Diese Sporen können ebenso wie Hyphenbruchstücke z. B. in Erde, an Grashalmen, Schuhen oder in ungekochter Wäsche lange Zeit überdauern.

Aufgaben

1. Stelle Verhaltensregeln zur Vorbeugung einer Fußpilzerkrankung auf.
2. Hautärzte empfehlen Barfußlaufen als Vorbeugung gegen Fußpilzerkrankungen. Erkläre, warum!
3. Wie sollten sich Fußpilzkranke in öffentlichen Bädern verhalten?

Spore

Hyphe

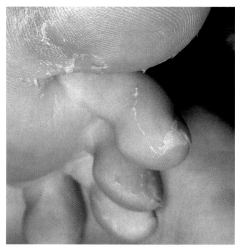

1 Fußpilz

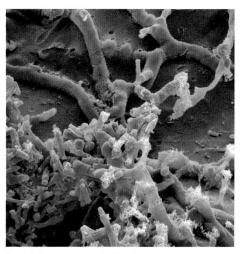

2 Fußpilzhyphen in der Haut

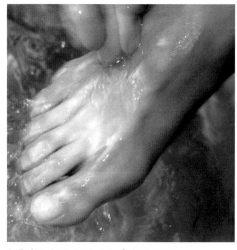

3 Fußhygiene nach dem Schwimmen

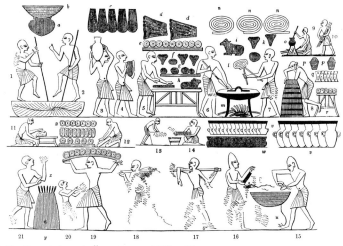

1 Brotherstellung in Ägypten um 1175 v. Chr.

Hefen — wertvolle „Mitarbeiter" des Menschen

Bereits vor Jahrtausenden verwandte man *Hefepilze* zur Herstellung von alkoholischen Getränken und gesäuertem Brot. Darstellungen des Back- und Brauhandwerkes findet man schon auf Wandbildern in ägyptischen Grabstätten, die um 2400 v. Chr. entstanden.

Die erste Schilderung über das Aussehen der Hefepilze stammt von ANTONIE VAN LEEUWENHOEK (1632—1723), dem Pionier der Mikroskopie. Er sah in einer Probe aus gärendem Bier kugelige Gebilde, die sich zu größere Verbänden zusammengeschlossen hatten. Er schrieb dazu im Jahr 1680: „Einige von diesen kleinen Teilchen schienen rundlich zu sein, andere hatten unregelmäßige Formen. Es gab große und kleine und manche kamen mir vor, als würden sie aus drei oder vier Teilchen bestehen."

Erst im Jahre 1876 konnte LOUIS PASTEUR in seinem klassischen Werk „Studien über das Bier" den charakteristischen Stoffwechselprozess beschreiben, den Hefen durchführen, die *alkoholische Gärung.* Er hatte während seiner Forschungsarbeiten erkannt, dass Hefezellen in einer Zuckerlösung ohne Sauerstoff, d. h. unter anaeroben Bedingungen, leben können. Hefezellen zersetzen dabei den Zucker, es entstehen Kohlenstoffdioxid (Bläschenbildung) und Alkohol (Geruch). Bei der Herstellung von Hefegebäck oder Brot wirkt das im Verlauf der Gärung entstehende Kohlenstoffdioxid als Treibmittel, der Teig „geht auf". Der Alkohol verdampft während des Backens.

Gärung
Energie liefernde Stoffwechselprozesse von Mikroorganismen unter anaeroben Bedingungen

Wegen ihrer chitinhaltigen Zellwand und des Fehlens von Chloroplasten ist die Zuordnung von Hefezellen zu den Pilzen unzweifelhaft. Im Gegensatz zur Mehrzahl aller Pilze bilden Hefen jedoch keine Hyphen.

Die natürlichen Lebensräume der Hefen sind nährstoffhaltige Flüssigkeiten, z. B. zuckerhaltige Pflanzensäfte. Die Wachstumsweise der Hefen ist diesem leicht beweglichen, geringen Halt oder Schutz bietenden Lebensraum angepasst. Aus einer Ausstülpung in der Zellwand einer Hefezelle wächst eine Tochterzelle heran, die zuletzt abgeschnürt wird. Dieser Vorgang der *Sprossung* wiederholt sich unter günstigen Bedingungen, wie einer bestimmten Temperatur und hohem Nährstoffangebot, vielfach. Kommt es zu keinen heftigen Bewegungen in der Nährflüssigkeit, entsteht so eine verzweigte Kette aus locker aneinander haftenden Zellen, das *Sprossmyzel.*

Werden die Hefezellen voneinander losgerissen, kann jede von ihnen jedoch auch einzeln überleben und zu einem neuen Sprossmyzel heranwachsen. Auf diese Weise kommt es zu einer sehr schnellen Vermehrung und Ausbreitung der Hefe in einer Nährflüssigkeit.

Sind die Nährstoffe in der Flüssigkeit aufgebraucht oder verdunstet das Wasser, wandelt sich ein Teil der Zellen in Schlauchzellen um. Diese wiederum setzen Schlauchsporen frei, die mit ihrer dicken Zellwand auch längere Trockenheit überdauern können. Unter günstigen Bedingungen können sie wieder keimen.

2 Sprossende Hefe

Lexikon

Industrieller Einsatz von Hefen

Hefen sind wie alle Pilze nicht zur Fotosynthese fähig. Daher müssen sie die zur Aufrechterhaltung ihrer Lebensvorgänge notwendige Energie aus dem Abbau energiereicher Nährstoffe gewinnen. Unter Aufnahme von Sauerstoff setzen sie — wie andere heterotrophe Organismen — z. B. Kohlenhydrate zu den energiearmen Stoffen Kohlenstoffdioxid und Wasser um. Fehlt jedoch der Sauerstoff, dann können die allermeisten Heterotrophen selbst bei einem Überangebot an Nährstoffen nicht leben. Ganz anders die Hefezellen: Sie überleben, selbst wenn der im Wasser gelöste Sauerstoff restlos aufgebraucht ist! Sie sind dann aber gezwungen, ihren Stoffwechsel auf „Sparflamme" umzustellen. Ohne Sauerstoff werden die *Kohlenhydrate* zu *Kohlenstoffdioxid* und *Alkohol* umgesetzt. Man sagt, es findet eine *alkoholische Gärung* statt. Dieser Prozess liefert allerdings eine verhältnismäßig geringe Energieausbeute. Deshalb wachsen die Hefezellen in Abwesenheit von Sauerstoff nur wenig.

Die wirtschaftliche Bedeutung des Einsatzes von Hefen ist enorm. Im Durchschnitt isst jeder Bundesbürger pro Jahr 180 kg Brot; jährlich werden in Europa über 300 Mio. Hektoliter Wein und 500 Mio. Hektoliter Bier hergestellt! Daneben werden Hefen in modernen Verfahren zur Herstellung von chemischen Rohstoffen eingesetzt.

Der Mensch hat die außergewöhnliche Fähigkeit der Hefe also für verschiedene Zwecke nutzbar gemacht. Dabei werden heutzutage für die unterschiedlichen Einsatzbereiche jeweils besondere, eigens gezüchtete Heferassen verwendet. Diese Heferassen gehören alle zur gleichen Hefeart *Saccharomyces cerevisiae*.

Brotherstellung

Unser täglich *Brot* — es entsteht aus Weizen- oder Roggenmehl, Wasser, etwas Salz, wenig Zucker und, nicht zu vergessen, etwas **Backhefe**. Beim Kneten wird aus diesen Zutaten ein zäher, klebriger Teig. Der Bäcker schiebt die Brotlaibe in eine „Gärkammer", wo sie bei einer Temperatur um 25 °C und hoher Luftfeuchtigkeit „gehen" sollen. Er schafft damit ideale Wachstums- und Vermehrungsbedingungen für die Hefezellen, die einen Teil der *Mehlstärke* zunächst zu Kohlenstoffdioxid und Wasser abbauen.

Wenn dann der Sauerstoffvorrat verbraucht ist, setzt die alkoholische Gärung Kohlenstoffdioxid und Alkohol frei. Aus dem zähen Teig kann das Kohlenstoffdioxid nicht entweichen. Es sammelt sich in Gasblasen. Unter Größenzunahme entsteht so ein lockerer, weicher Schaum. Beim Backen treibt der verdampfende Alkohol den Teig weiter auf, bevor er langsam erhärtet.

Der Hauptzweck des Einsatzes von Backhefe ist also die Bildung von Kohlenstoffdioxid und Alkohol, die als Treibgas dienen sollen. Daneben verbessert die Hefe Geschmack und Aroma des Brotes und reichert es mit Vitaminen an.

Weinherstellung

Früchte, wie Trauben oder Äpfel, tragen auf ihrer Oberfläche stets zahlreiche Mikroorganismen sowie Schlauchsporen und einzelne Zellen wilder Heferassen. Beim Keltern von Wein beimpft man allerdings den aus den Trauben gepressten Most gezielt mit eigens gezüchteten **Weinheferassen**. Je höher der in Öchsle-Graden gemessene Zuckergehalt des Mostes ist, desto mehr Alkohol kann bei der alkoholischen Gärung entstehen. Bekannterweise ist Alkohol aber ein starkes Zellgift. Nach Überschreiten eines gewissen Alkoholgehaltes im reifenden Wein verringern die Hefezellen ihre Stoffwechseltätigkeiten. Der Gärprozess kommt damit von selbst zum Erliegen. Höhere Alkoholgehalte, z. B. bei Dessertweinen, werden durch Zugabe von reinem Alkohol erreicht. Unvergoren zurückbleibende Kohlenhydrate *(Restsüße)* verleihen dem Wein einen mehr oder weniger süßen Geschmack („lieblich" bzw. „trocken"). Um trockenen Weinen einen lieblicheren Geschmack zu verleihen, wird ihnen unvergorener Traubensaft zugesetzt.

Bierherstellung

Bierbrauen ist eine ebenso traditionsreiche Kunst wie die Weinkelterei. Das dabei von der **Brauhefe** in großen Gärbottichen vergorene Kohlenhydrat ist der *Malzzucker*. Dieser entsteht bei der Keimung von Gerste oder Weizen aus der im Korn enthaltenen Stärke. Seinen besonderen Geschmack bekommt das Bier durch die Zugabe von Hopfen.

Flechten — eine Symbiose zwischen Pilzen und Algen

Oft findet man auf Steinen oder auf der Rinde von Bäumen krustenartige Gebilde. Es sind Flechten. Neben diesen *Krustenflechten* gibt es auch *Blattflechten, Bartflechten* und *Strauchflechten*.

Ein Geflecht aus *Pilzfäden* bildet das Gerüst der Flechte. Dieses ist innen lockerer als außen, wo die Pilzfäden sich sehr dicht zusammenschließen können. Dadurch sind die Einzelfäden nur noch schwer oder gar nicht mehr zu unterscheiden. Im Inneren erkennt man kleine, grüne Zellen. Das sind einzellige *Algen*. Die sehr dicht zusammenliegenden Pilzfäden schließen den Flechtenkörper nach außen ab und bestimmen auf diese Weise die Gestalt der Flechte.

Welche biologische Bedeutung hat das Zusammenleben von Pilz und Alge im Flechtenkörper? Flechten wachsen auf Unterlagen, die kaum Nährstoffe zur Verfügung stellen. Pilze müssen diese jedoch aus der Umgebung aufnehmen, da sie keine Fotosynthese betreiben können. Das aber können die im Flechtenkörper eingeschlossenen Algen. Sie stellen mithilfe von Sonnenlicht aus Kohlenstoffdioxid und Wasser energiereiche Kohlenhydrate her, die nicht nur für den eigenen Stoffwechsel verbraucht, sondern auch dem Pilz zur Verfügung gestellt werden. Aber auch die Algen profitieren von diesem Zusammenleben. Sie erhalten über den Pilz Wasser und Mineralstoffe, die über dessen Oberfläche aufgenommen werden. Flechten sind also ein weiteres Beispiel für eine *Symbiose*. Die enge Wechselbeziehung wird auch im mikroskopischen Bild sichtbar: die Pilzfäden befinden sich in einem sehr engen Kontakt mit den Algen, sodass der Stoffaustausch erleichtert wird.

Flechten wachsen vor allem dort, wo häufig Regenwasser herabläuft, sodass die Wasser- und Mineralstoffversorgung sichergestellt ist. Manche Flechtenarten können aber auch sehr lange ohne Wasser auskommen. Flechten wachsen nur sehr langsam. Andererseits können Flechten sehr alt werden. Da Flechten extreme Bedingungen ertragen können, gehören sie zu den *Erstbesiedlern* von Lebensräumen. Man spricht deshalb von *Pionierpflanzen*. Wenn später der Untergrund durch das Wachstum der Flechten und durch klimatische Einflüsse genügend verwittert ist, können auch ander Pflanzen diesen Lebensraum besiedeln.

1 Flechten an einem Baum

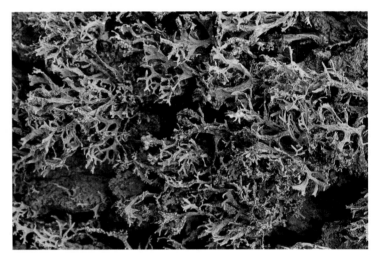

2 Strauchflechte

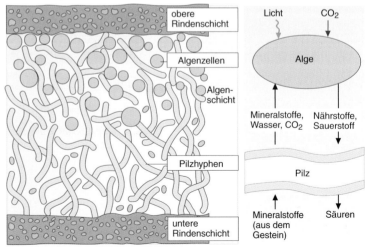

3 Aufbau einer Flechte

Flechten als Bioindikatoren

Mit modernen Messgeräten wird die Belastung der Luft mit schädigenden Gasen sehr genau kontrolliert. Noch so genaue physikalische Messwerte geben jedoch keine Antwort auf die Frage nach den langfristigen Auswirkungen der Schadstoffe auf die Gesundheit von uns Menschen und die anderer Lebewesen.

Flechten reagieren besonders empfindlich auf die Belastung der Luft. Sie sind den Schadstoffen, anders als etwa Laubblätter, langfristig und insbesondere auch in der schadstoffreichen Winterzeit ausgesetzt. Ein Ausbleichen und letztlich das Absterben des Lagers sind die beobachtbaren Folgen der Schadstoffwirkung. Kennt man das Ausmaß, in dem eine ganz bestimmte Flechtenart Schadstoffe erduldet, so kann man sie in Untersuchungen über die Luftverschmutzung als *Bioindikator* („lebender Zeiger") benutzen.

Aufnahme der Flechtenvegetation

Suche im Untersuchungsgebiet, z.B. einem Park oder Waldstück, die Stämme mit best entwickeltem Flechtenbewuchs aus. Halte die Lage der Probebäume auf einem Plan fest. Sie sollten möglichst eine glatte Borke und einen aufrechten Wuchs besitzen; gut eignen sich meist Buchen.

Befestige mit Reißzwecken in Augenhöhe eine Klarsichtfolie um den Probestamm. Notiere den Stammumfang an Ober- und Unterkante der Folie. Bestimme mit einem Kompass die Nordrichtung und vermerke sie auf der Folie.

A. rot: *Staubartige Kuchenflechte*
B. orange: *Krustenflechten*
C. blau: *Blasenflechte*
D. schwarz: *Blattflechten*
E. grün: *Strauchflechten*

Hinweis: Die Unterscheidung der graugrünen Lager der *Staubartigen Kuchenflechte* von den lauchgrünen Matten der Luftalge *Desmococcus* ist oft schwer. Suche in solchen Fällen mit einer Lupe (ca. 10 x vergrößert) die gelblichen Fruchtkörper der Kuchenflechte!

Auswertung

Lege die Folien über kariertes Papier und ermittle die Flächen der einzelnen Lager durch Zählen der umgrenzten Kästchen. Berechne daraus, welcher prozentuale Anteil an der gesamten untersuchten Stammfläche von den einzelnen Flechten bewachsen wird. Sammle die Daten aller Probebäume in einem vorbereiteten Formular.

Bewertung

In der oben genannten Reihenfolge von **A.** nach **E.** nimmt die Fähigkeit der Flechten, Luftschadstoffe zu ertragen, ab. Hohe Flächenanteile ungeschädigter Strauchflechtenlager zeigen deshalb geringste Luftverschmutzungen an. Ist nur noch die *Staubartige Kuchenflechte* mit kleinen Lagern zu finden, dann muss von höchster Schadstoffbelastung der Luft ausgegangen werden. Bei noch größerem Luftverschmutzungsgrad überlebt allein *Desmococcus*.

Untersuchungsmöglichkeiten

Durch gleichzeitige Untersuchungen der Flechtenvegetation an mehreren Orten einer Stadt oder Region kann mit dieser Methode unterschiedliche Luftreinheit ermittelt werden. Durch wiederholte Aufnahmen und den Vergleich der Ergebnisse lassen sich Belastungsänderungen über Jahre erkennen und festhalten.

1   Matten der Luftalge **Desmococcus** intensiv grün, meist pulverig, die Ränder der Alge sind schlecht abgegrenzt

2   **Kuchenflechte**
(*Lecanora conizaeoides*)
eine Krustenflechte; die Lager sind graugrün bis grünlich, körnig oder warzig; oft runde Fruchtkörper

3   **Blasenflechte**
(*Hypogymnia physodes*)
eine Blattflechte; Lageroberfläche grau, glatt; Lagerunterseite braun, runzelig

4   **Pflaumenbaumflechte**
(*Evernia prunastri*)
eine Strauchflechte; die Lageroberseite ist grün, runzelig; die Lagerunterseite weiß)

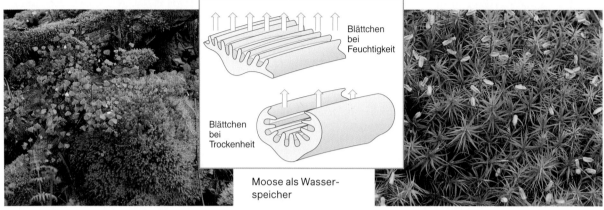

Blättchen bei Feuchtigkeit

Blättchen bei Trockenheit

Moose als Wasserspeicher

1 Moospolster bedecken den Boden

2 Frauenhaarmoos

Moose — Pflanzen des Waldbodens

Bei einem Waldspaziergang fallen oft grüne Polster auf, die den Waldboden bedecken. Es sind *Moose*. Für eine genauere Untersuchung eines Mooses eignet sich das bei uns häufig vorkommende **Frauenhaarmoos**. Entnimmt man einem Moospolster vorsichtig ein Pflänzchen, findet man am unteren Ende feine Fäden, die dieses im Boden verankern. Richtige Wurzeln sind diese Fäden allerdings nicht, denn sie nehmen kaum Wasser auf. Somit kann auch nur wenig Wasser durch den Stängel geleitet werden. Er besitzt nur einfach gebaute Wasserleitungsstränge, die nicht sehr leistungsfähig sind.

Zur Wasseraufnahme dienen hauptsächlich die Blätter, über die Moose tatsächlich innerhalb kurzer Zeit große Mengen Wasser aufsaugen können. Auf der Oberseite der Blätter befinden sich außerdem *Lamellen*, zwischen denen Wassertropfen festgehalten werden können. Dieser Wasservorrat verhindert einige Zeit das Austrocknen bei ausbleibendem Regen. Während langer Trockenperioden können Moose sogar fast ganz austrocknen, ohne abzusterben. Beim nächsten Regen ergrünen sie wieder.

Moose haben im Wald eine wichtige Aufgabe: Sie können schnell große Wassermengen aufnehmen und dann langsam wieder an die Umgebung abgeben. So speichern sie Wasser und schützen den Waldboden, den sie bedecken, vor Austrocknung. Moose, die wie das Frauenhaarmoos in *Stängel* und *Laubblättchen* gegliedert sind, zählt man zu den *Laubmoosen*.

Einen ganz anderen Bauplan als die Laubmoose besitzt das **Brunnenlebermoos**. Es besteht aus einem flachen Pflanzenkörper, der dem Boden dicht anliegt. *Lebermoose* sind nicht in Stamm und Blättchen gegliedert. Das Brunnenlebermoos findet man an ständig feuchten Stellen, wie zum Beispiel schattigen Bachrändern.

Aufgabe

1. Lasse ein Moospolster eintrocknen und wiege es. Lege das Moospolster anschließend einen Tag lang ins Wasser, lasse es abtropfen und wiege es erneut. Vergleich die Ergebnisse und erkläre.

2 Brunnenlebermoos

Moose sind Pionierpflanzen

Moose lassen sich in den verschiedensten Lebensräumen finden. Die unscheinbaren Pflänzchen sind in Wäldern und Mooren weit verbreitet, aber auch auf Wiesen und Heideflächen, im Gebirge und in Städten sind sie häufig anzutreffen. Sie wachsen auf dem Boden, an Baumstämmen und sogar auf blankem Gestein.

Im Nadel- oder Mischwald sind Moose häufiger als im Laubwald, da sie hier alljährlich von Falllaub bedeckt werden. Es ist für den ungeübten Betrachter sehr schwer, die vielen verschiedenen Arten auseinander zu halten. Das *Weißmoos* allerdings ist leicht zu erkennen. Seine weißlich grün schimmernden Polster sind in unseren Wäldern auf kalkarmen Böden regelmäßig zu finden.

Oft sind Felsen von Polstern kleiner, anspruchsloser Moosarten überwachsen. Zuerst siedeln Algen und Flechten auf dem ehemals nackten Gestein. Zwischen den Flechtenkrusten keimen dann die ersten Moospflänzchen, die zwar langsam wachsen, aber im Laufe der Zeit immer breitere und höhere Moospolster bilden. Diese speichern nicht nur Wasser, sondern bilden dadurch, dass sie oben immer weiter wachsen und unten absterben, fruchtbaren Humus. Es dauert Jahrzehnte, bis diese *Erstbesiedelung* abgeschlossen ist. Auf diese Art und Weise aber wird der Boden vorbereitet, auf dem später anspruchsvollere Pflanzen keimen und wachsen können.

Unter den Moosen gibt es regelrechte *Kulturfolger*, die in Zementfugen, in Mauerritzen und sogar auf Dachziegeln gedeihen. Zu diesen Moosen gehört z.B. das *Kissenmoos*. Es wird kaum höher als einen Zentimeter und bildet dicht geschlossene, mausgrau schimmernde Polster, die überall auf Mauerkronen zu finden sind. Diese Moose können wochenlange Trockenperioden überstehen, ohne abzusterben.

Die graue Farbe kommt durch eine Besonderheit der Moosblättchen zustande. Ihre Mittelrippe setzt sich in eine lange chlorophyllfreie Spitze, das *Glashaar*, fort. Daran schlägt sich nachts Tau nieder. Dieses Wasser wird dann in das Blatt aufgenommen oder vom gesamten Polster wie von einem Schwamm festgehalten. Auch das *Mauerdrehzahnmoos* und das *Bartmoos*, die wie das Kissenmoos trockene Mauern besiedeln, besitzen Glashaare.

1 Moospolster auf Felsen

2 Polster vom Weißmoos

3 Moosblättchen mit Glashaar

Farne — blütenlose Kräuter des Waldes

Neben Gräsern und krautigen Blütenpflanzen findet man im Wald unter den Bäumen häufig auch *Farne.* Während sich die blühenden Kräuter noch meist leicht unterscheiden lassen, muss man bei den blütenlosen Farnen schon genauer hinsehen. Die beiden häufigsten einheimischen Arten, Adlerfarn und Wurmfarn, kann man jedoch an ihrer Wuchsform gut erkennen.

Der **Adlerfarn** kann über zwei Meter lange, aus Blattstiel und Blatt bestehende *Wedel* bilden, die einzeln den Waldboden durchbrechen. Sie sind zwei- bis dreifach gefiedert und derb. Diese Art kommt vor allem an lichten Stellen des Waldes vor und überwuchert in Schonungen oft sogar die jungen Bäume. Der Name Adlerfarn stammt von der adlerähnlichen Figur, die man an der Schnittfläche eines abgeschnittenen Wedels erkennt.

Dort, wo es schattig und feucht ist, wächst der **Wurmfarn** oft in ausgedehnten Beständen. Seine Wedel können über einen Meter lang werden und stehen kreisförmig geordnet zusammen. Die zahlreichen *Fiederblättchen* sind zart und dünnhäutig. Der Wurmfarn ist fest mit einem *Erdspross,* von dem die Wurzeln und Triebe ausgehen, im Boden verankert. Dass er Teil des Sprosses ist, erkennt man an seitlich noch vorhandenen Resten abgestorbener Wedel. Auf der Unterseite des Erdsprosses entspringen die Wurzeln, welche das lebensnotwendige Wasser aus dem Boden aufnehmen und über gut ausgebildete Wasserleitungsbahnen den Blättern zuführen. Im Herbst stirbt der oberirdische Teil des Farns ab, während der unterirdische Teil als Speicherorgan überwintert. An der Spitze des Erdsprosses treiben im Frühjahr die neuen Blätter, die beim Durchbrechen des Bodens zunächst eingerollt und von braunen *Spreuschuppen* umhüllt sind.

Beim Wurm- und Adlerfarn ist der Bau der Blätter ähnlich, sie sind mehrfach gefiedert. Andere Farne zeigen eine deutlich abweichende Blattform, wie zum Beispiel die **Hirschzunge**, die recht selten vorkommt und deshalb unter Naturschutz steht. Ihre in einer Rosette stehenden Blätter sind ungeteilt, zungenförmig und höchstens 50 Zentimeter lang. An Felsen und sogar in Mauerfugen wächst, wenn die Beschattung durch Bäume nicht zu groß ist, die *Mauerraute,* deren Blätter zwei- bis vierfach gefiedert sind.

1 Adlerfarn

2 Wurmfarn

3 Hirschzunge

1 Rekonstruktion eines Sumpfwaldes vor ca. 300 Millionen Jahren

Farne vor Jahrmillionen

Die Pflanzendecke der Erdoberfläche wandelte sich im Laufe der Erdgeschichte. Wie uns zahlreiche Fossilienfunde zeigen, bestand die Flora vor etwa 300 Millionen Jahren in der Steinkohlezeit, dem *Karbon*, überwiegend aus riesigen Bärlappbäumen, Baumschachtelhalmen und Baumfarnen. Kleine Formen dieser Pflanzen gibt es auch heute noch. Den Unterwuchs der Sumpfwälder bildeten Farne und Moosfarne. Im Wasser entwickelten sich verschiedene Schachtelhalmarten zu röhrichtähnlichen Beständen. Aus den Pflanzen dieser Urwälder entstanden durch Luftabschluss und Druck im Laufe von Jahrmillionen mächtige Schichten aus Steinkohle, die *Steinkohlelager*.

Durch das mehrfache Absinken des Bodens drang das Meer zu den Urwäldern vor und die Pflanzen versanken im Flachwasser. Unter Sauerstoffabschluss wandelten Bakterien und andere Kleinstlebewesen das Pflanzenmaterial in Torf um. Flüsse und Bäche transportierten Geröll, Sand und Schlamm in die Senken und füllten sie langsam auf. Dies führte zu einer Druck- und Temperaturerhöhung in der Erdkruste. So bildete sich über einen Zeitraum von etwa 53 Millionen Jahren hinweg aus dem Torf die Braun- und die Steinkohle.

Unter ähnlichen Voraussetzungen entstand auch das *Erdöl*. Große Mengen an abgestorbenen Pflanzen- und Tierresten sanken unverwest auf den Meeresboden. Fäulnisbakterien bildeten daraus eine mächtige Faulschlammschicht. Unter hohem Druck der

fossa, lat. = das Grab

auflagernden Deckschichten und hohen Temperaturen von ca. 200 °C entstanden Erdöl und Erdgas. Die Energie aus dem Erdöl und der Kohle stammt demnach von der Fotosynthese der Pflanzen vor Millionen von Jahren. Wenn wir also mit dem Auto fahren, unsere Wohnung heizen und Strom aus Kraftwerken verbrauchen, nutzen wir gespeicherte Sonnenenergie. Diese *fossile Energie* ist nicht regenerierbar — sie steht uns daher nur für einen begrenzten Zeitraum zur Verfügung.

Aufgabe

① Erkundige dich bei deinem Geografielehrer nach Kohle- oder Erdöllagerstätten in deiner Heimat. Trage sie in einer geografischen Karte ein.

2 Fossiler Farnabdruck

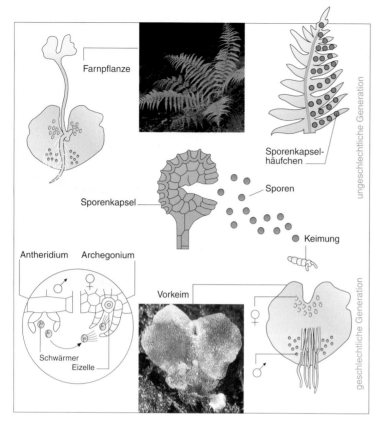

ungeschlechtliche Generation

Farnpflanze

Sporenkapsel-häufchen

Sporen

Sporenkapsel

Keimung

Antheridium   Archegonium

Vorkeim

geschlechtliche Generation

Schwärmer
Eizelle

1 Generationswechsel beim Wurmfarn

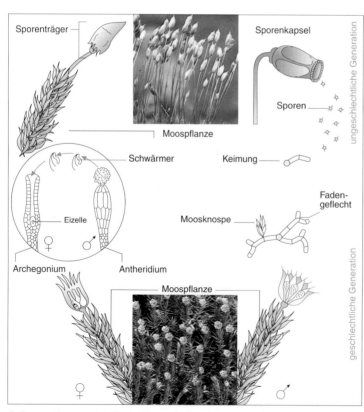

Sporenträger

Sporenkapsel

ungeschlechtliche Generation

Moospflanze

Sporen

Schwärmer

Keimung

Faden-geflecht

Eizelle

Moosknospe

Archegonium   Antheridium

Moospflanze

geschlechtliche Generation

♀   ♂

2 Generationswechsel beim Frauenhaarmoos

Fortpflanzung bei Moosen und Farnen

Sowohl bei Moosen als auch bei Farnen werden in Sporenkapseln Sporen für die Fortpflanzung gebildet. Sie befinden sich bei Farnen an der Unterseite der Farnwedel und sind durch ein Häutchen geschützt, das zur Zeit der Reife durch Aufplatzen die Sporen freigibt.

Moose dagegen tragen die Sporenkapsel gestielt auf der Pflanze. Bei Sporenreife fallen die Sporen heraus und keimen beim nächsten Regen aus. Es entstehen weißliche Fadengeflechte, aus denen sich die männliche und weibliche Pflanze entwickeln. An der Spitze der Pflanze bilden sie die männlichen Geschlechtsorgane *(Antheridien)* oder die weiblichen Geschlechtsorgane *(Archegonien)*. Im Antheridium werden *Schwärmer* (männliche Geschlechtszellen) gebildet, die mithilfe von Wasser zur Eizelle im Archegonium schwimmen und sie befruchten. Aus der befruchteten Eizelle wächst auf der Moospflanze die gestielte Sporenkapsel heran.

Aus den Sporen bei **Farnen** entsteht bei ausreichender Feuchtigkeit ein blattähnlicher *Vorkeim*, an dessen Unterseite sich die männlichen und weiblichen Geschlechtsorgane befinden. Auch hier werden die Schwärmer von der Eizelle angelockt. Sie schwimmen mithilfe ihrer Geißeln zur Eizelle und befruchten diese. Aus der befruchteten Eizelle entwickelt sich eine neue Pflanze, die wieder Sporen produziert.

Bei Moosen und Farnen liegt eine besondere Form der Fortpflanzung vor, die als *Generationswechsel* bezeichnet wird. Die Teile der Pflanze, die Geschlechtszellen bilden, nennt man die *Keimzellengeneration* oder auch die *geschlechtliche Generation*. Die Teile der Pflanze, die Sporen bilden, nennt man die *Sporengeneration* oder auch *ungeschlechtliche Generation*. Weil sich beide abwechseln, spricht man von einem *Generationswechsel*.

Bei Farnen ist die Keimzellengeneration an der Unterseite des Vorkeims in Form männlicher und weiblicher Geschlechtsorgane zu finden. Die Sporengeneration ist die gesamte Farnpflanze mit Sporenkapseln. Bei Moosen ist die Keimzellengeneration mit ihren Geschlechtsorganen an der Spitze der Pflanze zu erkennen. Die Sporengeneration besteht aus dem Sporenträger mit der Sporenkapsel.

Moose, Farne und Verwandte

Torfmoos *(Sphagnum)*. Die hellgrünen oder rötlichen Pflanzen tragen an der Spitze schopfartig verzweigte, beblätterte Seitenäste. Spezielle Wasserzellen können große Wassermengen aufnehmen und speichern. Nach ergiebigen Regenfällen geben sie das Wasser gleichmäßig an Boden und Luft ab. Die abgestorbenen Teile bilden im Inneren eines Polsters unter Luftabschluss im Laufe von Jahrhunderten den Torf, aus dem die ausgedehnten Flachmoore Norddeutschlands entstanden und die Hochmoore in den Hochlagen und Gebirgen aufgebaut sind.

Lebermoos. Neben den Laubmoosen gibt es die zweite Gruppe der Lebermoose. Dieses an feuchten Stellen, im Spritzwasser der Bäche oder an Quellen häufige Moos ist nicht in Stängel und Blättchen gegliedert. Es hat einen flächigen, gelappten Körper und vermehrt sich außerdem durch Brutkörperchen.

Brauner Streifenfarn. Er ist ein typischer Besiedler von Mauerritzen und Felsspalten. Auch auf solch trockenen Standorten kommen Farne vor; nur zur Befruchtung und Sporenkeimung ist Feuchtigkeit nötig. Am dunkelbraunen Stiel sitzen rundliche Fiederblättchen, auf deren Unterseiten die Sporenkapseln in braunen Streifen angeordnet sind (Name!).

Andere Farne. Der *Adlerfarn* wird auf Waldlichtungen über 2 m hoch und ist damit unser größter Farn; er überwuchert in Schonungen die jungen Bäume und ist kaum zu beseitigen. Die *Hirschzunge* hat ungeteilte, immergrüne Wedel in Zungenform; daher der Name. Die schattenliebende Pflanze kommt in feuchten Schluchten vor und wird als Zimmerpflanze kultiviert. In den tropischen Regenwäldern wachsen Farne sogar auf den Bäumen.

Bärlapp. Das immergrüne Pflänzchen kriecht am Boden und trägt aufrechte, gabelig verzweigte Triebe, die ringsum beblättert sind. Gelbgrüne Blättchen an den ährenförmigen Enden tragen die Sporenkapseln. Die wenigen einheimischen Bärlapparten sind feuchtigkeits- und schattenliebend.

Im März und April findet man häufig auf sandigen Böden und Grasplätzen unverzweigte, blassgelbe bis rotbraune Triebe. Sie sind etwa 30 cm hoch und der hohle, längs gefurchte Stängel besteht aus mehreren gleichartigen Abschnitten. Diese Glieder sind durch Knoten gegeneinander abgegrenzt.

Zieht man an dem Stängel, so reißt er leicht im Bereich dieser Knoten. Man erkennt dann, dass ein Kranz von miteinander verwachsenen Laubblättern diesen Stängelteil umschließt. An der Spitze des Triebes schließlich befindet sich ein verdickter, ährenförmiger Sporenträger. Wir haben den *Frühjahrstrieb* vom **Ackerschachtelhalm** vor uns. Nach dem Ausstreuen der Sporen sterben die Frühjahrstriebe ab. Aus dem unterirdischen Spross des Ackerschachtelhalms wachsen nun grüne *Sommertriebe* hervor.

Warum fünf Reiche?

Früher sprach man nur von zwei großen Reichen: den Pflanzen und Tieren. Überschneidungen bei den einzelligen Lebewesen zeigen allerdings die Fragwürdigkeit dieser Einteilung. Da unser Wissen über Bau und Funktion der Organismen durch die fortschreitende Technik der Elektronenmikroskopie und der Biochemie wesentlich umfassender geworden ist, spricht man heute von fünf Reichen, die auf drei Ebenen organisiert sind:
— *kernlose Einzeller*, d.h. Lebewesen ohne abgegrenzten Zellkern,
— *echte Einzeller* mit einem Zellkern
— *vielzellige Lebewesen*, die in *Pflanzen*, *Pilze* und *Tiere* eingeteilt werden.
Kernlose Einzeller lassen sich durch Mikroskopieren eindeutig erkennen. Ihre Zuordnung ist deshalb problemlos.

Pflanzen, Pilze und Tiere sind auf jeden Fall vielzellige Organismen, deren Zellen in verschiedenen Geweben zusammengefasst sind und die deutliche Arbeitsteilung zeigen. Die Lebewesen dieser drei Reiche unterscheiden sich untereinander in der Art ihrer Fortpflanzung und vor allem in ihrer Ernährung. Pflanzen sind in der Regel *autotroph* und können Fotosynthese betreiben. Tiere sind *heterotroph*. Sie nehmen die Nahrungsbrocken in ihren Körper auf, um sie dort zu verdauen. Pilze sind ebenfalls heterotroph; sie scheiden aber ihre Verdauungssäfte nach außen hin ab und nehmen die verwertbaren Stoffe aus ihrer Umgebung auf. Sie besitzen kein eigenes Verdauungssystem.

Alle anderen Lebewesen zählt man zum Reich der echten *Einzeller*. Dieser deutsche Begriff ist nicht ganz zutreffend, da zum Beispiel auch mehrzellige Lebewesen wie Zellkolonien dazu gezählt werden. Dieses Reich umfasst also auch Übergangsformen zwischen den Einzellern und den vielzelligen Pflanzen, Pilzen und Tieren.

Da unsere Kenntnisse in vielen Bereichen der Biologie immer mehr zunehmen, wird auch das System der Lebewesen ständig weiterentwickelt. So kommt es durchaus vor, dass manche Forscher auch andere Einteilungen als die hier dargestellten vornehmen. Das wesentliche Anliegen der Systematik aber bleibt es, eine Ordnung zu schaffen, die der natürlichen Verwandtschaft der Organismen entspricht.

Alle Lebewesen besitzen bestimmte Kennzeichen, nämlich Bewegung, Wachstum, Reizbarkeit, Fortpflanzung und Stoffwechsel. Außerdem sind sie aus Zellen aufgebaut. Nicht so die *Viren*.

Viren haben zwar einige Kennzeichen lebender Systeme, besitzen jedoch keinen eigenen Stoffwechsel. Sie können sich nur in lebenden Zellen vermehren. Die Einordnung der Viren in die hier dargestellten fünf Reiche der Lebewesen ist deshalb zur Zeit noch unklar.

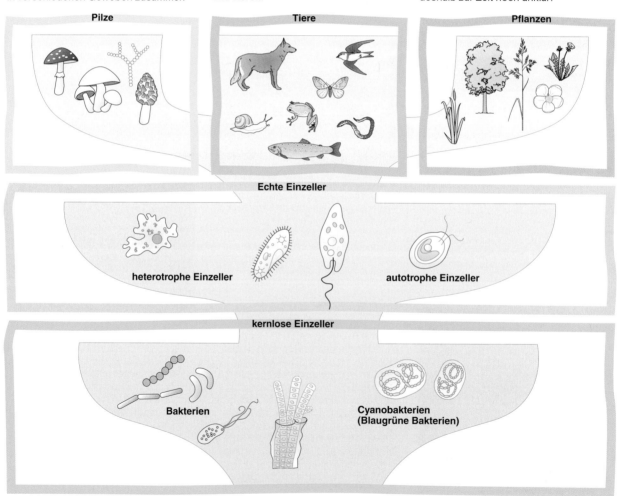

Pilze

Tiere

Pflanzen

Echte Einzeller

heterotrophe Einzeller

autotrophe Einzeller

kernlose Einzeller

Bakterien

Cyanobakterien (Blaugrüne Bakterien)

Das Reich der Einzeller ohne Zellkern

Es gibt Lebewesen, deren Zellen besonders einfach aufgebaut sind. Ihnen fehlt ein deutlich abgegrenzter Zellkern. Außerdem besitzen sie keine Mitochondrien und keine Plastiden. Sie sind in der Regel nur ein bis zehn Mikrometer groß. Sie heißen *kernlose Einzeller*. Zu ihnen gehören mehrere Stämme:

Echte Bakterien ernähren sich in der Regel *heterotroph*. Unter günstigen Bedingungen vermehren sie sich durch einfache Zweiteilung sehr rasch. Sie sind andererseits in der Lage, mithilfe von Dauersporen ungünstige Verhältnisse zu überleben. Je nach Art vollbringen Bakterien erstaunliche Stoffwechselleistungen.

Blaugrüne Bakterien *(Cyanobakterien)* können Fotosynthese betreiben, sie sind *autotroph*. Vor einer Milliarde Jahren haben sie sich bereits auf der Erde entwickelt. Es gibt zwei Klassen, nämlich kugelförmige und fadenförmige Cyanobakterien.

Kernlose Einzeller (3 600 Arten)

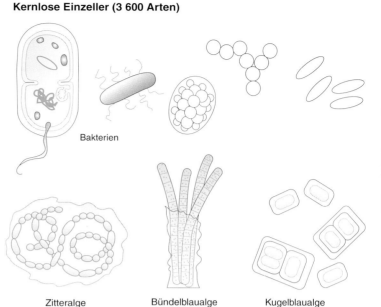

Bakterien

Zitteralge   Bündelblaualge   Kugelblaualge

Das Reich der Einzeller mit Zellkern

Einzellige Lebewesen mit einem Zellkern, der von einer Kernmembran umschlossen ist, bezeichnen wir kurz als **Einzeller**. Sie vermehren sich meistens durch ungeschlechtliche Teilung. Zahlreiche dieser Lebewesen besitzen kein Chlorophyll. Sie ernähren sich heterotroph und werden — historisch bedingt — als *tierische Einzeller* bezeichnet.

Wurzelfüßer wie die Amöbe bewegen sich mit Scheinfüßchen fort. Die **Wimpertierchen** (z. B. *Pantoffeltierchen)* benutzen ihre vielen Wimpern zur Fortbewegung. Sie besitzen mit Groß- und Kleinkern zwei Zellkerne. **Geißeltierchen** , z. B. der Erreger der Schlafkrankheit, besitzen eine oder mehrere Geißeln. Eine Sonderstellung nehmen die *Augengeißeltierchen* ein. Sie leben überwiegend autotroph, ohne Beleuchtung können sie sich auch heterotroph ernähren. **Kieselalgen** und **Jochalgen** besitzen Chlorophyll und können Fotosynthese betreiben. Diese einzelligen Algen dienen im Plankton als Nahrung für viele Wassertiere.

Als Bindeglied zu den Pflanzen kann man die *Kugelalge Volvox* ansehen, deren Zellen sich nach der Teilung nicht voneinander lösen, sondern als Kolonie zusammenbleiben und eine erste Art von Arbeitsteilung besitzen. Vielzellige *Grün-* und *Rotalgen* werden nicht als echte Pflanzen bezeichnet, obwohl sie ihnen äußerlich ähneln.

Einzeller mit Zellkern (20 000 Arten)

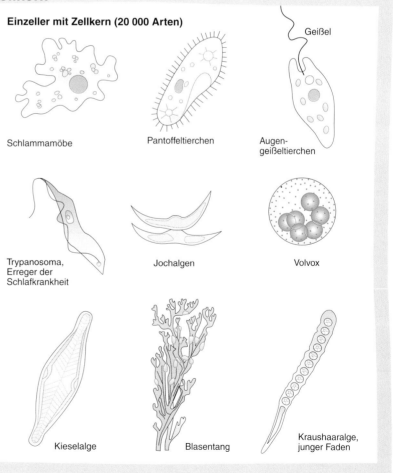

Geißel

Schlammamöbe   Pantoffeltierchen   Augengeißeltierchen

Trypanosoma, Erreger der Schlafkrankheit   Jochalgen   Volvox

Kieselalge   Blasentang   Kraushaaralge, junger Faden

Das Reich der Pilze

Der vielzellige Körper der Pilze besteht aus einem Fadengeflecht, dem **Myzel**. Viele Pilze sind Fäulnisbewohner, einige leben parasitisch, andere in Symbiose mit bestimmten Organismen. Die Ernährung ist *heterotroph*, d. h. zur Ernährung wird organische Substanz benötigt, die außerhalb des Körpers verdaut wird. Pilze vermehren sich durch Sporen.

Zu den **Schlauchpilzen** gehören viele *Schimmelpilze*. Ihre Sporen sind fast allgegenwärtig, sodass sie sich bei ausreichendem Nährstoffangebot, Feuchtigkeit und Wärme schnell entwickeln *(Pinselschimmel, Mutterkorn)*.

Einige **Niedere Pilze** sind an der Fäulnis von Obst beteiligt, wie der *Blauschimmel* (Aspergillus). Andere treten als Krankheits-

Pilze (70 000 Arten)

Schlauchpilze

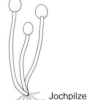

Jochpilze

Flechten

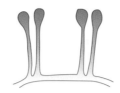

Köpfchenschimmel

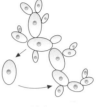

Hefe

Mutterkorn

Das Reich der Pflanzen

Moospflanzen sind vielzellige Landpflanzen, die überwiegend feuchte Standorte bevorzugen. Sie sind in der Regel in Moosstämmchen, Blättchen und wurzelähnliche Fortsätze gegliedert. Gegenüber den mehrzelligen Algen besitzen sie eine größere Zahl unterschiedlicher Gewebe.

Lebermoose kommen nur an Standorten mit extrem hoher Luftfeuchtigkeit vor. Sie wachsen flächig und lappenförmig, eine Gliederung in Stämmchen und Blätter fehlt meist *(Brunnenlebermoos)*.

Laubmoose sind deutlich gegliedert. Sie wachsen oft dicht nebeneinander, wodurch gewölbte Polster oder Moosrasen entstehen, wie zum Beispiel beim *Waldbürstenmoos, Torfmoos* und *Sternmoos*.

Farne sind in Wurzel und Spross gegliedert. Das Leitgewebe ermöglicht den Wassertransport bis in die Blätter. Das Festigungsgewebe hält die Pflanzen aufrecht und Spaltöffnungen regulieren den Wasserhaushalt. So sind Farnpflanzen gut an das Landleben angepasst.

Schachtelhalme besitzen einen hohlen, gegliederten Spross mit quirlförmig angeordneten Seitenverzweigungen. Die Sporen entwickeln sich wie beim Riesenschachtelhalm in ährenförmigen Sporenständen.

Bärlappe wie der Kolbenbärlapp sind gabelig verzweigt. Ihre immergrünen Blättchen sitzen spiralig am Spross. Fossile Farnarten bildeten früher riesige Wälder.

Moospflanzen (26 000 Arten)

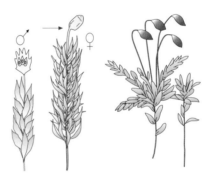

Waldbürstenmoos

Sternmoos

Brunnenlebermoos

Torfmoos

Farnpflanzen (12 000 Arten)

Wurmfarn

Kolbenbärlapp

Ackerschachtelhalm

erreger in Erscheinung. Eine Penicilliumart liefert den Grundstoff für das Medikament Penicillin, eine andere Art wird bei der Herstellung des Roquefort-Käses eingesetzt.

Die **Ständerpilze** *(Hutpilze)* sind der bekannteste Stamm des Pilzreiches, denn der Fruchtkörper, der sich aus dem unterirdischen Myzel entwickelt, ist sehr auffällig *(Champignon, u. a.)*.

Manche Pilzarten leben in Symbiose mit einzelligen Algen bzw. mit Cyanobakterien. Diese „Doppellebewesen" heißen **Flechten**. Der Pilz sorgt für Wasser und Mineralsalze, die Alge liefert Kohlenhydrate durch die Fotosynthese. Flechten sind Erstbesiedler von blankem Fels oder erkaltetem Vulkangestein. Die gelbe Wandflechte besiedelt Mauern oder Baumstämme.

Bovist

Morchel

Birkenporling

Pfifferling

Steinpilz

Knollenblätterpilz

Blütenpflanzen sind *Sprosspflanzen*, die meist an Land vorkommen. Sie bilden geschlechtliche Fortpflanzungszellen. Nach der Bestäubung entwickelt sich aus dem Pollenkorn ein Pollenschlauch, der bis zur Samenanlage vordringt. Ein Kern des Pollenschlauches befruchtet die Eizelle, dann reift der *Samen*. Die *Blütenpflanzen* sind in zwei *Unterabteilungen* gegliedert: **Bedecktsamer**, ihre Samenanlagen sind im Fruchtblatt eingeschlossen, und **Nacktsamer**, ihre Samenanlagen liegen frei auf einer Fruchtschuppe.

Alle Nacktsamer sind *Bäume*. Ihre Blätter sind schuppen- oder nadelförmig *(Nadelhölzer)*. Die Bestäubung der eingeschlechtlichen Blüten erfolgt stets durch den Wind. Dafür werden riesige Pollenmengen gebildet. Die Samen entwickeln sich nach der Befruchtung auf der Oberseite der Fruchtblätter. Meist bilden die zusammenstehenden Fruchtblätter einen Zapfen (z. B. Kiefer).

Bedecktsamer kommen als *Kräuter, Sträucher* oder *Bäume* vor. Die Blüten sind bei den meisten Arten zwittrig, die Blütenblätter sind häufig auffällig gefärbt. Die Bestäubung erfolgt meist durch Insekten oder durch den Wind. Man unterscheidet die Klasse der **Zweikeimblättrigen** mit häufig vier- bzw. fünfzähligen Blüten und netzadrigen Blättern. Hierzu gehören die meisten Pflanzen, die du kennst, z. B. auch die Sonnenblume. Die Klasse der **Einkeimblättrigen** besitzt meist dreizählige Blüten und paralleladrige Blätter, ein Beispiel ist die Tulpe. Auch alle Gräser und Getreidearten sind einkeimblättrige Pflanzen.

Blütenpflanzen: Nacktsamer (800 Arten)

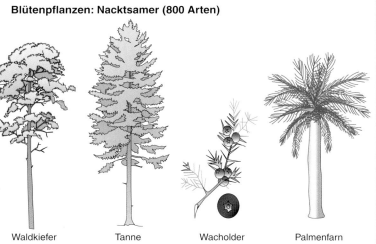
Waldkiefer   Tanne   Wacholder   Palmenfarn

Blütenpflanzen: Bedecktsamer (226 000 Arten)

Sommerlinde   Heckenrose   Sonnenblume   Tulpe   Gänseblümchen   Rispengras

Fotosynthese

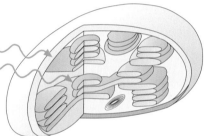

Chloroplast

Wasser

Stofftransport

Pflanzen-organe

Mammutbäume können bis zu 132 Meter hoch wachsen. Sie haben dabei einen Stammdurchmesser von bis zu 11 Metern. Diese Riesenbäume keimen aus winzigen Samen und wachsen in 3000 bis 4000 Jahren zu den Baumriesen heran. Die Energie für dieses Wachstum stammt aus der Sonne.

Pflanzen blühen, bilden Früchte und Samen. Auch für diese Vorgänge benötigen die Pflanzen Energie.

Menschen und Tiere ernähren sich von den Produkten der Pflanze — z. B. den Früchten und Samen. Auch die Duft- und Aromastoffe der Pflanzen werden vom Menschen genutzt.

Bau und Funktion der Wurzel

Bei dem Aufbau der Pflanzen unterscheidet man die unterirdische *Wurzel* und den *Spross* oberhalb der Erde. Der Spross gliedert sich in *Sprossachse, Blätter* und *Blüte.* Jeder Teil hat eine andere Funktion. Nur im aufeinander abgestimmten Zusammenspiel der Funktionen aller Teile ist die Pflanze lebensfähig.

Eine Funktion der Wurzel ist die feste Verankerung der Pflanze im Boden. Die Wurzeln müssen im Erdreich entweder sehr tief nach unten wachsen *(Pfahlwurzel)* oder sich flach nach allen Seiten verzweigen *(Flachwurzel).* Typische Pflanzen mit einer Pfahlwurzel sind die Tannen, die Gräser und die Fichten sind Flachwurzler. Alle Verzweigungen zusammen bilden das *Wurzelsystem.* Es kann im Einzelfall eine Gesamtlänge von mehreren Kilometern erreichen und bis in eine Tiefe von 30 m vordringen. Bei Bäumen entspricht die Ausdehnung der Wurzel ungefähr dem Kronenumfang (s. Abb.).

Die Wurzelspitzen dringen beim Wachsen zwischen den Bodenteilchen ins Erdreich vor. Dabei werden sie von den Zellen der *Wurzelhaube* vor Verletzungen geschützt (Abb. 55.1).

Die Zellen hinter der Wurzelhaube teilen sich wesentlich häufiger als alle anderen Zellen der Pflanzen. Sie gehören zum Bildungsgewebe und wachsen später in die Länge. Erst in der dahinter liegenden *Wurzelhaarzone* findet man den typischen Gewebeaufbau einer Wurzel: die *Wurzelhaut,* das *Abschlussgewebe,* die *Rinde* und den *Zentralzylinder.*

Die äußeren Zellen der Wurzel bilden an ihrer Außenseite einen dichten Filz feiner Härchen, die *Wurzelhaare,* die sich zwischen die winzigen Bodenteilchen schieben (Abb. rechts). Die Wurzelhaare leben nur einige Tage, die älteren am hinteren Ende der Wurzel sterben ab und werden in Richtung der Wurzelspitze ständig neu gebildet.

Die Aufnahme von Wasser und Mineralstoffen aus dem Boden ist neben der Verankerung die zweite Aufgabe der Wurzeln. Mineralstoffe sind im Wasser gelöste Salze, welche für das Wachstum und die Gesundheit der Pflanze benötigt werden.

Das Bodenwasser wird durch die äußerst dünnen Zellwände der Wurzelhaare aufgenommen und gelangt durch die Zellen der Wurzelrinde bis zur innersten Rindenschicht und von dort bis zum Zentralzylinder. In diesem gelangt das Wasser in besondere Zellen, die für den Wassertransport spezialisiert sind. Sie sind durch Wandverdickungen versteift. Bei den *Tüpfelgefäßen* ist die ganze Wand verdickt, bei den *Schraubengefäßen* nur die schraubigen Verdickungsleisten. Über diese Gefäße gelangt das Wasser in den Spross und in die Blätter.

Die Ursache für diesen Wassertransport ist die Wasserverdunstung in den Blättern und der Wurzeldruck. Die Blätter der Pflanzen geben ständig Wasser ab, sie verdunsten. Dadurch entsteht ein *Verdunstungssog,* durch den das Wasser mit den gelösten Mineralstoffen über die Sprossachse bis in die Blätter transportiert und dort abgegeben wird.

1 Baumkrone und Wurzelsystem

Wurzelhaare

Wurzel mit Wurzelhärchen

Aufgaben

① Schneide eine Gartenmöhre längs durch. Zeichne und beschreibe die verschiedenen Teile des Längsschnittes. Wo entspringen die Nebenwurzeln? Wo befinden sich die Wasserleitungsgefäße?

② Eine Getreidepflanze besitzt 10 Milliarden Wurzelhaare. Ein Wurzelhaar hat im Durchschnitt die Länge von 1mm. Berechne die Gesamtlänge aller Wurzelhaare in km. Vergleiche in einem Atlas, welcher Entfernung dies entspricht. Erläutere, welche Bedeutung dies für die Pflanze hat.

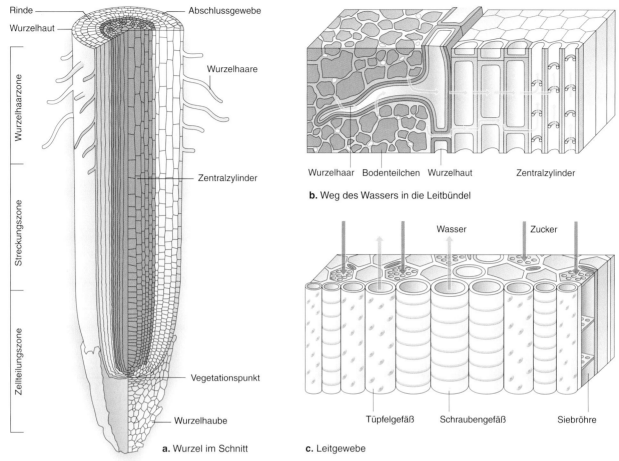

Rinde — Abschlussgewebe
Wurzelhaut —
Wurzelhaare
Wurzelhaarzone
Zentralzylinder
Streckungszone
Zellteilungszone
Vegetationspunkt
Wurzelhaube

a. Wurzel im Schnitt

Wurzelhaar Bodenteilchen Wurzelhaut Zentralzylinder

b. Weg des Wassers in die Leitbündel

Wasser Zucker

Tüpfelgefäß Schraubengefäß Siebröhre

c. Leitgewebe

1 Schema einer Wurzelspitze mit verschiedenen Geweben

Zettelkasten

Stoffe verteilen sich

Gibt man eine Prise Salz in ein Glas und schüttet vorsichtig Wasser darüber, können wir das Salz nach einiger Zeit nicht mehr sehen, das Wasser schmeckt jedoch salzig. Das Salz hat sich in dem Wasser in alle Richtungen gleichmäßig verteilt. Diesen Vorgang nennt man *Diffusion* (s. Abb.).

Das Plasma der Zellen enthält ebenfalls gelöste Salze. Legt man Zellen in Wasser ohne Salz, müsste wegen der unterschiedlichen Konzentrationen das Salz aus der Zelle heraus- und das Wasser in die Zelle hineindiffundieren. Das Salz diffundiert jedoch nicht aus der Zelle in das Wasser, da die Zellmembran wie eine Barriere wirkt. Nur die kleineren Wasserteilchen können durch die Zellmembran diffundieren, die größeren Salzionen bleiben zurück (s. Abb.). Diesen Vorgang nennt man *Osmose*.

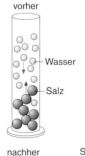

vorher

Wasser
Salz

nachher

Diffusion

In den Wurzelzellen ist die Konzentration von Salzen höher als im Boden. Das Wasser diffundiert daher in die Zellen, die Wurzelzellen nehmen Wasser auf. In salzreichen Böden sind die Verhältnisse umgekehrt, die meisten Pflanzen können dort kein Wasser aufnehmen und gehen ein. Nur an diese Verhältnisse angepasste Pflanzen überleben.

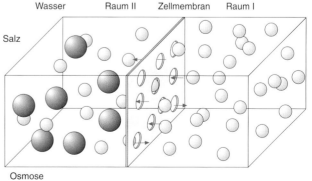

Wasser Raum II Zellmembran Raum I

Salz

Osmose

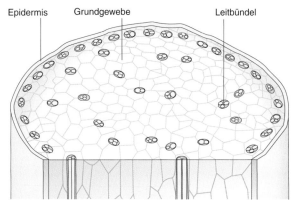

Epidermis · Grundgewebe · Leitbündel

1 Aufbau eines Maisstängels

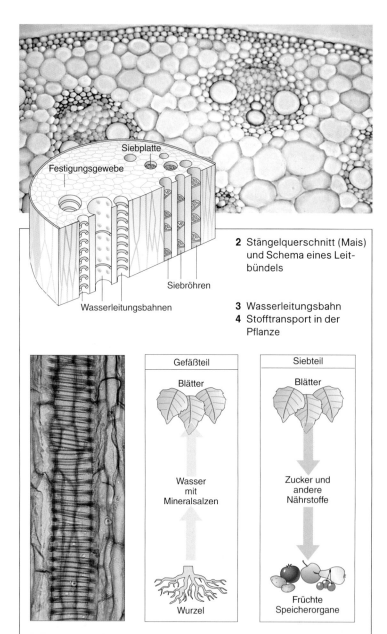

2 Stängelquerschnitt (Mais) und Schema eines Leitbündels

3 Wasserleitungsbahn
4 Stofftransport in der Pflanze

Die Sprossachse

Die Sprossachse stellt die Verbindung zwischen der Wurzel und den Blättern sowie den Blüten her. Je nach ihrer Beschaffenheit bezeichnet man sie als *Halm* bei Gräsern, als *Stängel* bei krautigen Pflanzen oder als *Stamm* und *Zweige* bei Bäumen.

Maispflanzen können über 2 Meter hoch werden. Sie müssen stabil, aber elastisch gebaut sein. Streicht der Wind über die Pflanzen hinweg, kann man beobachten, wie sie sich im Wind bewegen ohne zu knicken.

Am Stängelquerschnitt kann man zwei Gewebearten unterscheiden: das *Festigungsgewebe* und das *Grundgewebe* mit darin eingebetteten *Leitbündeln*. Dies sind rundliche Stränge, die zu einem Kreis angeordnet über den Stängelquerschnitt verteilt sind.

Die Leitbündel enthalten verschiedenartige Leitungsbahnen. Dem Stängelmittelpunkt zugewandt liegen die großen *Wasserleitungsbahnen*, die Tüpfelgefäße und die Schraubengefäße. Sie bestehen aus lang gestreckten, zu Röhren verwachsenen Zellen, in denen sich kein Zellplasma mehr befindet. Ihre Längswände sind durch Verdickungen versteift. Man bezeichnet diesen Teil des Leitbündels, in dem Wasser und Mineralstoffe von der Wurzel zu den Blättern transportiert werden, als *Gefäßteil*.

Der nach außen gerichtete Teil des Leitbündels enthält die *Siebröhren*, die über porige Siebplatten miteinander verbunden sind. Während sich der Gefäßteil aus abgestorbenen, verholzten Zellen zusammensetzt, besteht der *Siebteil* aus lebenden Zellen. Hier werden die von der Pflanze hergestellten Stoffe, z. B. der Traubenzucker, zu den Früchten und Speicherorganen, wie Kartoffeln oder Zuckerrübe, transportiert. Beim Mais gelangt der Traubenzucker in die Maiskolben.

Aufgaben

1. Stelle einen frisch geschnittenen Stängel einer hell blühenden Pflanze *(Alpenveilchen, Fleißiges Lieschen)* in Wasser, das du zuvor mit Tinte angefärbt hast. Welche Beobachtung kannst du schon nach wenigen Minuten machen?
2. Schneide den Stängel deiner Versuchspflanze mit einer Rasierklinge quer durch (Vorsicht! Siehe auch Seite 58). Betrachte die Schnittfläche mit der Lupe. Fertige eine Skizze an.

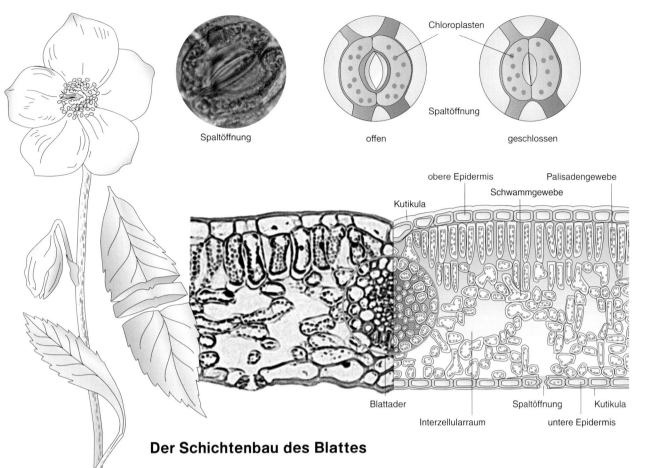

Chloroplasten

Spaltöffnung

Spaltöffnung   offen   geschlossen

Kutikula
obere Epidermis   Palisadengewebe
Schwammgewebe

Blattader   Spaltöffnung   Kutikula
Interzellularraum   untere Epidermis

Der Schichtenbau des Blattes

Bei 100- bis 200facher Vergrößerung lässt
sich an einem Blattquerschnitt der Christrose der innere Aufbau eines *Blattes* gut beobachten. Dabei fällt auf, dass dieses Laubblatt aus mehreren *Gewebeschichten* aufgebaut ist. Jede Schicht besteht jeweils aus
untereinander gleich aussehenden Zellen
mit gleicher Aufgabe.

Die Blattoberseite wird von einem licht-
durchlässigen, einschichtigen Abschlussgewebe, der *oberen Epidermis*, gebildet. Ihre Zellen liegen lückenlos aneinander, sind
frei von Chloroplasten und haben verdickte
Außenwände. Auf der Außenseite sind sie
mit einer wachsähnlichen, wasserundurch-
lässigen Schicht, der *Kutikula*, überzogen.
Die Epidermis und die Kutikula schützen
das Blatt vor Verletzung und Austrocknung.

Die unter der oberen Epidermis liegenden
Zellen sind lang gestreckt und chloroplasten-
reich. In den Zellen mit Chloroplasten wird
Zucker gebildet. Man nennt dieses Gewebe
Palisadengewebe.

Zwischen dem Palisadengewebe und der
unteren Epidermis liegt das *Schwammge-*

webe. Die Zellen dieser Schicht sind unregelmäßig angeordnet und enthalten weniger
Chloroplasten. Seinen Namen hat das Gewebe wegen der zahlreichen Hohlräume erhalten, die es wie einen Schwamm aussehen lassen. Diese Hohlräume werden als *In-
terzellularräume* bezeichnet und dienen zur
Durchlüftung des Blattes.

Die Blattunterseite wird wieder durch eine
Epidermis begrenzt. Im Gegensatz zur Blattoberseite besitzt sie zahlreiche *Spaltöffnungen*. Jede Spaltöffnung besteht aus zwei chloroplastenreichen *Schließzellen*. Durch die
Spaltöffnungen verdunstet das Wasser aus
den Blättern, hierdurch entsteht der Verdunstungssog. Bei sehr warmer und trockener Luft schließen sich die Spaltöffnungen
(s. Abb.). Direkt oberhalb jeder Spaltöffnung
befindet sich ein besonders großer Hohlraum, die sogenannte *Atemhöhle*.

Ein Netz von Adern durchzieht das Blatt. Sie
geben einerseits Halt und Festigkeit, andererseits dienen sie als Zuleitungsbahnen für
das Wasser mit den Mineralstoffen und Ab-
leitungsbahnen für den in den grünen Zellen
gebildeten Zucker.

Osmose und Pflanzenorgane

Material:
Kartoffel, kleiner Löffel, Messer

Reagenz:
Kochsalz, Puderzucker

1. Halbiere eine ungeschälte Kartoffel und höhle mit einem kleinen Löffel jede Hälfte etwas aus, sodass eine kleine Vertiefung entsteht.
2. Fülle in die Vertiefung der einen Hälfte vorsichtig Puderzucker, in die andere Hälfte Salz.
3. Warte ca. 5 bis 10 min und notiere deine Beobachtungen. Erkläre die Beobachtungen mithilfe der Osmose.

Salz oder Puderzucker

Welken – auch Osmose

Material:
2 frisch geschnittene Sprosse (z. B. fleißiges Lieschen, Flieder), 2 Gläser, Löffel

Reagenz:
Wasser und gesättigte Kochsalzlösung

4. Fülle in ein Glas Leitungswasser und gebe mit einem Löffel so lange Kochsalz hinzu, bis sich beim Umrühren kein Salz mehr löst. Dies nennt man eine gesättigte Kochsalzlösung.
5. Schneide zwei Sprosse des „fleißigen Lieschens" frisch ab. Stelle einen in ein Glas mit Leitungswasser, den anderen in ein Glas mit der gesättigten Kochsalzlösung.

6. Beobachte die Pflanzen nach einem Tag und notiere das Ergebnis. Erkläre das unterschiedliche Aussehen der beiden Sprosse.

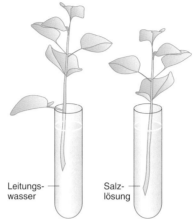

Leitungswasser   Salzlösung

Herstellen eines Querschnittes

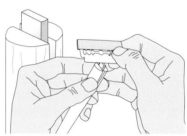

Spalte zunächst ein Stück Holundermark oder Styropor mit einer Rasierklinge ca. 1 cm tief. Zum Schutz vor Verletzungen wird eine Hälfte der Rasierklinge mit Heftpflaster überklebt. Schneide mit einer Schere aus dem zu untersuchenden Blatt parallel zu den Blattrippen schmale Streifen heraus.
Diese werden einzeln und der Länge nach zwischen die Spalthälften des Holundermarks oder des Styropors gelegt. Die überstehenden Blattteile werden mit der Schere abgeschnitten. Die Abbildung zeigt dann die Herstellung des Querschnittes.
Beachte dabei folgende Regeln:
1. Rasierklinge ansetzen und flach legen.
2. Seitlich zu dir hin durch das Gewebe ziehen und führen.
3. Langsam schneiden.
4. Das Präparat sofort abnehmen und in einen Tropfen Wasser auf den Objektträger legen.

Bau eines Laubblattes

Material:
Blätter von Flieder, Holunder, Eiche

Reagenz:
2%ige Kochsalzlösung (2 g Kochsalz in 100 ml Wasser)

7. Stelle einen dünnen Blattschnitt von dem Flieder her. Lege diesen auf einen Objektträger, auf den du vorher einen Tropfen 2 %iger Kochsalzlösung aufgetropft hast. Mikroskopiere bei mittlerer Vergrößerung und zeichne diesen Blattquerschnitt. Beschrifte die Zeichnung und vergleiche mit der Abbildung auf Seite 57.1
8. Vergleiche den Blattaufbau des Flieders, Holunders und der Eiche miteinander. Gibt es Unterschiede?

Bau eines Nadelblattes

Material:
Fertigpräparate von Querschnitten eines Nadelblattes (siehe Abb. unten)

9. Betrachte das Fertigpräparat bei einer 100- bis 200fachen Vergrößerung und fertige eine Schemazeichnug an.
10. Vergleiche dein Präparat mit der Abbildung des Nadelquerschnittes. Beschrifte deine Zeichnung.

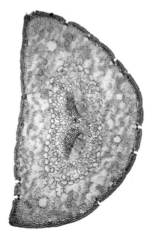

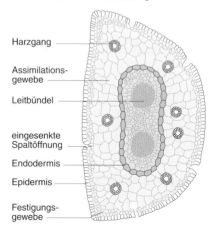

Harzgang

Assimilationsgewebe

Leitbündel

eingesenkte Spaltöffnung

Endodermis

Epidermis

Festigungsgewebe

Herstellen von Flächenschnitten

Lege ein Blatt der Christrose oder eines Alpenveilchens über einen Bleistift und klemme es zwischen Daumen und Mittelfinger einer Hand ein. Mit der anderen Hand wird die Rasierklinge flach über die Blattfläche gezogen und ein dünner Flächenschnitt hergestellt (vgl. nachfolgende Abbildung).

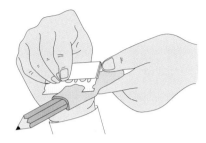

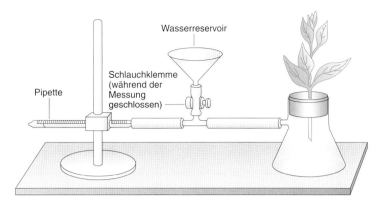

Bau von Spaltöffnungen

Material:
Blätter von Flieder, Schwertlilie, Kiefer, Seerose

Färbemittel:
Sudan-Glyzerin-Lösung:
Löse 0,1 g Sudan III in 50 ml 96%igem Ethanol. Gib 50 ml Glyzerin hinzu.

⑪ Fertige von der Ober- und Unterseite eines Blattes des Flieders einen Flächenschnitt an und mikroskopiere bei 400facher Vergrößerung.
   a) Wie unterscheidet sich die Blattober- von der Blattunterseite?
   b) Zeichne eine Spaltöffnung des Flieders in der Aufsicht und beschrifte.

⑫ Fertige einen dünnen Blattquerschnitt und einen Flächenschnitt von der Schwertlilie an. Lege diese Schnitte in eine Sudan III-Lösung. Die Färbung wird stärker, wenn man das Präparat kurz und vorsichtig über einer Spiritusflamme erwärmt (nicht kochen!). Suche zunächst bei schwächster mikroskopischer Vergrößerung geeignete Spaltöffnungen und zeichne diese dann bei ca. 400facher Vergrößerung.

⑬ Fertige Blattquerschnitte von dem Flieder und der Kiefer an. Betrachte die Spaltöffnungen. Wie unterscheiden sich beide in ihrem Bau? Diskutiere die jeweiligen Vorteile.

⑭ Seerosen besitzen Blätter, die auf der Wasseroberfläche schwimmen. Auf welcher Blattseite befinden sich bei ihnen die Spaltöffnungen?

Wasserbewegung im Stängel

Material:
Zweige bzw. Stängel von Kirschlorbeer, Fleißigem Lieschen, Flieder, Mais

Färbemittel:
2%ige Eosinlösung:
Löse dazu 2 g Eosin in 100 ml Alkohol.

⑮ Baue die Versuchsanordnung der oben stehenden Abbildung nach. Miss mithilfe des Potetometers jeweils die Verdunstung *(Transpiration)* eines Kirschlorbeer- und Fliederzweiges. Achte darauf, dass die Zweige die gleiche Blattfläche haben.
   a) Begründe, warum die Wasserverdunstung am Blatt einen Sog und damit einen Wasserstrom in Richtung Blatt hervorruft.
   b) Stelle mehrere Zweige des Fleißigen Lieschens oder Flieders in einen mit Wasser gefüllten Messzylinder. Gib etwas Salatöl hinzu. Setze die Versuchspflanze unterschiedlichen Bedingungen aus, z. B. Sonne, Schatten oder offenes Fenster. Vergleiche die Ergebnisse.
   c) Erkläre, wozu der Ölfilm dient.

⑯ Stelle drei Seitensprosse des Fleißigen Lieschens in Reagenzgläser mit 2%iger Eosinlösung. Der erste ist vollbeblättert, der zweite teilbeblättert und der dritte unbeblättert. Bestimme die Strömungsgeschwindigkeit des Wassers in den Stängeln bei Zimmertemperatur (in cm pro Stunde), indem du jede Stunde den Eosinanstieg in den Sprossen mit einem Filzstift markierst. Lasse die Versuche einige Stunden laufen. Miss die Abstände und notiere die Ergebnisse.

⑰ Fertige dünne Stängelquerschnitte vom Fleißigen Lieschen und einer jungen Maispflanze an und mikroskopiere diese bei schwacher mikroskopischer Vergrößerung. Beschreibe die Anordnung der Leitbündel.

Bau und Aufgabe von Wurzeln

Material:
Karotten, Fleißiges Lieschen

Reagenz:
Iod-Kaliumiodid-Lösung, Messer

⑱ Schneide eine Karotte längs durch.
   a) Untersuche dünne Scheiben einer Karotte, die mit einer Iod-Kaliumiodid-Lösung behandelt wurde. Notiere deine Beobachtungen und erkläre, wo sich das Speichergewebe befindet.
   b) Stelle fest, wo die Nebenwurzeln entspringen.

⑲ Ein Fleißiges Lieschen wird etwa 3 cm über dem Boden ganz abgeschnitten. Ziehe eine mit Vaseline eingefettete Schlauchtülle über den Wurzelstumpf. Von oben wird ein Glasrohr mit einem Durchmesser von ca. 0,5 cm eingeschoben. Miss die Höhe der Wassersäule im Steigrohr jeden Tag zur gleichen Zeit. Protokolliere die Messwerte und vergleiche sie.

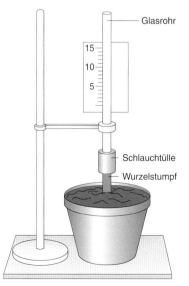

1 Die historischen Versuche von PRIESTLEY

Pflanzen verbessern die Luft

JOSEPH PRIESTLEY

Diese Erkenntnis stammt schon aus dem 18. Jahrhundert. Damals lebte in England der Naturforscher und Geistliche JOSEPH PRIESTLEY (1733 – 1804). Er entdeckte im Jahre 1771, dass Pflanzen „verbrauchte" Luft verbessern können.

Diese einfache und doch geniale Idee löste bahnbrechende Entdeckungen über die Geheimnisse im Leben der Pflanzen aus. Begonnen hatte es mit einem Waschtrog und zwei Glasglocken. In den Glasglocken ließ PRIESTLEY Kerzen bis zum Erlöschen der Flamme brennen. Anschließend stellte er unter eine Glasglocke eine Pfefferminzpflanze. Zu seinem Erstaunen gedieh die Pflanze in der „verbrauchten" Luft prächtig.

Nach vier Wochen führte er mit einer brennenden Kerze in dieser Glasglocke einen weiteren Versuch durch. Die Kerze erlosch nicht. In der zweiten Glasglocke, die seither unverändert geblieben war und in der sich keine Pfefferminzpflanze befand, erlosch die Kerzenflamme sofort.

PRIESTLEY weitete seine Versuche noch aus. Wieder verwendete er zwei Glasglocken. Nur setzte er jetzt Mäuse darunter. In den luftdicht verschlossenen Glasbehältern wurden die Mäuse bereits nach kurzer Zeit ohn-

mächtig. Er schloss daraus, dass die Mäuse die Luft verschlechtert hatten und stellte nun die Frage, ob es sich um den gleichen Vorgang wie bei der Kerze handelt. Nachdem, wie bei dem Kerzenversuch, vier Wochen lang grüne Pflanzen in der verbrauchten Luft gewachsen waren, konnten die Mäuse wieder eine begrenzte Zeit darin atmen. PRIESTLEY fasste seine Entdeckungen in folgenden Sätzen zusammen: „Tiere und Menschen verschlechtern die Luft. Pflanzen können in der faulen Luft besonders gut gedeihen und verbessern sie dadurch".

Untersuchung der „veränderten" Luft

PRIESTLEY wollte nun wissen, welches Gas in der gesunden Luft enthalten war. Er beobachtete an Wasserpflanzen, dass von Zeit zu Zeit Gasblasen an die Wasseroberfläche stiegen. In diesem Gas brannte ein glimmender Holzspan heftig auf. Die selbe Beobachtung kannte man zu dieser Zeit von einem Gas, das durch Erhitzen von einem roten Stoff, dem Quecksilberoxid, gewonnen wurde. Bei dem entstehenden Gas handelt es sich um *Sauerstoff*. Heute lässt sich der neu gebildete Sauerstoff einfacher mit einer Indigoblaulösung nachweisen. Das farblose Indigoblau färbt sich dabei intensiv blau (s. Abb. 61. 2).

Aber welches Gas ist nun in der „faulen" Luft enthalten, in dem die Pflanzen besonders gut gedeihen? Leitet man diese „faule" Luft in eine Waschflasche mit Kalkwasser ein, entsteht ein milchig weißer Niederschlag (Abb.1). Leitet man die „gesunde" Luft durch eine Waschflasche mit Kalkwasser, entsteht kein weißer Niederschlag. Diese Reaktion erfolgt nur bei Anwesenheit von *Kohlenstoffdioxid*.

In „Hungerversuchen" kann man die für Pflanzen lebensnotwendigen Bestandteile der Luft nachweisen. Um die Bedeutung des Kohlenstoffdioxides nachzuweisen, werden Kressesamen in zwei Blumentöpfen ausgesät. Sobald die Samen keimen, wird jeder Blumentopf unter eine Glasglocke gestellt. Eine Glasglocke wird verschlossen und ein Gefäß mit verdünnter Natronlauge dazugestellt. Die Natronlauge bindet das Kohlenstoffdioxid aus der Luft. Leitet man kohlenstoffdioxidhaltige Luft durch eine Waschflasche mit verdünnter Natronlauge und dann in Kalkwasser, bildet sich kein weißer Niederschlag. Die Pflanzen unter der verschlossenen Glasglocke mit der Natronlauge „verhungern" regelrecht und sterben ab. Offen bleibt jetzt noch die Frage, wie die Gase in die Pflanze hinein oder heraus gelangen.

Mithilfe weiterer Experimente konnte man nachweisen, dass Kohlenstoffdioxid über die *Spaltöffnungen* in das Blatt aufgenommen und Sauerstoff über diese abgegeben wird. Diesen Vorgang bezeichnet man als *Gaswechsel* der Pflanzen.

Glimmspanprobe

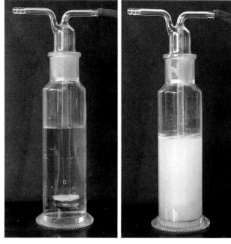
1 Nachweis von Kohlenstoffdioxid mit Kalkwasser

2 Nachweis von Sauerstoff mit Indigoblau

Aufgabe

① Erstelle für die sechs Bilder in Abb. 60.1 jeweils einen kurzen erklärenden Text.

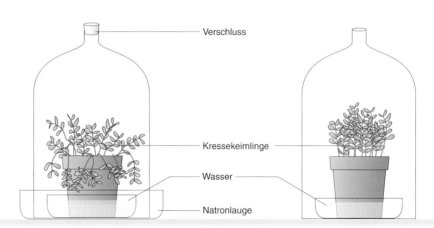

Verschluss

Kressekeimlinge

Wasser

Natronlauge

3 Pflanzen im „Hungerversuch" und Kontrollversuch

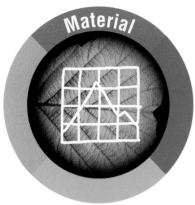

Fotosynthese-Geschichte

Die Vorgänge, die bei der Fotosynthese in den Pflanzen ablaufen, wurden von vielen verschiedenen Forschern in kleinen Schritten aufgeklärt. Erst durch die Ergebnisse der vielen Versuche konnte man — wie bei einem Puzzle — die Vorgänge bei der Fotosynthese verstehen.

Versuch 1

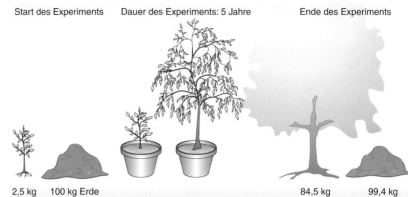

Start des Experiments   Dauer des Experiments: 5 Jahre   Ende des Experiments

2,5 kg   100 kg Erde   84,5 kg   99,4 kg

JAN BAPTIST VAN HELMONT (1578 — 1657), ein niederländischer Wissenschaftler, führte im Jahre 1640 Versuche durch, mit denen er untersuchen wollte, woher Pflanzen die Nährstoffe zum Wachsen bekommen. Hierzu pflanzte er einen kleinen Weidenbaum mit einem Gewicht von

2,5 kg in ein Gefäß mit genau 100 kg Erde. 5 Jahre lang goss er die Pflanze nur mit Regenwasser und achtete darauf, dass keine Erde hinzu- oder wegkam. Nach 5 Jahren wurden die Bestandteile einzeln gewogen. Der Baum hatte ein Gewicht von 84,5 kg, die Erde jedoch von 99,4 kg.

Versuch 2

Der niederländische Arzt JAN INGENHOUSZ (1730 — 1799) führte ähnliche Versuche wie PRIESTLEY durch. Er ließ in zwei luftdicht abgeschlossenen Glasglocken je eine Kerze brennen, bis die Flamme erlosch. Unter beide Glasglocken stellte er vorsichtig jeweils eine Pflanze. Eine Glasglocke stellte er ins Licht, die andere in einen dunklen Raum. Nach einigen Tagen versuchte er, die Kerzen in den Glasglocken wieder zu entzünden.
In einem zweiten Versuch stellte er Pflanzenteile mit grünen Blättern, Pflanzenteile mit Blüten ohne grüne Blätter und Kartoffelknollen unter die Glasglocken. Anschließend überprüfte er die Veränderungen mit dem Entzünden der Kerze.

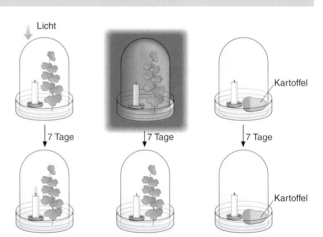

Licht

Kartoffel

7 Tage   7 Tage   7 Tage

Kartoffel

Aufgaben

(1) Welche Frage stellte VAN HELMONT an die Natur? Erkläre, wie er das Ergebnis interpretieren konnte.

(2) Welchen zusätzlichen Erkenntnisgewinn hatten INGENHOUSZ Versuche gegenüber denen von PRIESTLEY?

(3) Beschreibe alle Versuchsergebnisse und erläutere, welche Erkenntnis SENEBIER aus dem 1. Teil des Experimentes gewinnen konnte.

(4) Zeichne eine Zeitleiste von 1640 an und trage die Ergebnisse aller Versuche ein. Ergänze auch die Informationen von Seite 60/61.

Versuch 3

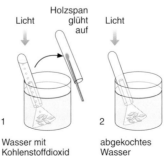

Licht   Holzspan glüht auf   Licht

1 Wasser mit Kohlenstoffdioxid   2 abgekochtes Wasser

Der schweizer Forscher JEAN SENEBIER führte 1779 Experimente mit Wasserpflanzen durch. Die Wasserpflanzen hatte er unter einen Trichter gelegt, der mit einem wassergefüllten Reagenzglas verschlossen war. Belichtete er die Pflanzen in kohlenstoffdioxidhaltigem Wasser, so bildeten sich an den Pflanzen Gasbläschen, die durch den Trichter in das Reagenzglas perlten. In einem zweiten Versuch verwendete er abgekochtes Wasser (s. Abb.). Dieses enthielt kein Kohlenstoffdioxid.

Chloroplasten sind die Orte der Stärkebildung

Die grüne Farbe der Blätter wird durch das Blattgrün oder *Chlorophyll* hervorgerufen. Im mikroskopischen Bild von Blattquerschnitten kann man erkennen, dass dieser Farbstoff nicht gleichmäßig verteilt in jeder grünen Pflanzenzelle vorkommt, sondern in kleinen Blattgrünkörnern, den *Chloroplasten*, enthalten ist. Biochemische Untersuchungen haben gezeigt, dass im Lamellensystem der Chloroplasten zunächst Traubenzucker hergestellt wird. Diesen nutzen die Pflanzen zur Stärkeproduktion oder sie verarbeiten ihn weiter zu anderen Stoffen, wie zu Zellulose oder pflanzlichen Ölen.

Um die Stärkebildung in den Chloroplasten im Experiment untersuchen zu können, wird z. B. eine Schönmalve längere Zeit bei Zimmertemperatur mit einer Lampe bestrahlt oder ans Fenster gestellt. Danach wird der *Stärkenachweis* mit einer Iod-Kaliumiodid-Lösung durchgeführt. Auf dem Blatt ist die Reaktion leicht zu erkennen. Eine Schwarzblaufärbung tritt nur an den vormals grün gefärbten Blattflächen auf. Die Färbung fehlt bei den weißen Flächen. Das bedeutet also, dass die Chloroplasten die Orte der *Stärkebildung* sind, was im mikroskopischen Bild auch deutlich wird.

Die Abbildung 2 zeigt ein Schönmalvenblatt, das teilweise mit einer lichtundurchlässigen Aluminiumfolie bedeckt ist. Nachdem dieses Blatt einen Tag lang mit Licht bestrahlt worden ist, wird die Folie wieder entfernt und der Stärkenachweis durchgeführt. Eine Schwarzblaufärbung tritt nur an den belichteten Stellen auf (Abb. 3.) Zur Stärkebildung ist also auch Licht unbedingt notwendig.

Das Chlorophyll ist ein Blattfarbstoff, der Sonnenlicht oder künstliches Licht aufnimmt. Im Licht steckt Energie. Aus ihr kann zum Beispiel Wärme entstehen, wie sich mit einer Lupe und einem Stück Papier leicht zeigen lässt (s. Randspalte). *Lichtenergie* wird im Blatt mithilfe des Chlorophylls in eine andere Energieform umgewandelt, die dann in dem Nährstoff *Traubenzucker* steckt. Zwischen den Lamellen der Chloroplasten wird dann aus vielen Traubenzuckerteilchen Stärke aufgebaut und in besonderen Speicherorganen, wie z. B. Kartoffelknollen oder Zwiebeln, gespeichert. Da sich Stärke in Wasser kaum löst, muss sie vor dem Transport zu den Speicherorganen erst wieder in Traubenzucker zerlegt werden.

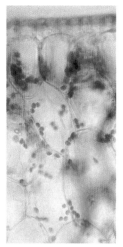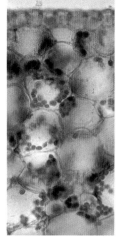

1 Stärkenachweis in Chloroplasten

Chloroplast

Stärkekorn   Lamelle

2 Schönmalve mit Aluminiumfolie

3 Schönmalvenblatt nach Stärkenachweis

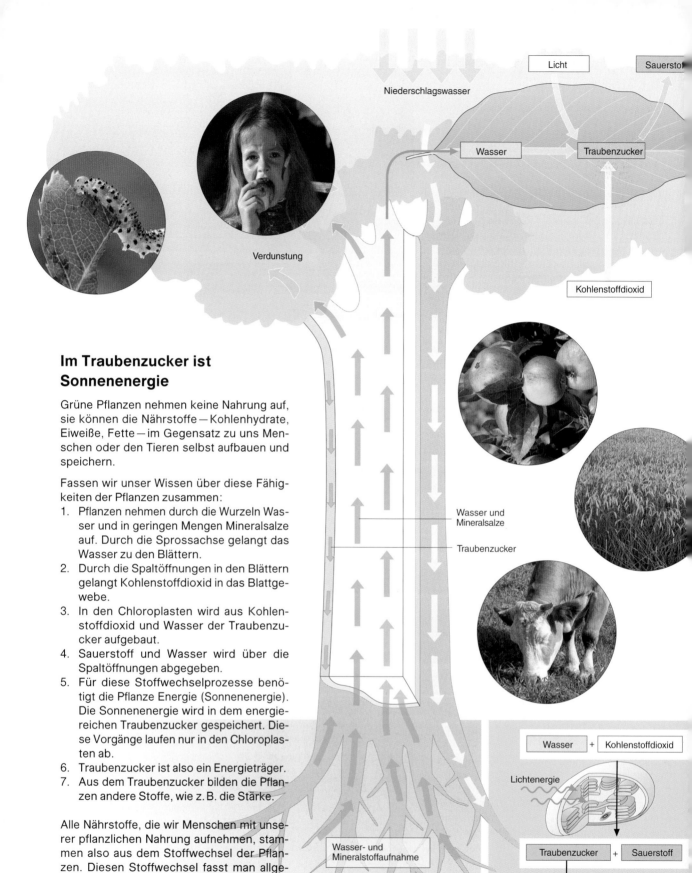

Im Traubenzucker ist Sonnenenergie

Grüne Pflanzen nehmen keine Nahrung auf, sie können die Nährstoffe — Kohlenhydrate, Eiweiße, Fette — im Gegensatz zu uns Menschen oder den Tieren selbst aufbauen und speichern.

Fassen wir unser Wissen über diese Fähigkeiten der Pflanzen zusammen:
1. Pflanzen nehmen durch die Wurzeln Wasser und in geringen Mengen Mineralsalze auf. Durch die Sprossachse gelangt das Wasser zu den Blättern.
2. Durch die Spaltöffnungen in den Blättern gelangt Kohlenstoffdioxid in das Blattgewebe.
3. In den Chloroplasten wird aus Kohlenstoffdioxid und Wasser der Traubenzucker aufgebaut.
4. Sauerstoff und Wasser wird über die Spaltöffnungen abgegeben.
5. Für diese Stoffwechselprozesse benötigt die Pflanze Energie (Sonnenenergie). Die Sonnenenergie wird in dem energiereichen Traubenzucker gespeichert. Diese Vorgänge laufen nur in den Chloroplasten ab.
6. Traubenzucker ist also ein Energieträger.
7. Aus dem Traubenzucker bilden die Pflanzen andere Stoffe, wie z. B. die Stärke.

Alle Nährstoffe, die wir Menschen mit unserer pflanzlichen Nahrung aufnehmen, stammen also aus dem Stoffwechsel der Pflanzen. Diesen Stoffwechsel fasst man allgemein unter dem Begriff **Fotosynthese** zusammen.

Niederschlagswasser

Licht

Sauerstof

Wasser

Traubenzucker

Kohlenstoffdioxid

Verdunstung

Wasser und Mineralsalze

Traubenzucker

Wasser- und Mineralstoffaufnahme

1 Vorgänge bei der Fotosynthese

Wasser + Kohlenstoffdioxid

Lichtenergie

Traubenzucker + Sauerstoff

Stärke

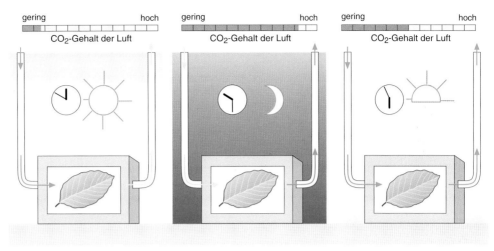

gering ▮▮▮▯▯▯▯▯▯▯ hoch gering ▮▮▮▮▮▮▮▯▯▯ hoch gering ▮▮▮▯▯▯▯▯▯▯ hoch
CO$_2$-Gehalt der Luft   CO$_2$-Gehalt der Luft   CO$_2$-Gehalt der Luft

1 Schwankungen des Kohlenstoffdioxidgehaltes in der von Pflanzen abgegebenen Luft in 24 Stunden

Auch grüne Pflanzen atmen

Grüne Pflanzen können mithilfe der Fotosynthese aus Wasser und Kohlenstoffdioxid energiereiche Stoffe bilden. Grüne Pflanzen und alle Organismen oder Zellen, die Nährstoffe selbst herstellen können, nennt man *autotroph*.

Pflanzenzellen ohne Chloroplasten, z. B. in der Wurzel, der Blüte oder in den Samen, können jedoch keine energiereichen Stoffe aufbauen. Aber auch diese Zellen benötigen Energie zum Leben und für das Wachstum. Zellen oder Organismen, die auf Nährstoffe angewiesen sind, nennt man *heterotroph*.

Alle Pflanzenzellen benötigen — wie die Zellen von Menschen und Tieren — zur Energieversorgung den Traubenzucker, der mit Sauerstoff zu Kohlenstoffdioxid und Wasser umgewandelt wird. Diesen Vorgang der Energieumwandlung bezeichnet man als **Zell-**

autos, gr. = selbst
heteros, gr. = fremd
trophe, gr. = Nahrung

atmung, da die Sauerstoffaufnahme im Gegensatz zur Lungenatmung in den Zellen abläuft.

Während die Umwandlung von Kohlenstoffdioxid und Wasser zu Traubenzucker in den Chloroplasten stattfindet, läuft die Zellatmung in den Kraftwerken der Zelle, den *Mitochondrien*, ab. Sie sind so klein, dass man sie unter dem Mikroskop kaum sehen kann. Im Gegensatz zu den Chloroplasten sind die Mitochondrien in allen Zellen vorhanden.

Aufgrund des fehlenden Sonnenlichtes stellen die grünen Pflanzen in der Nacht die Fotosynthese ein und betreiben nur noch Zellatmung (Abb. 1). Die Pflanzen „veratmen" einen Teil ihrer eigenen Vorräte, ohne neue zu bilden.

Bei der Keimung benötigt der Keim besonders viel Energie, da er viele Stoffe aufbauen muss, um neue Zellen bilden und wachsen zu können. Der Keimling ist noch heterotroph, er enthält viele Mitochondrien und einen hohen Anteil an energiereichen Speicherstoffen, wie z. B. Stärke.

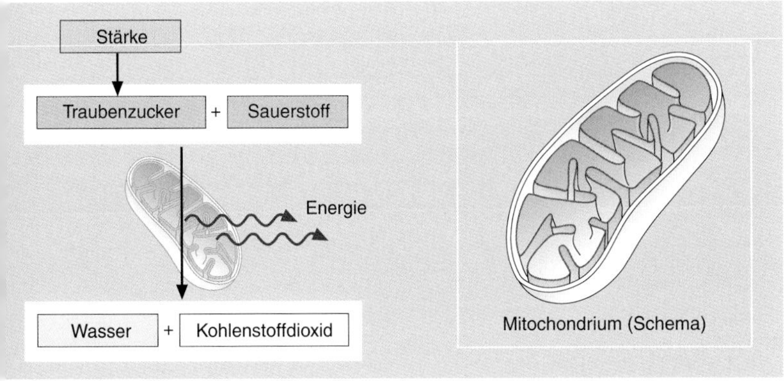

Aufgaben

① Erkläre für jedes Stadium in Abbildung 1, wie es zu den Veränderungen des Kohlenstoffdioxidgehaltes in der abgegebenen Luft kommt.
② Vergleiche die Reaktionsschemata der Fotosynthese und der Zellatmung. Nimm dazu Stellung.

Stärke → Traubenzucker + Sauerstoff → Energie → Wasser + Kohlenstoffdioxid

Mitochondrium (Schema)

Praktikum

Fotosynthese und Atmung

Nachweis von Sauerstoff

Geräte:
100-ml-Becherglas, Glastrichter mit Hahn, 250-ml-Enghals-Erlenmeyerkolben, Gummistopfen, Bunsenbrenner, Glimmspan

Material: Wasserpest

Reagenz:
Indigoblaulösung

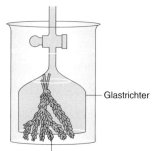

Glastrichter

Wasserpest

① Bereite die oben abgebildete Versuchsanordnung vor. Binde dazu einige Sprosse der Wasserpest vorsichtig zusammen. Achte darauf, dass der Trichter ganz mit Wasser gefüllt und der Hahn verschlossen ist. Belichte die Versuchsanordnung mit einem Diaprojektor. Schon nach wenigen Minuten kannst du etwas beobachten. Beschreibe.

② Stelle das Glas mit der Wasserpflanze für einige Tage ans Fenster, bis sich genügend Gas unter dem Trichter angesammelt hat. Ob es sich bei dem Gas um Sauerstoff handelt, kannst du mit der Glimmspanprobe überprüfen. Öffne den Hahn und lasse das angesammelte Gas in ein Reagenzglas strömen. Halte sofort einen glimmenden Span hinein. Was passiert?

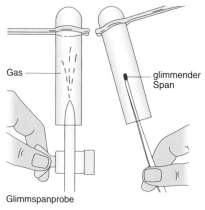

Gas

glimmender Span

Glimmspanprobe

③ Lege eine Wasserpestpflanze in einen mit Wasser gefüllten Enghals-Erlenmeyerkolben. Gib einige Tropfen der farblosen Indigoblaulösung hinzu. Welche Beobachtung machst du nach wenigen Minuten?

Ort der Stärkebildung

Geräte:
Petrischalen, Elektroheizplatte, Wasserbad, 250-ml-Becherglas, Aluminiumfolie

Material:
Ziernessel, Schönmalve

Reagenzien:
Iod-Kaliumiodid-Lösung, Brennspiritus

④ Bestrahle das Blatt einer Ziernessel bei Zimmertemperatur mehrere Tage mit einer Lampe. Schneide dann dieses Blatt ab und halte die Verteilung der Blattflecken auf einem Transparentpapier fest. Führe entsprechend der nachfolgenden Abbildung den Stärkenachweis mit einer Iod-Kaliumiodid-Lösung durch. Vergleiche Blattfärbung und Zeichnung. Erkläre.

⑤ Bedecke die Blätter der Schönmalve, die vorher mindestens 24 Stunden im Dunkeln stand, mit einem Streifen einer lichtundurchlässigen Aluminiumfolie und beleuchte dieses Blatt mindestens einen Tag bei Zimmertemperatur.
Entferne dann wieder die Folie und führe den Stärkenachweis durch. Wie sieht hier das Blatt aus?

1. Blatt in kochendes Wasser geben

2. Blatt in heißem Brennspiritus. Wasserbad. Keine offene Flamme. Vom Lehrer durchzuführen

3. Abwaschen

4. Iod-Kaliumiodid-Lösung hinzufügen

Temperaturabhängigkeit

Geräte:
250-ml-Becherglas, 500-ml-Becherglas, Thermometer

Material:
Wasserpest

⑥ Zähle die in 2 Minuten an der Stängelquerschnittsfläche aufsteigenden Bläschen bei verschiedenen Temperaturen. Trage die Ergebnisse in eine Tabelle ein.

Eiswasser

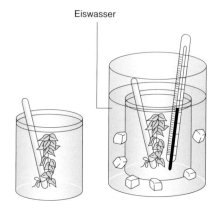

Aufnahme von Kohlenstoffdioxid

Geräte:
Petrischale, Pinsel, Wasserbad, Elektroplatte, 250-ml-Becherglas

Material:
Schönmalve

Reagenzien:
Iod-Kaliumiodid-Lösung, Lack oder Weißleim

⑦ Stelle eine Schönmalve mindestens 24 Stunden ins Dunkle. Dann wird die Blattoberseite mit O, die Blattunterseite mit U gekennzeichnet. Man verwendet dazu farblosen Lack oder Weißleim. Nach dem Trocknen werden die Lackhäutchen durchsichtig. Sie bilden eine lichtdurchlässige, aber gasdichte Schicht. Lass nun die Pflanze mehrere Stunden im Licht stehen. Führe anschließend den Stärkenachweis durch. Erkläre das Ergebnis.

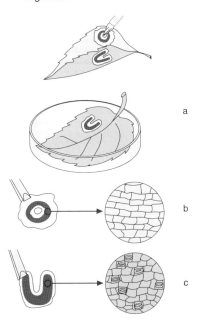

a

b

c

Lichtabhängigkeit der Fotosynthese

Geräte:
Becherglas, Diaprojektor

Material:
Wasserpest

⑧ Stelle das Becherglas mit einer Wasserpestpflanze, deren abgeschnittenes Ende nach oben zeigt, in den Lichtkegel eines Diaprojektors. Warte ca. 5 Minuten und zähle danach die an der Schnittstelle aufsteigenden Sauerstoffbläschen pro Minute.

⑨ Bringe nun zwischen Lichtquelle und Becherglas nacheinander Transparentpapier, Zeitungspapier und Karton. Zähle dann eine Minute lang die aufsteigenden Sauerstoffbläschen. Was bedeutet das Ergebnis?

Abhängigkeit von Kohlenstoffdioxid

Geräte:
250-ml-Becherglas, 100-ml-Standzylinder, Diaprojektor

Material:
Wasserpest

⑩ Führe mit frisch geschnittenen Sprossen die Versuche der unten stehenden Abbildungen durch. Zähle nach kurzer Wartezeit die in dem Messzylinder aufsteigenden Bläschen 2 Minuten lang. Trage die Ergebnisse in eine Tabelle ein. Fasse die Versuchsergebnisse in einem Ergebnissatz zusammen.

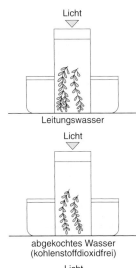

Licht

Leitungswasser

Licht

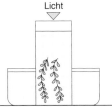

abgekochtes Wasser (kohlenstoffdioxidfrei)

Licht

Wasser mit Sprudel (kohlenstoffdioxidreich)

dunkel

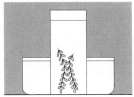

Wasser mit Sprudel

Versuche zur Atmung

1. Kohlenstoffdioxid in der menschlichen Ausatemluft

Geräte:
Becherglas mit Calciumhydroxid-Lösung ($Ca(OH)_2$-Lösung), Glasröhrchen

Reagenzien:
$Ca(OH)_2$-Lösung [C], Ausatemluft

Calciumhydroxid-Lösung

⑪ Blase durch den Glasstab deine Ausatemluft in das Becherglas mit Calciumhydroxid-Lösung (Vorsicht! Ätzend!) und beobachte die Veränderungen. Wie lassen sich die Veränderungen erklären?

2. Kohlenstoffdioxidentwicklung keimender Pflanzenteile

Geräte:
Reagenzgläser, Trichter, Reagenzglasgestell

Material:
Blütenblätter, keimende Samen, junge Pilze, Öl, Calciumhydroxid-Lösung

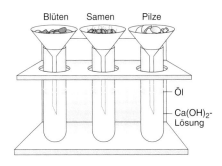

Blüten   Samen   Pilze

Öl

$Ca(OH)_2$-Lösung

⑫ Fülle die drei Trichter mit Blütenblättern, keimenden Samen oder jungen Pilzen und setze sich auf die Reagenzgläser, die mit Calciumhydroxid-Lösung und Öl gefüllt sind auf. Beobachte nach einigen Stunden die Veränderungen der Lösung.

Gärung und Fäulnis

Gärung

Wir wissen, dass alle Lebewesen für die Aufrechterhaltung ihrer Lebensvorgänge, wie Wachstum, Bewegung und Fortpflanzung, *Energie* benötigen. Dafür wird in den Zellen von Pflanzen, Tieren und Menschen der Traubenzucker mit Sauerstoff zu Kohlenstoffdioxid und Wasser umgewandelt. Nun gibt es aber eine Vielzahl von Organismen, die ganz oder zeitweise ohne Sauerstoff leben, z. B. Hefepilze und Milchsäurebakterien. Sie gewinnen die Energie für ihre Lebensprozesse ebenfalls aus Glucose, d. h. aus einem organischen, energiereichen Stoff, aber *ohne Luftsauerstoff*. Diese Form der Energiegewinnung wird als *Gärung* bezeichnet. Endprodukte der Gärung sind neben Kohlenstoffdioxid organische, noch energiereiche Stoffe, wie beispielsweise Alkohol oder Milchsäure.

In der Natur kommen verschiedene Gärungsformen vor; diese werden je nach ihrem Endprodukt unter anderem *alkoholische Gärung* oder *Milchsäuregärung* genannt. Die Übersicht unten zeigt die Energiegewinnung bei Milchsäurebakterien und Hefepilzen, aber auch die Verarbeitung der noch energiereichen Endprodukte zu Lebensmitteln. Einige tierische und pflanzliche Zellen, die unter normalen Umständen Zellatmung betreiben, können bei Sauerstoffmangel ebenfalls Gärungsprozesse zur Energiegewinnung durchführen.

So entsteht auch im Muskel Milchsäure, zum Beispiel bei einem Sprint über 100 m. Die schnellen Bewegungen des Laufens erfordern sehr viel Energie. Der eingeatmete Sauerstoff reicht nicht aus. Deshalb erfolgt die zusätzliche Energiebereitstellung durch Gärung.

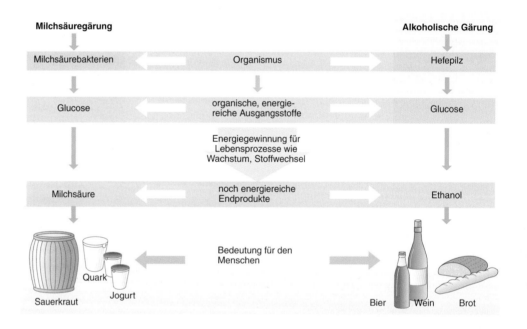

Fäulnis

Faule Eier sind das Werk von Bakterien. Es gibt Bakterien, die bei Sauerstoffmangel Eiweiß zersetzen, um ihren Energiebedarf zu decken. Als Endprodukt entsteht neben Ammoniak der übel riechende Schwefelwasserstoff. Im Stoffkreislauf der Natur übernehmen solche Fäulniserreger *(Saprophyten)* die wichtige Rolle der Zersetzer *(Destruenten)*. Die für ihre Energiegewinnung notwendigen organischen Stoffe gewinnen sie durch Zersetzen toter pflanzlicher und tierischer Reste. Dabei bilden sich über verschiedene Abbau- und Umbauprozesse Kohlenstoffdioxid, Wasser und Mineralstoffe. Diese werden von den grünen Pflanzen als Ausgangsstoffe für die Herstellung von organischen, energiereichen Stoffen wie Glucose genutzt. Auch die anderen Stoffe gehen wieder in den Stoffkreislauf ein.

Gärung

Hefen

Wachstum von Hefen
Benötigte Geräte und Chemikalien:
— 12 Messzylinder 100 ml
— Mehl, lauwarmes Wasser
— Kühlschrank, Becherglas, Thermometer, Brenner, Dreifuß
— Hefe, Glucose, Rübenzucker

Durchführung:
— Verrühre so viel Mehl in einem Liter lauwarmem Wasser, bis ein dünnflüssiger Teig entstanden ist.
— Bereite nun jeweils drei Versuchsreihen nach folgendem Muster vor:

25 ml Mehlteig

25 ml Mehlteig + 5 g Hefe

25 ml Mehlteig + 5 g Hefe + 20 g Rübenzucker

25 ml Mehlteig + 5 g Hefe + 20 g Glucose

Bewahre je einen Versuchsansatz im Kühlschrank (4 °C), bei Zimmertemperatur (20 °C) und im Wasserbad (35 °C) auf!

— Stelle nach 10, 20 und 30 Minuten fest, wie sich der Teig verändert hat.
— Lies den Stand des Teiges zu den vorgegebenen Zeiten ab und erfasse die Messwerte tabellarisch.
— Stelle diese auch grafisch dar.
— Von welchen Bedingungen ist das Aufgehen des Teiges abhängig?
— Beim Backen ist handwarme Flüssigkeit zu verwenden. Begründe.

Großmutters Hefezopf
Zutaten: 500 g Mehl, 30 g Hefe, $1/4$ Liter handwarme Milch, $1/2$ Teelöffel Salz, 50 g Butter, 2 Esslöffel Zucker, 1 Ei, Eigelb zum Bepinseln, Mohn zum Bestreuen

Durchführung:
1. Aus Mehl, Hefe und Milch wird ein Vorteig angesetzt, der nach dem Aufgehen (nach ca. 20 min) mit Salz, Butter, Zucker und Ei verknetet und glattgeschlagen wird.
2. Aus dem zum zweiten Mal aufgegangenen Teig werden fünf gleichmäßige Rollen geformt, von denen drei als Zopf geflochten, die beiden anderen umeinander geschlungen auf den Zopf gelegt werden.
3. Nach dem dritten Aufgehen wird der Zopf mit Eigelb bepinselt, mit Mohn bestreut und 15 bis 20 Minuten bei mittelstarker Hitze gebacken.

Gutes Gelingen!

Hefepilze unter dem Mikroskop

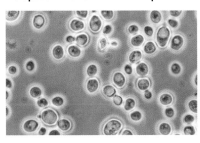

— Verrühre 15 Minuten vor dem Mikroskopieren 5 g Hefe und einen Teelöffel Zucker in 50 ml lauwarmen Wasser.
— Gib einen Tropfen der Suspension auf einen Objektträger, decke mit dem Deckglas ab und mikroskopiere bei 100- und 400-facher Vergrößerung.
— Zur besseren Sichtbarmachung kannst du die Hefepilze anfärben, indem du einen Tropfen Neutralrot unter das Deckgläschen saugst.
— Fertige zu verschiedenen Zeiten beschriftete Skizzen an.
— Beobachte einige Minuten lang die Vermehrung (Sprossung) der Hefepilze.

Die alkoholische Gärung
Benötigte Geräte und Chemikalien:
— Erlenmeyerkolben, doppelt durchbohrter Stopfen, Thermometer, Gärröhrchen
— 20 g Zucker, 200 ml warmes Wasser, 10 g Backhefe, Calciumhydroxidlösung

Durchführung:
— Vermische im Erlenmeyerkolben Zucker, Wasser und Hefe.

— Verschließe den Kolben mit dem doppelt durchbohrten Stopfen.
— Setze in die eine Öffnung ein Thermometer und in die andere Öffnung ein Gärröhrchen mit Calciumhydroxidlösung.
— Stelle den Kolben ca. 15 Minuten an einen warmen Ort.
— Notiere deine Beobachtung.
— Erkläre das Beobachtungsergebnis.

Milchsäurebakterien

Benötigte Geräte und Chemikalien:
— Brenner, Mikroskop, Objektträger, Reagenzglashalter
— Jogurt, Methylenblau-Lösung

Durchführung:
— Gib auf einen Objektträger einen Tropfen Jogurt und einen Tropfen Wasser. Verrühre beides miteinander.
— Ziehe den Objektträger langsam durch eine Brennerflamme, bis der Tropfen trocken ist (Hitzefixierung).
— Färbe das Präparat mit Methylenblau-Lösung und warte fünf Minuten! Spüle die überflüssige Farbe gut ab.
— Lege nun den Objektträger auf den Objekttisch des Mikroskopes und betrachte das Präparat bei zunächst kleinster Vergrößerung.
— Fertige eine beschriftete Skizze an.

Essigsäurebakterien

Benötigte Geräte und Chemikalien:
— Erlenmeyerkolben 200 ml mit Zellstoffstopfen
— 2 Reagenzgläser mit Zellstoffstopfen
— Messzylinder 100 ml
— Helles Bier (40 ml) oder Tischwein (40 ml)

Durchführung:
— Je einen Erlenmeyerkolben und ein Reagenzglas mit 20 ml Bier bzw. Wein füllen, mit dem Zellstoffstopfen verschließen und bei Zimmertemperatur stehenlassen.
— Notiere nach einigen Tagen deine Beobachtung. Finde eine Erklärung für das Beobachtungsergebnis.

Chemie

für Biologen

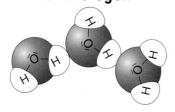

Wasserteilchen

Alle Stoffe sind aus kleinsten Teilchen aufgebaut. Für diese verwenden die Chemiker Symbole oder Buchstaben, z.B. das **H** für Wasserstoff, für Sauerstoff **O** bzw. für Kohlenstoff **C**. Zur Veranschaulichung von Teilchen benutzen die Chemiker verschiedene Modelle. Im Kasten unten ist zum Beispiel das *Kugel-Stab-Modell* zu sehen, während man das Modell oben als *Kalottenmodell* bezeichnet.

Wasserstoff und Sauerstoff können sich verbinden, d.h. sie reagieren miteinander. Da zwei Teile Wasserstoff mit einem Teil Sauerstoff zu Wasser reagieren, ist die chemische Schreibweise für ein Teilchen Wasser H_2O. Bei der Reaktion von Wasserstoff und Sauerstoff wird explosionsartig sehr viel Energie freigesetzt. Diese unkontrollierte Reaktion der beiden Gase, bei der die Energie auf einmal freigesetzt wird, bezeichnet man als „Knallgasreaktion".

Wasserteilchen halten zusammen

Warum kann der Wasserläufer auf der Wasseroberfläche laufen? Zwischen den Wasserteilchen wirken Anziehungskräfte, die Teilchen „halten einander fest". Diese Kräfte wirken normalerweise in alle Raumrichtungen. An der Grenzfläche zur Luft jedoch nur nach innen, da es hier keine Wasserteilchen gibt, die in die entgegengesetzte Richtung ziehen. Die Oberfläche des Wassers wird durch die Kräfte fest zusammengezogen. Dadurch besitzt Wasser ein „Oberflächenhäutchen", das in der Fachsprache als *Oberflächenspannung* bezeichnet wird.

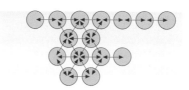

Energie wird umgewandelt

Ein Kennzeichen jeder chemischen Reaktion ist, dass Energie entweder zugeführt oder freigesetzt wird. Energie geht jedoch nie verloren, sondern wird in unterschiedliche Energieformen umgewandelt, z.B. von chemischer in mechanische Energie. Auch in unserem Körper wird Energie umgewandelt. So wird z.B. in den Zellen die chemische Energie des Traubenzuckers in mechanische und Wärmeenergie umgewandelt, sodass wir uns bewegen und unsere Körpertemperatur auf 37 °C halten können.

Traubenzucker – gespeicherte Sonnenenergie

Wo und wie wird in der Natur der energiereiche Traubenzucker hergestellt? Die Fotosynthese ist der Prozess, bei dem aus Wasser und Kohlenstoffdioxid mithilfe der Lichtenergie der Sonne Sauerstoff und der Traubenzucker gebildet werden. In den Chloroplasten wird die Lichtenergie in chemische Energie umgewandelt, die die Pflanze für ihre Stoffwechselvorgänge nutzen kann. Der für uns so wichtige Sauerstoff ist eigentlich nur ein „Nebenprodukt" der Fotosynthese.

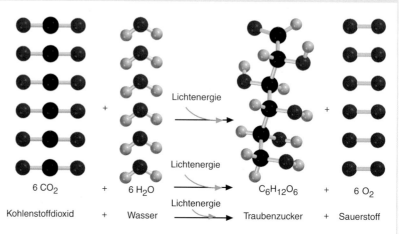

				Lichtenergie				
6 CO_2	+	6 H_2O	Lichtenergie	→	$C_6H_{12}O_6$	+	6 O_2
Kohlenstoffdioxid	+	Wasser	Lichtenergie	→	Traubenzucker	+	Sauerstoff

Zucker wird in verschiedenen Formen gespeichert

Traubenzucker kommt in Ketten- und Ringform vor. Als Symbol für die Ringform dienen Sechsecke. Die ringförmigen Traubenzuckerteilchen werden zu Hunderten miteinander verknüpft. So entstehen lange Ketten, die Stärke. Stärke bietet den Pflanzen Vorteile. Da sie im Gegensatz zu Traubenzucker nicht wasserlöslich ist, kann die Stärke in den Zellen besser gespeichert werden. Bei Bedarf wird aus ihr mithilfe von Verdauungsstoffen (Enzymen) wieder Traubenzucker gebildet. Sie ist auch ein Reservestoff in den Samen, z. B. im Getreide.

Tiere und Menschen bilden „tierische Stärke", das Glykogen. Dieses wird in den Muskeln und der Leber gespeichert, wenn viel Zucker im Blut vorhanden ist, und wird bei Bedarf wieder ins Blut abgegeben.

Trauben-
zucker

Stärke

Traubenzucker – Energielieferant der Lebewesen

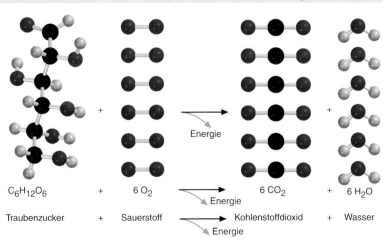

$$C_6H_{12}O_6 \quad + \quad 6\,O_2 \quad \xrightarrow{\text{Energie}} \quad 6\,CO_2 \quad + \quad 6\,H_2O$$

Traubenzucker + Sauerstoff $\xrightarrow{\text{Energie}}$ Kohlenstoffdioxid + Wasser

Der Traubenzucker wird im Cytoplasma und den Mitochondrien der Zellen nach und nach abgebaut. Nur so kann die im Traubenzucker gespeicherte Energie von den Organismen genutzt werden. Dabei reagieren der Traubenzucker und der Sauerstoff so miteinander, dass letztendlich Kohlenstoffdioxid und Wasser entstehen. Bei dieser Reaktion wird viel Energie in kleinen „Portionen" freigesetzt, sodass die Zellen nicht geschädigt werden. Da diese Energie von allen Organismen für ihren Bau- und Betriebsstoffwechsel benötigt wird, ist Traubenzucker ein wichtiger Energielieferant der Lebewesen.

Traubenzucker wird weiter verarbeitet

Grüne Pflanzen stellen im Tagesverlauf mehr Traubenzucker her, als sie für ihren eigenen Energiebedarf benötigen. Aus Traubenzucker entstehen andere Zucker, wie *Fruchtzucker* oder *Rohrzucker*, aber auch *Stärke* oder *Zellulose*. Traubenzucker ist in der Pflanze also nicht nur Energiespeicher, sondern auch Ausgangsstoff für viele andere Substanzen, welche zum Leben der Pflanze benötigt werden:

— Zellulose als Bestandteil des Holzes bei Bäumen
— Öle als Speicherstoff
— Wachse als Schutz gegen Feuchtigkeit
— Farbstoffe zum Anlocken von Tieren
— Duftstoffe zum Anlocken von Insekten
— Giftstoffe als Schutz vor Tierfraß.

Diese verschiedenartigen Substanzen entstehen über viele Reaktionen in verschiedenen Stoffwechselwegen.

Ein wichtiger Baustoff für die pflanzlichen Zellwände ist die **Zellulose**. Diese wird direkt aus dem Traubenzucker gebildet und gibt den Zellwänden Halt. Die Zellulose ist die Grundlage für die Festigkeit der hohen Grashalme oder des Holzes von Bäumen. Der Mensch nutzt Zellulose für viele Zwecke. Die Zellulosefäden aus Baumwollkapseln werden zu Garn versponnen. Papier besteht aus Zellulose, die aus Holz gewonnen wird.

Pflanzen speichern energiereiche Verbindungen, zum Beispiel die **Stärke** in den Kartoffelknollen oder Zucker in Zwiebeln. Sie können diese Speicherstoffe im Winter nutzen, wenn die grünen Teile der Pflanzen abgestorben sind.

In den Samen sind energiereiche Stoffe vorhanden. Sonnenblumenkerne oder Erdnüsse enthalten viele **Öle**. Diese dienen den kleinen Keimlingen im Samen zur Ernährung vor und während der Keimung. Im Samen des Getreides sind es **Eiweiße** und Stärke. Für den Aufbau von Eiweißen wird auch Stickstoff benötigt, der mit den Mineralstoffen in Form von Nitrat aus dem Boden aufgenommen wird. Auch für den Aufbau der Erbsubstanz werden neben den Proteinen zusätzliche Mineralstoffe, wie Nitrate und Phosphate, benötigt.

Die verschiedenfarbigen Blüten und Früchte der Pflanzen haben weitere Funktionen: Durch Duft- und Blütenfarbstoffe werden Insekten oder andere Tiere zur Bestäubung oder Verbreitung angelockt.

Duftstoffe findet man auch in den Blättern von Pflanzen, zum Beispiel bei der Pfefferminze oder dem Eukalyptus. Hier dienen die Duft- und Giftstoffe den Pflanzen oft auch als Schutz vor Fressfeinden.

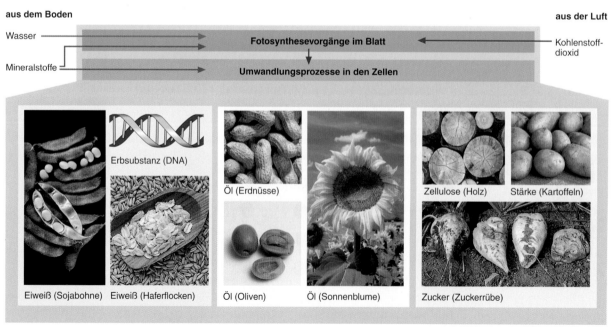

1 Traubenzucker — ein Grundbaustein

Ernährungsspezialisten unter den Pflanzen

Es gibt Blütenpflanzen, denen das Chlorophyll ganz fehlt oder deren Wurzeln kaum Wasser und gelöste Stoffe aufnehmen können. Andere Arten haben Standorte mit besonders mineralstoffarmen Böden. Um diese Nachteile ausgleichen zu können, besitzen sie alle besondere Ernährungsformen.

Symbiontische Pflanzen

Der **Gewöhnliche Fichtenspargel** kommt in Fichtenwäldern vor. Er ist ein Humusbewohner, dem das Chlorophyll fehlt. Seine Blätter sind schuppig und gelblich bis bräunlich gefärbt. Die Wurzelhaut dieser Pflanze ist von *Pilzhyphen* durchsetzt. Der Pilz baut den Humus des Waldbodens ab. Der Fichtenspargel entnimmt den Pilzhyphen die organischen Nährstoffe und gibt Vitamine an den Pilz ab, die dieser selbst nicht bilden kann. Eine solche Lebensgemeinschaft zu beiderseitigem Nutzen nennt man *Symbiose*.

An den Wurzeln von Schmetterlingsblütlern, z.B. Lupinen, Erbsen, Bohnen, Linsen und Klee, findet man häufig kleine *Wurzelknöllchen*. Diese Gewebswucherungen entstehen durch die mit ihnen symbiontisch lebenden *Knöllchenbakterien*. Sie erhalten von ihrem jeweiligen Partner vor allem Kohlenhydrate.

Die **Knöllchenbakterien** haben die Fähigkeit, den Stickstoff der Luft zu binden und Stickstoffsalze daraus herzustellen. Auf diese Weise ermöglichen sie es den Pflanzen, auch auf stickstoffarmen Böden zu gedeihen. Durch ihre Tätigkeit können pro Jahr auf einem Hektar Acker ca. 250 kg Stickstoff gebunden werden.

Manchen Bäumen fehlen an den Wurzelspitzen die feinen Wurzelhaare, die der Wasser- und Mineralstoffaufnahme dienen. Die Aufgaben der Wurzelhaare übernehmen stattdessen Pilzhyphen, sogenannte *Mykorrhizen*. Die Mykorrhizen umspinnen die Wurzelenden des Baumes vollständig und dringen in die Wurzelrinde vor. Im Austausch erhält der Pilz vom Baum dafür die für ihn lebensnotwendigen Nährstoffe.

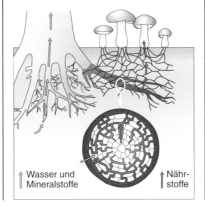

↑ Wasser und Mineralstoffe   ↑ Nährstoffe

Schmarotzerpflanzen

Schmarotzerpflanzen beziehen lebensnotwendige Stoffe teilweise oder vollständig von einer Wirtspflanze. Man unterscheidet dabei zwischen Chlorophyll besitzenden *Halbschmarotzern* und *Vollschmarotzern*, die kein Chlorophyll besitzen.

Besonders im Winter fallen die kugelförmigen Büschel der **Misteln** in den Kronen von Laubbäumen auf. Die Mistelstängel sind grün und gabelig verzweigt. Die Blätter sind lanzettförmig und fühlen sich ledrig an. Die Mistel ist ein *Halbschmarotzer*. Sie besitzt noch Chlorophyll, hat jedoch keine Wurzeln und verschafft sich deshalb Wasser und Mineralstoffe von der Wirtspflanze, auf der sie lebt. Dies geschieht mithilfe von *Senkern*, die in den Spross der Wirtspflanze hineinwachsen.

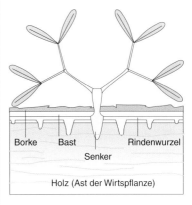

Borke   Bast   Rindenwurzel
Senker
Holz (Ast der Wirtspflanze)

Senker entstehen aus einer kleinen Keimwurzel, die am Wurzelende eine breite und flache Haftscheibe ausbildet. Von ihrer Mitte aus wächst ein erster Senker bis in den Holzteil der Wirtspflanze vor. Die Gefäßteile des Senkers verbinden sich mit denjenigen der Wirtspflanze und entnehmen ihnen das Wasser und die Mineralstoffe. Später bildet die Mistel aus den *Rindenwurzeln* weitere Senker, die die Rinde der Wirtspflanze durchwuchern.

S☀nnen-
energie

Sonnenenergie in der Geschichte

Der französische Ingenieur A. Mouchot erhoffte sich einen Ausweg aus der Kohleknappheit in Frankreich durch die Nutzung der Sonnenenergie. Er konstruierte eine solare Dampfmaschine mit einem Spiegel von 5 Meter Durchmesser und einer Leistung von 1 kW. Diese Dampfmaschine war eine Attraktion auf der Pariser Weltausstellung von 1878. Welche Vorteile könnten die Ingenieure damals auf einem Werbeplakat zusammengestellt haben? Könnte man auch mit einem Brennglas Wasser erhitzen?

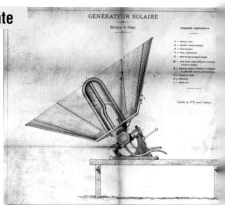

Sonnengötter

Schon die frühesten Kulturen hatten das Bedürfnis, die Phänomene am Himmel zu erklären. Von den Völkern des Altertums brachten die Ägypter und die Inkas der Sonne größte Hochachtung entgegen. Lest in Geschichtsbüchern mehr über diese Kulturen und stellt einmal Riten der Sonnenverehrung und deren Bedeutung zusammen.

Sonne macht gute Laune

In der Sonne fühlen wir uns wohl. Aber Vorsicht: die Sonnenstrahlung kann einen Sonnenbrand oder sogar Hautkrebs verursachen!
Stellt ein Info-Blatt zusammen und bereitet Ratschläge für Sonnenhungrige vor!

Echnaton und Nofretete opfern dem Sonnengott Aton, 1365 – 1348 v. Chr.

Sonnenergie in Erdöl und Kohle

Mit der Beherrschung des Feuers vor 1,5 Millionen Jahren gelang den Menschen ein entscheidender Entwicklungssprung. Sie konnten sich nun die Vorräte an gespeicherter Sonnenenergie nutzbar machen, zuerst in Form von Holz, dann als Kohle, Erdöl und Erdgas.

Wie entstanden Kohle und Erdöl?
Welche Problematik hat sich daraus ergeben?

Sonnenenergie im Weltraum

Im Weltraum gibt es keine Steckdosen. Energie für den Antrieb von Motoren und für die Elektronik kann aus Gewichtsgründen nicht in Form von Batterien mitgenommen werden. Solarzellen liefern stattdessen den Strom, wie hier bei dem Marsroboter.

Auch auf der Erde setzt sich der Solarstrom immer mehr durch, wie die Solarstromanlage auf der Insel Pellworm.

Wo wird diese Technik auch im privaten Bereich eingesetzt?

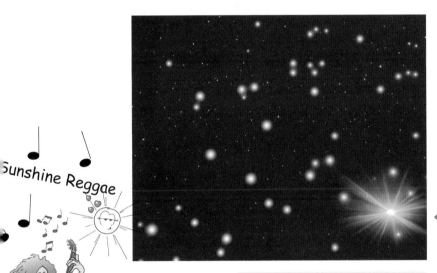

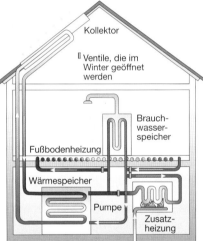

Kollektor

Ventile, die im Winter geöffnet werden

Brauchwasserspeicher

Fußbodenheizung

Wärmespeicher

Pumpe

Zusatzheizung

Kennst du noch mehr Lieder, die sich mit der Sonne beschäftigen? Veranstaltet eine Sonnen-Hitparade und erklärt in den Ansagen, wieso es so viele Sonnenlieder von früher und heute gibt.

Sterne sind Sonnen

Die Sterne, die wir am Himmel sehen, sind — abgesehen von den Planeten aus unserem Sonnensystem — Sonnen aus anderen Sonnensystemen.

Kennst du die Unterschiede zwischen Planeten und Sonnen?

Autos mit Sonnenenergie?

Wer kennt nicht die großen gelben Felder im Frühjahr. Rapspflanzen werden heute in großen Mengen angebaut. Aus den Samen gewinnt man Öl, welches zu Biodiesel verarbeitet wird. Auch die Waschmittelindustrie verwendet nachwachsende Öle. Fossile Energievorräte sollen durch die nachwachsenden Rohstoffe geschont werden.
Welche Vorteile und Nachteile hat dieses Verfahren?

Energiequelle der Zukunft?

Wasserstoff reagiert mit Sauerstoff zu Wasser. Diese Reaktion wird in Brennstoffzellen genutzt, um elektrische Energie für den Antrieb von Autos, Bussen oder für andere technische Anwendungen zu gewinnen.
Wasserstoff wird auch in der Fotosynthese aus dem Wasser gebildet. Man versucht mithilfe von Algen, diesen Wasserstoff in Sonnenkollektoren zu gewinnen.
Warum will man Wasserstoff als Energiequelle nutzen?

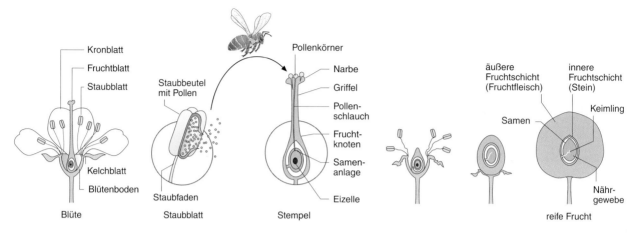

1 Von der Blüte zur Frucht: Bestäubung, Befruchtung und Fruchtentwicklung bei der Kirsche

Phasen der Individualentwicklung

Jeder Organismus durchläuft in seinem Leben die Entwicklung von der befruchteten Eizelle bis zum Tod. Dabei wächst er, entwickelt sich, pflanzt sich fort, altert und stirbt.

1. Befruchtung

Die Entwicklung der Pflanze beginnt mit der Befruchtung. Bei den Samenpflanzen ist dieser Prozess ziemlich kompliziert. Nachdem der Pollen durch Wind oder Insekten auf die Narbe gelangt ist, wächst aus einem Teil der Pollenschlauch durch die Narbe in Richtung Fruchtknoten bis zur Samenanlage. Aus dem anderen Teil des Pollens entstehen zwei Kerne. Der erste Kern verschmilzt mit der Eizelle in der Samenanlage — der Keimling der neuen Pflanze entsteht. Der zweite Kern verschmilzt mit weiteren Teilen der Samenanlage und so entwickelt

sich daraus das *Nährgewebe*, das den Keimling umgibt. Keimling und Nährgewebe bilden gemeinsam den *Samen*.

2. Keimung

Der entstandene Samen ist von einer schützenden Samenschale umgeben, mit deren Hilfe er auch ungünstige Bedingungen, wie den Winter, überdauern kann. Im Frühjahr, wenn es warm genug ist und ausreichend Feuchtigkeit vorhanden ist, kommt es zur *Quellung* und die Samenschale platzt auf. Die Stoffwechselprozesse im Samen sind stark beschleunigt und die Keimwurzel wächst in das Erdreich hinein.

Der hakenförmig gebogene Keimstängel wächst nach oben und zieht die Keimblätter nach. Die ersten Laubblätter entfalten sich

2 Keimung eines Bohnensamens

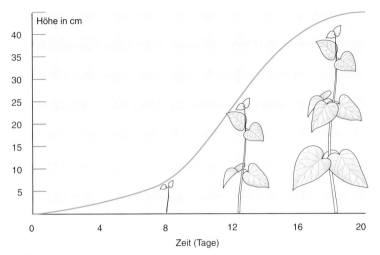

1 Wachstumskurve

Plasma wächst durch die Einlagerung von Wasser und organischen Stoffen, die durch Fotosynthese gebildet werden. Anschließend vergrößert sich die Zellwand, verstärkt sich und es kommt zur Bildung von Vakuolen, da das Plasma nicht so schnell mitwächst. Dieses Wachstum wird als *Streckungswachstum* bezeichnet — die Ausbildung zu den unterschiedlichsten Zellen und Geweben beginnt. Dies bezeichnet man als *Differenzierung*. So wird z. B. das Blatt in Epidermis, Palisadengewebe, Schwammgewebe und Leitgewebe differenziert.

4. Reifung

Die meisten Pflanzen bilden Blüten aus. Damit beginnt die geschlechtliche Fortpflanzung *(generative Phase)*. Der Zeitpunkt der Blütenbildung ist von den Umweltfaktoren und damit auch von der Jahreszeit abhängig. In der Blühreife werden Kelchblätter, Kronblätter, Staubblätter und Fruchtblätter angelegt, die bei den unterschiedlichen Pflanzenfamilien auch unterschiedlich aussehen und Anpassungen an verschiedene Bestäubungsarten zeigen.

und die Keimblätter schrumpfen und fallen ab. Erst wenn Teile der Pflanze dem Licht ausgesetzt sind, werden sie grün und können die Fotosynthese betreiben und sich selbst ernähren. Bis zu diesem Zeitpunkt erfolgte die Versorgung des Keimlings durch die Speicherstoffe des Nährgewebes.

5. Altern und Tod

Beim Altern werden die Organe in ihrer Struktur und Funktion gestört. Die Pflanzen nehmen weniger Kohlenstoffdioxid auf und wachsen langsamer, die Lebensvorgänge werden gehemmt. Im Herbst werfen die sommergrünen Pflanzen ihre Blätter ab und gehen in ein *Ruhestadium* über. Dieses Ruhestadium ist bei den einjährigen Pflanzen der Samen, der Nährstoffe zum Überdauern eingespeichert hat und aus dem im Frühjahr eine neue Pflanze heranwächst.

3. Wachstum und Differenzierung

Pflanzliches Wachstum *(vegetative Phase)* ist eine nicht rückgängig zu machende Volumenzunahme von Zellen, deren Teilung und die Vergrößerung der Organe. Große Bedeutung für das Wachstum haben Temperatur, Licht und Feuchtigkeit. Die Veränderung dieser *Umweltbedingungen* kann die Entwicklung der Pflanze beschleunigen, aber auch hemmen. Die Anzahl der Zellen wird durch das Teilungswachstum vergrößert, das

Aufgaben

1. Schneide gequollene Samen von Erbse, Haselnuss, Weizen- oder Maiskorn auf. Betrachte sie mit der Lupe. Vergleiche.
2. Lege einige Samen in feuchte Watte und lasse sie einige Tage bei Zimmertemperatur keimen. Vergleiche die Keimlinge, miss das Streckungswachstum der Keimwurzel und werte das Ergebnis aus.
3. Viele Samen haben für die Ernährung von Tier und Mensch eine große Bedeutung. Begründe dies anhand von Beispielen.
4. Zergliedere eine Ackersenf- oder Tulpenblüte und ordne sie zu einem Blütengrundriss. Versuche die unter Punkt 4 beschriebenen Blütenteile zu finden und beschrifte sie.

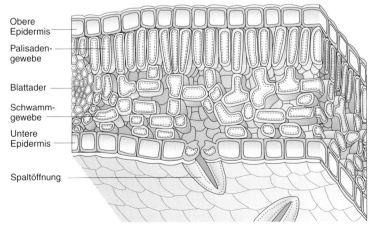

2 Schema eines Laubblattes

Obere Epidermis
Palisadengewebe
Blattader
Schwammgewebe
Untere Epidermis
Spaltöffnung

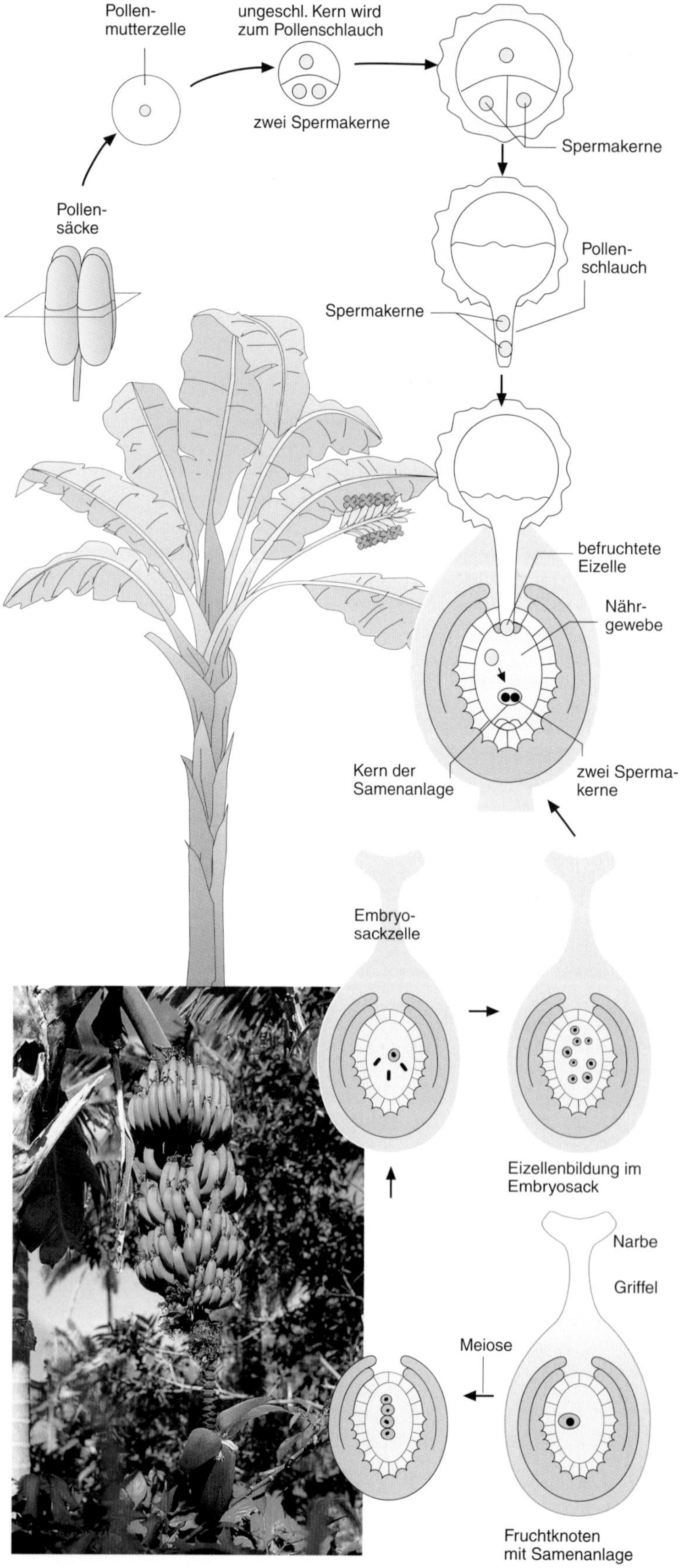

Diagram labels (left side)

Pollen-
mutterzelle

ungeschl. Kern wird
zum Pollenschlauch

zwei Spermakerne

Spermakerne

Pollen-
säcke

Pollen-
schlauch

Spermakerne

befruchtete
Eizelle

Näh-
gewebe

Kern der
Samenanlage

zwei Sperma-
kerne

Embryo-
sackzelle

Eizellenbildung im
Embryosack

Narbe

Griffel

Meiose

Fruchtknoten
mit Samenanlage

Fortpflanzung und Vermehrung

An der türkischen Mittelmeerküste sieht man eine Vielzahl von Bananenplantagen. Die *Bananenstaude* wird von den Menschen dort sehr vielfältig genutzt. Die Bananenblätter werden von den Kühen gefressen, Teile der verholzten Staude werden zum Heizen oder als Dünger für neue Stauden genutzt. Ziegen fressen die Bananenschalen und die wohl schmeckenden Kulturbananen verzehrt der Mensch. Was ist das Besondere an dieser Staude?

Die Pflanze besitzt einen knolligen Erdspross *(Rhizom)*, der 5 bis 10 Meter hohe Blattscheidenröhren über dem Boden bildet. Aus diesen *Achselknospen* entwickeln sich neue Fortpflanzungssprosse. Der alte Sprossteil stirbt ab. In den Bananenplantagen wird meist nur ein Trieb belassen, um diesen zu kräftigen. Sowohl aus Erdsprossen wie auch aus Seitentrieben werden neue Pflanzen für die Bananenplantage gewonnen. Die Kulturbanane hat die Fähigkeit zur Samenbildung verloren. Sie kann nur *ungeschlechtlich vermehrt* werden.

Bei dieser Vermehrung entstehen die Nachkommen aus Teilen des elterlichen Organismus, die die gleichen Merkmale wie die Mutterpflanze aufweisen. Durch diese Art der Fortpflanzung können sehr schnell viele identische Nachkommen *(Klone)* erzeugt werden, die die gleichen Leistungsmerkmale aufweisen.

Wildbananen lassen sich darüber hinaus auch auf geschlechtlichem Wege fortpflanzen. Wenn die Wildbananenpflanze etwa 15 Monate alt ist, wächst durch die Blattscheide ein Blütenstand empor. Die violetten Blüten stehen in Gruppen in den Achseln von rotvioletten Tragblättern.

Die Blüten haben reichlich Nektar und locken Vögel und Fledermäuse an, die den Pollen von einer männlichen Blüte auf die Narbe der weiblichen Blüte übertragen *(Bestäubung)*. Durch die *Befruchtung* kommt es zum Verschmelzen der Eizelle und eines Pollenkerns, wodurch die befruchtete Eizelle und daraus der Keimling entsteht. Das Nährgewebe des Samens wird durch eine weitere Befruchtung gebildet.

Die Fruchtblätter des Fruchtknotens werden fleischig und sie bilden zusammen mit dem Samen die Frucht. Die Banane ist eine *Beerenfrucht*.

Wachstum und Fortpflanzung

Diese Arbeiten können im Klassenzimmer oder zu Hause auf der Fensterbank durchgeführt werden. Allerdings sollte man vor Beginn der Versuche einen genauen Zeit- und Organisationsplan aufstellen, da sie zum Teil die Dauer einer Vegetationsperiode in Anspruch nehmen und somit auch die Versorgung der Pflanzen während der Ferienzeit gesichert sein muss.

Blattsprosse und Stecklinge

Stecklinge nennt man abgetrennte Teile von Pflanzen, die unter bestimmten Bedingungen wieder zu vollständigen Pflanzen auswachsen können.

Material: Begonien, Wein, Philodendron, Wachsblume.

Durchführung: Schneide bei einem ausgewählten Begonienblatt stärkere Blattadern an den Verzweigungsstellen der Blattrippen oberflächlich an mehreren Stellen an.

Lege das Blatt mit der Unterseite nach unten auf feuchten Sand. Das gekürzte Stielende muss von Sand bedeckt sein. Fixiere das Blatt auf der Erdoberfläche mit Zahnstochern, wie es die oben stehende Abbildung zeigt.

Schneide beblätterte, ca. 10 cm lange Stängelstücke von z. B. einer Geranienpflanze ab. Der Schnitt muss sauber, leicht schräg und knapp unter einem Blattknoten geführt werden. Die unteren Blätter des so erhaltenen Stecklings müssen entfernt werden, da sonst der Wasserverlust durch Verdunstung zu groß wird. Die Erde, in die man den Steckling steckt, soll mäßig feucht gehalten werden.

Aufgaben

1. Beobachte die angesetzten Kulturen und protokolliere die Veränderungen zweimal wöchentlich.
2. Informiere dich in einer Gärtnerei über die dort praktizierte Stecklingsvermehrung. Vergleiche eine durchgeführte Stecklingsvermehrung mit einer Pfropfung (s. Abb.). Welche Gemeinsamkeiten und Unterschiede lassen sich benennen?

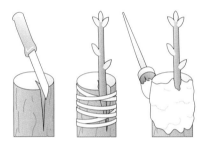

Ausläufer

Material: Erdbeere, Veilchen, Günsel, Taubnessel, Hahnenfuß, Quecke, Maiglöckchen.

Durchführung: Trenne bei einigen der oben genannten Pflanzen die Ausläufer mit Jungpflänzchen ab und kultiviere sie in Blumenkästen. Die Pflanzen sollten ggf. im Schulgarten angesiedelt werden.

Aufgaben

3. Notiere, welche Pflanzen oberirdische und welche unterirdische Ausläufer haben.
4. Diskutiere die Bedeutung der Ausläuferbildung für die Vermehrung und Ausbreitung.

Apfelgasversuch

Geräte und Materialien: Kleine Blumentöpfe mit Erde, Glasglocken mit Unterlagenplatte; Samen von Erbsen oder Wicken, reife Äpfel.

Durchführung: Man bringt Erbsen- oder Wickenkeimlinge in kleinen Blumentöpfen gemeinsam neben reifen Äpfeln unter eine Glasglocke und macht einen Kontrollversuch ohne die Äpfel.

Aufgaben

5. Beobachte und deute das Wachstum unter dem Einfluss von Apfelgas mehrere Tage (siehe Versuch oben).
6. Bringt man unreife Tomaten mit einem Apfel unter eine Glasglocke, so erfolgt rasches Nachreifen. Wann wird diese Tatsache ausgenutzt?
7. Bananen, Ananas und Äpfel sollen nicht nebeneinander aufbewahrt werden. Warum?
8. Stelle in einer Tabelle Pflanzen mit geschlechtlicher und ungeschlechtlicher Vermehrung gegenüber.
9. Wiederhole deine Kenntnisse über die Bestäubung und Befruchtung und definiere beide Begriffe.
10. Bananen, Orangen und Mandarinen haben keine Samen. Warum besteht keine Gefahr, dass diese Südfrüchte aussterben?

Reizbarkeit bei Pflanzen

Wie kommt es, dass Pflanzen an Berghängen gekrümmt nach oben wachsen oder dass unsere Topfpflanzen auf der Fensterbank zum Licht wachsen?

Sie reagieren auf Einflüsse der Umwelt, die als *Reize* bezeichnet werden. Die Umweltreize Licht, Temperatur, Schwerkraft, Erschütterung, Berührung, aber auch chemische Stoffe, lösen eine Reaktion bei den Organismen aus, zum Beispiel Veränderungen des Wachstums, der Entwicklung, des Stoffwechsels oder der Bewegung. So klappt zum Beispiel die Mimose ihre Fiederblättchen bei Berührung schnell zusammen. Der Sonnentau, eine Fleisch fressende Pflanze, reagiert mit Zusammenklappen seiner Blätter, wenn sich ein Insekt darauf befindet.

Es können unterschiedliche Arten von *Bewegungsreaktionen* auf Umweltreize auftreten, wobei berücksichtigt werden muss, dass alle Reize gleichzeitig einwirken können:
1. *Tropismen* sind Krümmungsbewegungen, bei denen der Reiz die Bewegungsrichtung bestimmt, Pflanzen wachsen zur Reizquelle hin
2. *Nastien* sind ungerichtete Krümmungsbewegungen.
3. *Taxien* sind durch Reize beeinflusste freie Ortsbewegungen

Tropismen

Häufig zu beobachten ist das Wachstum von Pflanzen zum Licht hin, was in der Fachsprache als *Lichtwendigkeit oder Fototropismus* bezeichnet wird. Die Krümmung des Sprosses zum Licht hin ist jedoch nicht das Ergebnis sich krümmender Zellen, sondern die Krümmung kommt durch die unterschiedlich starke Streckung der Zellen der Licht- und Schattenseite des Sprosses zustande.

Für das Wachstum der Pflanze spielen *Wuchsstoffe* (z. B. Auxin) eine entscheidende Rolle. Wuchsstoffe sind mit Hormonen vergleichbar. Sie werden in den Wachstumszonen am äußeren Ende der Pflanze gebildet. Wächst die Pflanze gleichmäßig nach oben, so sind die Wuchsstoffe gleichmäßig im Spross verteilt. Wirkt das Licht aber einseitig, kommt es zu einer ungleichmäßigen Verteilung der Wuchsstoffe im Spross.

An der dem Licht zugewandten Seite sind weniger Wuchsstoffe konzentriert als an der dem Licht abgewandten Seite. An Stellen mit höherer Wuchsstoffkonzentration wächst die Pflanze stärker und sie kann sich demzufolge dem Licht zuwenden.

Licht ist Vorraussetzung für die Fotosynthese und damit für das Wachstum. Je mehr Licht die Pflanze bekommt, um so mehr kann sie wachsen. Bei Lichtmangel wächst die Pflanze merkwürdigerweise schneller, aber die ohne Licht aufwachsenden Pflanzen bleiben weiß und ihre Laubblätter verkümmern. Der stark in die Länge gewachsene Spross bietet keinen Halt mehr, knickt um und stirbt ab.

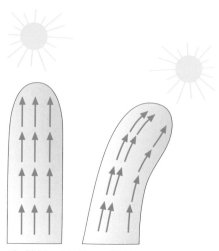

1 Spross mit unterschiedlicher Wuchsstoffkonzentration in Abhängigkeit vom Licht

1 Geotropismus bei Kressepflanzen

Geotropismus

Die Reaktion der Pflanzen auf die Schwerkraft bezeichnet man als *Erdwendigkeit (Geotropismus)*. Durch die Wirkung der Schwerkraft wachsen Keim- und Hauptwurzeln nach unten und Sprosse nach oben. Wie bei der Lichtwendigkeit, kommt es auch beim Geotropismus zur ungleichmäßigen Verteilung der Wuchsstoffe. Durch ein Experiment kann man dies nachweisen. Legt man einen Blumentopf auf die Seite, wächst der Spross, nachdem er eine Krümmung vollzogen hat, nach oben und die Wurzel nach unten zur Schwerkraft hin. Ändert man durch langsame Drehung die Lage des Blumentopfes, so erfolgt keine Krümmung der Pflanzen, da die Wuchsstoffe weiterhin gleichmäßig verteilt sind (Abb. 2).

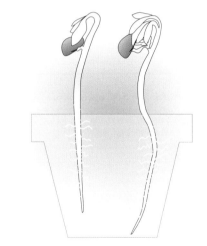

2 Normalwachstum

Nastien

Winden oder Erbsen bilden an ihren Blattenden Ranken aus, die Suchbewegungen ausführen. Berührt eine Ranke einen Gegenstand *(Berührungsreiz)*, wächst sie schneller, windet sich um ihn herum und gibt der Pflanze somit Halt. Dadurch kann die Pflanze stärker zum Licht wachsen und besser die Fotosynthese betreiben. Hat die Pflanze keine Rankhilfe, wächst sie auf dem Boden geradeaus und bekommt dadurch weniger Licht.

Taxien

Taxien kommen hauptsächlich bei Algen und pflanzlichen Einzellern vor, die im Gewässer frei beweglich sind. Licht wirkt als Reiz auf die Algen und pflanzlichen Einzeller. Im optimalen Lichtmilieu kommt es zu deren Ansammlung. Bei Veränderung der Beleuchtungsstärke reagieren die Organismen mit Ortswechsel.

Aufgaben

(1) Welche Bedeutung haben Tropismen für das Leben der Pflanzen?
(2) Pflanzen haben keine Sinnesorgane und keine Muskeln. Vergleiche die Reizaufnahme und die Beantwortung der Reize bei Pflanze und Tier.
(3) Wuchsstoffe können künstlich hergestellt werden. Wozu können sie in Gärtnereien genutzt werden?
(4) Schlage weitere Experimente vor, mit deren Hilfe man nachweisen kann, dass Pflanzen auf Reize aus der Umwelt reagieren.

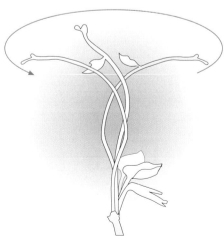

3 Nastien

Ökosystem Wald

Ein Wald ist mehr als nur eine Ansammlung von Bäumen. Er ist bei uns in Mitteleuropa ein *Lebensraum*, der sich seit der letzten Eiszeit entwickelt hat. Die vielfache Gliederung des Waldes schafft vielen Organismen, die voneinander abhängen und so eine Lebensgemeinschaft bilden, ihre Lebensmöglichkeiten.

Heute sind die Beziehungen innerhalb der Lebensgemeinschaft des Waldes häufig gestört. Ursache sind menschliche Einwirkungen, die schon vor vielen Jahrhunderten begonnen haben. Den meisten Menschen ist dieses aber erst mit dem Auftreten größerer Waldschäden infolge der Luftverunreinigung klar geworden.

Der Wald ist für uns überlebenswichtig, da er den Boden schützt, den Wasserhaushalt reguliert und das Klima günstig beeinflusst. Gefahr droht den Wäldern nicht nur in Mitteleuropa, sondern auch in den Tropen. Die tropischen Wälder sind die größten zusammenhängenden Waldgebiete der Erde, deren Zerstörung weltweite Folgen haben wird.

Moose, Farne

Pilze

Biozönose

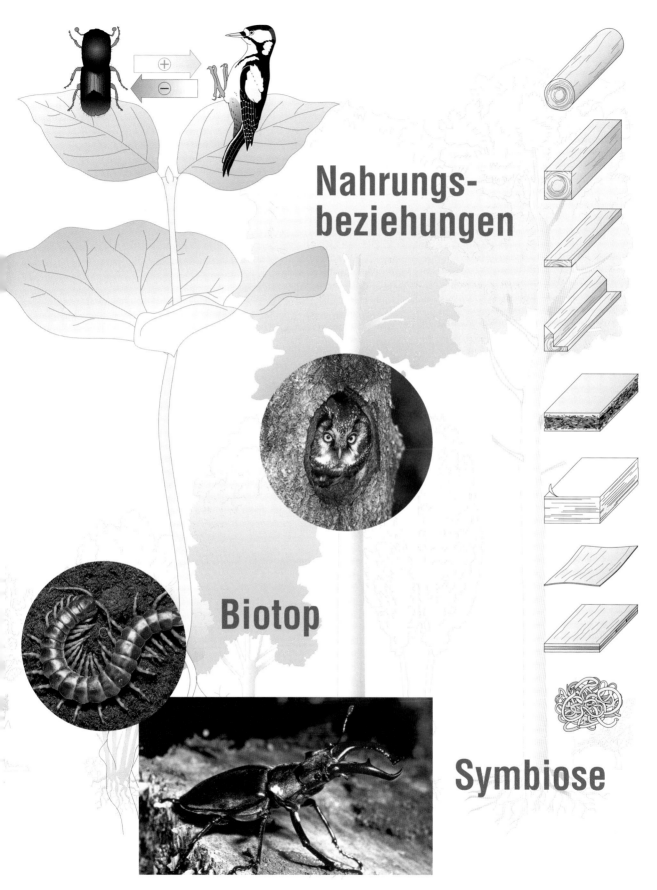

Nahrungs-
beziehungen

Biotop

Symbiose

Die Pflanzen des Waldes bilden Stockwerke

Auf den ersten Blick prägen vor allem Bäume das Aussehen eines Waldes. Doch auch viele andere, häufig unscheinbare Pflanzen kommen hinzu. Durch ihre unterschiedliche Wuchshöhe können die Pflanzen in Mischwäldern Schichten ausbilden. Diese *Stockwerke* des Waldes können unterschiedlich stark ausgeprägt sein. In manchen Wäldern können sie sogar ganz fehlen.

Das unterste Stockwerk bilden Pflanzen, die direkt dem Boden anliegen. Dazu gehören Moose, aber auch Flechten und Pilze. Man nennt diese Schicht *Moosschicht*. Die nach oben folgende Schicht ist die *Krautschicht*, die schon vielfältiger zusammengesetzt sein kann. Neben Farnen kann man hier verschiedene Blütenpflanzen finden, z. B. Leberblümchen, Lerchensporn, Springkraut und andere Kräuter.

Sträucher und junge Bäume, wie der Schwarze Holunder, die Haselnuss, die Eberesche und der Faulbaum, bilden die nächsthöhere Etage, die *Strauchschicht*. Sie erreicht etwa drei Meter Höhe. Die darüber liegende *Baumschicht* schließlich kann bis zu 40 Meter Höhe emporreichen. Sie wird durch hoch wachsende Bäume, wie Eiche, Rotbuche oder Kiefer, gebildet. Die Baumschicht ist in sich noch in *Stamm-* und *Kronenschicht* gegliedert.

Aber auch unter der Erde, in der *Bodenschicht*, lassen sich *Wurzelstockwerke* unterscheiden, da die Wurzeln der verschiedenen Pflanzenarten ganz unterschiedlich ausgebildet sein können. So bildet die Fichte nur ein flaches Wurzelwerk, sie ist ein *Flachwurzler*. Eichen können hingegen tief hinabreichende *Pfahlwurzeln* ausbilden, sie sind *Tiefwurzler*. Die Wurzelhaare von Moosen und die Wurzeln von Kräutern reichen oft nur wenige Millimeter bis einige Zentimeter in den Boden.

Aufgaben

1. Überprüfe im Wald, an welchen Stellen man den im Text beschriebenen Stockwerkbau besonders gut erkennen kann.
2. Beschreibe Aussehen und Gliederung eines Waldes, der vom beschriebenen Aufbau deutlich abweicht. Nenne mögliche Ursachen dafür.

Der Einfluss der unbelebten Umwelt

Durch den Stockwerkaufbau bedingt, ist in den einzelnen Etagen die *Lichtintensität* während der Vegetationsperiode sehr unterschiedlich. Die Kronenschicht erhält am meisten Licht, während Kraut- und Moosschicht nur sehr wenig erhalten. Die Kronenschicht beschattet im Sommer den Boden so stark, dass ihn nur noch ein kleiner Teil des einfallenden Sonnenlichts erreicht. Wenn das Kronendach sehr dicht ist, wie in einem Rotbuchenwald, können außer den Moosen nur einige Schattenpflanzen, wie etwa der Sauerklee, existieren. Die Pflanzen der Krautschicht sind an diese Bedingungen angepasst, indem sie meist sehr dünne und großflächige Blätter ausbilden. Lichtbedürftige Pflanzen haben im Schatten der Bäume keine Chance, ihre volle Größe zu erreichen oder gar sich fortzupflanzen. Nur wenn eine Lücke im Kronendach vorhanden ist, kann ein Baumkeimling emporwachsen und die Lücke schließen.

Nicht nur innerhalb der einzelnen Stockwerke ist die Lichtmenge unterschiedlich. Im Misch- und Laubwald wechselt sie auch im Jahreslauf: Nach dem Laubfall im Herbst ist die Lichtmenge, die den Waldboden erreicht, sehr hoch. Mit zunehmender Belaubung der Bäume im Frühjahr gelangt immer weniger Licht bis zur Krautschicht, bis im Sommer nur noch ein kleiner Teil den Boden erreicht.

An diese Bedingungen sind bestimmte Pflanzen der Krautschicht, die Frühblüher, besonders angepasst. Dazu gehört das Buschwindröschen, das man ab Mitte März in unseren Wäldern finden kann. Die Zeit bis zum Laubaustrieb der Bäume reicht aus, um genügend Reservestoffe in den unterirdischen Erdsprossen für das nächste Jahr zu bilden. Denn nach der Belaubung der Bäume ist zu wenig Licht für das weitere Gedeihen des Buschwindröschens vorhanden. Durch die unterschiedlichen Lichtverhältnisse während des Jahres ergibt sich in der Regel eine ganz bestimmte Abfolge verschiedener Pflanzenarten.

Während des Winters verhindern die niedrigen *Temperaturen*, dass Pflanzen nicht schon früher blühen. Der gefrorene Boden verhindert die Aufnahme von Wasser mit den darin gelösten Mineralstoffen. Die Laubbäume sind unter anderem dadurch an die niedrigen Temperaturen im Winter angepasst, dass sie zu dieser Zeit keine Blätter haben und deshalb wenig Wasser benötigen.

Wasser- und Mineralstoffaufnahme sind lebenswichtig für die Pflanze. Somit ist der *Wassergehalt* im Boden ein bedeutender Umweltfaktor. In ihm sind die lebensnotwendigen *Mineralstoffe* gelöst. Außerdem enthalten der Boden und das Wasser Stoffe, die für den Säuregrad oder *pH-Wert* verantwortlich sind. Auch die *Bodenbeschaffenheit* ist ein wichtiger Umweltfaktor. Sandiger Boden kann Wasser nur schlecht zurückhalten, sodass er schnell austrocknet, wenn es nicht regnet. Tonboden hingegen ist sehr feinporig und kann Wasser wesentlich besser zurückhalten. Er ist andererseits sehr schlecht durchlüftet. Dadurch erhalten die Wurzeln nur wenig Sauerstoff. *Sauerstoff* ist aber ebenfalls lebenswichtig. Nur in Böden, die durch intensive Verwitterung bis in größere Tiefen Feinmaterial enthalten, können Wurzeln vordringen. Von der *Tiefgründigkeit des Bodens* hängt es also ab, welche Art der Bewurzelung möglich ist.

Die *Umweltfaktoren* bestimmen also in einem hohen Maße, welche Baumarten unter natürlichen Bedingungen bevorzugt in einem bestimmten Gebiet vorkommen.

Aufgabe

(1) Die Tabelle gibt Auskunft über die durchschnittlichen Lichtmengen am Waldboden und Temperaturen im Verlauf eines Jahres. Stelle die Messwerte in einem Balkendiagramm dar. Erläutere die Ursachen dafür.

Monat	Lichtintensität (relative Werte in %)	Temperatur (in °C)
Januar	100	2
Februar	100	2
März	100	5
April	65	7
Mai	12	12
Juni	10	16
Juli	15	18,5
August	15	18
September	15	13
Oktober	25	8
November	60	5
Dezember	100	3

Baumschicht

Strauchschicht

Krautschicht

Moosschicht

Wurzel-stockwerke

Die Rotbuche — unser häufigster Laubbaum

Sonnenblatt

Schattenblatt

Der häufigste Laubbaum der Wälder in Deutschland ist die Rotbuche. Bis 40 Meter hoch und über einen Meter dick kann ihr Stamm werden. Ihre Krone erreicht einen Durchmesser von bis zu 30 Metern. Die Rotbuche kann ein Lebensalter von über 300 Jahren erreichen. Der Stamm ist meist gerade gewachsen und mit einer glatten, silbergrauen Borke bedeckt. Seine Festigkeit verdankt er dem darunter liegenden, rötlichen Holz. Im oberen Drittel bildet sich durch Verzweigung des Stammes die Krone aus.

Während der Vegetationsperiode von Anfang Mai bis Ende Oktober trägt die Rotbuche die ganzrandigen Laubblätter. Die Blät-

ter aus dem Außenbereich der Krone unterscheiden sich von denen aus dem Inneren. Die äußeren *Sonnenblätter* sind dicker und relativ kleinflächig, die inneren *Schattenblätter* dünn und relativ groß. In reinen Rotbuchenwäldern fehlt die Ausbildung mehrerer Stockwerke, da durch die dichte Belaubung im Sommer die Lichtintensität am Boden für die Existenz der meisten Pflanzen zu gering ist.

Wegen ihrer Größe ist die Buche besonders starken Belastungen ausgesetzt. Der Wind fängt sich vor allem in der Krone, sodass der ganze Baum in Biegebewegungen versetzt wird. Diesen großen Kräften widersteht die Buche infolge der Elastizität des Holzes und der festen Verankerung im Boden durch die tief reichenden Wurzeln. Neben dieser Verankerung hat die Wurzel weitere Aufgaben: Sie speichert Reservestoffe, die im Frühjahr beim Blattaustrieb benötigt werden. Außerdem werden über die Wurzel Wasser und darin gelöste Mineralstoffe aus dem Boden aufgenommen, die durch den Stamm in die Krone gelangen. Über die Blätter verdunstet der größte Teil des Wassers wieder und wird so als Wasserdampf in die Atmosphäre abgegeben.

Rotbuchen wachsen nicht auf allen Böden gut. Sie vertragen einerseits keine Staunässe, andererseits werden sie auch an zu trockenen Standorten von anderen Baumarten verdrängt. Sie sind also auf eine hinreichende Niederschlagsmenge angewiesen. Zudem wächst die Rotbuche nicht auf stark sauren Böden.

Im Mai bildet die Rotbuche männliche und weibliche Blüten, die zusammen auf einem Baum sitzen. Die weiblichen Blüten werden vom Wind bestäubt. Aus ihrer vierteiligen Hülle bildet sich der *Fruchtbecher*, in dem sich während der Samenreife bis zum Herbst die *Bucheckern* entwickeln. Im nächsten Frühjahr können sich aus ihnen kleine Keimpflanzen im Boden entwickeln. Man kann sie gut an den beiden fleischigen Keimblättern erkennen.

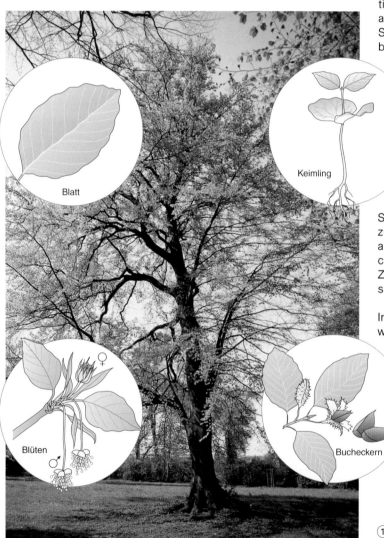

Blatt

Keimling

Blüten

Bucheckern

1 Rotbuche

Aufgabe

① Beschreibe mithilfe der Abbildung in der Randspalte den unterschiedlichen Bau von Sonnenblättern und Schattenblättern.

1 Waldkiefern

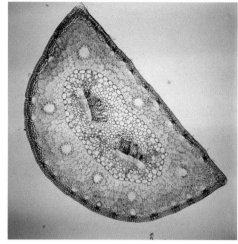

2 Nadelblatt einer Kiefer (Querschnitt)

Die Waldkiefer — ein Nacktsamer

Die Waldkiefer gedeiht besonders gut auf Böden, die nicht zu feucht sind und in die ihre Wurzel tief eindringen kann. Sie wächst auch auf nährstoffarmen Sandböden und solchen Standorten, die für andere Bäume zu karg sind. Die bis zu 6 m tief reichende Pfahlwurzel und die weit verzweigten Seitenwurzeln erhalten auch in Trockenperioden noch genügend Wasser. Die Kiefer ist eine *Lichtholzart*, d. h. sie verträgt keinen Schatten. Wenn Kiefern im dichten Bestand stehen, wachsen die unteren Äste nicht mehr weiter und fallen ab.

Die Blätter der Kiefer sind lang gestreckt, schmal sowie häufig hart und werden im Winter nicht abgeworfen. Trotz des im Vergleich zu einem Laubblatt ganz anderen Aussehens haben *Nadelblätter* die gleiche Aufgabe wie die Blätter der Laubbäume: Fotosynthese und Verdunstung. Nadelblätter besitzen durch ihre Form eine kleine Oberfläche, stabile Festigungsgewebe im Inneren des Blattes und eine dicke Wachsschicht auf der Blattoberfläche. Dadurch verlieren Nadelblätter nur wenig Wasser durch Verdunstung. Das ist vor allem im Winter wichtig, wenn der Boden gefroren ist und deshalb kein Wasser aufgenommen werden kann. Die Nadelblätter überstehen Frostperioden durch ihren stabilen Bau und eingelagerte Frostschutzstoffe. Die Kiefer und auch andere Nadelbäume, wie z. B. die Fichte, können deswegen über die normale Vegetationsperiode hinaus Fotosynthese betreiben und wachsen. Dadurch hat die Kiefer in Gebieten mit einer kürzeren Vege-

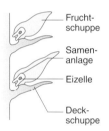

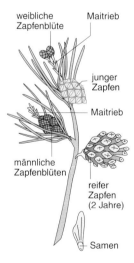

tationsperiode einen Vorteil gegenüber den sommergrünen Laubbäumen, die im Winter ihre Blätter abwerfen.

Wie die Buche, ist die Kiefer ein *Windbestäuber*. Die Kiefer bildet männliche und weibliche *Zapfenblüten* aus. Die männlichen Blütenstände mit ihren gelben Staubblüten findet man am Grund der *Maitriebe*. An der Spitze der jungen *Langtriebe* befinden sich die weiblichen *Zapfenblüten*, die in regelmäßigem Wechsel aus vielen Fruchtschuppen und Deckschuppen zusammengesetzt sind. Die auf der Oberseite der Fruchtschuppe befindliche Samenanlage ist nicht wie bei der Buche von einem Fruchtknoten umgeben, sondern liegt frei auf der Fruchtschuppe. Deshalb zählt man die Kiefer und auch die übrigen Nadelbäume zu den *Nacktsamern* im Gegensatz zu den *Bedecktsamern*, zu denen die Rotbuche gehört.

Kurz nach der Bestäubung wachsen die Fruchtschuppen weiter und verkleben mit Harz. Im nächsten Frühjahr ist die rötliche Blüte zu einem grünen, hängenden Zapfen geworden. Erst im zweiten Jahr nach der Bestäubung sind die Samen reif. Die mit einem flügelähnlichen Häutchen ausgestatteten Samen können dann leicht vom Wind verbreitet werden.

Aufgabe

(1) Erkläre, weshalb die Blätter der meisten Laubbäume den Winter nicht überstehen können.

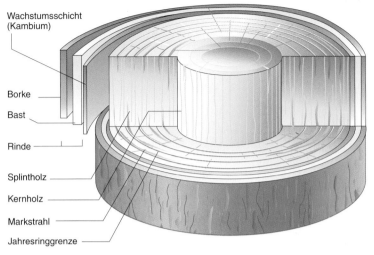

1 Die einzelnen Schichten des Baumstammes

Wachstumsschicht (Kambium)

Borke

Bast

Rinde

Splintholz

Kernholz

Markstrahl

Jahresringgrenze

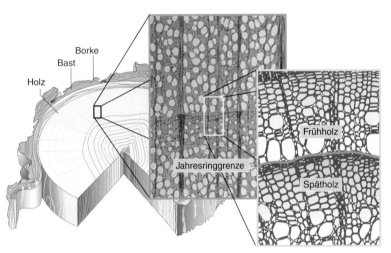

Borke

Bast

Holz

Frühholz

Jahresringgrenze

Spätholz

2 Jahresringe

Das Höchstalter von Bäumen in Jahren	
Birke	120
Hainbuche	150
Apfelbaum	200
Bergahorn	200
Walnuss	400
Kiefer	500
Rotbuche	900
Fichte	1100
Eiche	1300
Linde	1900
Mammutbaum	4000
Borstenkiefer	4600

Die größten Bäume in Metern	
Bergahorn	40
Kiefer	48
Fichte	60
Stieleiche	50
Mammutbaum	132
Rieseneukalyptus	152

Maximale Stammdurchmesser in Metern	
Fichte, Rotbuche	2
Sommerlinde	9
Mammutbaum	11
Affenbrotbaum	15

3 Daten zu Bäumen

Wie Bäume wachsen

Von den Keimlingen einer Rotbuche oder Waldkiefer erreichen nur wenige nach vielen Jahren die Baumschicht. Durch Untersuchungen des Holzes kann man etwas über das Alter und Wachstum des Baumes erfahren. Dazu eignet sich besonders die Schnittfläche eines gefällten Stammes. Im Querschnitt zeigt das Holz dünne Ringe, die jeweils einem Jahreszuwachs entsprechen und deshalb *Jahresringe* heißen. Die Jahresringe sind Bestandteil des Holzteiles, der fast den ganzen Stammquerschnitt ausfüllt. Der Stamm wird nach außen durch die Rinde abgeschlossen. Diese besteht aus der außen liegenden *Borke* und dem nach innen folgenden *Bastteil.* Zwischen Rinde und Holzteil liegt das *Kambium,* eine dünne Zellschicht, deren Zellen teilungsfähig sind.

Mit Beginn des Wachstums im Frühjahr werden nach innen neue Zellen für den Holzteil abgegeben. Diese bilden die Leitungsbahnen für den Transport des Wassers mit den darin gelösten Mineralstoffen. Nach außen gibt das Kambium neue Rindenzellen ab, die den Bastteil bilden. In ihm werden vom Baum selbst aufgebaute Nährstoffe, z. B. Traubenzucker, transportiert. Später bilden die äußeren Zellen des Bastteils die Borke, wenn sie im Laufe des Wachstums weiter nach außen gewandert sind. Dabei wird wasserundurchlässiger Kork in die Borke eingelagert.

Durch Neubildung von Holzzellen bis zum Herbst wächst der Baum in die Dicke. Dann werden die neu gebildeten Zellen immer kleiner, bis schließlich das Wachstum ganz eingestellt wird. Ein Jahresring entsteht, wenn im nächsten Frühjahr wieder große Holzzellen entstehen, die an die kleinen aus dem letzten Jahr grenzen. Die Zellen der innen liegenden Jahresringe sterben später ab und bilden dann durch Stoffeinlagerung das härtere *Kernholz,* während die noch lebenden Zellen der äußeren Jahresringe das weichere *Splintholz* bilden. Nach außen werden vom Kambium weniger und kleinere Bastzellen abgegeben, sodass der Bastteil im Vergleich zum Holzteil viel dünner ist.

Aufgabe

① Zähle an einem gefällten Baumstamm die Jahresringe am oberen und unteren Ende und miss die Stammlänge. Ermittle daraus den mittleren Jahreslängenzuwachs.

Geschichte des Waldes

Während der Eiszeit war Europa zu einem großen Teil unbewaldet und Gletscher und Kältesteppe kennzeichneten zu einem großen Teil das Landschaftsbild.

Wie der Wald nach dem Zurückweichen der Gletscher zurückkehrte, kann man anhand von Pollen, die zum Beispiel in Hochmooren überdauert haben, nachvollziehen. Diese durch die natürlichen Bedingungen gegebene Geschichte des Waldes wurde später in großem Maßstab durch den Menschen beeinflusst, sodass der heutige Wald überhaupt nicht mehr dem ursprünglichen natürlichen Wald entspricht.

Aufgaben

① Analysiere mithilfe der Abbildung 1, wo etwa die Baumgrenze in Europa während der Eiszeit lag. Vergleiche dein Ergebnis mit dem Zustand heute. Schlage dazu in deinem Atlas nach.

② Weshalb verschiebt sich die Baumgrenze mit der Veränderung der Durchschnittstemperatur?

③ Vergleiche die Klimabedingungen während der Eiszeit und heute mithilfe der Abbildung 2. Wo gibt es heute Klimabedingungen wie bei uns in der letzten Eiszeit?

④ In vielen Darstellungen von Künstlern findet man Informationen über die zu der damaligen Zeit übliche Nutzung des Waldes. Stelle anhand der Abbildungen 3 und 4 und des Informationstextes auf Seite 108 zusammen, in welcher Weise der Mensch den Wald nutzte und damit auch veränderte. Gib mögliche Gründe dafür an.

⑤ Jeder Baum hat auch eine individuelle Geschichte. Versuche die Geschichte der Kiefer anhand des in Abbildung 5 abgebildeten Stammquerschnittes nachzuvollziehen.

Eiszeitliche Küsten	
Landeis	
Frostschutt-Tundra	
Zwerg-Strauch-Tundra	
Löss- und Gras-Tundra	
Wald	

1 Vegetation während der letzten Eiszeit

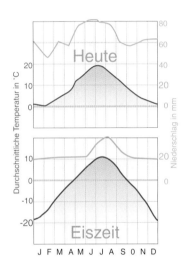

2 Klima der Eiszeit und heute

3 Buchmalerei aus dem Jahre 1485

Flächenanteil	natürlich	tatsächlich
Laubwald	84%	6%
Nadelwald	2%	15%
Wasserflächen	5%	6%
Grünland	–	21%
Ackerland	–	33%
Verkehrsflächen	–	5%
Gebäude, Plätze	–	6,5%
Sonstige	8%	7,5%

4 Natürliche und tatsächliche Flächenverteilung in Niedersachen

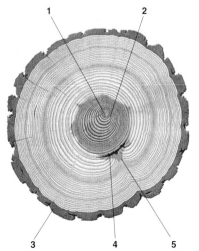

5 Querschnitt durch einen Kieferstamm

Bäume und Sträucher des Waldes

In West- und Mitteleuropa wird die natürliche Vegetation vor allem von sommergrünen Laubwäldern bestimmt. Dafür verantwortlich sind die *Umweltfaktoren*. Sie bestimmen das Vorkommen bestimmter Bäume und damit auch bestimmter Waldtypen.

Ein Laubmischwald erfordert *Durchschnittstemperaturen*, die mindestens 4 Monate im Jahr 10 °C überschreiten. In höheren Lagen, zum Beispiel in den Alpen, ändert sich die Zusammensetzung des Waldes, da die jährlichen Durchschnittstemperaturen mit zunehmender Höhe langsam abnehmen. *Mischwälder* aus Laub- und Nadelbäumen prägen nun das Aussehen des Waldes. Ab ungefähr 1300 Meter Höhe verschwindet auch der Mischwald, man findet nun fast ausschließlich *Nadelwald*. Er verträgt die nur kurze Vegetationszeit von etwa 4 Monaten und die tiefen Frosttemperaturen der Wintermonate. Ab ungefähr 2000 Metern Höhe können auch Nadelbäume kaum oder gar nicht mehr überleben, die *Baumgrenze* ist erreicht.

Viele Bäume vertragen es nicht, wenn ihre Wurzeln im Wasser stehen. Sie sterben ab, weil ihre Wurzeln zu wenig Sauerstoff erhalten und ersticken. Einige Baumarten vertragen jedoch regelmäßige Überschwemmungen. So entstanden in den Flussniederungen *Auwälder*, in denen z. B. Ulmen, Pappeln, Erlen und Weiden wachsen. Neben Temperatur und Wasserversorgung spielen *Licht, Mineralstoffversorgung* und *Säuregrad (pH-Wert)* des Bodens für das Wachstum von Bäumen eine wichtige Rolle.

Die **Schwarzerle** benötigt anhaltend feuchten und mineralstoffreichen Boden, in den sie mit ihrem Wurzelsystem tief eindringen kann. Sie kommt sogar mit dauerhaft stauender Nässe zurecht. Man findet sie daher vor allem entlang vieler Flüsse und Bäche an der Uferkante und auch in den *Erlenbruchwäldern*, deren Kennzeichen sumpfiger Boden ist.

Die **Stieleiche** kommt vor allem in Laubmischwäldern vor. Sie stellt keine besonderen Ansprüche an Feuchtigkeit, Mineralstoffgehalt und Säuregrad des Bodens. Nur eine hohe Lichteinstrahlung ist notwendig. Sie kann nur dort groß werden, wo die Lichteinstrahlung hoch ist. Die Stieleiche kann zu einem Baum von 50 Meter Höhe mit einem Stammdurchmesser von 2 Metern heranwachsen.

Die **Hainbuche** oder *Weißbuche* kommt mit wenig Licht aus und kann Bestandteil von Mischwäldern sein. So gibt es zum Beispiel *Eichen-Hainbuchen-Mischwälder*. An die übrigen Umweltfaktoren stellt die Hainbuche ebenfalls keine hohen Ansprüche. Sie gehört nicht, wie der Name vermuten lässt, zu den Buchengewächsen, sondern in die *Verwandtschaft der Birken*. An den Blättern und der Wuchsform kann man die Unterschiede zur Rotbuche erkennen.

Der **Bergahorn** wird häufig angepflanzt und liefert ein wertvolles Holz. Er wächst sehr gut auf feuchten und mineralstoffreichen, lockeren Böden, die nicht sauer sind. Der Bergahorn benötigt viel Licht und kommt oft vergesellschaftet mit der Rotbuche, aber auch in sonstigen Laubmischwäldern vor. Der Bergahorn erreicht eine Höhe von 20 bis 30 Metern. Wie bei allen Ahornarten sind Blattform und Flugfrüchte charakteristische Merkmale.

Die **Fichte** oder *Rottanne* benötigt für ein gutes Wachstum feuchte Luft, kommt jedoch mit wenig Licht aus und kann niedrige Temperaturen ertragen. Sie reagiert allerdings empfindlich gegenüber länger anhaltender Hitze und Dürre und ist dann anfällig für Schädlinge und Luftschadstoffe. Die Fichte ist unser häufigster Nadelbaum. Sie wurde großflächig angepflanzt, denn sie wächst schnell und spielt daher für die Holzwirtschaft eine große Rolle. Sie bildet eine spitze Krone und einen flachen Wurzelteller aus und erreicht eine Höhe von 30 bis 60 Metern. Ihre Nadeln sind vierkantig und spitz.

Die **Lärche** ist sehr lichtbedürftig und wird bei uns wegen ihres schnellen Wachstums in der Jugend und wegen des wertvollen Holzes häufig angepflanzt. Sie erreicht eine Höhe von 30 bis 40 Metern. Ursprüngliche Lärchenwälder sind allerdings nur in den Alpen zu finden. Das liegt an ihrer Anspruchslosigkeit an Boden und Witterung. Ihre hellgrünen Nadeln sind äußerst dünn und zart. Im Herbst verfärben sich die Nadeln leuchtend gelb und orange und werden dann *abgeworfen*. Im Winter deuten nur noch die Zapfen darauf hin, dass der kahle Baum ein Nadelbaum ist.

Die **Waldrebe** ist ein Klimmstrauch, der an Bäumen und Sträuchern mehrere Meter emporklettern kann. Dabei geben ihr die sich fest rankenden Blattstiele Halt. Die sehr lichtbedürftige Waldrebe wächst an warmen Standorten, wo der Boden mineralstoffreich und nicht sauer ist.

Der **Schwarze Holunder** ist bekannt wegen seiner Früchte, die ihm den Namen gegeben haben. Er wächst zu einem großem Strauch heran, der häufig in Waldlichtungen und an Waldrändern vorkommt, ein Hinweis auf seinen relativ hohen Lichtbedarf. Zudem bevorzugt der Schwarze Holunder mineralstoffreiche Böden, in welche er gut mit seinem Wurzelwerk eindringen kann. Er ist ein *Stickstoffzeiger*, d. h. dort wo er wächst, enthält der Boden größere Mengen Stickstoff, der in Form von Mineralstoffen gebunden ist. Stickstoff ist ein für alle Organismen lebenswichtiges chemisches Element.

Der **Faulbaum** bildet meist schnell wachsende Sträucher und wächst auf feuchten bis sumpfigen und sauren, nährstoffarmen Böden. Er benötigt, wie der Schwarze Holunder, vergleichsweise viel Licht. Man findet den Faulbaum deswegen vor allem am Waldrand und an Waldwegen.

Der Wald — Lebensraum für viele Tierarten

Die Stockwerke des Waldes bieten vielen Tieren ganz unterschiedliche Lebensbedingungen. Der Wald gibt ihnen Nahrung, Nistmöglichkeiten und Schutz vor Feinden. Er ist ihr Lebensraum oder **Biotop**.

Spechte zimmern ihre Nisthöhlen in die Stämme größerer Bäume. Eichelhäher bauen ihre Nester in der Kronenschicht. Andere Vogelarten nutzen die Strauchschicht, um ihre Nester anzulegen. Aber nicht nur Vögel sind Bewohner der oberen Stockwerke, sondern auch verschiedene Säugetiere. Dazu gehören das Eichhörnchen und der Baummarder. Beide sind als hervorragende Kletterer an das Leben auf Bäumen gut angepasst. Die Nahrung des Eichhörnchens besteht vor allem aus pflanzlicher Kost. Baummarder sind Raubtiere, die ihre Beute sowohl in der Strauch- und Kronenschicht als auch am Boden jagen.

Tiere gleicher Stockwerke nutzen ihren Lebensraum unterschiedlich

Buntspechte bearbeiten mit ihrem meißelartigen Schnabel die Borke von Bäumen, um an die unter ihr verborgenen Insekten oder deren Larven zu gelangen. Der Baumläufer hingegen sammelt mit seinem leicht gebogenen, pinzettenartigen Schnabel kleine Insekten von der Oberfläche oder aus Ritzen der Borke. Die leichten Blaumeisen suchen im äußeren Bereich der Zweige nach Insektenlarven, während die etwas schwereren Kohlmeisen mehr den inneren Bereich nutzen. Der Fichtenkreuzschnabel frisst die Samen der Zapfen. Der Trauerfliegenschnäpper benutzt die Baumspitzen als Warte, um dann im Flug Insekten erbeuten zu können.

Durch die unterschiedliche Nutzung desselben Lebensraumes können also mehrere Arten gemeinsam darin leben, ohne dass eine Art der anderen Konkurrenz macht. Man spricht deshalb vom *Prinzip der Konkurrenzvermeidung*. Das wird möglich durch die unterschiedlichen Ansprüche, die Lebewesen an ihre Umwelt stellen. Man bezeichnet die Gesamtheit aller Umweltbedingungen, die für das Überleben einer Art notwendig sind und auf die die Art andererseits einwirkt, als **ökologische Nische**. Die ökologische Nische ist also gegeben durch ein komplexes System der Beziehungen zwischen einer Organismenart und ihrer Umwelt.

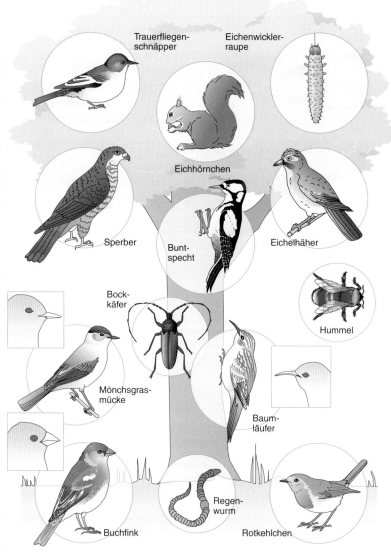

1 Ökologische Nischen im Lebensraum Wald

So bilden Buchfink und Rotkehlchen, die hauptsächlich auf dem Waldboden ihre Nahrung finden, unterschiedliche ökologische Nischen. Das Rotkehlchen mit seinem spitzen und dünnen Schnabel erbeutet als Weichtierfresser Würmer, Spinnen und andere kleine Gliedertiere aus der Laubstreu. Der Buchfink hingegen ist ein Körnerfresser, der mit seinem kurzen, spitz zulaufenden und robusten Schnabel Samen und Früchte auf dem Boden sammelt.

Aufgabe

① Informiere dich z. B. in einem Tierlexikon über Vogelarten, die an Baumstämmen ihre Nahrung finden. Wie vermeiden diese Arten Konkurrenz zueinander?

mit ausgebreiteten Flügeln

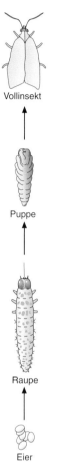

Vollinsekt

↑

Puppe

↑

Raupe

↑

Eier

Entwicklung des
Eichenwicklers

1 Vollinsekt und Puppe des Eichenwicklers

2 Fraßbild eines Blattminierers

3 Eichenblattgallen und schlüpfende Gallwespe

Insekten im Wald

Die große Bedeutung des Waldes für Insekten kann man daran ermessen, dass allein auf einer großen Eiche über 1000 Insektenarten eine Existenzmöglichkeit haben, da sie unterschiedliche ökologische Nischen bilden. Dazu gehört z. B. der *Eichenwickler*. Die Raupen dieses Nachtschmetterlings schlüpfen im Frühjahr aus den Eiern, die im vorangegangenen Herbst an Eichenzweigen abgelegt wurden. Die graugrünen Raupen ernähren sich von den Blättern. Von Raupen befallene Blätter erkennt man daran, dass sie mithilfe von Spinnfäden, die die Raupe selbst erzeugt, eingerollt sind. Nach der Verpuppung schlüpfen ab Juni / Juli die Falter des Eichenwicklers. Bei Massenbefall durch seine Larven kann die Krone einer Eiche kahl gefressen werden. Weitere Wicklerarten sind auf andere Baumarten spezialisiert und treten an diesen als Schädlinge auf, z. B. der Kieferntriebwickler.

Larven anderer Insektenarten leben in den Blättern und fressen die inneren Schichten. Dabei entstehen charakteristische *Fraßgänge*, deren Aussehen Rückschlüsse auf den Verursacher ermöglichen. Man bezeichnet solche Insekten allgemein als *Minierer*. Dazu gehört die Eichenminiermotte. Wieder andere Insektenarten veranlassen das Blattgewebe zur Ausbildung mehr oder weniger kugelförmiger Gebilde, den *Gallen*. Diese bestehen ausschließlich aus pflanzlichem Gewebe, in dessen Innerem die Larve des Verursachers, z. B. der *Eichengallwespe*, lebt.

Larven von Hirschkäfern, Bockkäfern und Holzwespen ernähren sich von der Rinde oder vom Holz der Baumstämme. Sie hinterlassen charakteristische Fraßbilder, an denen man die Verursacher bestimmen kann.

Aufgaben

(1) In der Abbildung 92.1 sind zwei nicht im Text erwähnte Vogelarten dargestellt. Erläutere an ihnen das Prinzip der Konkurrenzvermeidung.

(2) Im Text sind für verschiedene Vogelarten Schnabelformen und Ernährungsweisen genauer beschrieben. Auf welchen Zusammenhang zwischen Schnabelform und Ernährungsweise kann man schließen? Begründe!

(3) Bei Schadinsekten kommen manchmal Massenvermehrungen vor. Welche Bedingungen können solche Massenvermehrungen begünstigen?

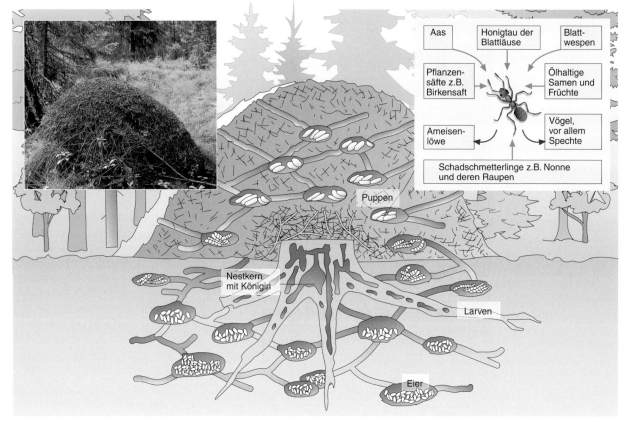

1 Nesthügel und Nahrungsbeziehungen der kleinen Roten Waldameise

Im Diagramm:
Aas — Honigtau der Blattläuse — Blattwespen
Pflanzensäfte z.B. Birkensaft — Ölhaltige Samen und Früchte
Ameisenlöwe — Vögel, vor allem Spechte
Schadschmetterlinge z.B. Nonne und deren Raupen

Beschriftungen: Puppen, Nestkern mit Königin, Larven, Eier

Warum schützt der Förster die kleine Rote Waldameise?

Die Nesthügel der kleinen Roten Waldameise findet man recht leicht, da sie meist an Lichtungen und Wegrändern liegen. Der oberirdische Teil des Nestes besteht hauptsächlich aus Nadeln und Reisig und kann bis zu 1,5 m hoch sein. Der kegelförmige Bau besitzt zahlreiche Öffnungen, die mit dem weit verzweigten Gangsystem in Verbindung stehen. Dieses führt in den meist größeren unterirdischen Teil hinab.

Die Bedeutung der Ameisen für den Wald

Wer einmal das rege Treiben von Ameisen an ihrem Nesthügel längere Zeit beobachtet, wird Ameisen als Schwerstarbeiter kennen lernen. Da wird nicht nur Baumaterial, das größer als eine einzelne Ameise sein kann, unermüdlich herangeschafft, sondern auch Nahrung ganz unterschiedlicher Art. Sammlerinnen bewegen sich dabei auf „Ameisenstraßen", die mit ihrem Duft markiert sind. Diesen nehmen sie mit den Fühlern wahr. Auf ihren Duftstraßen kann man häufig auch Ameisen beobachten, die sich gegenseitig intensiv mit den Fühlern betasten.

Beim Beutefang und Transport arbeiten einzelne Ameisen zusammen, da die Beutetiere häufig wesentlich größer sind als sie selbst. Zu den Beutetieren gehört eine Vielzahl von Insekten und deren Larven: Kiefernspinner, Forleule, Nonne, Eichenwickler, Rüsselkäfer, Borkenkäfer und Blattwespen. Man schätzt, dass an einem Sommertag bis zu 100 000 Insekten in ein großes Nest eingetragen werden können. In einem Jahr sollen es bis zu 10 Millionen Beuteinsekten sein. Ein großer Teil davon besteht aus Forstschädlingen. In Jahren mit starkem Schädlingsbefall können das über 90 % sein. Deswegen schützen Förster die Nester der kleinen Roten Waldameise vor Feinden durch Drahtverschläge und legen sogar neue Nester an. Diese Maßnahmen sind Beispiele für *biologische Schädlingsbekämpfung*.

Ameisen tragen außerdem durch ihre rege Transporttätigkeit zur Samenverbreitung bei. Das kommt besonders der Artenvielfalt der Krautschicht zugute. Durch ihre Nestbautätigkeit leisten sie darüber hinaus einen Beitrag zur Bodenlockerung und -durchlüftung.

Organisation des Ameisenstaates

Ein Staat der kleinen Roten Waldameise kann mehrere hunderttausend Individuen umfassen, manchmal sogar über eine Million. Jedes Volk hat einen bestimmten Nestgeruch, an dem sich die Mitglieder erkennen. Den größten Teil des Jahres besteht der Ameisenstaat aus mehreren hundert *Königinnen* und unfruchtbaren Weibchen, den sogenannten *Arbeiterinnen*.

Zwischen den Arbeiterinnen gibt es eine Aufgabenteilung. Sammlerinnen schaffen die Nahrung herbei. Außerdem gibt es Wächterinnen, die sich durch etwas größere Kiefer auszeichnen. Wieder andere Arbeiterinnen sorgen durch Anlegen neuer Öffnungen nach außen bzw. durch Schließen anderer Ausgänge dafür, dass die Temperatur im Inneren des Nestes relativ konstant gehalten werden kann. Eier, Larven und Puppen werden von Arbeiterinnen jeweils zu den Stellen im Nest transportiert, die für die Entwicklung optimal sind.

1 Brutkammer der Waldameise

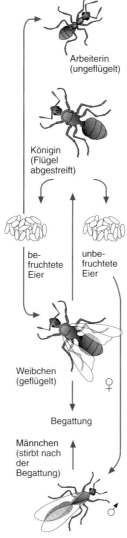

Arbeiterin
(ungeflügelt)

Königin
(Flügel
abgestreift)

befruchtete
Eier

unbefruchtete
Eier

Weibchen
(geflügelt) ♀

Begattung

Männchen
(stirbt nach
der
Begattung) ♂

Entwicklung der Roten Waldameise

Den Winter überdauern die Ameisen im unterirdischen Teil des Nestes. Die Königinnen legen im Frühjahr Eier, aus denen sich Geschlechtstiere entwickeln: geflügelte Weibchen und Männchen, die das Nest verlassen. Nach der Begattung sterben die Männchen. Die begatteten Weibchen kehren in der Regel zum Nest zurück und werfen ihre Flügel ab. Auf diese Weise wird das Volk der kleinen Roten Waldameise immer wieder verjüngt, sodass ihre Nester über viele Jahre Bestand haben. Außerhalb der Fortpflanzungszeit entstehen ausschließlich Arbeiterinnen. Neue Völker können dadurch entstehen, dass Tochterkolonien gebildet werden. Ein Teil der Königinnen baut dann mit einem Teil des Volkes an einer anderen geeigneten Stelle ein neues Nest.

Aufgaben

1. Vergleiche die Organisation des Ameisenstaates mit dem der Honigbiene. Nenne Gemeinsamkeiten und Unterschiede.
2. Für die Neugründung von Nestern durch Koloniebildung sind bei der kleinen Roten Waldameise keine Männchen erforderlich. Erläutere die Gründe dafür.
3. Wie könnte man dem Argument begegnen, dass Ameisen gar nicht so nützlich seien, weil zu ihren Beutetieren auch Nutzinsekten gehören?
4. Fasse zusammen, welche Aufgaben Ameisen im Wald übernehmen.
5. Vergleiche die verschiedenen Ameisenformen. Fertige dazu eine Tabelle an.

**ettelkasten**

Ameisen als Weideviehhalter

Unsere Abbildung zeigt Ameisen inmitten von Blattläusen, die nicht als Beute dienen. Vielmehr ist es so, dass die Blattläuse von den Ameisen geschützt werden. Zu den Feinden der Blattläuse dagegen gehören zum Beispiel Marienkäfer und deren Larven. In vielen Gärten kann man Ameisen und Blattläuse gemeinsam auf Blumen oder Gräsern finden. Blattläuse sind Pflanzensauger, die aus den Leitungsbahnen der Wirtspflanzen kohlenhydratreiche und vitaminhaltige Säfte saugen. Ein großer Teil davon wird für den eigenen Stoffwechsel nicht benötigt und über spezielle Drüsen im Afterbereich als *Honigtau* wieder ausgeschieden. Durch Betasten des mit zwei fühlerähnlichen Fortsätzen versehenen Hinterleibes können Ameisen die Blattläuse dazu veranlassen, Honigtau abzugeben. Die Honigtauernte wird in das Nest eingetragen und ergänzt die Speisekarte der Ameisen. Einzelne Ameisenarten halten die Blattläuse sogar wie ein Haustier; sie schützen sie und nehmen sie zum Beispiel über den Winter in ihr Nest mit.

Vegetationsaufnahme

Wenn man Art und Häufigkeit der Pflanzen in einem Wald ermitteln will, muss man nach einem System vorgehen. Sonst kann es leicht passieren, dass man den Überblick verliert und zu falschen Ergebnissen kommt. Dazu ist es notwendig, auf abgegrenzten Probeflächen den Pflanzenbestand zu erfassen und zu protokollieren. Man nennt dieses eine *Vegetationsaufnahme*. Ergänzend dazu kann man die Lichtstärke, den pH-Wert und die Bodenbeschaffenheit bestimmen. Die günstigste Jahreszeit dafür ist die Zeit von Ende April bis Anfang Juni, da dann fast alle Arten blühend gefunden werden können. Einzelne Gruppen deiner Klasse können jeweils an unterschiedlichen Stellen im Wald eine Probefläche untersuchen.

Durchführung

1. Mithilfe des Lehrers oder der Lehrerin wählt jede Gruppe eine geeignete Probefläche.
   Was bei der Auswahl der Probefläche zu beachten ist:
   — Die Probefläche muss hinreichend groß sein, möglichst 100 m² oder größer. Die Form ist von den Gegebenheiten abhängig. Sie wird z.B. in einem einheitlichen Waldabschnitt meist quadratisch, entlang eines Bachlaufes länglich und unregelmäßig sein.
   — Die Probefläche darf nicht durch Wege, Bäche usw. zerschnitten sein und nicht auf der Grenze zwischen verschiedenen Waldgebieten liegen. Auch Neigung und Lichtverteilung sollten innerhalb der Probefläche gleich sein.
   — Innerhalb der Probefläche sollten die Umweltbedingungen einheitlich und die Verteilung der Pflanzen gleichmäßig sein.

2. Die Namen der auf der Probefläche wachsenden Pflanzenarten werden mithilfe eines Bestimmungsbuches ermittelt und eine Artenliste erstellt.

3. Die gefundenen Pflanzenarten werden den einzelnen Stockwerken zugeordnet (B = Baumschicht, S = Strauchschicht, K = Krautschicht, M = Moosschicht).

4. Anzahl und Bedeckungsgrad des Bodens durch die Pflanzen werden zusammen nach folgendem Muster abgeschätzt:
   Bedeckung der Probefläche
   0 — 5 % = 1
   6 — 25 % = 2
   26 — 50 % = 3
   51 — 75 % = 4
   76 — 100 % = 5

5. Die ermittelten Daten werden in ein Protokollblatt übertragen.

Führt man Vegetationsaufnahmen an mehreren, zufällig ausgewählten Stellen durch, kann man die Zusammensetzung der Pflanzenarten in einem Wald recht genau erfassen. Will man außerdem die Abfolge der Pflanzen im Jahreslauf ermitteln, muss man Vegetationsaufnahmen zu unterschiedlichen Jahreszeiten durchführen. Um die Ergebnisse besser zu verstehen, sollte man Steckbriefe der gefundenen Pflanzenarten anfertigen.

Protokoll Vegetationsaufnahme			
1. Waldart: Rotbuchenwald	Schichtung		
2. Ort: Hiesfelder Wald Rotbachtal		Höhe	Deckung
	B (Bäume)	25 m	80 % (5)
3. Datum: 15.4.93	S (Sträucher)	2,5 m	<5 % (1)
4. Höhe (ü.NN): 180 m	K (Kräuter)	max 60 cm	75 % (4)
5. Flächengröße: 100 m²	M (Moose)	—	—

Liste der gefundenen Pflanzenarten	Deckungsgrad
B. Rotbuche	3
Bergahorn	1
S. Haselstrauch	1
Heckenkirsche	1
Weißdorn	1
K. Aronstab	1
Buschwindröschen	3
Sauerklee	1
Waldveilchen	1

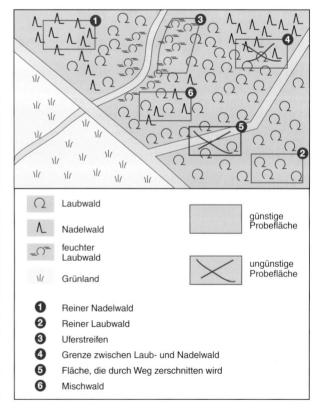

Ω Laubwald	
⋀ Nadelwald	
⁻Ω⁻ feuchter Laubwald	▢ günstige Probefläche
⑊ Grünland	⊠ ungünstige Probefläche
❶ Reiner Nadelwald	
❷ Reiner Laubwald	
❸ Uferstreifen	
❹ Grenze zwischen Laub- und Nadelwald	
❺ Fläche, die durch Weg zerschnitten wird	
❻ Mischwald	

Tiere des Waldes

Der **Baummarder** gehört innerhalb der Säugetiere zu den Raubtieren. Der ungefähr einen halben Meter lange und sehr wendige Kletterer erbeutet im Kronenbereich der Bäume Eichhörnchen, die einen Hauptbestandteil seiner Nahrung bilden. Außerdem frisst er Mäuse, Vögel und auch größere Insekten sowie Beeren, Obst und Bucheckern.

Der **Eichelhäher** zeichnet sich durch eine auffällige Flügelzeichnung aus. Bevor man ihn jedoch zu Gesicht bekommt, ist meistens sein lauter Warnruf zu hören. Besondere Bedeutung kommt dem Eichelhäher bei der Waldverjüngung zu, denn er vergräbt Eicheln als Nahrungsvorrat für den Winter. Da er sie aber nicht alle wiederfindet, können manche der Eicheln keimen und zu Bäumen heranwachsen.

Der etwa krähengroße **Schwarzspecht** benötigt für seine großen Höhlen ältere Bäume, vor allem Buchen mit einem Stammdurchmesser von mindestens 40 Zentimetern. Sein Bestand ist in den letzten Jahren stark zurückgegangen, da er empfindlich gegenüber Störungen ist.

Im gleichen Zeitraum wie der Schwarzspecht wurde auch die **Hohltaube** seltener. Sie ist ein *Höhlenbrüter*, der seine Nisthöhle nicht selbst zimmern kann und deshalb auf vorhandene größere Baumhöhlen angewiesen ist. Neben der Hohltaube profitieren weitere Tiere, wie etwa der Waldkauz, Fledermäuse, Wildbienen, Hornissen und Wespen, von nicht mehr genutzten Höhlen des Schwarzspechts.

Die **Nonne** gehört zu den *Nachtfaltern*. Diese Schmetterlinge sind während des Hochsommers in den Abendstun-

den aktiv, tagsüber halten sie sich regungslos an Baumstämmen auf. Die im Spätsommer unter Borkenschuppen abgelegten Eier überwintern. Aus ihnen schlüpfen im April die *Raupen*, die vorzugsweise die Nadeln von Fichte und Kiefer fressen.

Während des Sommers kann man die auffallend gezeichneten **Riesenholzwespen** an sonnigen Stellen im Wald antreffen. Das Weibchen bohrt seine *Legeröhre* zur Eiablage tief in das Holz von Nadelbäumen ein. Die sich aus den Eiern entwickelnden Larven fressen Holz und legen dabei ihre typischen *Fraßgänge* an, bis sie sich schließlich verpuppen.

Die **Riesenschlupfwespe** ist ihrerseits auf die Larven von Holzwespen angewiesen. Hat ein Weibchen den Aufenthaltsort von Holzwespenlarven im Holzinneren ausgemacht, bohrt es seine Legeröhre durch das Holz bis zur Larve vor und legt ein Ei in diese ab. Die daraus schlüpfende Schlupfwespenlarve ernährt sich von der Holzwespenlarve.

Nahrungsbeziehungen im Wald

Eine Eiche bietet die Lebensgrundlage für viele Organismen. So ernährt sich die Raupe des Eichenwicklers von den Blättern. Eichenwicklerraupen werden von Kohlmeisen erbeutet, die im Astwerk ihre Nahrung suchen. Kohlmeisen können Beute des Sperbers, eines Greifvogels, werden. Eine solche Nahrungsbeziehung, in der mehrere Organismenarten miteinander in Verbindung stehen, nennt man eine **Nahrungskette**.

Allerdings ernähren sich von Eichenblättern auch andere Tiere, wie etwa die Larven von Gallwespen oder das Reh. Auch der nächste Platz in der Nahrungskette kann von verschiedenen Tieren eingenommen werden. Eichenwicklerraupen werden auch von Blaumeisen erbeutet. Und Meisen schließlich können nicht nur dem Sperber zum Opfer fallen, sondern auch dem Baummarder. Der Sperber erbeutet nicht nur Kohlmeisen, sondern auch Amseln. Diese ernähren sich u. a. von Würmern, Schnecken und Beeren. Die Nahrungsbeziehungen zwischen den Organismen bestehen also aus vielen Nahrungsketten, die wie die Fäden eines Netzes miteinander verknüpft sind. Man spricht deshalb von einem **Nahrungsnetz**.

Am Anfang jeder Nahrungsbeziehung stehen die Pflanzen, die mit den Produkten aus der Fotosynthese den Pflanzenkörper aufbauen. Diese Pflanzen werden deshalb als *Erzeuger (Produzenten)* bezeichnet. Die nächsten Glieder einer Nahrungskette sind für ihr Wachstum auf die organischen Bestandteile des jeweils vor ihnen stehenden Lebewesens angewiesen. Sie heißen deshalb *Verbraucher (Konsumenten)*. Man unterscheidet zwischen *Erstverbrauchern*, den Pflanzenfressern, und *Zweitverbrauchern*, den Organismen, die von den Pflanzenfressern leben. Mehr als 4 oder 5 Glieder haben Nahrungsketten in der Regel nicht. Der letzte Konsument ist der *Endverbraucher*. Neben Erzeugern und Verbrauchern gibt es noch die *Zersetzer (Destruenten)*. Sie ernähren sich von toten Organismen und sorgen so dafür, dass diese abgebaut werden.

Die Organismen des Waldes bilden eine Lebensgemeinschaft, die *Biozönose*. Biozönose und Lebensraum *(Biotop)* stehen wiederum in sehr enger Beziehung. Sie bilden zusammen das **Ökosystem Wald.**

Endverbraucher

Zweitverbraucher

Erstverbraucher

Erzeuger

Die verschiedenen Organismen einer Biozönose beeinflussen sich wechselseitig. An den Wechselbeziehungen zwischen Borkenkäfer und Specht kann man diese gegenseitige Beeinflussung verdeutlichen. Borkenkäfer sind Bastbewohner, deren Larven sich vom nährstoffreichen Bastteil ernähren. An den Enden der Fraßgänge verpuppen sich die Larven, bevor sich die daraus entstehenden Käfer einen Weg durch die Borke hin-

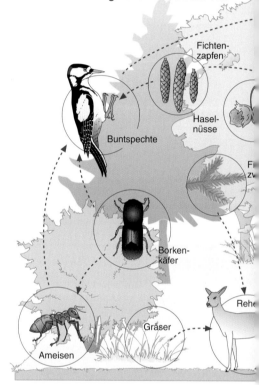

1 Nahrungsnetz im Mischwald

2 Borkenkäfer

3 Larvengänge

Borkenkäfer　　　　Buntspechte

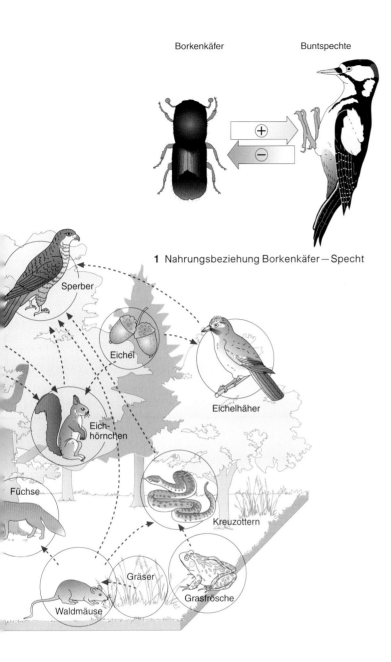

1 Nahrungsbeziehung Borkenkäfer — Specht

Sperber

Eichel

Eichelhäher

Eich-
hörnchen

Füchse

Kreuzottern

Gräser

Grasfrösche

Waldmäuse

Buntspechte können jedoch nur in einem naturnahen Mischwald spürbaren Einfluss auf die Zahl der Borkenkäfer nehmen. In einer Fichtenmonokultur hat der Borkenkäfer so gute Vermehrungsmöglichkeiten, dass die natürlichen Feinde wenig ausrichten. Die beste Möglichkeit, das Vorkommen des Fichtenborkenkäfers einzudämmen, wäre also der *Verzicht* auf Monokulturen der Fichte.

Bei solchen Betrachtungen muss man außerdem immer berücksichtigen, dass einzelne Nahrungsketten Teile von Nahrungsnetzen sind. Für unseren Fall heißt das, dass von der Fichte noch andere Tiere leben, z. B. Blattläuse. Borkenkäfer werden nicht nur vom Specht erbeutet, sondern auch vom Kleiber und von vielen räuberisch lebenden Insekten. Der Specht schließlich ernährt sich nicht nur von Borkenkäfern, sondern auch von den Samen der Fichtenzapfen. Unser einfaches Regelkreisschema kann also gar nicht die vielen, schwer zu überschauenden Wechselbeziehungen zwischen den Organismen eines Ökosystems erfassen. Wenn über lange Zeit trotz aller Schwankungen im Mittel ein ausgewogenes Verhältnis zwischen den Organismenarten eines Ökosystems existiert, spricht man von einem **biologischen Gleichgewicht.**

Ein solches Gleichgewicht kann in Fichtenmonokulturen oft gar nicht erst entstehen. In besonders trockenen Jahren und nach starkem Windbruch kommt es in ihnen häufig zur *Massenvermehrung* von Borkenkäfern, sodass die Existenz des Waldes bedroht ist. Deshalb werden *Borkenkäferfallen* aufgestellt, die den Sexuallockstoff von Borkenkäferweibchen enthalten. Männliche Borkenkäfer können ohne weiteres in diese eindringen und werden dabei getötet. Solche Fallen werden regelmäßig kontrolliert, um eine entstehende Massenentwicklung frühzeitig erkennen zu können. Die Reduzierung der männlichen Käfer bedeutet, dass viele Weibchen nicht befruchtet werden und keine Nachkommen haben. Tritt dennoch Massenbefall auf, werden *Insektizide* (Insektengifte) eingesetzt.

2 Borkenkäferfalle

durch nach außen bohren und davonfliegen. Borkenkäfer befallen bevorzugt geschwächte Bäume und können diese bei starkem Befall zum Absterben bringen.

Der Buntspecht ernährt sich unter anderem von Borkenkäfern und deren Larven. Auf diese Weise hält sich die Zahl der Borkenkäfer in Grenzen. Man kann also sagen: Je mehr Borkenkäfer, desto mehr Spechte, und je mehr Spechte, desto weniger Borkenkäfer. Solche Wechselbeziehungen regeln sich selbst. Man kann sie in einem einfachen *Regelkreis-Schema* ausdrücken (Abb. 1).

Aufgaben

① Schreibe anhand der Abb. 98.1 weitere, nicht im Text besprochene Nahrungsketten auf und ordne den einzelnen Gliedern die entsprechenden Begriffe zu.

② Weshalb können sich Borkenkäfer besonders gut in trockenen Jahren und in Monokulturen vermehren?

Tote Tiere und Pflanzen werden im Boden zersetzt

Nur ein kleiner Teil der Pflanzen im Wald wird von den Konsumenten gefressen. Ein sehr viel größerer Teil der produzierten organischen Substanz fällt als totes organisches Material an. Dazu zählen vor allem Blätter, die den größten Teil der *Streuschicht* ausmachen. Dazu kommen Äste, Ausscheidungen und Tierleichen. Gräbt man in einem Buchenwald den Waldboden auf, erkennt man, dass er geschichtet ist. Oben liegen vollständige Laubblätter, darunter sind die Blätter mit zunehmender Tiefe immer mehr zersetzt, bis schließlich zunächst dunkel gefärbte, dann heller werdende Erde folgt.

Am *Abbau der Blätter* sind viele Bodenorganismen beteiligt. Springschwänze und Hornmilben öffnen die Blattoberflächen, sodass Pilze und Bakterien eindringen können. Fliegenmaden und Asseln fressen größere Löcher in das Blatt, das schließlich in kleinere Stücke zerfällt. Regenwürmer und auch Tausendfüßer nutzen diese als Nahrung. Regenwürmer nehmen dabei auch Erde mit auf und entziehen ihr verwertbare, organische Bestandteile.

Die Bedeutung der Regenwürmer für die Durchlüftung des Bodens ist dabei außerordentlich groß. Pro Hektar rechnet man mit bis zu 4 Tonnen Regenwürmern, die im Jahr bis zu 20 Tonnen Erde ihren Körper passieren lassen. Dadurch entsteht unter der lockeren Laubstreu der fruchtbare *Humus*. Der Wurmkot mit dem stark zerkleinerten Pflanzenmaterial wird dann von Bakterien und Pilzen zu Mineralstoffen abgebaut.

Auch bei der *Zersetzung* von totem *Holz* spielen Bakterien und Pilze eine bedeutende Rolle. Denn in kürzester Zeit durchdringen Pilzmyzelien das Holz, unterhöhlen die Borke und schaffen damit Angriffsflächen für Bakterien und andere abbauende Organismen. In wenigen Jahren wird das Holz durch Zersetzungsprozesse so gelockert, dass sich noch mehr Bakterien, Pilze und Tiere ansiedeln können. Der Abbau von Tierkadavern läuft ähnlich ab. Hier wirken bekannte Spezialisten, wie z. B. Totengräber und Mistkäfer, mit.

Durch die Tätigkeit dieser Organismen werden die Durchlüftung, Wasserhaltefähigkeit und Fruchtbarkeit des Bodens verbessert. *Fäulnisfresser* oder *Saprovore* nehmen tote Tiere oder Pflanzen bzw. Teile davon auf und scheiden organische, noch energiehaltige Stoffe aus, die von den *Mineralisierern* verwertet werden. Dabei entstehen Mineralstoffe, die auf diese Weise dem Boden zurückgegeben werden. Die bei der Humusbildung und Mineralstofffreisetzung beteiligten Organismen nennt man in ihrer Gesamtheit *Zersetzer* oder *Destruenten*. Sie bilden durch ihr Zusammenwirken Abbauketten und das Nahrungsnetz des Waldbodens. Sie ergänzen so die Nahrungsketten zum Stoffkreislauf.

Aufgabe

① Welche Organismen nutzen die Mineralstoffe, die am Ende der Abbaukette freigesetzt werden?

Ein Buchenblatt wird abgebaut

1 Blattabbau durch Bodenorganismen

Bakterien	60 000 000 000 000
Pilze	1 000 000 000
Einzeller	500 000 000
Fadenwürmer	10 000 000
Algen	1 000 000
Milben	150 000
Springschwänze	100 000
Enchyträen	23 000
Regenwürmer	200
Fliegenlarven	200
Tausendfüßer	150
Käfer	100
Hundertfüßer	50
Schnecken	50
Asseln	50
Wirbeltiere	0,001

2 Organismenanzahl in 1 m^2 Boden (obere 30 cm)

Leben im Boden

Wegen ihrer meist geringen Größe und ihrer Lebensweise im Verborgenen entdeckt man erst bei einer genaueren Untersuchung der Moospolster, der Laubstreu und der oberen lockeren Schichten des Humus eine große Vielzahl verschiedener Organismen. Der größte Teil der Organismen des Bodens verwertet tote Tiere und Pflanzen bzw. Teile von diesen.

Zu diesen Zersetzern oder Destruenten gehören neben Pilzen und Bakterien Regenwürmer, Asseln, Tausendfüßer, Springschwänze, Fliegenmaden, Milben usw. Andererseits ernähren sich von diesen Organismen räuberisch lebende Bodentiere. Dazu gehören zum Beispiel Hundertfüßer, Raubmilben und Pseudoskorpione.

Die **Diskusschnecke** lebt vor allem an totem Holz.

Asseln fressen Blattreste und ähnliches totes organisches Material.

Pseudoskorpione (2—4 mm) erbeuten Springschwänze und andere Tiere dieser Größenordnung.

Der zu den Hundertfüßern gehörende **Erdläufer** lebt räuberisch von Kleintieren des Bodens, z. B. Regenwürmern, Doppelschwänzen sowie Mücken- und Fliegenlarven.

Raubmilben saugen z. B. an Larven von Fliegen und Schnaken.

Die bis zu 10 mm großen **Doppelschwänze** leben im Humus von Pflanzenmaterial.

Die **Hornmilben** (bis 1 mm) fressen Bakterien und nagen an Holzresten.

Springschwänze nagen an toten Blättern und fressen Bakterien, Algen und Pilzfäden. Ihren Namen haben sie von der Sprunggabel am Hinterende, mit deren Hilfe sie sich vorwärts katapultieren können.

Die bis 2 mm großen **Fadenwürmer** fressen Bakterien und feines totes organisches Material.

Die **Fliegenmaden**, die keine Kopfkapsel besitzen, saugen an unterschiedlichem toten organischem Material.

Untersuchung der Laubstreu und des Bodens

Wie ist die Streuschicht aufgebaut?

Stecke auf dem Waldboden eine Fläche von der Größe eines DIN A4-Blattes ab und hebe nun alle Bestandteile der Laubstreu schichtweise ab, bis du die obere, feste Bodenschicht erreicht hast. Sammle das Material in einer Plastiktüte.

1. Beschreibe die Bestandteile der Streuschicht (Aussehen, Feuchtigkeitsgrad). Fasse deine Beobachtungen in einer Tabelle (obere, mittlere, untere Schicht, oberste Bodenschicht) zusammen.
2. Suche unterschiedlich zersetzte Blätter. Ordne sie auf Papier nach Zersetzungsgrad und klebe sie auf.

Was lebt in der Streuschicht?

Zum Bestimmen von Tieren sind die gleichen Vorbereitungen nötig wie bei der Bestimmung von Pflanzen. Die Tiere sollten grundsätzlich nach dem Sammeln und Bestimmen in ihren Lebensraum zurückgesetzt werden!

I. Größere Bodenorganismen

3. Breite jeweils nacheinander kleine Portionen deiner Laubstreuprobe auf einem weißen Blatt oder in einer weißen Schale aus.
4. Untersuche die Probe auf Kleinlebewesen und ermittle anhand unserer Abbildung S. 101 oder eines Bestimmungsbuches deren Artnamen. Benutze dabei auch die Lupe.
5. Erfasse von den Lebewesen, die du nicht bestimmen kannst, Größe, Form und andere charakteristische Merkmale, wie z.B. Anzahl der Beine, Zahl der Körperabschnitte.

6. Erstelle für die gefundenen Lebewesen eine Tabelle und gib mithilfe einer Strichliste deren Häufigkeit an.

II. Kleinere Bodenorganismen

7. Zur Untersuchung kleinerer Organismen bastle aus Glasröhrchen, Schlauch und Stopfen ein Gefäß, wie es in der Abbildung angegeben ist. Um an die kleinsten Bodentiere zu kommen, kannst du auch einen Berlese-Apparat benutzen. Die Lampe wird für etwa eine halbe Stunde eingeschaltet. Da Bodenorganismen das Licht meiden, kriechen sie nach unten und fallen in das Becherglas.

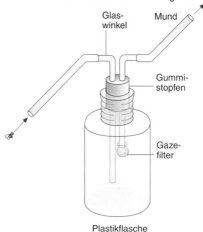

Plastikflasche

8. Untersuche die gefangenen Tiere anschließend mit der Lupe oder dem Stereomikroskop. Ist kein Stereomikroskop vorhanden, kannst du auch mit der schwächsten Vergrößerung eines Durchlichtmikroskops und seitlicher Beleuchtung die Untersuchung durchführen. Bestimme dann die Organismen wie bei I.

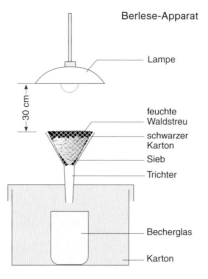

Berlese-Apparat

Untersuchung des Bodens

Zusammensetzung

Dazu eignet sich die Schlämmanalyse. Ein Standzylinder wird etwa bis zur Hälfte mit leicht angedrücktem Boden gefüllt, der Rest mit schwach salzhaltigem Wasser (20 bis 40 g auf 1 Liter) aufgefüllt. Durch die Salzzugabe lösen sich die einzelnen Bestandteile beim Schütteln leichter voneinander und setzen sich übereinander ab.

Wasserhaltefähigkeit

Dazu wird auf jeweils gleiche Mengen von lufttrockenem Boden gleich viel Wasser geschüttet. Ein Teil davon wird festgehalten. Der Rest fließt ab und wird gemessen. Die Differenz ist ein Maß für die Wasserhaltefähigkeit des Bodens.

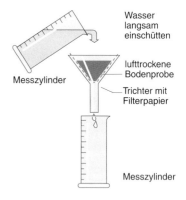

pH-Wert

Bringe etwa 1 Esslöffel voll Boden in ein Becherglas, setze ca. 100 ml destilliertes Wasser zu und rühre kräftig mit einem Glasstab um. Bestimme nach Absetzen der groben Bestandteile im wässrigen Überstand mithilfe eines pH-Testpapiers oder pH-Teststäbchens den pH-Wert (Messbereich pH 3 – 8).

9. Protokolliere jeweils die Ergebnisse.
10. Vergleiche jeweils verschiedene Böden und halte die Ergebnisse in einer Tabelle fest.

Bestimmung von Organismen der Laubstreu

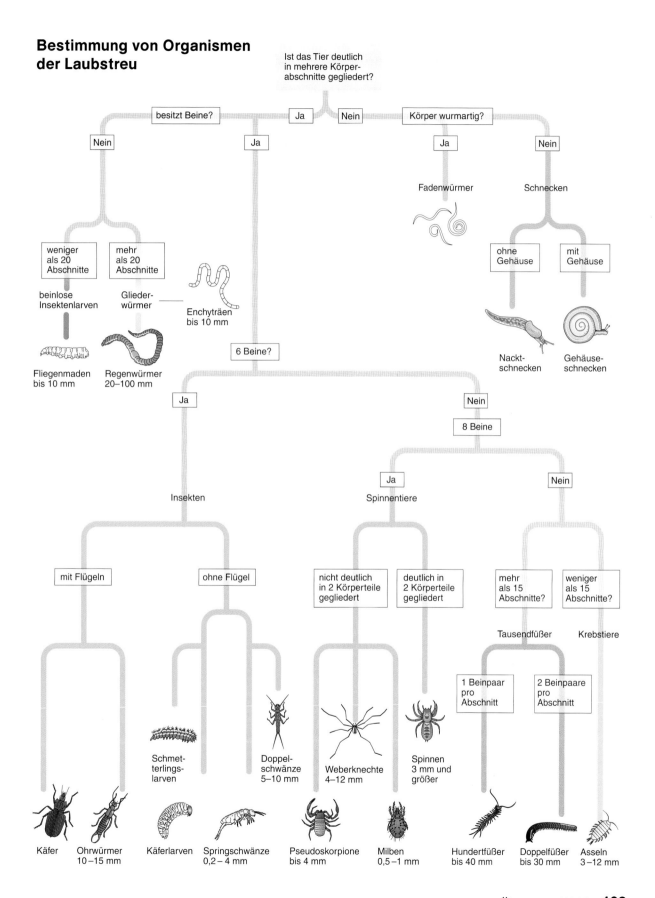

Ist das Tier deutlich in mehrere Körperabschnitte gegliedert?

besitzt Beine? — Ja — Nein — Körper wurmartig?

Nein — **Ja** — **Ja** Fadenwürmer — **Nein** Schnecken

weniger als 20 Abschnitte — beinlose Insektenlarven — Fliegenmaden bis 10 mm

mehr als 20 Abschnitte — Gliederwürmer — Regenwürmer 20–100 mm

Enchyträen bis 10 mm

ohne Gehäuse — Nacktschnecken

mit Gehäuse — Gehäuseschnecken

6 Beine?

Ja Insekten — **Nein** 8 Beine

Ja Spinnentiere — **Nein**

mit Flügeln — ohne Flügel

nicht deutlich in 2 Körperteile gegliedert — deutlich in 2 Körperteile gegliedert

mehr als 15 Abschnitte? Tausendfüßer — weniger als 15 Abschnitte? Krebstiere

Schmetterlingslarven

Doppelschwänze 5–10 mm

Weberknechte 4–12 mm

Spinnen 3 mm und größer

1 Beinpaar pro Abschnitt

2 Beinpaare pro Abschnitt

Käfer

Ohrwürmer 10–15 mm

Käferlarven

Springschwänze 0,2–4 mm

Pseudoskorpione bis 4 mm

Milben 0,5–1 mm

Hundertfüßer bis 40 mm

Doppelfüßer bis 30 mm

Asseln 3–12 mm

Der Kreislauf der Stoffe und der Weg der Energie

Die Organismen eines Ökosystems sind über Nahrungsketten und Nahrungsnetze miteinander verbunden. Sie nehmen Wasser, Sauerstoff, Kohlenstoffdioxid und in der Nahrung enthaltene Bestandteile auf. Andererseits stellen sie weiteren Mitgliedern des Ökosystems Stoffe zur Verfügung, indem sie selbst zur Nahrung werden oder indem sie Unverwertbares wieder ausscheiden. Bestimmte Stoffe werden immer wieder verwertet, sie sind Bestandteil von Kreisläufen.

Am Beginn dieses **Stoffkreislaufes** stehen immer die grünen Pflanzen. Sie betreiben als *Produzenten* (Erzeuger) *Fotosynthese*. Aus dem Kohlenstoffdioxid der Luft und Wasser wird mithilfe von Lichtenergie Traubenzucker gebildet. Durch die Fotosynthese werden also aus energiearmen, anorganischen Stoffen (Wasser und Kohlenstoffdioxid) energiereiche, organische Substanzen (Traubenzucker) aufgebaut. Gleichzeitig gibt die Pflanze als weiteres Produkt der Fotosynthese Sauerstoff ab. Dieser ist für die Atmung von Pflanzen, Tieren und Pilzen unentbehrlich. Die heutige Atmosphäre enthält ca. 21 % Sauerstoff und nur 0,035 % Kohlenstoffdioxid.

Der bei der Fotosynthese gebildete Traubenzucker ist der Ausgangsstoff für den Aufbau anderer lebenswichtiger organischer Substanzen, wie zum Beispiel von Stärke und Zellulose. Ein Teil des Traubenzuckers kann nicht für den Aufbau von eigener organischer Substanz verwendet werden, sondern wird als Energielieferant für die **Zellatmung** verbraucht. Grüne Pflanzen geben dabei Kohlenstoffdioxid wieder an die Atmosphäre ab. Gleichzeitig verbrauchen sie Sauerstoff. Insgesamt werden jedoch von allen grünen Pflanzen weitaus mehr Traubenzucker und Sauerstoff gebildet als verbraucht. So können Pflanzen an Masse zunehmen, d. h. sie können wachsen.

Die in der Nahrungskette folgenden *Konsumenten* (Verbraucher) benötigen die organischen Bestandteile des jeweils vorangegangenen Nahrungskettengliedes. Nur so können sie ihren Stoffwechsel einschließlich der Zellatmung aufrecht erhalten. Dabei verbrauchen sie Sauerstoff und setzen Kohlenstoffdioxid frei. Konsumenten können also energiereiche, organische Substanz nicht selbst herstellen, sie sind **heterotroph**. Grüne Pflanzen sind dagegen **autotroph**, da sie die organische Substanz, die sie benötigen, selbst herstellen können.

Die Ausscheidungen von Pflanzen und Tieren sowie tote Lebewesen werden von den Organismen der Abbaukette im Boden (Zersetzer oder *Destruenten)* unter Sauerstoffverbrauch zu Mineralstoffen, Wasser und Kohlenstoffdioxid umgesetzt. Der darin enthaltene Kohlenstoff befindet sich in einem ständigen Kreislauf zwischen Atmosphäre — als Kohlenstoffdioxid (CO_2) — und den Organismen, gebunden in der organischen

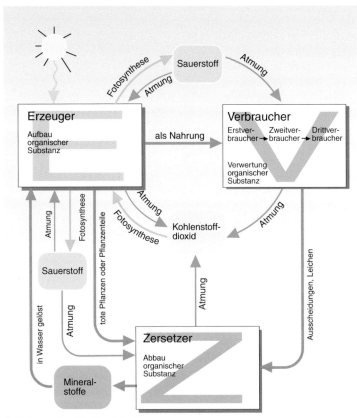

1 Schema des Stoffkreislaufs

Substanz Traubenzucker ($C_6H_{12}O_6$). Der Kohlenstoff geht also den Organismen nicht verloren. Das Element Kohlenstoff (C) kommt innerhalb des Stoffkreislaufes in verschiedenen Verbindungen vor. Man spricht auch vom *Kohlenstoff-Kreislauf*.

Auch andere Elemente durchwandern ähnliche Kreisläufe. So gibt es in einem Ökosystem auch einen *Stickstoff-*, einen *Phosphor-* und einen *Schwefelkreislauf*. Alle Stoffe werden also wieder verwertet.

Einbahnstraße Energie

Vergleicht man in einem Ökosystem jeweils die Gesamtmasse von Produzenten und Konsumenten miteinander, so erkennt man zu den Endverbrauchern hin eine deutliche Abnahme.

Diese Abnahme lässt sich durch eine sogenannte **Nahrungspyramide** darstellen. Sie besteht aus einzelnen *Nahrungsebenen*, die durch Produzenten und Konsumenten gebildet werden. Eine Nahrungspyramide er-

Was sind die Ursachen für die Abnahme der Biomasse innerhalb der Nahrungspyramide? Die Energie des Sonnenlichts wird von den Pflanzen in chemisch gebundene Energie, z. B. die des Traubenzuckers, überführt. Ein erheblicher Teil dieser chemisch gebundenen Energie wird von der Pflanze selbst für die Zellatmung benötigt, sodass nur der übrig gebliebene Anteil des durch Fotosynthese gebildeten Traubenzuckers für den Aufbau von pflanzlicher Biomasse zur Verfügung steht.

Für die Pflanzenfresser, die Erstverbraucher, gilt Ähnliches. Nur ein kleiner Teil der in der Nahrung enthaltenen Energie kann für den Aufbau eigener Biomasse genutzt werden. Ein erheblicher Teil der in der Nahrung enthaltenen Energie wird für die Körperaktivität und Zellatmung benötigt und in Wärme umgewandelt, die an die Umgebung abgeben wird. Zudem enthält die Nahrung unverdauliche Anteile, die ausgeschieden und schließlich von den Zersetzern in der Abbaukette verwertet werden. Im Durchschnitt können nur 10 Prozent der in der Nahrung enthaltenen Energie für den Aufbau eigener Biomasse genutzt werden.

Entsprechendes gilt für die Mitglieder der nächsten Nahrungsebenen. Immer wird nur ein kleiner Teil der mit der Nahrung aufgenommenen Energie genutzt. Das hat zur Folge, dass die in der Biomasse der Endkonsumenten gespeicherte Energie nur noch einen winzigen Bruchteil der in der Biomasse der Produzenten enthaltenen Energie ausmacht, durchschnittlich 0,1 %.

1 Weg der Energie

Figure labels:
Lichtenergie

ca. 0,1 % — Atmung — Abbaukette
Endverbraucher — ca. 0,1 %
Biomasseverluste — Biomasseverluste
durch Zellatmung — durch Übergang
ca. 1 %
Zweitverbraucher — ca. 0,9 % — von toten
Organismen und Ausscheidungen
ca. 10 %
Erstverbraucher — ca. 9 % — in die Abbaukette

Fotosynthese
Lichtenergie wird in chemisch gebundene Energie umgewandelt
Kohlenstoffdioxid + Wasser → Traubenzucker + Sauerstoff

100 % Biomasse

Traubenzucker + Sauerstoff → Kohlenstoffdioxid + Wasser

Totes organisches Material + Sauerstoff → Kohlenstoffdioxid + Wasser + Mineralstoffe

Erzeuger — ca. 90 %

hält man erst dann, wenn man die **Biomasse** der einzelnen Nahrungsebenen in einem Ökosystem ermittelt. Unter Biomasse versteht man in diesem Fall jeweils die gesamte Masse der Lebewesen in einer Nahrungsebene.

Die Biomasse der Erzeuger (Pflanzen) ist am größten, die der Erstverbraucher (Pflanzenfresser) sehr viel kleiner. Die Biomasse der Zweitverbraucher wiederum ist deutlich geringer als die der Erstverbraucher usw.

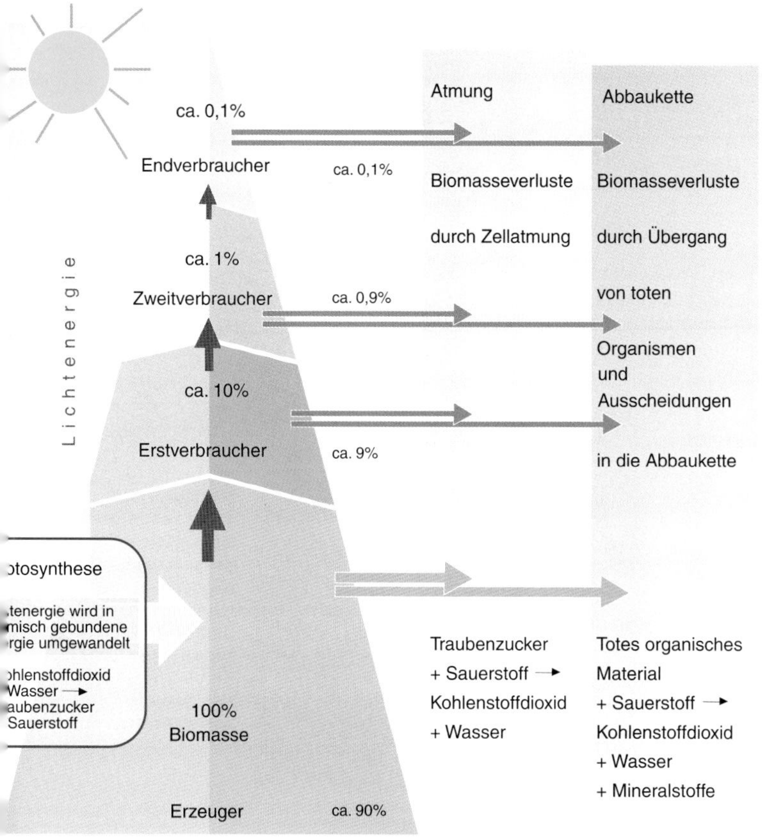

Aufgaben

① Erläutere mithilfe von Abb.1, weshalb Nahrungsketten nicht beliebig lang sind.

② Erläutere, weshalb der Weg der Energie einer Einbahnstraße ähnelt und sie ständig nachgeliefert werden muss, sodass die Stoffkreisläufe aufrecht erhalten werden können.

③ Es gab in der Geschichte der Erde Phasen, in denen ein Teil des organischen Materials dem Stoffkreislauf entzogen wurde. Damals entstanden die Kohle- und Erdölvorkommen, die man heute zur Energiegewinnung wieder verbrennt.
   a) Wie muss sich damals der Kohlenstoffdioxidgehalt der Atmosphäre verändert haben?
   b) Welche Auswirkungen hat heute die Verbrennung von Kohle und Erdöl auf die Atmosphäre? Begründe.

Wald erforschen

Spuren an Bäumen

Gar nicht selten kann man Beschädigungen an Bäumen und Sträuchern durch Tiere entdecken. Sie müssen nicht immer etwas mit der Nahrungsbeschaffung zu tun haben. Zum Beispiel kann die Rinde von Ästen oder auch des Stammes abgescheuert worden sein. Welche Tiere tun so etwas und warum?

In manche Stämme sind Höhlen gemeißelt worden. Wer besitzt die Werkzeuge dazu? Werden bestimmte Bäume bevorzugt Opfer solcher Attacken?

Auch ein kleineres Waldstück in deiner Nähe reicht meist aus, um eigene Beobachtungen und Untersuchungen anstellen zu können. So wirst du wesentlich besser verstehen können, in welcher Weise Lebewesen existieren und wie sie voneinander abhängen. Viele Untersuchungen kannst du mit einfachen Mitteln durchführen. Am wichtigsten aber ist ein aufmerksames Auge. Bestimmungsbücher helfen dir, deine Beobachtungen bestimmten Lebewesen zuzuordnen.

Fährten

Viele Waldtiere bekommt man nur selten zu sehen. Ihre Anwesenheiten verraten sie jedoch häufig durch vielerlei Hinweise. Ihre Fußabdrücke oder Fährten kann man gut auf weichem, feuchten Untergrund oder im Schnee erkennen. Wer war's?

Federn und andere Hinterlassenschaften

Manchmal findet man Spuren eines Dramas mit tödlichem Ausgang, zum Beispiel die vielen ausgerupften Federn des Opfers. An ihnen kannst du es identifizieren. Wer aber war andererseits als Jäger erfolgreich?

Die Art der Bearbeitung bzw. Veränderung lässt meist auf den Verursacher schließen.

Nahrung

Der Wald bietet vielen Tieren Nahrung. Das zeigen die zahlreichen und vielfältigen Hinweise, die man meist an Pflanzen und ihren Früchten und Samen findet.

Hinterlassenschaften ganz anderer Art sind die charakteristischen Kotballen vieler Waldtiere, an denen du sie erkennen kannst.

In Gewöllen (Speiballen) befinden sich unverdauliche Reste der Nahrung. In ihnen findet man Haare und Knochen der Beutetiere. Wer ist der Jäger, wer die Beute?

Untersuchen

Du wirst noch mehr von den Zusammenhängen im Ökosystem Wald verstehen, wenn du dir zum Beispiel einen abgestorbenen Baum oder Baumstumpf vornimmst und diese genauer untersuchst. Durch die Tätigkeit verschiedener Organismen werden sie nach und nach abgebaut.

Interessant ist es, einige der Organismen kennen zu lernen, die in abgestorbenem Holz leben. Dazu kannst du die Rinde abheben und auch versuchen, mit einem stabilen Messer das weiche Holz zu öffnen. Je stärker der Zerfall fortgeschritten ist, desto weicher ist das Holz.

Versuche die gefundenen Organismen einzuordnen und informiere dich über ihre Lebensweise. Vergleiche die Bewohner unterschiedlich stark zersetzten Holzes.

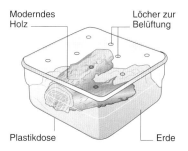

Moderndes Holz

Löcher zur Belüftung

Plastikdose

Erde

Um die Organismen in totem Holz über einen längeren Zeitraum beobachten zu können, kannst du ein Stück vermoderndes Holz zusammen mit etwas Erde und Laubstreu in ein größeres Plastikgefäß bringen, dessen Deckel durchlöchert ist. Wenn du diesen Kleinlebensraum regelmäßig kontrollierst, wirst du mit großer Wahrscheinlichkeit weitere im Holz lebende Kleintiere entdecken können.

Dokumentieren

Vielfach ist es lohnend, seine Untersuchungsergebnisse in geeigneter Form zu dokumentieren. Blätter kann man zum Beispiel in einem Herbar haltbar machen oder mit einem Scanner oder Kopierer auf Papier dokumentieren. Früchte lassen sich oft gut durch eine Zeichnung darstellen. Jahreszeitliche oder sonstige Veränderungen können fotografisch festgehalten werden. Wenn du ein Stück Papier auf die Rinde verschiedener Bäume drückst, kannst du mit einem Wachsstift einen Rindenabdruck erzeugen. Ebenso kannst du das Holz verschiedener Baumarten vergleichen. Sie besitzen jeweils eine typische Maserung.

Vom Urwald zum Nutzwald

Ab dem 7. Jahrhundert n. Chr. begann der Mensch, den Wald in größerem Umfang durch Abbrennen oder Abholzen zurückzudrängen. Es wurde immer mehr Raum für den Ackerbau benötigt, außerdem nutzte man das Holz als Brenn- und Baumaterial. Das führte dazu, dass der Wald bis zum 13. Jahrhundert etwa auf ein Drittel reduziert wurde.

Im Mittelalter trieb man Schweine, Rinder und Schafe in den Wald, die dort besonders die jungen Triebe der Pflanzen und deren Früchte fraßen. Laub und Humus wurden als Streu bei der Stallhaltung verwendet. Die vorherrschenden Buchen und Eichen entwickelten sich infolge von Viehverbiss und Verarmung an Nährstoffen nicht mehr so gut, sodass diese Baumarten in einigen Gebieten zugunsten der Fichte abnahmen. Da außerdem Wald in erheblichem Umfang gerodet wurde, nahm im Mittelalter vielerorts die Waldfläche auf einen Bruchteil der ursprünglichen Fläche ab. In manchen Gebieten waren nur noch 3 % der Fläche bewaldet.

Ab dem 18. Jahrhundert nahm mit der Industrialisierung bei stetig wachsender Bevölkerung der Holzbedarf (Bauholz, Brennholz) sehr stark zu. Deshalb begann man damit, großflächig Nadelwälder (Fichten- und auch Kiefernwälder) anzupflanzen, sodass die Waldfläche wieder stark zunahm, der größte Teil der Wälder jedoch aus Nadelwald bestand. Nadelbäume kann man bereits nach 70 Jahren ernten.

Der natürliche Wald war nun endgültig durch den *Forst*, also einen durch den Menschen angebauten *Nutzwald*, ersetzt worden. In diesen Nutzwäldern

wurden vor allem schnellwüchsige Baumarten angepflanzt, die aber oft nicht so gut an die örtlichen Gegebenheiten, wie die Bodenverhältnisse und das vorherrschende Klima, angepasst waren. Man spricht heute in solchen Fällen von nicht standortgerechter Bepflanzung.

So bieten sich häufig solche eintönigen Anblicke, wie es die Abbildung zeigt. Viele Fichten stehen dicht an dicht, nur wenig Licht erreicht den Boden. Die unteren Äste sind abgestorben, außer Moosen findet sich kein Unterwuchs. Der Boden ist fast nur von abgestorbenen Nadeln bedeckt. Wir haben einen reinen Fichtenbestand, eine *Monokultur*, vor uns.

Wenn man in einer solchen Fichtenmonokultur eine Auslichtung vornimmt, bietet sich nach einigen Jahren ein völlig anderes Bild. Der entstehende Mischbestand bietet ein vielseitigeres Nahrungsangebot. Zudem entstehen neue Nist- und Versteckmöglichkeiten für Tiere. Die von Monokulturen her bekannten Nachteile treten hier nicht mehr auf. Bei der Bewirtschaftung werden die Bäume einzeln oder in Gruppen gefällt, sodass sich auf Lichtungen immer wieder der Jungwuchs entwickeln kann.

Aufgabe

① Erläutere, welche Auswirkungen Monokulturen aus Fichten auf lange Sicht auf die Entwicklung von Schädlingen, den Boden und die Vielfalt der Pflanzen- und Tierwelt haben. Begründe.

Holz als Wirtschaftsfaktor

Der Wald produziert eine riesige Menge von Biomasse — er ist bei uns der produktivste Lebensraum. Rund 90 % der im Wald produzierten Biomasse ist Holz. Diese riesige Menge an Holz wird in unserem Land von der Holz verarbeitenden Industrie genutzt, denn Holz ist leicht zu bearbeiten und besitzt mechanische Eigenschaften, durch die es für viele Zwecke gut geeignet ist.

Etwa die Hälfte des einheimischen Holzes wandert in die Sägewerke, aus *Stammholz* werden Bretter und Latten, Balken und Bohlen. Die Hauptabnehmer sind das Baugewerbe und die Möbelindustrie. Im Möbelbau werden heute kaum mehr massive Bretter verwendet. Wertvolles Holz wird zu dünnen Holzblättern geschnitten und als *Furnier* auf billigeres Holz aufgeleimt. Ein weiteres Weiterverarbeitungsprodukt ist die *Spanplatte*. Sie ist preisgünstig herzustellen und hat den Vorteil, dass sie bei Feuchtigkeitsaufnahme kaum arbeitet. Zur Herstellung von Spanplatten wird Rohholz zunächst in Späne zerlegt, dann mit Kunstharz vermischt und zu Platten zusammengepresst. Spanplatten sind heute der wichtigste Werkstoff in der Möbelindustrie.

Minderwertiges Holz wird von der Zellstoffindustrie zu Holzschliff und zu Zellstoff verarbeitet. Dieses sind die wichtigsten Ausgangsmaterialien für die *Papierherstellung*. Durch unterschiedliche Mischung von Holzschliff, Zellstoff, Altpapier und Zusätzen sowie durch verschiedene Fertigungsmethoden entstehen die verschiedenen Papiersorten. Hohe Rücklaufquoten an Altpapier ermöglichen heute fast ein Kreislaufsystem wie in der Natur und schonen damit den Holzverbrauch und die sehr teure Ablagerung in Mülldeponien.

Aufgaben

1. In der Mittelspalte sind verschiedene Weiterverarbeitungsformen von Holz dargestellt. Wo finden diese ihre Verwendung? Fertige dazu eine Tabelle an.
2. Wieso klemmen deiner Meinung nach Schubladen aus massivem Holz an manchen Tagen, an anderen aber nicht?
3. Berechne anhand der Daten in der Mittelspalte den Anteil von Altpapier am Gesamtpapierverbrauch.
4. Weshalb wird heute zunehmend Umweltschutzpapier verwendet? Wo wird es vor allem verwendet?

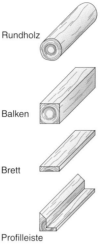

Rundholz

Balken

Brett

Profilleiste

Pressspanplatte

Papier

Furnier

Sperrholz

Holzwolle

Verbrauch von Papier, Karton und Pappe 1999 in Deutschland insgesamt
17 642 000 t

Verbrauch von Altpapier 1999
12 942 000 t

1 Holz als Baustoff

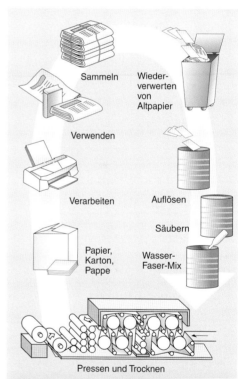

Sammeln

Wiederverwerten von Altpapier

Verwenden

Verarbeiten

Auflösen

Säubern

Papier, Karton, Pappe

Wasser-Faser-Mix

Pressen und Trocknen

2 Papierherstellung und Papierkreislauf

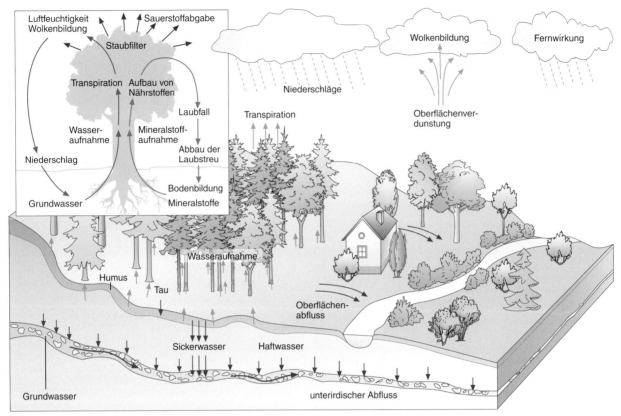

1 Der Baum als Umweltfaktor und Bedeutung des Waldes für den Wasserhaushalt

Warum ist der Wald so wichtig?

Die Leistung einer Rotbuche

Um die Vorteile erfassen zu können, die der Wald dem Menschen bietet, soll die Leistung eines einzelnen Baumes, zum Beispiel die Leistung einer rund 100-jährigen Rotbuche, betrachtet werden: Sie ist ungefähr 20 Meter hoch und hat einen Kronendurchmesser von über 10 Metern. Die Gesamtblattfläche beträgt über 1000 Quadratmeter. An einem Sommertag strömen 30 000 bis 40 000 Kubikmeter Luft zwischen den Blättern hindurch.

Dieser Luft werden im Laufe eines Tages etwa 10 Kubikmeter Kohlenstoffdioxid für die Fotosynthese entzogen. Dabei entsteht das gleiche Volumen an Sauerstoff, der an die Umgebung abgegeben wird. Der Baum stellt über 10 kg Zucker her, der in Form von Stärke gespeichert oder als Zellulose zum Aufbau der Zellen genutzt wird. Während eines warmen Sommertages werden außerdem mehrere hundert Liter Wasser in die Atmosphäre verdunstet, das zuvor dem Boden entzogen wurde.

Der Wald als Wasserspeicher

Wie wichtig der Wald für den *natürlichen Wasserhaushalt* ist, erkennt man oft erst, wenn der Wald durch Abholzung oder Waldsterben zerstört ist. Das Hochwasser einiger Flüsse wirkt sich verheerend aus und im Gebirge kann es zu Erdrutschen kommen.

Im Wald jedoch wird ein Teil des Regenwassers von den Kronen zurückgehalten. Der größte Teil tropft auf den Waldboden. Moos- und Humusschicht können große Mengen Wasser aufnehmen und speichern. Ein Teil des Niederschlags sickert ins Grundwasser, ein kleiner Rest fließt über die Bodenoberfläche direkt in Bäche und Flüsse ab. Das gespeicherte Wasser wird langsam an den Boden abgegeben, sodass auch während niederschlagsfreien Zeiten genügend zur Verfügung steht. Das von den Pflanzen aufgenommene Wasser wird zum größten Teil wieder über die Blätter verdunstet. In die Atmosphäre abgegebener Wasserdampf kondensiert zu Wolken, sodass er schließlich als Regen wieder zur Erde zurückgelangt.

Der Wald liefert Sauerstoff:

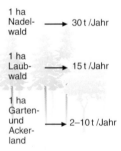

Die Luft im Wald ist sauber:

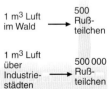

Wo Wälder abgeholzt worden sind, können das Regenwasser und auch das Schmelzwasser im Frühjahr nicht mehr so gut zurückgehalten werden. Es fließt nicht langsam nach und nach, sondern auf einmal ab. Das abfließende Wasser schwemmt fruchtbaren Boden mit, sodass im Extremfall das nackte Gestein offen liegt. Einen solchen Vorgang nennt man *Erosion*. Außerdem wird

also ausgleichend. Nicht zuletzt dient der Wald den Menschen als *Erholungsraum*. Sie finden im Wald Ruhe und Entspannung. Zu viele Erholungssuchende können dem Wald jedoch auch schaden. Pflanzen werden zertrampelt, neue Pfade durch den Wald getreten, das Wild gestört. Zudem benutzen viele Menschen das schädliche Abgase produzierende Auto, um in den Wald zu gelangen.

1 Erosion nach Waldabholzung

2 Der Wald als Erholungsort

der Boden nicht mehr so gut zusammengehalten, da die Wurzeln fehlen. An steilen Hängen kann jetzt die Erde nach Niederschlägen ins Rutschen geraten.

Der Wald als Gesundheitsfaktor

In der Nähe von Großstädten ist die Bedeutung der Wälder als *„grüne Lungen"* wichtig. Wälder filtern aus der Luft feinste Staubpartikel, da diese auf den Blättern hängen bleiben, mit ihnen zu Boden fallen oder vom Regenwasser abgespült werden. Pro Hektar Wald können das im Jahr 200 — 400 kg Staub sein. Wälder verbrauchen Kohlenstoffdioxid und produzieren viele Tonnen Sauerstoff.

Da der Baum Bestandteil des *natürlichen Wasserkreislaufes* ist, beeinflussen Wälder auch das Klima. Durch die Verdunstung wird die Umgebungstemperatur herabgesetzt. Das macht sich besonders an heißen Tagen bemerkbar. Im Inneren eines Laubwaldes ist es dann deutlich kühler als in der Umgebung. Nachts gibt der Wald die am Tag gespeicherte Wärme langsam ab. Auch an kalten Wintertagen ist es im Wald deshalb meist wärmer als in der Umgebung. Der Wald wirkt

Maßnahmen zur Erhaltung des Waldes

Die Schadstoffeinwirkung auf Pflanzen *(Immission)* kann z. B. durch *Katalysatoren* verringert werden, die für eine geringere Schadstoffabgabe der Autos sorgen. Ein geregelter Katalysator kann über 90 % der vom Motor erzeugten Schadstoffe in unschädliche Stoffe umwandeln. Auf den Kohlenstoffdioxid- und Schwefeldioxidgehalt der Abgase hat der Katalysator allerdings keinen Einfluss. Besser ist es daher, wenn der Schadstoffausstoß *(Emission)* von vornherein vermindert wird. Das lässt sich einerseits durch Energiesparmaßnahmen, andererseits durch neue Techniken der Energiegewinnung verwirklichen. Dazu müssen mehr als bisher alternative und regenerierbare Energiequellen genutzt werden.

Aufgaben

1. Fasse die Rolle des Waldes für den Wasserhaushalt zusammen und nenne mögliche Folgen der Waldzerstörung.
2. Informiere dich über die Möglichkeiten der Nutzung alternativer und regenerierbarer Energiequellen. Berichte.

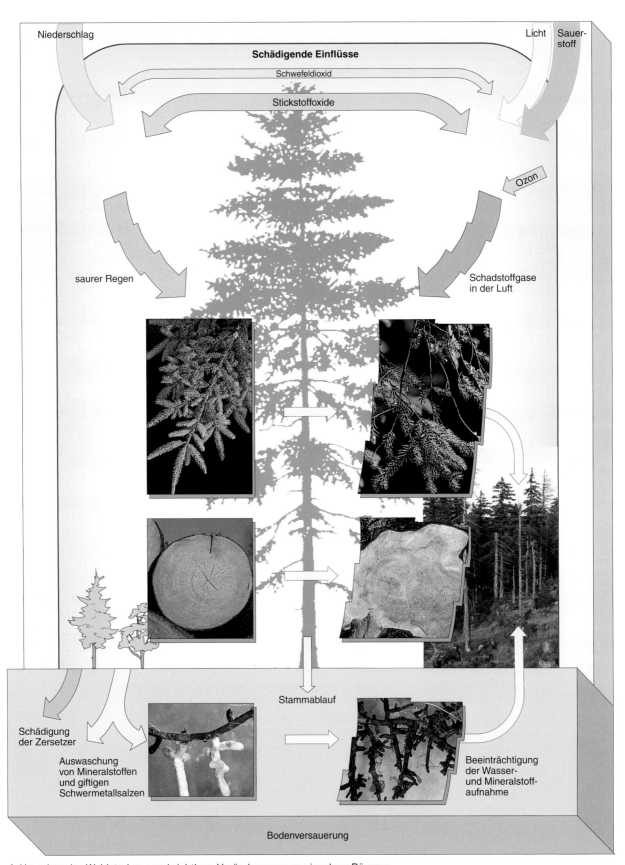

Niederschlag

Licht Sauer-stoff

Schädigende Einflüsse

Schwefeldioxid

Stickstoffoxide

Ozon

saurer Regen

Schadstoffgase in der Luft

Schädigung der Zersetzer

Auswaschung von Mineralstoffen und giftigen Schwermetallsalzen

Stammablauf

Beeinträchtigung der Wasser- und Mineralstoff-aufnahme

Bodenversauerung

1 Ursachen des Waldsterbens und sichtbare Veränderungen an einzelnen Bäumen

Unsere Wälder sind gefährdet

Schädigung der Wälder

In den westdeutschen Bundesländern
1983: 34 % geschädigt
1985: 52 % geschädigt

in der gesamten Bundesrepublik Deutschland
1990: 62 % geschädigt
1996: 61 % geschädigt
2000: 65 % geschädigt

Weit über die Hälfte der Bäume zeigt heute Krankheitsanzeichen. In den Mittelgebirgswäldern ist die Schädigung größer als im Flachland. In einigen Bereichen ist der Wald schon ganz abgestorben. Kranke Bäume erkennt man an der Vergilbung und dem zu frühen Abwurf von Blättern und Nadeln, der Auslichtung der Kronen, der Schädigung des Stammes und des Wurzelwerks.

Diese Schäden nennt man auch *Primärschäden*, da sie direkte Folgen von schädigenden Einflüssen sind. Erkennbar ist dies am geringeren Holzzuwachs pro Jahr im Vergleich zu gesunden Bäumen. Der Abstand der Jahresringe ist deutlich kleiner. So vorgeschädigte Bäume sind außerdem anfälliger gegen Schädlinge wie den Borkenkäfer und Krankheiten wie die Kernfäule, eine Pilzerkrankung. Solche Folgeschäden nennt man *Sekundärschäden*.

Ursachen des Waldsterbens

Der Mensch ist der Verursacher vieler Waldschäden. Er hat Kraftwerke errichtet, die durch Verbrennung von Kohle und Heizöl Strom erzeugen. Da Kohle und Heizöl Schwefelverbindungen enthalten, werden nicht nur Kohlenstoffdioxid und Wasser als Verbrennungsprodukte aus den Schornsteinen in die Luft geblasen, sondern auch *Schwefeldioxid* und *Stickstoffoxide*, die mit Wasser und dem Sauerstoff aus der Luft Schwefelsäure bzw. Salpetersäure *(saurer Regen)* bilden. Diese schädigen die Blätter und übersäuern den Boden. Heute werden zwar Filteranlagen installiert, die den Ausstoß, die *Emission*, des Schwefeldioxids und der Stickstoffoxide verringern. Die positiven Auswirkungen werden sich jedoch langsam einstellen, da der Wald einige Zeit braucht, um sich zu erholen. Zudem werden nicht überall in Europa die Abgase hinreichend gereinigt. So können Luftschadstoffe aus Nachbarländern importiert, aber auch in diese exportiert werden. Die Schadstoffbelastung ist somit ein weltweites Problem.

Eine weitere Quelle für Luftschadstoffe sind die Abgase der Autos: die Hauptmasse der Stickstoffoxide wird durch den Autoverkehr produziert. Stickstoffoxide entstehen immer, wenn ein Verbrennungsprozess bei hohen Temperaturen mithilfe von Luft, die ja 78 % Stickstoff enthält, abläuft. Stickstoffoxide sind indirekt beteiligt an der Bildung eines weiteren Luftschadstoffs, des *Ozons*. Ozon ist eine besonders reaktionsfähige Form des Sauerstoffs. Es entsteht unter dem Einfluss von UV-Licht und Stickstoffoxiden aus normalem Sauerstoff. Da die UV-Einstrahlung in höheren Lagen größer ist als im Flachland, sind besonders dort erhöhte Ozongehalte zu messen. Ozon wirkt in hoher Konzentration als Zellgift. Zwar besitzen heute die meisten PKW Katalysatoren zur Verminderung des Stickstoffoxidausstoßes, Lastwagen jedoch noch nicht. Der erhoffte deutliche Rückgang der Waldschäden ist bisher nicht eingetreten.

Wirkungen der Schadstoffanreicherung

Durch die Aufnahme der Schadstoffe können Pflanzen in verschiedener Weise geschädigt werden. Vor allem Schwefeldioxid und Ozon schädigen unseren Wald auf direktem Weg. Beide Gase gelangen über die Spaltöffnungen in das Blattinnere und können leicht in die Zellen eindringen. Dadurch wird der Zellstoffwechsel beeinträchtigt. Einzelne Zellen und schließlich ganze Blätter können absterben.

Genau so schädlich wie die direkten Einwirkungen sind die indirekten. Schwefeldioxid und Stickstoffoxide werden in der wasserdampfhaltigen Atmosphäre unter Mitwirkung des Sauerstoffs zu Schwefelsäure und Salpetersäure umgesetzt, die mit dem nächsten Regen auf die Erde gelangen. Deshalb spricht man vom *sauren Regen*, der dazu führt, dass der Boden immer saurer wird. Daneben wirkt der saure Regen auch direkt schädigend auf Blätter und Rinde.

Die Bodenversauerung wirkt sich negativ auf die Bodenorganismen und das Wurzelwerk der Bäume aus. Es werden vermehrt Mineralstoffe ausgewaschen, die dem Baum dann nicht mehr zur Verfügung stehen. Giftige Metallionen, die vorher fest an die Bodenteilchen gebunden waren, werden gelöst und über die Wurzeln aufgenommen. Die Symbiosepilze, die mit Baumwurzeln eine Mykorrhiza bilden, sterben bei Versauerung ab, sodass es keine positive Wechselwirkung mehr zwischen Pilz und Baum gibt.

Aufgabe

1. Nenne die Faktoren im Boden, die sich durch sauren Regen verändern und erläutere jeweils, welche Folgen sich für einen Baum ergeben.

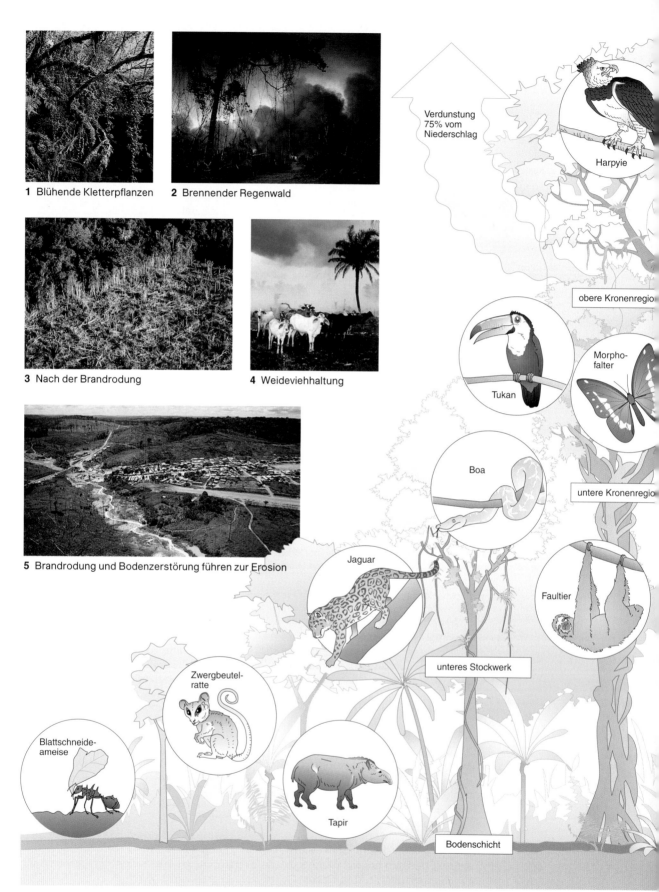

1 Blühende Kletterpflanzen

2 Brennender Regenwald

3 Nach der Brandrodung

4 Weideviehhaltung

5 Brandrodung und Bodenzerstörung führen zur Erosion

Verdunstung 75% vom Niederschlag

Harpyie

obere Kronenregion

Tukan

Morpho-falter

Boa

untere Kronenregion

Jaguar

Faultier

unteres Stockwerk

Zwergbeutel-ratte

Blattschneide-ameise

Tapir

Bodenschicht

Tropische Regenwälder sind gefährdete Großlebensräume

Ein tropischer Regenwald ist nicht nur besonders urwüchsig und undurchdringlich, wie es die Bezeichnungen „Urwald" und „Dschungel" ausdrücken, er ist ein *Ökosystem*, in dem fast alles anders ist als im einheimischen Mischwald. In den großen Regenwaldgebieten, z.B. dem Amazonasbecken in Südamerika, herrschen ganzjährig hohe Temperaturen, sodass es keine ausgeprägten Jahreszeiten gibt. Niederschlagsmengen von 2000 bis 12 000 mm pro Jahr sorgen für hohe Feuchtigkeit. Zusammen mit der starken Sonneneinstrahlung waren in den Tropen damit die Bedingungen gegeben, dass sich im Laufe von Jahrmillionen, ungestört von Eiszeiten wie in Mitteleuropa, der artenreichste Lebensraum der Erde entwickeln konnte.

Fast Dreiviertel aller Tier- und Pflanzenarten der Erde sind Bewohner der Regenwälder. Während man in einem mitteleuropäischen Mischwald 10 bis 12 Baumarten findet, sind es auf einem Quadratkilometer Regenwald über 100. Sie bilden wesentlich komplizierter gegliederte Stockwerke, die bis 70 Meter hoch reichen — eine Voraussetzung für die Artenvielfalt. Unsere Abbildung zeigt die vielen Etagen innerhalb der Stockwerke, die eine Vielzahl von Lebensmöglichkeiten bzw. ökologischen Nischen bieten. Man fand z.B. heraus, dass auf einem einzigen Baum über 1500 Insektenarten leben können. 1000 davon waren verschiedene Käferarten.

Untersucht man den Boden, auf dem der üppig wachsende Regenwald steht, findet man nur eine höchstens 10 cm dicke Humusschicht. Unter ihr ist das Erdreich fast mineralstofffrei, also unfruchtbar. Die Wurzeln der Urwaldriesen dringen nur etwa 30 Zentimeter tief in das Erdreich ein. Trotzdem wird mehr als doppelt so viel organische Substanz aufgebaut wie in einem mitteleuropäischen Mischwald.

Dieser scheinbare Widerspruch ergibt sich aus den dort sehr viel schneller ablaufenden Lebensvorgängen. Ein umgestürzter Baum wird im Regenwald von den Destruenten innerhalb nur weniger Jahre abgebaut, während dieser Vorgang bei uns viele Jahre dauert. Die dabei entstehenden Mineralstoffe werden sofort und fast vollständig von den Pflanzen aufgenommen und für den Stoffaufbau wieder verwertet. Dabei spielen die Mykorrhizapilze der Bäume eine wichtige Rolle. Deshalb gibt es in solchen Regenwäldern nur eine sehr dünne Humusschicht.

Ursprünglich bedeckten Regenwälder ca. 11 % der Erdoberfläche, heute sind es nur noch weniger als 5 %. Die Zerstörung durch Abbrennen und Abholzung geht mit rasantem Tempo weiter. Trotz nationaler und internationaler Bemühungen, diese Zerstörung zu reduzieren oder zu stoppen, verschwinden jährlich noch immer riesige Regenwaldflächen. Haben die Schutzmaßnahmen keinen Erfolg, wird es in 30 bis 50 Jahren keinen Regenwald mehr geben.

Infolge des hohen Bevölkerungswachstums in den betroffenen, oft sehr armen Ländern nimmt der Raumbedarf für die dort lebenden Menschen stark zu. Die Umwandlung von Urwald zu Acker- oder Weideland ist jedoch meist ein Misserfolg. Nach zwei bis drei Ernten ist der Boden verbraucht oder durch den Regen weggeschwemmt *(Erosion)*. Das Land wird zur Steppe oder sogar wüstenähnlich, da auf dem unfruchtbaren Boden fast nichts mehr wachsen kann.

Weitere wirtschaftliche Interessen beschleunigen die Zerstörung. Regenwald wird niedergebrannt oder abgeholzt, um Bodenschätze auszubeuten. Wertvolle Edelhölzer (z.B. Mahagoni) werden teilweise trotz Verboten abgeholzt, da der Verbrauch an tropischen Hölzern in den Industrieländern immer noch sehr hoch ist. Schonendere Bewirtschaftungsformen zeigen bis heute kaum die gewünschte Wirkung.

Neben der Versteppung großer Gebiete und dem Verschwinden vieler Tier- und Pflanzenarten wird die vollständige Zerstörung der Regenwälder auch das Weltklima verändern. In den ehemaligen Regenwaldgebieten wird weniger Wasser verdunsten, sodass die Wüsten weiter in Richtung des Äquators vordringen werden. In Afrika ist das heute schon der Fall.

In welcher Weise die gemäßigte Zone, in der wir leben, betroffen sein wird, lässt sich noch nicht sicher vorhersagen. Der Kohlenstoffdioxidgehalt der Erdatmosphäre wird zunehmen, da Kohlenstoffdioxid nicht mehr im bisherigen Umfang der Atmosphäre für den Aufbau pflanzlicher Substanz entzogen werden kann. Da Kohlenstoffdioxid ein Gas ist, das zusammen mit anderen Gasen den *Treibhauseffekt* bewirkt, wird sich wahrscheinlich die bereits festzustellende Erhöhung der Durchschnittstemperatur der Erdatmosphäre beschleunigen.

Kronen der herausragenden Baumriesen

Arakanga

Bromelia

25% vom Niederschlag Abfluss und Versickerung

Gürteltier

Ökosysteme

unter dem Einfluss des Menschen

Biotop

Umweltschutz

Biozönose

Kulturlandschaft

Gewässer

Ökologie wird häufig im Zusammenhang mit Umweltverschmutzung, Giftskandalen, Klimakatastrophen oder Artensterben gebracht, ebenso aber auch mit gesunder Ernährung, Energiesparen und Wertstoffwiederverwendung.

Erstmals verwendete der Zoologe ERNST HAECKEL 1866 den Begriff „Ökologie". Er verstand darunter die Lehre vom Haushalt der Natur.

Die *Wissenschaft Ökologie* vermittelt die Grundlagen für ökologisches Denken und Handeln, d.h. richtige Nutzung unserer Nahrungsquellen sowie Vermeidung von Raubbau an der Natur.

„ … und dass es doch wohl noch eine andere Weise geben könne, die Natur nicht gesondert und vereinzelt vorzunehmen, sondern sie wirkend und lebendig, aus dem Ganzen in die Teile strebend, darzustellen."

GOETHE im Gespräch mit SCHILLER (1794)

Ökosystem

Die Pflanzengesellschaften des Ufers

Das kleinste stehende Gewässer ist ein *Tümpel*. Er kann einmal oder mehrmals im Jahr austrocknen. *Weiher* sind größer und erreichen eine Wassertiefe bis zu 2 m. *Teiche* werden meist künstlich angelegt und bei Bedarf abgelassen. Die Tiefe von *Seen* liegt in der Regel über 2 Metern und sie besitzen ein großes Wasservolumen.

Nähert man sich einem See, so wird an einem naturbelassenen Ufer der Blick auf das freie Wasser durch üppigen Pflanzenwuchs behindert. Von einem erhöhten Standpunkt aus erkennt man, dass bestimmte Pflanzenarten in Zonen vom Ufer bis zum freien Wasser aufeinander folgen.

Die einzelnen Pflanzengesellschaften sind jeweils an die *abiotischen* (unbelebten) *Umweltbedingungen* des Standortes, z. B. *Wassertiefe, Wellenschlag, Lichtverhältnisse*, angepasst. Es können in einem Uferabschnitt aber auch Zonen fehlen oder stärker ausgebildet sein. Die Abbildung zeigt eine idealtypische Abfolge der Pflanzengürtel.

Am Übergang vom Land zum Wasser stehen Weiden, Erlen und Seggen. Hier reicht das Grundwasser fast bis zur Bodenoberfläche. Deshalb herrscht im Wurzelbereich Mangel an Sauerstoff und Mineralstoffen.

Die *Erle*, die vom Wind bestäubt wird, besitzt flache Wurzeln als Angepasstheit an den hohen Grundwasserstand. Bakterien in kleinen Knöllchen der Wurzel binden Luftstickstoff und wandeln ihn in anorganische Stickstoffverbindungen um, die von der Erle genutzt werden. So gleicht die Erle den Stickstoffmangel im Boden aus. Sie liefert ihrerseits Kohlenhydrate als energiereiche organische Verbindungen an die Bakterien. Solch eine Gemeinschaft, aus der beide Partner Nutzen ziehen, nennt man *Symbiose*.

1 Erlen
2 Seggen
3 Blutweiderich
4 Wasserschwertlilie
5 Pfeilkraut
6 Froschlöffel
7 Rohrkolben
8 Schilfrohr
9 Binsen
10 Wasserknöterich
11 Seerose
12 Teichrose
13 Wasserpest
14 Tausendblatt
15 Hornblatt
16 Krauses Laichkraut

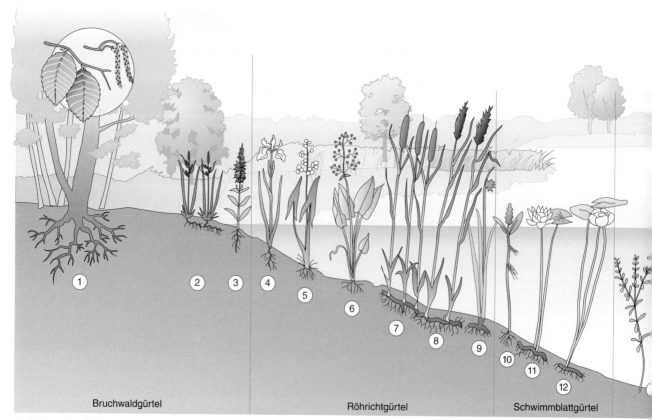

Bruchwaldgürtel   Röhrichtgürtel   Schwimmblattgürtel

1 Schema der Pflanzen am Seeufer

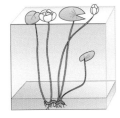

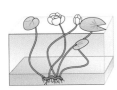

Teichrose

14 15 16

uchblattgürtel

Diejenigen Pflanzen, die die Umweltbedingungen des Übergangs vom Land zum Wasser am Seeufer gut ertragen können, kommen häufig zusammen vor. Man fasst sie zur Pflanzengesellschaft des **Bruchwaldgürtels** zusammen.

Zum Wasser hin schließen sich dichte Bestände von Rohrkolben und Schilfrohr an. Im weichen Schlamm des **Röhrichtgürtels** verankert sich das *Schilfrohr* mit waagerecht verlaufenden und weit verzweigten *Erdsprossen* (Wurzelstöcke). Diese geben der Pflanze, neben der Speicherung von Nährstoffen, eine große Standfestigkeit. Bis zu einer Wassertiefe von zwei Metern breiten sich jedes Jahr die Ausläufer der Wurzelstöcke horizontal aus und treiben an ihren Knoten neue Halme nach oben. Diese Art der ungeschlechtlichen Vermehrung führt zu den dichten Schilfbeständen.

Bläst der Wind in das Röhricht, so geben die hohlen und bis zu vier Metern hohen, biegsamen Halme zur Seite nach. Aus ihrem röhrenförmigen Aufbau und den zusätzlichen Festigungsringen, die als *Knoten* in regelmäßigen Abständen aufeinander folgen, ergibt sich die Stabilität der Stängel. Aus diesen Knoten wachsen die lanzettlich geformten, reißfesten Blätter heraus. Selbst starker Wind kann den Blättern nur wenig schaden. Sie drehen sich einfach in Richtung des Windes und bieten so einen geringen Widerstand. Der dichte Schilfbestand ist somit für das Ufer ein sehr wirksamer Schutz gegen Wind, Wellenschlag und Uferausspülung. Im Spätsommer blüht das Schilf. Die Rispen werden durch den Wind bestäubt und bilden kleine Früchte mit Flughaaren, die kilometerweit getragen werden können.

Weiter zur Mitte des Sees hin wird das Wasser tiefer, die Durchleuchtung nimmt zum Seegrund immer mehr ab. In windstillen Seebereichen findet man die Teich- und Seerosen des **Schwimmblattgürtels** mit ihren großen Blättern und Blüten. Luftgefüllte Hohlräume im Innern lassen die Blätter auf dem Wasser schwimmen.

Die *Teichrose* kann über eine große Blattoberfläche Sonnenlicht für die Fotosynthese aufnehmen. Die Spaltöffnungen für den Gasaustausch liegen dabei auf der Oberseite der Schwimmblätter. Eine Wachsschicht auf den Blättern lässt Wasser abperlen. Die Blattstiele sind lang und elastisch. So ist die Teichrose wechselnden Wasserständen bis zu einer Wassertiefe von 4 Metern angepasst.

Über große Luftkanäle in den Stielen versorgt die Teichrose die im sauerstoffarmen Faulschlamm liegenden Wurzelstöcke mit Sauerstoff. Die mehrere Zentimeter großen, gelben und intensiv duftenden Blüten locken bestäubende Insekten an. Die Früchte enthalten neben dem Samen zahlreiche Luftblasen. Durch Wellen und Wasserströmungen werden diese *Schwimmfrüchte* verbreitet. Erst wenn die Luft aus den Früchten entwichen ist, sinken die Samen auf den Grund und beginnen zu keimen.

Eine größere Wassertiefe als 4 Meter lässt den Schwimmpflanzen keine Überlebensmöglichkeit mehr. Völlig untergetaucht sind die Blätter des *Ährigen Tausendblatts* und der *Wasserpest*. Die Pflanzen gehören zum **Tauchblattgürtel**.

Die Blätter des Tausendblattes stehen in einem vierzähligen Quirl um den Stängel. Wie Kämme sind sie in feinste Fiedern aufgespalten. Das sieht so aus, als hätte die Pflanze tausend Blätter. Über die große Oberfläche der Blätter kann die Pflanze leichter Kohlenstoffdioxid und Mineralstoffe aus dem Wasser aufnehmen und das wenige Licht in tieferen Wasserschichten besser ausnutzen. Die Blättchen und der elastische Spross bieten Strömungen im Wasser nur geringen Widerstand.

Durch den Stängel, der eine Länge von bis zu drei Meter erreichen kann, ziehen sich Luftkanäle. Sie versorgen die Wurzeln mit Sauerstoff und bewirken einen Auftrieb. Abgebrochene Sprossteile können sich zu einer Pflanze erneuern und ermöglichen damit eine ungeschlechtliche Vermehrung. Im Sommer ragt die Blütenähre aus dem Wasser. Die Bestäubung erfolgt durch den Wind. Die Früchte sind schwimmfähig und werden durch Wasser und Schwimmvögel verbreitet.

Aufgaben

1. Stelle in einer Tabelle die Umweltbedingungen des Schwimmblattgürtels und die entsprechenden Angepasstheiten der Teichrose zusammen.
2. Begründe, warum ein Festigungsgewebe im Blatt des Rohrkolbens nötig ist, im Stängel des Tausendblattes dagegen fehlen kann.
3. Überlege, wie Wassersportler Pflanzen des Ufers gefährden. Welche Konsequenzen ergeben sich daraus zum Schutz der Pflanzen?

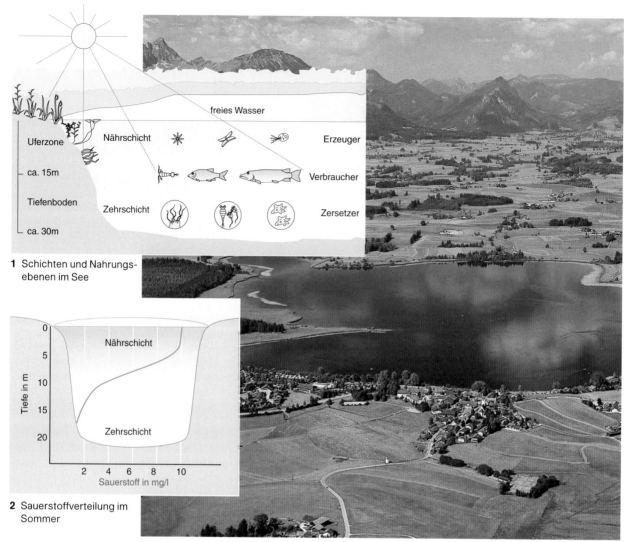

1 Schichten und Nahrungsebenen im See

2 Sauerstoffverteilung im
Sommer

3 Luftaufnahme eines Sees

Schichten im See

Der *Umweltfaktor Licht* bestimmt, bis zu welcher Wassertiefe es Pflanzen in einem See gibt. Je nach Trübungsgrad bleiben in einem Meter Wassertiefe von der Gesamtlichtstärke, die auf die Wasseroberfläche eingestrahlt wird, nur ca. 50 % übrig. Grüne Pflanzen benötigen aber Licht, um über die Fotosynthese energiereiche Stoffe aufbauen zu können. Die Pflanzen bleiben daher nahe der Wasseroberfläche und sind Erzeuger *(Produzenten)* der Nahrung für andere Lebewesen.

Seen lassen sich nach den vorherrschenden Aufbau- oder Abbauprozessen in zwei „Stockwerke" gliedern. In der oberen Etage, der **Nährschicht**, reicht die Lichtstärke für die Fotosynthese der Pflanzen aus. Hier wird mehr organische Substanz erzeugt, als die Pflanzen selbst durch Atmung verbrauchen. In die dunkle Schicht darunter sinken viele abgestorbene Pflanzen und Tiere ab. Abfallfresser zerkleinern ihre Leichen. Bakterien und Pilze zersetzen die Überreste zu Mineralstoffen und Kohlenstoffdioxid. Da alle Zersetzer *(Destruenten)* in dieser Zone nur die in der Nährschicht produzierten organischen Substanzen verbrauchen, nennt man sie die **Zehrschicht**.

Neben Licht führt der *Umweltfaktor Wassertemperatur* zur Ausbildung einer Schichtung im See. Die Wassertemperatur hängt vor allem von der Stärke der jahreszeitlich wechselnden Sonneneinstrahlung ab.

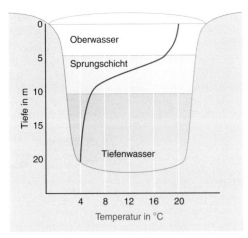

1 Temperaturschichtung im Sommer

Temperatur im Jahresverlauf

Im Sommer erwärmt die Sonne das Wasser an der Oberfläche eines Sees so stark, dass man Werte über 25 °C messen kann. Das Wasser dehnt sich aus, hat eine geringere Dichte und bleibt oben. Am Grunde des Sees misst man dagegen Werte um 4 °C. Dies kommt daher, dass Wasser bei etwa 4 °C seine größte Dichte erreicht. Wasser dieser Temperatur hat also eine größere Dichte als kälteres oder wärmeres Wasser. Zwischen der Zone des warmen *Oberwassers* und der des relativ kalten *Tiefenwassers* liegt im See eine Schicht mit einem starken Temperaturabfall, die *Sprungschicht*. Nur bis zur Sprungschicht kann das Oberflächenwasser durchmischt werden, darüber hinaus wird der Dichteunterschied zu groß. Der See befindet sich in einer *Sommerstagnation*.

Im *Winter* bildet sich bei Lufttemperaturen unter 0 °C an der Wasseroberfläche eine Eisschicht aus. Eis besitzt eine geringere Dichte als Wasser bei 0 °C. Es schwimmt deshalb an der Wasseroberfläche. Die Temperatur des Tiefenwassers sinkt dagegen auch im Winter nicht unter 4 °C. Tiere können in dieser Schicht gefahrlos überwintern, wenn genügend Sauerstoff vorhanden ist.

Im *Frühjahr* und *Herbst* kann das Wasser zu einem bestimmten Zeitpunkt überall die gleiche Temperatur, also die gleiche Dichte erreichen. Wenn nun starke Winde auf das Wasser einwirken und sich die Wasserkörper des Ober- und Tiefenwassers in Bewegung setzen, durchmischen sich diese vollständig *(Vollzirkulation)*.

Die Vollzirkulation führt zu einer Verteilung des im Wasser gelösten Sauerstoffes und Kohlenstoffdioxids sowie der Mineralstoffe. Der gelöste Sauerstoff stammt teilweise aus der Fotosynthese der Wasserpflanzen, wird aber auch an der Wasseroberfläche aus der Luft aufgenommen. Im Frühjahr gelangt sauerstoffreiches Oberwasser durch die Zirkulation in die Tiefe. Dieser Sauerstoff wird am Boden des Gewässers beim Abbau der abgestorbenen Pflanzen und Tiere im Laufe des Sommers aufgebraucht, wobei Kohlenstoffdioxid entsteht.

Mineralstoffe, die durch die Tätigkeit der Destruenten freigesetzt worden sind, werden bei der Vollzirkulation aus der Tiefenschicht nach oben transportiert. Die Pflanzen benötigen sie für ihr Wachstum. In Seen mit einem geringen Mineralstoffgehalt tritt im Sommer wegen des starken Pflanzenwachstums leicht ein Mangel an Phosphor- und Stickstoffverbindungen ein. Diese Seen sind mineralstoffarm *(oligotroph)*.

Licht, Mineralstoffe, Temperatur und Sauerstoff sind *abiotische Umweltfaktoren*, also Faktoren der unbelebten Umwelt. Sie charakterisieren in ihrer spezifischen Zusammensetzung den Lebensraum *(Biotop)*.

Aufgaben

1. Beschreibe und erkläre die Abb. 1 dieser Seite und die Abb. 120. 2.
2. Fischsterben wird häufig im Sommer beobachtet, selten im Herbst. Begründe.
3. Erläutere, warum unter einer Eisdecke im See Fische überleben können.

Sauerstoffsättigung in Abhängigkeit von der Temperatur

Temperatur in °C	Sauerstoffsättigungswert in mg/l
0	14,1
5	12,4
10	10,9
15	9,8
20	8,8
25	8,1

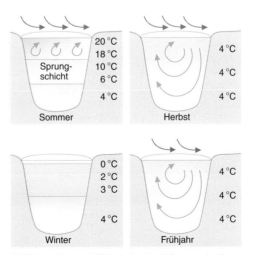

2 Stagnation und Zirkulation im Jahresverlauf

Nahrungsbeziehungen und Stoffkreislauf im See

Winzige Grünalgen, die zu den *Erzeugern (Produzenten)* organischer Stoffe gehören, werden von einem Wasserfloh gefressen. Als Pflanzenfresser ist er ein *Erstverbraucher (Konsument)*. Der Wasserfloh dient wiederum der Rotfeder als Beute. In dieser Räuber-Beute-Beziehung stellt die Rotfeder als Fleischfresser den *Zweitverbraucher* dar. Am Ende der Nahrungsbeziehung wird die Rotfeder von einem Hecht, einem *Drittverbraucher* oder *Endkonsumenten*, verzehrt. Lebewesen sind über die Nahrungsbeziehungen wie die Glieder einer Kette zu einer **Nahrungskette** miteinander verbunden.

In Wirklichkeit jedoch sind die Ernährungsmöglichkeiten der Verbraucher fast nie so einseitig, dass sich eine Tierart nur von einer einzigen anderen ernährt. Meist fängt eine räuberisch lebende Tierart verschiedene Beutetiere. Der Rückenschwimmer z. B. frisst sowohl Köcherfliegen und Zuckmücken als auch Kaulquappen und Insektenlarven. Graureiher ernähren sich von Wasserfröschen, Rotfedern, Großlibellenlarven, aber auch von Hechten. Die einzelnen Pflanzen und Tiere gehören also häufig mehreren Nahrungsketten an. Dadurch werden diese Nahrungsketten untereinander so verflochten wie die Maschen eines Netzes. Solche vielfältigen Nahrungsbeziehungen werden als **Nahrungsnetz** bezeichnet.

Nicht nur energiereiche organische Stoffe, sondern auch Kohlenstoffdioxid, Sauerstoff und Mineralstoffe werden durch Nahrungsbeziehungen und Zersetzungsprozesse zwischen den Lebewesen und dem Lebensraum ausgetauscht. Die Erzeuger nehmen Kohlenstoffdioxid, Wasser, Mineralstoffe und Energie auf und nutzen sie zum Aufbau von körpereigenen, energiereichen organischen Stoffen. Dabei entsteht Sauerstoff. Die Verbraucher ernähren sich von Pflanzen und Tieren. Mineralisierer zersetzen deren Überreste zu Mineralstoffen und Kohlenstoffdioxid. Viele der Zersetzer benötigen für ihren Stoffwechsel Sauerstoff. Die Pflanzen erhalten erneut freigesetzte Mineralstoffe und Kohlenstoffdioxid. Unter Verwendung von Sonnenenergie und Wasser können wiederum körpereigene, energiereiche organische Stoffe aufgebaut werden. So schließt sich der *Kreislauf der Stoffe* im See.

Alle Lebewesen des Sees bilden zusammen dessen Lebensgemeinschaft, die *Biozönose*. Vielfältige Wechselbeziehungen bestehen zwischen der Biozönose und dem Lebensraum, dem *Biotop*. Biotop und Biozönose bilden zusammen das *Ökosystem See*. Durch die Vielfalt der Nahrungsbeziehungen und Stoffkreisläufe bleiben die einzelnen Arten von ihrer Anzahl her in etwa gleich. Diese Vielfalt aller Beziehungen bewirkt, dass auch

Dritt-
verbraucher

Zweit-
verbraucher

Erst-
verbraucher

Erzeuger

Nahrungskette

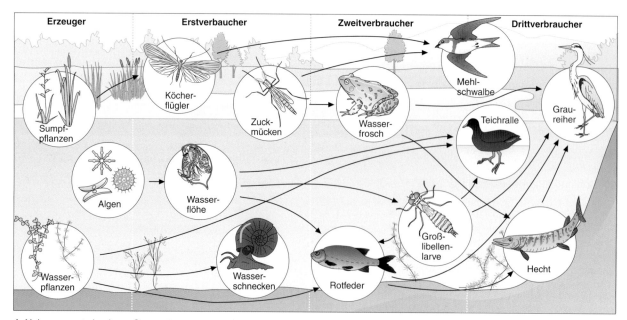

1 Nahrungsnetz in einem See

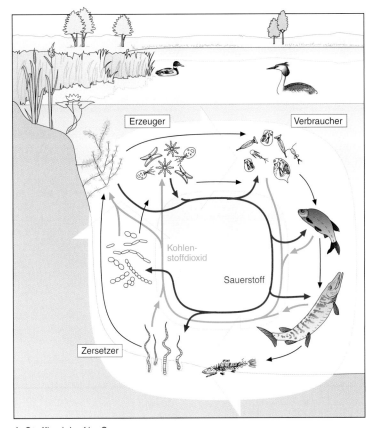

1 Stoffkreislauf im See

die einzelnen Nahrungsebenen in einem dynamischen Gleichgewicht zueinander stehen. Man spricht von einem **biologischen Gleichgewicht**. Das biologische Gleichgewicht bleibt nur erhalten, solange die Sonne den Stoffkreisläufen ständig Energie zuführt. Ohne dass die Produzenten unter Verbrauch von Energie organische Substanz produzieren, können die nachfolgenden Glieder im Stoffkreislauf nicht bestehen. Der Mensch kann das biologische Gleichgewicht im Ökosystem See stören, wenn er Gifte einbringt und damit Lebewesen tötet, wodurch das bisher bestehende Nahrungsnetz zusammenbrechen kann.

Aufgaben

1. Nenne drei Nahrungsketten aus der Abbildung 1 auf Seite 122.
2. Moderne Schädlingsbekämpfungsmittel sollen biologisch abbaubar sein. Begründe.
3. Wende dein Wissen über Nahrungsketten und Energiefluss an und erkläre die Aussage: „Bei der Ernährung der Menschen in den Industrienationen könnte viel Energie in der Landwirtschaft eingespart werden".

Zettelkasten

Schadstoffanreicherung in der Nahrungspyramide

Energie wird in Nahrungsketten in Form von organischen Stoffen weitergegeben. Lebewesen setzen aber den größten Teil der aufgenommenen Energie für Lebensvorgänge, wie Bewegungen und Organtätigkeiten, um oder die Energie wird in Form von Wärme frei.

Dies veranschaulicht ein stark vereinfachtes Modell der **Nahrungspyramide**: Ein Hecht benötigt 9 von 10 kg Rotfedern, die er gefressen hat, für seine eigenen Lebensvorgänge. Damit Rotfedern mit einem Gesamtgewicht von 10 kg heranwachsen konnten, mussten sie 100 kg Wasserflöhe aufnehmen. Diese wiederum benötigten 1000 kg Algen als Nahrung. Endkonsumenten, wie der Hecht oder der Mensch, verzehren also indirekt viele Pflanzen und Tiere.

Die Konsumenten reichern dabei im Körper auch nicht abbaubare Schadstoffe aus Beutetieren an. Da diese Schadstoffe nicht ausgeschieden werden, findet man in den verschiedenen Ebenen der Nahrungspyramide immer höhere Schadstoffkonzentrationen, die zu direkten Schäden bei den Endverbrauchern führen können. Dies wurde erstmals in Japan bei der sogenannten *Minamata-Krankheit* erkannt. Menschen, die quecksilberverseuchte Fische und Krebse gegessen hatten, erkrankten schwer.

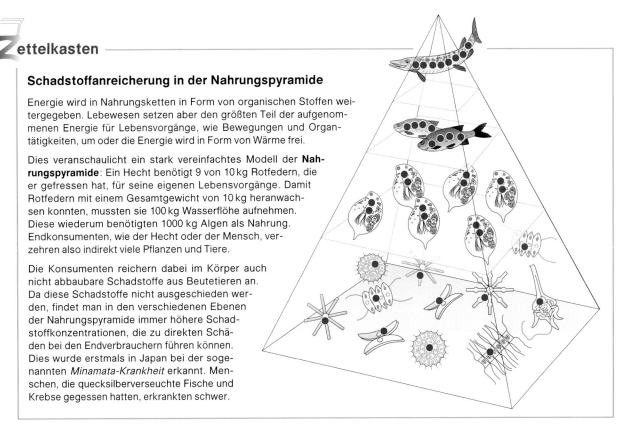

1 Änderung von Gewässerzustand und Lebensgemeinschaften bei der Eutrophierung

Eutrophierung eines Sees

Viele Seen sind von landschaftlichen Nutzflächen umgeben. Diese Äcker und Wiesen werden von den Landwirten mit Gülle und Mineraldünger gedüngt, um ein optimales Wachstum der Nutzpflanzen zu erreichen. Bei starken Regenfällen können aber die Düngemittel in den angrenzenden See eingeschwemmt werden, es gelangen immer mehr Mineralstoffe in den See und er wird mineralstoffreich *(eutroph)*.

Bei hoher Mineralstoffkonzentration und hohen Wassertemperaturen sowie starkem Lichteinfall im Sommer können sich Algen massenhaft vermehren. Es kommt zur sogenannten *Algenblüte*. In Folge dieser Massenvermehrung gedeihen auch Algenfresser und die nachfolgenden Glieder der verschiedenen Nahrungsketten besser.

Solange im See eine hohe Mineralstoffkonzentration herrscht, werden in der Nährschicht immer mehr Pflanzen und Tiere heranwachsen und wieder absterben. Die Mengen an gestorbenen Lebewesen können die Destruenten nicht mehr vollständig abbauen, der Zustand des Gewässers wird schlechter. Am Grunde des Sees herrscht bald Sauerstoffmangel, da die Destruenten bei den Abbauprozessen den Sauerstoff aufgebraucht

haben. Nun übernehmen Bakterien, die ohne Sauerstoff leben können *(anaerobe Bakterien)* den Abbau der toten Pflanzen und Tiere, dabei entstehen Faulgase und Faulschlamm. Wird durch die nächste Zirkulation der Sauerstoffgehalt nicht nachhaltig erhöht, „kippt das Gewässer um", d. h. viele Lebewesen sterben ab. Die Zusammensetzung der Biozönose ändert sich.

Die *Eutrophierung* ist ein Prozess, der sich über viele Jahre bis zum Umkippen fortsetzen kann. Wird die Verschmutzung zusätzlich noch durch industrielle oder kommunale Einleitungen verstärkt, wird dieser Prozess erheblich beschleunigt. Typisch für einen *eutrophierten See* sind wenige Pflanzen- und Tierarten bei großer Individuenzahl pro Art. Der See ist am Grund sauerstoffarm.

Mineralstoffarme Seen sind in der Regel sauerstoffreich. In diesen Seen findet man viele Pflanzen- und Tierarten bei geringer Individuenzahl pro Art.

Aufgabe

① Welche Maßnahmen kann man gegen die Eutrophierung von stehenden Gewässern ergreifen? Begründe.

Charakteristische Pflanzen und Tiere in unterschiedlich verschmutzten Gewässerzonen

a Knäuel-Binse
Sumpfkresse
Wasserspitzmaus
Forelle
Bartgrundel
Flusskrebs

b Laichkraut
Tausendblatt
Wasserschwertlilie
Schermaus
Stichling
Ukelei
Hecht
Pfeilkraut
Teichrose
Wasserpest
Graureiher
Karpfen
Flussaal

c Rohrkolben
Algen
Wasserassel
Pferdeegel
Schlammschnecke
Tubifex

Ein Moor entsteht

Aber auch ohne menschliche Einflüsse kann ein See nach einem längeren Zeitraum eutrophieren. Uferpflanzen und pflanzliches Plankton produzieren jährlich große Mengen an organischer Substanz, die im Herbst abstirbt. Die Destruenten können diese tote organische Substanz auf Dauer nicht mehr vollständig abbauen. Der Kreislauf der Stoffe ist gestört. Der Sauerstoffgehalt am Grunde des Gewässers nimmt immer mehr ab. Anaerobe Bakterien zersetzen die organische Substanz viel langsamer und nur noch unvollständig. Es entstehen schwarzer Faulschlamm sowie übel riechende Gase.

3 Torfmoos

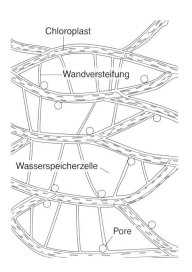

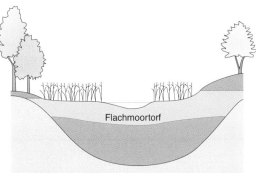

1 Schema Flachmoor

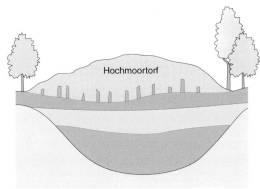

2 Schema Hochmoor

Die Faulschlammschicht, die *Mudde*, lagert sich am Ufer und am Seegrund ab. Der See wird flacher. Im Laufe der Zeit wachsen die Pflanzengürtel des Ufers weiter zur Gewässermitte. Dadurch nimmt die freie Wasserfläche ab. Schließlich *verlandet* der See, ein **Flachmoor** entsteht. Der Wasserstand sinkt weiter, sodass schließlich die Röhrichtpflanzen nicht mehr wachsen können. Unter diesen Bedingungen gedeihen Seggen, bald darauf stellen sich Weide und Erle ein. Eine solche natürliche Entwicklung *(Sukzession)* vom mineralstoffreichen See zum

Bruchwald benötigt oft Jahrtausende. Unter menschlichem Einfluss können stehende Gewässer allerdings wesentlich schneller verlanden.

Nur in niederschlagsreichen und kühlen Gebieten können sich **Hochmoore** entwickeln. Aus Abbauprozessen von Pflanzenteilen werden Humussäuren frei. In diesem sauren, mineralstoffarmen Milieu siedeln sich *Torfmoose* an. Sie brauchen nur wenig Mineralstoffe und saugen das Wasser aus den Niederschlägen wie ein Schwamm auf. Am oberen Ende wachsen die Einzelpflanzen, am unteren Ende sterben sie ab und werden zu *Torf*. Sie schließen die Flachmoorpflanzen und die Wurzeln des Bruchwaldes vom Sauerstoff ab. Der Bruchwald verkümmert und stirbt. Im Laufe von Jahrhunderten entsteht so ein Hochmoor, das wie ein Uhrglas die Umgebung um 2—3 Meter überragt.

Die Moore in Mitteleuropa sind bei uns hoch gefährdete Biotope, da sie für landwirtschaftliche Zwecke kultiviert werden. Der Torf wird als Heiz-, Heil- und scheinbar Boden verbesserndes Mittel, z. B. für den Gartenbau, abgebaut. Die dramatische Zerstörung der Moore muss gestoppt werden, da sonst die Lebensräume für viele vom Aussterben bedrohte Pflanzen- und Tierarten verloren gehen. Gefährdete Arten des Moores sind zum Beispiel das *Wollgras* und der *Sonnentau* sowie *Birkhühner* und *Kraniche*.

Aufgabe

① Diskutiert in eurer Klasse das Pro und Contra des Torfabbaus.

Die Elbe — ein Fluss mit Zukunft?

Die Elbe ist mit 1143 km Länge nach dem Rhein der zweitgrößte Fluss Deutschlands. Im Riesengebirge bei Spindlermühle in 1386 m Höhe liegen die Quellbäche. Bei Cuxhaven mündet die Elbe in die Nordsee. Auf ihrem Weg durch Tschechien, durch vier neue und zwei alte Bundesländer, nimmt die Elbe das verschmutzte Wasser vieler Nebenflüsse auf. Etwa 26 Millionen Menschen leben in diesem Gebiet.

Das Elbewasser ist stark belastet. Die Schmutzfrachten stammen aus den Industriegebieten, Millionen von Haushalten sowie aus der Landwirtschaft. Ein Großteil dieser Abwasser wird aufgrund fehlender oder veralteter Kläranlagen ungereinigt eingeleitet. Im Rahmen der internationalen Kommission zum Schutz der Elbe wird gegenwärtig ein kostenaufwändiges Programm umgesetzt. Erreicht werden soll eine starke Verminderung der Schadstoffe aller Abwässer. Ein erstes Ergebnis ist eine deutliche Abnahme der Konzentration verschiedener Schadstoffe seit 1991.

Die Elbe — ein fischreiches Gewässer

Die Elbe ist einer der fischartenreichsten Flüsse Europas, obwohl ständig steigender Wasserbedarf durch Industrie, Ansiedlungen, Landwirtschaft und Schiffsverkehr und die damit verbundene Einleitung stark verschmutzter Abwässer zu einem drastischen

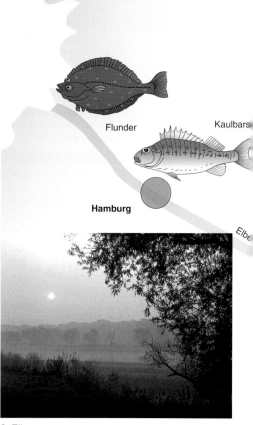

2 Elbaue

Rückgang der Fischbestände geführt haben. Früher wurden Störe und Lachse, Meeresforellen, Bachforellen und Aale von den Elbfischern und Anglern in großer Zahl gefangen. Aber bereits um 1920 war der Fang des Lachses eine Seltenheit. Bald danach war er völlig verschwunden. Der letzte Stör wurde von Fischern im Jahre 1933 am Schreckenstein beobachtet und bei Leitmeritz wurde 1947 die letzte Meeresforelle gefangen.

Trotz der schlechten Wasserqualität leben heute wieder viele Fische in der Elbe. Am häufigsten ist die Plötze, auch Döbel, Schleie, Güster und Karpfen kommen vor. Hingegen sind Rapfen, Wels und Zährte seltener und werden als gefährdet eingeschätzt. Nach wie vor sind Elbfische jedoch ungenießbar, da ihr Fleisch derart mit Chemikalien angereichert ist, dass Vergiftungserscheinungen beim Menschen auftreten können.

1 Elbsandsteingebirge, Blick von der Bastei

Fischregionen der Elbe

Nach dem Vorkommen verschiedener Fische kann man einen Fluss von der Quelle bis zur Mündung in bestimmte *Regionen* (Abschnitte) einteilen. Im Quellgebiet der Elbe beginnt die *Forellenregion*, bezeichnet nach der Bachforelle als Leitfisch. Klares, sauerstoffreiches und schadstofffreies Wasser kennzeichnen diesen Lebensraum, in dem auch Elritzen und Groppen vorkommen.

Es schließt sich nun die *Äschenregion* an. Auch das Vorkommen der Äschen ist an sauberes Wasser gebunden. Bereits über 100 Jahre sind die letzten Äschen in der Elbe verschwunden. Verschlechterungen des Elbwassers durch Industrie und Haushalte waren die Ursachen. Eine Äschenregion gibt es also schon lange nicht mehr. Am Mittellauf eines Flusses ist meist ein Abschnitt zu unterscheiden, in dem die Flussbarbe als Leitfisch vorkommt. Sie ist heute sehr selten. Von einer *Barbenregion* kann also nicht mehr gesprochen werden.

Weit verbreitet ist noch der Brachsen oder Blei. Die Tiere sind gegen Wasserverschmutzungen etwas weniger empfindlich. Eine *Brachsenregion* am Unter- und Mittellauf der Elbe gibt es also heute noch. In der Brackwasserzone des Mündungsgebietes leben Kaulbarsch und Flunder. Sie sind in diesem Flussabschnitt häufig. Obwohl die Bestände im Mündungsgebiet zurückgegangen sind, ist eine *Kaulbarsch-Flunder-Region* der Elbe vorhanden.

Ausbau der Elbe — für und wider

Die Elbe gehört im Gegensatz zum Rhein zu einem der wenigen Flüsse, der große Strecken natürlich verläuft und von einer reizvollen Flusslandschaft gesäumt wird. Viele seltene Tierarten, wie Elbebiber, Weißstorch, Fischadler und Kranich, haben in den Elbauen ihren Lebensraum. Bei Dessau liegt das Biosphärenreservat „Mittlere Elbe" (s. Abb. 126. 2) mit der größten noch erhaltenen Hartholzaue Mitteleuropas. Diese Feuchtgebiete und auch das Biberschutzgebiet sind in ihrem Fortbestand von den jährlichen Überschwemmungen der Elbe abhängig.

Ein Ausbau zur Großschifffahrtsstraße würde einerseits eine gewisse Entlastung der Straßen- und Schienentransporte bringen. Andererseits würde die veränderte Wasserführung der Elbe auch Einfluss auf den Grundwasserspiegel der Umgebung haben und infolgedessen die einmaligen Auenlandschaften unwiederbringlich zerstören.

Aufgaben

1. Jede Nutzung des Elbwassers ist meist auch mit einer Gewässerbelastung durch Schadstoffe verbunden. Nenne Beispiele.
2. Wie kannst du mithelfen, Belastungen von Gewässern zu verringern?
3. Nicht alle Fischarten, die in der Elbe leben, sind dir bekannt. Informiere dich über die Lebensweise und den Lebensraum dieser Fische. Nutze dazu Lexika und Bestimmungsbücher.
4. Ein Ausbau der Elbe würde Voreile für die Wirtschaft und Nachteile für die Natur bringen. Wofür würdest du dich entscheiden? Begründe.
5. Was die Elbe belastet, belastet auch die Nordsee. Erkläre diesen Zusammenhang.

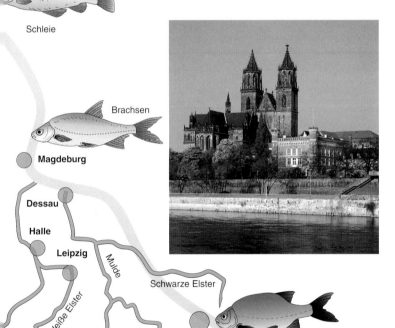

Brackwasser

Unterlauf

Mittellauf

Oberlauf

Staatsgrenze

Schleie

Brachsen

Magdeburg

Dessau

Halle

Leipzig

Mulde

Weiße Elster

Schwarze Elster

Dresden

Rotfeder

Chemnitz

Zwickau

Bachforelle

Prag

Groppe

1 Fischregionen der Elbe

Bestimmung der Gewässergüte

Seit 1975 wird in Deutschland alle fünf Jahre eine *Gewässergütekarte* der Fließgewässer erstellt. Die *Gewässergüte* wird mit einer biologisch-ökologischen Methode ermittelt. Bestimmte Lebewesen zeigen durch ihr gehäuftes Auftreten an, dass ihre Ansprüche bezüglich Nahrung und Sauerstoffgehalt erfüllt sind *(Zeigerlebewesen).*

Die Gewässer werden in die folgenden vier Güteklassen mit drei Zwischenstufen eingeteilt:

Güteklasse I:
Unbelastetes bis sehr gering belastetes Gewässer

Das Wasser ist klar und mineralstoffarm. Laichgewässer für Bachforellen mit mäßiger Besiedlung durch Kieselalgen, Moose, Strudelwürmer und Steinfliegenlarven.

Güteklasse I—II:
Gering belastetes Gewässer

Das Wasser ist klar, der Mineralstoffgehalt gering. Dichte Besiedlung mit Algen, Moosen und Blütenpflanzen. Man findet außerdem Eintagsfliegenlarven und Köcherfliegen.

Güteklasse II:
Mäßig belastetes Gewässer

Mäßige Belastung mit organischen Stoffen und deren Abbauprodukten. An Stellen mit wenig Strömung sieht man an Steinen eine schwarze Färbung. Dichte Besiedlung mit Algen und Blütenpflanzen. Bachflohkrebse, Asseln, Schnecken und Insektenlarven treten häufig auf. Zahlreiche Fischarten sind vertreten. Der Sauerstoffgehalt schwankt je nach Abwasserlast und Algenentwicklung.

Güteklasse II—III:
Kritisch belastetes Gewässer

Durch die Belastung mit organischen Substanzen ist das Wasser trüb, örtlich tritt Faulschlamm auf. Meist sind es noch ertragreiche Fischgewässer. Dichte Besiedlung mit Algen und Blütenpflanzen. Egel und Wasserasseln treten reichlich auf. An strömungsarmen Stellen findet man Laichkräuter und Teichrosen.

Güteklasse III:
Stark verschmutztes Gewässer

Das Wasser ist durch Abwasser getrübt. An strömungsarmen Stellen lagert sich Faulschlamm ab. Fast alle Steine sind an der Unterseite schwarz. Der Fischbestand ist gering, es gibt zeitweiliges Fischsterben wegen Sauerstoffmangel. Auffällig sind Kolonien fest sitzender Wimpertierchen und Abwasserbakterien. Massenentwicklungen von Rollegeln und Wasserasseln. Außerdem leben im Schlamm Rote Zuckmückenlarven und Schlammröhrenwürmer.

Güteklasse III—IV:
Sehr stark verschmutztes Gewässer

Das Gewässer ist durch Faulschlamm getrübt. Die Steine sind auf der Unterseite schwarz. Besiedlung fast nur durch Mikroorganismen (Schwefelbakterien, Wimpertierchen). *Abwasserfahnen* (zottenartige Bakterienkolonien) werden im Wasser bewegt. Im Faulschlamm sieht man oft einen Massenbesatz von Schlammröhrenwürmern und Roten Zuckmückenlarven.

Güteklasse IV:
Übermäßig verschmutztes Gewässer

Der Boden ist wegen des abgelagerten Faulschlamms schwarz. Das Wasser weist einen starken Geruch auf, häufig riecht es nach faulen Eiern (Schwefelwasserstoff!). Auf dem Faulschlamm wachsen Schwefelbakterien. Zahlreiche Gifte im Abwasser töten alle anderen Lebewesen ab *(Verödung).*

Zum Vergleich und zur Orientierung für die selbst ermittelten Werte:

Gewässergüteklassen und chemische Werte:

Güteklasse	I	II	III	IV
Sauerstoffminimum in mg/l	größer 8	größer 6	größer 2	kleiner 2
Ammonium in mg/l	kleiner gleich 0,1	0,1—1	größer 2	10
Nitrat in mg/l	1,2—1,7	3—3,9	4—7	größer 7
Gesamtphosphat in mg/l	0,06—0,08	0,2—0,3	1—1,7	größer 2,5

Aufgaben

(1) Untersucht die Gewässergüte eines kleinen Baches und ermittelt auch die physikalischen und chemischen Werte, wie es in deinem Chemiebuch beschrieben wird. Zieht Gummihandschuhe an und wascht euch nach den Arbeiten gründlich die Hände.

(2) Nehmt an mehreren Probestellen 5 Züge mit einem Haushaltssieb durch die Wasserpflanzen, siebt 5 Bodenproben oder nehmt 10 handgroße Steine auf. Bestimmt die Anzahl und Arten der Zeigerlebewesen. Fertigt ein Protokoll an.

Zeigerlebewesen in Fließgewässern

Güteklasse I bzw. I—II

Steinfliegenlarven (Länge bis 2 cm) besitzen nur zwei Schwanzfäden. Sie benötigen sauerstoffreiche Gewässer ohne Verschmutzung. Man findet sie im Strömungsschatten von Steinen. Es gibt unter ihnen Algenfresser und Räuber.

[= Originalgröße

Güteklasse I—II bzw. II

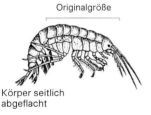

Originalgröße

Körper seitlich
abgeflacht

Der **Bachflohkrebs** (bis zu 2 cm Länge) kommt in Gewässern mit einem Sauerstoffgehalt über 6 mg/l vor. Er frisst Aas, Zerreibsel und verwesendes pflanzliches Material. Flohkrebse sind eine wichtige Forellennahrung.

Manche Arten von **Köcherfliegenlarven** bauen Gehäuse (*Köcher*) aus Pflanzenteilchen oder Steinchen, die sie mit Speicheldrüsensekret verkleben. Zusatzgewichte verringern die Gefahr, dass die Tiere abgetrieben werden. Es gibt Köcherfliegenlarven, die Steine abweiden und Pflanzen fressen. Andere Formen ohne Köcher jagen nach Beute. Bei schnell fließendem Wasser zeigen sie eine geringe Gewässerbelastung, bei langsam fließendem Wasser mäßig belastetes Wasser an.

Eintagsfliegenlarven, die eine Länge bis zu 15 mm haben können, besitzen in der Regel drei Schwanzfäden und seitlich am Hinterleib Tracheenkiemen. Einige Arten fressen Algen von Steinen ab, andere ernähren sich von Schlammteilchen. Der Sauerstoffgehalt des Wassers muss oberhalb von 6 mg/l liegen.

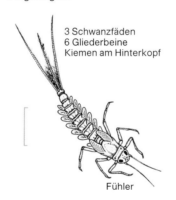

3 Schwanzfäden
6 Gliederbeine
Kiemen am Hinterkopf

Fühler

Güteklasse III

Wasserasseln (Größe bis zu 12 mm) ernähren sich von verwesenden Stoffen. Sie sind massenhaft zwischen Laub und absterbenden Pflanzen zu finden. Für sie reicht ein Sauerstoffgehalt unter 2 mg/l. Nahrung für Fische.

Der **Rollegel** (bis zu 6 cm Länge) frisst in nährstoffreichen Gewässern Kleintiere. Er atmet durch die Haut und benötigt dazu einen Sauerstoffgehalt über 2 mg/l. Nahrung für Fische.

Der echte **Abwasserpilz** ist auf den Abbau organischer Stickstoffverbindungen spezialisiert. Er wächst über alle Gegenstände mit einem weißlichen oder grauen, fellartigen Überzug. Er bildet im Winter flutende und treibende Büschel.

Güteklasse III—IV bzw. IV

Rote Zuckmückenlarven bauen im Schlamm stark belasteter Gewässer ihre Wohnröhren und fressen dessen organische Bestandteile. Sie können selbst bei Sauerstoffkonzentrationen unter 2 mg/l noch überleben.

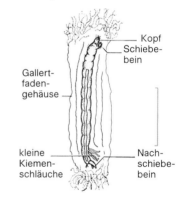

Kopf
Schiebe-
bein

Gallert-
faden-
gehäuse

kleine
Kiemen-
schläuche

Nach-
schiebe-
bein

Rote **Schlammröhrenwürmer** (Tubifex, bis zu 8 cm Länge) fressen den Schlamm stark verschmutzter Gewässer. Sie bilden häufig große Kolonien.

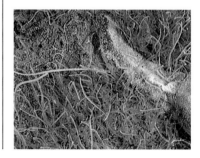

Wasser—
ein Lebenselixier

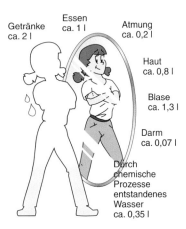

Getränke
ca. 2 l

Essen
ca. 1 l

Atmung
ca. 0,2 l

Haut
ca. 0,8 l

Blase
ca. 1,3 l

Darm
ca. 0,07 l

Durch
chemische
Prozesse
entstandenes
Wasser
ca. 0,35 l

Jeder Mensch besteht zu ungefähr 60 % aus Wasser. Er nimmt täglich ca. 3 Liter Wasser mit Getränken und Nahrung auf und gibt einen Großteil davon wieder ab.

Trinkwasser sparen

In Ballungsräumen reichen die Vorräte aus dem Grundwasser nicht aus, um den Trinkwasserbedarf zu decken. Wasser aus Seen und Talsperren sowie aus dem Uferfiltrat von Flüssen wird benötigt, um Trinkwasser zu gewinnen. Die dazu erforderliche Wasseraufbereitung ist aufwändig und kostspielig. Also sollte man mit dem wertvollen Trinkwasser sparsam umgehen.

Man kann den Wasserverbrauch in Haushalten durch moderne Wasch- und Spülmaschinen deutlich senken, denn diese Geräte werden häufig genutzt. Ebenso kann man für Häuser Regenrückhaltebehälter anlegen, aus denen das Wasser für die Toilettenspülung gespeist wird. Beim Duschen kann ein Sparkopf verwendet werden, der bis zu 30 % weniger Wasser verbraucht.
Welche Ideen hast du? Mache Vorschläge für deine Familie und für die Schule!

Verbrauchsanalyse

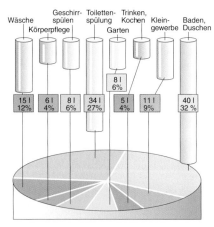

Wäsche Körperpflege — 15 l / 12 %
Geschirrspülen — 6 l / 4 %
Toilettenspülung — 8 l / 6 %
Trinken, Kochen Garten — 34 l / 27 %
8 l / 6 %
5 l / 4 %
Kleingewerbe — 11 l / 9 %
Baden, Duschen — 40 l / 32 %

Herkunft des Trinkwassers

Wozu sind Trinkwasserschutzgebiete erforderlich?
Wo stammt dein Trinkwasser her?
Wie funktioniert eine Trinkwasseraufbereitungsanlage?
Nitrat im Trinkwasser — eine Gefahr für Säuglinge?

Wasser-Schutzgebiet

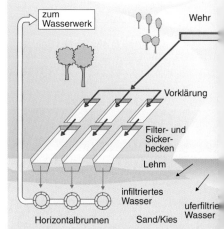

zum Wasserwerk

Wehr

Vorklärung

Filter- und Sickerbecken

Lehm

infiltriertes Wasser

uferfiltries Wasser

Horizontalbrunnen

Sand/Kies

Trinkwasser

Die öffentliche Wasserversorgung liefert uns Wasser hoher Qualität.
Das Trinkwasser muss klar, farblos, geruchlos und geschmacklich einwandfrei sein. Es darf keine Krankheitserreger und keine gesundheitsgefährdenden Substanzen enthalten.

Grenzwertvergleich (Angaben in mg/l)

	Trinkwasser	Mineralwasser
Nitrationen	50	nicht geregelt
Pestizide	0,0001	nicht geregelt
Arsenionen	0,01	0,05 mg
Cadmiumionen	0,005	0,005 mg
Quecksilberionen	0,001 mg	0,001 mg
Bleiionen	0,04 mg	0,05 mg
Sulfationen	240	nicht geregelt
Magnesiumionen	50	nicht geregelt
Natriumionen	150	nicht geregelt
Eisenionen	0,2	nicht geregelt

Vergleiche die Grenzwerte, die für das Trinkwasser und das Mineralwasser gelten. Wäre ein Mineralwasser als Trinkwasser geeignet?

Wasserfernleitungen

Schon die Römer bauten lange Wasserverteilungssysteme, um ihre Städte ausreichend mit Trinkwasser zu versorgen. 100 v. Christus besaß Rom ein Wasserversorungsnetzt von 400 km Gesamtlänge. Aquädukte leiteten täglich bis zu 60 000 Kubikmeter Quellwasser in die Stadt Rom. Der *Pont du Gard* bei Nimes in Südfrankreich hat eine Höhe von 49 m und eine Länge von 140 m. Der Bau war 8 v. Chr. fertig.

Wie funktionieren heute die Wasserfernleitungen?

Leben an der Oberfläche

Ein Lebensraum in stehenden Gewässern, den nur wenige kennen: Die Oberflächenhaut.

Warum und welche Lebewesen finden wir dort? Was zeigt der Versuch rechts?

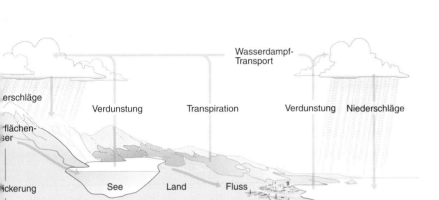

Gewässerschutz

Eine Kleinstadt mit 20 000 Einwohnern, davon sind viele arbeitslos, liegt an einer bekannten Wasserstraße. Eine namhafte Firma der chemischen Industrie fühlt beim Bürgermeister vor, ob die Firma im Industriegebiet eine Produktionsstätte für Pflanzenschutzmittel errichten dürfe. Es sollen 400 Arbeitsplätze geschaffen werden.

Der Bürgermeister ruft zu diesem Thema eine Ratsversammlung ein. Daran nehmen folgende Personen teil: Der Bürgermeister, der vorgesehene Produktionsleiter der Anlage, Stadträte von allen politischen Parteien, Vertreter der Naturschutzverbände und der Wasserwerke.

Schreibt in Gruppen in deiner Klasse Rollenkarten für die einzelnen Teilnehmer der Ratssitzung, welche Positionen sie vertreten und welche Eigenschaften den Menschen zugeschrieben werden sollen.
Führt eine Podiumsdiskussion zur Frage durch: Mit welchen Auflagen kann die Fabrik angesiedelt werden?

Wasserkreislauf

Das Wasser auf der Erde befindet sich in einem ständigen Kreislauf: Es verdunstet von der Oberfläche von Gewässern oder durch Pflanzen, der Niederschlag befördert es zur Erde zurück, wo es ins Grundwasser versickern kann.

Welche Formen von Niederschlägen kennst du?
Wie entstehen sie?
Wieso kann man den Boden als natürliche Reinigungsanlage für Grundwasser verstehen?

Wassergehalt von Organismen

In % des Gesamtgewichts	
Algen	bis 98%
Blätter (höhere Pflanzen)	80 – 90%
Gurke	bis 95%
Holz	50%
Ohrenqualle	98,2%
Wasserfloh	73,9%
Kartoffelkäfer	62 – 66%
Schleie	80%
Frosch	77%
Mensch	60%

Was zeigt das Foto?
Ein Ufo? Finde es heraus.

„... Alles ist dem Wasser entsprungen! Alles wird durch das Wasser erhalten! Ozean, gönn uns dein ewiges Walten.

Wenn du nicht Wolken sendest, Nicht reiche Bäche spendetest, Hin und her nicht Flüsse wendetest, Die Ströme nicht vollendetest,

Was wären Gebirge, was Ebenen und Welt! Du bist's, der das frischeste Leben erhält".

(THALES in GOETHES Faust, Teil 2)

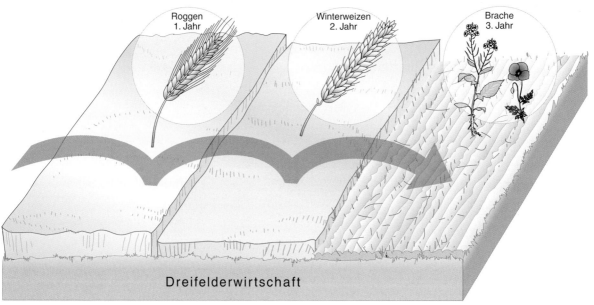

Dreifelderwirtschaft

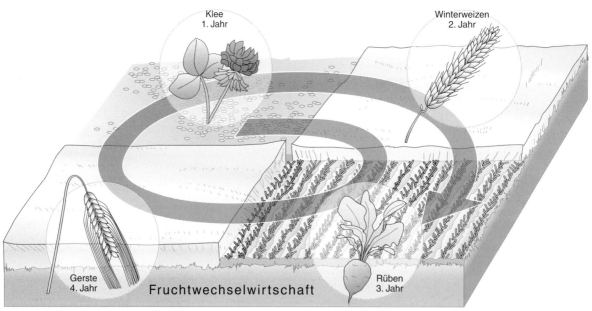

Fruchtwechselwirtschaft

Landwirtschaft verändert die Landschaft

Als die Menschen noch als Jäger und Sammler in Kleingruppen durch das Land zogen, veränderten sie ihre Umwelt kaum. Sie verweilten nur kurze Zeit am selben Ort. Vor 10 000 Jahren begannen die Menschen allmählich sesshaft zu werden. Sie schufen durch Kahlschläge und Brandrodungen Ackerland, das so lange bewirtschaftet wurde, bis der Boden „erschöpft" war. Dann wurde ein neues Feld erschlossen. Das alte Feld vergraste und diente als Viehweide.

Diese *Feldgraswirtschaft* wurde in Mitteleuropa um 800 n. Chr. durch eine andere Wirtschaftsform abgelöst. Jetzt wechselten auf einem Feld im dreijährigen Rhythmus Wintergetreide, Sommergetreide und Brache ab *(Dreifelderwirtschaft)*. Während der Brache wurde das Ackerland geschont, weil mehrere Sommer keine Nutzpflanzen angebaut wurden, die dem Boden bestimmte Nährstoffe entziehen. Der Fruchtwechsel vermindert den einseitigen Mineralstoffentzug.

Daneben gab es die *Zweifelderwirtschaft.* Dabei wechselten z. B. Roggen und Brache ab. Von jeder Bewirtschaftungsform hängt auch eine typische Wildkrautvegetation ab.

Der Nahrungsmittelbedarf wurde mit wachsender Bevölkerung um 1700 so groß, dass die Brache aufgegeben wurde. Anstelle der Brache wurden nun Hackfrüchte, z. B. Kartoffeln und Rüben, bei deren Wachstum der Boden mehrfach gehackt werden musste, angepflanzt. Damals war der Anbau von vielen Kulturpflanzen auf kleinen Flächen üblich, was zu einem stark gegliederten Landschaftsbild führte. Später wurden anstelle der Brache abwechselnd Halmfrüchte (Getreide) und Blattfrüchte (Hackfrüchte, Erbsen) angebaut. Da Halmpflanzen Flachwurzler, Blattpflanzen aber Tiefwurzler sind, ermöglichte diese *Fruchtwechselwirtschaft* auch ohne Brache die Erholung des Bodens. Zusätzlich wurde das Vieh zur Weide in benachbarte Wälder getrieben und der landwirtschaftliche Wirtschaftsraum erweitert.

Die Bevölkerungszahl war durch die verbesserte Nahrungsversorgung weiter gestiegen. Mehr Menschen benötigten aber wiederum mehr Nahrung. Die vorhandenen Nutzflächen konnten jedoch nicht beliebig ausgedehnt werden. Deshalb musste der Flächenertrag spürbar gesteigert werden. Dies gelang gegen Ende des 19. Jahrhunderts mit der Einführung der *Mineraldüngung.*

Noch vor Mitte des letzten Jahrhunderts waren Pflanzenproduktion und Landschaft weitgehend aneinander angepasst. Die Technisierung und Mechanisierung der Landwirtschaft aber machte größere Anbauflächen notwendig. Durch Zusammenlegungen landwirtschaftlicher Grundstücke, die *Flurbereinigung,* sind maschinengerechte Produktionsflächen entstanden. So wurde Platz für großflächigen Anbau nur weniger Kulturpflanzenarten geschaffen.

Weite Teile der Landschaft werden heute von solchen *Monokulturen* bestimmt, in denen es an anderen Organismen der Feldflur, wie Wildkräutern, Käfern oder Vögeln, mangelt. Befällt ein Schädling diese Nutzpflanzenfläche, so fehlen seine natürlichen Feinde. Der Schädling kann sich massenhaft vermehren und ist nur noch über verstärkten Pestizideinsatz bekämpfbar. Auf Dauer kann das jedoch keine Lösung sein, sodass heute auch in der Landwirtschaft zunehmend nach neuen, ökologisch verträglichen Methoden gearbeitet wird.

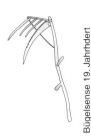

Bügelsense 19. Jahrhdert

Mittelalterliche Sense

Römische Sichel

Bronzesichel

Feuersteinsichel

Entwicklung der Erntegerätschaften

Ausbringen von Gülle

Düngung

Pflanzen benötigen zum Gedeihen Licht, Wärme und Kohlenstoffdioxid aus der Luft und Wasser und Mineralsalze aus dem Boden. Die Mineralsalze werden zusammen mit den sog. *Spurenelementen,* wie z. B. Eisen- und Zinkionen, im Wasser gelöst über die Wurzeln aufgenommen.

Mineralsalze durchlaufen natürlicherweise einen geschlossenen Kreislauf. Zersetzer bauen die abgestorbenen Pflanzen und Tiere ab, sodass die darin enthaltenen Mineralsalze von den Pflanzen wieder aufgenommen werden können. Dieser Kreislauf ist auf einem Feld durch die Ernte unterbrochen. Soll die Ertragsfähigkeit des Bodens erhalten bleiben, müssen die Verluste durch Düngung ausgeglichen werden. Diese Erkenntnis geht zurück auf den Chemiker JUSTUS VON LIEBIG (1803 – 1873). Die Düngung kann durch Naturdünger (z. B. Gülle, Mist, Kompost) oder Mineraldünger (Kunstdünger) erfolgen.

Mineraldünger ermöglichen nach einer chemischen Bodenanalyse eine gezielte Düngung mit den fehlenden Mineralsalzen, wobei das von LIEBIG formulierte *Gesetz vom Minimum* zu beachten ist: Das Element, das entsprechend dem Bedarf am wenigsten vorhanden ist, bestimmt den Ertrag. Eine Überdüngung bringt keine weitere Ertragssteigerung und belastet das Grundwasser. Auch die Güte der Pflanzen leidet. Sie verlieren an Geschmack, werden anfälliger für Krankheiten und können für den Menschen gesundheitsschädlich sein. Um überschüssige Stickstoffsalze im Boden zu verbrauchen, werden stickstoffzehrende Pflanzen als Nachfrucht angebaut. Der Stickstoff wird so nicht in das Grundwasser ausgewaschen und durch das spätere Unterpflügen wieder für die nachfolgenden Nutzpflanzen verwertbar gehalten.

Die Feldflur ist artenarm

Kornrade und Rebhuhn sind seit etwa 1960 weitgehend aus der Feldflur verschwunden, mit ihnen viele andere Pflanzen- und Tierarten. Die Hauptursache für diesen schnellen und starken Artenrückgang liegt in der zunehmenden Intensivierung der Landwirtschaft. Die starke Ausrichtung auf hohen Ertrag hat im Laufe von wenigen Jahrzehnten bewirkt, dass Hecken, kleine Äcker, Ackerraine, Wiesen und Weiden zugunsten großer Bewirtschaftungsflächen fast verschwunden sind. In solchen einförmigen Landschaften gibt es wesentlich weniger Lebensmöglichkeiten für einzelne Tier- und Pflanzenarten als in der früher abwechslungsreichen und stark gegliederten Kulturlandschaft.

1 Kornrade

2 Klatschmohn

Die Pflanzen und Tiere des *Lebensraumes Feldflur* sind durch Nahrungsbeziehungen voneinander abhängig und zu einem Nahrungsnetz verknüpft. Hier liegt die Ursache, dass beim Aussterben einer Pflanzenart in einigen Fällen 10 bis 20 von ihr abhängige Tierarten ebenfalls verschwinden.

Artenreiche Wiesen mit vielen blühenden Wildkräutern gibt es fast nicht mehr. Bereits bei der Aussaat werden Gräser bevorzugt, die als Viehfutter besser geeignet sind. Durch Düngung werden viele Wildkräuter unterdrückt, da diese nur auf nährstoffarmen Böden gut gedeihen und langsamer als die Futtergräser wachsen. Der Einsatz von Herbiziden verstärkt den Rückgang vieler Wildkräuter nochmals. Deutlich wird dies bei den Ackerwildkräutern: Von den 350 Ackerwildkrautarten, die bei uns vorkommen, sind 150

Arten gefährdet und 14 bereits ausgestorben. Immer mehr Pflanzen- und Tierarten müssen heute in die *rote Liste* aufgenommen werden.

Inzwischen hat man die Notwendigkeit von Schutzmaßnahmen erkannt: Die obersten Naturschutzbehörden einiger Bundesländer zahlen Landwirten Entschädigungen, wenn sie bereit sind, einen 2 bis 3 Meter breiten Streifen ihrer Wiesen oder Äcker nicht mit Herbiziden zu bearbeiten, aber weiterhin mit ihren Nutzpflanzen bewirtschaften. Auf solchen Ackerrandstreifen keimen und wachsen wieder Pflanzen, die viele Jahre selten waren. Ähnliches gilt auch für Weg- und Straßenränder, die kaum noch mit Pestiziden behandelt werden.

3 Ackerrittersporn

Eine naturnahe Kulturlandschaft, wie sie bis zur Mitte des vergangenen Jahrhunderts noch oft zu finden war, bietet Lebensraum für eine reichhaltige Tierwelt. Die Grafik auf Seite 135 oben gibt — von links nach rechts gelesen — nur einen kleinen Ausschnitt dieser Vielfalt wieder: Flusskrebs, Gelbrandkäfer, Prachtlibelle, Ackerhummel, Trauermantel, Maikäfer, Goldlaufkäfer, Bachforelle, Erdkröte, Teichfrosch, Zauneidechse, Ringelnatter, Weißstorch, Rebhuhn, Ringeltaube, Waldohreule, Mäusebussard, Hamster, Feldmaus, Maulwurf, Dachs, Hermelin, Feldhase, Fuchs, Reh.

Durch Flurbereinigung und Entwässerungen wurde vielen Arten die Lebensgrundlage entzogen, wie in der mittleren und unteren Grafik abzulesen ist.

Aufgaben

1. Beschreibe die erkennbaren Veränderungen der Landschaft und Tierarten in den nebenstehenden Abbildungen.
2. Welche Gründe könnten den Artenschwund bewirkt haben?
3. Falls es im Schulgelände möglich ist, grabt eine Fläche von 20 bis 30 m² um und teilt sie in zwei Teilflächen auf: Fläche A wird gedüngt und 1- bis 2-mal im Jahr gemäht. Fläche B wird nicht behandelt.
   Was wird im Laufe deiner Schulzeit aus der Fläche B?

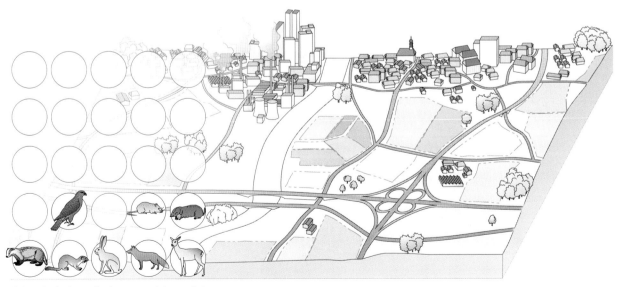

1 Landschaftsveränderung und Artenrückgang

1 Moderne Dichtepflanzung bei Apfelbäumen

2 Pheromonfalle für den Fruchtschalenwickler

3 Sexuallockstoffampullen am Weinstock

Biologischer Pflanzenschutz

Der Mensch hat durch den Anbau von nur einer Kulturpflanzenart auf großen Flächen *(Monokulturen)* die Voraussetzungen geschaffen, dass sich einige wenige Wildarten unverhältnismäßig stark vermehren und dadurch erhebliche Ernteverluste verursachen können. Der Mensch bezeichnet diese Organismen dann als *Schädlinge.*

Auf Apfelbäumen in dicht gedrängten Plantagen vermehrt sich häufig die aus China stammende *San-José-Schildlaus* massenhaft. Sie saugt Pflanzensaft und überträgt dabei oft Giftstoffe und Krankheitserreger. Bei starkem Befall können sogar große Bäume absterben. Besonders hoch können die Ernteeinbußen in Gewächshauskulturen werden. Bohnen-, Auberginen-, Petersilien- oder Paprika-Kulturen werden von Läusen, Milben und anderen Schädlingen genauso heimgesucht wie Weihnachtssterne und Hibiskuspflanzen in unseren Wohnungen.

Die Möglichkeiten, Schädlinge zu bekämpfen, sind heute vielfältig. Noch immer begegnet man vielen Landwirten oder Hobbygärtnern, die ihre Schädlinge vorbeugend nach bestimmten Spritzplänen bekämpfen. Mit *Insektiziden* gegen Insekten, *Fungiziden* gegen Pilze und *Herbiziden* gegen Pflanzen werden in den meisten Fällen auch Organismen geschädigt, die völlig ungefährlich oder sogar nützlich für Kulturpflanzen sind.

Mit der *biologischen Schädlingsbekämpfung* hat man eine Methode entwickelt, die sich der natürlichen Fressfeinde des Schädlings bedient. Zum Beispiel wird auf der Insel Reichenau im Bodensee zur Bekämpfung der San-José-Schildlaus eine Zehrwespenart sehr erfolgreich eingesetzt. Gegen Blattläuse haben sich vor allem die Larven der Marienkäfer und Schwebfliegen sowie der Florfliege bewährt (Seite 137. Rd).

Neben den natürlichen Feinden können auch chemische und physikalische Reize, die bei der Entwicklung der Schädlinge, bei ihrer Nahrungssuche oder ihrer Partnerwahl eine Rolle spielen, zu ihrer Bekämpfung genutzt werden. Hierzu gehören *Lockstoffe* oder *Köder.* In einer Mischkultur nutzt man die befallshemmenden oder abschreckenden Eigenschaften bestimmter Pflanzen aus. Bewährt haben sich *Pheromonfallen*, die z. B. zur Bekämpfung des Traubenwicklers in Weinbaugebieten mit den Sexuallockstoffen des Weibchens beködert sind. Viele Insekten bilden Sexuallockstoffe aus, mit denen sie Männchen oder Weibchen anlocken wollen. Diese natürlichen Pheromone werden im Labor künstlich hergestellt und im Frühjahr in besonders konstruierten Fallen in eine Kultur gehängt. Die angelockten und gefangenen Insekten ermöglichen keine direkte Bekämpfung der Schädlinge, sondern erlauben Rückschlüsse auf die Stärke des Schädlingsbefalles. Notwendige Gegenmaßnahmen können dann gezielt eingeleitet werden. Auch im Wald verwenden die Forstleute Pheromonfallen, die einen Lockstoff der Borkenkäfermännchen enthalten. Sie locken damit die vermehrungsbereiten Weibchen an, die dann in die Fallen fliegen und absterben. Diese Methode schont die Nützlinge und kann ganz gezielt für einzelne Schäd-

lingsarten eingesetzt werden. Die Erfolge entsprechen denen der herkömmlichen, chemischen Insektizide.

Seit wenigen Jahren versucht man in Kulturpflanzen den Pflanzenschutz gentechnisch „einzubauen". Dazu schleust man in die Kulturpflanze eine Erbanlage ein, durch die in der Pflanze ein Eiweiß entsteht, das für den Fraßschädling giftig, für den Menschen aber ungiftig ist. Erfolgreich war diese Methode bisher bei Kartoffeln, Reis und Baumwolle. Auch die Widerstandskraft gegen Viruserkrankungen will man so in Kulturpflanzen, z. B. in Tomaten, Mais, Zuckerrüben und Bananen, einbauen. Diese Methode des Pflanzenschutzes durch Veränderungen des Erbgutes ist jedoch sehr umstritten.

1 Zehrwespe auf Schildlaus

2 Florfliege

3 Marienkäferlarve

ettelkasten

Integrierter Pflanzenschutz

Der integrierte Pflanzenschutz versucht, alle wirtschaftlich, ökologisch und in ihrer Giftwirkung vertretbaren Methoden der Schädlingsbekämpfung in möglichst guter Abstimmung aufeinander anzuwenden, um Schädlinge unter ihrer wirtschaftlichen Schadensschwelle zu halten. Dabei wird vor jeder Pflanzenschutzmaßnahme geprüft, ob sie wirklich notwendig ist, welche Methode anzuwenden ist, welches der optimale Bekämpfungszeitpunkt ist, in welchem

Entwicklungszustand die Schädlinge sind, welche natürlichen Feinde gefördert werden können. Integrierter Pflanzenschutz soll zielgenau eingesetzt werden und umfasst zahlreiche Methoden. Die konsequente Weiterentwicklung des integrierten Pflanzenschutzes in der Landwirtschaft oder dem Gartenbau ist *integrierter Landbau*, der zusätzlich auch Sortenwahl, Fruchtfolge, Anbautechnik, Pflanzendüngung und Bodenbeschaffenheit berücksichtigt.

Integrierter Pflanzenschutz

Biologische Maßnahmen
– Förderung von Nützlingen
– Biologische Unkrautbekämpfung
– Bekämpfung von Kleinlebewesen

Chemische Bekämpfungsmittel gegen
– Insekten
– Pilze
– Pflanzen
– Würmer

Biotechnische Verfahren
– Lockstofffallen
– Köder
– Mischkulturen

Physikalische Verfahren
– Absammeln
– Abschütteln
– Abschneiden
– Verbrennen
– Jäten, Hacken

Kulturverfahren
– Sortenwahl
– Anbautechnik
– Fruchtfolge
– Pflanzenernährung

Physikalische und chemische Reize
– Schall
– Licht
– Hormone
– Pheromone

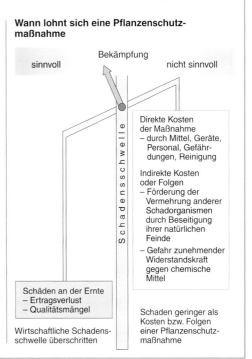

Wann lohnt sich eine Pflanzenschutzmaßnahme

Bekämpfung

sinnvoll · nicht sinnvoll

Schadensschwelle

Direkte Kosten der Maßnahme
– durch Mittel, Geräte, Personal, Gefährdungen, Reinigung

Indirekte Kosten oder Folgen
– Förderung der Vermehrung anderer Schadorganismen durch Beseitigung ihrer natürlichen Feinde
– Gefahr zunehmender Widerstandskraft gegen chemische Mittel

Schäden an der Ernte
– Ertragsverlust
– Qualitätsmängel

Wirtschaftliche Schadensschwelle überschritten

Schaden geringer als Kosten bzw. Folgen einer Pflanzenschutzmaßnahme

Biotopschutz ist auch Artenschutz

Von 1981 bis 1997 wurden in Deutschland fast 8000 km² Wald, Ackerland, Wiesen, Gärten und Moore in Siedlungs- und Verkehrsflächen umgewandelt. Dieser Landschaftsverbrauch entspricht mehr als der achtfachen Fläche der Insel Rügen. Für die heimischen Tier- und Pflanzenarten gibt es dadurch immer weniger zusammenhängende, naturnahe Lebensräume. Man kann diesen Zustand beklagen, hinnehmen muss man ihn nicht.

Der Garten ist ein Bereich, den jeder Einzelne zum Schutz der Natur gestalten kann. Wer mit einer Blumenwiese und der Pflanzung heimischer Gehölze, wie Weißdorn, Schneeball oder Holunder, die natürliche Vegetation fördert, leistet einen wichtigen Beitrag zum Artenschutz. Immerhin stellen alle bundesdeutschen Gärten eine Fläche von der Größe Schleswig-Holsteins dar. *Fassadenbegrünung* mit Wein oder Efeu, *Dachbegrünung* mit Dachwurz, Mauerpfeffer und niedrig wachsenden Kräutern kosten wenig und bieten Lebensraum für zahlreiche Tiere.

Landwirtschaftlich genutzte Acker- und Gartenflächen sind keine Naturreservate, aber sie dienen auch nicht nur der Erzeugung von Nahrungsmitteln. Es kommt darauf an, in enger Zusammenarbeit mit Naturschutzverbänden, Gemeinden sowie Land- und Forstwirten die verbleibenden naturnahen Restflächen unserer Kulturlandschaft zu sichern. Diese können nämlich ohne passende Bewirtschaftungsweise oder Pflege nicht mehr existieren. Für viele Biotope werden deshalb *Pflegepläne* erstellt. So ist Biotopschutz ein wesentlicher Beitrag zum Erhalt einer historisch gewachsenen Kulturlandschaft und bedeutet gleichermaßen modernen Artenschutz. Verschiedenartige Biotope bereichern nicht nur das Landschaftsbild, sondern sind ökologisch wichtig für die Stabilität des gesamten Naturhaushaltes.

Eine andere Möglichkeit bietet die Schaffung gering genutzter, d.h. extensiv bewirtschafteter Flächen, in denen Wildkräuter und die von ihnen abhängigen Tierarten neben den intensiv genutzten Kulturflächen leben können. Die verstreut liegenden Biotopflächen müssen gegebenenfalls durch Neuanlagen miteinander verbunden werden *(Biotopvernetzung)*. Allen genannten Maßnahmen muss eine möglichst genaue Standortbeschreibung und Bestandserfassung vorausgehen. Biologen *kartieren* dazu die Biotope.

Durch **Streuobstwiesen** wurde früher häufig ein fließender Übergang vom Ortsrand zur freien Landschaft geschaffen.

Der **Biotopbegriff** wird in diesem Kapitel gegenüber der Definition in den Kapiteln Ökosystem Wald und Gewässerökosysteme auf schützenswerte Biotope eingeschränkt:
— Hecken
— Feldgehölze
— Streuobstwiesen
— Böschungen
— Trockenmauern
— Heideflächen
— Feuchtgebiete
— Flussauen
— Küstenstreifen

Typisch für die **Heide** ist der parkartige Charakter mit *Wachholderbüschen* und Beständen der *Besenheide*.

Trockenmauern gliederten früher die Steilhänge von Weinbergen. Wärme liebende Tier- und Pflanzenarten leben hier.

Artenreiche Blumenwiesen sind wichtig für Bienen. In den alten Obstbäumen kann auch der *Wendehals* brüten.

Auch *Rasterkartierungen*, bei denen mit Punkten in einem Kartenraster Artenvorkommen notiert werden, geben Auskunft über Vorkommen, Häufigkeit und geografische Verteilung der Arten. Auf diese Weise erhält die Naturschutzbehörde eine Bestandserfassung der gefährdeten Pflanzen und Tiere. In der roten Liste werden die Arten daraufhin nach ihrem Gefährdungsgrad geordnet. Jahre später kann dann im Vergleich die Wirksamkeit von Schutzmaßnahmen für eine Pflanzen- oder Tierart beurteilt werden.

Ein anderer Schritt ist die Erstellung von sogenannten *Landschaftsplänen*, in denen die örtlich notwendigen Maßnahmen zur Biotop- und Landschaftspflege festgehalten sind. Auf Grundlage dieser Landschaftspläne können dann von den Gemeinden in biotoparmen Gemarkungen Biotopergänzungen veranlasst werden. Dadurch wird die Entfernung zwischen schon vorhandenen naturnahen Biotopen so weit verringert, dass fließende Übergänge und keine isolierten Zonen entstehen. In einer solchen Vernetzung spielen die Biotopergänzungen die Rolle von „Trittsteinen" für einen gegenseitigen Austausch von dort lebenden Organismen.

Dieses Landschaftsbild ist durch Schafbeweidung entstanden. *Heidschnucken* sieht man auch heute noch häufig.

Für den engagierten Naturschützer besteht in den meisten Fällen — nach genauer Absprache mit den Planern — die Möglichkeit, bei der Realisierung der Biotope mitzuarbeiten und anschließend ihre Pflege zu übernehmen. In Frage kommen die Pflanzung von Hecken, Baumgruppen oder Einzelbäumen sowie von Obstwiesen, zum Beispiel die Anlage von Lesesteinhaufen und Trockenmauern oder der Bau von Amphibien- und Libellentümpeln. Diese Maßnahmen müssen aber aufeinander abgestimmt sein und auch die Ansprüche der zu schützenden Arten berücksichtigen. Denn es dürfen zum Beispiel keine Obstbäume auf Trockenrasenflächen gepflanzt und keine Tümpel in einer Orchideenfeuchtwiese ausgehoben werden.

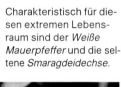

Charakteristisch für diesen extremen Lebensraum sind der *Weiße Mauerpfeffer* und die seltene *Smaragdeidechse*.

Aufgaben

1. Für den Artenrückgang gibt es viele Gründe. Nenne einige davon und erläutere sie.
2. Zähle Argumente auf, warum die Biotopvernetzung wichtig ist.
3. Lies in der roten Liste nach, welche Amphibien bei uns gefährdet sind. Ermittle aus Bestimmungsbüchern deren Ansprüche! Stelle die möglichen Ursachen der Gefährdung zusammen.

Verschmutzte Luft gefährdet die Gesundheit

Luft gehört zu den unverzichtbaren Lebensgrundlagen für Menschen, Tiere und Pflanzen. Mit jedem Atemzug nimmt der Mensch einen halben Liter Luft auf. Pro Tag sind das über 10 000 Liter! Reine Luft ist ein Gemisch von 78 % Stickstoff, 21 % Sauerstoff und verschiedenen Spurengasen. Die Atemluft wird aber auch mit Schadstoffen belastet, vor allem mit Kohlenstoffmonooxid, Stickstoffoxid, Schwefeldioxid und verschiedenen Stäuben: 1996 waren das in Deutschland 4 Millionen Tonnen Schadstoffe, dazu noch 910 Millionen Tonnen Kohlenstoffdioxid.

Kohlenstoffmonooxid (CO) und Stickstoffoxide (NO_x) entstehen in erster Linie bei Verbrennungsvorgängen in Heizungen und Motoren. Der Großteil des Schwefeldioxids (SO_2) stammt aus Verbrennung von Kohle und Öl in Kraftwerken und Wohnungen. Kraftwerke, Industrie und private Haushalte verursachen 50 % der Luftverschmutzung, der Verkehr verursacht die andere Hälfte. Seit 1992 ist daher in Deutschland bei neuen Autos der Einbau eines *geregelten Katalysators* Pflicht. Damit und durch einen besseren Kraftstoff hat sich die Emission — vor allem beim Schwefeldioxid und Stickstoffdioxid — bis zu 90 % verringert. Durch die wachsende Zahl zugelassener Autos steigen trotz verbesserter Abgasreinigung die Emissionen wieder an.

Längst ist die Luftreinhaltung keine Privatsache mehr. So hat der Gesetzgeber eine Großfeuerungsanlagenverordnung erlassen, die für Anlagen ab einer bestimmten Größe Grenzwerte für den Ausstoß von Schadstoffen festlegt. Weiterhin legt die TA Luft (Technische Anleitung für die Reinhaltung der Luft) für alle Industrieanlagen Schadstoffgrenzwerte fest. Andere Verordnungen regeln die jährlichen Abgasmessungen in Privathaushalten und bei Autos, die Abgassonderuntersuchung (AU).

Das Gas **Ozon** (O_3) ist eine Form des Sauerstoffs. Es entsteht als Reaktionsprodukt aus Schadstoffen der Autoabgase unter Einwirkung energiereicher UV-Strahlung. So sind im Tagesverlauf steigende Ozonwerte festzustellen. In den Nachtstunden verringern sich die Ozonkonzentrationen vor allem in den Städten wieder, weil Ozon mit dem Stickstoffdioxidanteil der Autoabgase reagiert und so abgebaut wird.

Durch starken Autoverkehr oder durch elektrische Entladungen bei Gewittern entsteht Ozon, das auch über Wind aus den Ballungsgebieten in ferne sogenannte *Reinluftgebiete* transportiert wird, in denen die Konzentration von Luftschadstoffen sonst gering ist. Deshalb können die Ozonwerte in stadtfernen Gebieten bei Sonnenwetter höher steigen als in der Großstadt. Da der Stickstoffdioxidgehalt hier nachts weit geringer als in der Stadt ist, wird weniger Ozon abgebaut. So kann die Ozonkonzentration in Reinluftgebieten höher als in Städten sein.

Erhöhte Ozonkonzentrationen führen zu Kopfschmerzen, Augenreizungen, zu Schädigungen der Atemwege oder des Lungengewebes. Pflanzen werden an ihren Blättern geschädigt. Die höchstzulässige Ozonkonzentration, bei der noch keine gesundheitlichen Beeinträchtigungen festgestellt wurden, beträgt 120 mg / m³ Luft. Ist ein Mittelwert von 180 mg / m³ überschritten, wird die Bevölkerung informiert. Körperliche Anstrengungen sollten dann vor allem Alte, Kranke und Kinder vermeiden. Ab 240 mg / m³ wird *Smogalarm* mit Fahrverboten für Fahrzeuge ohne geregelten Katalysator ausgelöst.

Emission
Ausstoß von Schadstoffen

Immission
Einwirkung von Emissionen auf Lebewesen oder Bauwerke

Aufgabe

① Zeichne die Graphen zum Verlauf der Emissionen in Leipzig und Frankfurt aus der Tabelle und vergleiche sie.

Stadt	1990		1991		1992		1993		1994		1995		1996		1997		1998	
Berlin	51	37	45	38	32	37	28	35	21	34	18	31	17	33	11	30	7	28
Frankfurt/M	24	54	26	61	20	52	18	50	14	49	12	47	13	49	12	54	9	50
Leipzig	103	29	139	—	103	33	79	36	41	—	34	48	23	48	12	53	9	50
Stuttgart	17	52	16	55	15	52	12	47	8	42	7	39	11	49	10	51	8	48

1 Entwicklung der SO_2- (schwarz) und NO_x-Belastungen in Ballungsgebieten seit 1990

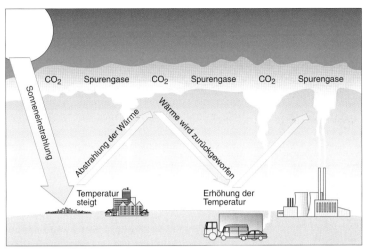

1 Treibhauseffekt

große Gefahr, besonders für tief liegende Küstenlandschaften. Durch Änderung der Ozeantemperaturen verschieben sich die Klimazonen und Windgürtel der Erde. Diese Auswirkungen kann man bisher nur mithilfe des Computers vage abschätzen. Um der Erwärmung der Erde zu begegnen, muss der Ausstoß von Kohlenstoffdioxid vermindert werden. Viele Staaten der Welt haben sich dazu verpflichtet. In Deutschland sind geringe Erfolge schon zu erkennen.

Aufgabe

① Durchschnittlich entstehen 0,6 kg Kohlenstoffdioxid, wenn eine Kilowattstunde Strom verbraucht wird. Notiere von 5 elektrischen Haushaltsgeräten die tägliche Nutzungsdauer und den Stromverbrauch. Berechne daraus die Kohlenstoffdioxid-Produktion.

Der Treibhauseffekt

In den vergangenen 100 Jahren hat sich die Erdatmosphäre um etwa 0,7 °C auf eine Durchschnittstemperatur von 15 °C erwärmt. Seit Jahrmillionen wird die Erde durch Sonnenenergie erwärmt. Ein Teil dieser Energie wird als Wärmestrahlung wieder abgegeben und in den Weltraum abgestrahlt. Dieser Prozess ist heute offenbar gestört, ein Teil der Wärmestrahlung kann nicht mehr in den Weltraum entweichen, sondern wird in der Atmosphäre zurückgehalten. Dadurch erwärmt sich die Lufthülle der Erde langsam, wie in einem Treibhaus, weshalb man diesen Vorgang als *Treibhauseffekt* bezeichnet.

Welches sind die Ursachen für den Treibhauseffekt? Bei der Verbrennung von organischen Stoffen, wie Öl, Kohle und Gas, entstehen jährlich Milliarden von Tonnen Kohlenstoffdioxid, die an die Luft abgegeben werden. Zudem wird weltweit die Fotosyntheserate durch die Vernichtung der tropischen Wäldern reduziert. Kohlenstoffdioxid hat die Eigenschaft, Wärmestrahlen aufzunehmen und „zurückzuwerfen". Je mehr Kohlenstoffdioxid also in die Atmosphäre aufsteigt, um so weniger Wärmestrahlung kann in den Weltraum entweichen. Kohlenstoffdioxid ist deshalb, neben anderen Gasen mit der gleichen Eigenschaft, eines der hauptsächlichen *Treibhausgase* und damit Verursacher des Treibhauseffektes.

Durch den Treibhauseffekt verändert sich das Klima. Ein Teil der Eismassen an den Polen und der Gletscher wird schmelzen, sodass der Meeresspiegel ansteigen wird: eine

ettelkasten

Auch Luftverunreinigungen?

Dröhnende Bässe der Musik, donnernde Flugzeuge . . ., überall sind wir und andere Lebewesen von **Lärm** umgeben. Der Lärm von 10 000 Autos pro Tag führt zu einer 160 m breiten Störzone für die Vögel. Besonders sensibel reagieren Wale, deren Gesänge als empfindliches Orientierungssystem und das Gehör durch Schallwellen, z. B. von Schiffsmotoren, gestört werden.

35 Millionen Handys werden in Deutschland bereits genutzt. Ihr Betrieb wird über Tausende von Sendemasten garantiert, die die elektromagnetischen Schwingungen aufnehmen, verstärken und weitersenden. Die Luft ist wie mit einem unsichtbaren Nebel voller elektromagnetischer Strahlung; man spricht daher von **Elektrosmog**. Ärzte untersuchen noch, ob von diesem „Smog" gesundheitliche Gefahren ausgehen.

Wir lieben es hell: alle Zimmer unserer Häuser sind meist gleichzeitig beleuchtet, Straßenlampen werden mit beginnender Dämmerung ein- und erst am nächsten Morgen wieder ausgeschaltet. Hat diese **„Lichtverschmutzung"** Auswirkungen auf die Natur?

Mindestens 2500 Vögel starben, als sie nachts während ihres Zuges an eine beleuchtete Bohrplattform in der Nordsee prallten. Kraniche wurden auf ihrem Zug durch nächtliche Anstrahlung einer Burg so stark irritiert, dass sie geblendet in der nahen Stadt „notlandeten".

1 Vergangenheit? ... und heutiges Entsorgungskonzept

Inzwischen darf der Müll nur noch in *kontrollierten Deponien* gelagert werde. Doch mittlerweile ist deren Kapazität nahezu erschöpft. 1998 wurden in Deutschland 372 Hausmülldeponien mit einer Fläche von über 1200 Hektar betrieben. Jedes Jahr türmen die Bundesbürger ein Müllgebirge von rund 385 Millionen Tonnen auf. In Güterwagen verladen, ergäbe dies einen Zug von Berlin nach Zentralafrika. Der Anteil des Hausmülls dabei ist allein 35 Millionen Tonnen. Damit könnte das Berliner Olympiastadion 120-mal gefüllt werden. Neue Deponiestandorte zu finden, ist aber in unserer dicht besiedelten Landschaft problematisch und immer mit dem Verlust von Landschaftsflächen verbunden. Mit detaillierten Richtlinien für den Neubau von Deponien sollen durch *Oberflächen-* und *Basisabdichtungen* das Eindringen von Wasser und Auswaschen von Schadstoffen in das Grundwasser verhindert werden (Abb. 1).

Die ordnungsgemäße Beseitigung der täglichen Müllmenge ist an ihre Grenzen gelangt. Eine Lösung des Problems schien die *Müllverbrennung* zu sein. Dieses Verfahren verringert zwar das Müllvolumen und nutzt einen Teil der Energie, die im Müll steckt, für Heizzwecke oder zur Stromgewinnung. Aber es hat einen entscheidenden Nachteil: Es werden dabei auch gesundheitsschädliche Gase in die Umwelt abgegeben. Sie enthalten je nach verbranntem Abfall u. a. Chloride, Schwermetalle wie Blei, Cadmium, Quecksilber, Arsen und andere hochgiftige Verbindungen wie Dioxine. Durch die notwendige Abgasreinigung bleiben diese Stoffe hochkonzentriert im Filter zurück. Die Filtrate müssen dann in speziellen *Sondermülldeponien* abgelagert werden.

Müll — Kehrseite des Wohlstandes

Symbol auf einer Batterieverpackung: Blei gehört nicht in die Mülltonne

Bis vor ungefähr 40 Jahren waren unzählige Müllkippen in Deutschland in Betrieb, auf denen unsortiert und ungeordnet sämtliche Haushaltsabfälle abgelagert wurden. Oft waren die ortsnahen Standorte in Unkenntnis ökologischer Zusammenhänge völlig ungesichert angelegt und nach der Nutzung einfach mit Erde abgedeckt worden. Heute können diese „wilden Kippen" unsere Gesundheit durch Abgabe giftiger Stoffe in das Grundwasser und die Luft gefährden. Man spricht von *Altlasten*, deren Lagen heute mühsam festgestellt und in Altlastenkataster zusammengefasst werden.

Gerade der *Sondermüll*, der auch in Haushalten als Farbreste, Öle, Batterien und Reinigungsmittel vielfach anfällt, ist ein besonderes Problem der Entsorgung. In vielen Kreisen werden daher Sondermüllsammlungen organisiert, zu denen jeder Bürger seine im Haushalt anfallenden kleinen Sondermüllmengen bringen kann. Nur auf zum Grundwasser mehrfach abgedichteten Deponieflächen oder in besonders sicheren Bergwerken dürfen diese Stoffe gelagert werden. Meist wird der Sondermüll in speziellen Anlagen verbrannt. Damit werden die zu deponierenden Mengen auf die Filterrückstände verringert, die dann auch auf die Sondermülldeponie gebracht werden müssen. Bis zum Jahr 2000 bestanden in Deutschland 14 Sondermülldeponien.

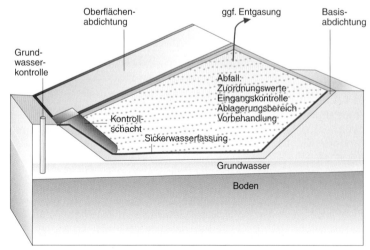

3 Querschnitt durch eine moderne Hausmülldeponie

440 000l
Wasser

2385 kg
Holz

7600 kWh
Strom

Ressourcenverbrauch
für 1t Papier 1. Qualität

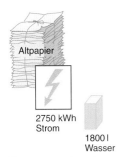

Altpapier

2750 kWh
Strom

1800 l
Wasser

Ressourcenverbrauch
für 1t Umweltschutzpapier

1990 wurde das *Duale System Deutschland* (DSD) mit dem „Grünen Punkt" als Symbol gegründet, das als Unternehmen alle Verpackungsmaterialien getrennt in gelben Säcken einsammeln soll. Diese Abfälle sollen als Rohstoffe wieder in den Produktionsprozess zurückgeführt werden. Allerdings ist das DSD nur verpflichtet, bis 25 % der anfallenden Materialien zu verwerten, der größere Rest darf deponiert oder verbrannt werden. Keines der bisher verfolgten Entsorgungskonzepte bietet also eine ideale Lösung! Jeder von uns ist daher aufgerufen, über seine Müllmenge nachzudenken und den richtigen Entsorgungsweg für die unterschiedlichen Abfallstoffe einzuschlagen.

Vermeiden — Vermindern — Verwerten

Bei der Beseitigung der Abfälle sind daher neue Vorschläge und ein anderes Denken notwendig: „Produzieren — Konsumieren — Wegwerfen" ist eine kurzsichtige und selbstzerstörerische Handlungsweise. Dieser immer noch praktizierte Ex- und Hopp-Konsum vergeudet knappe Rohstoffe und Energie. Das Müllkonzept der Zukunft kann nur so aussehen: konsequente *Müllvermeidung* und *Wiederverwertung* der im Müll enthaltenen Wertstoffe. Die Abfallgesetzgebung hat daher auch die Kreislaufwirtschaft der Stoffe als Ziel. *Recycling* ist nach der Müllvermeidung die umweltfreundlichste Art der Müllbehandlung. Ab dem Jahr 2005 muss bereits bei den Produktionsprozessen die spätere Recycling-Fähigkeit der Produkte berücksichtigt werden.

Angaben in kg je Einwohner (Deutschland 1999)
Gesamt: 77,7 kg

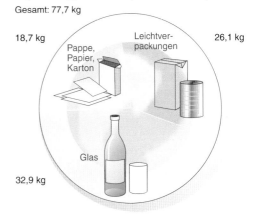

18,7 kg — Pappe, Papier, Karton

Leichtverpackungen — 26,1 kg

Glas

32,9 kg

1 Sammelbilanz recyclingfähiger Abfallstoffe

Die *Getrenntsammlung* von Wertstoffen ist die Grundlage der Wiederverwertung. Dazu müssen diese Stoffe schon vor dem Abtransport getrennt und zu eigens dafür aufgestellten Sammelbehältern gebracht werden. Dieses Verfahren ist inzwischen weit verbreitet. Altglas, Altpapier, Altmetalle und ein Teil der Kunststoffe können als Rohstoff in den Produktionsprozess zurückgeführt werden. Getrenntsammlung bedeutet auch, dass Gefahrstoffe als Sondermüll bei besonderen Sammlungen extra entsorgt werden. Sie gehören nicht in die Mülltonne!

Aber auch Gartenabfälle sowie Salat- und Gemüseblätter können im Garten oder in kommunalen Kompostierungsanlagen kompostiert und dem Naturkreislauf wieder zurückgegeben werden.

Aufgaben

(1) Wiege den Altpapieranfall einer Woche in deiner Familie. Berechne überschlägig die jährlich anfallende Menge in deiner Familie und vergleiche mithilfe der Randabbildungen die unterschiedlichen Aufwendungen. Wohin wird das Altpapier gebracht?

(2) Wo befinden sich in deinem Ort Standorte von Behältern für die Getrenntsammlung von Batterien, Papier, Glas, Metallen, Altkleidern?

(3) Erkundige dich, wie in deinem Ort der Haushaltsrestmüll entsorgt wird.

(4) Wiege Tetrapak-Getränkepackungen verschiedener Größen. Stelle die Verhältnisse zwischen Verpackungsgewicht und Getränkemenge auf. Leite aus dem Ergebnis Handlungsvorschläge ab.

Zettelkasten

Recyclingsymbol

Dein Beitrag zur Verkleinerung des Müllberges beim Einkauf

Jeder von uns ist ein Teil der Natur, trägt zu ihrer Gefährdung bei und ist daher auch für sie verantwortlich. Verlasse dich nicht auf einen anderen, gib selbst ein gutes Beispiel. Wenn du dich beim Einkaufen umweltbewusst verhältst, hilfst du mit, dass die Industrie ihre Produkte umweltfreundlicher anbietet. Hier einige Tipps:
— Kaufe Recyclingprodukte.
— Verwende Einkaufstaschen, -netze oder -körbe. Plastiktüten verbrauchen wertvolle Rohstoffe und werden kaum aufgearbeitet.
— Kaufe möglichst unverpackte Waren, ein Qualitätsunterschied besteht meist nicht.
— Verzichte auf den Kauf von umweltbelastenden, giftigen Produkten.
— Gehe nicht verschwenderisch mit den Dingen um, kaufe nur Notwendiges!

Lebensräume aus zweiter Hand

Durch die vom Menschen verursachten Eingriffe in die Natur gibt es bei uns fast keine natürlichen Lebensräume mehr. Sind die Eingriffe beendet, bleibt meist ein Schaden in der Landschaft zurück: Bergwerkshalden türmen sich in einer sonst ebenen Landschaft, Steinbrüche als Reste abgetragener Berge. Deshalb bedürfen diese nachhaltigen Eingriffe der vorherigen umfangreichen Planung und Genehmigung durch verschiedene Ämter, z. B. durch Naturschutzbehörden. Damit wird bereits vor dem Beginn des Eingriffes verpflichtend geregelt, wie sich die Landschaft viele Jahre später entwickeln soll. So entstehen neue Bereiche aus dem wirtschaftlichen Handeln des Menschen, die von der Natur wieder in Besitz genommen werden: Lebensräume aus zweiter Hand.

In fast jeder Gemarkung gibt es Bereiche, in denen Ton oder Lehm abgebaut oder Steine gebrochen wurden. Diese *Abbaustellen* und *Steinbrüche* bieten nach dem Ende ihrer wirtschaftlichen Nutzung zahlreichen Organismen neuen Lebensraum. Typischerweise finden wir dort trockene und warme Bereiche, meist steilere Hänge, mit Wärme liebenden Tier- und Pflanzenarten. Am Fuß der Hänge wachsen in lockerem Geröll buntblumige Saumgesellschaften mit vielfältigen Insektenarten. Libellen, Amphibien und Seggengesellschaften sind auf die feuchteren Bereiche und Mulden der Talböden dieser Abbaustellen angewiesen. Auch die von den Abbaufahrzeugen ehemals stark genutzten und damit festgefahrenen Flächen bieten bedrohten Arten neuen Lebensraum. Erfolgt die Wiederbesiedlung solcher früher genutzten Bereiche mit verschiedenen Tier- und Pflanzenarten ohne Zutun des Menschen, nennen wir dies *Sukzession*.

An vielen Gewässern, die in Flussauen durch Auskiesung entstanden sind, können Interessen zwischen Freizeitbetrieb und Natur zu Konflikten führen. Vor allem im Sommer werden die *Baggerseen* von Erholungssuchenden beansprucht, was zu ständiger Störung der dort brütenden Wasservögel führt. Schlittschuhläufer beunruhigen im Winter durch ihren Sport die in der Tiefe ruhenden Tiere und gefährden deren Überleben. Kann sich ein Baggersee dagegen ungestört entwickeln, entsteht relativ schnell eine Ufervegetation. Jedoch verhindert das meist recht steil abfallende Ufer, dass sich ein vergleichbarer Pflanzengürtel wie an einem natürlichen See bildet. Wenn aber beim Ausbag-

1 Steinbruch

2 Sukzession in einer ehemaligen Kiesgrube

3 Brutröhren von Uferschwalben   4 Flussregenpfeifer auf Kiesfläche

1 Braunkohletagebau Göbern während des Betriebs

2 Braunkohletagebau Göbern nach der Rekultivierung

3 Gelbbauchunke   **4** Geröllbereich mit Stauden

gern oder der Rekultivierung des Sees für eine abwechslungsreiche Ufergestaltung und die Einrichtung von Flachwasserzonen gesorgt wird, kann später ein wertvoller Ersatzlebensraum mit vielfältigem Leben entstehen. Dies kann aber nur geschehen, wenn ein künstlicher See entweder nur als Naturraum oder nur als Freizeitsee genutzt wird. Beide Aufgaben gleichzeitig kann ein Baggersee nicht erfüllen.

Bei den großräumigen Landschaftszerstörungen durch den *Braunkohlentagebau* in Nordrhein-Westfalen oder Sachsen entstehen zahlreiche Konflikte. Aus den riesigen, bis zu 500 m tiefen Gruben muss ständig das aus der Umgebung einströmende Grundwasser abgepumpt und abgeleitet werden, um den Braunkohlenabbau zu ermöglichen. Dadurch sinkt der Grundwasserspiegel, sodass dort für das Wachstum bestimmter Pflanzenarten nicht mehr genügend Wasser zur Verfügung steht. Wälder sind von diesem Wassermangel besonders betroffen. Da der Regen dieses Defizit nicht ausgleichen kann, versucht man, das abgepumpte Wasser teilweise in der Umgebung wieder versickern zu lassen. Vor dem Abbaubeginn gibt es noch zahlreiche andere Interessenskonflikte zu lösen: Die Bevölkerung wehrt sich gegen den Verlust ihrer Orte, die auf der zukünftigen Tagebaufläche liegen. Naturschutzverbände setzen sich für den Erhalt der bestehenden Landschaft mit ihren vielfältigen Tier- und Pflanzenarten ein. Sind die Vorräte an Braunkohle nach vielen Jahren erschöpft, soll durch die Rekultivierungsverpflichtung der Braunkohlenunternehmer die zerstörte Landschaft wieder in einen naturnahen Zustand versetzt werden. Dabei kann eine Nutzung durch die Land- und Forstwirtschaft ebenso das Ziel sein wie die Schaffung von naturnahen Lebensräumen für Tiere und Pflanzen oder die Entstehung von Gewässern.

Viele *Sekundärbiotope* können auf diese Weise allmählich artenreiche Tier- und Pflanzenlebensgemeinschaften beherbergen, sodass sie als *Naturschutzgebiete* ausgewiesen werden. Sie ermöglichen einigen bedrohten Arten das Überleben in unserer stark genutzten Kulturlandschaft.

Aufgabe

① Suche in der Gemarkung deines Ortes nach Lebensräumen aus zweiter Hand und versuche diese Zuordnung zu begründen.

Die Selbstreinigung in einem Fließgewässer

Gelangen Haushaltsabwässer einer Gemeinde ungeklärt in einen Fluss, so verändern die damit zugeführten organischen Substanzen und Mineralstoffe die Lebensbedingungen für alle dort existierenden Organismen. Das Überangebot an organischer Substanz führt zu einer Massenvermehrung der Zersetzer, also der Pilze und Bakterien. Diese bauen mithilfe von Sauerstoff *(aerob)* unter Energiegewinn die organische Substanz ab. Dadurch sinkt der Sauerstoffgehalt, zumal die Produzenten, z. B. die Algen, bedingt durch die Wassertrübung kaum noch Fotosynthese betreiben können. Bakterienrasen überwuchern steinige Sedimente und Reste der Unterwasserpflanzen.

Sinkt der Sauerstoffgehalt zu stark ab, so vermehren sich solche Pilze und Bakterien, die organische Substanz auch ohne Sauerstoff, also *anaerob,* unter Energiegewinn abbauen können. Dabei werden neben Kohlenstoffdioxid auch Methan, Ammonium, faulig riechender Schwefelwasserstoff und Phosphat gebildet. In ruhigen, stehenden Bereichen des Flusses kann sich auch Faulschlamm absetzen, in dem Schlammröhrenwürmer leben. Sie ernähren sich von Flocken organischer Substanz und benötigen nur wenig Sauerstoff zum Leben.

Mit der Fließbewegung eingebrachter Sauerstoff ermöglicht mit zunehmender Entfernung von der Einleitungsstelle auch die Vermehrung von Bakterien, die unter Energiegewinn Schwefelwasserstoff zu Sulfat, Ammonium über Nitrit zu Nitrat und Methan zu Kohlenstoffdioxid umwandeln. Die Bakterien und Pilze dienen Wimpertierchen als Nahrung. Diese werden wiederum von Rädertierchen gefressen. Bei günstigeren Sauerstoffverhältnissen kommen bachabwärts Wimper- und Rädertierchen fressende Kleinkrebse und Insektenlarven dazu. Wasserasseln fressen restliche verwesende Stoffe. Der Fluss wird klarer und ist reich an Mineralstoffen.

Damit sind wieder günstige Entwicklungsbedingungen für Algen und Wasserpflanzen gegeben. Diese vermehren sich stark und tragen zu einem verbesserten Sauerstoffgehalt bei. Viele Fischarten können hier wieder existieren. Im weiteren Flussverlauf kommt es zu einem ausgewogenen Aufbau und Abbau von Stoffen, es hat eine „Selbstreinigung" stattgefunden.

Dieser Vorgang läuft aber nur idealerweise ab, da es wohl in nur ganz wenigen Fällen bei einer Einleitung bleibt. Für die Bundesrepublik gilt aber, dass sich die Fließgewässerqualität, z. B. dank des Baus von Klärwerken und Renaturierungsmaßnahmen, ständig verbessert. Flüsse, die durch zu starke Einleitungen organischer Substanz und Mineralstoffen belastet sind, transportieren diese in die Meere mit der Folge, dass auch hier, besonders in den Mündungsgebieten, die Wasserqualität sinkt.

1 Abwassereinleitung

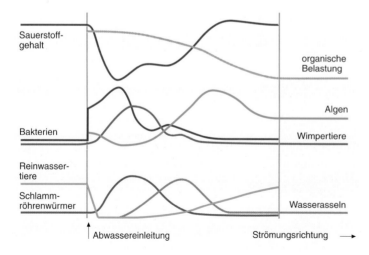

2 Veränderungen im Bach nach einer Abwassereinleitung

Aufgabe

① Erkläre die Vorgänge der biologischen Selbstreinigung mithilfe der Abbildung 2.

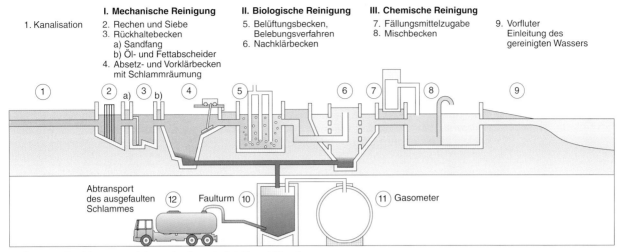

I. Mechanische Reinigung

1. Kanalisation
2. Rechen und Siebe
3. Rückhaltebecken
   a) Sandfang
   b) Öl- und Fettabscheider
4. Absetz- und Vorklärbecken
   mit Schlammräumung

II. Biologische Reinigung

5. Belüftungsbecken,
   Belebungsverfahren
6. Nachklärbecken

III. Chemische Reinigung

7. Fällungsmittelzugabe
8. Mischbecken

9. Vorfluter
   Einleitung des
   gereinigten Wassers

Abtransport des ausgefaulten Schlammes — 12 — Faulturm — 10

11 Gasometer

1 Schema der Abwasserreinigung in einer dreistufigen Kläranlage

Abwasserreinigung in einer Kläranlage

Auf den ersten Blick hat eine moderne Kläranlage wenig Ähnlichkeit mit einem Bach. Dennoch laufen in der Kläranlage Vorgänge ab, die der Selbstreinigung im Bach stark ähneln. Das Abwasser fließt über die Kanalisation mit groben, feinen und feinsten Verunreinigungen in das Klärwerk. Grob- und Feinrechen halten größere Verunreinigungen zurück. In einem Bach werden diese Teile von Ästen der Büsche und Bäume am Ufer zurückgehalten. Im Sandfang des Klärwerkes wird Luft eingeblasen, wodurch Öl und Fett an der Wasseroberfläche abgeschieden werden und Sand sich am Boden ablagert. Im nachfolgenden Vorklärbecken fließt das Abwasser so extrem langsam, dass die Teilchen, die eine größere Dichte als Wasser haben, als Schlamm zum Boden absinken. Schieber drücken den Schlamm zu einer Seite des Beckens. Von dort wird er zum Faulturm gepumpt. Die Verhältnisse in dieser *mechanischen Reinigungsstufe* des Klärwerkes entsprechen Stillwasserbereichen eines Baches. Auch hier lagert sich Faulschlamm ab.

In einer weiteren Stufe der Kläranlage wird auf einer stark verkürzten Strecke eine *biologische Selbstreinigung* durchgeführt, die in einem Fließgewässer mehrere Kilometer erfordert. Nach der Vorklärung enthält das Abwasser noch Schwebteilchen und gelöste Verunreinigungen. Im Belebtschlammbecken des biologischen Teils der Kläranlage bläst man ständig Luft in das Wasser, um den Sauerstoffgehalt für Bakterien und Einzeller optimal zu halten.

Die Bakterien und Einzeller sind mit organischen Schwebstoffen in Flocken zusammengeballt *(Belebtschlammflocken)* und bauen die im Abwasser enthaltenen organischen Stoffe ab. Durch das Überangebot an Nahrung und Sauerstoff können sich die Lebewesen des Belebtschlammes ständig massenhaft vermehren. Aus dem Nachklärbecken der *biologischen Reinigungsstufe* werden die abgesetzten Massen des Belebtschlammes zum *Faulturm* gepumpt. Im Faulturm setzen Gärungsbakterien Kohlenstoffdioxid und energiereiches Methan frei. Das Methan kann in einem *Gasometer* gespeichert und zur Energieversorgung verwendet und der Klärschlamm bei Einhaltung der Grenzwerte für Schwermetalle, die auch in Abwässern von Gewerbegebieten enthalten sein können, zu Humus weiterverarbeitet werden.

Das geklärte Wasser enthält als Folge der Abbauprozesse große Mengen an Nitraten und Phosphaten, die ein üppiges Pflanzenwachstum auslösen. Aus diesem Grund sind die Kläranlagen heute häufig mit einer dritten, der *chemischen Stufe,* ausgestattet. Nitrate und Phosphate könnten dann auf chemischem Weg ausgefällt werden. Das Wasser fließt so mineralstoffärmer in das Gewässer *(Vorfluter)* zurück.

Aufgabe

1. Vergleiche die Vorgänge bei der biologischen Selbstreinigung in einem Bach mit den Stationen in einer Kläranlage.

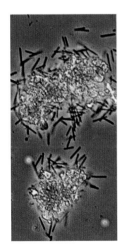

2 Schlammflocken mit Bakterien (ca. 600 x vergr.)

Die Ostsee — ein europäisches Meer im ökologischen Notstand?

Die Ostsee ist ein Meer, das vom europäischen Kontinent fast eingeschlossen ist. Sie wird als flaches Nebenmeer des Atlantischen Ozeans oder auch als großer Fjord angesehen. Sie ist mit ihren Lebensformen zwischen Süßwasser und Salzwasser vom Wasseraustausch mit der ebenfalls belasteten Nordsee abhängig. Diese Besonderheiten sensibilisieren die Ostsee in besonderem Maße.

Verklappung
ins Meer versenken

Zwischen den europäischen Meeren gibt es Ähnlichkeiten, aber auch Unterschiede (s. Tabelle). Von besonderer Bedeutung ist dabei die natürliche *Regenerationsfähigkeit* der Meere, die wesentlich vom Wasservolumen und der Versorgung mit Frischwasser abhängt.

Schadstoffe werden auf vier verschiedenen Wegen in die Ostsee eingetragen:

— Der für den Menschen unauffälligste ist der *Luftweg*. So werden Stickstoffverbindungen (NH_4^+, NO_x) durch Wind vor Ort gebracht und abgeregnet bzw. eingerieselt. Die Verursacher sind Produktionsfirmen mit hohen Schornsteinen sowie Flugzeuge. Vergleicht man das Schadstoffaufkommen an Stickstoffoxiden einer durchschnittlichen Flugreise pro Fluggast, so fällt pro Person die gleiche Schadstoffmenge an wie bei einem Monat Autofahren.

— Über *Flüsse* werden hauptsächlich Industrieabwässer, Fäkalien und landwirtschaftliche Düngemittel eingetragen. Heute leiten die Flüsse das 7-Fache an Phosphor- und das 4-Fache an Stickstoffverbindungen im Vergleich zu der Schadstoffmenge von vor 100 Jahren ein.

— Über das *Grundwasser* werden ausschließlich Chemikalien mit großer zeitlicher Verzögerung eingebracht.

— Auf *direktem Wege* gelangen durch *Verklappungen* von Chemikalien, Müll und Baggergut (Boden aus Hafengebieten und Flussmündungen) Schadstoffe in die Ostsee. Darüber hinaus werden Abwässer aus Landanlagen und Schiffen sowie der Bohrinselabfall direkt eingeleitet.

Durch die hohe Schadstoffbelastung sind Tierarten, wie z. B. Schweinswale, Kegelrobben und Seehunde, extrem bedroht. Die übermäßige Zufuhr von Phosphat und Nitrit führt zu großen *Algenblüten*. Dies ist ein Anzeichen für fortgeschrittene Eutrophierung. Die Zersetzer am Meeresboden verbrauchen den ganzen Sauerstoff beim Abbau der riesigen Mengen abgestorbener Algen. Viele Lebewesen sterben dann an Sauerstoffmangel und große Flächen des Meeresbodens veröden.

Spuren hat auch der zweite Weltkrieg hinterlassen. So wurden an der deutschen Ostsee nach 1945 nachweislich 100 Güterzüge mit *chemischen Kampfstoffen* wie Phosgen und Munition auf Schiffe verladen und südlich bzw. nordöstlich der dänischen Insel Bornholm versenkt. Diese Kampfstoffe waren in Kisten, Fässern, Eimern aber auch in Bomben und Granaten gelagert oder eingeschlossen. Nach über 50 Jahren sind diese Gefäße dem unkontrollierten Zerfall preisgegeben und der Inhalt verbindet oder vermischt sich mit dem Ostseewasser.

Einträge über Flüsse und durch Landabspülungen (in t pro Jahr)

Kupfer	4 200,0
Nickel	100,0
Cadmium	60,0
Arsen	180,0
Chrom	0,2
Blei	300,0
Quecksilber	5,0
Zink	9 000,0

Einträge über die Atmosphäre (in t pro Jahr)

Cadmium	35,0
Blei	1 560,0
Kupfer	465,0
Zink	3 400,0

	Ostsee	Nordsee	Mittelmeer
Ausdehnung	412 560 km²	580 000 km²	2,5 Mio km²
Wassertiefen mittlere Tiefe größte Tiefe	54 m 459 m	94 m 725 m	2000 m 5267 m
Salzgehalt	2,5 ‰ — 3 ‰	um 35 ‰	37 ‰ — 39 ‰
Menschen im Einzugsgebiet	71 Mio.	keine Angaben	360 Mio.
Frischwasserzufluss	Ostseezugänge	Nord- und Westatlantik	Straße von Gibraltar
Wasseraustauschzyklus	30 — 35 Jahre	1,5 — 2 Jahre	unbekannt

Gewässerschutz geht alle an

Das Beispiel der Ostsee macht einen Teil der vernetzten Wirkungen von Gewässerverschmutzungen sichtbar. Wenn weniger Wasser verbraucht wird und weniger Abwässer entstehen, entlastet dies nicht nur die Binnengewässer, sondern auch die Meere, da über Bäche und Flüsse letztlich die Abwässer aus Kläranlagen in sie gelangen. Wenn jeder versucht, mit unserem wichtigsten Lebensmittel Trinkwasser sparsamer umzugehen, bewirkt dies in der Gesamtheit viel für die Entlastung der Gewässer.

Etwa ein Drittel des Wasserverbrauches in Privathaushalten wird pro Tag für die Toilettenspülung verwendet. Bei Spülkästen werden pro Spülung 9 bis 14 Liter verbraucht. Hier kann eingespart werden. Man rüstet den Spülkasten am besten mit einer Durchflussbegrenzung nach. Für das kleine Geschäft die kleine Wassermenge.

Händewaschen, Duschen und Baden sind zu einem weiteren Drittel am Wasserverbrauch beteiligt. Kürzeres Duschen sollte dem Baden in der Wanne vorgezogen werden. Das Duschbad benötigt 30–40 Liter Wasser, eine gefüllte Wanne fasst 140 Liter. Es sollten außerdem tropfende Hähne abgedichtet werden. Ein Wasserhahn, der alle 3 Sekunden tropft, lässt 150 Liter im Monat durchfließen. Schließlich sollten Wasch- und Spülmaschinen nur laufen, wenn sie vollständig gefüllt sind. So spart man Wasser und Strom, was indirekt die Gewässer zusätzlich entlastet. Neue Geräte sollten unter Berücksichtigung des Wasser- und Energieverbrauches gekauft werden.

Man sollte die ortsübliche *Wasserhärte* kennen, um die Waschmittelmenge richtig bemessen zu können. Bei weichem Wasser benötigt man weniger Waschmittel. Außerdem kann man die Gewässerbelastung durch die Verwendung phosphatfreier Waschmittel noch weiter mindern. Generell sollte die Verwendung von Reinigungsmitteln im Haushalt eingeschränkt werden, denn sie belasten durch die waschaktiven Substanzen *(Tenside)* die Gewässer stark. Feste Abfälle und Altöle gehören nicht in das Abwasser. 1 Liter Öl macht eine Million Liter Wasser ungenießbar! Altöle können an Tankstellen abgegeben und einem Recyclingverfahren zugeführt werden. Lack- und Holzschutzmittelreste enthalten gefährliche Schadstoffe. Sie sollten gesammelt und als Sondermüll entsorgt werden.

Am Anfang war das Wasser...

...sauber!

Als Einzelner oder in der Schulklasse kannst du im Umweltschutz aktiv werden! Wenn du bei Bachpatenschaften mitarbeitest, kannst du Veränderungen der Pflanzen- und Tierwelt beobachten. Es können z. B. Gewässergütebestimmungen oder Vorschläge für langfristige Pflege- oder Renaturierungsmaßnahmen erstellt werden.

Aufgaben

1. Ermittle den Wasserverbrauch pro Monat in eurem Haushalt (vergleiche z. B. die Wasserrechnung). Berichte und mache Vorschläge, wie ihr zu Hause Wasser sparen könnt.
2. Überlegt, wo ihr in eurer Gemeinde für den Gewässerschutz aktiv werden könnt.

Wie teuer ist uns die Natur?

In seinem Roman „Frau Jenny Treibel" beschreibt der deutsche Schriftsteller THEODOR FONTANE (1819 — 1898) ein reichhaltiges Flusskrebs-Abendessen: Vor über 200 Jahren konnte man Flusskrebse im Oderbruch nach jedem Hochwasser von den Bäumen pflücken und 60 Stück kosteten nur 1 Pfennig. Vor 120 Jahren bedauerte man schon, dass Flusskrebse nicht mehr so zahlreich und preiswert waren wie früher. Noch vor 50 Jahren wurden auf niederländischen Watteninseln Kinder auf Weiden geschickt, um überhand nehmende Orchideen auszustechen; heute sind die Pflanzen fast verschwunden. Was früher reichlich vorhanden war, ist heute knapp geworden und muss besonders geschützt werden. Der Wert dieser Krebse, Orchideen oder von natürlichen Rohstoffen, die wir auch als *Ressourcen* bezeichnen, wird uns erst bewusst, wenn sie knapp geworden sind!

Aber: welchen Preis haben die natürlichen Ressourcen? Welche Wirkungen in Bezug auf die Umwelt entwickeln die daraus hergestellten Produkte? Antworten auf diese Fragen versucht man mit der Aufstellung einer Ökobilanz eines Produktes zu bekommen: Dabei wird der gesamte Lebensweg eines Produktes — von der Rohstoffgewinnung über die Produktion, den Energie- und Wasserverbrauch bis zur Entsorgung bzw. dem Recycling — untersucht. In jedem Lebenswegabschnitt entstehen Umweltauswirkungen in den Bereichen Wasser, Luft und Boden. Diese werden gemessen und bewertet. (siehe Abb. 1).

Wie aber will man Umweltbelastungen bewerten? Kann man die Luftbelastung und den Bodenverbrauch vergleichen? Dies sind sehr schwierige Fragen, auf die es bisher noch keine allgemein anerkannten Antworten gibt. Aber seit einigen Jahren gibt es Bestrebungen, dass auch der Verbrauch natürlicher Ressourcen bezahlt werden muss. Die Einführung der sogenannten „Ökosteuer" auf fossile Energieträger im Jahre 2000 ist ein solcher Ansatz. Ebenso sollte die Erhebung einer Grundwasserabgabe den Verbrauch von Grundwasser einschränken und gleichzeitig den Bau von Regenwasserzisternen und anderen Brauchwasseranlagen fördern.

Ressource
die ursprüngliche Bedeutung „Vorrat oder Quelle lebenswichtiger Stoffe" wird heute meist auf natürliche Rohstoffe eingeschränkt.

Bewertung aller unterschiedlichen **Aufwendungen** z. B.
– alle entstehenden Kosten
– Gesamtkalkulation des Produktpreises
– Möglichkeiten einer anderen Produktion bei geringerer Umweltbeanspruchung
– Aufwendungen für Wiederverwertung oder Entsorgung

= **geringe Aufwendungen**

Bewertung aller **Aufwendungen** z. B.
– Rohstoffe und ihre Gewinnung
– Luft- und Wasserverbrauch
– Bodenbeanspruchung
– Produktbeseitigung / Recycling
– Handel
– Transport des Produktes
– Energieaufwand in der Produktion
– Verpackung und ihr Transport

= **hohe Aufwendungen**

Ökobilanz als Gesamtbewertung

1 Beispiel einer negativen Ökobilanz

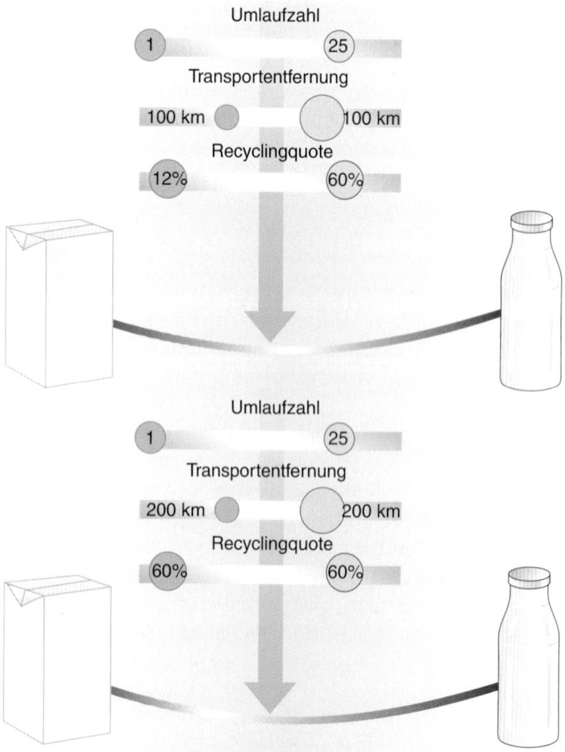

Umlaufzahl
1   25
Transportentfernung
100 km   100 km
Recyclingquote
12%   60%

Umlaufzahl
1   25
Transportentfernung
200 km   200 km
Recyclingquote
60%   60%

2 Ökobilanz von Frischmilchverpackungen

Unter **Eingriffen** versteht man alle Veränderungen, die in der Natur vorgenommen werden.

In den Naturschutzgesetzen der Bundesrepublik Deutschland ist auch festgelegt, dass für jeden *Eingriff* in die Natur ein *Ausgleich* geleistet werden muss. Dieser Ausgleich soll die Schäden in der Natur beheben, die zum Beispiel durch verschiedene Haus- oder Straßenbauten, Industrieanlagen, Tagebaue oder Kiesgruben und Grundwasserbrunnen entstehen, und neue Ersatzlebensräume für die betroffenen Tiere und Pflanzen schaffen.

Dort, wo dieser direkte Ausgleich nicht möglich ist, erlauben einige Bundesländer auch die Bezahlung eines vergleichbaren Geldbetrages, die sogenannte *„Ausgleichsabgabe"*. So musste zum Beispiel die Deutsche Bahn AG neben den Kosten für den Bau ihrer Schnellbahnstrecken viele Millionen Euro für den Ausgleich der in der Natur verursachten Schäden ausgeben. Die Naturschutzbehörden müssen dafür dann neue Ersatzlebensräume schaffen, wie zum Beispiel das Anlegen von Streuobstwiesen oder Hecken oder den Bau von Amphibiengewässern und Fledermauswohnstätten.

Um die Höhe der Ausgleichszahlungen festzulegen, muss vorab auch immer eine Ökobilanz erstellt werden. Dazu wird das Vorkommen der Lebewesen vor dem Eingriff untersucht und mit dem geplanten Zustand nach dem Eingriff verglichen. Auch die vorhandenen und geplanten Biotope werden vor und nach dem Eingriff bewertet. Die daraus entstehende Differenz muss der Verursacher des Eingriffes ausgleichen.

Aber die Bewertung der verschiedenen Biotope ist sehr schwierig. Wie soll man festlegen, welchen Wert 1 m^2 Moor oder Trockenrasen, 10 m Hecke oder Ackerrain, 1 Hektar Maisacker oder Feuchtwiese haben?

Ein Trockenrasen hat als pflanzenartenreiche Wiese mit zahlreichen Tierarten einen hohen Wert für den Naturhaushalt, aber einen relativ geringen Wert für den wirtschaftenden Menschen. Genau umgekehrt verhält es sich bei der Bewertung eines Maisackers, auf dem nur diese eine Nutzpflanzenart wächst.

Die Fragen der Bewertung sind noch nicht alle gelöst, daher gibt es verschiedene Bewertungssysteme für Biotope oder Organismen in Deutschland.

Um allen Bürgern die Bedeutung und den Wert einzelner Organismen und Lebensräume zu verdeutlichen, rufen die deutschen Naturschutzverbände jedes Jahr einen *Biotop des Jahres* und *Tiere und Pflanzen des Jahres* aus. Dabei steht nicht allein die ökologische Bedeutung der Arten im Mittelpunkt, sondern auch deren Nutzen und Wert für den Menschen.

Aufgaben

1. Welche Milchverpackung schneidet in den Ökobilanzen der Abbildung 150. 2 besser ab? Begründe deine Entscheidung.
2. Vergleiche zwei benachbarte Obstwiesen. Formuliere Kriterien, nach denen du sie bewerten würdest. Begründe auch, warum dir eine der Wiesen wertvoller erscheint.
3. Erkundige dich nach dem Biotop, dem Vogel, dem Insekt, dem Fisch, dem Haustier, der Pflanze, der Orchidee, dem Pilz und dem Baum des Jahres. Erarbeite dazu mit deiner Klasse eine Ausstellung.
4. Bestimme aus der Abbildung 1 den Gesamtweg (nach Luftlinie) aller Einzelteile eines Jogurts.

1 Gesamtweg aller Einzelteile eines Jogurts

Figure labels: Milchlieferanten; Von Zulieferer zu Zulieferer (Industrie untereinander); Vom Zulieferer(Industrie) zum Hersteller (Jogurt-Molkerei); Vom Hersteller (Jogurt-Molkerei) zum Verbraucher; Niebüll; Rotterdam Raffinerieprodukte; Lüneburg; Berlin; Leverkusen Kunststoff der Jogurtbecher; Polen Druckfarben; Aachen Druckerei; Kulmbach Jogurt-Pilz-Kultur; Weiden Druckerei der Plastikbecher; Frankreich Aluminiumdeckel; Ludwigsburg Druckfarben; Stuttgart; Neuburg Pressen der Becher; 0 50 100 km

Was ist für das 21. Jahrhundert zu tun

Schon 1972 erschreckten die Bücher „Grenzen des Wachstums" und „Lage der Menschheit" des CLUB OF ROME die Erdbevölkerung damit, dass das Ende des Wirtschaftswachstums zu Lasten der Umweltressourcen nahe sei.

Erdgipfel 1992 in Rio de Janeiro

Die Vereinten Nationen (UN) veranstalteten mit den Regierungschefs von 179 Staaten der Erde eine Konferenz für Umwelt und Entwicklung. Das Ergebnis ist ein alle Politikbereiche einbindendes Arbeitsprogramm für das 21. Jahrhundert: die **Agenda 21**.

In dem Abkommen verpflichten sich die Unterzeichnerstaaten, wie z. B. Deutschland, auf das Ziel einer weltweiten nachhaltigen und zukunftsbeständigen Entwicklung.

Das *Prinzip der Nachhaltigkeit* wurde Ende des 17. Jahrhunderts aus einer Krise geboren: extremer Holzmangel drückte die Wirtschaft, besonders den Bergbau. Mit dem Konzept einer nachhaltigen Waldwirtschaft, wonach nicht mehr Holz aus der Natur entnommen werden darf als nachwachsen kann, sollte die Rohstoffkrise bewältigt werden. In der deutschen Forstwirtschaft erlebte dieses Prinzip seine erste und andauernste Umsetzung und von hier weltweite Verbreitung.

Verkehr

1972: 250 Millionen motorisierte Fahrzeuge, darunter 200 Millionen Autos, sind registriert. Die ausgelöste Luftverschmutzung konzentriert sich auf die Industrieländer.

1997: 500 Millionen Autos gibt es überwiegend in den Industrieländern. Die Entwicklungsländer holen auf: Luftverschmutzungen gibt es auch in den Städten der Entwicklungsländer.

Wie kann man diese Entwicklung stoppen?

Tropischer Regenwald

1972: Etwa $1/3$ des Regenwaldes sind zerstört. Es gehen jährlich 0,5 % (100 000 km^2) verloren.

1997: Zwischen 1990 und 1995 wurden 130 000 km^2 Regenwald zerstört. Im Amazonasgebiet stieg der Waldverlust jährlich von 11 000 auf 15 000 km^2.

Suche nach Gründen für die Zerstörung des tropischen Regenwaldes!
Wie kann man diesem Verlust entgegen treten?

Wasser

1972: Der weltweite Verbrauch von 2600 km^3 Frischwasser jährlich entfällt zum größten Teil auf die Bewässerung.

1997: Pro Jahr ist ein Anstieg um $2/3$ auf 4200 km^3 festzustellen.

Wie viel Wasser verbraucht deine Familie? Überlege dir Einsparungen!

Artenschwund

1972: Afrikanische Elefanten – eine von 100 bedrohten Säugetierarten – es gibt noch 2 Millionen.

1997: Nach Schätzungen gibt es noch 286 000 bis 580 000 Afrikanische Elefanten. Weltweit sind 160 Säugetierarten kritisch bedroht.

Welche bedrohten Säugetierarten kennst du?

Bevölkerung

1972: 3,84 Milliarden Menschen, 72 % in Entwicklungsländern. Wachstum jährlich 2 %: 76 Millionen Menschen

1997: 5,85 Milliarden Menschen, 80 % in Entwicklungsländern. Wachstum jährlich 1,5 %: 81 Millionen Menschen

Erkundige dich nach der heutigen Zahl der Weltbevölkerung!

Kohlenstoffdioxid-Konzentration

1958: Die Atmosphäre enthält 315 ppm Kohlenstoffdioxid.

1994: Der Kohlenstoffdioxidgehalt ist um 14 % auf 358 ppm gestiegen.

Mit welchen Maßnahmen soll die Abgabe von Kohlenstoffdioxid in die Luft verringert werden?

Das internationale Abkommen Agenda 21 fordert ein Aktionsprogramm, das im lokalen Bereich von Bürgern, den Kommunen und den Ländern umgesetzt werden soll: **Global denken, lokal handeln!**

Überlege dir Maßnahmen für eine Umsetzung des Prinzips der Nachhaltigkeit in deiner Familie, deiner Schule, deinem Ort!

Fischerei

1972: Rund 58 Millionen Jahrestonnen Fisch wurden aus den Ozeanen geholt. Überfischung verminderte 1974 die Nordsee-Heringsbestände.

1997: Nach Jahrzehnten des Wachstums scheint seit ca. 1980 keine Steigerung des Fischfanges möglich. 1995 gingen 90,7 Millionen Tonnen ins Netz, 6 mehr als 1992, aber weniger als 1991.

Welche Fischmengen werden heute in der Nordsee gefangen?

Meeresspiegel

Im 20. Jahrhundert ist der Meeresspiegel weltweit um 10 bis 15 cm angestiegen. Für das 21. Jahrhundert wird ein weiterer Anstieg um 20 bis 86 cm vorausgesagt.

Welche Auswirkungen hat der Anstieg des Meeresspiegels um etwa 1 m auf einzelne Küstenregionen der Erde?

Stoffwechsel
und Bewegung

Ernährung

Die Ernährungsgewohnheiten des Menschen und die Zusammensetzung ihrer Nahrung können sehr unterschiedlich sein. Sie sind von der geografischen Lage und den kulturellen Traditionen abhängig. Die Nahrungsmittel erfüllen aber überall die gleiche Aufgabe: Die darin enthaltenen Nährstoffe müssen den Menschen Energie und Baustoffe liefern. Dadurch werden die Stoffwechselvorgänge aufrecht erhalten, durch die das Wachstum und die lebensnotwendigen Körperfunktionen ermöglicht werden. Dazu muss die Nahrung verdaut und die darin enthaltenen Nährstoffe, Vitamine und Mineralstoffe ins Blut aufgenommen

Transport

beim Menschen

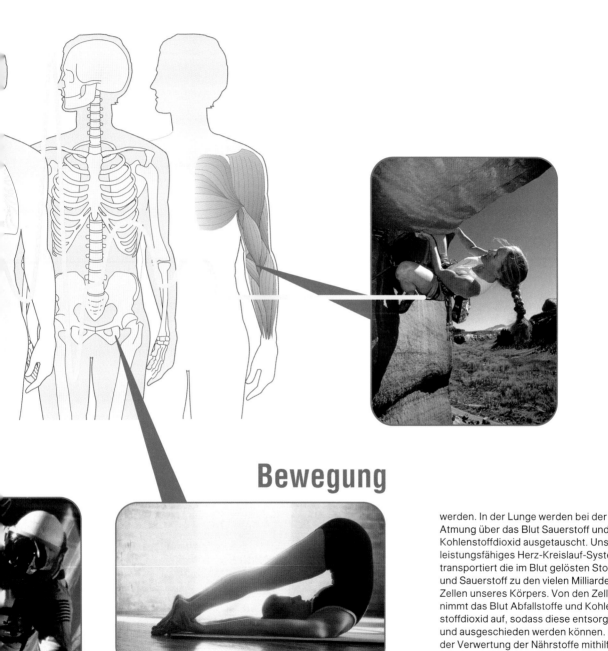

Bewegung

Atmung

werden. In der Lunge werden bei der Atmung über das Blut Sauerstoff und Kohlenstoffdioxid ausgetauscht. Unser leistungsfähiges Herz-Kreislauf-System transportiert die im Blut gelösten Stoffe und Sauerstoff zu den vielen Milliarden Zellen unseres Körpers. Von den Zellen nimmt das Blut Abfallstoffe und Kohlenstoffdioxid auf, sodass diese entsorgt und ausgeschieden werden können. Bei der Verwertung der Nährstoffe mithilfe von Sauerstoff kann zum Beispiel in den Muskelzellen die in den Nährstoffen enthaltene Energie in Bewegung umgewandelt werden. Das ist die Grundlage dafür, dass Muskeln und Skelett bei den Bewegungen unseres Körpers zusammenwirken können.

Die Zusammensetzung der Nahrung

Du hast sicher schon die Erfahrung gemacht, dass du nach längerer und anstrengender körperlicher Aktivität, besonders an kalten Tagen, mehr isst als sonst. Ursache dafür ist ein erhöhter Energiebedarf, den du mit der Aufnahme von Nahrung deckst.

Ein Blick auf die Tabelle gibt uns Hinweise auf die Inhaltsstoffe der Nahrung:
1. Unsere Nahrung enthält verschiedene *Nährstoffe*. Das sind alle energiereichen, organischen Verbindungen in der Nahrung, die vom Körper verwertet werden können.
2. Man unterscheidet *Kohlenhydrate (Zucker, Stärke)*, *Fette* und *Eiweiße (Proteine)*. In jedem Nahrungsmittel sind die Nährstoffe in unterschiedlichen Anteilen enthalten.
3. Der Körper benötigt diese Stoffe zur *Deckung des Energiebedarfs* und zur *Gewinnung von körpereigenen Baustoffen*.

Zusätzlich benötigt unser Körper in geringen Mengen noch *Mineralstoffe und Vitamine*. Außerdem braucht er *Ballaststoffe* und *Wasser*. Zu den Ballaststoffen gehören zum Beispiel unverdauliche Pflanzenfasern.

Kohlenhydrate stammen bevorzugt aus pflanzlicher Kost, z. B. aus Kartoffeln und Getreide, und stehen deshalb fast immer in ausreichendem Maße zur Verfügung. Es gibt *Einfachzucker (Monosaccharide*, z. B. Traubenzucker und Fruchtzucker), *Zweifachzucker (Disaccharide*, z. B. Malzzucker, Milchzucker und Rohrzucker) und *Vielfachzucker (Polysaccharide*, z. B. *Stärke* und *Glykogen)*. Einfachzucker bestehen nur aus einem einzigen Baustein, Zweifachzucker aus zwei gleichen oder verschiedenen Bausteinen und Vielfachzucker aus oft vielen Hundert Bausteinen, die miteinander verbunden sind.

So unterschiedlich aufgebaut **Proteine** (Eiweiße) auch sein mögen, sie bestehen alle aus den gleichen Grundbausteinen, den *Aminosäuren*. Für den Aufbau menschlicher Eiweiße werden bis zu 20 verschiedene Aminosäuren benötigt. Davon sind acht *essenziell*, d. h. sie werden vom Körper benötigt, können aber von ihm nicht selbst hergestellt, sondern müssen mit der Nahrung aufgenommen werden. Besonders viel Eiweiß ist z. B. in Fleisch und Fisch enthalten.

Fette sind z. B. in Butter und Pflanzenölen enthalten. Es sind Verbindungen aus *Glycerin* und verschiedenen *Fettsäuren*. Einige dieser Fettsäuren sind essenziell.

Die Aufnahme der Nährstoffe in den Körper ermöglicht uns also
1. die Aufrechterhaltung der Lebensvorgänge, indem die in den Nährstoffen enthaltene Energie vom Körper genutzt wird *(Betriebsstoffwechsel)*,
2. den Aufbau von Zellen in Geweben und Organen *(Baustoffwechsel)*.

− = nicht vorhanden + = in Spuren vorhanden									
	Kohlenhydrate	Fett	Protein	Energiegehalt	Mineralstoffe	Vitamin A	Vitamin B_1	Vitamin B_2	Vitamin C
	g	g	g	kJ	mg	mg	mg	mg	mg
Roggenvollkornbrot	46	1	7	1000	560	50	0,20	0,15	−
Reis	75	2	7	1500	500	−	0,40	0,10	−
Sojamehl	26	21	37	1900	2600	15	0,75	0,30	−
Kartoffeln	19	+	2	350	525	5	0,10	0,05	15
Schweinefleisch	−	20	18	1200	500	−	0,70	0,15	−
Heilbutt	−	15	15	550	700	30	0,05	0,15	0,3
Vollmilch	5	3,5	3,5	275	370	12	0,04	0,20	2
Spinat	2	+	2	75	665	600	0,05	0,20	37
Haselnüsse	13	62	14	2890	1225	2	0,40	0,20	3
Sonnenblumenöl	−	100	−	3900	−	4	−	−	−

1 Stoffliche Zusammensetzung einiger Nahrungsmittel (je 100 g)

Die Bedeutung der Nährstoffe

Kilojoule (kJ)
Maßeinheit der Energie. In alten Kochbüchern findet man auch noch die Einheit Kilokalorie (kcal).
1 kcal = 4,187 kJ

Wir atmen, unser Herz schlägt, wir bewegen uns und halten unsere Körpertemperatur bei 37 °C konstant. Dies sind nur einige Beispiele für all die Leistungen, die unser Körper zur Aufrechterhaltung der Lebensvorgänge leistet und für die er Energie braucht. Selbst wenn wir schlafen, benötigt der Körper ständig Energie.

Man bezeichnet den Energiebedarf, den der Körper bei völliger Ruhe zur Aufrechterhaltung der Körperfunktionen und der Körpertemperatur benötigt, als **Grundumsatz**. Er ist von Alter, Gewicht und Geschlecht abhängig. Männer haben meist einen höheren Grundumsatz als Frauen. Den Energiebedarf bei körperlicher Aktivität nennt man dagegen **Tätigkeitsumsatz**. Er ist stark abhängig von der Intensität der Belastung.

Die **Kohlenhydrate**, u. a. die Stärke, sind die wichtigsten Energielieferanten. Sie enthalten viel und schnell verfügbare Energie, die der Körper sehr gut nutzen kann. So werden aus 100 g Traubenzucker ca. 1 500 kJ Energie zur Verfügung gestellt. Den Energiegehalt eines Nährstoffes nennt man auch *Nährwert*. Überschüssige Kohlenhydrate werden vom Körper umgebaut und in der Leber und im Muskelgewebe als *Glykogen* gespeichert. Glykogen ist ein stärkeähnlicher Vielfachzucker. Bei einem Überangebot an energiehaltigen Stoffen bildet der Körper aus Kohlenhydraten Fette, die als *Speicherfette* vor allem im Unterhautgewebe eingelagert werden.

Fette sind die wichtigsten *Reservestoffe*. Dass der Körper neben Glykogen vor allem Fette speichert, hat seinen Grund im hohen Energiegehalt von Fett: 100 g Fett enthalten ca. 3 900 kJ. Bei gesteigertem Energiebedarf greift der Körper zunächst auf die sofort nutzbaren Glykogenreserven, danach erst auf seine Fettreserven zurück.

Die **Proteine** nehmen in unserer Ernährung eine besondere Stellung ein. Für die Deckung des Energiebedarfs spielen sie zwar eine untergeordnete Rolle, als *Baustoffe* zum Beispiel für die Zellen sind sie jedoch unentbehrlich. Dabei ist tierisches Protein meistens besser vom Körper zu verwerten als pflanzliches Eiweiß. Ursache für die unterschiedliche Verwertbarkeit der Nahrungsproteine ist der Gehalt an essenziellen Aminosäuren.

Nahrungsproteine besitzen eine unterschiedliche *biologische Wertigkeit*. Diese gibt an, wie viel Prozent dieses Nahrungseiweißstoffes in Körpereiweiß umgebaut werden können. Die biologische Wertigkeit von Hühnereiweiß zum Beispiel beträgt 94, d. h. unser Körper kann 94 % dieses Proteins in Körpereiweiß umbauen. Das Eiweiß aus Mais dagegen hat lediglich eine biologische Wertigkeit von 54.

% am Energiebedarf

Berechnet für einen Mann mit 70 kg Körpergewicht bei leichter Arbeit

1 Bedarf an Nährstoffen und Energie pro Tag

	Eiweißbedarf pro Tag in g (je kg Körpergewicht)		Energiebedarf pro Tag in kJ	
Kinder unter 6 Monaten 1 – 4 Jahre 7 – 10 Jahre	2,5 2,2 1,8		2 500 5 000 8 400	
Jugendliche	*männl.*	*weibl.*	*männl.*	*weibl.*
13 Jahre 18 Jahre	1,5 1,2	1,4 1,0	10 000 13 000	8 800 10 500
Erwachsene 25 Jahre 45 Jahre 65 Jahre	0,9 0,9 1,0	0,9 0,9 1,0	10 900 10 000 9 200	9 200 8 400 7 500

2 Eiweiß- und Energiebedarf in Abhängigkeit vom Lebensalter

Aufgabe

① Berechne deinen Energie- und Eiweißbedarf bei leichter körperlicher Arbeit pro Tag.

Vitamine und Mineralstoffe

Um 1890 stellte der holländische Arzt Eijk-MANN bei Strafgefangenen in einem Gefängnis auf Java (Indonesien) eine Krankheit fest, die mit Lähmungen und Schwund der Gliedmaßenmuskulatur begann und im Endstadium tödlich verlief. Diese Krankheit war unter dem Namen *Beriberi* bekannt und in Ostasien weit verbreitet. Niemand kannte jedoch die Ursachen dafür. Die Beriberi-Symptome beobachtete Eijkmann auch bei Hühnern, die auf dem Gefängnishof herumliefen.

Da sowohl die Gefangenen ihr Essen als auch die Hühner ihr Futter aus der Gefängnisküche bekamen, vermutete Eijkmann, dass mit der Nahrung etwas nicht stimmte. Er fand heraus, dass Hühner, die man mit geschältem Reis fütterte, erkrankten. Gab man ihnen ungeschälten Reis, wurden sie wieder gesund. Auch seinen Patienten konnte Eijk-MANN auf diese Weise helfen. Später folgerte man, dass in der Schale von Reiskörnern Stoffe enthalten sein müssen, die zur Gesunderhaltung des Körpers unentbehrlich sind. Man gab ihnen den Namen **Vitamine**.

Der menschliche Körper kann die lebenswichtigen Vitamine aber nicht selbst herstellen, er muss sie mit der Nahrung aufnehmen. Viele Vitamine oder wenigstens die Ausgangsstoffe dafür werden von Pflanzen hergestellt. Heute sind etwa 20 unterschiedliche Vitamine bekannt. Sie werden mit Buchstaben bezeichnet. Man spricht zum Beispiel von den *Vitaminen A, C, D, E* und von der *Gruppe der B-Vitamine*.

Vitamine wirken schon in kleinsten Mengen. Fehlt allerdings infolge einseitiger Ernährung auch nur ein einziges Vitamin, kann es zu lebensbedrohlichen *Vitaminmangelkrankheiten (Avitaminosen)* kommen. So war früher der *Skorbut* eine dieser gefürchteten Vitaminmangelkrankheiten, von der vor allem Seefahrer betroffen waren. Als Columbus 1493 von seiner Entdeckungsfahrt aus Amerika zurückkehrte, war die Hälfte seiner Mannschaft auf hoher See an Skorbut gestorben. Die Krankheit begann mit *Zahnfleischbluten* und *Zahnausfall*. Blutungen unter der Haut und in den inneren Organen stellten sich anschließend ein. Der geschwächte Körper konnte den *Infektionskrankheiten* nicht mehr widerstehen. Die Ursache für Skorbut war ein Mangel an Vitamin C, weil die damaligen Seefahrer auf ihrer monatelangen Reise weder Obst noch Gemüse zur Verfügung hatten.

In den Entwicklungsländern kommt es noch häufig vor, dass die Menschen, bedingt durch die schlechte und unzureichende Ernährung, auch an Vitaminmangel leiden. Bei uns verhindert das abwechslungsreiche und ausreichende Nahrungsangebot über das ganze Jahre hinweg einen solchen Mangel. Zusätzliche Vitaminpräparate sind deshalb in der Regel nicht notwendig. Übermäßig hohe Vitamingaben können vom Körper nicht entsprechend genutzt werden. Manche im Überschuss vorliegenden Vitamine werden einfach mit dem Urin wieder ausgeschieden. Vitamin A und D können, in sehr großen Mengen über längere Zeit aufgenommen, sogar schädlich sein.

vita (lat.) = Leben

Vitamin	Hauptvorkommen	Wirkungen	Mangelerscheinungen	Bedarf pro Tag
Vitamin A (licht- und sauerstoffempfindlich)	Lebertran, Leber, Niere, Milch, Butter, Eigelb — als Provitamin A in Möhren, Spinat, Petersilie	Erforderlich für normales Wachstum und Funktion von Haut und Augen	Wachstumsstillstand, Verhornung von Haut und Schleimhäuten, Nachtblindheit	1,6 mg
Vitamin D (lichtempfindlich, hitzebeständig)	Lebertran, Hering, Leber, Milch, Butter, Eigelb. Bildet sich aus einem Provitamin der Haut	Regelt den Calcium- und Phosphorhaushalt, steuert Calciumphosphatbildung für den Knochenaufbau	Knochenerweichungen und -verkrümmungen (Rachitis), Zahnbildung, -anordnung geschädigt	0,01 mg
Vitamin B₁ (hitzebeständig)	Leber, Milch, Eigelb, Niere, Fleisch, Getreideschale	Aufbau der Zellkernsubstanz, Bildung von roten Blutzellen	Anämie, Veränderung am Rückenmark und an der Lunge, nervöse Störungen (Beriberi)	0,005 mg
Vitamin C (sauerstoff- und hitzeempfindlich)	Hagebutte, Sanddorn, Schw. Johannisbeeren, Zitrusfrüchte, Kartoffeln, Kohl, Spinat, Tomaten u. a. frisches Gemüse	Entzündungs- und blutungshemmend, fördert die Abwehrkräfte des Organismus, aktiviert Enzyme	Zahnfleisch- und Unterhautblutungen, Müdigkeit, Gelenk- und Knochenschmerzen (Skorbut), Anfälligkeit für Infektionen	75,0 mg

1 Tabellarische Übersicht zu einigen wichtigen Vitaminen

Mineralstoffe, die vor allem in pflanzlicher Kost und Fleisch enthalten sind, sind wichtige Bausteine von Knochen und Zähnen (z. B. *Calcium-, Phosphat-* und *Fluoridionen*). Sie können im Körper nur in Form von chemischen Verbindungen wirksam werden. Sie müssen in einer bestimmten Konzentration in den Körperflüssigkeiten vorliegen (*Natrium-* und *Kaliumionen*), sodass zum Beispiel unsere Nervenzellen ihre Aufgabe erfüllen können. Magnesium-, Eisen- und Iodverbindungen braucht der Mensch nur in kleinsten Mengen; man bezeichnet sie deshalb als *Spurenelemente.* Bei nicht ausreichender Zufuhr treten Mangelerscheinungen auf. Bekannt ist der durch Iodmangel hervorgerufene *Kropf*, eine Vergrößerung der Schilddrüse.

Aufgaben

1. Obst und Gemüse soll man keinen hohen Temperaturen aussetzen. Begründe.
2. Stelle den Verbrauch an stärkehaltigen Nahrungsmitteln in den angegebenen Staaten als Säulendiagramm dar.
3. In welcher Situation kann es auch bei uns zu einer Unterversorgung des Körpers mit bestimmten Vitaminen kommen, sodass zusätzliche Vitaminpräparate sinnvoll sein können.
4. Untersuche die beiden Speisepläne im Zettelkasten auf Ausgewogenheit der enthaltenen Nährstoffe. Welche Nährstoffe sind zu wenig und welche sind zu viel enthalten?
5. Informiere dich über die im Text des Zettelkastens genannten Nahrungsmittel, die dir bisher nicht bekannt waren. Berichte in deiner Klasse darüber.

Zettelkasten

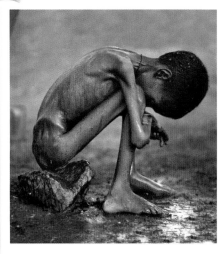

Ernährungsprobleme in anderen Regionen

Über 10 Mio. Menschen verhungern jährlich, während vor allem die Europäer und Nordamerikaner im Überfluss leben. Über die Hälfte der Menschen auf der Erde ist mangelhaft oder einseitig ernährt. Vor allem fehlt ihnen hochwertiges Eiweiß. Mangelernährung schwächt die Widerstandskraft des Körpers gegen Krankheiten und Seuchen. Besonders für Kleinkinder ist Eiweißmangel gefährlich. Ihre körperliche und geistige Entwicklung wird gehemmt. Die Menschen sind später kaum zu körperlicher Arbeit fähig.

Zu unseren Mahlzeiten gehören normalerweise Fleisch, Fett und Gemüse, etwas Brot und Kartoffeln, frisches Obst, Eier, Milch und Milchprodukte. Der Speisezettel in einzelnen Ländern Asiens, Afrikas, Mittel- und Südamerikas sieht anders aus. In vielen asiatischen Ländern ist Reis die Hauptnahrung. Es gibt kaum Fett und Fleisch, nur manchmal etwas Fisch. In Afrika sind Maniok, Bataten, Erdnüsse, Hirse, Mais und Bananen die Hauptbestandteile der täglichen Nahrung; dazu kommt das Palmöl. In Südamerika bildet der Mais die Grundlage der Ernährung.

Ein Beispiel aus Kamerun:

Frühstück: Maisbrei mit Spinat, Erdnüsse
Mittagessen: Süßkartoffeln (Bataten), in Palmöl gebraten
Abendessen: Maniok, in Palmöl gebraten
Fast alle Speisen werden mit scharf gewürzten Soßen gegessen. Manchmal gibt es Früchte wie Bananen oder Mangos.

Ein Beispiel aus Peru:

Frühstück: Suppe mit Kartoffeln und Getreide
Mittagessen: Kartoffeln und gerösteter Mais
Abendessen: Mais und Kartoffeln

Nahrungsmittel in g je Einwohner und Tag	Getreide	stärkehaltige Nahrungsmittel	Gemüse	Fische	Milchprodukte	Fette, Öle	Kilojoule
BRD	190	300	170	195	560	75	12560
USA	175	135	270	295	665	60	13400
Pakistan	430	40	45	10	210	15	9000
Indonesien	350	330	90	15	—	15	8800
Algerien	365	40	65	25	60	20	8950
Nigeria	315	655	35	20	20	20	7780
Kamerun	155	1115	60	30	65	5	8790
Peru	415	350	65	40	55	15	8200
Brasilien	270	455	50	75	145	20	10460

1 Versorgung mit wichtigen Nahrungsmitteln

Praktikum

Nährstoffe und Verdauung

Sicherheitshinweise zum Experimentieren

1. Grundsätzlich bei allen Experimenten eine Schutzbrille tragen!
2. Genau nach Anleitung arbeiten. Die Gefahrensymbole zu den verwendeten Chemikalien beachten!
3. Nach Beendigung der Experimente die verwendeten Lösungen in die dafür vorgesehenen Gefäße entsorgen. Diese sind entsprechend beschriftet.

Kohlenhydratnachweise

Stärke ergibt mit einer Iod-Kaliumiodid-Lösung eine tiefblaue bis schwarze Farbreaktion. Dazu versetzt man Stärkelösung bzw. die zu testenden Lebensmittelproben mit einigen Tropfen Iod-Kaliumiodid-Lösung.

Traubenzucker lässt sich mit Traubenzucker-Teststreifen nachweisen. Dazu gibt man zu Traubenzucker bzw. zu der zu testenden Probe etwas Wasser, schüttelt um und hält kurz den Teststreifen hinein.

Fehling'sche Probe
Benötige Geräte und Chemikalien:
— Reagenzgläser, Pipetten oder Tropfflaschen, Spatel, Wasserbad, Thermometer
— Destilliertes Wasser, Traubenzucker, Rohrzucker, Malzzucker, Milchzucker, Stärke, Fehling'sche Lösung I [Xn] und Fehling'sche Lösung II [C]

Durchführung:
— Gib jeweils etwa 2 ml wässrige Lösung der aufgeführten Kohlenhydrate in ein Reagenzglas.
— Gib dann in jedes Reagenzglas etwa 2 ml Fehling I-, dann Fehling II-Lösung zu. Nach Umschütteln sollte eine tiefblaue, durchsichtige Lösung entstehen. Falls dies nicht der Fall ist, werden noch einige weitere Tropfen Fehling II-Lösung zugegeben und erneut geschüttelt.
— Stelle dann die Reagenzgläser 2 – 3 Minuten in ein Wasserbad mit 60 – 70 °C Wassertemperatur.
— Notiere, bei welchen Kohlenhydraten sich der Reagenzglasinhalt deutlich verändert hat.
— Beschreibe, wie diese Veränderungen aussehen.
— Erläutere, in welcher Weise man die Versuchsergebnisse für die Untersuchung von Lebensmitteln nutzen kann.

Verdauung von Stärke

Benötigte Geräte und Chemikalien:
— Reagenzgläser, Reagenzglasständer, Spatel
— Stärkelösung, Iod-Kaliumiodid-Lösung [Xn], Speichel, Pankreatin (enthält Amylase)

Durchführung:
— Gib in 3 Reagenzgläser jeweils 5 ml Stärkelösung, versetze die Lösungen mit 2 bis 3 Tropfen Iod-Kaliumiodid-Lösung und schüttle um.
— Gib in das erste Reagenzglas etwas Speichel und in das zweite eine Spatelspitze Pankreatin. Schüttle um und lasse die Reagenzgläser stehen. In das dritte Reagenzglas wird nichts weiter zugegeben.
— Welche Beobachtung kannst du nach einigen Minuten machen?
— Welche Aufgabe hat das dritte Reagenzglas?
— Auf welche Ursache ist deine Beobachtung zurückzuführen? Formuliere eine begründete Annahme.
— Plane ein Experiment, mit dem du deine Annahme überprüfen kannst. Führe es anschließend durch.

Verdauung von Eiweißen

Benötigte Geräte und Chemikalien:
— Reagenzgläser, Becherglas, Messzylinder, Spatel, Bunsenbrenner, Wasserbad, Thermometer
— verd. Salzsäure, Pepsin, Pankreatin (enthält Trypsin), Eiklar von Hühnereiern

Durchführung:
— Das Eiklar von einem Hühnerei wird in einem Becherglas mit der 5fachen Menge Wasser versetzt und gut vermischt.
— Von dieser verdünnten Eiklarlösung gibt man in drei Reagenzgläser jeweils etwa 5 ml.
— Nun wird der Inhalt der Reagenzgläser über der **kleinen** Bunsenbrennerflamme so lange **vorsichtig** unter Umschütteln erhitzt, bis eine deutliche Trübung auftritt.
— In das Reagenzglas 1 gibt man eine Spatelspitze Pankreatin, in das Reagenzglas 2 eine Spatelspitze Pepsin und 2 ml verd. Salzsäure. Der Inhalt der beiden Reagenzgläser wird mit einem Glasstab umgerührt. In das dritte Reagenzglas wird nichts hinzu gegeben.
— Die drei Reagenzgläser werden dann in ein Wasserbad mit 35 °C bis 40 °C gestellt.
— Vergleiche den Inhalt der drei Reagenzgläser nach 5 bis 10 Minuten.
— Notiere deine Beobachtungen und suche eine Erklärung dafür. Stelle begründet einen Bezug her zu der Eiweißverdauung in deinem Körper.
— Welche Aufgabe erfüllt das dritte Reagenzglas? Begründe.

Verdauung von Fett

Benötigte Geräte und Chemikalien:
— Reagenzgläser, Becherglas, Spatel, Wasserbad, Thermometer
— Vollmilch, Phenolphthalein, Sodalösung in einer Tropfflasche, verd. Salzsäure, Pankreatin (enthält Lipase)

Durchführung:
— Gib zu etwa 20 ml Milch in einem Becherglas einige Tropfen Phenolphthalein. Tropfe dann unter Umrühren so lange Sodalösung zu, bis eine deutliche Rotviolett-Färbung eintritt. Dann ist der Becherglasinhalt leicht alkalisch.
— Verteile den Inhalt des Becherglases auf drei Reagenzgläser (Füllhöhe max. $^2/_3$)
— Gib in das erste Reagenzglas 3 ml Salzsäure zu, in das zweite eine Spatelspitze Pankreatin. In das dritte Reagenzglas wird nichts hinzugegeben. Stelle dann die Reagenzgläser in ein 35 °C bis 40 °C warmes Wasserbad.
— Notiere deine Beobachtungen. Nach etwa 10 Minuten kann das Experiment abgebrochen werden.
— Erkläre die Versuchsergebnisse. Informiere dich dazu noch einmal über die Zusammensetzung von Fetten und die Zusammensetzung von Milch.
— Welche Aufgabe hat das dritte Reagenzglas?

Gesunde
Ernährung

Viele Kinder und Erwachsene leiden an Übergewicht. Das senkt nicht nur die Lebenserwartung, sondern meist auch das Wohlbefinden und die körperliche Fitness. Eine ausgewogene, gesunde Ernährung kann dazu beitragen, Übergewicht zu vermeiden und gleichzeitig unseren Körper fit zu halten.

Oft wird gedankenlos das gegessen, was gut schmeckt oder in ist. Der Inhalt spielt keine große Rolle. Die beiden Abbildungen zeigen zwei völlig unterschiedliche Mahlzeiten.
Kohlenhydrate, Fette und Eiweiße sollten zur Deckung deines Energiebedarfs in der Nahrung in einem ausgewogenen Verhältnis vorhanden sein (Abb. 157.1).

Um eine vollwertige Ernährung sicherzustellen, hilft die Ernährungspyramide bei der Auswahl der Art der Nahrung und des jeweiligen Anteils. Die verwendeten Lebensmittel sollten möglichst frisch sein. Zudem sollte man die Mahlzeiten sinnvoll über den Tag verteilen. Verpackte Lebensmittel enthalten Informationen, die über die enthaltenen Inhaltsstoffe Auskunft geben.

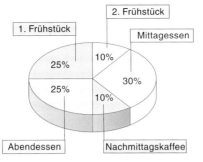

Verteilung des täglichen Energiebedarfs auf die Mahlzeiten

1. Frühstück 25%
2. Frühstück 10%
Mittagessen 30%
Nachmittagskaffee 10%
Abendessen 25%

Fettgehalt von Fastfood in %

Bratwurst	57%
Kartoffelchips	50%
Erdnüsse	49%
Salami	45%
Schokolade	33%
Hering	20%
Wiener	20%
Pommes	13%
Eiscreme	12%
Frikadelle	10%
Hühnerei	10%
Haferflocken	7%
Jogurt	5%

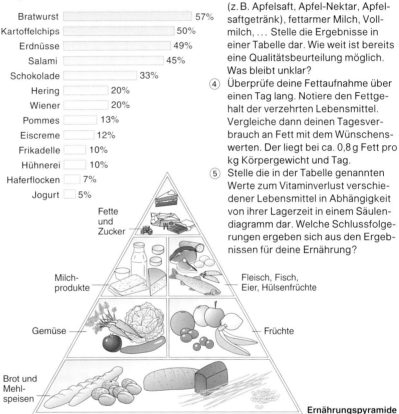

Fette und Zucker

Milchprodukte

Fleisch, Fisch, Eier, Hülsenfrüchte

Gemüse

Früchte

Brot und Mehlspeisen

Ernährungspyramide

Aufgaben

1. Vergleiche die Fotos in der linken Spalte bezüglich ihrer Inhaltsstoffe und ihres Energiegehaltes. Benutze eine Nährwerttabelle. Stelle die Unterschiede übersichtlich dar und bewerte begründet die gesundheitliche Qualität der beiden Mahlzeiten.
2. Stelle für einen Tag 5 über den Tag verteilte Mahlzeiten zusammen, die den Anforderungen einer vollwertigen Ernährung gerecht werden.
3. Vergleiche die in der Kennzeichnung angegebenen Inhaltsstoffe verschiedener Lebensmittel, aber auch verschiedener Sorten von Fruchtsäften (z. B. Apfelsaft, Apfel-Nektar, Apfelsaftgetränk), fettarmer Milch, Vollmilch, … Stelle die Ergebnisse in einer Tabelle dar. Wie weit ist bereits eine Qualitätsbeurteilung möglich. Was bleibt unklar?
4. Überprüfe deine Fettaufnahme über einen Tag lang. Notiere den Fettgehalt der verzehrten Lebensmittel. Vergleiche dann deinen Tagesverbrauch an Fett mit dem Wünschenswerten. Der liegt bei ca. 0,8 g Fett pro kg Körpergewicht und Tag.
5. Stelle die in der Tabelle genannten Werte zum Vitaminverlust verschiedener Lebensmittel in Abhängigkeit von ihrer Lagerzeit in einem Säulendiagramm dar. Welche Schlussfolgerungen ergeben sich aus den Ergebnissen für deine Ernährung?

Tabelle 1

Gemüseart	Vitamin C Ausgangsgehalt mg /100g	Lagerdauer in Tagen	Vitamin-C-Verlust in % Lagertemperatur (°C)		
			4° Kühlschrank	12° Keller	20° Speisekammer
Blumenkohl	120	1	7	7	12
		2	8	8	26
		7	9	9	53
Kopfsalat	26	1	25	25	27
		2	37	37	41
		7	55	55	–
Spinat	72	1	27	27	56
		2	33	33	79

Verdauung in Mund und Magen

Die in der Nahrung enthaltenen Nährstoffe sind meist nicht direkt von unserem Körper nutzbar. Sie müssen zuerst in ihre Bausteine zerlegt werden. Nur dann können sie vom Körper aufgenommen werden. Die Zerlegung der in der Nahrung enthaltenen Nährstoffe in ihre wasserlöslichen Bausteine findet schrittweise statt. Wir nennen diesen Vorgang **Verdauung**. Diese findet in den verschiedenen Abschnitten unseres *Verdauungstraktes* statt.

Bereits in der *Mundhöhle* beginnen die ersten Verdauungsschritte. Diese wurden durch die Zerkleinerung der Nahrung mithilfe der Zähne vorbereitet, da so die Verdauungssäfte besser einwirken können. Die *Speicheldrüsen* geben *Mundspeichel* ab, der Schleim und Stoffe enthält, welche die Zerlegung der Nährstoffe in ihre Grundbausteine stark fördern. Allgemein nennt man solche Stoffe, die die chemischen Reaktionen im Körper stark beschleunigen, **Enzyme**. Der Mundspeichel enthält das Enzym *Amylase*, das die Stärke in Malzzucker zerlegt. Während des Kauvorganges durchmischt die Zunge den Speisebrei. Dadurch wird der Kontakt zwischen den zu verdauenden Nährstoffen und den Enzymen intensiver und die Verdauung der Stärke nochmals beschleunigt. Anschließend wird der Speisebrei von der Zunge gegen den Gaumen gedrückt und der Schluckreflex ausgelöst. Dabei wird kurzzeitig der Kehlkopfdeckel abgesenkt, die Luftröhre geschlossen, die Atmung angehalten und der Zugang zur Nase abgeriegelt.

Die *Speiseröhre* ist ein muskulöser Schlauch. Sie liegt hinter der Luftröhre und transportiert die Nahrung zum Magen. Durch Muskelbewegungen, die wellenförmig *(Peristaltik)* vom Rachen zum Magen verlaufen, wird der Speisebrei in wenigen Sekunden in den Magen transportiert.

Der Magen hat ein Fassungsvermögen von 1 bis 2 Litern, sodass der Speisebrei über längere Zeit gesammelt werden kann. Die *Magenschleimhaut*, die die Innenwand des Magens auskleidet, ist stark gefaltet und von zahlreichen und verschiedenen Typen von Drüsenzellen durchsetzt. Die von den *Belegzellen* produzierte Salzsäure hat nach einer halben bis einer Stunde den gesamten Mageninhalt durchsäuert. Die Säure macht das Enzym Amylase unwirksam, tötet die meisten mit der Nahrung eingedrungenen

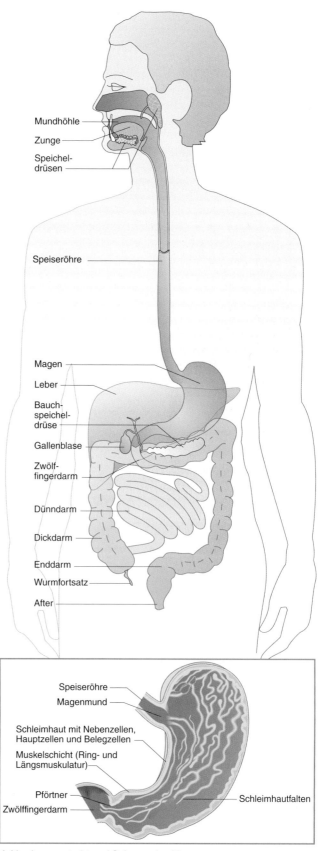

1 Verdauungstrakt und Schema des Magens

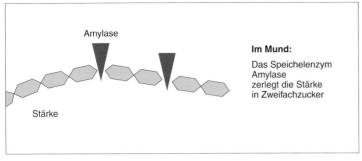

Im Mund:
Das Speichelenzym Amylase zerlegt die Stärke in Zweifachzucker

1 Stärkeverdauung

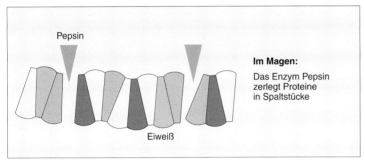

Im Magen:
Das Enzym Pepsin zerlegt Proteine in Spaltstücke

2 Eiweißverdauung

Krankheitserreger ab und bringt Proteine zum Quellen. Aus dem von den *Hauptzellen* abgegebenen *Pepsinogen* bildet sich in Verbindung mit Salzsäure das wirksame Enzym *Pepsin*. Es spaltet Proteine. Ein weiteres Protein spaltendes Enzym ist *Kathepsin*. Diese Enzyme und weitere Stoffe sind im Magensaft enthalten, von dem täglich ca. 1,5 – 2 l gebildet werden. Die *Nebenzellen* produzieren den Magenschleim. Er verhindert, dass die im Magensaft enthaltene Salzsäure und eiweißspaltende Enzyme an die Magenwand gelangen. So schützt der Magenschleim die Magenwand vor der Selbstverdauung.

Kräftige Ring- und Längsmuskeln der Magenwand erzeugen peristaltische Bewegungen. Dadurch wird der Speisebrei durchmischt und zum Magenausgang, dem *Pförtner*, transportiert. Die Verweildauer der Speisen im Magen hängt von ihrer Zusammensetzung ab. Leicht verdauliche Speisen, wie zum Beispiel Milch und Reis, bleiben nur etwa 1 – 2 Stunden im Magen, schwer verdauliche Speisen, wie Schweinespeck oder Ölsardinen, 5 – 8 Stunden.

❑ettelkasten

Wie Enzyme wirken

Die Spaltung der Nährstoffe zu ihren wasserlöslichen Bausteinen läuft auch ohne Enzyme ab, jedoch sehr langsam. Wir müssten deshalb ohne die Enzyme verhungern, da wir unverdaute Nährstoffe nicht in die Blutbahn aufnehmen können. Die Enzyme, die in den Verdauungssäften enthalten sind, beschleunigen die Spaltungsreaktionen um ein Vieltausendfaches. Daher kann die aufgenommene Nahrung in so kurzer Zeit in ihre Bausteine zerlegt, also verdaut werden, dass von uns ausreichende Mengen genutzt werden können.

Stoffe, welche chemische Reaktionen stark beschleunigen, nennt man *Katalysatoren*. Enzyme sind somit *Biokatalysatoren*.

Bei der Verdauung werden die Nährstoffe in mehreren aufeinander folgenden Reaktionen zunächst in größere Spaltstücke und danach in die Grundbausteine zerlegt. Für jede dieser unterschiedlichen Reaktionen gibt es nur ein bestimmtes Enzym. Das liegt daran, dass Enzyme zu ihrem umzusetzenden Stoff passen *(Passform)*, wie ein Schlüssel in das zugehörige Schloss *(Schlüssel-Schloss-Prinzip)*.

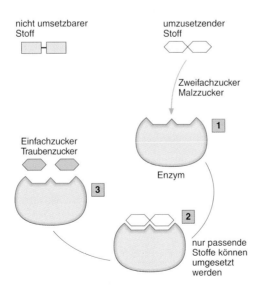

So spaltet zum Beispiel das im Speichel enthaltene Enzym *Amylase* von der Stärke Malzzucker ab. Aus einem Vielfachzucker ist dadurch ein Zweifachzucker geworden. Andere Reaktionen kann Amylase nicht katalysieren.

Im Dünndarm wird dann später der Malzzucker durch das Enzym *Maltase* zu dem Grundbaustein Traubenzucker, einem Einfachzucker, gespalten.

Pepsin und *Kathepsin* spalten Eiweiße in größere Bruchstücke, können aber keine Stärke spalten. Die Eiweiße werden später ebenfalls im Dünndarm durch weitere Enzyme vollständig in ihre Grundbausteine, die Aminosäuren, zerlegt.

Verdauungsvorgänge im Dünndarm

Die peristaltischen Bewegungen der Magenmuskulatur drücken den Speisebrei durch den Pförtner in den *Zwölffingerdarm*. Der Zwölffingerdarm ist der erste Abschnitt des Dünndarms. In ihn münden die Ausführgänge von Gallenblase und Bauchspeicheldrüse.

Die *Bauchspeicheldrüse* oder *Pankreas* wiegt ca. 80 g, ist etwa 18 cm lang und liegt im Oberbauch. Sie gibt täglich bis zu 1,5 l Bauchspeichel ab. Dieser enthält zunächst noch inaktive Vorstufen von zahlreichen Verdauungsenzymen für den Abbau von Kohlenhydraten, Proteinen und Fetten. Die Vorstufen werden erst im Zwölffinger- und Dünndarm aktiv. Die *Bauchspeichel-Amylase* zerlegt die restliche Stärke in Malzzucker. *Trypsin* spaltet Proteine in kleinere Bruchstücke. Die *Lipasen* spalten Lipide. Zu ihnen gehören die Fette, die in Glycerin und Fettsäuren gespalten werden.

Der *Dünndarm* ist ähnlich aufgebaut wie die Speiseröhre und der Magen: nach außen hin umschließt ihn eine Bindegewebshülle, innen wird er von einer Schleimhaut ausgekleidet. Dazwischen liegt eine Muskelschicht mit Längs- und Ringmuskulatur.

Die Dünndarmschleimhaut ist vielfach in Falten gelegt. Diese sind wiederum mit ca. 1 mm langen Ausstülpungen, den sogenannten *Darmzotten*, besetzt. Sie kleiden den Darm wie Samt aus. In jeder Darmzotte verlaufen Adern, Lymphgefäße und Nervenfasern. Zahlreiche in den Vertiefungen zwischen den Zotten liegende *Drüsenzellen* bilden den *Dünndarmsaft*. Dieser enthält vor allem schleimartige Substanzen, welche die zum Darminnenraum liegendenden Zellen schützen. Pro Tag werden bis zu 3 Liter Dünndarmsaft gebildet.

Die Dünndarmzotten werden von einer dünnen Gewebeschicht, der *Darmepidermis*, zum Darminnern hin abgegrenzt. Die Darmepidermis besteht aus *Saumzellen* und Schleim bildenden *Becherzellen*. Die Saumzellen besitzen nochmals winzige Vorsprünge, die *Mikrovilli*. Diese bilden den *Bürstensaum*. Durch die Form der Dünndarmzotten und Mikrovilli wird die innere Oberfläche des Dünndarms auf etwa 200 m² vergrößert. Die Zellen der Darmepidermis bilden Enzyme, welche an der Oberfläche des Bürstensaums die Verdauung der Kohlenhydrate und Eiweiße abschließen.

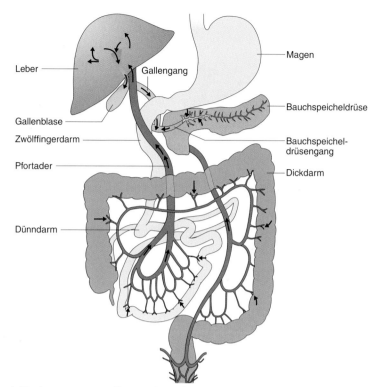

1 Verdauungsorgane (Schema) und Stoffaufnahme ins Blut

Leber · Gallengang · Magen · Gallenblase · Bauchspeicheldrüse · Zwölffingerdarm · Bauchspeicheldrüsengang · Pfortader · Dickdarm · Dünndarm

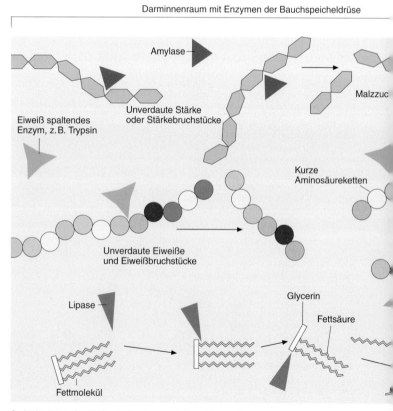

Darminnenraum mit Enzymen der Bauchspeicheldrüse

Amylase · Malzzuc · Eiweiß spaltendes Enzym, z.B. Trypsin · Unverdaute Stärke oder Stärkebruchstücke · Kurze Aminosäureketten · Unverdaute Eiweiße und Eiweißbruchstücke · Lipase · Glycerin · Fettsäure · Fettmolekül

2 Aufnahme der Nährstoffe durch Blut und Lymphe

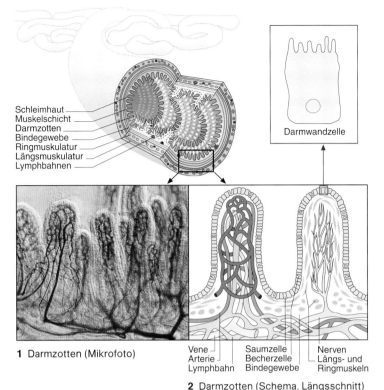

Schleimhaut
Muskelschicht
Darmzotten
Bindegewebe
Ringmuskulatur
Längsmuskulatur
Lymphbahnen

Darmwandzelle

1 Darmzotten (Mikrofoto)

Vene
Arterie
Lymphbahn
Saumzelle
Becherzelle
Bindegewebe
Nerven
Längs- und
Ringmuskeln

2 Darmzotten (Schema, Längsschnitt)

Bürstensaum-Enzyme

Zellplasma

Blut
Pfortader

Maltase

Traubenzucker

minosäure

Blut

Aminosäuren

Lymphe

Damit sind alle in der Nahrung enthaltenen Nährstoffe in ihre Grundbausteine gespalten: Kohlenhydrate in Einfachzucker, Eiweiße in Aminosäuren und Fette in Fettsäuren und Glycerin. Diese werden im Darmsaft gelöst und können deshalb durch die Darmepidermis hindurch vom Körper aufgenommen werden.

Die Aufnahme von Nährstoffen bezeichnet man als *Resorption*. Die Verdauungsprodukte der Fette werden zum größten Teil im Zellplasma der Saumzellen wieder miteinander verknüpft und gelangen so in die Lymphbahn. Da die Lymphbahn über Venen in das Blutgefäßsystem einmündet, gelangen die Fette auf diesem Umweg ins Blut, über das sie dann verteilt werden. Einfachzucker und Aminosäuren werden direkt in das Blutgefäßsystem aufgenommen. Feine Blutkapillaren umspinnen den Dünndarm, aber auch Magen und Dickdarm. So können die vom Körper benötigten Stoffe vollständig aufgenommen werden. Die feinen Blutgefäße vereinigen sich zur Pfortader, welche der Leber die durch das Verdauungssystem resorbierten Stoffe zuführt.

Die etwa 1 500 g schwere *Leber* ist die größte Drüse des menschlichen Körpers. Sie liegt rechts in der Bauchhöhle unter dem Zwerchfell. Die Leber spielt beim Stoffwechsel der Kohlenhydrate, Fette und Eiweiße, bei der Blutgerinnung und Entgiftung des Blutes eine zentrale Rolle. Die Aufgaben dieses *zentralen Stoffwechselorgans* sind im Wesentlichen:

— Aufbau von Eiweißen, zum Beispiel Gerinnungsfaktoren
— Abbau von nicht genutzten Eiweißen zu Aminosäuren
— Abbau von Aminosäuren zu Harnstoff
— Umbau von aufgenommenem Fett zu körpereigenem Fett
— Aufbau von Glykogen aus Traubenzucker
— Freisetzung von Traubenzucker aus Glykogen bei Bedarf
— Abbau von Giftstoffen, z. B. Alkohol
— Abbau der alten roten Blutzellen.

Zusätzlich produziert die Leber täglich 0,5 Liter *Gallensaft*, der in der Gallenblase vorübergehend eingedickt und gespeichert werden kann. Die im Gallensaft vorkommenden *Gallensäuren* verteilen das Fett in feinste Tröpfchen (*Emulgieren*). Damit wird den fettverdauenden Enzymen im Zwölffingerdarm eine möglichst große Angriffsfläche geboten.

Verdauungsvorgänge im Dickdarm

Die *Dickdarmschleimhaut* besitzt, im Gegensatz zum Dünndarm, keine Zotten. Ihre innere Oberfläche ist durch halbmondförmige Falten vergrößert. Der Dickdarm bildet keine Verdauungsenzyme. In ihm leben Milliarden von Bakterien. Diese *Dickdarmbakterien* bauen einen Teil der sonst unverdaulichen Zellulose ab, indem sie diese in kleinere, verwertbare Bausteine zerlegen und umwandeln. Aber auch nicht verdaute Eiweiße und Kohlenhydrate werden durch die bakterielle Tätigkeit aufgespalten. Dabei bauen die Darmbakterien die Vitamine K und Biotin auf. Durch die Tätigkeit der Darmbakterien entstehen als weitere Produkte auch Gase, wie z. B. Methan, Ammoniak und der unangenehm riechende Schwefelwasserstoff.

Eine weitere wichtige Aufgabe des Dickdarms besteht darin, für den Körper möglichst viel Wasser wieder zurückzugewinnen. Schließlich werden täglich etwa 9 Liter Verdauungssäfte in den Nahrungsbrei abgegeben. Gleichzeitig gelangen auch noch im Nahrungsbrei vorhandene Nährstoffteilchen, Vitamine und Mineralstoffe ins Blut, die zuvor im Dünndarm nicht resorbiert oder durch die Darmbakterien gebildet wurden.

Dadurch, dass dem Speisebrei nach und nach Wasser entzogen wird, entsteht der eingedickte *Kot*. Durch das Bewegungsvermögen des Dickdarms gelangt dieser in den *Mastdarm*. Das ist der letzte Abschnitt des Dickdarms. Schließlich erfolgt die Ausscheidung durch den *After*. Der ausgeschiedene Kot besteht aus unverdauter Nahrung, Schleim,

abgestoßenen Schleimhautzellen, Umwandlungsprodukten aus Verdauungsvorgängen, großen Mengen Bakterien und immer noch zu $2/_3$ aus Wasser.

Enthält ein Speiseplan nur Nahrungsmittel, die vollständig im Dünndarm verdaut und aufgenommen werden, so fehlen dem Dickdarm notwendige *Ballaststoffe*. Dies sind unverdauliche Nahrungsbestandteile, die dafür sorgen, dass die Dickdarmmuskulatur normal arbeitet, denn Darmträgheit führt zur *Verstopfung*. Ein Abführmittel kann dann kurzfristig Besserung bringen. Auf die Dauer aber sind richtige Ernährung sowie viel körperliche Bewegung wirkungsvoller und natürlich auch gesünder.

Der *Blinddarm* am Beginn des Dickdarms hat für die Verdauung des Menschen kaum Bedeutung. In seinem Endabschnitt, dem *Wurmfortsatz*, können manchmal Entzündungen auftreten. In einer Operation muss dann meist der Wurmfortsatz entfernt werden, damit es nicht zu einem gefährlichen Blinddarmdurchbruch kommt.

Aufgaben

1. Bei Durchfallerkrankungen ist die Verweildauer des Speisebreies im Verdauungskanal kürzer als normal. Erläutere!
2. Nenne ballaststoffreiche Nahrungsmittel, die die Dickdarmträgheit beeinflussen können.
3. Warum verdauen wir uns eigentlich nicht selbst? Begründe!

1 Dickdarmschleimhaut

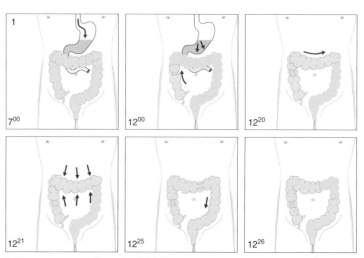

2 Bewegungsvermögen des Dickdarms

Verdauung im Überblick

In unserem Verdauungstrakt läuft ein ganzes Menschenleben lang mit großer Präzision und Zuverlässigkeit die Aufbereitung der Nahrung in die für den Menschen nutzbaren Bausteine ab. Nur diese Bausteine können dann in die Blutbahn aufgenommen werden. Die an der Verdauung beteiligten Organe erbringen dabei erstaunliche Leistungen.

Einige Zahlen (in Durchschnittswerten angegeben) sollen diese Leistungen deutlich machen:
— Zahl der Schluckvorgänge: 600 pro Tag
— Anzahl der abgestoßenen Magenschleimhautzellen: 500 000 pro Minute
— Lebensdauer der Magenschleimhautzellen: 3—5 Tage
— Erneuerung der Dünndarmschleimhaut: alle 2 Tage
— Zahl der Bakterien im Dickdarm: 100 Milliarden bis 1 Billion pro cm^3 Speisebrei
— Transportgeschwindigkeit des Speisebreis im Dünndarm: 1—4 cm pro Minute, im Dickdarm: 0,04—0,6 cm pro Minute
— Volumen der Darmgase: 600 ml pro Tag

Aufgaben

① Erläutere, wovon die Verweildauer des Speisebreis in den einzelnen Abschnitten des Verdauungstrakts abhängt.

② Stelle mithilfe des Lehrbuchtextes auf den vorangegangenen Seiten zusammen,
— wie viel Verdauungssaft im Durchschnitt von den beteiligten Organen jeweils gebildet wird,
— welche Enzyme er jeweils gegebenenfalls enthält,
— welche Vorgänge in den einzelnen Abschnitten stattfinden.

③ Fertige in deinem Heft Tabellen nach dem vorgegebenen Muster an. Damit erhältst du einen guten Überblick über die Vorgänge im Verdauungstrakt des Menschen.

④ Weshalb werden die Schleimhautzellen des Magens und des Dünndarms ständig durch neue ersetzt? Begründe deine Ansicht.

⑤ Welche Aufgaben haben die vielen Milliarden Darmbakterien? Durch welche Nahrungsmittel werden sie zu besonders großer Aktivität angeregt?

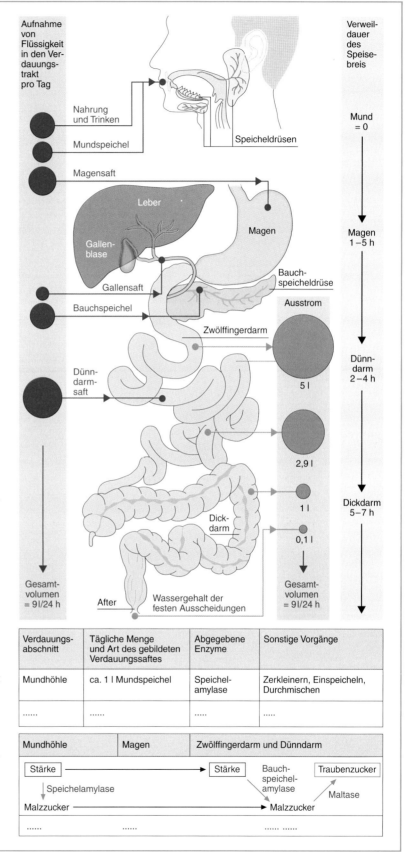

Verdauungsabschnitt	Tägliche Menge und Art des gebildeten Verdauungssaftes	Abgegebene Enzyme	Sonstige Vorgänge
Mundhöhle	ca. 1 l Mundspeichel	Speichelamylase	Zerkleinern, Einspeicheln, Durchmischen
......	......	......	......

Mundhöhle	Magen	Zwölffingerdarm und Dünndarm		
Stärke ⟶		Stärke	Bauchspeichelamylase	Traubenzucker
↓ Speichelamylase				↗ Maltase
Malzzucker ⟶			Malzzucker	
......	......	....		

Das Blutgefäßsystem

Die Erkenntnis, dass das Blut in einem geschlossenen Blutkreislauf fließt, in jedem Blutgefäß nur in einer Richtung strömt und durch das Herz angetrieben wird, verdanken wir dem englischen Arzt WILLIAM HARVEY (1578 – 1657). Er formulierte die später bestätigte Annahme, dass der Kreislauf aus der *Lungenschleife*, die von der rechten Herzhälfte angetrieben wird, und der *Körperschleife* besteht, in der das Blut von der linken Herzhälfte bewegt wird.

Alle Blutgefäße, die Blut vom Herzen wegführen, heißen *Arterien*. Eine aus Bindegewebe bestehende Hülle schließt sie nach außen hin ab. In ihr verlaufen viele Adern und Nervenfasern. Ringförmige Muskelfasern bauen die Mittelschicht auf. Wegen ihrer Elastizität dehnen sich die Hauptschlagadern und großen herznahen Arterien bei jedem Herzschlag aus. Während der Herzmuskel erschlafft, ziehen sich diese Arterien wieder zusammen und befördern so das Blut weiter. Auf diese Weise werden Druckschwankungen, die durch das rhythmisch schlagende Herz entstehen, gedämpft. Die innerste Schicht der Arterien bildet eine einschichtige und glatte Deckschicht. Sie vermindert den Reibungswiderstand des strömenden Blutes.

Mit zunehmender Entfernung vom Herzen verzweigen sich die Arterien in immer feinere Gefäße, bis sie in den Geweben zu den *Haar*- oder *Kapillargefäßen* werden. Diese sind so eng, dass die roten Blutzellen sich nur noch im „Gänsemarsch" hindurchzwängen können.

Die Kapillargefäße vereinigen sich schließlich wieder zu größeren Blutgefäßen, in denen das Blut zum Herzen zurück strömt. Alle zum Herzen hinführenden Blutgefäße heißen *Venen*. Sie besitzen im Gegensatz zu den Arterien nur dünne Wände. In ihrem Innern befinden sich die *Venenklappen*. Diese verhindern ein Zurückfließen des Blutes. Dadurch fließt das Blut nur in eine Richtung.

Aufgaben

(1) Beschreibe den Blutkreislauf mithilfe von Abbildung 1.
(2) Erkläre die Ventilwirkung der Venenklappen (s. Randspalte).

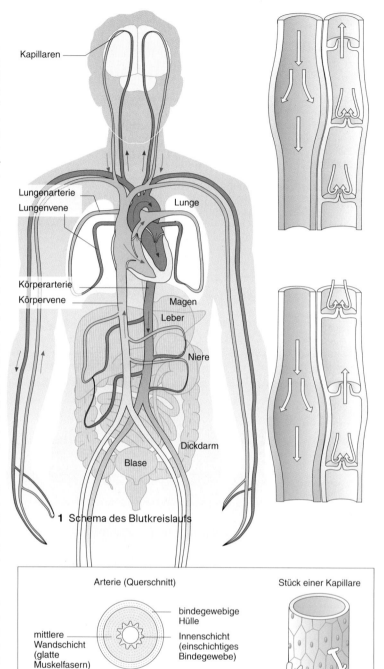

1 Schema des Blutkreislaufs

Kapillaren
Lungenarterie
Lungenvene
Lunge
Körperarterie
Körpervene
Magen
Leber
Niere
Dickdarm
Blase

Arterie (Querschnitt)
Stück einer Kapillare
mittlere Wandschicht (glatte Muskelfasern)
bindegewebige Hülle
Innenschicht (einschichtiges Bindegewebe)
mittlere Wandschicht (glatte Muskelfasern)
bindegewebige Hülle
Innenschicht (einschichtiges Bindegewebe)
Gefäße
Vene (Querschnitt)
verzweigte Bindegewebszellen

2 Aufbau von Blutgefäßen

Das Herz

Das Herz eines Erwachsenen ist ein etwa faustgroßer *Hohlmuskel*. Die *Herzscheidewand* teilt den Hohlraum des Herzmuskels in zwei ungleiche Hälften. Jede Herzhälfte ist nochmals durch *Segelklappen* unterteilt. Dadurch entstehen *linker* bzw. *rechter Vorhof* und *linke* bzw. *rechte Kammer*, wobei die Muskulatur der linken Kammer kräftiger ist. In den rechten Vorhof münden die obere und die untere *Körperhohlvene*, in den linken die von den Lungen kommenden *Lungenvenen*. Aus der rechten Herzkammer entspringt die *Lungenarterie*, aus der linken die große Körperschlagader oder *Aorta*.

sich öffnenden Segelklappen in die Herzkammern. Die Taschenklappen sind nun geschlossen.

Das Herz schlägt in Ruhe etwa 70-mal pro Minute. Bei einem Schlagvolumen von ca. 70 ml je Herzkammer ergibt dies eine Pumpleistung von mehr als 14 000 Litern pro Tag. Die schleimigfeuchten Innenwände des *Herzbeutels* ermöglichen eine nahezu reibungslose Pumpbewegung. Ein eigenes Blutgefäßsystem, die *Herzkranzgefäße*, versorgt den Herzmuskel ständig mit Sauerstoff und Nährstoffen.

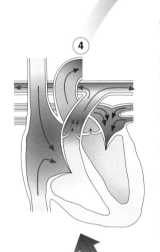

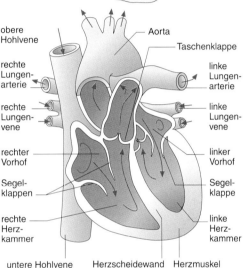

obere Hohlvene

rechte Lungenarterie

rechte Lungenvene

rechter Vorhof

Segelklappen

rechte Herzkammer

untere Hohlvene

Aorta

Taschenklappe

linke Lungenarterie

linke Lungenvene

linker Vorhof

Segelklappe

linke Herzkammer

Herzscheidewand   Herzmuskel

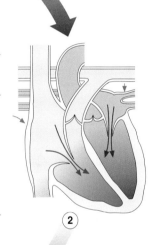

1 Bau des Herzens

Ein System von Ventilen regelt die Blutströmung im Herzen. Zwischen den Vorhöfen und Herzkammern befinden sich die Segelklappen. Am Übergang vom Herzen zur Lungen- und Körperarterie befinden sich die *Taschenklappen*.

Das Herz schlägt rhythmisch. Vorhöfe und Herzkammern leeren und füllen sich im Wechsel. Beim Zusammenziehen der Muskulatur der Kammern *(Systole)* wird das Blut in die Lungen- und Körperarterie gedrückt. Die Taschenklappen sind geöffnet, die Segelklappen geschlossen. Sie verhindern ein Zurückfließen des Blutes in die Vorhöfe. Erschlafft der Muskel *(Diastole)*, strömt das in den Vorhöfen gesammelte Blut durch die

2 Vier Phasen des Herzschlags

Aufgaben

(1) Die Herzmuskulatur der linken Seite ist viel stärker als die der rechten Seite. Begründe.

(2) „In den Venen fließt sauerstoffarmes Blut, in den Arterien sauerstoffreiches." Begründe, warum diese Aussage nur teilweise richtig ist.

(3) Es gibt Menschen, bei denen sich bei der Geburt ein Loch in der Herzscheidewand nicht schließt. Welche Auswirkungen hat das?

Herzinfarkt — muss nicht sein!

Der etwas dickliche Herr mittleren Alters rennt zur Haltestelle und erwischt die Straßenbahn gerade noch. „Na, sobald man sein Auto in die Werkstatt hat, geht die Hektik erst richtig los", japst er und setzt sich hin. Plötzlich nestelt er an der Krawatte herum und fasst sich an die Brust. Er schnappt nach Luft, wird kreidebleich und sinkt langsam von der Bank.

Der Mann hat noch Glück, denn in der Straßenbahn sind Menschen, die ihm bei seinem *Herzinfarkt* helfen können. Sie öffnen die Krawatte und das Hemd, um ihm etwas Erleichterung zu verschaffen. Der schnell herbeigerufene Notarztwagen bringt ihn ins Krankenhaus.

Ähnliche Szenen spielen sich tagtäglich in allen hoch industrialisierten Ländern ab. Die *Herz-Kreislauf-Erkrankungen* sind bei uns die Todesursache Nummer 1 geworden (s. Abb. 1). Mit zunehmender Industrialisierung eines Landes steigt dort auch die Zahl der Herz-Kreislauf-Erkrankungen. Dies könnte Zufall sein oder aber einen ursächlichen Zusammenhang haben. Wie man herausgefunden hat, entstehen Herz-Kreislauf-Erkrankungen unter anderem oft im Zusammenspiel mit
— zu wenig Bewegung
— Dauerbelastung
— Fehlernährung
— Rauchen
— Schadstoffbelastung
— Fettleibigkeit und
— Bluthochdruck

Das sind sogenannte *Risikofaktoren*, die gehäuft in hoch industrialisierten Ländern auftreten. Es gibt dort viele Arbeitsplätze, die kaum noch körperliche Bewegung erfordern, jedoch täglich große psychische Belastungen bringen. Die meisten Wege werden mit dem Auto oder öffentlichen Verkehrsmitteln bewältigt. Der Zigaretten- und Alkoholkonsum steigt, die Nahrung ist im Überschuss vorhanden, sehr schmackhaft, aber in ihrer Zusammensetzung sehr oft einseitig.

Die medizinischen und technischen Errungenschaften unserer hoch zivilisierten Welt haben uns zwar eine höhere Lebenserwartung beschert, auf der anderen Seite aber trägt die Zivilisation auch Einiges dazu bei, uns krank zu machen. Die Statistik über die Todesursachen in Deutschland zeigt, dass Infektionskrankheiten, wie Tuberkulose, Pocken und Pest, fast nicht mehr zu Buche schlagen, obwohl sie früher einmal als Geißel der Menschheit betrachtet wurden. Herz-Kreislauf-Erkrankungen und Krebs — zwei Krankheiten also, von denen man annimmt, dass unsere Zivilisation Mitverursacher ist — sind auf die ersten Plätze gerückt.

Arteriosklerose und Infarkt

Auf welche Weise Herz und Adern funktionieren, wurde schon auf Seite 168/169 erklärt. Dieses normale Wechselspiel zwischen Herz und Arterien kann jedoch auf verschiedene Weise gestört werden, was meist zum Anstieg des Bluckdrucks zum *Bluthochdruck* führt. Beispielsweise nimmt die Elastizität der Aderwände ab, wenn Fett- und Kalkablagerungen die Wände verhärten *(Arteriosklerose)*. Dabei werden die Adern auch enger. Der Blutdruck steigt und die Beanspruchung der Aderwände nimmt zu. Kleine Risse können in der Aderinnenhaut entstehen. Sie führen zu Wucherungen des Bindegewebes und verengen die Adern noch mehr. Koffein und Nikotin bewirken das Zusammenziehen der Adern und damit Bluthochdruck, ebenso Stressfaktoren der Umwelt.

Kommen mehrere solcher Einflüsse zusammen, werden die Adern so eng und unelastisch, dass schon kleine Blutklümpchen zum Aderverschluss führen können. Dies wirkt sich besonders schlimm aus, wenn ein Herzkranzgefäß verstopft und so ein Teil der Herzmuskulatur nicht mehr mit Sauerstoff versorgt wird. Der Herzmuskel arbeitet nicht

Arteriosklerose
(*arteria*, gr. = Schlagader;
skleros, gr. = hart)

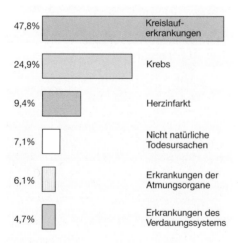

47,8% — Kreislauf-erkrankungen

24,9% — Krebs

9,4% — Herzinfarkt

7,1% — Nicht natürliche Todesursachen

6,1% — Erkrankungen der Atmungsorgane

4,7% — Erkrankungen des Verdauungssystems

1 Todesursachen in Deutschland (1999)

mehr, ein *Herzinfarkt* ist die Folge. Ein Infarkt kündigt sich oft an: Herzstechen und Schmerzen, die in den linken Arm ausstrahlen, deuten auf eine schlechte Durchblutung der Herzmuskulatur hin. Leider werden diese Vorboten oft ignoriert. Nimmt man diese Warnungen des Körpers ernst und lässt sich vom Arzt untersuchen, so kann dieser mithilfe eines *Elektrokardiogramms* (EKG) das Herz auf seine Funktionstüchtigkeit untersuchen. Bei drohendem Infarkt wird heute beispielsweise eine *Bypass-Operation* durchgeführt. Dabei umgeht man das verengte Herzkranzgefäß mit einem Stück Vene, das man aus einem Bein entnimmt.

Eine gesunde Lebensweise ist die beste *Vorsorge* und vermindert drastisch das Risiko eines Herzinfarktes:
— Nicht rauchen und wenig tierische Fette zu sich nehmen, um der Arteriosklerose vorzubeugen.
— Wenig Kaffee trinken, salzarm essen, sich regelmäßig bewegen (Sport treiben) und lang andauernde Stressbelastungen vermeiden.
— Sein Gewicht kontrollieren, denn Übergewicht steigert den Blutdruck.

Das alles sind Regeln, die man leicht einhalten kann. Der *Bluthochdruck* jedoch ist nur durch Blutdruckmessungen kontrollierbar. Menschen mit zu hohem Blutdruck merken nichts davon. Sie fühlen sich wohl, sind fit und belastbar. Daher sollte man, wenn der Arzt schon einen hohen Blutdruck festgestellt hat, regelmäßig Blutdruckmessungen durchführen lassen.

Elektrokardiogramm
(*elektron*,
gr. = Bernstein
Dieser lädt sich beim
Reiben elektrisch auf;
kardia, gr. = Herz;
graphein,
gr. = schreiben)

Endoskopie
(*endo* als Vorsilbe, gr.
= innen, innerhalb
skopein,
gr. = schauen)

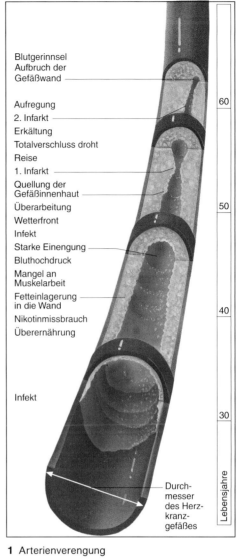

Blutgerinnsel
Aufbruch der
Gefäßwand

Aufregung
2. Infarkt
Erkältung
Totalverschluss droht
Reise
1. Infarkt
Quellung der
Gefäßinnenhaut
Überarbeitung
Wetterfront
Infekt
Starke Einengung
Bluthochdruck
Mangel an
Muskelarbeit
Fetteinlagerung
in die Wand
Nikotinmissbrauch
Überernährung

Infekt

60
50
40
30

Lebensjahre

Durchmesser
des Herzkranzgefäßes

1 Arterienverengung

ettelkasten

Fortschritte der Medizin

Es gibt heute die Möglichkeit, mithilfe der *Endoskopie* von einer Armarterie aus bis in die Herzkranzgefäße vorzustoßen und im Bereich der Ablagerungen einen Ballon zu füllen, der die Ader weitet *(Ballondilatation)*. Neueste Techniken der Endoskopie erlauben sogar, die Ablagerungen mithilfe eines Laserstrahls zu schmelzen und abzusaugen (s. Abbildung).

Wie die Bypass-Operation, so wurde auch das Einsetzen eines *Herzschrittmachers* zu einer Routineoperation. Der Schrittmacher liefert bei krankhaft unregelmäßigem Herzschlag immer zum richtigen Zeitpunkt die elektrischen Reize, die den Herzmuskel veranlassen, sich zusammenzuziehen.

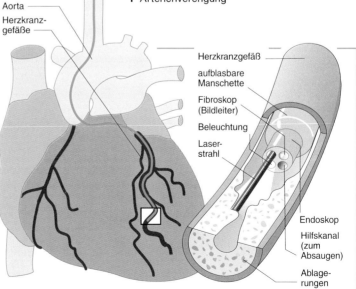

Armarterie

Aorta
Herzkranz-
gefäße

Herzkranzgefäß
aufblasbare
Manschette
Fibroskop
(Bildleiter)
Beleuchtung
Laser-
strahl

Endoskop
Hilfskanal
(zum
Absaugen)
Ablage-
rungen

Zusammensetzung und Aufgaben des Blutes

Im Gefäßsystem des Körpers fließen ca. 5–7 Liter Blut. Lässt man eine geringe Menge Blut längere Zeit in einem Reagenzglas bei niedriger Temperatur und unter Luftabschluss stehen, sinken seine festen Bestandteile langsam zu Boden. Als Überstand bleibt eine leicht getrübte, gelbliche Flüssigkeit, das *Blutplasma*. Seine Hauptbestandteile sind: 90 % Wasser, 7 % Plasmaeiweiße, 0,7 % Fette, 0,1 % Traubenzucker. Die restlichen 2,2 % verteilen sich auf Vitamine, Salze (z. B. Kochsalz), Hormone, Abwehrstoffe gegen Krankheitserreger und Abfallstoffe des Stoffwechsels. Außerdem enthält das Blutplasma den Gerinnungsstoff *Fibrinogen*, ein Eiweiß. Wird es z. B. durch stetiges Umrühren mit einem Glasstab aus dem Blutplasma entfernt, bleibt das *Blutserum* übrig.

Die festen Bestandteile des Blutes sind die roten Blutzellen *(Erythrocyten)*, die weißen Blutzellen *(Leukocyten)* und die Blutplättchen *(Thrombocyten)*.

Die roten Blutzellen sind flache, von beiden Seiten eingedellte Scheibchen mit einem Durchmesser von 7 μm. Sie werden im *roten Knochenmark* aus Stammzellen durch Zellteilung gebildet und verlieren bald ihren Zellkern. Die roten Blutzellen haben nur eine begrenzte Lebensdauer von 100–120 Tagen und werden danach in Leber und Milz abgebaut. Unser Blut enthält etwa 25 Billionen rote Blutzellen, 5 Millionen sind in einem mm³. Damit ihre Gesamtzahl erhalten bleibt, müssen Millionen von Blutzellen pro Sekunde neu gebildet werden.

Eine wesentliche Aufgabe der roten Blutzellen ist der Sauerstofftransport. Sie enthalten den Blutfarbstoff *Hämoglobin*, der den Sauerstoff binden kann. Außerdem sind die roten Blutzellen am Transport des Kohlenstoffdioxids beteiligt.

Erst im angefärbten Blutausstrich sind unter dem Mikroskop die weißen Blutzellen — die Leukocyten — zu erkennen. Es gibt verschiedene Arten von Leukocyten. Sie besitzen einen Zellkern und entstehen aus Stammzellen des Knochenmarks oder in den lymphatischen Organen, wie z. B. Milz, Thymusdrüse, Mandeln sowie Wurmfortsatz. Während die roten Blutzellen passiv vom Blutstrom mitgenommen werden, können sich die weißen Blutzellen aktiv wie Amöben fortbewegen. Sie wandern auch gegen den Blutstrom, zwängen sich durch Kapillarwände in die

Gewebszellen der Organe und können so fast jeden Ort im Körper erreichen. Ihre Hauptaufgabe ist die Bekämpfung und das Fressen von Fremdkörpern und Krankheitserregern. Oft bildet sich an einer Wunde Eiter. Dieser setzt sich überwiegend aus abgestorbenen weißen Blutzellen zusammen.

Die Blutplättchen *(Thrombocyten)* sind kleine Zellbruchstücke und entstehen im Knochenmark. Ihre Aufgabe ist es — zusammen mit dem Fibrinogen und weiteren Faktoren im Blutplasma — die Blutgerinnung auszulösen und Wunden zu verschließen.

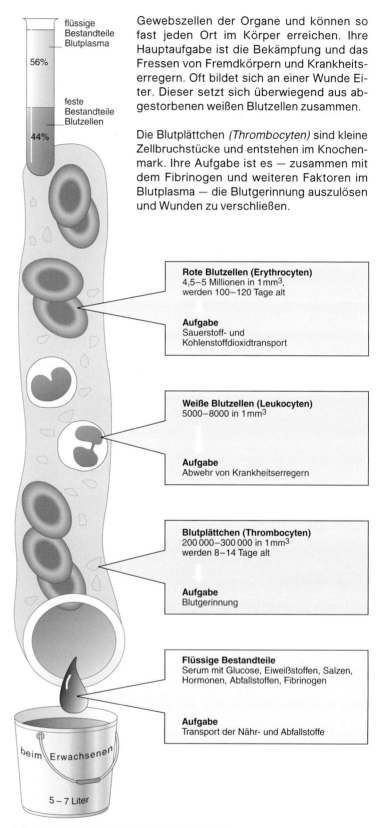

flüssige Bestandteile Blutplasma

56%

feste Bestandteile Blutzellen

44%

Rote Blutzellen (Erythrocyten)
4,5–5 Millionen in 1 mm³,
werden 100–120 Tage alt

Aufgabe
Sauerstoff- und Kohlenstoffdioxidtransport

Weiße Blutzellen (Leukocyten)
5000–8000 in 1 mm³

Aufgabe
Abwehr von Krankheitserregern

Blutplättchen (Thrombocyten)
200 000–300 000 in 1 mm³
werden 8–14 Tage alt

Aufgabe
Blutgerinnung

Flüssige Bestandteile
Serum mit Glucose, Eiweißstoffen, Salzen, Hormonen, Abfallstoffen, Fibrinogen

Aufgabe
Transport der Nähr- und Abfallstoffe

beim Erwachsenen

5 – 7 Liter

1 Zusammensetzung und Aufgaben des Blutes

Eine weitere Aufgabe des Blutes ist der Wärmetransport im Körper, d. h. die Wärme wird im gesamten Körper verteilt und überschüssige Wärme aus dem Körperinnern an die Körperoberfläche geleitet.

Der Stoffaustausch findet in den Kapillaren statt, die alle Organe mit einem feinen Netz durchziehen. Die dünnen Kapillarwände besitzen Poren. Feste Bestandteile des Blutes (rote Blutzellen, Blutplättchen, große Eiweißmoleküle) werden dort zurückgehalten, flüssige Bestandteile jedoch nicht. Sie enthalten gelöste Nährstoffe und Sauerstoff.

So strömen etwa 20 Liter Blutplasma täglich durch die Poren der Kapillaren in die Zwischenzellflüssigkeit, die *Lymphe*. Die mittransportierten Nährstoffe und den Sauerstoff nimmt die Lymphe auf und transportiert sie zu den Gewebezellen. Die Lymphe fließt wieder zu den Kapillaren zurück und nimmt dabei die Abfallstoffe und das Kohlenstoffdioxid, die aus dem Stoffwechsel der Gewebszellen stammen, mit. Mit dem Blutstrom werden auch Wasser, Salze, Hormone, Enzyme und Antikörper an den jeweiligen Bestimmungsort transportiert. Ca. 10 % der Lymphe werden über ein anderes Transportsystem, das *Lymphsystem*, abgeleitet.

Aufgaben

1. Warum ist das Blut ein Organ? Erkläre.
2. Erstelle nach Abb. 172.1 ein Diagramm zur Zusammensetzung des Blutes.
3. Worin besteht der Unterschied zwischen Blutplasma und Serum?
4. Beschreibe anhand der Abbildung 1 den Stoffaustausch im Kapillarbereich.

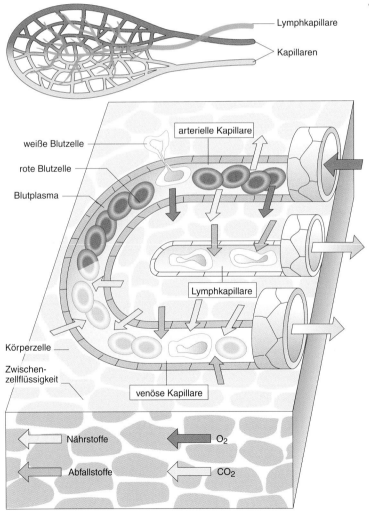

weiße Blutzelle
rote Blutzelle
Blutplasma
arterielle Kapillare
Lymphkapillare
Körperzelle
Zwischenzellflüssigkeit
venöse Kapillare
Nährstoffe
Abfallstoffe
O_2
CO_2

1 Stofftransport im Kapillarbereich

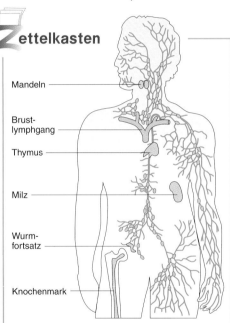

Zettelkasten

Mandeln
Brustlymphgang
Thymus
Milz
Wurmfortsatz
Knochenmark

Das Lymphsystem

Das Gefäßsystem der Lymphbahnen beginnt mit feinsten Kapillaren, die sich zu größeren Lymphgefäßen vereinigen. Die großen Lymphbahnen vereinigen sich im großen *Brustlymphgang*. Dieser mündet in die linke Schlüsselbeinvene. Über alle Hauptlymphgefäße wird die Lymphflüssigkeit letztlich dem Blutkreislauf wieder zugeführt. Somit findet zwischen Blut und Lymphe ein ständiger Stoffaustausch statt. Im gesamten Lymphsystem findet man *Lymphknoten*. Sie treten im Bereich der Leiste, des Unterarms, des Halses und entlang des Rückenmarks gehäuft auf. Die Lymphknoten sind u. a. die Orte, an denen sich die weißen Blutzellen vermehren und Antikörper bilden.

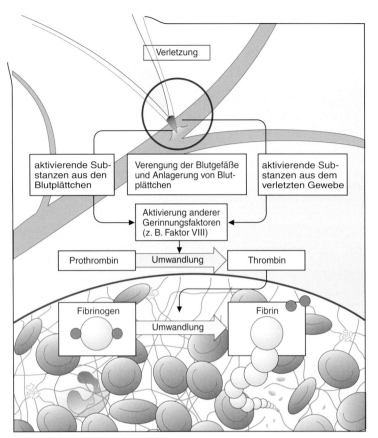

1 Vorgänge beim Wundverschluss

Beschriftungen in Abb. 1:

Verletzung

aktivierende Substanzen aus den Blutplättchen

Verengung der Blutgefäße und Anlagerung von Blutplättchen

aktivierende Substanzen aus dem verletzten Gewebe

Aktivierung anderer Gerinnungsfaktoren (z. B. Faktor VIII)

Prothrombin — Umwandlung → Thrombin

Fibrinogen — Umwandlung → Fibrin

Der Wundverschluss

2 aus einer Kapilare austretendes Blut

Kleinere Verletzungen des Blutgefäßsystems, etwa durch einen Schnitt in den Finger, kommen häufig vor. Eine solche Wunde blutet dann etwa 2 bis 4 Minuten lang, bevor die Blutung zum Stillstand kommt. Das ist das erste sichtbare Zeichen für das Funktionieren der *Blutgerinnung*. Die Reparatur der undichten Stelle im Blutgefäßsystem kann nur erfolgen, wenn der Blutstrom vorübergehend gestoppt wird.

Sofort nach der Verletzung ziehen sich die beschädigten Blutgefäße stark zusammen und verengen dadurch den Querschnitt. Der Blutstrom verlangsamt sich. Botenstoffe, die von der verletzten Zellwand abgegeben werden, bewirken die Anlagerung von Blutplättchen an der Schnittstelle in großer Zahl (Abb. 2). Die Wunde wird auf diese Weise verstopft, die Blutung ist gestoppt.

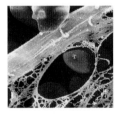

3 Fibrinfäden bilden ein Netz

Im zweiten, länger dauernden Teil der Blutgerinnung entsteht in einer mehrstufigen Reaktionskette ein fester Wundverschluss. Das geschädigte Gewebe und auch die Blut-

plättchen selbst geben verschiedene Gerinnungsfaktoren ins Blutplasma ab. Dort aktivieren sie einen weiteren Gerinnungsfaktor, das *Thrombin*. Dieses bewirkt die Umwandlung des wasserlöslichen Bluteiweißes *Fibrinogen* zum *Fibrin*. Dieses ist faserförmig und wasserunlöslich. Die Fasern des Fibrins bilden nun in der Wunde unter dem Einfluss weiterer Gerinnungsfaktoren, z. B. der Blutfaktor VIII, ein dichtes Fibrinnetz, in dem rote Blutzellen hängen bleiben und es verstopfen (Abb. 3). Die Fibrinfasern ziehen sich immer mehr zusammen, sodass Serum aus den Zwischenräumen herausgedrückt wird. Auf diese Weise werden die verletzten Blutgefäße durch einen Pfropf wirksam verschlossen. Die Zeit, die bis dahin vergeht, die *Gerinnungszeit*, beträgt bei einem gesunden Menschen 5 — 10 Minuten.

Mit der Zeit bildet sich ein festsitzendes und trockenes Netzwerk, der *Wundschorf*. Das Fibrinnetz wird nach und nach wieder aufgelöst und die darunter liegenden Schichten der Haut bilden neue Zellen, welche die Wunde endgültig verschließen. Bei tiefen Verletzungen bleibt eine Narbe zurück.

Es gibt Menschen, bei denen der Wundverschluss durch Störung der Gerinnung nicht einwandfrei funktioniert. Solche Menschen nennt man Bluter, sie haben die *Bluterkrankheit*. Diese Krankheit ist erblich bedingt.

Aufgaben

(1) Informiere dich über den „Bluterguss". Beschreibe, wie er entstehen kann.
(2) Weshalb kann ein Bluterguss einem Bluter zum Verhängnis werden?
(3) Unter „Thrombose" versteht man die Verstopfung von Adern durch ein Blutgerinnsel. Erkläre, weshalb dies lebensgefährlich sein kann.
(4) Nach Operationen wird dem Patienten meist ein Mittel gegen die Blutgerinnung gegeben. Warum?
(5) Erkläre, weshalb bei manchen Wunden das Blut stoßweise austritt.
(6) Welche Erste-Hilfe-Maßnahmen sind bei Arterien- und Venenverletzungen durchzuführen? Begründe die zu ergreifenden Erste-Hilfe-Maßnahmen.
(7) Wenn es nicht möglich ist, eine kleinere blutende Wunde sofort zu säubern, zu desinfizieren und zu verbinden, sollte man abwarten, bis die Blutung von selbst zum Stehen gekommen ist und nicht die blutende Stelle in den Mund nehmen. Erläutere die Gründe dafür.

Blutgruppen und Bluttransfusion

Ende des 19. Jahrhunderts erkannte man, dass eine Übertragung von Blut eines Menschen in die Blutbahn eines anderen *(Transfusion)* in ca. zwei Dritteln der Fälle tödlich endete, weil sich die roten Blutzellen zusammenballten. Die Aufklärung dieses Phänomens gelang dem Wiener Arzt KARL LANDSTEINER im Jahr 1901.

LANDSTEINER trennte rote Blutzellen und Serum aus den Blutproben verschiedener Personen und vermischte Blutzellen und Serum wechselseitig. In einigen Fällen verklumpten die Blutzellen. So konnte er drei verschiedene *Blutgruppen*, die untereinander unterschiedliche Verträglichkeiten aufwiesen, erkennen. Kurz darauf wurde auch die vierte Blutgruppe entdeckt. Die vier Blutgruppen bezeichnet man mit A, B, AB, und 0 (Null).

Spätere Untersuchungen ergaben, dass die Blutgruppenmerkmale durch Moleküle bestimmt werden, die sich außen auf der Membran der roten Blutzellen befinden. Man nennt sie *Antigene* und unterscheidet dabei — vereinfacht dargestellt — *Antigen-A* und *Antigen-B*. Der Besitz der Antigene ist erblich bedingt und wird gesetzmäßig von den Eltern auf ihre Kinder vererbt. Träger der Blutgruppe A besitzen das Antigen A und die der Blutgruppe B das Antigen B. Menschen mit der Blutgruppe AB besitzen beide Antigene und die der Blutgruppe 0 keine der beiden Antigene.

Eine andere Gruppe von Molekülen sind die *Antikörper*, die im Serum vorkommen. Man unterscheidet *Antikörper-A (Anti-A)* und *Antikörper-B (Anti-B)*. Der Besitz von Antikörpern ist an die Blutgruppe gebunden. Blut der Blutgruppe A enthält Anti-B, das der Blutgruppe B Anti-A. Beide Antikörpertypen sind im Blut der Blutgruppe 0 enthalten, während das Blut der Blutgruppe AB keinen der beiden Antikörper besitzt.

Bei Vermischung von Serum und roten Blutzellen tritt immer dann eine Verklumpung auf, wenn die Antikörper im Serum zu den Antigenen auf der Oberfläche der roten Blutzellen wie ein Schlüssel zum Schloss passen. So passt Anti-A genau zum Antigen A und kann dort andocken. Durch diese *Antigen-Antikörper-Reaktion* vernetzen die roten Blutzellen und verklumpen. Man kann deswegen die Antigen-Antikörper-Reaktion benutzen, um einen *Blutgruppentest* durchzuführen.

Blutgruppe	A	B	AB	0
rote Blutzellen mit Antigenen	A-Antigene	B-Antigene	A- und B-Antigene	keine Antigene
im Serum sind	B-Antikörper	A-Antikörper	keine Antikörper	A- und B-Antikörper
Verklumpung mit	A-Antikörper	B-Antikörper	A- und B-Antikörpern	keine Verklumpung
Häufigkeit in Europa	43%	14%	6%	37%

1 Blutgruppenmerkmale

Neben den Antigenen A und B gibt es weitere Antigene auf der Oberfläche der roten Blutzellen. Einer davon ist der *Rhesusfaktor*. Er wird ebenfalls beim Blutgruppentest erfasst. Er wurde bei Rhesusaffen entdeckt. Etwa 85 % der Mitteleuropäer besitzen diesen Rhesusfaktor, ihr Blut wird mit Rh+ *(rhesuspositiv)* bezeichnet. Die übrigen 15% besitzen dieses Molekül nicht; ihr Blut erhält die Bezeichnung rh− *(rhesusnegativ)*.

KARL LANDSTEINER (1868 − 1943) österreichischer Arzt, erhielt 1930 den Nobelpreis für Medizin

Aufgaben

1. Blut der Blutgruppe A kann zwar Antikörper B besitzen, nicht aber Antikörper A. Begründe.
2. Könnte man Serum der Blutgruppe A im Reagenzglas mit Blutgruppe AB ohne Verklumpung mischen? Begründe.
3. Als Reagenzien stehen bereit: Serum der Blutgruppe A und Serum der Blutgruppe B. Wie könntest du herausfinden, welche Blutgruppe du hast?
4. Erkläre, weshalb Blutkonserven der Gruppe AB/rh− so selten sind.
5. Welche Blutgruppenkombination ist die häufigste in Mitteleuropa?

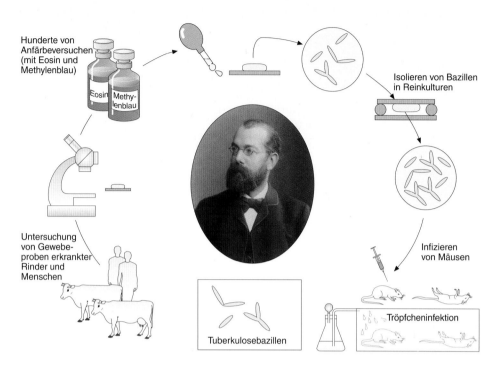

1 Versuchsreihe von ROBERT KOCH (1843 – 1910)

Kampf gegen winzige Feinde

Infektion
lat. *infectio* =
Ansteckung

Bakterien
(gr. *bakterion* =
Stäbchen)
einzellige Mikroorganismen ohne Zellkern

Bazillus
(lat. *bacillum* =
Stäbchen)
stäbchenförmiges
Bakterium

Bakteriologie
Teilgebiet der *Mikrobiologie*, das sich mit der Untersuchung von Bakterien beschäftigt.

Im Jahre 1879 untersuchte ROBERT KOCH das Blut von an *Milzbrand* erkrankten Rindern unter dem Mikroskop. Milzbrand war damals eine weit verbreitete und gefürchtete Viehseuche. KOCH hoffte, bei den erkrankten Tieren die Krankheitserreger zu finden und suchte nach *Mikroorganismen* — zunächst jedoch ohne Erfolg.

Daraufhin färbte er seine Präparate mit zahlreichen verschiedenen Farbstoffen. Tatsächlich waren bei einer bestimmten Färbemethode winzige stäbchenförmige Gebilde unter dem Mikroskop zu erkennen. Um beweisen zu können, dass es Lebewesen waren, isolierte er sie und beobachtete ihre Vermehrung. Schließlich spritzte er diese Mikroorganismen gesunden Mäusen ein, die daraufhin an Milzbrand erkrankten und starben. In ihrem Blut konnte KOCH die Erreger in großer Zahl feststellen und damit beweisen, dass der Milzbrand durch diese Mikroorganismen hervorgerufen wird. Bei den Milzbranderregern handelt es sich um *stäbchenförmige Bakterien*, die man auch als *Bazillen* bezeichnet.

Mit seiner Beweisführung konnte KOCH zwei Jahre später auch den Erreger der Schwindsucht *(Tuberkulose)* als Bazillus identifizieren. Zudem wies er nach, auf welche Weise die Ansteckung mit Tuberkelbazillen erfolgt: Beim Husten und Sprechen von kranken Menschen gelangen feinste Tröpfchen in die Luft. Sie enthalten Tuberkelbazillen. Diese in der Luft schwebenden Tröpfchen können einen gesunden Menschen infizieren, sobald er sie einatmet *(Tröpfcheninfektion)*.

Mit der Entdeckung des Tuberkuloseerregers hatte KOCH die Grundlagen zur Bekämpfung einer *Infektionskrankheit* gelegt, an der zur damaligen Zeit noch jeder siebte Mensch in Europa starb. Seine Arbeitsmethode ist für die Bakteriologie grundlegend geworden.

Aufgabe

(1) Erkläre, warum ROBERT KOCH die Versuche zur Vermehrung der Bakterien und die Impfungen der Mäuse durchführen musste, um zu beweisen, dass es sich um die Milzbranderreger handelte.

Arzneimittel gegen Bakterien

Einzelne Bakterien lassen sich mit bloßem Auge nicht erkennen, trotzdem ist es möglich, sie sichtbar zu machen. Man lässt sie dazu auf einem *Nährboden* wachsen, der alles enthält, was Bakterien benötigen. Auf diese Weise entsteht aus einem einzigen Bakterium durch viele Zellteilungen ein Häufchen von Bakterien, eine *Kolonie*. Diese sieht man gut mit bloßem Auge.

Der englische Bakteriologe ALEXANDER FLEMING bemerkte auf dem Nährboden in einer Kulturschale einige verschimmelte Stellen. Um diese Stellen herum wuchsen keine Bakterienkolonien. Sonderte der Schimmelpilz vielleicht einen Stoff ab, der die Bakterien nicht gedeihen ließ oder tötete? Nach zahlreichen Versuchen zeigte sich, dass der Schimmelpilz *Penicillium notatum* einen Hemmstoff *(Penicillin)* freisetzt, der Bakterien an der Zellteilung hindert. FLEMINGS Ergebnisse waren eine Sensation, konnte man doch hoffen, diesen Stoff als Medikament gegen die zahlreichen, durch Bakterien hervorgerufenen Krankheiten einsetzen zu können.

Die Erfolge mit Penicillin hielten jedoch nur einige Jahre an. Es traten immer mehr Bakterien auf, bei denen das Penicillin keine Wirkung zeigte, die gegen Penicillin *resistent* waren. Neue Penicillin-Varianten wurden entwickelt und wiederum so lange eingesetzt, bis auch gegen diese neuen Stoffe resistente Bakterienstämme zu beobachten waren. Um heute wirksam gegen Bakterien vorzugehen, wird oftmals ein Gemisch verschiedener Stoffe eingesetzt. Ein von Orga-

Alexander Fleming
(1881 – 1955)

ettelkasten

Geschichte des Penicillins

FLEMING machte seine Entdeckung zur Bedeutung des Penicillins im Jahre 1928. Jedoch erst 1940 gelang es einer anderen Forschergruppe, eine kleine Menge Penicillin als reine Substanz aus den Pilzkulturen zu gewinnen. Mit dieser kleinen Menge wurde es als Arzneimittel zuerst an Mäusen, dann an Menschen getestet.

Das Problem bestand jedoch darin, dass nur geringe Mengen des Reinstoffes hergestellt werden konnten. Penicillin war daher zu diesem Zeitpunkt teurer als Gold, selbst aus dem Urin behandelter Patienten wurde es wieder zurückgewonnen. In den folgenden drei Jahren wurde die Massenproduktion in England und den USA vorangetrieben: es wurden Pilzkulturen mit höheren Penicillinmengen gezüchtet und effektivere Trennverfahren entwickelt.

Die Bedeutung im 2. Weltkrieg war groß, da entzündete Verwundungen ohne Penicillingabe bis zu diesem Zeitpunkt meist den Tod bedeuteten. Die Entwicklung der Penicillingroßproduktion wurde daher besonders intensiv gefördert. Ab 1944 konnten große Mengen zur Behandlung der verwundeten alliierten Soldaten eingesetzt werden. In Deutschland wurde das Penicillin erst nach Kriegsende produziert und verkauft.

Im Jahre 1945 bekam FLEMING für die Entdeckung des Penicillins den Nobelpreis.

resistent
resistere, lat. = widerstehen

Antibiotikum,
Plural: Antibiotika
anti, gr. = gegen;
bios, gr. = Leben

nismen gebildeter Stoff, der Mikroorganismen abtötet oder an der Vermehrung hindert, wird **Antibiotikum** genannt.

Penicillin kann als Medikament eingesetzt werden, weil es ausschließlich Bakterienzellen stark schädigt, menschliche Zellen jedoch nicht. Trotzdem sind Penicillin und die anderen Antibiotika nicht ohne Nebenwirkungen für den Menschen. Antibiotka zerstören beispielsweise die nützlichen Bakterien im menschlichen Darm, die *Darmflora*. Diese ist für eine normale Verdauung notwendig und verhindert die Entwicklung von schädlichen Bakterien. Daher kommt es durch Antibiotika zu Verdauungsstörungen. Außerdem sind manche Menschen gegenüber Antibiotika *allergisch*; ihr Körper reagiert in krankhafter Weise überempfindlich. Bei leichten Erkrankungen ist es sinnvoll, auf Antibiotika zu verzichten, der Körper kann eigene Abwehrkräfte aktivieren und ist auf Dauer sogar besser geschützt. Antibiotika dürfen daher nur unter ärztlicher Kontrolle bei schweren Krankheiten eingenommen werden.

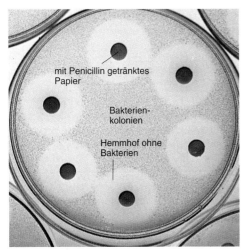

1 Wirkung von Penicillin

mit Penicillin getränktes Papier

Bakterienkolonien

Hemmhof ohne Bakterien

Grippe — eine Viruserkrankung

Grippe
chrip, russisch =
Heiserkeit

Die *Grippe* geht um. Mit Husten, Schnupfen, Augentränen und Mattigkeit beginnt sich eine Grippe bemerkbar zu machen. Starkes Fieber, Schüttelfrost, Kopf- und Gliederschmerzen, Appetitlosigkeit und Müdigkeit folgen. Nach einigen Tagen lassen die Beschwerden zwar nach, trotzdem fühlt man sich noch schwach und ist nicht voll leistungsfähig.

Durch Husten oder Sprechen gelangen die Erreger der Grippe mit ganz kleinen Flüssigkeitströpfchen in die Luft. Die Mitschüler atmen die Krankheitserreger mit der Luft ein.

Arztes ist während einer Grippewelle ein Ort besonderer Infektionsgefahr. Zu den allgemeinen Maßnahmen der Infektionsverhütung gehören daher alle Schritte, die den Kontakt mit Infektionsquellen verringern.

Die Grippe verbreitet sich während einer bestimmten Jahreszeit wie eine Seuche. Über die Tröpfcheninfektion werden viele Menschen infiziert. Man spricht daher auch von einer *Grippeepidemie*. Nach zwei bis drei Monaten ebbt die Grippewelle langsam wieder ab.

Viren

Lange nahm man an, dass auch die Grippe von Bakterien ausgelöst wird. Man musste aber feststellen, dass mit Antibiotika diese Krankheit nicht zu bekämpfen war, höchstens einige Symptome konnten abgeschwächt werden. Der Grippeerreger kann also kein Bakterium sein. Der Erreger ist ein *Virus*, das sich im Aufbau und Wirkung von den Bakterien unterscheidet.

Viren sind extrem klein. Ihre Größe reicht von 0,02 µm bis zu 0,7 µm (1 µm = 1 Mikrometer = $^1/_{1000}$ mm). Im Lichtmikroskop sind Viren somit nicht zu erkennen, sondern nur mit einem Elektronenmikroskop. Wissenschaftliche Untersuchungen der Viren ergaben, dass sie nur aus Eiweißen und Erbsubstanz bestehen. Gibt man Viren in eine Nährlösung, so vermehren sie sich im Gegensatz zu den Bakterien nicht. Viren haben keinen eigenen Stoffwechsel, keine eigene Fortpflanzung, keine eigene Bewegung und kein Wachstum. Sie besitzen keinen zellulären Aufbau, wie wir ihn sonst allgemein von Lebewesen kennen, sondern bestehen nur aus einer Eiweißhülle, welche die Erbsubstanz umgibt (s. Seite 179.1).

Gelangt ein Virus in eine lebende Zelle, so bewirkt es, dass der Stoffwechsel dieser Zelle auf die Bedürfnisse des Virus umgestellt wird. Man nennt die befallene Zelle *Wirtszelle*, weil sie den eingedrungenen Erreger mit allem notwendigen Material versorgen („bewirten") muss. Die Wirtszelle produziert in vielfacher Ausfertigung die Eiweißstoffe und die Erbsubstanz des Virus. Diese Virusbausteine lagern sich in der Wirtszelle zu zahlreichen neuen, vollständigen Viren zusammen. Die Wirtszelle platzt, die Viren werden freigesetzt und können sofort neue Zellen befallen.

1 Krankheitsverlauf bei einer Grippe und Ausbreitung einer Grippeepidemie

Das **Virus**
virus, lat. =
Schleim, Gift

Epidemie
Seuche, örtlich und
zeitlich gehäuftes Auftreten einer ansteckenden Krankheit

Sie haben sich angesteckt *(Tröpfcheninfektion)*. Die Infektion wird zunächst gar nicht bemerkt. Nach mehreren Stunden, oft auch erst bis zu 4 Tagen später, treten die oben beschriebenen Anzeichen der Krankheit, die *Symptome*, auf. Die Zeit von der Infektion bis zum Ausbruch der Krankheit und dem ersten Auftreten der Symptome heißt *Inkubationszeit*.

Besonders groß ist die Infektionsgefahr dort, wo viele Menschen in engem Kontakt untereinander stehen, beispielsweise in öffentlichen Verkehrsmitteln, auf Märkten, in Kinos oder Schulen. Auch das Wartezimmer des

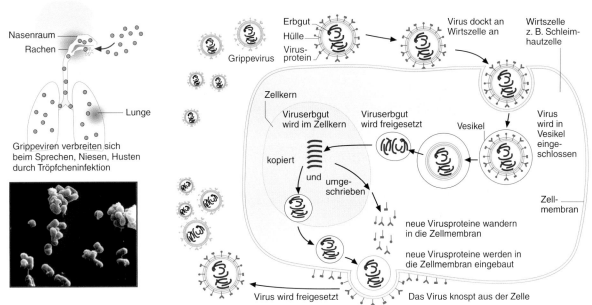

1 EM-Aufnahme und Vermehrungszyklus von Grippe-Viren

Typische Viruskrankheiten sind Schnupfen, Grippe, Röteln, Herpes, Masern, Kinderlähmung und Hirnhautentzündung. Auch AIDS wird durch ein Virus verursacht.

Das Grippevirus befällt vor allem die Zellen der Schleimhäute von Nase und Bronchien. Dies erscheint zunächst harmlos. In der Folge können aber bakterielle Krankheitserreger leichter in die geschädigten Gewebe eindringen. Man spricht in solchen Fällen von *Sekundärinfektionen*. So ist die häufigste Todesursache im Verlauf einer Grippeerkrankung eine anschließende *Lungenentzündung*, die durch Bakterien hervorgerufen wird. Gegen bakterielle Sekundärinfektionen kann der Arzt Medikamente, wie Antibiotika, verschreiben, sie wirken jedoch nicht gegen die Viren.

Aufgaben

① Erkläre, weshalb zwischen Ansteckung und Ausbruch einer Krankheit mehrere Tage vergehen können?

② Mache Vorschläge, wie man sich vor einer Infektion schützen könnte?

③ Wie unterscheiden sich Bakterien und Viren voneinander? Fasse die Unterschiede in einer Tabelle zusammen.

ettelkasten

Grippe — Millionen Tote!

Die „Spanische Grippe" gehörte zu den großen medizinischen Katastrophen des letzten Jahrhunderts. Weltweit starben 20 bis 40 Millionen Menschen während und nach Beendigung des Ersten Weltkriegs an dieser Krankheit. Alte und junge Menschen wurden gleichermaßen befallen und manchmal trat der Tod innerhalb von 48 Stunden nach dem Auftreten der ersten Symptome ein. Man vermutet, dass die Katastrophe im März 1918 mit einer fiebrigen Erkrankung in einem Militärcamp in den USA begann. Die Krankheit war außerordentlich ansteckend. Ganze Bataillone erkrankten. Mit den Truppentransporten gelangte die Krankheit nach Europa und innerhalb weniger Monate in nahezu jeden Winkel der Erde.

Die Grippe von 1918 hatte sich bereits durch zahlreiche kleine Epidemien in Frankreich, England und besonders in Spanien angekündigt. In Deutschland erkrankten 10 Millionen Menschen, 300 000 starben. Zu der Katastrophe kam es, weil aggressive Grippeviren an unterschiedlichen Orten zu Erkrankungen führten und am Ende des Ersten Weltkriegs viele Faktoren zusammenfielen: die Ernährung der Bevölkerung war schlecht, die Abwehrkräfte geschwächt, die Wohnungen waren nicht beheizt und Millionen Menschen mussten auf engsten Raum zusammen hausen. Zusätzlich wurde die weltweite Verbreitung dadurch gefördert, dass Hunderttausende infizierter Soldaten — und Flüchtlinge — in ihre Heimatländer zurückkehrten.

Da Impfungen noch nicht möglich waren, versuchte man mit anderen Methoden die Seuche einzudämmen. Schulen und öffentliche Einrichtungen wurden geschlossen. In einigen Städten der USA war das Tragen von Gesichtsmasken Pflicht.

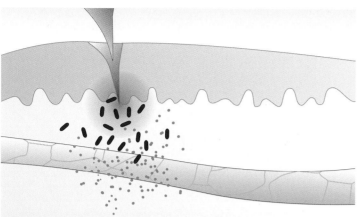

Bakterien dringen z. B. durch eine Verletzung in den menschlichen Körper ein. Sie gelangen in das Gewebe oder in die Blutbahn. Die Bakterien scheiden Substanzen ihres Stoffwechsels in das Gewebe aus. Daraufhin geben einige Zellen Signalstoffe an das umliegende Gewebe ab.

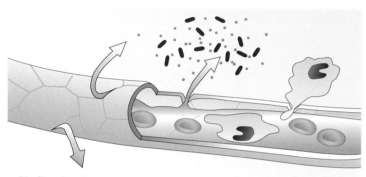

Die Signalstoffe aus den Zellen, z. B. Histamin, verändern die Haargefäße im Gewebe. Die Durchblutung wird erhöht und die Haargefäße werden poröser, sodass Blutplasma und die weißen Blutzellen besser aus dem Blut in das Gewebe kommen. In einem winzigen Tropfen Blut, ca. 1 mm³, sind bis zu 8 000 weiße Blutzellen. Äußerlich erkennen wir die nun auftretenden Veränderungen im Gewebe durch Rötung, Anschwellen und Erwärmung der Stelle.

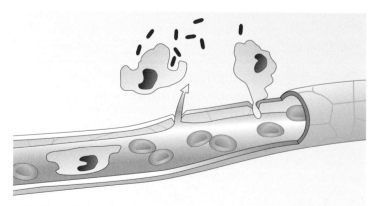

Die Riesenfresszellen, eine Gruppe der weißen Blutzellen, umfließen die Bakterien, nehmen sie in ihren Körper auf und machen sie unschädlich. Bei diesem Vorgang geben die Riesenfresszellen Substanzen ab, die weitere Riesenfresszellen anlocken. Auf diesem Wege werden Fremdkörper, wie die Bakterien, sehr effektiv vernichtet.

Der Körper wehrt sich

Unser Körper ist ständig von Mikroorganismen umgeben. Einen ersten Schutz des Körpers gegen Bakterien bildet die intakte *Haut* mit ihrer Hornschicht und dem Säuremantel sowie die *Schleimhäute*, z. B. in der Nase. Der Schleim enthält ein Enzym, das Bakterienzellwände abbaut. Im Magen tötet die Magensäure eingedrungene Krankheitserreger ab.

Trotz dieser Sicherheitsvorkehrungen können Krankheitserreger über Wunden, die Atemwege und mit der Nahrung in den Körper gelangen. Dadurch werden sofort eine Reihe von Abwehrmechanismen in Gang gesetzt. Diese Abwehr ist angeboren und läuft ohne unser aktives Zutun von alleine ab. Hierzu steht dem Körper ein *unspezifisches* und ein *spezifisches Abwehrsystem* zur Verfügung.

Das unspezifische Abwehrsystem

Die eingedrungenen Krankheitserreger schnell zu vernichten, bevor sie sich explosionsartig in unserem Körper vermehren, ist die Aufgabe der *weißen Blutzellen*. Es gibt sie in verschiedenen Formen und mit unterschiedlichen Aufgaben. Gemeinsam ist allen weißen Blutzellen, dass sie körperfremde Zellen bekämpfen. Die *Riesenfresszellen*, eine Gruppe der weißen Blutzellen, können die Blutbahn verlassen und bewegen sich zwischen den Zellen im Körper. Sie nehmen alle Fremdkörper in ihr Zellplasma auf und verdauen sie. Die Fremdkörper tragen auf ihrer Oberfläche bestimmte Substanzen, die *Antigene*. An ihnen erkennen die weißen Blutzellen, dass sie körperfremd sind. Da dieses Abwehrsystem auf alle körperfremden Stoffe reagiert, nennt man es unspezifisch.

Das spezifische Abwehrsystem

Ist die Anzahl der Krankheitserreger durch die unspezifische Abwehr über einen längeren Zeitraum nicht verringert worden, folgen spezifische Abwehrreaktionen des Körpers. Diese Reaktionen richten sich gezielt und effektiv auf bestimmte Krankheitserreger, die im Blut vermehrt vorkommen. Hierbei wirken weitere weiße Blutzellen mit:

— *B-Zellen:* sie entstehen im Knochenmark und reifen in Organen, wie der Milz oder den Lymphknoten. Ihre Aufgabe ist es, Abwehrstoffe gegen Krankheitserreger zu bilden.

— *T-Zellen:* sie entstehen auch im Knochenmark, reifen jedoch in der Thymusdrüse. Während des Reifens „lernen" T-Zellen körpereigene von fremden Zellen zu unterscheiden. Danach kreisen sie im Blut durch den Körper.

Gelangen z. B. Grippeviren in die Schleimhäute der Atemwege, geben die befallenen Zellen Substanzen ins Blut ab, welche die Riesenfresszellen alamieren (Abb.1). Diese beginnen sofort mit der Arbeit: sie verschlingen und verdauen die Fremdkörper (unspezifische Abwehr). Dabei werden Antigene der Fremdkörper in die Oberfläche der Riesenfresszellen eingebaut und den T-Zellen präsentiert. Diese werden hierdurch angelockt und anhand der Antigene informiert, welche Fremdkörper eingedrungen sind. Da die T- Zellen nun helfen, das ganze Abwehrsystem zu aktivieren, werden sie auch *T-Helferzellen* genannt.

Sie aktivieren und informieren die B-Zellen, welche sofort gegen die eingedrungenen Grippeviren spezifische Abwehrstoffe, die *Antikörper*, entwickeln. Sie besitzen eine Y-förmige Gestalt. An den zwei Endpunkten der Y-Arme sind spezifische Formen, die wie beim *Schlüssel-Schloss-Prinzip* genau auf die Antigene der Krankheitserreger passen. Pro Stunde können in jeder B-Zelle Millionen von Antikörpern produziert werden. Treffen die Antikörper auf das Antigen der Grippeviren, so setzen sie sich an der Oberfläche fest und verbinden dadurch immer zwei Viren. Dies führt zu einer Verklumpung vieler Viren, wodurch von den Fresszellen viele Viren gleichzeitig gefressen werden können. Bis aber dieser Teil des Abwehrsystems voll wirksam ist, vergehen einige Tage.

Sind die Grippeviren jedoch bereits in ihre Wirtszellen eingedrungen, so sind die Antikörper im Blut unwirksam. In diesen Wirtszellen vermehren sich die Viren ungehindert. Von den T-Helferzellen werden auch die sog. *T-Killerzellen* informiert und aktiviert. Sie erkennen die befallenen Wirtszellen an den Antigenen der Viren und zerstören sie. Dabei werden auch die in den Zellen vorhandenen Grippeviren vernichtet.

Gleichzeitig wurden bei den B- und T-Zellen spezifische *Gedächtniszellen* gebildet, die über Jahre im Körper erhalten bleiben. Bei einem Zweitkontakt der Gedächtniszellen mit dem spezifischen Antigen desselben Typs von Grippeviren erfolgt eine schnellere und stärkere Vermehrung der spezifischen T-Killerzellen oder B-Zellen, als bei einem Erstkontakt. Der Körper ist nach der Erstinfektion gegen diesen Typ von Grippeviren *immun* geworden.

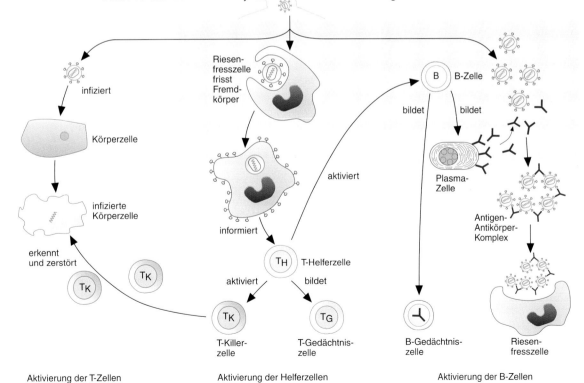

1 Funktion des spezifischen Abwehrsystems

Aktive und passive Immunisierung

Besonders für ältere oder durch Krankheiten geschwächte Menschen, aber auch für Kleinkinder, stellt eine Grippeerkrankung eine große Gefahr dar. Deshalb empfehlen viele Ärzte ihren Patienten, sich gegen die Grippe impfen zu lassen. Die Wirkung der Impfung beruht auf der Bildung von Gedächtniszellen bei der spezifischen Abwehr, genau wie bei der im Körper natürlich ablaufenden Immunreaktion.

Kleine Mengen von abgeschwächten Erregern werden in die Blutbahn gespritzt. Diese Erstinfektion bewirkt beim Menschen, dass B-Zellen Antikörper herstellen. Gleichzeitig bilden sich Gedächtniszellen. Die Antikörper werden nach einiger Zeit abgebaut, die Gedächtniszellen bleiben jedoch erhalten — oft ein Leben lang.

Kinderlähmung

Sobald durch eine Zweitinfektion die selben Krankheitserreger wieder auftreten, werden von den Gedächtniszellen in kurzer Zeit die passenden Antikörper gebildet (Abb.1). Da die abgeschwächten Krankheitserreger und die „echten" Krankheitserreger ähnliche Antigene auf ihrer Oberfläche besitzen, reagieren die Gedächtniszellen auch auf die echten Krankheitserreger. Die zu Beginn einer Infektion geringe Zahl an Erregern kann so rasch vernichtet werden. Die Impfung stellt deshalb den besten Schutz gegen die Grippe dar, weil die Viren weder durch Antibiotika noch durch andere Medikamente effektiv bekämpft werden können. Da der Körper die Antikörper selbst gebildet hat, spricht man von einer *aktiven Immunisierung*.

Viren verändern sich schnell. Daher wird auch die Zusammensetzung des Impfstoffs jedes Jahr nach den Empfehlungen von Medizinexperten der Weltgesundheitsorganisation WHO geändert. Die Experten erhalten Daten über Grippefälle aus 110 Grippezentren in 80 verschiedenen Ländern. Besonders häufige Grippeviren werden herausgesucht und in Hühnereiern vermehrt. Der Impfstoff besteht aus geschwächten Virusstämmen oder Teilstücken dieser Viren, die in den Hühnereiern vermehrt wurden. Die Herstellung des Impfstoffs dauert 3 Monate. Zu Beginn der nächsten Wintersaison wird der Impfstoff ausgeliefert.

Die Erfolge der Schutzimpfungen sind weltweit sehr groß. Beispielsweise hat die generelle Einführung der Schutzimpfung gegen Kinderlähmung (Schluckimpfung) in Deutschland bewirkt, dass die Zahl der jährlichen Neuerkrankungen von 4700 vor 1960 bis heute auf wenige Krankheitsfälle sank. Es sind jedoch vereinzelt Krankheitsfälle als Folge von Impfungen aufgetreten. So kann es vorkommen, dass durch die bei der Schluckimpfung aufgenommenen, abgeschwächten Kinderlähmungsviren ein Kind schwer erkrankt. Deshalb gibt es bei uns keinen gesetzlich vorgeschriebenen Impfzwang mehr. Da jedoch das Risiko einer Erkrankung an Kinderlähmung viel größer ist als das Risiko einer Impffolgeerkrankung, werben die Gesundheitsämter für die Schutzimpfungen.

Um bereits erkrankten, jedoch nicht geimpften Menschen helfen zu können, wurde ein anderes Verfahren entwickelt. Hierbei werden Tiere, z. B. Pferde, mit den Krankheitserregern infiziert. Die Tiere bilden spezifische Antikörper gegen diese Erreger, die dann aus dem Blut gewonnen und den Erkrankten injiziert werden. Das körpereigene Abwehrsystem ist jedoch in diesem Falle nicht aktiviert worden. Man spricht daher von einer *passiven Immunisierung*. Sind die Antikörper nach einiger Zeit verbraucht oder abgebaut, erlischt der Impfschutz, der Körper ist nicht dauerhaft immun. Diese Impfung wird *Heilimpfung* genannt. Man führt sie jedoch nicht nur durch, wenn ein Mensch schon erkrankt ist, sondern auch vor einer unmittelbar drohenden Infektion mit dem Erreger einer schweren Krankheit.

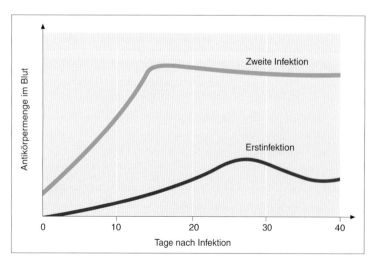

1 Bildung von Antikörpern bei einer Erst- und Zweitinfektion

Aufgabe

① Erkläre den Vorteil einer Schutzimpfung.

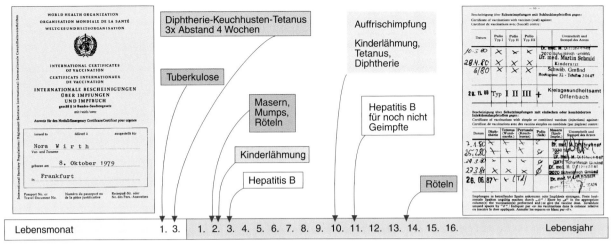

1 Impfbuch und Impfplan für die wichtigsten Kinderkrankheiten

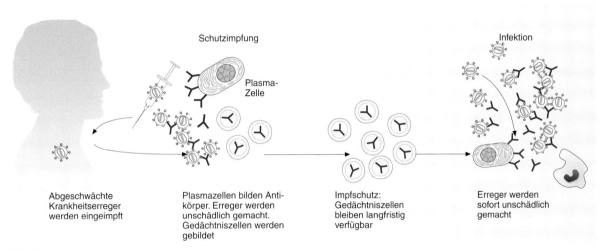

2 Aktive Immunisierung

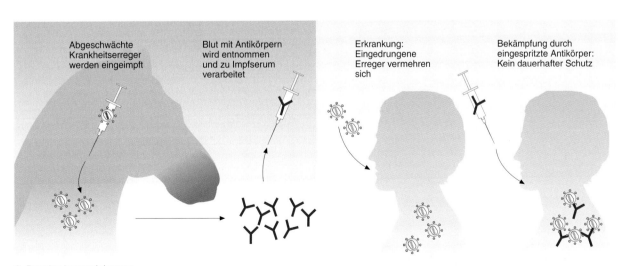

3 Passive Immunisierung

Infektionskrankheiten

Infektionskrankheiten können sehr unterschiedlich verlaufen. Sie werden von Viren, Bakterien oder Einzellern ausgelöst. Einige Infektionskrankheiten sind *meldepflichtig*, d. h. sie müssen dem Gesundheitsamt gemeldet werden. Um die Verbreitung der Infektionskrankheiten zu verhindern, werden die betroffenen Menschen isoliert, sie kommen in *Quarantäne*.

Bakterieninfektion

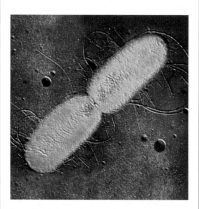

Das Bakterium *Escherichia coli* (abgekürzt: *E. coli)* oder einfach *Colibakterium)* lebt im Darm des Menschen. Die vermehrte Aufnahme von Colibakterien, beispielsweise mit verunreinigtem Trinkwasser oder anderen Nahrungsmitteln, kann zu Erkrankungen des Magens und des Darmes führen. Durchfall **(Diarrhoe)** ist häufig die Folge. Deshalb werden Trinkwasser, Lebensmittel und Wasser in Schwimmbädern dauernd von Mitarbeitern des Gesundheitsamtes überwacht. Sie bestimmen die *Keimzahl*, das ist die Anzahl vermehrungsfähiger Keime in einem Milliliter der Wasserprobe. In öffentlichen Schwimmbädern dürfen pro Milliliter kein einziges Colibakterium, keine krankheitserregenden Keime und höchstens 100 andere,

nicht gefährliche Keime vorkommen. Bei Lebensmittelkontrollen fallen insbesondere immer wieder Nahrungsmittel auf, die mit **Salmonellen** verseucht sind. Die große Gruppe der Salmonellen besteht aus über 1600 verschiedenen Bakterienarten. *Salmonellosen* (Lebensmittelvergiftungen) dauern meist nur wenige Tage. Sie sind mit Übelkeit und Durchfall verbunden. Hauptursache von Salmonellosen ist der Verzehr von verunreinigten Nahrungsmitteln. Es gibt Menschen, die nach einer überstandenen Salmonellose weiterhin über Jahre hinweg Salmonellen ausscheiden.

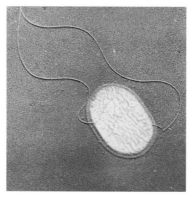

Dies ist meldepflichtig. In der Bundesrepublik Deutschland werden alle Beschäftigten in der Lebensmittelbranche vom Amtsarzt auf Salmonellenausscheidungen untersucht.

Eine Salmonellenart ruft **Typhus** hervor, eine melde- und isolierungspflichtige Krankheit. Die Aufnahme der Erreger erfolgt mit der Nahrung: „Typhus wird gegessen und getrunken". Die Inkubationszeit beträgt 7 — 14 Tage. Wochenlanges, hohes Fieber (40 — 41 °C) schwächt den Körper. Früher betrug die Sterblichkeit 15 %, nach der Einführung der Antibiotika noch etwa 1 %. Nach überstandener Krankheit ist man lebenslang immun.

Diphtherie-Kranke zeigen eine starke Rötung des Rachens und mäßiges Fieber. Die Übertragung der Erreger erfolgt durch *Tröpfcheninfektion*. Gefährlich wird Diphtherie durch die Erstickungsgefahr bei starkem Anschwellen des Rachens und durch die Giftstoffe *(Toxine)*, die durch Diphtheriebakterien abgegeben werden. Sie schädigen den Herzmuskel und führen zu Nervenlähmungen. Gegen die Toxine hat EMIL VON BEHRING ein Heilserum entwickelt. Antibiotika allein reichen zur Behandlung nicht aus, da sie die Toxine nicht unschädlich machen können.

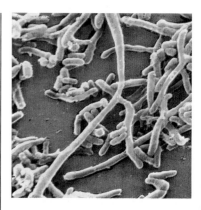

Beim **Keuchhusten** gelangen die Bakterien durch Tröpfcheninfektion in die Atemwege und rufen dort Entzündungen hervor. Ein keuchender Husten ist die Folge, der vor allem für Kinder gefährlich sein kann, da Erstickungsgefahr besteht. Sehr hohe Ansteckungsgefahr, Meldepflicht! Vorbeugung durch aktive Schutzimpfung.

Ein feuerroter Rachen ist ein Krankheitsmerkmal für **Scharlach**. Dazu kommt ein feinfleckiger, roter Hautausschlag am ganzen Körper. Die Zunge ist entzündet: *Himbeerzunge*. Die Behandlung erfolgt mit Penicillin.

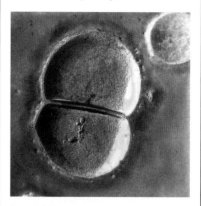

Sowohl eine durchgemachte Scharlacherkrankung als auch eine Impfung bietet keinen sicheren, dauerhaften Schutz.

Eine krampfhafte Erstarrung der Muskulatur ist die Folge des Toxins, das die **Tetanus**-Bazillen abgeben. Meist gelangen die Bakterien mit Erde oder Straßenschmutz schon bei kleinen Verletzungen in offene Wunden. Die Impfung gegen Tetanus *(Wundstarrkrampf)* soll nach 8 Jahren aufgefrischt werden. Im Krankheitsfall muss innerhalb von 24 Stunden ein Heilserum verabreicht werden.

Virusinfektionen

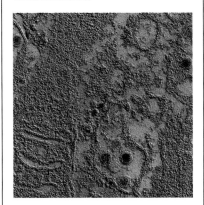

Röteln sind an sich eine harmlose Viruserkrankung. Ein Anschwellen der Lymphdrüsen und ein Hautausschlag, der mit rosaroten Flecken im Gesicht beginnt und sich dann auf den ganzen Körper ausdehnt, kennzeichnen die Krankheit. Meist tritt nur schwaches Fieber auf; das allgemeine Wohlbefinden ist nicht stark beeinträchtigt. Gefährlich sind die Röteln bei Schwangeren, die diese Krankheit noch nicht hatten und auch nicht geimpft sind.

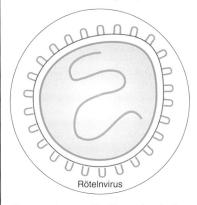

Rötelnvirus

Das ungeborene Kind kann durch die Abwehrstoffe geschädigt werden. Mögliche Folgen sind: Taubheit, Herzfehler und schwere Mehrfachschädigungen. Häufig treten auch Fehlgeburten auf. Deshalb sollten sich alle Mädchen vor Beginn der Pubertät gegen Röteln impfen lassen!

Mumps (Ziegenpeter) ist eine Viruskrankheit, bei der die Ohrspeicheldrüsen anschwellen und Schmerzen verursachen. Dies führt zu der typischen verdickten Wange, den „Hamsterbacken". Die Übertragung erfolgt durch Tröpfcheninfektion, aber auch über gemeinsam benutztes Geschirr oder Besteck sowie durch unmittelbaren Kontakt wie Küssen. Die Infektion erfolgt am häufigsten zwischen dem 5. und 9. Lebensjahr.

Eine aktive Schutzimpfung ist bei Jungen sinnvoll, da diese doppelt so häufig erkranken wie Mädchen. Zudem können die Erreger die Hoden befallen, was spätere Unfruchtbarkeit (Sterilität) zur Folge haben kann.

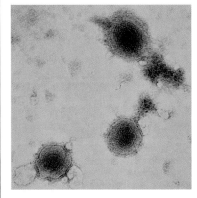

Kinderlähmung wird von den *Polioviren* hervorgerufen — aber durchaus nicht nur bei Kindern! Nach einer Inkubationszeit von 3 bis 14 Tagen fangen Kopf, Rücken und Glieder zu schmerzen an, man beginnt zu schwitzen. Dann treten erste Lähmungserscheinungen auf. Bei sehr schweren Fällen kann es zur Lähmung der Atemmuskulatur kommen. Die Sterblichkeit kann bis zu 20 % betragen. Im Erholungsstadium können die Lähmungen teilweise, selten ganz zurückgehen. Meist bleiben Skelett- und Gelenkveränderungen zurück. Durch konsequenten Impfschutz ist die Kinderlähmung bei uns zu einer fast vergessenen Krankheit geworden. In tropischen Entwicklungsländern ist dies nicht der Fall. Bei der Impfung gegen *Polio* erhält man den Impfstoff auf einem Stück Zucker zum Schlucken (*Schluckimpfung*).

Bis zu 50 % der an **Pocken** Erkrankten sterben. Die Inkubationszeit beträgt 12 Tage, dann setzt hohes Fieber ein. Schließlich zeigen sich vorwiegend im Gesicht Pusteln, die später aufgehen und nach Abheilen die typischen *Pockennarben* hinterlassen. Schon vor 2000 Jahren führte man in Indien eine Impfung gegen Pocken durch. Die angeritzte Haut wurde mit dem Inhalt der Pusteln bestrichen. Darauf folgte eine abgeschwächte Erkrankung, die zur Immunität führte. Ähnlich arbeitete man vor rund 1500 Jahren in China, wobei man die Viren über die Nase zuführte. Diese Methode wurde durch den schottischen Arzt MAITLAND 1721 in Europa eingeführt. JENNER entwickelte 1796 die harmlosere Variante der Schutzimpfung mit Kuhpocken.

Wer einmal **Masern** gehabt hat, bleibt lebenslang immun. Deshalb gehören sie zu den typischen *Kinderkrankheiten*. Die Erreger werden durch Tröpfcheninfektion auch über größere Entfernung übertragen. Die Inkubationszeit beträgt 10 bis 14 Tage. Dann zeigen sich Rötungen des Rachens, Schnupfen, Husten und ein rascher Fieberanstieg, der nach 4 Tagen wieder abklingt. Daraufhin bildet sich der typische Masernausschlag auf der Haut, verbunden mit erneutem Fieberanstieg. Da man sich schon während der Inkubationszeit anstecken kann, ist eine Infektion kaum zu verhindern. Es gibt eine *aktive Schutzimpfung*.

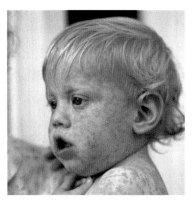

Tollwut wird meist durch einen Hundebiss auf den Menschen übertragen, selten auch durch Bisse von Fuchs oder Katze. Die lange Inkubationszeit von 1 bis 6 Monaten erschwert das Erkennen der Krankheit. Der Ausbruch kündigt sich durch Kopfschmerzen, Krämpfe in der Atemmuskulatur und Atemnot an. Der Kranke hat qualvollen Durst, kann aber nicht schlucken (die sog. „Wasserscheu") und hat starken, schäumenden Speichelfluss. Es gibt eine Heilimpfung, die möglichst sofort nach Verdacht auf einen Tollwutbiss anzuwenden ist. Ansonsten verläuft die Tollwut meist tödlich.

Achtung! Daran erkennt man tollwütige Tiere: Sie verlieren ihre Scheu vor dem Menschen. Sie beißen und schnappen nach allem, was sich bewegt. Speichel tropft aus ihrem Maul.

Wildtollwut
Gefährdeter Bezirk

Krank-heiten

beeinflussen die Welt

Pest

Der Begriff Pest stammt von dem lateinischen Wort *pestilentia* = Seuche, Pest, ungesunde Luft.

Die Pest ist eine extrem ansteckende Infektionskrankheit, die sowohl als Beulen- als auch als Lungenpest auftritt. Ursprünglich kommt sie bei wild lebenden Nagetieren wie Ratten vor. Der Erreger der Pest ist ein unbegeißeltes, stäbchenförmiges Bakterium, welches 1894 entdeckt wurde. Dieses Bakterium wird durch Parasiten, wie Flöhe, übertragen. Rattenflöhe infizieren sich an erkrankten Ratten. Suchen die Flöhe den Menschen als Ersatzwirt, infizieren sie ihn mit den Krankheitserregern. Die Erkrankung wird

auch von Mensch zu Mensch weitergetragen: Eine Ansteckung ist über infizierte Gegenstände und als Tröpfcheninfektion über die Atemwege möglich.

Zwischen 1347 und 1352 breitete sich der „schwarze Tod" bis nach Island aus und forderte ca. 25 Millionen Tote, etwa ein Drittel der damaligen Bevölkerung.

Die Pest hatte ihren Ausgangspunkt im Orient. Über das Mittelmeer kamen Handelsschiffe nach Italien, Frankreich und Spanien. 1347 kamen in Genua zwölf Galeeren an, deren Matrosen bereits auf der Überfahrt verstorben oder schwer krank waren. Viele dieser Schiffe trieben als Geisterschiffe vor der Küste.

Infizierte Ratten von diesen Schiffen verbreiteten die Pest in den Hafenstädten des Mittelmeers und weiter ins Landesinnere, da die Waren — und damit auch die Ratten — mit Schiffen auf den Flüssen weitertransportiert wurden.

„In den Städten ist die Zahl der Beerdigten größer als die der Lebenden", schrieb ein Geschichtsschreiber. Die Menschen flohen vor der Krankheit in andere Orte, in denen noch keine Pestfälle aufgetreten waren. Auch Kriege wurden von der Pest beeinflusst, da Stadtbelagerungen unabhängig von der militärischen Stärke durch das Sterben der Belagerten oder der Belagerer endeten.

Im Mittelalter stellte man sich vor, die Luft sei mit krankmachenden Stoffen befleckt, die der Menschennatur feindlich sind. Auf Pestbildern findet man in den Straßen der Städte Scheiterhaufen, die angezündet wurden, um die Luft mit Holzrauch von krankmachenden Stoffen zu befreien. Auch die Doktoren in der Pestkleidung hatten in der Schnabelnase der Gesichtsmaske Riech- und Räuchermittel, welche die Atemluft von den schädlichen Stoffen der Luft reinigen sollten. Die Doktoren glaubten, dass weniger der Rauch, sondern das Feuer eine Rolle spielt, in dem es den Infektionstierchen in der Luft Flügel und Beine verbrannte und sie so unschädlich mache. Es herrschten verschiedene Begründungen über die Herkunft der Pest. Man beschuldigte Juden, Zigeuner, fremde Handelsreisende und Hexen.

Aufgaben

① Beschreibe anhand der Texte, welche Vorstellungen die Menschen im Mittelalter von der Ausbreitung der Pest hatten. Weshalb konnten sie noch keine sinnvolle Erklärung für das Auftreten der Pest haben?

② Beschreibe anhand der Karte, wie sich die Pest in Europa ausbreitete und wie es dazu kommen konnte.

③ Erläutere, wie man heute die Pest bekämpfen würde.

Hamburg
Bremen
Braun-schweig
London
Köln
Paris
Mainz
Nürnberg
Augsburg
Mailand
Genua
Barcelona
Rom
Neapel
Valencia
Algier
Tunis

Seehandelswege
Landhandelswege

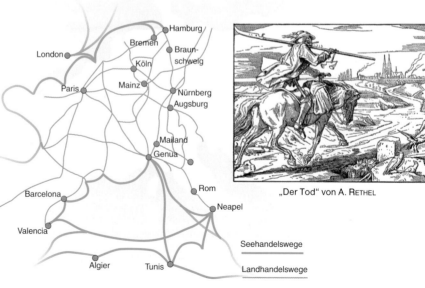

„Der Tod" von A. RETHEL

Cholera in Hamburg

1831 trat die Cholera in Deutschland auf. Immer wieder kehrte diese Krankheit in die Städte zurück. In Hamburg starben 1892 innerhalb von sechs Wochen 8605 Menschen an der Cholera.

Die Stadt Hamburg hatte nach dem Großen Brand im Jahre 1842 ein Wasserversorgungsnetz errichtet, indem man das Wasser mit einer dampfgetriebenen Pumpenanlage aus der Elbe in ein Rohrsystem saugte und verteilte. Die großen Mengen Abwässer mit dem Kot und Unrat gelangten in die Elbe zurück. Erst nach 1892 führte man Abwasserkanäle ein und filterte das Trinkwasser durch Kiesfilteranlagen.

Slums in der dritten Welt

Ein Bericht aus einer großen Stadt um 1860: „In den Stadtteilen der armen Leute sind keine Kloaken und Abtritte (Toiletten); und daher wird aller Unrat, Abfall und Exkremente von wenigstens 50 000 Menschen jede Nacht in die Rinnsteine geworfen, so dass trotz allen Straßenkehrens eine Masse angetrockneter Kot und ein stinkender Dunst entsteht. Alle, die diesen Zustand der Bewohner näher kennen, werden Zeugnis geben, welchen hohen Grad Krankheiten und Elend hier erreicht haben.“

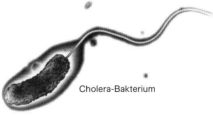
Cholera-Bakterium

Cholera

Der Cholera-Erreger wurden 1883 von ROBERT KOCH identifiziert. Es ist ein Bakterium, das sich mithilfe von Geißeln fortbewegt. Die Bakterien gelangen durch verunreinigte Lebensmittel und Trinkwasser in den menschlichen Körper und verursachen die Krankheit, indem sie im Dünndarm des Menschen ein Gift ausscheiden. Die Inkubationszeit beträgt ca. 3 Tage.

Erstes Anzeichen der Krankheit ist das Schrumpfen des Gesichtes und anderer weicher Körpergewebe aufgrund des großen Wasserverlustes. Dieser wird durch massiven Durchfall hervorgerufen, bei dem man innerhalb eines Tages ca. 20 l Wasser verliert. Es kommt zu einem Kreislaufkollaps, die Gliedmaßen werden blau und der Körper ist allgemein unterkühlt. Die Krankheit dauert 2 – 7 Tage. Der erste Choleraanfall ist für 70% der Erkrankten tödlich.

Aufgaben

(4) Was bedeuten die Begriffe Hygiene, Prophylaxe und Diagnose. Benutze diese Begriffe bei der Beantwortung der folgenden Fragen.

(5) Nenne Gründe, weshalb in den größer werdenden Städten des 19. Jahrhunderts die Gefahr einer Choleraepidemie sehr groß war. Was hat diese Epidemie an Veränderungen ausgelöst, sodass die Cholera in den Großstädten der Industriestaaten heute nicht mehr vorkommt?

(6) In den Ländern der 3. Welt kommen immer wieder Choleraepidemien vor, besonders in den Slums und Flüchtlingslagern. Welche Ursachen spielen dabei eine Rolle? Erläutere, welche Möglichkeiten es gibt, den Menschen hier zu helfen.

(7) Deutsche Touristen haben sich in Kenia mit Cholera infiziert. In manchen Ländern besteht ein Cholera-Risiko auch bei Personen, die sich nur in Hotels aufhalten. Durch welche Vorsichtsmaßnahmen können sich Touristen schützen?

AIDS — ein Virus erobert die Welt

Eine Infektion mit HI-Viren führt nicht direkt zu der schweren Krankheit AIDS. Viele Infizierte merken zunächst nichts oder es treten nur grippeähnliche Symptome auf, die nach 2 Wochen wieder abklingen. Die Infektion verläuft danach ohne besondere Symptome weiter. Erst nach 12 bis 16 Wochen kann man Antikörper und damit die HIV-Infektion zuverlässig nachweisen. Es kann Jahre dauern, bis die Krankheit AIDS zum Ausbruch kommt.

Bei allen AIDS-Kranken kann man eine extrem niedrige Anzahl von weißen Blutzellen, besonders der T-Helferzellen, feststellen. Dies ist darauf zurückzuführen, dass die HI-Viren sich besonders auf Riesenfresszellen und T-Helferzellen als Wirtszellen spezialisiert haben. Auf der Oberfläche der Viren sind Andockknöpfe, die sich an der Oberfläche der Wirtszellen an passenden Andockstellen anheften können. Die Andockknöpfe bestehen aus speziellen Eiweißen, die wie ein Schlüssel ins Schloss der Andockstellen auf den Wirtszellen passen. Da die Riesenfresszellen und die T-Helferzellen diese Stellen besitzen, können sie von HI-Viren befallen werden. Die Membranen der Wirtszelle und des Virus verschmelzen, das Erbmaterial wird in die Wirtszelle aufgenommen und dort vermehrt.

Da die T-Helferzellen das Abwehrsystem aktivieren, wirkt sich deren Verminderung nachteilig auf den Schutz vor Infektionen aus. So sind HIV-Infizierte anderen Krankheitserregern, die sich bei einem normal funktionierenden Abwehrsystem niemals im Körper ausbreiten und vermehren könnten, hilflos ausgesetzt. Typisch für diese Krankheiten ist, dass sie nur bei geschwächtem Immunsystem zum Ausbruch kommen. Man nennt ihre Erreger daher *opportunistisch.* Dieser Begriff leitet sich ab vom lateinischen Wort *opportunus* = einer günstigen Gelegenheit folgend. Zu diesen Krankheiten gehören Pilzbefall auf der Haut, besonders auf den Schleimhäuten im Mund, der Speiseröhre oder Luftröhre, spezielle Formen von Lungenentzündungen, Hirnhautentzündungen oder eine seltene Form des Hautkrebs (*Kaposisarkom).*

HI-Viren wurden nicht nur im Blut, sondern auch in anderen Körperflüssigkeiten, wie Sperma, Scheidensekret, Muttermilch, Speichel oder Tränen, nachgewiesen. In der Tränenflüssigkeit und im Speichel reicht die Konzentration der Viren jedoch nicht für eine Infektion aus. Eine hohe Ansteckungsgefahr geht daher von Situationen aus, in denen größere Mengen der HI-Viren in Körperflüssigkeiten eines Infizierten in den Körper eines Nichtinfizierten gelangen:

— Infektionen über *Bluttransfusionen.* Sie sind in Deutschland seit 1985 ausgeschlossen, da die Blutkonserven auf HI-Viren untersucht werden. In Entwicklungsländern ist dies jedoch nicht immer der Fall, daher besteht hier ein hohes Risiko.
— Gemeinsam genutzte *Spritzen* von Drogensüchtigen sind riskant, da in den Injektionsnadeln noch Blutreste vorhanden sind.

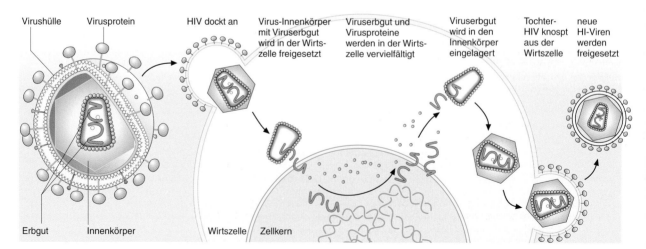

Virushülle   Virusprotein   HIV dockt an   Virus-Innenkörper mit Viruserbgut wird in der Wirtszelle freigesetzt   Viruserbgut und Virusproteine werden in der Wirtszelle vervielfältigt   Viruserbgut wird in den Innenkörper eingelagert   Tochter-HIV knospt aus der Wirtszelle   neue HI-Viren werden freigesetzt

Erbgut   Innenkörper   Wirtszelle   Zellkern

1 Vermehrungszyklus des HI-Virus

Großes Risiko	**Kein Risiko**

Großes Risiko

- Gemeinsame Benutzung von Fixerbestecken, Spritzen und Nadeln
- Ungeschützter Analverkehr
- Ungeschützter Vaginalverkehr
- Schwangerschaft bei einer HIV-infizierten Frau
- Oralverkehr

Kein Risiko

- Küsse, Zungenküsse
- Körperkontakte, Hautkontakte
- Zusammenleben mit einem Infizierten
- Anhusten oder Niesen
- Essen im Restaurant
- Schwimmbad, Sauna, Toiletten, Waschräume
- Friseur, Maniküre, Tätowierungen, Piercing, Ohrlochstechen
- Insektenstiche

Gib AIDS keine Chance

— Während der Schwangerschaft von HIV infizierten Müttern werden wenige Feten infiziert. Wesentlich größer ist das Risiko während der *Geburt* über das Blut oder danach durch die *Muttermilch*.

— Beim *Geschlechtsverkehr* können durch kleinste Risse in der Scheide oder des Penis Viren aus dem Scheidensekret oder dem Sperma in die Blutbahn gelangen. Beim Analverkehr ist das Risiko besonders groß, da die Viren sehr schnell in den Körper aufgenommen werden. Außerhalb des Körpers an der Luft können die HI-Viren nicht lange überleben.

Die wichtigste Schutzmaßnahme gegen die HI-Viren ist die Verwendung von Kondomen beim Geschlechtsverkehr. Dies ist besonders wichtig bei häufig wechselnden Sexualpartnern. Drogenabhängige sollten immer eine eigene Injektionsnadel benutzen. Bei schweren Unfällen sollten bei der Ersten Hilfe Schutzhandschuhe getragen werden.

Wirksame Medikamente gegen AIDS gibt es noch nicht. Man kann bisher nur den Krankheitsverlauf verlangsamen und die opportunistischen Krankheiten unterdrücken. Eine Eindämmung von AIDS lässt sich daher nur durch eine effektive Aufklärung und eine dauerhafte Änderung der Verhaltensweisen erreichen. Dies wird besonders deutlich, wenn man die Zahlen der Infizierten in verschiedenen Ländern vergleicht. In Deutschland sind ca. 50 000 Menschen infiziert, der größte Teil der weltweit ca. 40 Millionen Infizierten aber lebt in den Entwicklungsländern. Zwischen 1980 und 1999 starben bereits 12 Millionen Menschen an AIDS. Auch in Deutschland nimmt die Zahl der Infizierten wieder zu, da viele Menschen gleichgültiger gegenüber dem AIDS-Risiko wurden und weniger auf Schutzmaßnahmen achten.

Ein Zusammenleben mit HIV-Infizierten ohne intime Beziehungen ist für Nichtinfizierte unbedenklich, da eine Tröpfcheninfektion nicht erfolgt. Man kann sich anfassen oder das gleiche Besteck benutzen, ohne dass man sich mit AIDS infiziert. Problematischer ist die Situation für den HIV-Infizierten durch das erhöhte Infektionsrisiko, da jede Erkältung, jede Grippe für ihn tödlich sein kann. Jeder hat daher eine Verantwortung im Zusammenleben mit Infizierten, sie nicht zusätzlich zu gefährden, ohne jedoch vom Leben in der Gemeinschaft auszugrenzen.

Zettelkasten

Hepatitis B — eine schleichende Epidemie?

Jedes Jahr sterben in Deutschland mehr Menschen an Hepatitis B als an AIDS. 50 000 Menschen infizieren sich jedes Jahr neu. Hepatitis B-Viren kommen in Blut Infizierter mit einer hohen Konzentration vor, daher reichen geringste Mengen Blut für die Infektion. Ein Tropfen Blut in einer Badewanne kann zu einer Neuinfektion führen. Die Viren können auch außerhalb des Körpers bis zu einer Woche überleben, daher sind Infektionen über Rasiermesser, Nagelfeilen oder Instrumente zum Tätowieren oder Piercen möglich. Hepatitis B wird auch über Sperma, Scheidensekret und Speichel übertragen.

Die Inkubationszeit kann bis zu 6 Monate dauern. Vor dem Ausbruch der Krankheit kommt es zu grippeähnlichen Symptomen. Die eigentliche Krankheit besteht in einer gestörten Leberfunktion, es kommt zur *Gelbsucht*. Einige Infizierte überwinden die Krankheit innerhalb von 4 Monaten und sind danach immun gegen die Viren. Bei anderen kann es jedoch zu Leberversagen oder zu dauerhaften Leberveränderungen kommen. Letztere führen langfristig zu Leistungsschwäche, Muskelschwäche oder Leberkrebs. Bei 30% der Patienten ist eine Behandlung, trotz Nebenwirkungen, erfolgreich.

Ein wirksamer Schutz gegen Hepatitis B ist nur die Impfung. Seit 1986 wird ein gentechnisch hergestellter Impfstoff eingesetzt. Die Wirkung der Impfung bleibt mindestens 10 Jahre erhalten, teilweise sogar ein ganzes Leben. Alle Säuglinge ab dem 3. Lebensmonat sollten geimpft werden. Jugendliche, die als Säuglinge nicht geimpft wurden, sollten die Impfung zwischen dem 11. und 15. Lebensjahr nachholen, da in diesem Alter die eingangs geschilderten Infektionswege durch die verstärkten Kontakte nach außen aktuell werden.

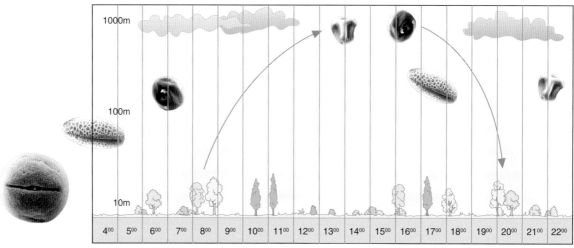

1 Pollenfreisetzung im Tagesverlauf

Pollenflugvorhersage:

15. 2.: Mäßiger bis starker Flug von Haselpollen, schwacher Flug von Erlenpollen.

29. 2.: Starker Flug von Erlen-, Hasel- und Eibenpollen

5. 3.: Starker Flug von Erlenpollen und mäßiger Flug von Haselpollen.

12. 3.: Starker Flug von Erlen- und Weidenpollen, mäßiger Flug von Haselpollen.

31. 3.: Schwacher Flug von Eichen- und Weidenpollen. Mäßiger Flug von Birken- und Eschenpollen.

Fehlfunktion des Immunsystems: Allergien

Ein schöner Sonnentag, die Getreidefelder blühen, ein feiner gelber Schleier liegt über den Feldern. Dies sind die *Pollen* der Getreideblüten, die vom Wind viele Kilometer weit verbreitet werden. Nicht alle Menschen freuen sich über solche Tage. Sie bekommen in dieser Zeit Niesanfälle und rote brennende Augen: einen *Heuschnupfen*. Sie reagieren *allergisch* auf bestimmte Pollen. Im Radio oder Fernsehen werden während der Frühjahrs- und Sommermonate Meldungen zum *Pollenflug* gesendet.

Unter einer *Allergie* versteht man eine Überreaktion des Immunsystems auf Reizstoffe aus der Umwelt. Die Reizstoffe werden auch als *Allergene* bezeichnet. Sie gelangen mit der Atemluft, der Nahrung oder Körperkontakt in unseren Körper. Genau wie bei den Krankheitserregern, rufen die Allergene eine *Abwehrreaktion* unseres Körpers hervor.

Es gibt nicht nur Allergien auf Pollen, sondern auch auf Hausstaub, Haarschuppen, Tierhaare, Insektengift, Schimmelpilzsporen oder Stoffe in Nahrungsmitteln. Hier treten *allergische Reaktionen* sofort nach dem Kontakt mit den genannten Stoffen auf. Einige Allergien entstehen erst durch langfristigen Kontakt mit bestimmten Stoffen. Dies kann z. B. der Fall sein bei Haarfärbemitteln oder bei nickelhaltigen Ohrringen.

Zettelkasten

Hausstauballergie — Angriff der Minimonster

Die Symptome der Hausstauballergie sind häufig Dauerschnupfen und Niesanfälle. Ausgelöst wird diese Reaktion des Immunsystems nicht durch den Staub direkt, sondern durch den Kot von *Milben,* die in dem Staub leben. Die nur unter dem Mikroskop sichtbaren Tierchen ernähren sich von Hautschuppen, jeder Mensch verliert pro Tag ca. 1,5 g Hautschuppen. Milben leben daher bevorzugt in Betten, Decken und Kissen, jedoch auch an allen Stellen, an denen sich Staub gut festsetzen kann, wie Teppiche, Polstermöbel, Gardinen, Plüschtiere.

Giftstoffe gegen die Milben gibt es nicht, da diese auch dem Menschen schaden. Hausstauballergiker sollten es daher vermeiden, viel Staub „aufzuwirbeln": besser Staub saugen (mit Mikrofilter) als kehren, Staubwischen nur mit feuchten Tüchern. Aber auch Plüschtiere oder Kuscheldecken können milbenfrei gehalten werden. Da Milben nicht bei Temperaturen unter 0 °C überleben, sind in der Tiefkühltruhe nach zwei Tagen alle Milben im Teddy oder in der Decke beseitigt.

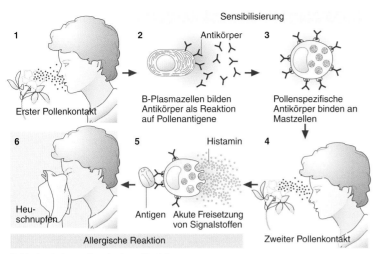

1 Verlauf einer allergischen Reaktion

Labels in figure:
Sensibilisierung

1 Erster Pollenkontakt

2 Antikörper — B-Plasmazellen bilden Antikörper als Reaktion auf Pollenantigene

3 Pollenspezifische Antikörper binden an Mastzellen

4 Zweiter Pollenkontakt

5 Histamin — Antigen — Akute Freisetzung von Signalstoffen

6 Heuschnupfen

Allergische Reaktion

Ratschläge für Pollenallergiker

— Meide in den Monaten deiner stärksten Beschwerden Wiesen und Felder.
— Meide Sport und körperliche Arbeiten im Freien (z. B. Rasenmähen). Betreibe Hallensport.
— Schlafe bei geschlossenen Fenstern. Öffne sie nur zwischen 22 Uhr und 4 Uhr morgens.
— Verbringe deinen Urlaub möglichst im Hochgebirge oder am Meer.
— Wasche die Haare vor dem Zubettgehen.
— Ziehe die Tageskleidung nicht im Schlafraum aus.
— Achte auf die Pollenfluginformationen im Radio oder im Internet.

Wie verläuft die allergische Reaktion beim Heuschnupfen? Bei einem *Erstkontakt* mit bestimmten Pollen bildet der Körper gegen dieses Fremdeiweiß *(Antigen)* spezifische *Antikörper* aus. Diese sammeln sich bevorzugt auf der Oberfläche von sogenannten *Mastzellen.* Mastzellen befinden sich z. B. in den Schleimhäuten von Nase, Bronchien und Lunge und beinhalten in zahlreichen Bläschen einen Signalstoff, das *Histamin.* Durch die Bildung der Antikörper ist der Körper *sensibilisiert.* Beim Zweitkontakt mit gleichartigen Pollen verknüpft das Pollenantigen je zwei spezifische Antikörper auf einer Mastzelle miteinander. Die Bläschen platzen in der Mastzelle auf und setzen blitzschnell Histamin frei. Histamin bewirkt eine Blutgefäßerweiterung, macht die Gefäßwände durch-lässig und lässt die glatte Muskulatur kontrahieren. Die Schleimhäute schwellen an und sondern Schleim ab, die Augen röten sich und jucken: Heuschnupfen!

Welcher Pollen als Reizstoff wirkt, kann ein Facharzt mit einem *Hauttest* ermitteln. Dazu werden Testextrakte mit der Haut in Kontakt gebracht oder unter die Haut gespritzt. Nach wenigen Minuten zeigen sich Reaktionen als Rötungen oder Quaddeln.

Aufgabe

① Erkläre, welche Bedeutung die Histamine bei einer allergischen Reaktion haben. Vergleiche diesen Vorgang mit Hautverletzungen (siehe auch Seite 180).

ettelkasten

Neurodermitis

Die Neurodermitis ist eine Hautkrankheit, die sich bereits im Kindes- und Jugendalter zeigen kann. Die erkrankte Haut ist glanzlos und trocken. Es besteht auch eine Bereitschaft zu geröteten und schuppenden Hautveränderungen. Vererbt wird nicht die Krankheit, sondern die übermäßige Reaktionbereitschaft des Immunsystems. Man kennt verschiedene Formen der Neurodermitis. Bei Schulkindern und Jugendlichen bilden sich Ekzeme vor allem in den Ellenbeugen und Kniekehlen, erst in zweiter Linie im Gesicht und am Hals. Bei einer anderen Form bilden sich kirschkerngroße Knötchen in der Haut aus, die stark jucken. Das wichtigste Symptom aller Neurodermitisformen ist der quälende Juckreiz, besonders mit nächtlichen Juckkrisen. Das Jucken führt oft zu Verletzungen und Infektionen der Haut. Kinder können dann schlecht oder nicht schlafen. Ihre Schulleistungen lassen nach. Verschlechterungen im Krankheitsbild treten häufig im Winter und Frühjahr auf. Juckreiz und Entzündungen kommen meist in Schüben vor, die durch Prüfungsstress oder persönliche Konfliktsituationen ausgelöst werden.

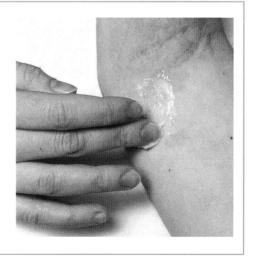

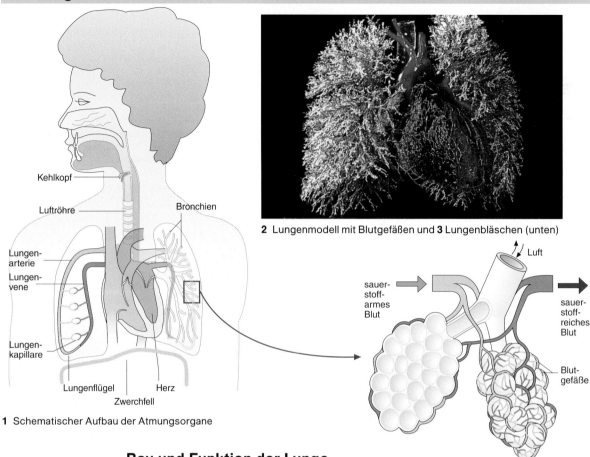

2 Lungenmodell mit Blutgefäßen und **3** Lungenbläschen (unten)

1 Schematischer Aufbau der Atmungsorgane

Bau und Funktion der Lunge

In jeder Minute atmen wir etwa 16-mal. Jeder Atemzug ist gut sichtbar, weil der Brustkorb sich dabei abwechselnd hebt und senkt. Die Zuführung der Atemluft erfolgt durch Nase oder Mund und die *Luftröhre*. Diese ist ca. 10 bis 12 cm lang. Große, hufeisenförmige Knorpelspangen umspannen sie von außen her. Im Bereich des Brustbeins teilt sich die Luftröhre in zwei *Hauptbronchien*. Diese verästeln sich immer mehr, bis hin zu ganz feinen Bronchien, den *Bronchiolen*.

Eine weiche Schleimhaut kleidet die Luftröhre und die Bronchien innen aus. Zahlreiche Schleimdrüsen durchsetzen die Schleimhaut, die einen samtartigen Überzug aus *Flimmerhärchen* trägt. Ihre Bewegungen schaffen eingedrungene Fremdkörper, z. B. mit Schleim verklebte Staubteilchen, in Richtung Rachen hinaus. Bei Infektionen wird vermehrt Schleim gebildet.

An den feinsten Endverzweigungen der Bronchien sitzen die *Lungenbläschen*. Sie haben einen Durchmesser von ca. 0,2 bis 0,6 mm, ihre Wände sind weniger als 1 µm dick. Man hat errechnet, dass in beiden Lungenflügeln zwischen 300 und 750 Millionen Lungenbläschen vorkommen. Dies entspricht einer gesamten Innenfläche von ca. 200 m². Ein engmaschiges, verzweigtes *Kapillarnetz* umspinnt jedes Lungenbläschen. Die Gesamtlänge aller Lungenkapillargefäße beträgt ungefähr 13 Kilometer.

Die beiden *Lungenflügel* füllen fast den gesamten Brustkorb eines Menschen aus. Der rechte Lungenflügel ist dreilappig gegliedert. Der etwas kleinere Linke besitzt nur zwei Lungenlappen. Das *Zwerchfell* trennt den Brust- vom Bauchraum.

Arbeitsweise der Lunge

Die Lungenflügel besitzen keine Muskeln; sie können sich deshalb nicht selbst mit Luft füllen oder entleeren. Die Vergrößerung der Lungen erfolgt indirekt durch die Erweiterung des Brustraumes durch die *Zwischenrippen-* und *Zwerchfellmuskulatur*.

Beim Einatmen zieht sich die Zwischenrippenmuskulatur zusammen, der Brustkorb wird angehoben *(Brustatmung)*. Gleichzeitig kontrahiert die Zwerchfellmuskulatur und flacht dadurch das kuppelförmige Zwerchfell ab *(Zwerchfellatmung)*. Durch beide Vorgänge wird der Brustraum vergrößert, die Lunge gedehnt und frische Luft strömt ein.

Beim Ausatmen senkt sich der Brustkorb. Erschlafft die Zwischenrippenmuskulatur, drückt ihn das Eigengewicht zusammen. Die Bauchmuskeln drücken die Eingeweide gegen das Zwerchfell und wölben es so wieder nach oben. Die Verkleinerung des Brustraumes bewirkt ein Zusammenpressen der Lungen. Dadurch strömt die Luft aus.

Die Lunge ist mit einer Haut, dem *Lungenfell*, überzogen. Die Innenseite des Brustkorbes ist mit dem *Rippenfell* ausgekleidet. Lungen- und Rippenfell bilden zusammen das *Brustfell*. Beide Häute besitzen glatte und feuchte Oberflächen. Da sich zwischen beiden nur ein Feuchtigkeitsfilm befindet, haften sie — ähnlich wie zwei befeuchtete Glasplatten — aneinander und können so reibungsarm aneinander vorbeigleiten.

21% O_2
1% andere Gase
0,03% CO_2
78% N_2

17% O_2
4% CO_2
1% andere Gase
78% N_2

Die ständigen Atembewegungen sind Voraussetzung für den *Gasaustausch* in den *Lungenbläschen*. Das Gasgemisch Luft besteht im Wesentlichen aus Stickstoff, Sauerstoff, Kohlenstoffdioxid und Edelgasen. Ein Teil des eingeatmeten Sauerstoffs diffundiert in die Lunge. Die übrigen Gase und das im Körper gebildete Kohlenstoffdioxid atmen wir wieder aus. Die Aufnahme von Sauerstoff und die Abgabe von Kohlenstoffdioxid finden in den Lungenbläschen statt. Atemluft und Blut sind hier nur durch die dünnen Wände der Kapillaren und Lungenbläschen getrennt. Die beiden Innenseiten dieser Wände sind befeuchtet. Dadurch wird die Durchlässigkeit für die Atemgase erhöht.

Aufgaben

① Was bedeutet die Veränderung des Kalkwassers im Versuch der Randspalte?
② Begründe folgende Ratschläge:
 — Immer durch die Nase einatmen!
 — Beim Einatmen soll sich der Bauch wölben!
 — Atme tief aus!

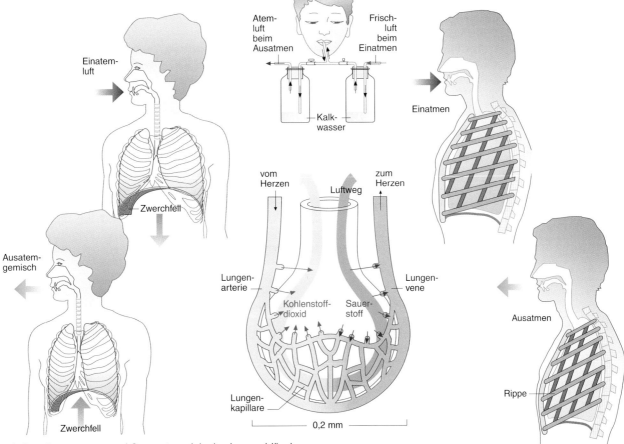

1 Atembewegungen und Gasaustausch in den Lungenbläschen

Rauchen — nein danke!

Auf der einen Seite sorgen sich die Menschen in den Industrienationen in zunehmendem Maße wegen der Gefährdung durch giftige Stoffe in der Umwelt. Man erstellt Richtlinien zum Schutze der Menschen an ihren Arbeitsplätzen, erlässt Gesetze über die gerade noch tolerierbaren Konzentrationen an schädlichen Gasen in der Luft und fordert eindeutige und klare Kennzeichnung aller Giftstoffe in Industrie und Haushalt. Auf der anderen Seite nehmen zahlreiche Menschen eine ganze Reihe von giftigen Stoffen freiwillig und regelmäßig in großen Mengen zu sich — sie rauchen. Alle wissenschaftlichen Untersuchungen bestätigen die Gefährlichkeit des Rauchens. Rauchen ist Selbstmord auf Raten!

Wichtig bei der Gefahreneinschätzung durch das Rauchen ist auch der *Nichtraucherschutz*, da viele Gefahrenstoffe aus dem Zigarettenrauch auch von den Nichtrauchern inhaliert werden *(Passivrauchen)* und so zu einer Schädigung führen können. An vielen Arbeitsplätzen, in öffentlichen Gebäuden oder auch auf Flügen ist daher das Rauchen verboten.

Beim Einatmen *(Inhalieren)* von Zigarettenrauch setzen sich der im Rauch enthaltene *Teer* und viele der mehr als 200 schädlichen Stoffe in Rachen, Luftröhre, Bronchien und Lungenbläschen ab. Der Teer allein enthält etwa 40 verschiedene Krebs erregende Stoffe, darunter das *Benzpyren*. Bei langjährigen Rauchern treten häufig Kehlkopf-, Bronchial- oder Lungenkrebs auf. In Deutschland sind über 90 % aller an Lungenkrebs erkrankten Menschen Raucher.

Ein weiterer Giftstoff der Zigarette ist das *Nikotin,* ein Nervengift. Es gelangt mit dem Zigarettenrauch über die Lunge ins Blut. Durch Nikotin ziehen sich die Muskeln der Arterienwände zusammen, die Arterien verengen sich, der Herzschlag wird beschleunigt, der Blutdruck steigt. Der Raucher fühlt sich zunächst aktiver. Durch die Verengung der Adern werden jedoch Haut und Gliedmaßen schlechter durchblutet. Die Hauttemperatur der Fingerspitzen sinkt um etwa 3 °C ab. Nikotin fördert zudem die Bildung von Ablagerungen in den Arterien. Es kommt häufig zu Durchblutungsstörungen und in Folge davon zur Unterversorgung einzelner Organe mit Sauerstoff. Gewebeteile können absterben und müssen dann operativ entfernt werden.

Vergleicht man die sportliche Leistungsfähigkeit von gleichaltrigen Rauchern und Nichtrauchern, die ansonsten etwa die gleiche Lebensweise haben, so schneiden die Raucher durchweg schlechter ab. Dies ist unter anderem auf das *Kohlenstoffmonooxid* zurückzuführen. Es ist ein geruchloses, giftiges Gas, das zu etwa 4 % im Zigarettenrauch enthalten ist. Es wird besonders fest an das Hämoglobin in den roten Blutzellen gebunden, sodass diese keinen Sauerstoff mehr transportieren können und die Sauerstoffversorgung verschlechtert wird. Zusätzlich wird in der Lunge durch den Teer der Sauerstoffaustausch behindert. Flimmerhaarzellen in Luftröhre und Bronchien sorgen normalerweise dafür, dass Staub und Ruß in Richtung Rachen befördert werden, Teer und Nikotin behindern ihre Tätigkeit.

Bei Schwangeren zeigen sich häufig Auswirkungen des Rauchens auf das Geburtsgewicht und die Gesundheit des Kindes. Früh- und Fehlgeburten treten vermehrt auf. Außerdem vermutet man, dass Substanzen im Zigarettenrauch das Erbgut schädigen können.

Erstaunlich ist, dass viele Menschen über die Gefahren Bescheid wissen und trotzdem mit dem Rauchen anfangen oder nicht damit aufhören. Dieses bewusste „Genießen von Giftstoffen" hat verschiedene Gründe: Neugier, das Vorbild in der Gruppe, Angeberei, die Verführung durch die Zigarettenwerbung sowie Unsicherheiten, die man mit dem Griff zur Zigarette überspielen will.

Rauchen macht abhängig! Man kann nicht einfach wieder aufhören, wenn man einmal angefangen hat. Nur mit großer Willensstärke gelingt es, sich das Rauchen abzugewöhnen und den inneren Zwang zu überwinden, der einen immer wieder zur Zigarette greifen lässt.

Aufgaben

① Suche eine Erklärung für die Daten, die du aus Abb. 195.2 entnehmen kannst.
② Diskutiert die Aussagen der Abbildung 195.3. In jeder Altersgruppe wurden jeweils 1000 Personen untersucht.
③ Entwerfe einen Text, in dem du einem Raucher anhand der Daten auf S. 195 klar machst, dass es auch noch nach vielen Jahren sinnvoll ist, mit dem Rauchen aufzuhören.

Ausschnitt aus einem Zeitungsartikel

Zitat von Goethe
Aber es liegt auch im Rauchen eine arge Unhöflichkeit, eine impertinente Ungeselligkeit. Die Raucher verpesten die Luft weit und breit und ersticken jeden honetten Menschen, der nicht zu seiner Verteidigung zu rauchen vermag.

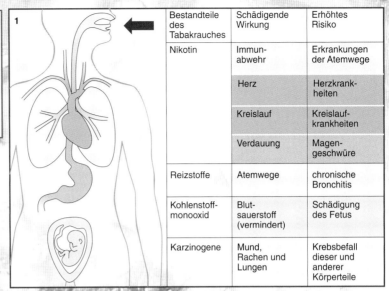

Bestandteile des Tabakrauches	Schädigende Wirkung	Erhöhtes Risiko
Nikotin	Immunabwehr	Erkrankungen der Atemwege
	Herz	Herzkrankheiten
	Kreislauf	Kreislaufkrankheiten
	Verdauung	Magengeschwüre
Reizstoffe	Atemwege	chronische Bronchitis
Kohlenstoffmonooxid	Blutsauerstoff (vermindert)	Schädigung des Fetus
Karzinogene	Mund, Rachen und Lungen	Krebsbefall dieser und anderer Körperteile

Schädigende Auswirkungen des Rauchens

Nach der letzten Zigarette

Nach 20 Minuten ▶ **Blutdruck** und **Puls** sinken auf normale Höhe

...8 Stunden ▶ Der **Kohlenstoffmonooxidspiegel** im Blut sinkt, der **Sauerstoffspiegel** steigt auf normale Höhe

...24 Stunden ▶ Das Risiko eines **Herzinfarktes** sinkt

...48 Stunden ▶ Regeneration der **Nervenenden** beginnt, **Geschmacks-** und **Geruchssinn** verbessern sich

...2 Wochen ▶ Der **Kreislauf** stabilisiert sich

...3 Monaten ▶ Die **Lungenfunktion** hat sich um ca. 30 Prozent verbessert

... 1 Jahr ▶ Das zusätzliche Risiko von **Thrombosen** verringert sich um die Hälfte

...5 Jahren ▶ Das Risiko an **Lungenkrebs** zu sterben, hat sich fast halbiert

...5–15 Jahren ▶ Das Risiko eines **Herzinfarktes** verringert sich auf das eines Nichtrauchers

...10 Jahren ▶ Das **Lungenkrebs-Risiko** ist auf das eines Nichtrauchers gesunken

...15 Jahren ▶ Das Risiko von **Thrombosen** in den **Herzkranzgefäßen** ist so hoch wie bei einem Nichtraucher

Ausschnitt aus einem Zeitungsartikel

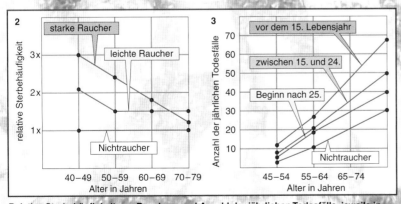

Relative Sterbehäufigkeit von Rauchern und Anzahl der jährlichen Todesfälle, jeweils in Abhängigkeit vom Alter

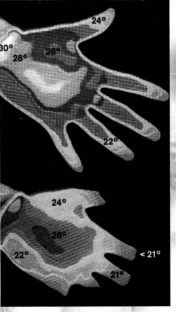

Thermografie einer Hand
vor und nach dem Rauchen einer Zigarette

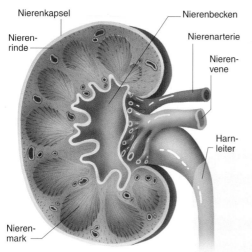

1 Bau der Niere

Nierenkapsel
Nierenbecken
Nieren-rinde
Nierenarterie
Nieren-vene
Harn-leiter
Nieren-mark

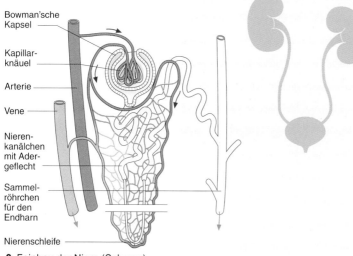

2 Feinbau der Niere (Schema)

Bowman'sche Kapsel
Kapillar-knäuel
Arterie
Vene
Nieren-kanälchen mit Ader-geflecht
Sammel-röhrchen für den Endharn
Nierenschleife

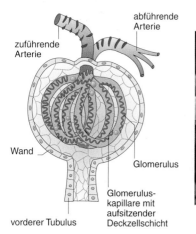

3 Nierenkörperchen (Schema und Mikroaufnahme)

abführende Arterie
zuführende Arterie
Wand
Glomerulus
Glomerulus-kapillare mit aufsitzender Deckzellschicht
vorderer Tubulus

Die Niere

Die Niere ist unser wichtigstes *Ausscheidungsorgan*. Durch ihre Tätigkeit werden Abfallstoffe ausgeschieden und der Wasser- und Mineralstoffhaushalt unseres Körpers im Gleichgewicht gehalten.

Die zwischen 120 und 200 g wiegenden, paarigen Organe liegen beiderseits der Wirbelsäule an der hinteren Wand der Bauchhöhle und berühren fast das Zwerchfell. Die *Nierenkapsel*, eine derbe Haut aus Bindegewebe, schützt die Nieren und grenzt sie gegen die anderen Organe in der Bauchhöhle ab.

Das Nierengewebe besteht aus zwei gut unterscheidbaren Schichten: Der äußeren dunkelroten und gekörnten *Nierenrinde* und dem inneren helleren *Nierenmark*. Das Mark bildet kegelförmige Fortsätze, die *Nierenpyramiden*. Sie münden in das *Nierenbecken*, das über den *Harnleiter* mit der *Harnblase* verbunden ist.

Die Rinde enthält winzige Knäuel aus Kapillaren, die von einer Hülle aus Bindegewebe, der *Bowman'schen Kapsel*, umgeben sind. Kapillarenknäuel *(Glomerulus)* und Bowman'sche Kapsel bilden zusammen ein 200 – 300 µm großes *Nierenkörperchen*.

Von jeder Bowman'schen Kapsel führt ein *Nierenkanälchen* ins Mark. Dort biegt es in einer haarnadelförmigen Schleife wieder in Richtung Nierenrinde um. Mehrere Nierenkanälchen münden in ein *Sammelröhrchen*. Mehrere davon vereinigen sich zu einem größeren ableitenden Kanal, der an den Pyramidenspitzen in das Nierenbecken mündet.

Harnbildung

Die Nieren sind Hochleistungsorgane. Etwa 300-mal pro Tag durchströmt die gesamte Blutmenge die Nieren, also ca. 1500 Liter. Die dabei ablaufende Filtration des Blutes findet in der funktionellen Einheit aus Nierenkörperchen und Nierenkanälchen, dem *Nephron*, statt. Davon gibt es ungefähr 1 Million pro Niere; alle Nierenkanälchen zusammen sind etwa 10 km lang.

Das Produkt der Nierentätigkeit ist der *Harn*, dessen Bildung in den Nierenkörperchen beginnt. Durch den hohen Druck in den Kapillarenknäueln wird die Blutflüssigkeit zwischen den Zellen der Kapillarwand hindurch in die Bowman'sche Kapsel gepresst. Das dabei entstehende Filtrat nennt man *Primär-*

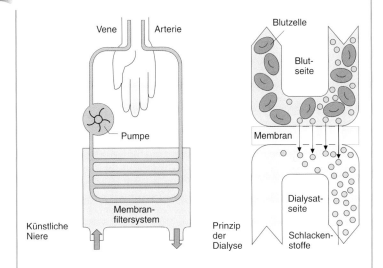

Dialyse

Die Zahl der Menschen, deren Nieren nur noch eingeschränkt oder gar nicht mehr arbeiten, ist erschreckend hoch. Funktioniert noch eine Niere, kann sie die Aufgabe der anderen übernehmen. Sind aber beide Nieren stark geschädigt, wird es lebensbedrohlich. Bereits 1945 wurde in den USA für diese chronisch Nierenkranken eine Apparatur entwickelt, die es ermöglicht, die durch die mangelnde Nierentätigkeit zurückgebliebenen Schadstoffe aus dem Blut der Patienten herauszufiltrieren.

Während dieser mehrmals wöchentlich notwendigen Blutwäsche *(Dialyse)* wird innerhalb von 8 – 10 Stunden die gesamte Blutmenge mehrmals hintereinander durch das Filtersystem der Dialyse geleitet, von Schlackenstoffen befreit und dem Organismus wieder zugeführt.

Obwohl seit 1945 das Dialyseverfahren ständig verbessert wurde, sind die Patienten großen physischen und — nicht zuletzt wegen der Abhängigkeit von der Maschine — psychischen Belastungen ausgesetzt.

harn. Blutzellen oder sehr große Moleküle wie Bluteiweiße können die Kapillarwand nur in geringem Umfang passieren.

In den Nieren werden pro Tag ca. 170 Liter Primärharn gebildet. Er enthält viel Wasser, gelöste Salze und Traubenzucker. Auf dem Weg durch die Nierenkanälchen und Sammelröhrchen wird aus dem Primärharn ein Großteil des Wassers und der Salze sowie der gesamte Traubenzucker zurückgewonnen *(Resorption)*. Nur noch etwa ein Liter *Endharn* gelangt in die Harnblase und wird als *Urin* ausgeschieden. Dieser enthält vor allem Wasser und Harnstoff sowie nur wenig Harnsäure. Auf diese Weise regulieren die Nieren nicht nur den Wasser- und Salzhaushalt des Körpers, sondern sind auch für die Reinigung des Blutes von giftigen Stoffwechselprodukten verantwortlich. Außerdem spielen sie eine wichtige Rolle bei der Rückgewinnung des Traubenzuckers.

Aufgaben

1. Vergleiche die Zusammensetzung des Primärharns und des Endharns mithilfe der Abbildung 1.
2. Beschreibe die Vorgänge der Resorption zwischen den vier markierten Stellen in der Abbildung 1.
3. Warum ist es gesund, genügend zu trinken und salzärmer zu essen?
4. Informiere dich über die Entstehung von Nierensteinen. Welche Bedingungen fördern ihre Bildung und welche Beschwerden können sie verursachen?

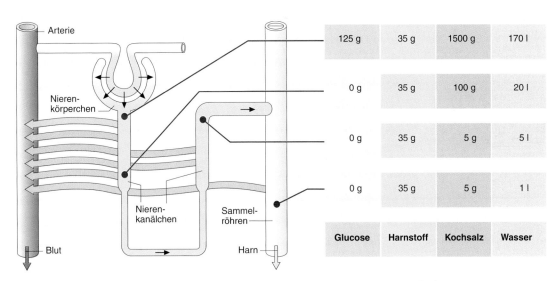

1 Schema der Harnbildung und Zusammensetzung der Harnzwischenstufen (Angaben pro Tag)

Die Haut — nicht nur ein Sinnesorgan

Beim Erwachsenen ist die Haut etwa 10 kg schwer, durchschnittlich 6 mm dick und bedeckt eine Fläche von knapp 2 m². Sie ist eine lebenswichtige Hülle, die uns umgibt und eine Fülle unterschiedlicher Aufgaben hat.

Die Haut verhindert Austrocknung, schirmt den Körper gegen Schmutz und Krankheitserreger ab, schützt an stark beanspruchten Stellen durch Verdickung vor Verletzung, hilft bei der Regulation des Wärmehaushalts und schützt sich durch Pigmentbildung vor der gefährlichen UV-Strahlung des Sonnenlichts. Die Zunahme der am Boden ankommenden UV-Strahlung in den letzten Jahrzehnten erfordert jedoch ab dem Frühjahr an unbedeckten Hautstellen einen zusätzlichen Sonnenschutz, um das Risiko von Hautkrebserkrankungen zu vermindern. Zugleich ist die Haut ein vielseitiges *Sinnesorgan*, das auf Reize wie Wärme, Schmerz, Druck, Berührung und Vibration anspricht.

Die Haut ist aus drei Schichten aufgebaut. Die dünne **Oberhaut** ist oben verhornt. Diese *Hornschicht* besteht aus abgestorbenen Zellen, die von der darunter liegenden *Keimschicht* ständig ersetzt werden. Eine neue Oberhautzelle verhornt nach einiger Zeit und wird nach vier Wochen als tote Zelle abgestoßen. Die untersten Keimschichtzellen enthalten Farbstoffkörnchen und bilden eine schützende *Pigmentschicht*.

Die zweite Hautschicht ist die etwa 1 mm dicke **Lederhaut**. Ein dichtes Netz eingelagerter Bindegewebsfasern macht sie zäh und reißfest. In ihr verlaufen viele Blutkapillaren mit einer Gesamtoberfläche von 7000 m². Das entspricht der Fläche eines Fußballfeldes. Die Hautdurchblutung dient der Regulation des Wärmehaushalts. Muss vom Körper Wärme abgegeben werden, so sind die Kapillaren weit und stark durchblutet. Die Haut wird so rötlicher. Reicht dies zur Kühlung nicht aus, sondern die *Schweißdrüsen* Schweißtropfen ab. Sie verdunsten und entziehen dabei der Haut Wärme.

Haare entwickeln sich aus *Haarzwiebeln*. An jeder entspringt ein *Haarbalg*, in dem ein Haar täglich um etwa 0,5 mm wächst. An jedem Haarbalg sitzen ein kleiner Muskel und eine Talgdrüse, die das Haar fettet.

In der Lederhaut liegen viele verschiedene Sinneskörperchen. Sie enthalten Sinneszellen, die mechanische Reize wie Berührung oder Druck aufnehmen. *Freie Nervenendigungen* werden bei Änderungen der Temperatur gereizt. Bei Temperaturen unter 36 °C werden die *Kältekörperchen* erregt, bei höheren Temperaturen die *Wärmekörperchen*. Freie Nervenendigungen reichen teilweise bis in die Oberhaut und wirken auch als *Schmerzrezeptoren*.

Die **Unterhaut** ist die dickste der drei Hautschichten. Durch Fetteinlagerung wirkt sie als Energiespeicher, Isolierschicht und Stoßdämpfer. Sie enthält *Lamellenkörperchen*, die auf Schwingungen ansprechen. Mit der Unterhaut ist die ganze Haut an Muskeln, Organen und Knochen befestigt.

a	Hornhaut	h	Lamellenkörperchen
b	Keimschicht	i	Kältekörperchen
c	Pigmentschicht	k	freie Nervenendigungen
d	Haar	l	Schweißdrüse
e	Pore	m	Talgdrüse
f	Tastkörperchen	n	Arterie und Vene
g	Wärmekörperchen	o	Unterhautfettgewebe

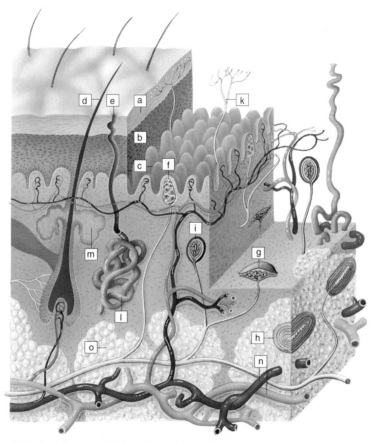

1 Aufbau der menschlichen Haut (Schema)

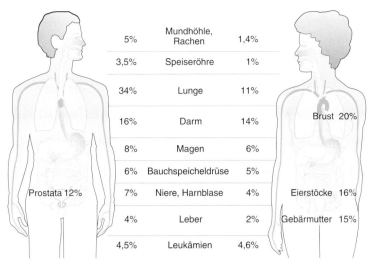

5%	Mundhöhle, Rachen	1,4%
3,5%	Speiseröhre	1%
34%	Lunge	11%
16%	Darm	14%
	Brust	20%
8%	Magen	6%
6%	Bauchspeicheldrüse	5%
Prostata 12%		
7%	Niere, Harnblase	4%
	Eierstöcke	16%
4%	Leber	2%
	Gebärmutter	15%
4,5%	Leukämien	4,6%

1 Krebstote bezogen auf befallene Organe

Krebs

Jedes Jahr sterben in Deutschland 200 000 Menschen an den Folgen des Krebs. Die Zahl der Neuerkrankungen liegt bei ca. 330 000, davon sind etwa 1 700 Jugendliche. Krebs ist in Deutschland die zweithäufigste Todesursache. Krebs ist genetisch bedingt, jedoch steigt die Gefahr, daran zu erkranken, durch Umwelteinflüsse oder durch Krebs erregende Substanzen, wie das *Benzpyren* im Tabakrauch oder der *Asbest,* der in der Industrie zur Herstellung von feuer- und hitzebeständigen Produkten verwendet wird.

Obwohl die moderne Medizin intensive Forschungsarbeit leistet und auch schon auf beachtliche Behandlungserfolge verweisen

kann, bleibt die Furcht vor dieser Krankheit weiterhin berechtigt. Durch unvernünftige Verhaltensweisen werden außerdem die Voraussetzungen für manche Krebserkrankungen bereits in jungen Jahren geschaffen.

Zum Beispiel ist ein Zusammenhang zwischen Sonnenbrand und später auftretendem *Hautkrebs* nachgewiesen. Die Sonne sendet nicht nur Licht und Wärme aus, sondern auch energiereiche ultraviolette Strahlen *(UV-Strahlen)*. Durch sie werden die Zellen der menschlichen Haut geschädigt. Nach intensiver, lang andauernder Bestrahlung können die Zellen beginnen, sich ungehemmt und unkontrolliert zu teilen. Solche Zellen nennt man *Tumorzellen*.

Da sich Tumorzellen auch an der Zellmembran verändern, werden sie vom Körper als fremdartig erkannt und von den weißen Blutzellen vernichtet. Schafft es das Abwehrsystem des Körpers jedoch nicht mehr, mit den Tumorzellen fertig zu werden, bildet sich eine *Gewebswucherung*. Diese wird als gutartig bezeichnet, wenn sie keine anderen Gewebe erfasst. Zerstört sie jedoch Organe durch weitere, ungezügelte Zellteilungen oder dringt sie in umliegendes Gewebe ein, spricht man von einem *bösartigen Tumor* oder *Karzinom*. Gelangen Tumorzellen in die Blut- und Lymphbahn, können sie sich an anderen Stellen im Körper festsetzen und dort Tochtertumore *(Metastasen)* bilden.

Solange der Tumor nicht stark in das Nachbargewebe eingedrungen ist und keine Metastasen gebildet hat, kann er durch eine Operation entfernt werden. Treten jedoch Metastasen auf, so ist eine vollständige operative Entfernung nicht mehr möglich. Eine Behandlung mit Medikamenten, die die Zellteilung hemmen *(Chemotherapie),* und die Bestrahlung mit radioaktiven Strahlen zur Zerstörung der Krebszellen sind dann die einzige, aber schlechtere Heilungschance.

Nicht allen Krebserkrankungen kann man vorbeugen, Kontrolle aber ist oft möglich. Hat man z. B. auf der Haut dunkle Pigmentmale, sollte man sie nach der **ABCD**-Regel beobachten und unbedingt zum Arzt gehen, vor allem, wenn sie sich verändern:

A - Asymmetrie (unregelmäßige Form),
B - Begrenzung (an den Rändern scheint das Pigmentmal auszulaufen),
C - Colour (das Pigmentmal ist an einigen Stellen heller oder dunkler) und
D - Durchmesser. Das Pigmentmal ist größer als 5 mm.

Zettelkasten

Braune Haut ist chick — Hautkrebs nicht.

1. Vermeide jede Rötung der Haut.
2. Leichte Kleidung und Sonnenhüte verhindern einen Sonnenbrand.
3. In den ersten Urlaubstagen viel im Schatten liegen und mit einem hohen Lichtschutzfaktor bei der Sonnencreme beginnen.
4. Sonnencreme 30 Minuten vor dem Sonnenbad im Schatten auftragen. Erst dann kann sie ihre Schutzfunktion entfalten.
5. Meide die Mittagssonne, gönne deiner Haut eine Siesta.
6. Beim Baden und Schwimmen wasserfeste Sonnenschutzmittel verwenden.

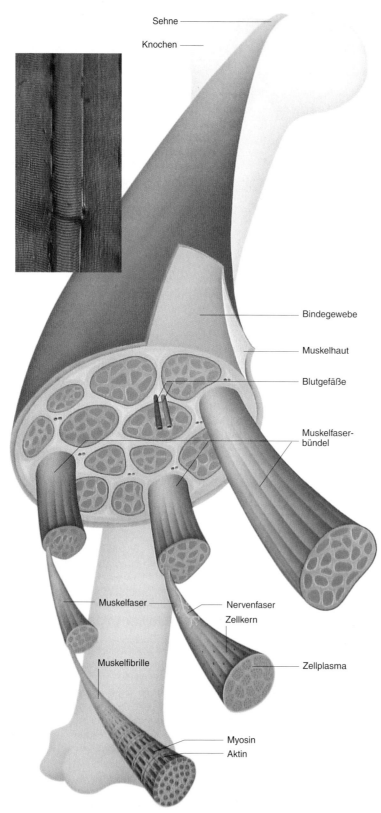

Sehne

Knochen

Bindegewebe

Muskelhaut

Blutgefäße

Muskelfaser-
bündel

Muskelfaser

Nervenfaser

Zellkern

Muskelfibrille

Zellplasma

Myosin

Aktin

1 Schematische Darstellung eines quer gestreiften Muskels

Die Muskulatur

Bei der Betrachtung eines Läufers wird sofort klar, dass seine enorme Laufleistung auf dem Zusammenspiel von Muskeln, Knochen, Gelenken, Stoffwechsel und Nervensystem beruht. *Muskeln* ermöglichen aber auch Bewegungen im Körperinneren, die wir meist nicht bewusst wahrnehmen: Die Tätigkeit der Herz- und Atemmuskulatur sowie die Aktivität der Eingeweidemuskulatur.

Nach ihrem Aufbau unterscheidet man *glatte* und *quer gestreifte Muskulatur*. Die quer gestreifte Muskulatur, zum Beispiel die Skelettmuskulatur, besteht aus *Muskelfasern*, die bis zu 30 cm lang sein können. Sie haben einen Durchmesser von 10 – 100 µm und besitzen oft Hunderte von Zellkernen. Entstanden sind diese „Riesenzellen" dadurch, dass sich die Zellkerne einer Zelle wiederholt teilten, die Durchschnürungen der Zelle jedoch unterblieben.

Viele Muskelfasern bilden ein *Muskelfaserbündel*. Jedes Einzelne davon ist in eine Bindegewebshülle eingebettet, durch die feine Blutgefäße und Nervenfasern ziehen. Ein Muskel setzt sich aus Tausenden solcher Bündel zusammen, die von einer *Muskelhaut* umhüllt sind. Skelettmuskeln enden auf jeder Seite in einer *Sehne*, die sie am Knochen befestigt.

Die *Herzmuskulatur* ist eine Sonderform der quer gestreiften Muskulatur. Sie besteht aus einem Netzwerk verzweigter Einzelzellen mit nur einem Zellkern. Diese Vernetzung ist die Voraussetzung dafür, dass sich ein einziger elektrischer Impuls von den Vorhöfen über die Herzkammern fortpflanzt und so eine geordnete Kontraktionsabfolge auslösen kann. Während die Skelettmuskulatur willkürlich arbeitet, unterliegt die Tätigkeit der Herzmuskulatur nicht unserem Willen.

Die Zellen der *glatten Muskulatur* sind meist lang gestreckt und spindelförmig. Ihre Länge liegt zwischen 50 und 220 µm bei einem Durchmesser von 4 – 20 µm. Im Zellplasma liegt nur ein Zellkern. Anders als die schnell aktivierbare Skelettmuskulatur, deren Kontraktion nur von kurzer Dauer ist, arbeitet die glatte Muskulatur langsam, aber dafür ausdauernd und mit wesentlich geringerem Energieverbrauch. Ein Beispiel hierfür ist die *Eingeweidemuskulatur* des Menschen.

Die Arbeitsweise der Muskeln

Muskeln können sich zwar zusammenziehen (kontrahieren), niemals aber aktiv ausdehnen. Sie brauchen dazu immer jeweils einen *Gegenspieler (Antagonist)*, der sie wieder in den gedehnten Zustand zurückzieht. Dieser Gegenspieler kann ein weiterer Muskel, ein elastisches Band oder — wie im Falle der Herzmuskulatur — der Druck von Flüssigkeiten sein. Diese Arbeitsweise bezeichnet man als *Gegenspielerprinzip* oder *Antagonismus*.

Das Elektronenmikroskop enthüllt weitere Einzelheiten des Muskelaufbaus, die Aussagen über die Funktion ermöglichen. Jede Muskelzelle enthält in Längsrichtung wiederum feinste Fasern von nur 2—3 µm Durchmesser. Man bezeichnet diese als *Muskelfibrillen*. Sie setzen sich aus zwei Untereinheiten zusammen, den *Myosin-* und *Aktinfilamenten*.

Myosin und Aktin sind *Muskelproteine*, die bei der Muskelkontraktion eine entscheidende Rolle spielen. Die Myosinfilamente besitzen bewegliche Köpfe. Im erschlafften Muskel stehen sie senkrecht zum Myosin-

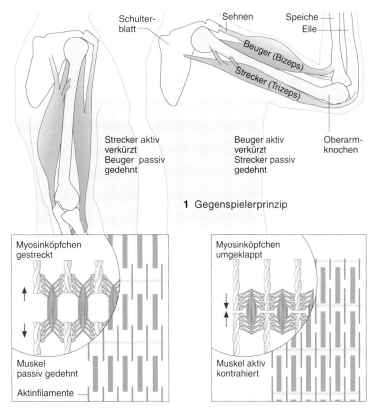

1 Gegenspielerprinzip

2 Muskel gedehnt (Schema)

3 Muskel verkürzt (Schema)

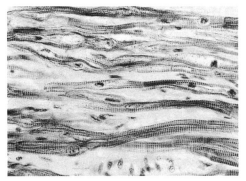

4 Herzmuskulatur

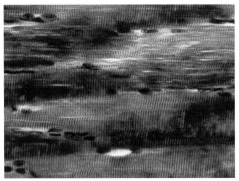

5 Glatte Muskulatur

filament. Bei einer Muskelkontraktion haften die Myosinköpfchen zunächst am Aktinfilament an und klappen dann in die 45°-Stellung um. Durch dieses Umschlagen wird das Aktinfilament in die Myosinfilamente hineingezogen. Das „Rudern" aller Myosinköpfchen bewirkt so eine Verkürzung der Muskelfasern, der Muskel zieht sich zusammen. Nach der Kontraktion lösen sich die Myosinköpfchen vom Aktinfilament ab und klappen in die Ausgangsstellung zurück. Diese Arbeitsweise wird als *Querbrückenmechanismus* bezeichnet. Für die Vorgänge der Muskelkontraktion wird Energie benötigt.

Aufgabe

① Schneide aus einem Stück Schweinefleisch in Faserrichtung ein kleines Stück heraus. Lege es auf einem Objektträger in eine 1%ige Kochsalzlösung. Zerzupfe es mit 2 Präpariernadeln und mikroskopiere anschließend bei 400facher Vergrößerung.
   a) Zeichne die beobachtete Muskelstruktur in dein Heft.
   b) Erkläre, warum im Lichtmikroskop die Muskelfaser quergestreift ist.

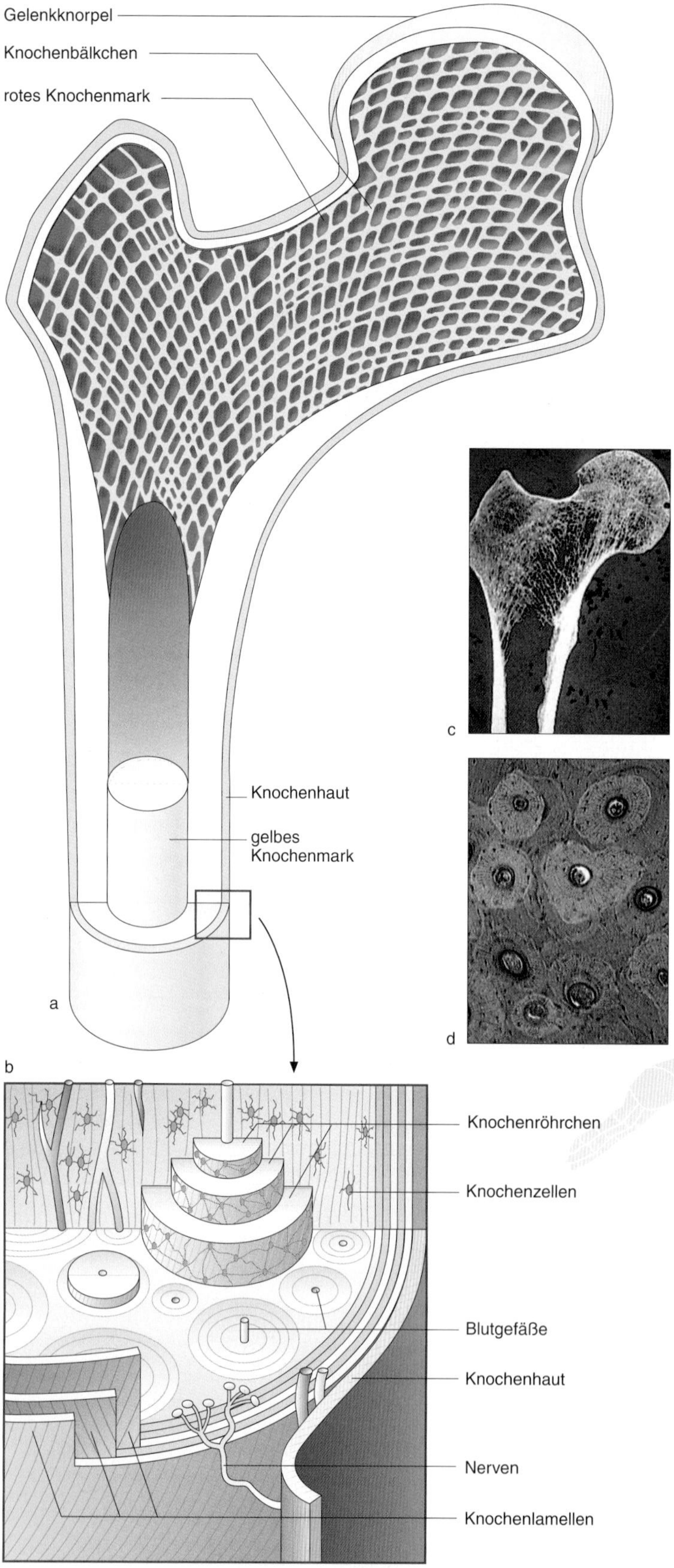

Gelenkknorpel

Knochenbälkchen

rotes Knochenmark

c

Knochenhaut

gelbes
Knochenmark

a

d

b

Knochenröhrchen

Knochenzellen

Blutgefäße

Knochenhaut

Nerven

Knochenlamellen

1 Knochenbau Längsschnitt (a, c), Feinbau (b, d)

Der Knochenaufbau

Die Knochen lassen sich nach ihrer Form in platte, kurze und lange Knochen unterteilen. Schulterblatt und Brustbein zählen zu den platten, Hand- und Fußwurzelknochen zu den kurzen Knochen. Lange Knochen bezeichnet man als *Röhrenknochen*. Beispiele hierfür sind: Ober- und Unterarmknochen sowie Ober- und Unterschenkelknochen. Lange Knochen gliedern sich in Knochenschaft und Gelenkenden.

Knochen sind keine toten, sondern lebende Gebilde. Mit Ausnahme des Gelenkknorpels und der Ansatzstellen der Sehnen überzieht eine *Knochenhaut* den gesamten Knochen. Sie ist stark durchblutet, reich an Nervenfasern und bildet nach innen die Knochensubstanz. Wird bei einer Verletzung die Knochenhaut abgelöst, verliert der Knochen seine Blutzufuhr und stirbt an dieser Stelle ab.

Die außerordentliche Festigkeit des Knochengewebes beruht auf der besonderen chemischen Zusammensetzung der Knochensubstanz. Sie besteht etwa zu 25 % aus organischen und zu 55 % aus anorganischen Bestandteilen, der Rest ist Wasser. Die organischen Bestandteile sind: *Knochenzellen* und die von ihnen gebildete *Grundsubstanz*. In diese sind zugfeste, aber nicht elastische Kollagenfasern eingelagert. Die anorganische Knochensubstanz besteht aus Stoffen wie Calciumphosphat und Calciumkarbonat. Sie sind in die Grundsubstanz eingelassen und härten sie. Zusammen mit den organischen Bestandteilen machen sie den Knochen druckfest und elastisch.

Bei den Röhrenknochen umschließt eine kompakte Knochenschicht die *Markhöhle* des Knochenschaftes. Im Bereich der Gelenke verästelt sie sich in ein System von *Knochenbälkchen*. Die Hohlräume sind mit rotem *Knochenmark* ausgefüllt. Es bildet rote und weiße Blutzellen. Mit fortschreitendem Alter verfettet das rote Knochenmark und wird dadurch gelblich.

Aufgaben

① Wiege ein Knochenstückchen. Glühe es in einem feuerfesten Reagenzglas aus. Wiege es erneut. Vergleiche und erkläre.

② Suche in der Technik und Architektur Konstruktionen, die nach dem Röhrenprinzip gebaut sind und deren Anordnung dem Aufbau der Knochenbälkchen ähnlich ist.

Die Gelenke

Viele Knochen unseres Skeletts sind fest mit anderen Knochen verbunden: Hüftbein und Kreuzbein bilden das stabile Becken, die Rippen sind durch Knorpel am Brustbein befestigt und die Schädelknochen, die bei Neugeborenen noch durch elastisches Bindegewebe beweglich miteinander verbunden sind, greifen beim Erwachsenen an den Schädelnähten ineinander und bilden so eine feste Schädelkapsel.

Die meisten Knochen werden jedoch durch *Gelenke* beweglich miteinander verbunden. Jedes Gelenk besteht aus dem *Gelenkkopf* und der *Gelenkpfanne*; sie sind von *Gelenkknorpel* überzogen. Nach außen schließt die *Gelenkkapsel* das Gelenk ab. Die von der Gelenkkapsel gebildete *Gelenkschmiere* setzt die Reibung herab und ernährt den Gelenkknorpel, der nicht durchblutet ist. An besonders beanspruchten Stellen im Gelenk bildet die Gelenkkapsel Schleimbeutel und Fettpolster.

Als besondere Bildungen kommen in dem äußerst leistungsfähigen und kompliziert gebauten Kniegelenk zwei halbmondförmige Knorpelscheiben vor, die *Menisken*. Weil sie sich jeder Gelenkstellung anpassen können, verleihen sie dem Kniegelenk eine zusätzliche Führung. Zwei *Seitenbänder* und zwei sich im Knie überkreuzende *Kreuzbänder* halten und führen das Gelenk. Die Kniegelenkbänder sind außerordentlich zugfest und könnten etwa 6 Tonnen tragen, ehe sie zerreißen. Die *Kniescheibe* ist ein sogenanntes *Sesambein* und zwar das größte in unserem Körper. Sesambeine sind knöcherne oder knorpelige Bildungen der Sehne, die am Knochen eine günstigere Krafteinwirkung ermöglichen.

Aufgaben

1. Finde für alle Gelenke des Armes und der Hand sowie des Beinskelettes durch Probieren heraus, welchem der drei abgebildeten Gelenktypen sie zuzuordnen sind.
2. Suche in der Technik nach Konstruktionen, die den drei abgebildeten Gelenktypen entsprechen.
3. Gib durch einen Pfeil die Zugrichtung der Sehne des in Abbildung 1 eingezeichneten Oberschenkelmuskels an. Welche Veränderungen ergäben sich, wenn die Sehne ohne die Kniescheibe am Schienbein ansetzen würde?

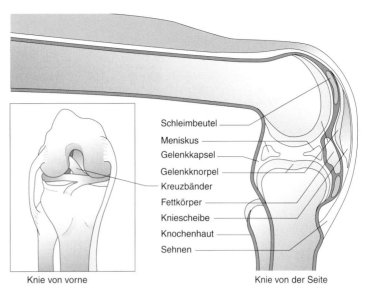

Knie von vorne   Knie von der Seite

Schleimbeutel
Meniskus
Gelenkkapsel
Gelenkknorpel
Kreuzbänder
Fettkörper
Kniescheibe
Knochenhaut
Sehnen

1 Schema des Kniegelenks

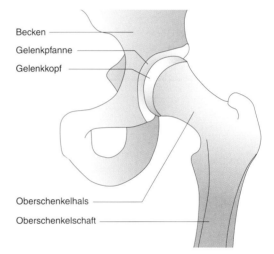

Becken
Gelenkpfanne
Gelenkkopf

Oberschenkelhals
Oberschenkelschaft

2 Hüftgelenk als Beispiel für ein Kugelgelenk

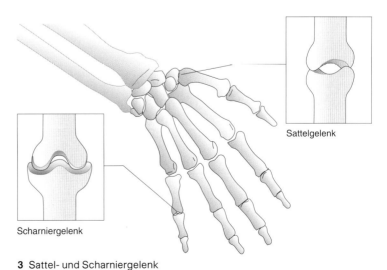

Sattelgelenk

Scharniergelenk

3 Sattel- und Scharniergelenk

Unser
Bewegungs-
system
– Schäden
vermeiden

Unser Bewegungssystem funktioniert durch das Zusammenwirken von Skelett und Muskulatur. Beide bestehen aus einer Vielzahl von Einzelelementen. Dieses System bedarf der Aufmerksamkeit und Pflege, um Schäden, die manchmal nicht mehr reparabel sind, vorzubeugen.

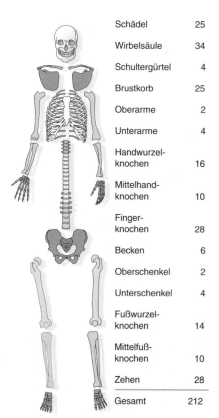

Schädel	25
Wirbelsäule	34
Schultergürtel	4
Brustkorb	25
Oberarme	2
Unterarme	4
Handwurzelknochen	16
Mittelhandknochen	10
Fingerknochen	28
Becken	6
Oberschenkel	2
Unterschenkel	4
Fußwurzelknochen	14
Mittelfußknochen	10
Zehen	28
Gesamt	212

Knochen des Menschen

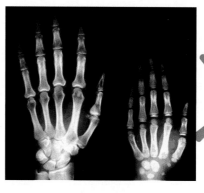

Während des **Wachstums** sind die Knochen noch nicht so hart wie die eines Erwachsenen. In der **Röntgenaufnahme** erkennt man, dass vor allem in den Gelenken deutlich weniger harte Knochensubstanz eingelagert ist. An diesen Stellen wächst der Knochen noch. Ähnliches gilt für die Verbindungen der Knochenplatten der Schädelkapsel. Dadurch, dass nach der Geburt zunächst noch Zwischenräume *(Fontanellen)* vorhanden sind, ist die Schädelkapsel elastisch und kann wachsen, sodass das Gehirn an Größe noch zunehmen kann.

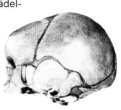

Schuhe mit hohen Absätzen oder auch Übergewicht belasten das **Fußgewölbe** stark, sodass sich dieses dauerhaft verformen kann. Je nach Fehlbelastung kann im Extremfall ein **Hohlfuß** oder **Plattfuß** entstehen. Die Folge ist, dass das Körpergewicht nicht mehr so gut abgefedert werden kann. Vorbeugen kannst du, indem du sorgfältig darauf achtest, dass du nicht zu kleine und enge sowie zu hohe Schuhe trägst. Günstig ist es, wenn die Schuhe außerdem ein gut ausgeformtes Fußbett besitzen.

Zwar bietet die größere Elastizität des Skeletts während des Wachstums Vorteile, andererseits können sich aber auch zum Beispiel bei dauernder falscher Belastung des Skeletts **Fehlhaltungen** einstellen, die nur schwer oder gar nicht mehr zu beheben sind. Sitzen mit nach vorn gekrümmtem Körper oder einseitiges Tragen der schweren Schultasche können zu **Verkrümmungen** der Wirbelsäule führen.

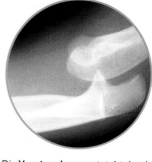

Die **Verstauchung** entsteht durch gewaltsames Auseinanderziehen der normalerweise aneinander liegenden Gelenkflächen über das normale Maß hinaus. Die Gelenkenden sind aus ihrer normalen Stellung gerückt. Die Gelenkkapsel wird dabei stark überdehnt und beschädigt, was sehr schmerzhaft ist. Normalerweise kehren die Gelenkflächen nach der Gewalteinwirkung aber wieder in ihre Ruhestellung zurück. Anders ist es bei der **Auskugelung**. Sie entsteht ähnlich wie die Verstauchung. Allerdings kehren die Gelenke nicht mehr in ihre Normalstellung zurück, sodass ärztliche Hilfe erforderlich ist, um das Gelenk wieder „einzurenken".

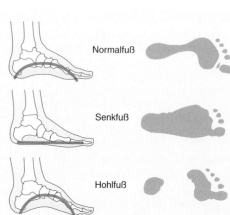

Normalfuß

Senkfuß

Hohlfuß

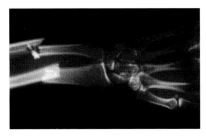

Liegt die überbelastete Stelle außerhalb des Gelenks, kann es zum **Knochenbruch**, z. B. von Elle und Speiche, kommen. Die Bruchstellen müssen dann wieder gerichtet werden, sodass die Bruchenden möglichst genau wieder zusammenwachsen können. Während des Heilungsprozesses bleibt die Bruchstelle geschient. Manchmal wird sogar eine Metallplatte auf der Bruchstelle verschraubt, die dann wieder entfernt wird, wenn der Bruch verheilt ist.

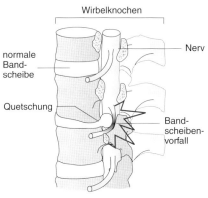

Wirbelknochen

normale Bandscheibe

Nerv

Quetschung

Bandscheibenvorfall

Fast zu einer Volkskrankheit ist der **Bandscheibenvorfall** geworden, meist bedingt durch die Lebens- und Arbeitsweise. Vor allem durch zu langes und falsches Sitzen werden die Bandscheiben meist des Lendenwirbelbereichs durch die dauernd zu hohe und einseitige Belastung schließlich so stark zusammengedrückt, dass die seitlich zwischen den Wirbeln austretenden Nerven gequetscht werden können. Starke Schmerzen sind dann die Folge. *Vorbeugung* kann einen Bandscheibenvorfall jedoch vermeiden helfen: durch Sport, der die Bauch- und Rückenmuskulatur kräftigt, und durch eine aufrechte Sitzhaltung auf einem Stuhl, welcher der Anatomie des Menschen angepasst ist. Schwere Lasten sollte man aus der Hocke heben. Denn das Heben von Lasten in gebeugter Haltung belastet die Wirbelsäule außerordentlich stark.

Verletzungen des **Kniegelenks** sind besonders häufige Sportverletzungen. Sportarten, bei denen das Kniegelenk durch Drehbewegungen zusätzlich belastet wird, sind dafür besonders anfällig. Der **Meniskus**, eine Knorpelscheibe innerhalb des Kniegelenks, kann gequetscht werden oder sogar reißen. Stärkere Schäden werden meist durch einen operativen Eingriff beseitigt, indem man die Ränder des Meniskus beschneidet und wieder glättet oder ihn manchmal sogar ganz entfernt.

Häufiger sind auch Verletzungen der **Kreuzbänder**, welche dem Kniegelenk die große Stabilität verleihen. Eine Überdehnung beeinträchtigt folglich die Stabilität des Gelenks. Bei einem *Kreuzbandabriss* hilft nur noch ein operativer Eingriff.

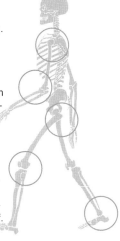

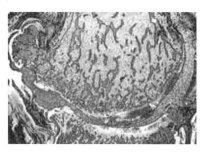

Die **Arthrose** ist eine allmählich auftretende entzündliche Veränderung der Gelenke (rot in Abb. oben). Dabei werden die ursprünglich glatten Gelenkoberflächen nach und nach zerstört, indem die Knorpelschicht abgetragen wird (unten). Die Gelenkflächen reiben dann schmerzhaft aufeinander. In besonders schweren Fällen wird das zerstörte Gelenk durch ein künstliches ersetzt.

Man kann eine Menge dafür tun, dass die **Verletzungsgefahr beim Sport** gering bleibt. So ist *regelmäßiges Training* wichtig. Die Muskeln und Knochen werden auf diese Weise gestärkt und auf die Belastungen eingestellt. Auch richtiges *Aufwärmen* und *Dehnen* der Muskulatur vor dem Sport sind wichtige Vorbeugemaßnahmen. Bänder und Sehnen werden geschmeidig, sodass eine Überdehnung oder gar ein Riss kaum auftreten können.

Aktive Vorsorge und Gesundheit

Verhalten im Alltag

Für viele oft lästig, aber wichtig: der richtige Umgang mit den Zähnen. Zeigt doch das elektronenmikroskopische Foto das ganze Ausmaß der Besiedlung der Zahnoberfläche durch Bakterien, die durch ihre Aktivität nach und nach den Zahn zerstören — wenn man sie lässt. Neuerdings gibt es auch deutliche Hinweise darauf, dass der Bakterienbelag *(Plaque)* Ausgangspunkt für bakterielle Infektionen an anderen Orten im Körper ist.

Es ist vergleichsweise leicht, dieses zu verhindern. Welche Inhaltsstoffe der Nahrung begünstigen besonders die Vermehrung der Kariesverursacher?

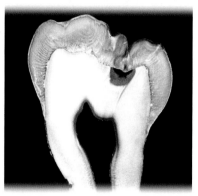

Bewegung und Fitness

Außer durch eine ausgewogene und gesunde Ernährung werden deine Gesundheit und Leistungsfähigkeit auch durch dein Körpergewicht, dein Verhalten, deine körperliche Fitness und nicht zuletzt durch dein Wohlbefinden beeinflusst. Man kann meist selbst eine Menge dafür tun, ohne dass es übermäßige Überwindung kostet.

Die Möglichkeiten körperlicher Betätigung, zum Beispiel durch Sport, sind so groß, dass für jeden etwas dabei ist, was auch Spaß macht — eine wichtige Voraussetzung dafür, dass man auch für längere Zeit bei seiner Sportart bleibt.

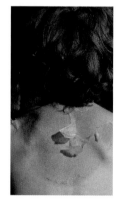

Viele finden eine intensiv gebräunte Haut schön und attraktiv und wenden viel Mühe auf, diesem Ideal zu entsprechen. Intensives Sonnenbaden hat jedoch seinen Preis, denn die Haut hat ein langes „Gedächtnis". Weißt du, wie sich das äußert? Welche weiteren Folgeschäden kennst du und wie kannst du ihnen durch dein Verhalten vorbeugen?

Nicht jeder Sport ist in gleicher Weise risikoarm. Welche Sportarten sind risikoreicher als andere? Wie kann man Verletzungen vorbeugen, einschließlich durch geeignetes Training?

Welche Sportart würde dir am meisten Spaß machen? Kannst du diese in deiner Umgebung ausüben? Welche sonstigen Voraussetzungen sind erforderlich?

Die meisten Jugendlichen haben einen normalen Blutdruck, viele Erwachsene leiden unter Bluthochdruck. Der Blutdruck kann einfach gemessen werden. Die Messung ergibt zwei Werte, den höheren *(systolischen)* Wert und den niedrigeren *(diastolischen)* Wert. Wie kommen die beiden Blutdruckwerte zustande? Welcher Blutdruck ist normal und unbedenklich? Wann spricht man von Bluthochdruck und welche gesundheitlichen Risiken hat er? Wie kann man dem Bluthochdruck vorbeugen? Welche Sportarten trainieren das Herz-Kreislauf-System in besonderem Maße?

Körpergewicht

Welches Gewicht ist normal, welches Gewicht ist richtig? Für viele Menschen ist das eine wichtige Frage, weil sie mit ihrem eigenen Körpergewicht nicht zufrieden sind. In vielen Fällen ist diese Unzufriedenheit allerdings unberechtigt.

Durch welche äußeren Einflüsse wird die eigene Vorstellung vom „richtigen" Körpergewicht bestimmt? Kann sich diese mit der Zeit auch ändern?

Wann aber ist ein Mensch wirklich zu dick oder zu dünn, sodass das eigene Körpergewicht zum Risikofaktor wird? Häufig sind Essstörungen in diesen Fällen die Ursache. Dazu gehören *Magersucht* und *Bulimie*. Mehrheitlich sind Mädchen davon betroffen. Solche Essstörungen treten oft in der Pubertät auf.

Informiere dich über Magersucht und Bulimie und ihre Folgen für den Körper. Welche Ursachen können diesen Essstörungen zugrunde liegen?

Andererseits hat die Zahl der übergewichtigen Menschen zugenommen. Übergewicht gilt als Risikofaktor für eine Reihe von Erkrankungen, die dann später bei Übergewichtigen häufiger auftreten als bei anderen Menschen, zum Beispiel Gelenkschäden, Herz-Kreislauf-Erkrankungen und Diabetes.

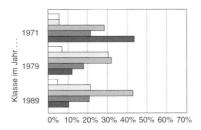

1. Wer ist am verträglichsten?

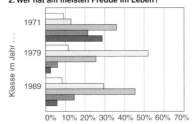

2. Wer hat am meisten Freude im Leben?

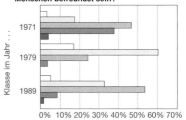

3. Mit welchen Figurentypen möchten Menschen befreundet sein?

1 = sehr dünn
2 = dünn
3 = normal
4 = dick
5 = sehr dick

Überprüfe dein Essverhalten einige Tage. Stelle dazu einen Fragenkatalog auf, der folgende Fragen enthalten könnte: Höre ich auf zu essen, wenn ich satt bin? Esse ich erst, wenn ich Hunger habe? Suche ich bei Langeweile, Einsamkeit oder Stress nach etwas Essbarem?

Formuliere weitere Fragen, mit denen du überprüfen kannst, ob du eher kontrolliert oder unkontrolliert isst.

Leistungsvermögen und Wohlbefinden

Wie wohl du dich fühlst, hängt neben deiner körperlichen Fitness und Ernährung von deinem Tagesrhythmus ab. Dieser ist genetisch bedingt und wird durch den Wechsel von Licht und Dunkel „geeicht". Deshalb gibt es einen Tagesrhythmus für deine Leistungsfähigkeit. Wer ihn berücksichtigt, kann Arbeit leichter bewältigen, fühlt sich dabei wohler und gerät nicht so leicht in Stress.

Wie könnte ein Tagesplan aussehen, der die Leistungsfähigkeit in Abhängigkeit von der Tageszeit berücksichtigt?

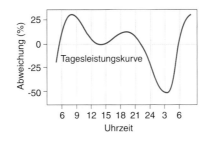

„Der Mensch ist, was er isst".

Ludwig Feuerbach (1804 – 1872); deutscher Philosoph

„Man kann einen Menschen mit guten Saucen ebenso unter die Erde bringen wie mit Strychnin, bloß dauert es länger".

Christiaan Barnard (1922 – 2001); südafrikanischer Herzchirurg

Erläutere die beiden Aussagen. Suche nach weiteren Sprüchen zur Ernährung.

Es ist schwierig, das „richtige" Körpergewicht für einen Menschen anzugeben. Denn dieses hängt unter anderem von Alter, Geschlecht und Körperbau ab. Es gibt also einen mehr oder weniger großen Bereich, innerhalb dessen sich das Gewicht bewegen sollte.

Sinne

hören ...

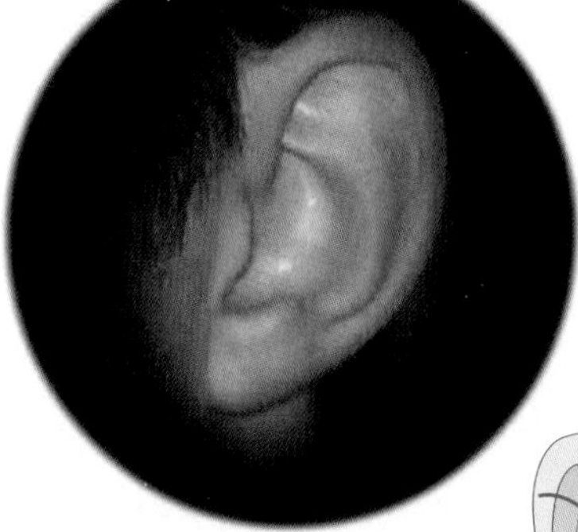

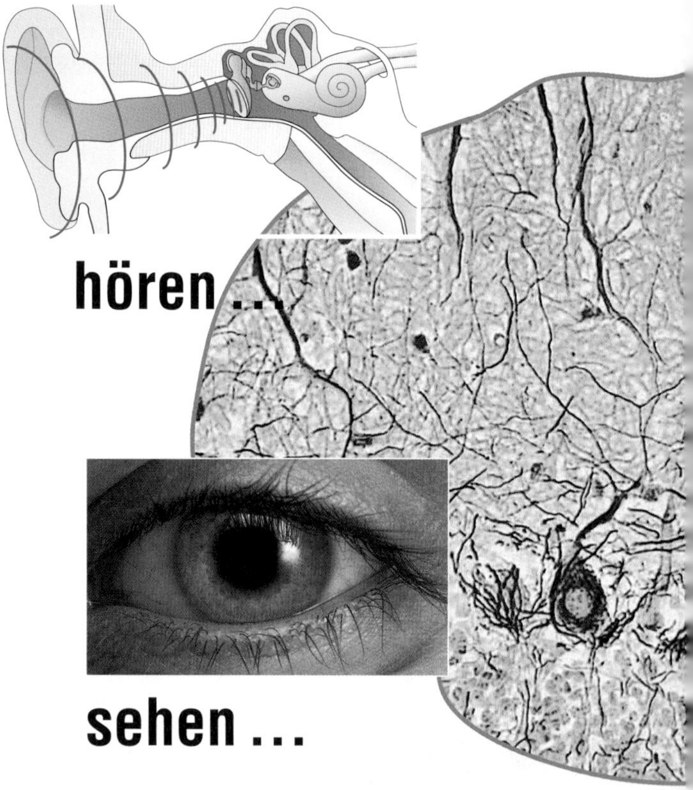

sehen ...

... so erleben wir mit den Sinnen die Umwelt.

Unsere Sinnesorgane gleichen vielfältigen Antennen. Sie sind für die Aufnahme unterschiedlichster Signale, wie etwa Licht, Schall oder Wärme, spezialisiert. Existiert für einen Umwelteinfluss ein passendes Sinnesorgan, so bezeichnet man diesen Einfluss als Reiz. Mit dem Zustrom von Reizen erhält der Organismus Informationen über die Umwelt. Von den Sinnesorganen werden sie durch Nervenzellen ins Gehirn geleitet und ausgewertet. Das Ergebnis der Auswertung bestimmt, ob wir beispielsweise auf der Straße ein Auto erkennen, es schön finden oder gar als Gefahr wahrnehmen.

schmecken ..

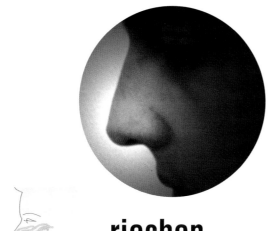

riechen …

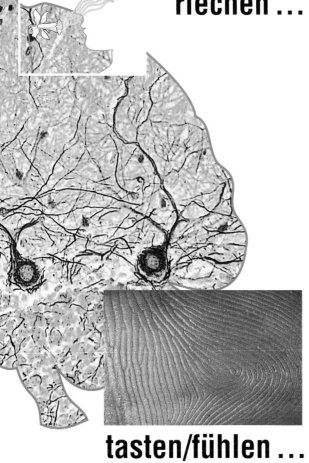

tasten/fühlen …

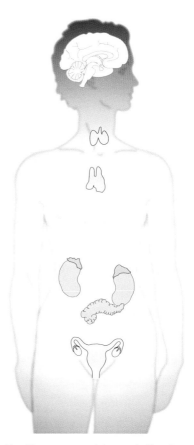

Das Nervensystem leitet auch Signale, die zur Regulation der Tätigkeit der inneren Organe notwendig sind. Diese Vorgänge bleiben uns meist unbewusst, ebenso wie die Arbeit der Hormondrüsen. Ihre Botenstoffe werden mit dem Blut im gesamten Körper verteilt und regulieren lebenswichtige Stoffwechselvorgänge.

Das Auge

Im täglichen Leben ist der *Lichtsinn* für den Menschen von sehr großer Bedeutung. Er ist der Leitsinn, der uns eine sichere Orientierung ermöglicht. Wir verlieren diese Sicherheit sofort, wenn wir uns mit geschlossenen Augen bewegen.

Augen sind empfindliche Sinnesorgane. Umgeben von Nasenbein, Jochbein und Stirnbein liegen sie geschützt, eingebettet in ein Fettpolster, in den knöchernen Augenhöhlen des Schädels. Fliegt Staub oder Sand an die Wimpern, so wird das Augenlid automatisch schnell geschlossen und schützt vor Schmutzteilchen. Gelangt dennoch ein kleiner Fremdkörper ins Auge, so wird er durch die Tränenflüssigkeit ausgeschwemmt. Allerdings können scharfe, heiße oder ätzende Teilchen das Auge verletzen. Deshalb muss man bei handwerklichen Tätigkeiten, bei denen die Augen gefährdet sind, unbedingt eine Schutzbrille tragen.

Die Augenwand besteht aus mehreren übereinander liegenden Häuten. Die äußerste Haut ist die schützende, zähe *Lederhaut*. An ihr setzen sechs Muskeln an, die das Auge in der Augenhöhle verdrehen. Dadurch kommen die äußerlich sichtbaren Augenbewegungen zustande. Wo Licht ins Auge eintritt, befindet sich der durchsichtige Bereich der Lederhaut, die *Hornhaut*. Sie wird ständig mit Tränenflüssigkeit befeuchtet.

Die zweite Schicht, die *Aderhaut*, ist reich an Blutgefäßen und versorgt die ihr anliegenden Schichten mit Nährstoffen und Sauerstoff. Darauf folgt die Pigmentschicht, deren Zellen schwarzen Farbstoff *(Pigment)* enthalten. Die innerste Schicht ist die *Netzhaut*. Nur sie enthält Lichtsinneszellen. An der Stelle, an der der Sehnerv das Auge verlässt, ist die Netzhaut unterbrochen. Hier befinden sich keine Lichtsinneszellen. Diese Stelle heißt daher *Blinder Fleck*. Der Hornhaut gegenüber ist eine etwas vertiefte Netzhautstelle. Wegen ihrer Färbung heißt sie *Gelber Fleck* und ist die Stelle für das schärfste Sehen.

Ins Augeninnere gelangt Licht durch die Hornhaut und das schwarze Sehloch, die *Pupille*. Sie ist eine kreisförmige Öffnung der farbigen Regenbogenhaut, der *Iris*. Durch Muskelfasern der Iris kann die Pupille ver-

größert oder verkleinert werden. Bei starkem Lichteinfall ist die Pupille klein, bei schwacher Beleuchtung weit geöffnet. Dieser Vorgang, der das Auge an die Umgebungshelligkeit anpasst, heißt *Adaption*.

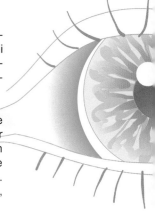

Hinter der Iris ist die elastische Augenlinse an Bändern aufgehängt. Die Linsenbänder *(Zonulafasern)* verlaufen speichenartig zum ringförmigen Ziliarmuskel. Das Augeninnere ist von dem gallertartigen Glaskörper erfüllt. Er verleiht dem Auge die feste, runde Form, die auch *Augapfel* genannt wird.

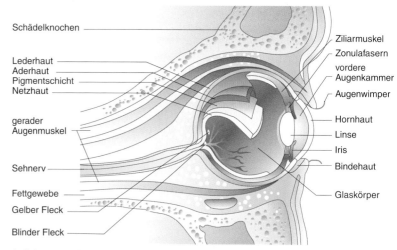

Schädelknochen — Ziliarmuskel — Zonulafasern — vordere Augenkammer — Augenwimper — Hornhaut — Linse — Iris — Bindehaut — Glaskörper

Lederhaut — Aderhaut — Pigmentschicht — Netzhaut — gerader Augenmuskel — Sehnerv — Fettgewebe — Gelber Fleck — Blinder Fleck

1 Schematischer Längsschnitt durch das menschliche Auge

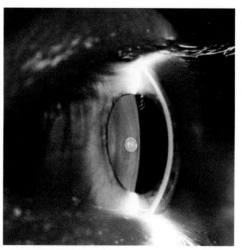

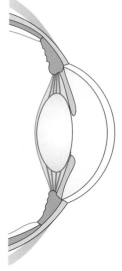

2 Menschliches Auge

Bau und Funktion der Netzhaut

Die Netzhaut ist der lichtempfindliche Teil des Auges. Im mikroskopischen Bild erkennt man, dass sie aus drei Zellschichten besteht. Unmittelbar an den Pigmentzellen liegen die Lichtsinneszellen, von denen es zwei Typen gibt. *Stäbchen* sind lang und schlank und werden bereits durch schwaches Licht gereizt. Sie ermöglichen Hell-Dunkel- und Dämmerungssehen. Gedrungener und kürzer sind die *Zapfen*. Durch sie ist Farbensehen möglich, jedoch benötigen sie zur Reizung weitaus mehr Licht als Stäbchen. In der Netzhaut eines Auges sind etwa 125 Millionen Stäbchen und 6 Millionen Zapfen verteilt. Im Zentrum, dem Gelben Fleck, findet man ausschließlich eng aneinander liegende Zapfen.

Zu den Randbereichen der Netzhaut hin nimmt die Häufigkeit der Zapfen ab und die der Stäbchen zu. Die äußersten Bereiche enthalten nur noch Stäbchen.

Trifft Licht auf Lichtsinneszellen, so werden sie gereizt und senden Signale an die zweite Zellschicht, die aus Schaltzellen besteht. Diese übertragen Signale an die dritte Schicht. In ihr liegen etwa eine Million Nervenzellen, deren lange Fortsätze sich zum *Sehnerv* vereinigen und elektrische Signale zum Gehirn leiten. Jede Nervenzelle liefert für ein wahrgenommenes Bild einen Bildpunkt.

Während im Bereich des Gelben Flecks auf jede Lichtsinneszelle eine Schaltzelle und eine Nervenzelle kommt, sind in den Randbereichen der Netzhaut bis zu 100 Lichtsinneszellen in Kontakt mit einer Schaltzelle. An ihr summieren sich auch schwache Signale zusammengeschalteter Lichtsinneszellen. Dadurch ist die Lichtempfindlichkeit in Randbereichen der Netzhaut höher als im Zentrum. Dagegen ist die Sehschärfe am Gelben Fleck besonders hoch, weil jeder Lichtsinneszelle ein Bildpunkt entspricht.

Aufgaben

1. Beschreibe die Aufgaben der drei Zellschichten der Netzhaut.
2. Die Sehzellen werden durch einen kurzen Lichtblitz stärker erregt, wenn man sich zuvor längere Zeit in dunkler Umgebung aufgehalten hat. Erkläre.

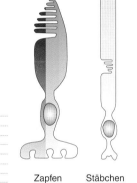

Zapfen Stäbchen

1 Bau der Netzhaut (Mikrofoto und Schema)

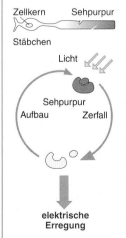

Die Funktion des Sehfarbstoffs

Alle Lichtsinneszellen enthalten lichtempfindliche Farbstoffe. In Stäbchen ist es *Sehpurpur*, für dessen Aufbau Vitamin A aus der Nahrung benötigt wird. Trifft Licht auf eine Lichtsinneszelle, so wird sie gereizt. Der Sehfarbstoff absorbiert Licht und zerfällt in zwei Bestandteile. Dabei erzeugt die Zelle ein elektrisches Signal. Sie ist nun erregt und reizt nachfolgende Schaltzellen.

In der Lichtsinneszelle wird der zerfallene Sehfarbstoff wieder aufgebaut und steht dann erneut für die Lichtabsorption zur Verfügung. In Lichtsinneszellen, die längere Zeit unbelichtet bleiben, sammelt sich viel Sehfarbstoff an. Dagegen ist der Vorrat an Sehfarbstoff in stark belichteten Zellen gering.

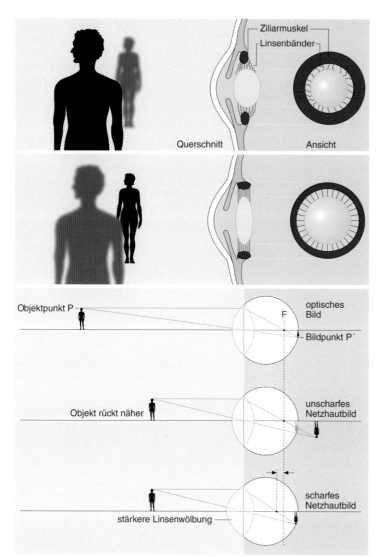

Ziliarmuskel
Linsenbänder

Querschnitt   Ansicht

Objektpunkt P

optisches Bild

F

Bildpunkt P′

Objekt rückt näher

unscharfes Netzhautbild

stärkere Linsenwölbung

scharfes Netzhautbild

1 Fern- und Nahakkommodation

Scharfes Sehen nah und fern

Damit wir beispielsweise eine Person sehen, muss das von ihr kommende Licht im Auge auf die Netzhaut abgebildet werden. Das optische Bild wird von der Hornhaut und der Augenlinse erzeugt. Vereinfacht dürfen beide zusammen wie eine einzelne Linse betrachtet werden. Damit die Person sowohl in großer Entfernung als auch in der Nähe scharf gesehen wird, muss das optische System an die jeweilige Entfernung angepasst werden. Diese Entfernungseinstellung des Auges *(Akkommodation)* geschieht durch Änderung der Wölbung der elastischen Augenlinse.

Sieht man einen herannahenden Gegenstand stets scharf, so zieht sich dabei der *ringförmige Ziliarmuskel* immer mehr zusammen. Sein Umfang verringert sich und die elastische Aderhaut wird dabei gespannt. Die *Linsenbänder*, die zuvor starken Zug auf die Linse ausgeübt haben, ziehen nun nicht mehr so stark. Die elastische Linse kugelt sich immer weiter ab. Sie ist jetzt stärker gewölbt und bricht Lichtstrahlen stärker. Dieser Vorgang endet, wenn die Linsenbänder nicht mehr an der Linse ziehen *(Naheinstellung)*. Jugendliche sehen dabei in Entfernungen von etwa 10 cm Gegenstände scharf. Bei Naheinstellung werden ferne Objekte unscharf wahrgenommen.

Zur *Ferneinstellung* des Auges erschlafft der Ziliarmuskel. Die elastische Aufhängung an der Aderhaut und der Augeninnendruck dehnen ihn. Der Umfang des Ziliarmuskels wird größer, die Linsenbänder gespannt und die Augenlinse wird flach gezogen.

ettelkasten

Kleine Linsenkunde

Sammellinsen (Konvexlinsen) sind in der Mitte dicker als am Rand. Lichtstrahlen durch den Linsenmittelpunkt werden nicht abgelenkt. Parallel zur optischen Achse eintreffende Lichtstrahlen werden beim Durchtritt durch die Linse so gebrochen, dass sie sich alle in einem Punkt, dem *Brennpunkt F*, schneiden. Die Entfernung zwischen Linsenmitte und Brennpunkt heißt *Brennweite f*. Bei einer stärker gekrümmten Linse werden die Lichtstrahlen stärker gebrochen und der Brennpunkt liegt dann näher an der Linse. Augenärzte geben für Linsen die *Brechkraft D* an. Sie ist der Kehrwert der Brennweite ($D = 1/f$) mit der Einheit $1/m = 1$ Dioptrie = 1 dpt. Die Brechkraft der Hornhaut beträgt 43 dpt, die Brechkraft der Linse 18 – 32 dpt.

Sammellinsen können *optische Bilder* erzeugen. Treten Lichtstrahlen, die von einem Objekt kommen, durch eine Sammellinse, bewirkt die Linse, dass sich alle von einem Punkt ausgehenden Lichtstrahlen hinter der Linse in einem Punkt schneiden. Für die Konstruktion eines Bildpunktes reicht es, wenn nur zwei Strahlen gezeichnet werden, z. B. Parallelstrahl und Mittelpunktstrahl. Zwei Linsen hintereinander wirken wie eine Linse mit erhöhter Brechkraft.

Zerstreuungslinsen (Konkavlinsen) sind am Rand dicker als in der Mitte. Parallel zueinander verlaufende Lichtstrahlen werden beim Durchtritt durch die Linse so gebrochen, dass sie hinter der Linse auseinander streben.

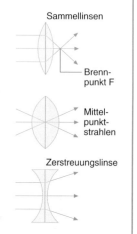

Sammellinsen

Brennpunkt F

Mittelpunktstrahlen

Zerstreuungslinse

Viele Sehfehler sind korrigierbar

Manche Menschen können ferne Gegenstände nur unscharf sehen, im Nahbereich erscheint alles scharf. Die betroffenen Personen leiden an *Kurzsichtigkeit*. Die Ursache liegt in einer veränderten Form des Augapfels, er ist zu lang. Dies führt bei der Betrachtung eines weit entfernten Gegenstandes mit fern eingestelltem Auge dazu, dass das optische Bild vor der Netzhaut entsteht. Die Brechkraft der Augenlinse ist auch bei weitester Abflachung noch zu groß. Um dies zu korrigieren, verschreibt der Augenarzt eine Brille. Die Gläser sind *Zerstreuungslinsen*; sie gleichen die zu große Brechkraft der Augenlinse aus.

Bei *Weitsichtigkeit* können weit entfernte Gegenstände deutlich gesehen werden. Gegenstände in der Nähe jedoch nur unscharf. Die Ursache ist hier ein zu kurzer Augapfel. Bei Annäherung eines Gegenstandes an dieses Auge muss sich die Augenlinse immer mehr wölben, damit er scharf auf die Netzhaut abgebildet wird. Ist die größte Wölbung erreicht, wenn der Gegenstand noch weiter als 20 cm entfernt ist, so führt eine weitere Annäherung zu einem unscharfen Netzhautbild. Abhilfe schaffen Brillen mit *Sammellinsen*. Sie gleichen die hier unzureichende Brechkraft der Augenlinse aus.

Mit fortschreitendem Alter nimmt die Elastizität der Augenlinse immer mehr ab, die Linsenwölbung bei Naheinstellung lässt immer mehr nach. Betroffene merken es zumeist daran, dass beim Lesen die Entfernung zwischen Text und Auge vergrößert werden muss, um deutlich sehen zu können. Die Tabelle zeigt, wie die kleinste Entfernung, ab der scharfes Sehen möglich ist, mit dem Alter zunimmt. Bei dieser *Altersweitsichtigkeit* kann eine Brille mit Sammellinsen die zu geringe Brechkraft der Augenlinse bei der Naheinstellung ausgleichen. Die Brille ist nur für das Sehen in der Nähe notwendig.

Es kann vorkommen, dass in der Augenlinse Trübungen entstehen. Ist ein großer Bereich der Linse betroffen, bezeichnet man dies als *Grauen Star*. Das Sehvermögen ist dadurch beeinträchtigt. Bei starken Trübungen wird die Augenlinse operativ entfernt und durch eine klare, jedoch starre Kunststofflinse ersetzt. Als *Grünen Star* bezeichnet man eine Augenerkrankung, die einen zu hohen Augeninnendruck verursacht. Die Druckerhöhung, die sich häufig langsam und unbemerkt einstellt, kann zu einer Schädigung von Netz-

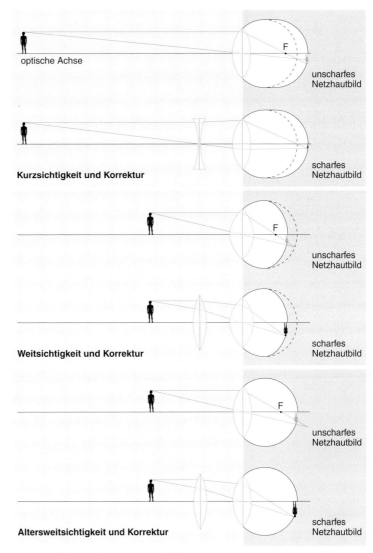

Kurzsichtigkeit und Korrektur

unscharfes Netzhautbild

scharfes Netzhautbild

Weitsichtigkeit und Korrektur

unscharfes Netzhautbild

scharfes Netzhautbild

Altersweitsichtigkeit und Korrektur

unscharfes Netzhautbild

scharfes Netzhautbild

1 Augenfehler und Korrektur mit Brille

haut und Sehnerv führen. Ohne Behandlung besteht die Gefahr der Erblindung. Die Früherkennung ist durch regelmäßige Messungen des Augeninnendrucks möglich.

Aufgaben

① Beschreibe Nah- und Fernakkommodation mithilfe von Abbildung 212.1.
② Vergleiche Kurz- und Weitsichtigkeit. Erkläre, wie diese Fehlsichtigkeit mit einer Brille korrigierbar ist.
③ Vergleiche Weitsichtigkeit und Altersweitsichtigkeit.
④ Bei Patienten, die am Grauen Star operiert werden, wird die Augenlinse durch eine Kunststofflinse ersetzt. Weshalb ist dies kein vollwertiger Ersatz?

Altersabhängigkeit der Nahpunktentfernung

Alter (in Jahren)	Nahpunktentfernung (in cm)
10	7
20	10
30	12
40	17
50	44
60	100

Das Farbensehen

Der Mensch kann viele Tausend Farbtöne unterscheiden. Dies wird durch die *Zapfen* ermöglicht, denn Menschen mit funktionsunfähigen Zapfen können keine Farben erkennen und unterscheiden. Dass es nicht für jeden Farbton eine bestimmte Zapfensorte gibt, ist bei der riesigen Anzahl von wahrnehmbaren Farbtönen anzunehmen.

Seit dem 18. Jahrhundert weiß man, dass sich jeder Farbton durch *additive Farbmischung* aus den Grundfarben Rot, Grün und Blau erzeugen lässt. Die Grundfarben erhält man beispielsweise, wenn man ein *Prisma* mit weißem Glühlampenlicht oder Sonnenlicht durchstrahlt und aus dem entstehenden *Farbspektrum* das rote, grüne und blaue Licht ausblendet. Werden alle drei Grundfarben gleichzeitig gesehen, entsteht der Eindruck von weißem Licht (Abb. 1), obwohl nicht alle Spektralfarben vereinigt sind.

Die große Vielfalt der Farbtöne entsteht, wenn die *Sättigung* der Grundfarben, d. h. ihre Intensität verändert wird. Nach diesem Prinzip werden bei den Farbbildschirmen von Computern und Fernsehgeräten die Farbtöne erzeugt. Sie entstehen durch Mischung farbiger Lichter, also durch additive Farbmischung. Dagegen arbeiten Künstler, wenn sie durch Zusammenmischen von Farbstoffen neue Farbtöne hervorbringen, nach einem anderen Mischprinzip. Sie benutzen deshalb andere Grundfarben.

Auch das Auge arbeitet mit drei Grundfarben. In der Netzhaut sind drei verschiedene Zapfensorten vorhanden, für jede Grundfarbe eine. Die Zapfensorten unterscheiden sich nur im chemischen Aufbau des Sehfarbstoffes voneinander. Jede Zapfensorte wird besonders stark durch das Licht der zugehörigen Grundfarbe erregt. Licht einer anderen Farbe verursacht nur schwache oder keine Erregungen.

Reizt das auf die Netzhaut treffende Licht in einer sehr kleinen Region beispielsweise rot empfindliche und grün empfindliche Zapfen, so werden durch den Sehnerv die Signale dieser Zapfensorten zum Gehirn weitergeleitet. Die Auswertung dieser zugleich eintreffenden Signale der beiden Zapfensorten führt zur Farbwahrnehmung gelb. Der Farbeindruck weiß entsteht, wenn Signale von allen drei Zapfensorten ankommen. Das Farbensehsystem des Menschen arbeitet nach dem Prinzip der additiven Farbmischung.

Manche Menschen leiden an einer Störung des Farbsehvermögens, meist verursacht durch einen einzigen Zapfentyp. Sind die Zapfen für eine der Grundfarben Rot oder Grün funktionslos, können die Betroffenen die Farben Rot und Grün nicht voneinander unterscheiden. Man spricht von *Rot-Grün-Blindheit*. Dies kann durch Testbilder festgestellt werden (s. Randspalte). In seltenen Fällen kann die Farbwahrnehmung auch vollständig ausfallen *(Farbenblindheit)*.

Aufgabe

① Warum kann ein Rot-Grün-Blinder die Zahl im Testbild nicht wahrnehmen?

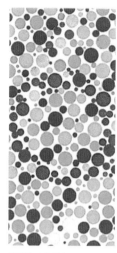

Farbtestbild

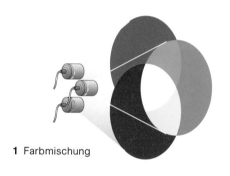

1 Farbmischung

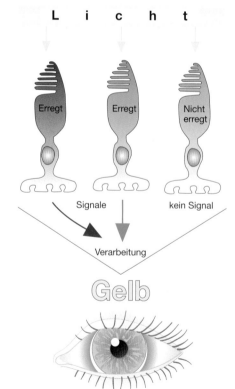

2 Zerlegung des Lichts in Spektralfarben

Spektrum

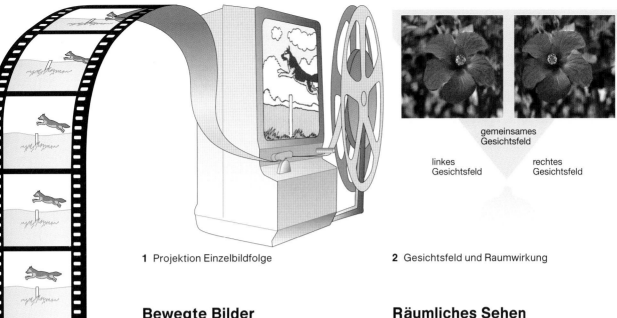

1 Projektion Einzelbildfolge

2 Gesichtsfeld und Raumwirkung

gemeinsames
Gesichtsfeld

linkes
Gesichtsfeld

rechtes
Gesichtsfeld

Bewegte Bilder

Betrachtet man einen Filmstreifen, so erkennt man darauf eine Folge von Einzelbildern. Bei der Filmvorführung, auch mit Video- und Fernsehgeräten, werden die einzelnen Bilder nacheinander projiziert. Dabei entsteht beim Betrachter der Eindruck einer kontinuierlichen Bewegung, wenn pro Sekunde mehr als 18 Bilder gezeigt werden.

Dass wir einen Film als kontinuierlichen Bewegungsablauf sehen können, liegt an der „Trägheit" der Sehzellen. Werden sie durch einen Lichtreiz erregt, so dauert es etwa $\frac{1}{18}$ Sekunde, bis nach Ausbleiben des Lichtreizes die Erregung abgeklungen ist. Tritt innerhalb dieser Abklingzeit ein neuer Lichtreiz auf, dann überlagern sich abklingende und neue Erregung. Dabei entsteht in unserem Gehirn der Eindruck einer kontinuierlichen Bewegung.

Räumliches Sehen

Das zweiäugige Sehen ermöglicht es, Gegenstände räumlich wahrzunehmen. Beim Betrachten eines nahen Gegenstandes, der im gemeinsamen Gesichtsfeld beider Augen liegt, lässt sich die Ursache dafür leicht zeigen. Schließt man abwechselnd ein Auge, sieht man den Gegenstand nacheinander aus zwei verschiedenen Blickrichtungen. Dies ist eine Folge des Augenabstandes. Das Gehirn verarbeitet die Informationen beider Augen und vermittelt einen plastischen Eindruck.

Je weiter ein Gegenstand vom Betrachter entfernt ist, desto weniger unterscheiden sich die Netzhautbilder in den beiden Augen voneinander, die Raumwirkung wird schwächer. Dies ist eine Grundlage für das Einschätzen von Entfernungen. Je weniger Raumwirkung, desto weiter ist das Objekt entfernt.

Für die Beurteilung von Entfernungen, die größer als etwa 20 m sind, spielt die Raumwirkung kaum eine Rolle. In diesem Fall beurteilen wir Streckenlängen daran, wie klein bekannte Gegenstände erscheinen. Beim Schätzen sehr großer Entfernungen, etwa im Gebirge oder am Meer, ist man oft hilflos.

ettelkasten

Sehen mit Auge und Gehirn

Bei allem, was wir sehen, ist das Gehirn beteiligt. So gibt es Menschen mit völlig gesunden Augen, die jedoch aufgrund einer Störung im Gehirn blind sind. Die Beteiligung des Gehirns am Sehvorgang zeigt ein alltägliches Beispiel. Häufig erkennt man eine bekannte Person bereits von Weitem an ihrer Körpergestalt. Dieses gelingt, weil bereits ein Bild der Person gespeichert ist. Das Gehirn vergleicht aufgenommene Signale ständig mit dem Gedächtnisinhalt. Bei Übereinstimmungen findet Erinnern und Erkennen statt. Optische Bilder auf der Netzhaut sind flächige, also zweidimensionale Bilder. Daraus und mithilfe der Erinnerung rekonstruiert das Gehirn die dritte Dimension und damit die räumliche Anschauung. Optische Täuschungen zeigen, dass diese rekonstruierte Anschauung nicht immer mit der Wirklichkeit übereinstimmt.

Aufgabe

① Kopiere den Filmstreifen der Randspalte. Schneide aus der Kopie die Einzelbilder aus und hefte sie zu einem Daumenkino zusammen. Blättere den Block mit unterschiedlichen Geschwindigkeiten durch. Berichte deine Eindrücke.

Die versteckte Gestalt

① Was erkennst du, wenn du dieses Bild betrachtest?
Zeige dieses Bild verschiedenen Personen. Sehen sie alle das selbe?

Optische Täuschung und Wahrnehmung

Auf diesen Seiten sind mehrere Bilder, die bei der Betrachtung teilweise verblüffend wirken. Häufig wird das, was wir dabei sehen, als *optische Täuschung* bezeichnet. Im strengen Sinne ist dieser Begriff nicht zutreffend, denn diese Täuschungen sind nicht auf optische Vorgänge im Auge zurückzuführen. Vielmehr sind es *Wahrnehmungstäuschungen*, die zeigen, dass beim Sehen immer das Gehirn und die Erinnerung an bereits Gesehenem beteiligt sind.

Einige Abbildungen zeigen Erstaunliches über das menschliche Wahrnehmungsvermögen. Anhand anderer lassen sich Vorstellungen dazu gewinnen, wie das Gehirn optisch aufgenommene Informationen auswertet. Für das tägliche Leben ist diese Auswertung von größter Bedeutung. Erst durch diese Auswertung und die damit verbundene Wahrnehmung können wir uns mithilfe des Lichtsinns orientieren, drohende Gefahren erkennen und schließlich gezielt handeln.

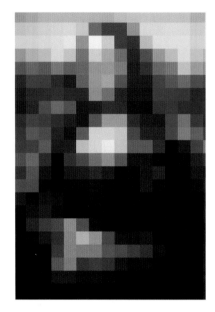

③ Betrachte die nebenstehende Abbildung. Es handelt es sich um ein Bild, das stark verändert wurde.
Beschreibe das Aussehen. Welche Veränderungen könnten vorgenommen worden sein?
Kannst du erkennen, was das Bild darstellt?
Beschreibe, worin die Schwierigkeit liegt, das Bildmotiv zu erkennen.
Ergründe anhand dieses Beispiels, wovon die Informationsmenge abhängt, die ein Bild enthält.
Betrachte das Bild und bewege das Buch auf dem Tisch rasch mit kleinen Ausschlägen hin und her. Was fällt auf?

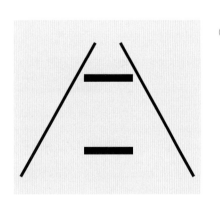

② Vergleiche die Länge der beiden waagrechten Linien.
Decke mit zwei weißen Papierstückchen die beiden schrägen Linien ab. Vergleiche nun erneut die Länge der waagrechten Linien.
Miss zur Sicherheit die Länge der waagrechten Linien mit einem Lineal nach.
Beschreibe das Prinzip, nach dem die Täuschung funktioniert.

Räumliches Sehen

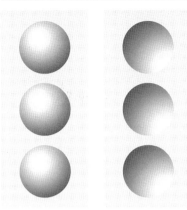

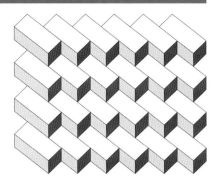

④ In welcher der beiden senkrechten Reihen sind die Kugeln, in welcher die Löcher abgebildet?
Kannst du das eindeutig festlegen?
Drehe dein Buch langsam um 180 Grad. Was fällt dir auf? Beschreibe, worauf es ankommt, ob wir Kugeln oder Löcher sehen.
Was zeigen diese Bilder über das Erkennen dreidimensionaler Objekte?

⑤ Betrachte das Muster und drehe dabei das Buch langsam um 360 Grad. Was empfindest du dabei?
Teste dies mit verschiedenen Personen. Sehen sie alle das selbe in dem Muster?

Betrachte die Kiste und stelle dir vor, du müsstest diese Kiste nachbauen. Das würde dir sicher schwer fallen.

⑥ Beschreibe, was hier nicht stimmt. Erkläre, weshalb das Anschauen dieser Kiste bei manchen Menschen ein fast unangenehmes Gefühl verursacht.

⑦ Baue aus lauter gleichen Münzen einen Münzstapel so hoch, dass — nach Augenmaß beurteilt — seine Höhe dem Durchmesser der Münzen entspricht.
Miss jetzt mit einem Lineal Höhe und Breite. Was fällt dir auf?
Bitte eine andere Person, den Stapel wie vorgegeben aufzubauen. Gelingt es ihr? Vergleiche das neue Ergebnis mit deinem.

Sehen und nicht sehen

Die beiden Farbbilder unten zeigen das weltberühmte Gemälde der geheimnisvoll lächelnden Mona Lisa des Malers LEONARDO DA VINCI (1452 — 1519).

⑧ Vergleiche die beiden Abbildungen. Dass sie auf dem Kopf stehen, darf dich gerade nicht stören. Drehe das Buch um 180 Grad. Beschreibe, was dir auffällt.
Sicher wunderst du dich jetzt. Beschreibe, was das Erstaunliche beim Betrachten der beiden Bilder ist.
Wie wirken die Bilder auf dich, wenn dein Buch auf dem Kopf steht? Stelle Vermutungen an, woran es liegen kann.

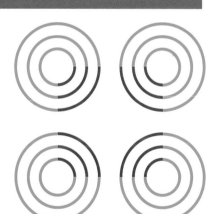

⑨ Welche Motive entdeckst du in der Abbildung links?
Was ergänzt hier unser Wahrnehmungssystem?
Welche Bedeutung hat dies deiner Meinung nach für den Menschen?

⑩ Beschreibe, welche Strukturen oben auf das Papier gedruckt sind. Welche Farben wurden verwendet? Welche Farbe hat der Hintergrund?
Betrachte die Abbildung in Ruhe bei guter Beleuchtung. Welche Wahrnehmung tritt dabei auf? Beschreibe. Welche Aktivität des Wahrnehmungssystems zeigt sich an dieser Figur? Welche Bedeutung könnte das für den Menschen haben?

Sinne, Nerven und Hormone **217**

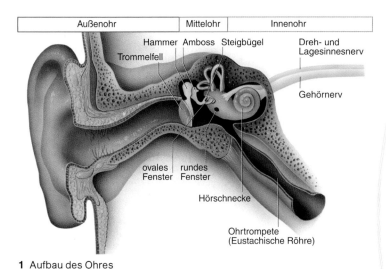

| Außenohr | Mittelohr | Innenohr |

Hammer Amboss Steigbügel

Trommelfell

Dreh- und
Lagesinnesnerv

Gehörnerv

ovales   rundes
Fenster   Fenster

Hörschnecke

Ohrtrompete
(Eustachische Röhre)

1 Aufbau des Ohres

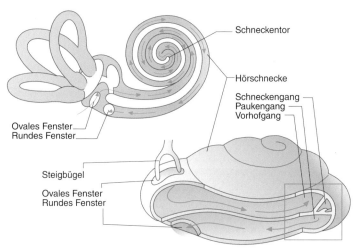

Schneckentor

Hörschnecke

Schneckengang
Paukengang
Vorhofgang

Ovales Fenster
Rundes Fenster

Steigbügel

Ovales Fenster
Rundes Fenster

2 Druckwellenverlauf in der Schnecke

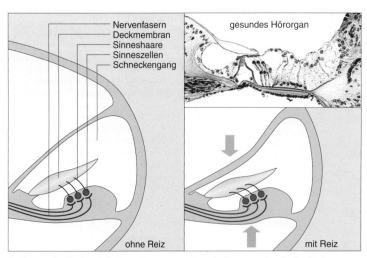

Nervenfasern
Deckmembran
Sinneshaare
Sinneszellen
Schneckengang

gesundes Hörorgan

ohne Reiz

mit Reiz

3 Querschnitt durch Schneckengang mit und ohne mechanische Reizung

Das Ohr — Aufbau und Funktion

Beim Sprechen werden die Stimmbänder in Schwingungen versetzt. Das spürt man, wenn man die Fingerspitzen an den Kehlkopf legt. Die Schwingungen werden an die Luft übertragen. Dabei entstehen Luftdruckschwankungen, die sich als *Schallwellen* ausbreiten.

Gelangen Schallwellen an unser Ohr, so werden sie von der *Ohrmuschel* in den etwa 3 cm langen, gekrümmten *Gehörgang* geleitet. Am Ende des Gehörgangs sitzt das *Trommelfell*. Es ist ein dünnes Häutchen, das den Gehörgang abschließt. Dahinter liegt das *Mittelohr*, ein etwa 4 Millimeter breiter Spaltraum, der durch einen Gang, die *Ohrtrompete*, mit dem Rachenraum in Verbindung steht. Die am Trommelfell ankommenden Schallwellen versetzen es in Schwingungen, die auf drei kleine Gehörknöchelchen *(Hammer, Amboss, Steigbügel)* übertragen werden. Sie leiten die Trommelfellschwingungen zum Innenohr. Die Hebelwirkung der Gehörknöchelchen verkleinert die Schwingungsausschläge und verstärkt ihren Druck.

Im Innenohr liegt eine aus 2 $\frac{1}{2}$ Windungen bestehende knöcherne *Hörschnecke*, die von einem Hautschlauch durchzogen ist. Seine membranartige Wand unterteilt das Innere der Schnecke in drei Längsgänge. Der mittlere Gang ist der *Schneckengang*. Er enthält etwa 16 000 Sinneszellen. Über ihren Sinneshärchen liegt eine *Deckmembran*. Über dem Schneckengang liegt der *Vorhofgang*, darunter der *Paukengang*. Ein Ende des Vorhofganges bildet das *Ovale Fenster*. Am anderen Ende, dem *Schneckentor*, hat der Vorhofgang Verbindung mit dem Paukengang. Dieser schließt mit dem *Runden Fenster* zum Mittelohr ab. Alle drei Gänge sind mit einer Flüssigkeit, der *Ohrlymphe*, gefüllt.

Wirkt der Steigbügel mit kräftigen Stößen auf das Ovale Fenster ein, wird die Ohrlymphe in Schwingungen versetzt und der gesamte Hautschlauch schwingt mit. Die Folge ist ein Verbiegen der Sinneshärchen. Dieser mechanische Reiz erregt die Sinneszellen. Über Nervenzellen, die mit den Sinneszellen in Verbindung stehen und deren ableitende Fasern sich zum *Hörnerv* zusammenlagern, laufen nun Erregungen zum Gehirn. Dort entsteht der Höreindruck.

Aufgabe

(1) Beschreibe die Schallübertragung vom Trommelfell bis zu den Sinneszellen.

Leistungen des Gehörs

Eine Voraussetzung dafür, dass wir Musik hören können, ist die Fähigkeit, *Tonhöhen* unterscheiden zu können. Physikalisch betrachtet unterscheiden sie sich durch ihre *Frequenz*, also die Anzahl der Schwingungen in einer Sekunde.

Untersuchungen an der Hörschnecke haben gezeigt, dass ein Ton einer bestimmten Frequenz nicht alle Sinneszellen im Schneckengang gleichmäßig erregt. Der Hautschlauch in der Schnecke schwingt nur in einem kleinen Bereich besonders heftig. An anderen Stellen sind die Schwingungsausschläge sehr gering. Wird die Frequenz geändert, so liegt die Stelle größter Erregung an einer anderen Stelle der Schnecke. Töne hoher Frequenz werden im vorderen Teil in der Nähe des Ovalen Fensters aufgenommen. Für niedrigere Frequenzen verschiebt sich der erregte Bereich in Richtung Schneckentor.

Die tiefste hörbare Frequenz liegt bei etwa 16 Hz. Die obere Hörgrenze ist stark altersabhängig. Beim Jugendlichen liegt sie bei 20 kHz. Ein 45-Jähriger hört Töne bis 15 kHz, und beim 65-Jährigen ist die obere Hörgrenze bis auf 5 kHz abgesunken. Beim Sprechen liegen die hauptsächlich benutzten Frequenzen zwischen 250 Hz und 5 kHz.

Die Position einer Schallquelle können wir auch mit geschlossenen Augen ausmachen. Dieser räumliche Höreindruck wird durch das Hören mit zwei Ohren ermöglicht. Der Schall einer Schallquelle bewirkt in beiden Ohren unterschiedliche Erregungen. In dem Ohr, das der Schallquelle näher ist, treten die Erregungen geringfügig früher auf und sind etwas stärker als im anderen. Aus diesen sehr kleinen Unterschieden ermittelt das Gehirn die räumliche Lage der Schallquelle.

Ständiger Lärm verursacht beim Menschen auf Dauer seelische und körperliche Beschwerden, wie Konzentrationsschwäche, Kreislauf- und Schlafstörungen. Bei sehr großer Lautstärke werden Hörsinneszellen geschädigt und sogar zerstört. Die Folgen sind Schwerhörigkeit und Taubheit. Deshalb gilt: Musik — etwa mit dem Kopfhörer — nicht mit voller Lautstärke hören und sehr laute Diskotheken meiden. An sehr lauten Arbeitsplätzen muss unbedingt ein Gehörschutz getragen werden! Als Teilnehmer im Straßenverkehr sollte man nicht unnötig Lärm erzeugen.

Heinrich Hertz (1857 – 1894) deutscher Physiker

1 Hertz = 1 Hz 1 Hz bedeutet eine Schwingung pro Sekunde

1000 Hz = 1 kHz

Zettelkasten

zerstörtes Hörorgan

Explosion, Schuss	130	Schmerzgrenze
Düsenflugzeug	120	
Pfeifen auf den Fingern	110	Schwerhörigkeit durch Schädigung des Innenohrs
Motorrad ohne Schalldämpfer	100	
LKW-Geräusche	90	Störung des vegetativen Nervensystems, Veränderung von Puls und Blutdruck, Schlafstörung
laute Stereoanlage	80	
Straßenverkehr	70	
laute Unterhaltung	60	
Radio auf Zimmerlautstärke	50	Beeinträchtigung von Schlaf und geistiger Arbeit, Konzentrationsschwäche
gedämpfte Unterhaltung	40	
Flüstern	30	
Blätterrauschen	20	
Hörgrenze	0	
	dB	

Vielfaches des Schalldrucks im Vergleich zur Hörschwelle

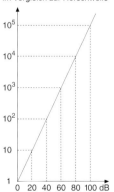

Aufgabe

① Untersuche mithilfe der Tabelle und der Grafik, um das Wievielfache der Schalldruck von LKW-Verkehr und Düsenflugzeugen höher liegt als laute Unterhaltung und Flüstern.

Schalldruck und Dezibel

Schallwellen breiten sich in der Luft als schwache Luftdruckschwankungen aus. Man kann diesen Schalldruck normalerweise nur hören, jedoch nicht weiter spüren.

Der geringste Schalldruck, der gerade noch zur Hörempfindung führt, beträgt etwa 2/100000 pa (Pascal). Man bezeichnet ihn als Hörschwelle. Dagegen beträgt der Luftdruck etwa 100 000 pa.

Häufig wird die Schallstärke als Schalldruckpegel beschrieben. Er gibt an, das Wievielfache der Schalldruck im Vergleich zum Schalldruck der Hörschwelle beträgt. Beispielsweise liegt der Schalldruckpegel einer lauten Unterhaltung bei 1000. Hier ist der Schalldruck tausend mal stärker als an der Hörschwelle und beträgt etwa 2/100 pa.

Weil man so aber zu sehr unhandlichen Zahlen gelangt, wird der Schalldruckpegel üblicherweise in der Einheit Dezibel (dB) angegeben. Dabei ist Hörschwelle Null dB und jede Erhöhung um 20 dB bedeutet immer eine Zunahme auf das Zehnfache. Wenn beispielsweise ein Auto einen Schalldruckpegel von 60 dB verursacht, so erzeugen zwei Fahrzeuge nicht 120 dB, sondern „nur" 66 dB. Bei zehn Fahrzeugen ist der Schalldruckpegel 80 dB. Die Dezibelwerte verschiedener Schallquellen lassen sich also nicht einfach zusammenzählen. Das Schaubild zeigt den Zusammenhang zwischen dB-Werten und dem Vielfachen des Hörschwellen-Schalldrucks. Ab ca. 100 dB wird das Gehör geschädigt.

Hören

Das Gehör des Menschen ist nicht bei allen Tönen gleich empfindlich. Wie die Empfindlichkeit des Gehörs von Frequenzen abhängt, zeigt Abbildung 1. Man nennt diese Kurve die *Hörschwelle*. Sie gibt an, ab welchem Schalldruckpegel ein reiner Ton gerade gehört wird.

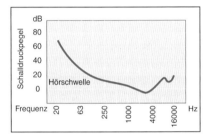

Die Hörschwelle ist beim Menschen deutlich verändert, wenn das Gehör geschädigt ist. Experimentell kann man die Hörschwelle einfach ermitteln. Dazu benötigt man einen Kopfhörer und einen Tongenerator, bei dem die Tonfrequenz und der vom Kopfhörer erzeugte Schalldruck genau einstellbar sind.

Darüber hinaus kann ein Hals-Nasen-Ohrenarzt mit einem speziellen Gerät Schallschwingungen direkt auf einen Schädelknochen hinter der Ohrmuschel übertragen. Der Schall gelangt nun nicht mehr über den Weg Gehörgang-Trommelfell-Gehörknöchelchen ans Innenohr, sondern wird durch Schädelknochen direkt auf das Innenohr übertragen. Man nennt dies *Knochenleitung*. Beim gesunden Ohr verläuft die Hörschwellenkurve bei Knochenleitung etwa so wie bei Luftleitung.

Durch Lärm am Arbeitsplatz, häufige Überlautstärken beim Musikhören oder durch Krankheit kann Schwerhörigkeit auftreten. Ursache können Veränderungen des Innenohrs oder des Mittelohrs sein.

Aufgaben

① Beschreibe den Verlauf der Hörschwelle in Abhängigkeit der Frequenz.
In welchem Frequenzbereich ist das Gehör des Menschen am empfindlichsten?
Erkläre die biologische Bedeutung für den Menschen.

② Plane ein Experiment, mit dem man den Verlauf der Hörschwellenkurve einer Versuchsperson im hörbaren Frequenzbereich ermittelt.
Beschreibe, wie du bei deinem geplanten Experiment vorgehen müsstest, wenn dir die erforderlichen Geräte zur Verfügung gestellt werden würden.

③ Ein Ohrenarzt untersucht einen Patienten, der auf dem linken Ohr an Schwerhörigkeit leidet. Der Arzt ermittelt die Hörschwelle getrennt für das linke und das rechte Ohr durch Knochenleitung des Schalls. Das Ergebnis zeigt, dass bei Knochenleitung kein Unterschied in der Hörschwelle zwischen beiden Ohren besteht, wohl aber bei Luftleitung.
In welchem Bereich des Hörorgans liegt die Ursache der Schwerhörigkeit? Begründe deine Vermutung.

Die beiden Säulendiagramme zeigen das Risiko für eine Hörschädigung bei häufigem Aufenthalt in Discotheken mit hohem Dauerschallpegel der Musik. Die Werte geben für 16-jährige Jugendliche das Risiko in Prozent an, nach fünf Jahren eine Hörschädigung und damit eine Hörminderung zu erleiden. Die gesamten Säulen stehen für alle Personen, bei denen die Empfindlichkeit nur noch 30 % des gesunden Gehörs oder weniger beträgt. Die kleinen Teilsäulen beziehen sich auf eine Teilgruppe. Bei dieser ist die Gehörempfindlichkeit weiter abgesunken, nämlich auf 3 % oder weniger.

④ Was bedeutet „Risiko im Prozent"? Erkläre dies am Beispiel von 200 untersuchten Personen.
Nenne Personengruppen, die durch laute Discomusik besonders gefährdet sind.

⑤ Untersuche die Schaubilder.
Ab welchem Schalldruckpegel besteht Gefahr für das Gehör?

⑥ Wie viele Mitglieder deiner Klasse würden vermutlich eine Hörschädigung erfahren, wenn ihr über 5 Jahre hinweg wöchentlich 10 Stunden in der Disco verbringen würdet bei einem Schalldruckpegel von 100 dB?

⑦ Untersuche deine Hörgewohnheiten. Wie viele Stunden in der Woche ist dein Gehör großen Lautstärken ausgesetzt?

⑧ Welche Gefahr ist höher einzuschätzen, die Dauer der Einwirkung oder die Schallstärke? Begründe anhand der Schaubilder.

⑨ Das Schaubild zeigt bei für 40 Stunden und 110 dB, dass 95 Prozent der Jugendlichen eine Hörminderung erleiden.
Kann man behaupten, bei 5 Prozent der Jugendlichen verursacht dieser Schall keine Beeinträchtigung des Gehörs? Begründe deine Meinung.
Bei welchem prozentualen Anteil der Jugendlichen beträgt die Restempfindlichkeit des Gehörs zwischen 30 und 3 Prozent der normalen Empfindlichkeit?

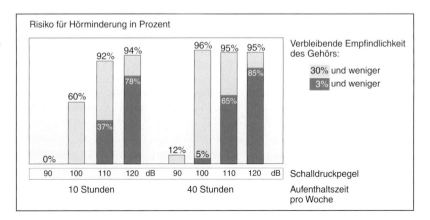

Praktikum

Hören und Sehen

Der Blinde Fleck

Halte das Buch mit ausgestreckten Armen vor dich. Schließe das rechte Auge und fixiere mit dem linken den schwarzen Punkt unten auf dieser Seite. Bewege langsam das Buch auf dein Auge zu. Achte dabei auf das schwarze Kreuz, ohne das Auge zu bewegen. Beschreibe und erkläre, was bei diesem Vorgang zu bemerken ist.

Bestimmung des Nahpunktes

a) Halte ein Lineal mit der Nullmarke rechts an die Nasenwurzel und schließe das linke Auge. Führe einen Bleistift dem Lineal entlang so weit auf das Auge zu, bis er unscharf erscheint. Ein Mitschüler liest die Entfernung zum Auge ab. Wiederhole diesen Versuch mit dem linken Auge. Welche Werte wären bei einem Kurzsichtigen zu erwarten?

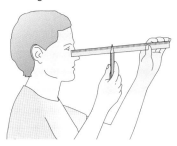

b) In ein Stück Papier wird mit einem spitzen Bleistift eine kleine runde Blendenöffnung von 1 — 2 mm Durchmesser gestochen. Schließe ein Auge und betrachte mit dem anderen bei sehr guter Beleuchtung diesen Text. Nähere das Buch so weit, bis der Text gerade nicht mehr scharf erscheint. Halte jetzt das Papier vor das Auge und betrachte

den Text durch die Blendenöffnung. Was fällt dir auf? Ermittle die kleinste Entfernung zwischen Auge und Buchseite, bei der der Text noch scharf zu sehen ist. Vergleiche mit den Werten von a).

Pupillenreaktion

Ein Mitschüler hält ein Stück Karton etwa 30 Sekunden lang vor sein geschlossenes Auge. Danach nimmt er den Karton vom Auge weg und blickt zum hellen Fenster. Beobachte sofort seine Pupille und erkläre.

Richtungshören

a) Ein Schlauch von 10 — 15 mm Durchmesser und etwa 1,5 m Länge wird genau in seiner Mitte durch einen Strich markiert. Die Enden des Schlauchs werden in die Ohrmuscheln gehalten. Ein Mitschüler klopft mit einem Lineal etwa 10 cm neben der Mitte auf den Schlauch. Die Versuchsperson teilt mit, von welcher Seite das Geräusch kommt. Erkläre das Versuchsergebnis. Notiere einen Ergebnissatz.

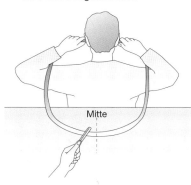

Mitte

b) Der Versuch a wird mehrfach wiederholt und dabei jedes Mal näher an der Schlauchmitte geklopft. Die Versuchsperson gibt stets an, von welcher Seite das Geräusch kommt. Es wird so die kleinste Entfernung von der Schlauchmitte bestimmt, bei der das Geräusch gerade noch als von der Seite kommend wahrgenommen wird. Notiere diesen Wert.
c) Der Laufweg des Schalls vom Entstehungsort bis zu den beiden Ohren ist unterschiedlich groß. Der Laufwegunterschied ist doppelt so groß wie die Strecke zwischen Schlauchmitte und Klopfstelle. In Luft breitet sich Schall etwa mit der Geschwindigkeit v = 340 m/s aus. Hierfür gilt die Gleichung:

Geschwindigkeit (v) = Weg (s)/Zeit (t). Bestimme daraus den Zeitunterschied t für den kleinsten mit Versuch b ermittelten Laufwegunterschied. Dies ist der kleinste Zeitunterschied, mit dem Schall an den Ohren eintreffen muss, damit man Geräusche als von der Seite kommend empfindet.

Konzentrationstest

a) Möglichst viele Schüler zählen innerhalb von 30 Sekunden alle p in den nachfolgenden Zeilen. Jeder notiert sein Ergebnis.
b) Der Versuch wird von anderen Schülern wiederholt. Dabei spielt laute Musik. Nach 30 Sekunden werden die Ergebnisse notiert und mit den Resultaten des ersten Versuchs verglichen. Erkläre das Ergebnis.

pppppppqqqpppppppqqqppqpqpqpqp
pqppppppppqqqqqqppppqpqqqppppp
qpqpqqqppqqqpppqppppqppqpqpqppq
pqqppppqpqqpqppppqqppppppqppqp

Funktionsmodell eines Bogengangs

Ein kunststoffbeschichteter Kartonstreifen von 5 cm Länge und 2 cm Breite wird 1 cm von einem Ende entfernt gefaltet und mit Klebestreifen in eine runde Wanne geklebt. Sie wird mit Wasser gefüllt und auf einen Drehstuhl gestellt. Auf die ruhende Wasseroberfläche werden Korkkrümel gestreut.

Welche Teile eines Bogengangs werden mit dieser Anordnung dargestellt? Drehe den Stuhl in Uhrzeigerrichtung. Beobachte den Kartonstreifen und die Korkkrümel. Notiere und erkläre. Drehe den Stuhl etwa 30 Sekunden lang gleichmäßig und stoppe dann plötzlich. Beschreibe und erkläre, was dabei geschieht. Erkläre mithilfe dieses Experiments den Drehschwindel.

Sinne bei Mensch und Tier

Über Sinnesorgane nehmen Mensch und Tiere Informationen aus der Umwelt auf. Viele Tierarten verfügen über die selben Sinne wie der Mensch. Jedoch so vielfältig die Lebensweise der Tierarten ist, so verschieden ist auch die Spezialisierung der Sinnesorgane. Beispielsweise können Tiere sehr schwache akustische oder chemische Signale aus der Umwelt wahrnehmen, die die entsprechenden Sinnesorgane des Menschen nicht reizen.

Eine ganze Reihe von Tierarten verfügt über Sinne, die beim Menschen nicht vorkommen. Wie diese Organismen damit ihre Umwelt erleben, können wir uns überhaupt nicht vorstellen. Dennoch ist es möglich zu erforschen, welche Einflüsse als Reize wirken, welche Reaktionen sie auslösen und welche Bedeutung diese Sinne für die jeweilige Lebensform haben.
Außerdem gibt es verschiedenste Signale in der Umwelt, für die bei Organismen kein Sinnesorgan vorkommt.

Biologisch nicht wahrnehmbare Signale

Radiowellen, radioaktive Strahlung und Röntgenstrahlung sind Signale, für deren Aufnahme weder der Mensch und vermutlich auch Tiere keine Sinnesorgane besitzen. Diese Umwelteinflüsse können Organismen nicht wahrnehmen.

Für das Aufspüren dieser Strahlungsarten, die je nach Intensität für Lebewesen schädlich sein können, benötigt man spezielle technische Detektoren. Für Radiowellen benutzt man Funkempfänger. Radioaktive Strahlung und Röntgenstrahlung lassen sich mit Fotofilmen oder dem **Geiger-Müller-Zähler** nachweisen.

Bei der Entwicklung der Lebewesen auf der Erde war es vermutlich nicht von existentieller Bedeutung, dass Lebewesen Radiowellen, radioaktive Strahlung oder Röntgenstrahlung wahrnehmen konnten. Deshalb gibt es vermutlich für diese Signale keine Sinnesorgane. Erst durch die technischen Entwicklungen der Menschheit haben diese Strahlungsarten eine neue Bedeutung erfahren. Weil davon Gefahr ausgehen kann, müssen diese Strahlungseinflüsse überwacht werden.

Die Sehwelt

Der Mensch orientiert sich besonders stark mit dem Lichtsinn. Beim Menschen sind die Augen sehr wichtige Sinnesorgane, wie bei allen Herrentieren, den Primaten. Im Vergleich zu vielen anderen Tieren, deren Augen seitlich stehen, sind bei den Primaten die Augen nach vorne gerichtet und groß.

Das Blickfeld von linkem und rechtem Auge überlappt sich stark und ermöglicht so in diesem weiten Überlappungsbereich räumliches Sehen. Dies ist eine wichtige Voraussetzung für zielgerichtetes Greifen mit den Händen und scheint die Ursache dafür zu sein, dass man bei Primaten besonders häufig den Gebrauch von Werkzeugen oder anderen Hilfsmitteln beobachten kann. Unter den Säugetieren ist die Sehschärfe bei den Primaten am größten, bei Fledermäusen dagegen außerordentlich gering.

Die Hörwelt

Vor allem bei nachtaktiven Tieren findet man einen besonders gut ausgeprägten Hörsinn. Dies zeigt sich einerseits darin, dass sie sehr schwache Geräusche wahrnehmen können, die der Mensch nicht hört. Meist haben sie besonders große Ohrmuscheln, die den Schall auffangen und zum Gehörgang leiten.

Andererseits ist ihre Fähigkeit zur Bestimmung des Orts einer Schallquelle gut ausgeprägt. Während der Mensch die Lage zweier Schallquellen voneinander unterscheiden kann, wenn ihre Richtungen mindestens 8,4 Grad auseinander liegen, schaffen es Hunde bei 2,5 Grad und Katzen sogar bei 1,5 Grad. Ist die Schallquelle 10 m entfernt, so entspricht 1 Grad 17,5 cm.

Die meisten jagenden Tiere, die ihre Beute mithilfe des Hörsinns aufspüren, orientieren sich an den Geräuschen, die ihre Beutetiere verursachen. Dagegen haben Delfine und die nachtjagenden Fledermäuse eine besondere Orientierungsmöglichkeit. Sie erkennen ihre Beute mit den Ohren, ohne dass die Beutetiere Geräusche verursachen.

Im 18. Jahrhundert beobachtete Lazzaro Spallazani, dass Fledermäuse auch bei totaler Dunkelheit Hindernisse umfliegen können und im Vergleich zu seiner zahmen Eule keinen Lichtschimmer für die Beutejagd benötigten. 1938 gelang zwei Studenten der Havard Universität der Nachweis, dass Fledermäuse mit *Ultraschall* ihre Umgebung erkennen. So wie unsere Augen das Licht aufnehmen, das von den Objekten in unserer Umgebung ausgeht, können Fledermäuse mit den Ohren „sehen". Im Flug erzeugen sie für uns unhörbare Ultraschalllaute mit Frequenzen von 20 bis 100 Kilohertz und von enormem Schalldruck. Bis 120 dB wurden in der Nähe des Mauls

gemessen. Dies entspricht dem Lärm eines Düsenflugzeugs beim Start in 100 m Höhe.

An Hindernissen werden die Ultraschallwellen reflektiert. Die Oberflächenstruktur und die Größe des reflektierenden Objekts bestimmt den „Ton" des entstehenden Echos, die Lage des Objekts im Raum die Richtung, aus der die Fledermaus das Echo empfängt, und die Entfernung wird an der Lautstärke erkannt. So können Fledermäuse ein Hindernis am Echo erkennen, obwohl sie es nicht sehen können. Während also die Orientierung des Menschen stark vom Sehen bestimmt ist, leben Fledermäuse in einer „Hörwelt". Das zeigt sich besonders deutlich daran, dass sich blinde Feldermäuse ernähren können, dagegen gehörlose Tiere verhungern.

Die Riechwelt

Der Mensch verfügt, wie fast alle Primaten, über ein gering ausgeprägtes Geruchsvermögen. Er besitzt 20 Millionen Riechsinneszellen in der Nasen-

Schnitt durch die
Nasenhöhle (von vorn)　　**Mensch**

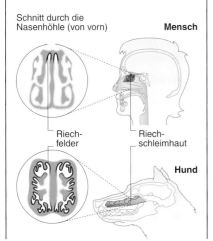

Riech-　　　　Riech-
felder　　　　schleimhaut

Hund

schleimhaut und damit wesentlich weniger als Tiere mit leistungsfähigerem Geruchssinn. Beim Kaninchen sind 100 Millionen, beim Hund 230 Millionen und beim Reh sogar 300 Millionen Riechsinneszellen, die in der Nasenschleimhaut Riechfelder bilden.

	Fläche der Riechschleimhaut in cm^2
Reh	90
Hund	85
Katze	20,8
Kaninchen	9,3
Mensch	2,5 – 5

Bei diesen Tieren wird der Geruchsinn zum leitenden Sinn. Sie nehmen ihre Umwelt vorwiegend über die Nase wahr. Dies findet man unter anderem bei Nagern, die ihren Weg mit Duftmarken kennzeichnen, bei Raubtieren, die ihre Beute durch die Witterung aufspüren und den Huftieren, die ihre Fressfeinde frühzeitig wittern müssen, um rechtzeitig die Flucht vor ihnen ergreifen zu können.

Der magnetische Kompass

Zu den Sinnen, die der Menschen nicht besitzt, gehört der magnetische Sinn. Man findet ihn beispielsweise bei Zugvögeln. Mit seiner Hilfe können sie

sich beim Vogelzug selbst bei völlig bedecktem Himmel in der Nacht am Verlauf des Erdmagnetfelds orientieren. 1965 gelang es erstmals beim **Rotkehlchen** nachzuweisen, dass Tiere einen solchen „Magnetkompass" besitzen. Inzwischen hat man bei 18 Zugvogelarten sowie bei Brieftauben den magnetischen Orientierungssinn nachweisen können.

Auch an Tauben hat man entdeckt, dass sie für ihre Orientierung das Erdmagnetfeld benutzen. Bringt man auf ihrem Kopf kleine Magnete an, so sind sie bei bedecktem Himmel nicht in der Lage, in den Schlag zurückzufinden. Erzeugt man ständig wechseln-

de Magnetfelder, so werden Tauben selbst bei klarem Himmel, der ansonsten eine Richtungsfindung am Sonnenstand ermöglicht, in ihrer Orientierung gestört.

Trotz intensiver Forschung hat man das magnetische Sinnesorgan noch nicht gefunden. Allerdings fand man im Kopf von Tauben und im Körper anderer Tieren eine magnetische Substanz biologischen Ursprungs. Man nimmt an, dass es sich dabei um Bestandteile eines Sinnesorgans handelt, auf das Magnetfelder einwirken können.

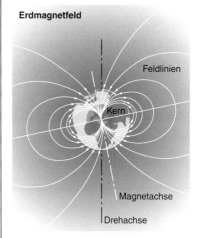

Erdmagnetfeld

Feldlinien

Kern

Magnetachse

Drehachse

Elektroortung

Einige Süßwasserfischarten Afrikas und Südamerikas können sich elektrisch orientieren. Diese Elektroortung tritt bei Fischen auf, die den Lichtsinn nicht zur Orientierung nützen können, weil sie nachtaktiv sind oder in trübem Wasser leben. Die Tiere erzeugen in ihrer Umgebung im Wasser ein elektrisches Feld. Gelangt ein Körper in dieses Feld und unterscheidet sich sein elektrischer Widerstand von dem des Wassers, so ändert sich das elektrische Feld. Das Tier erkennt die Veränderung mithilfe von Elektrorezeptoren. Dieser elektrische Sinn ist sehr leistungsfähig. So konnte in einem Versuch gezeigt werden, dass mithilfe der Elektrorezeptoren Glasstäbe mit vier und sechs Millimetern Durchmesser unterschieden werden konnten.

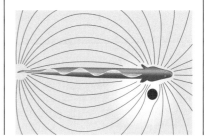

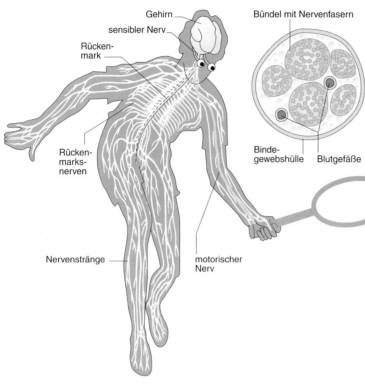

Gehirn

sensibler Nerv

Rücken-mark

Rückenmarks-nerven

Nervenstränge

motorischer Nerv

Bündel mit Nervenfasern

Binde-gewebshülle   Blutgefäße

1 Nervensystem des Menschen

Arbeitsweise des Nervensystems

Der Tennisspieler sieht den herannahenden Ball. Er läuft auf ihn zu, holt mit dem Arm weit aus und schlägt den Ball zurück. Der ganze Vorgang dauert nur Sekunden.

Diese schnellen, zielgerichteten Bewegungen werden durch das Zusammenwirken von Sinnesorganen, Muskulatur und Nerven ermöglicht. Die Nerven sind stark verzweigt. Sie erreichen alle Körperregionen und sind zum Nervensystem vernetzt.

Ein Nerv besteht aus einer Bindegewebshülle, die Nervenfasern und Blutgefäße einschließt. Ein Nerv ist mit einem Kabelbündel vergleichbar, das hunderte oder tausende von Einzelkabeln enthält. Dabei ist die Nervenfaser das kleinste Element. Sie ist ein langer Ausläufer einer Nervenzelle. Insgesamt enthält der Körper 25 – 100 Milliarden Nervenzellen. Die meisten liegen dicht gepackt in Gehirn und Rückenmark. Diese beiden Organe bilden zusammen das *Zentralnervensystem (ZNS)*.

Über die Sinnesorgane erhält das ZNS fortwährend Informationen aus der Umwelt, die durch sensible Nerven in Form elektrischer Signale zum Gehirn geleitet und dort ausgewertet werden. So kennt der Tennisspieler den Ball, seine Bewegungsrichtung und Geschwindigkeit. Nun sendet das Gehirn Signale durch *motorische Nerven* zur Muskulatur. Die zugehörigen Muskeln ziehen sich zusammen — der Körper wird zum Ball bewegt.

Jede Muskelaktivität verändert die Position des Spielers zum Ball. Von den Sinnesorganen erhält das Gehirn laufend *Rückmeldungen* darüber, wie vorangegangene Bewegungen die Körperstellung zum Ball verändert haben. Es vergleicht ständig die augenblickliche Position mit der erforderlichen und ermittelt daraus, welche Muskeln sich als nächste zusammenziehen müssen.

Das Gehirn aktiviert nacheinander verschiedene Muskelgruppen so lange, bis schließlich die gewünschte Stellung des Spielers zum Ball erreicht ist. Man sagt: Die Muskelaktivität wird *geregelt*. Das wesentliche Kennzeichen der Regelung ist die Wirkungskontrolle. Sie wird durch Rückmeldungen möglich. Dadurch entsteht ein Kreislauf von Signalen, ein Regelkreis.

Würde der Tennisspieler beim ersten Anblick des ankommenden Balls die Augen schließen und so versuchen den Ball zu treffen, würde er ihn mit Sicherheit verfehlen. Hier bliebe die Rückmeldung aus. Nun würde sich eine Muskelaktivierung nicht mehr nach dem Ergebnis einer vorangegangenen richten. Einen derartigen Vorgang nennt man *Steuerung*.

Das Nervensystem ist nicht nur bei körperlicher Betätigung aktiv. Unablässig muss es Informationen empfangen, auswerten und weiterleiten, die auch innere Zustände des Körpers betreffen. Selbst beim Schlafen beeinflusst es die Tätigkeit der inneren Organe und reguliert beispielsweise Blutzirkulation, Atmung und Verdauung.

Aufgaben

① Beschreibe den Unterschied zwischen Steuerung und Regelung.
② Vergleiche die Funktion sensibler und motorischer Nerven.

Die Nervenzellen — Bau und Funktion

Viele Nervenzellen zeigen vergleichbare Grundstrukturen. Sie sind hier am Beispiel einer motorischen Nervenzelle beschrieben.

Wird die Nervenzelle an den Dendriten gereizt, so entstehen am Axonursprung *elektrische Impulse*. Dabei handelt es sich um Spannungsschwankungen von etwa 0,1 Volt Stärke und 2 ms Dauer. Diese Impulse springen mit Geschwindigkeiten bis 120 m/s längs des Axons von Schnürring zu Schnürring. An den Endknöpfchen angekommen, bewirken sie die Freisetzung eines Überträgerstoffes. Er wandert durch den synaptischen Spalt und verbindet sich mit Rezeptoren, die

sich an der Zellmembran der Muskelfaser befinden. Dies bewirkt, dass sich die Muskelfaser zusammenzieht.

Häufig verkoppelt eine Synapse zwei Nervenzellen miteinander. Im ZNS gibt es viele Milliarden dieser Synapsen. An den weit verzweigten Dendriten einer Nervenzelle können bis zu 10 000 Endknöpfchen anderer Nervenzellen sitzen. Die Aktivität einer Synapse bewirkt noch keinen Impuls. Erst wenn mehrere Synapsen zugleich aktiv sind, wird an der gereizten Nervenzelle eine Reizschwelle überschritten. Nun entstehen Impulse, die bis zur nächsten Synapse wandern.

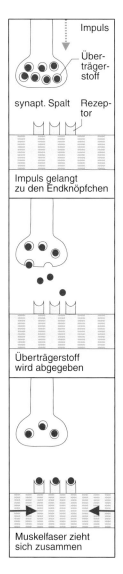

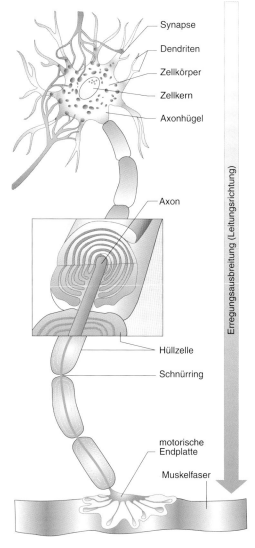

1 Schema einer Nervenzelle

Dendrit
Feinfädiger, buschartig verzweigter Fortsatz. Dendriten sind Verbindungsstellen zu anderen Nervenzellen und zu Sinneszellen. Dendriten nehmen Informationen auf und leiten sie zum Zellkörper weiter.

Zellkörper
Ort der Informationsverabeitung. Hier werden alle Signale der Dendriten gesammelt und miteinander verrechnet.

Axonhügel
Ursprung des Axons.

Axon
Bis 1 m langer Ausläufer der Nervenzelle mit einem Durchmesser von 0,01 bis 0,002 mm. Leitet Informationen zu Nervenzellen, Muskelfasern oder Drüsen weiter.

Hüllzelle
Bildet eine elektrisch isolierende Hülle um das Axon. Mehrere von Hüllzellen umgebene Axone heißen Nervenfaser.

Schnürring
Zwischen aufeinander folgenden Hüllzellen ist ein ringförmiger Bereich des Axons unbedeckt. Bei mikroskopischer Betrachtung sieht man Einschnürungen.

Endknöpfchen
Die verdickten Endknöpfchen enthalten in kleinen Bläschen einen Überträgerstoff (häufig Acetylcholin).

Synapse
Verbindungsstelle zu anderen Nervenzellen oder Muskelfasern. Zur nachfolgenden Zelle besteht ein schmaler synaptischer Spalt.

Motorische Endplatten
Bezeichnung für die großen Synapsen an Muskelfasern.

Das Gehirn — Aufbau und Arbeitsteilung

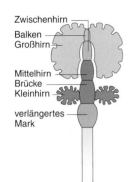

Zwischenhirn
Balken
Großhirn
Mittelhirn
Brücke
Kleinhirn
verlängertes Mark

Die Gliederung des menschlichen Gehirns ist an einem Embryo besser erkennbar als am Gehirn des Erwachsenen. Die Gehirnanlage besteht zunächst aus drei, später aus fünf Hirnbläschen. Aus jedem entsteht einer der fünf Gehirnabschnitte, die alle Wirbeltiere besitzen. Im Verlauf der weiteren Entwicklung stülpen sich am vordersten Bläschen zwei Seitenbläschen aus. Indem sie sich stark vergrößern und Falten ausbilden, entsteht das Großhirn (s. Randspalte).

Im *Großhirn* sind die Zellkörper der Nervenzellen auf eine dünne *Rindenschicht* an der Oberfläche verteilt. Im darunter liegenden Mark verlaufen überwiegend Nervenfasern. Durch die Faltung entsteht die notwendige große Oberfläche, um Milliarden an Nervenzellen in der Rindenschicht unterzubringen. Aus den anderen Bläschen entwickeln sich *Zwischenhirn, Mittelhirn, Kleinhirn* und *verlängertes Mark.* Zwischen Mittelhirn und verlängertem Mark liegt die *Brücke.* Diese drei Abschnitte bilden den *Hirnstamm.*

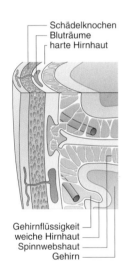

Schädelknochen
Bluträume
harte Hirnhaut

Gehirnflüssigkeit
weiche Hirnhaut
Spinnwebshaut
Gehirn

Stoßgedämpfte Lagerung des Gehirns

Kurz nach der Geburt nimmt die Anzahl der Nervenzellen im Gehirn nicht mehr zu. Dennoch ist die Gehirnentwicklung nicht abgeschlossen. Die Verbindung der Nervenzellen untereinander ist noch unvollständig. Im Verlauf der ersten drei Lebensmonate werden sehr viele neue Synapsen gebildet und die Nervenzellen stärker miteinander vernetzt. Diese Vernetzung wird durch die Sinneseindrücke, die im Kindesalter empfangen und verarbeitet werden, gefördert und ist vermutlich erst nach Jahren abgeschlossen.

Das durchschnittliche Gewicht des Gehirns beträgt beim Erwachsenen etwa 1400 g. Die beiden Großhirnhälften, die über einen dicken Nervenstrang, den *Balken,* miteinander verbunden sind, nehmen etwa 80 % des Gehirnvolumens ein und überdecken die anderen Gehirnabschnitte.

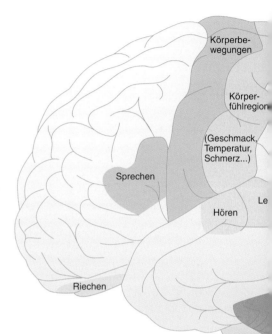

Körperbewegungen
Körperfühlregion
(Geschmack, Temperatur, Schmerz...)
Sprechen
Le
Hören
Riechen

Das empfindliche Gehirn ist von Schädelknochen und drei Hautschichten umgeben. Direkt an die Schädelknochen grenzt die *harte Hirnhaut.* An ihr ist mit elastischen Fasern die schwammartige *Spinnwebshaut* verankert. Sie enthält *Gehirnflüssigkeit,* in der das Gehirn schwimmt. Die *weiche Hirnhaut* verbindet Spinnwebshaut und Gehirn. Die knöcherne Umhüllung und die schwimmende Lagerung schützen das Gehirn.

Die Hirnhäute stellen eine Barriere gegen Krankheitserreger dar. Dennoch können bestimmte Bakterien oder Viren in die Hirnhäute eindringen und *Hirnhautentzündung* verursachen. Die Ausscheidungsprodukte der Bakterien oder abgestorbene Zellen sind dann eine Gefahr für das Gehirn, die sogar tödlich sein kann.

Mit der Computertomografie oder der Kernspintomografie kann man für medizine Zwecke das Gehirn schichtenweise untersuchen. Dabei entstehen Aufnahmen, an denen Spezialisten viele Einzelheiten, sogar einzelne Blutgefäße, erkennen können.

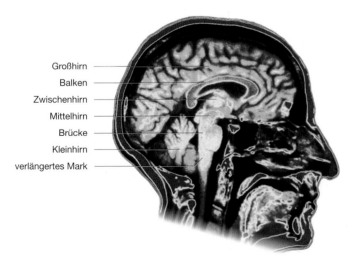

Großhirn
Balken
Zwischenhirn
Mittelhirn
Brücke
Kleinhirn
verlängertes Mark

1 Computertomogramm

Der französische Arzt PAUL BROCA (1824 – 1880) untersuchte das Gehirn eines Verstorbenen, der zu Lebzeiten das Sprechvermögen verloren hatte. BROCA bemerkte eine auffällige Erweichung des Großhirns im Bereich der linken Schläfe. Er nahm an, dass hier das Sprechzentrum liegt.

Heute kennt man viele Aufgaben des Großhirns. Die Forschungsergebnisse zeigen: Es ist das Zentrum der Wahrnehmungen, des Bewusstseins, Denkens, Fühlens und Handelns. Es herrscht Arbeitsteilung zwischen verschiedenen Bezirken, den Rindenfeldern, von denen drei Typen vorkommen:
1. *Sensorische Felder* verarbeiten die Informationen der Sinnesorgane.
2. *Motorische Felder* aktivieren Muskeln und regeln willkürliche Bewegungen.
3. *Gedanken-* und *Antriebsfelder* sind die Zentren des Denkens und Erinnerns.

Die sensorischen und motorischen Felder für die rechte Körperseite sind in der linken Großhirnhälfte und umgekehrt. Es gibt aber auch Zentren, die nur in einer Gehirnhälfte vorkommen, wie das Sprechzentrum.

Im *Zwischenhirn* entstehen Gefühle, wie Freude, Angst oder Wut. Es filtert den Informationsfluss von den Sinnesorganen zum Großhirn; Unwichtiges wird nicht weitergemeldet. Weiterhin ist es Umschaltzentrum für einige angeborene Reflexe, regelt die Körpertemperatur, den Wasserhaushalt und weitere lebenswichtige Körperfunktionen. Der Hypothalamus ist die Verbindungsstelle zwischen Nerven- und Hormonsystem.

Das *Mittelhirn* ist eine Umschaltstelle. Erregungen sensibler Nerven werden zum Großhirn geschickt oder auf motorische Nerven umgeleitet. Es kontrolliert unter anderem die Augenbewegungen, die Irismuskulatur und die Ziliarmuskeln.

Das *Kleinhirn* ermöglicht Gleichgewicht zu halten und koordiniert Bewegungen. Bewegt man zum Ergreifen eines Gegenstands Ober- und Unterarm gleichzeitig, so stimmt das Kleinhirn beide Teilbewegungen aufeinander ab; der Gegenstand wird zielsicher ergriffen. Ohne die Tätigkeit des Kleinhirns würde der Arm ruckartige Bewegungen ausführen, die meist über das Ziel hinausgingen. Außerdem dient es der Automatisierung immer wiederkehrender Bewegungen. Lernt man beispielsweise Tanzen, so muss man jeden Schritt ganz bewusst ausführen. Hier beeinflusst das Großhirn direkt die Akti-

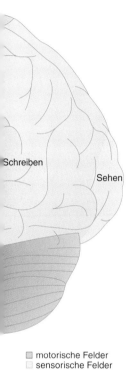

motorische Felder
sensorische Felder

Untersuchung der Gehirnaktivität

Die moderne Gehirnforschung verfügt über verschiedene Methoden zur Aufklärung der Funktion der einzelnen Gehirnbereiche, die ohne Verletzung der Untersuchungsperson angewandt werden können.

Sehr deutliche Abgrenzungen der einzelnen Funktionsbereiche erhält man mit der **Positronen-Emissions-Tomografie**. Mit diesem Verfahren lässt sich die Stoffwechselaktivität des Gehirns im Bild darstellen. Auf den Aufnahmen zeigen helle Farben hohe, dunkle Farben dagegen niedrige Aktivität an. Beim Sehen, Hören und Sprechen sind verschiedene eng umgrenzte Großhirnbezirke aktiv. Dagegen sind bei Denkvorgängen viele Regionen gleichzeitig beteiligt, insbesondere die Bereiche im vorderen Teil des Großhirns.

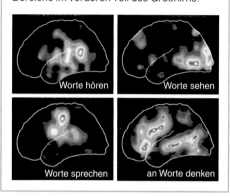

Worte hören — Worte sehen
Worte sprechen — an Worte denken

vität der Muskulatur. Mit einiger Übung muss man sich nicht mehr auf jeden Schritt konzentrieren. Das Kleinhirn sorgt für die eingeübte Bewegungsabfolge.

Das *verlängerte Mark* bildet die Übergangsstelle zum Rückenmark. Wichtige Funktionen sind die Regulation des Blutdrucks, die Steuerung von Atemmuskulatur und der Hustreflex. Über 12 Paar Gehirnnerven ist der Hirnstamm mit Sinnesorganen, Muskulatur und Drüsen im Kopf verbunden.

Aufgaben

1. Vergleiche die tomografischen Aufnahmen des Schädels mit der Schemazeichnung des Gehirns. Welche Gehirnabschnitte zeigt die Zeichnung?
2. Beschreibe und erkläre die Schutzeinrichtungen für das Gehirn gegen mechanische Einwirkungen.
3. Vergleiche das Gehirn mit einem Computer. Welche Gemeinsamkeiten und welche Unterschiede findest du?

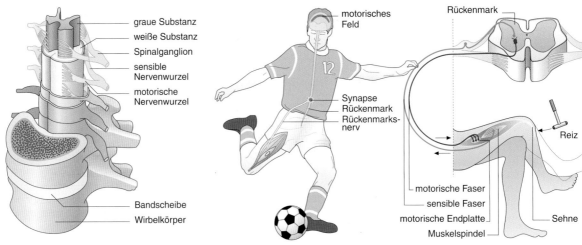

1 Lage und Bau des Rückenmarks

2 Erregungsverlauf bei willkürlicher Beinbewegung und **3** beim Reflex

Das Rückenmark

Die Informationsübertragung zwischen Gehirn und Körper erfolgt durch die Gehirnnerven und das *Rückenmark*. Das Rückenmark ist 40–50 cm lang, etwa fingerdick und liegt im *Wirbelkanal* der Wirbelsäule. Im Querschnitt erkennt man zwei Bereiche. Innen befindet sich die *graue Substanz*. Sie besteht überwiegend aus Zellkörpern von Nervenzellen sowie zu- und ableitenden Nervenfasern. Außen ist die *weiße Substanz*, die vorwiegend aus Nervenfasern besteht.

Vom Rückenmark zweigen 31 Paar *Rückenmarksnerven ab*. Sie verlassen die Wirbelsäule jeweils zwischen zwei Wirbeln und erreichen mit ihren Verästelungen alle Bereiche des Körpers. Jeder Rückenmarksnerv hat zwei Wurzeln. Die *vordere Wurzel* enthält motorische Nervenzellen. Die Zellkörper liegen in der grauen Substanz. Die Nervenfasern leiten Erregungen zur Muskulatur. Die hintere Wurzel enthält sensible Nervenzellen, deren Zellkörper in den Nervenknoten *(Spinalganglien)* liegen. Die Nervenfasern leiten Erregungen vom Körper ins Rückenmark.

Bewegt man willentlich ein Bein, so verlaufen vom Gehirn aus Erregungen über das Rückenmark und die motorischen Rückenmarksnerven zur Beinmuskulatur. Wird das Rückenmark verletzt, so können Bereiche unterhalb der Verletzungsstelle keine Signale mehr vom Gehirn empfangen oder zum Gehirn senden. Die Folgen sind Lähmung der Muskulatur und Gefühllosigkeit der Körperbereiche, die nicht mehr mit dem ZNS verbunden sind *(Querschnittslähmung)*.

Dass das Rückenmark auch selbstständig arbeitet, verdeutlicht ein Versuch: Eine Person sitzt auf einem Tisch und lässt ein Bein locker herabhängen. Ein leichter Schlag auf die Kniesehne unterhalb der Kniescheibe bewirkt, dass der Unterschenkel vorschnellt. Diese Reaktion heißt *Kniesehnenreflex*.

Der Schlag auf die Kniesehne bewirkt eine plötzliche Dehnung des Streckmuskels im Oberschenkel. Dieser Reiz wird von Sinnesorganen im Muskel, den *Muskelspindeln*, aufgenommen. Sie senden Erregungen über sensible Nervenzellen ins Rückenmark. In der grauen Substanz werden die Erregungen über Synapsen auf motorische Nervenzellen und dann auf den Streckmuskel übertragen. Er zieht er sich zusammen und wirkt so der Dehnung entgegen. Der Weg der Erregung von den Muskelspindeln über das Rückenmark zurück zum Muskel heißt *Reflexbogen*. Genauso wird der Oberschenkelmuskel gedehnt, wenn man beim Laufen mit einem Fuß hängen bleibt. Durch den Reflex wird das Bein gestreckt und meistens ein Sturz verhindert *("Stolperreflex")*.

Ein *Reflex* ist eine gesteuerte Handlung, die stets gleich auf einen bestimmten Reiz hin verläuft und durch den Willen nicht beeinflussbar ist. Weil das Rückenmark die Umschaltstelle für die Erregungen ist und nicht das Gehirn, ist der Leitungsweg und deshalb auch die Reaktionszeit kürzer. Reflexe sind uns zum Teil bewusst *(Husten)* oder laufen unbewusst ab *(Lidschlussreflex)*. In jedem Fall schützen sie den Körper.

Teile des Nervensystems arbeiten selbstständig

Ein Jogger beginnt seinen Dauerlauf. Bereits nach kurzer Zeit treten Veränderungen im Körper auf: Der Herzschlag wird schneller, die Atmung beschleunigt und vertieft, die Haut sondert Schweiß ab. Der Körper wird an die stärkere Belastung angepasst. Dies veranlasst das *vegetative Nervensystem*. Es ist kaum willentlich beeinflussbar und reguliert ständig die Tätigkeit der inneren Organe in Abhängigkeit der körperlichen Belastung. Selbst im Schlaf ist es aktiv.

Wegen seiner Unabhängigkeit vom Willen wird dieses System auch *autonomes Nervensystem* genannt. Es besteht aus zwei Teilsystemen: *Symphathicus* und *Parasympathicus*.

Der Sympathicus besteht aus Teilen des Rückenmarks und zwei Nervensträngen *(Grenzstränge)*, die parallel zur Wirbelsäule verlaufen und Verbindung zum Rückenmark haben. Bei jedem Wirbel ist jeder Strang knotenartig verdickt. Von diesen *Ganglien* ziehen Nerven zu allen Organen.

Der Parasympathicus besteht aus einem Gehirnnervenpaar und einigen Rückenmarksnerven. Die Verzweigungen dieser Nervenstränge erreichen ebenfalls alle inneren Organe, sodass jedes Organ vom Sympathicus und vom Parasympathicus versorgt wird.

Die beiden Teilsysteme des vegetativen Nervensystems wirken als Gegenspieler *(Antagonisten)*: Der Sympathicus aktiviert alle Organe, deren Tätigkeit die körperliche Leistungsfähigkeit steigert, und hemmt zugleich die anderen Organe. Er ist auf augenblickliche Höchstleistung eingestellt. Seine Aufgabe als *Alarmsystem* des Körpers wird besonders in Schrecksituationen deutlich: Durch plötzlich vermehrte Abgabe von Überträgerstoffen aus seinen Nervenzellen werden Herzschlag und Atmung beschleunigt und gleichzeitig die Aktivität der Verdauungsorgane gehemmt. Der Körper ist z. B. vollständig auf die Auseinandersetzung mit einem Widersacher oder aber auf Flucht eingestellt. War man zuvor hungrig, durstig oder müde, so ist davon in der Alarmsituation nichts mehr zu spüren. Erst nachdem die Situation ausgestanden ist, stellen sich langsam die alten Verhältnisse wieder ein.

Nun ist der Parasympathicus wieder aktiver. Er wirkt aktivierend auf die Organe, die der Erholung, der Energieeinsparung und dem Körperaufbau dienen und hemmt gleichzeitig alle Organe, die die körperliche Leistungsfähigkeit steigern. So hemmt der Parasympathicus den Herzschlag und regt die Verdauungsorgane an.

Die gemeinsame, jeweils abgestufte Einwirkung von Sympathicus und Parasympathicus auf alle Organe des Körpers sorgt für eine der jeweiligen Situation angemessene Zusammenarbeit.

Aufgabe

(1) Weshalb kann eine andauernde körperliche Belastung zu Verdauungsstörungen führen?

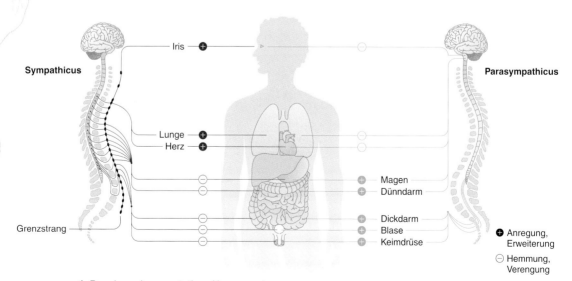

1 Regelung des vegetativen Nervensystems

Gedächtnis

Das Gedächtnis ist die Fähigkeit des Gehirns, Informationen speichern zu können und auf Abruf bereitzuhalten. Diese Fähigkeit ist von herausragender Bedeutung, denn ohne sie wären Erinnern und Lernen nicht möglich. Man würde keine Sprache beherrschen, weil man sich Worte und ihren Sinngehalt nicht merken könnte, Verkehrszeichen wären belanglos, erfolgreiche Arbeiten könnten nicht gezielt wiederholt und Misserfolg nicht vermieden werden. Der Mensch könnte ohne Gedächtnis weder als Individuum noch als Art überleben.

Zu einer Modellvorstellung über die Funktion des Gedächtnisses gelangt man, wenn man die Merkfähigkeit des Menschen unter-

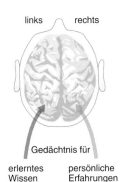

links   rechts

Gedächtnis für

erlerntes   persönliche
Wissen   Erfahrungen

sucht. Bereits persönliche Erfahrungen zeigen, dass das Gedächtnis nicht wie ein elektronischer Speicher alle aufgenommenen Informationen dauerhaft festhält. So kann man sich eine Telefonnummer, die man gerade einmal liest oder hört, nur für kurze Zeit merken — wenige Minuten später hat man sie bereits vergessen. Die Telefonnummer war im *Kurzzeitgedächtnis* gespeichert. Hier können nur sehr wenige Informationen gespeichert werden, die dann für etwa 10 Sekunden verfügbar sind. Danach gehen sie verloren, werden also vergessen oder sie gelangen in das Langzeitgedächtnis.

Das *Langzeitgedächtnis* besteht aus zwei Speicherbereichen: Im mittelfristigen Speicher mit nur mäßigem Speichervermögen verweilen Informationen für Zeiträume von Minuten bis zu einigen Tagen. Der große langfristige Speicher kann Informationen über viele Jahre behalten. Nur Weniges aus dem Kurzzeitgedächtnis gelangt in den mittelfristigen Speicher. Von hier fließen Informationen in der Regel nur dann in den langfristigen Speicher, wenn sie innerhalb der Verweilzeit wieder abgerufen werden, man sich also erinnert. Das bedeutet, dass neu Erlerntes auf Dauer nur behalten wird, wenn es mehrfach wiederholt und durch Übung vertieft wird. Ältere Menschen müssen meist mehr üben als Jüngere.

Die Sinnesorgane schicken in jeder Sekunde viel mehr Informationen an das Gehirn als das Kurzzeitgedächtnis aufnehmen kann. Wir können also nicht alle Information verarbeiten und deshalb nicht alles wahrnehmen. Die Auswahl wird im Zwischenhirn getroffen. Dies schützt, zusammen mit dem Mechanismus des Vergessens, vor einer Überflutung mit Informationen und den Langzeitspeicher vor Überlastung.

Der Mechanismus, wie die Informationen im Gehirn gespeichert werden, ist weitgehend unbekannt. Allerdings gelang es mithilfe der *Positronen-Emissions-Tomografie* (s. Seite 227) die Gehirnbereiche zu lokalisieren, die beim Erinnern aktiviert werden. Dabei zeigt sich Überraschendes: Beim Erinnern an Begebenheiten aus der eigenen Vergangenheit ist überwiegend die rechte Großhirnhälfte aktiv. Bei der Beschäftigung mit fremden Erfahrungen und mit Erlerntem, beispielsweise dem Lernstoff der Schule, ist die Aktivität der linken Großhirnhälfte besonders gesteigert.

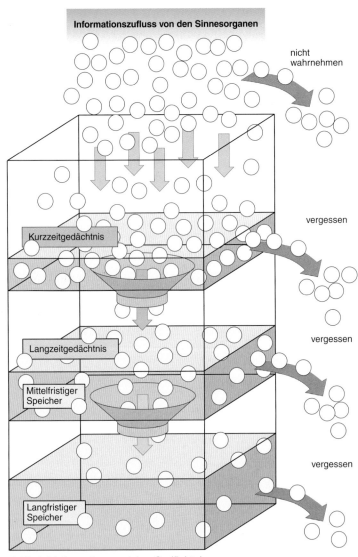

Informationszufluss von den Sinnesorganen

nicht
wahrnehmen

Kurzzeitgedächtnis

vergessen

Langzeitgedächtnis

vergessen

Mittelfristiger
Speicher

vergessen

Langfristiger
Speicher

1 Modell Informationsspeicher Gedächtnis

Schlaf ist lebenswichtig

Etwa ein Drittel unseres Lebens verschlafen wir und sind dabei in einem Zustand, in dem wir von der Umwelt nichts oder nur sehr wenig wahrnehmen. Im Schlaf, der häufig erholend wirkt, sind Körpertemperatur, Herzschlag- und Atemfrequenz sowie der Blutdruck vermindert.

Bei völligem Schlafentzug treten außergewöhnliche Körperreaktionen auf. Bei einem Experiment blieben Personen freiwillig so lange wie irgend möglich wach. Nach 24 Stunden traten die ersten Reaktionen auf: Alle waren sehr leicht erregbar. Nach noch längerer Wachzeit traten Sinnestäuschungen auf. Beim Waschen „sah" eine Versuchsperson nach 65 Wachstunden plötzlich Spinnweben an Armen und Gesicht, die sich nicht abwaschen ließen. Eine andere Person beschwerte sich darüber, dass ein zu enger Hut drücke, obwohl sie keinen Hut trug. Schlafentzug über noch längere Zeit führt zu gesundheitlichen und seelischen Schäden, in Extremfällen sogar zum Tod.

Nicht jeder Mensch reagiert gleich, wenn seine tägliche Schlafzeit auf 5—6 Stunden begrenzt wird. Manche können über mehrere Wochen damit auskommen, ohne dass Leistungsvermögen und Wohlbefinden wesentlich beeinträchtigt sind. Andere fühlen sich bereits nach wenigen Tagen unwohl und erschöpft. Wie ein Mensch reagiert, ist von verschiedenen Faktoren abhängig wie beispielsweise dem Alter, der körperlichen und seelischen Belastung und vermutlich auch den erblichen Anlagen.

Schlaf und Wachheitsgrad werden von mehreren Zentren im Großhirn und Hirnstamm gesteuert. Beim Schlafen vermindern einige Bereiche des Gehirns ihre Aktivität, andere steigern sie. Dies lässt sich mit Elektroden am Kopf messen, weil aktive Nervenzellen elektrische Signale produzieren. Beim Aufzeichnen der Signale erhält man ein *Elektroenzephalogramm* (EEG). Es zeigt wellenartiges Auf und Ab der Hirnströme. Im Schlaf werden die Wellen mit zunehmender Schlaftiefe immer langsamer. Im Verlauf einer Nacht treten verschiedene Schlaftiefen mehrmals nacheinander auf. Etwa alle $1\frac{1}{2}$ Stunden ist die Schlaftiefe gering. In dieser Zeit wird häufig geträumt. Zugleich werden unter den geschlossenen Augenlidern die Augen heftig bewegt. Daher nennt man diese im EEG leicht erkennbaren Phasen den *REM-Schlaf* (REM = Rapid Eye Movements).

1 Ableitung elektrischer Gehirnströme (EEG)

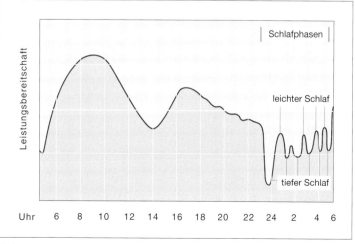

2 Schlaf ist kein gleichförmiger Zustand

Alkohol — eine erlaubte Droge

Die Wirkung des Alkohols auf den Menschen hängt von der *Alkoholkonzentration* im Blut ab. Schon ab 0,2 ‰ Blutalkohol zeigen sich Auswirkungen auf das Verhalten: Alkohol entkrampft, enthemmt, belebt, regt an, kann aber auch depressiv machen. Mit zunehmendem Blutalkoholgehalt verlängert sich die Reaktionszeit erheblich, die Bewegungen sind nicht mehr genau kontrollierbar und die Aufmerksamkeit lässt nach. Hinzu kommen Sehstörungen. Deshalb ist das Autofahren unter Alkoholeinfluss eine Gefahr für andere und für den Fahrer selbst.

Auch die Sprechfähigkeit wird beeinflusst; sie geht bei höheren Alkoholkonzentrationen in unverständliches Lallen über. Vergiftungserscheinungen sind schon bei 2 ‰ zu erkennen. Noch höhere Konzentrationen können zu Bewusstlosigkeit und schließlich zum Tode führen *(Alkoholvergiftung)*.

Ein Teil des aufgenommenen Alkohols wird über die Lunge wieder ausgeatmet. Der andere Teil verbleibt im Blut. Er wird zu 90 % von der Leber entsorgt. Etwa 0,1 – 0,15 ‰ Blutalkohol werden dort pro Stunde abgebaut. Das entspricht 20 – 60 g reinem Alkohol pro Tag und erklärt, warum die Leber bei regelmäßiger Alkoholaufnahme geschädigt wird. Zunächst lagert die Leber verstärkt Fett ein und vergrößert sich *(Fettleber)*. Dadurch kann eine chronische Leberentzündung auftreten, bei der Leberzellen absterben *(Alkohol-Hepatitis)*. Im dritten Stadium schrumpft die Leber und wird hart *(Leberzirrhose)*. Lebergewebe stirbt ab und wird durch Bindegewebe ersetzt. Dies führt zu Stoffwechselstörungen und letztendlich zum Tod. Durch den Alkohol werden auch die Bauchspeicheldrüse und vor allem auch das Gehirn geschädigt.

Promille — wie rechnet man das?

Zwei Gläser Bier (600 ml) mit 6,5%-igem Alkoholgehalt enthalten rund 40 Milliliter reinen Alkohol. Wenn nun ein 75 kg schwerer Mann einen Liter Bier trinkt, verteilt sich der Alkohol in Blut und Lymphe. Diese Körperflüssigkeiten machen etwa $\frac{2}{3}$ der Körpermasse eines Menschen aus. Das wären in unserem Beispiel 50 kg Körperflüssigkeit, was etwa 50 Litern entspricht. Der Blutalkoholgehalt in Promille beträgt dann:

$$\frac{\text{Alkoholmenge (ml) } 40}{\text{Körperflüssigkeit (l) } 50} = 0,8 \text{ ‰}$$

Diese Rechnung gibt zwar den Alkoholgehalt der Körperflüssigkeit in etwa richtig an, sagt aber nichts über die Wirkung dieser Alkoholkonzentration bei einer bestimmten Person aus. Die Wirkung des Alkohols ist von vielen Faktoren, wie z. B. Müdigkeit, Einfluss von Medikamenten, Gesundheitszustand abhängig. Alkohol auf nüchternen Magen oder ein schnell getrunkenes Glas wirkt schneller als das langsame Trinken während einer Mahlzeit. Deshalb kann unter Umständen bereits ein Blutalkoholgehalt von z. B. 0,4 ‰ die Reaktions- und Wahrnehmungsfähigkeit gefährlich beeinträchtigen.

Ein sehr wichtiger Aspekt ist der *Restalkohol*. Dieser wird sehr häufig unterschätzt und daher nicht ernst genommen. Der Körper baut pro Stunde nur ca. 0,1 ‰ Alkohol ab. Auch immer wieder empfohlene Tricks wie heiß duschen, Kaffee oder Kopfschmerztabletten ändern an der Abbaugeschwindigkeit nichts. Wer bis Mitternacht feiert und zu diesem Zeitpunkt 1,5 ‰ Alkohol im Blut hat, ist am folgenden Morgen um 7 Uhr noch mit 0,8 ‰ unterwegs.

Alkohol macht abhängig

Auf Festen muss mit Alkohol gefeiert werden, sonst kommt keine Stimmung auf. Ein fröhlicher Abend in einer gemütlichen Kneipe, natürlich mit Alkohol. Wir sehen nur die fröhlichen und geselligen Bilder des Alkohols. Doch gerät man in die Abhängigkeit, kommt es zu Problemen, deren Konzequenzen den Süchtigen unter Umständen zum Sozialfall werden lassen: Unzuverlässigkeit am Arbeitsplatz kann den Beruf kosten, kein festes Einkommen, keine Wohnung mehr und die fröhlichen Freunde sind verschwunden, man ist isoliert.

Diese Abhängigkeit vom Alkohol ist noch intensiver als beim Nikotin. Das fällt auf, wenn sich ein Alkoholiker das Trinken abgewöhnen will, denn zu seiner psychischen Sucht kommt die körperliche Abhängigkeit. Der Körper hat sich auf die hohe Alkoholkonzentration eingestellt. Er reagiert auf deren Fehlen mit Schweißausbrüchen, Schlafstörungen und Wahnvorstellungen *(Halluzinationen)*. Ein Entzug ist nur mit ärztlicher Hilfe, meist in speziellen Entziehungsanstalten, möglich. Alkoholsüchtige sind krank. Sie können zwar weitgehend geheilt werden, bleiben aber stets rückfallgefährdet, denn „Die Sucht schläft nur!"

Gesichtsfeld nüchtern

Gesichtsfeld bei 0,8 ‰

Alkoholgeschädigter auf der Straße (sozialer Verfall)

Samstagabend:
Harald holt seine Freundin Martina zuhause ab. Sie fahren zur Diskothek, die außerhalb der Stadt liegt. Es soll ein schöner Abend werden.
Die Stimmung ist gut, man trifft viele Freunde, Alkohol gehört dazu. Es wird nicht zu viel Alkohol getrunken, weil man noch mit dem Auto nach Hause fahren muss.
Harald und Martina gehen zum Auto. Martina hat ein ungutes Gefühl. Eigentlich war es doch zu viel Alkohol, aber sie will sich nicht schon wieder wie am letzten Wochenende mit Harald darüber streiten.
Auf der Rückfahrt verliert Harald in einer Kurve die Gewalt über seinen Wagen. Der Wagen gerät ins Schleudern und prallt an einen Baum.
Er war nur etwas zu schnell, sagt er später dem Polizeibeamten. Martina stirbt noch am Unfallort. Ein Unfall, wie er an jedem Wochenende passiert!

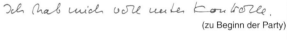

(zu Beginn der Party)

(nach dem 2. Glas)

(nach dem 4. Glas)

Schriftbild nach Alkoholgenuss   (nach dem 5. Glas)

Wirkung von Alkohol

250 ml Bier oder Apfelwein   entspricht   150 ml Wein   entspricht   50 ml Weinbrand

Anzahl der Gläser	Wirkung	Blutalkohol (mg/100 ml)
10	Bewusstlosigkeit	200
9	Gedächtnisausfall	180
8	Doppelsichtigkeit	160
7	Koordinationsverlust	140
6	Rücksichtslosigkeit	120
5	Erheiterung	100
4	reduziertes Urteilsvermögen	80
3	Sorglosigkeit	60
2	Enthemmung	40
1	Entspannung	20

1 Leben ist bunt — Abhängigkeit grau

Eine Pille — und man fühlt sich wohl?

Wochenende! Kein Schulstress und der Montag ist noch weit! Jede freie Minute sollte genutzt werden — also muss man alle Kraftreserven mobilisieren, um das richtige Non-Stopp-Disko-Wochenende zu überstehen. Sollte man zwischendurch einen „Hänger" befürchten, gibt es „Freunde" vorort, die mit bunten Pillen schnell Abhilfe schaffen. Doch nicht nur viele Jugendliche, auch Erwachsene glauben, dass Vergnügungen dieser Art ohne Folgeschäden und Abhängigkeit an ihnen vorüber gehen.

Die Disko- oder Partydroge, wie *Ecstasy* verharmlosend genannt wird, vermittelt die Illusion, unendliche Kräfte und Ausdauer zu besitzen. Die Pillen setzen das Schlafbedürfnis herab und wirken aufputschend *(euphorisierend)*. Sie haben jedoch auch unerwünschte Nebenwirkungen, wie Unruhe, Nervosität und Gereiztheit. Es wird über Schlafstörungen, Kopfschmerzen, Übelkeit und auch psychische Veränderungen berichtet. Unter der Wirkung von Ecstasy wer-

den die normalen Alarmsymptome des Körpers nicht mehr wahrgenommen: Durst, Hunger, Schwindel, Unwohlsein, Erschöpfung oder Muskelkater werden nicht rechtzeitig bewusst, um einem lebensbedrohlichen Kreislaufkollaps vorbeugen zu können. In Tierversuchen wurde festgestellt, dass Ecstasy Nervenzellen im Gehirn zerstört. Dadurch lässt sich auch erklären, warum auf Dauer diese Droge zu schweren psychischen Veränderungen führt. Bei den Ecstasydrogen kommt noch ein zusätzliches Problem hinzu: die chemische Zusammensetzung der verschiedenen Pillen ist nicht gleich und daher das Risiko schwer abschätzbar.

Der Name *Droge* bezeichnete ursprünglich Heilmittel, die aus getrockneten Pflanzen gewonnen wurden. Heute werden alle missbräuchlich verwendeten Stoffe mit abhängig oder Sucht machender Wirkung als Drogen bezeichnet. Es gibt natürliche oder „klassische" Rauschmittel pflanzlicher Herkunft (z. B. *Opium, Haschisch*), daraus hergestellte oder synthetische Stoffe, die teils als Medikamente *(Morphine)*, teils als illegale Rauschmittel Anwendung finden (z. B. *Heroin, Ecstasy*) und gesellschaftlich tolerierte, also legale Drogen, z. B. Alkohol und Nikotin. Konsum, Besitz und Handel von illegalen Drogen ist bei uns verboten, ausgenommen sind ärztlich verordnete Medikamente. Im Jahre 1969 wurde von der Weltgesundheitsorganisation *(WHO)* festgelegt, was unter Drogenabhängigkeit zu verstehen ist: „... ist das zwanghafte Verlangen, eine Droge dauernd oder periodisch zu nehmen, um ihre ... Wirkung zu spüren oder um Entzugserscheinungen zu vermeiden". Das zwanghafte Verlangen *(psychische Abhängigkeit)* besteht bei allen Drogen. Die körperliche Abhängigkeit *(physische Abhängigkeit)* und damit einhergehende schwere *Entzugserscheinungen* treten z. B. bei Opiaten, Alkohol, Schlafmitteln *(Barbituraten)* und Beruhigungsmitteln *(Tranquilizern)* auf.

Der Drogenkonsum, vor allem von legalen Drogen, wird trotz aller Aufklärung von vielen Jugendlichen und Erwachsenen nach wie vor verharmlost oder offen akzeptiert.

Dabei sind neben der Nachahmung und dem Verlangen nach Selbstbestätigung oft psychische Probleme der Anlass für die Einnahme einer Droge. Scheinbar unlösbare Konfliktsituationen werden durch die Drogenwirkung zeitweilig verdrängt, man entzieht sich seinen Problemen. Durch die Rauschmittel entschwindet man in eine andere Welt, doch die Realität und natürlich auch die Probleme bleiben unverändert. Beim Erwachen aus dem Drogenrausch wirken sie um so feindlicher und brutaler. Wieder wird die Lösung in der Droge gesucht. Man lebt in einem Teufelskreis, der deshalb so heimtückisch ist, weil er zur psychischen und physischen Abhängigkeit führen kann. Das Leben wird grau und eintönig, weil nicht mehr der Süchtige bestimmt, was er machen will, sondern die Droge.

Aufgabe

(1) Wie könntest du dem Druck von Gleichaltrigen widerstehen, wenn du keinen Alkohol, keine Zigaretten oder andere Drogen möchtest. Beschreibe dein „Schutzschild" gegen Drogen.

ettelkasten

Haschisch wird aus dem Harz des Indischen Hanfs *(Cannabis sativa)* gewonnen und überwiegend geraucht. Haschisch verursacht Euphorie, Sinnestäuschungen, Dämmerzustände und ein verändertes Zeitgefühl. Haschischrauchen kann zur psychischen Abhängigkeit führen. *Marihuana* ist die amerikanische Variante von Cannabis, wobei hier die getrockneten Blätter geraucht werden.

Kokain ist in den Blättern des Coca-Strauches *(Erythoxylum coca)* enthalten. In der Medizin wurde es als oberflächenwirksames Betäubungsmittel der Schleimhäute verwendet. Die Indianer der Anden kauen die Cocablätter wegen der euphorisierenden Wirkung des Kokains. So ertragen sie leichter Kälte, Hunger und schwere Arbeit. Dabei wird allerdings der Körper durch Überlastung auf Dauer ausgezehrt. Außerdem kann Kokain zu Verfolgungswahn und zu Schäden im Nervensystem führen. Vor rund 100 Jahren war Kokain als Arzneimittel gegen zahlreiche Krankheiten in Gebrauch. Es gab Kokain in Drogerien und Apotheken frei zu kaufen, bis man die abhängig machende Wirkung und die Gefährlichkeit von Kokain erkannte. Zahlreiche Getränke wurden mit Kokain zubereitet. So enthielt das 1886 entstandene Coca Cola-Getränk außer Wein auch Kokain. Der Wein wurde später durch Mineralwasser ersetzt, das Kokain im Jahre 1906 durch Koffein.

Die unreifen Früchte des Schlafmohns *(Papaver somniferum)* werden mit scharfen Messern angeritzt. Den austretenden Milchsaft lässt man trocknen. Das so gewonnene *Opium* ist ein Stoffgemisch. Es enthält verschiedene, auch medizinisch interessante Stoffe, *Opiate* genannt, z. B. Morphium (10 %), Narkotin (5 %) und Papaverin (0,5 %). Diese Stoffe wirken schmerzlindernd, einschläfernd und narkotisierend. Im 17. Jahrhundert wurden die Opiate zur „Linderung der menschlichen Leiden" eingesetzt, wie es ein damals bedeutender Arzt formulierte. Erst zu Beginn unseres Jahrhunderts wurde die Suchtwirkung und die damit verbundene Gefahr erkannt und richtig eingeschätzt: Schon bei Einnahme von 0,1 bis 0,2 g Morphium treten starke Vergiftungserscheinungen auf, wie langsames Atmen, tiefer Schlaf und Abschwächung der Herztätigkeit. Ab 0,3g tritt der Tod durch Lähmung der Atemmuskulatur ein. Mithilfe einer chemischen Reaktion wurde im Jahr 1898 zum ersten Mal aus Morphium Heroin hergestellt. Es kam ursprünglich als „nicht süchtig machendes" Hustenmittel auf den Markt.

Botenstoffe im Körper

Wenn es das erste Mal im Spätherbst kalt wird und überraschend Frost kommt, sind wir gegenüber Kälte besonders empfindlich. Wir frieren oft. Nach 1 – 2 Wochen ist man besser an die niedrigen Temperaturen angepasst. Der Körper produziert mehr Wärme. Diese Anpassung erfolgt langsam und bleibt über Wochen oder Monate erhalten.

Die Steigerung der Wärmeproduktion bewirkt ein Stoff, den die Schilddrüse vermehrt in den Blutkreislauf abgibt. Dieser *Botenstoff Thyroxin* veranlasst den Körper, vermehrt energiereiche Substanzen abzubauen. Damit wird mehr Wärme erzeugt. Die Konzentration von Thyroxin im Blut bestimmt den Energieumsatz des Körpers im Ruhezustand, den Grundumsatz.

Stoffe, die von Drüsen in den Blutkreislauf abgegeben werden und Informationen übermitteln, heißen *Hormone*. Mit dem Blutstrom kreisen sie durch den Körper und gelangen zu allen Organen.

Doch nur an Zellen bestimmter Organe, den *Erfolgsorganen*, oder an Zielzellen befinden sich *Rezeptoren*, zu denen das Hormon passt wie ein Schlüssel ins Schloss. Verbinden sich Hormon und Rezeptor, so entfaltet das Hormon seine spezifische Wirkung. Dazu genügen bereits geringste Hormonmengen.

hormao (gr.) = antreiben

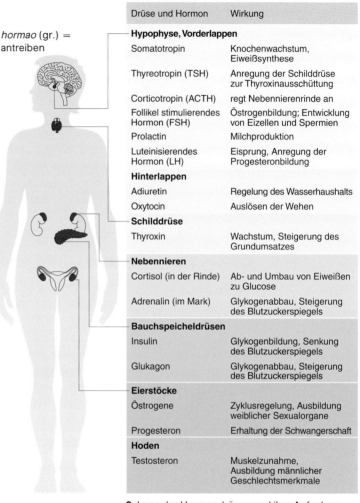

Drüse und Hormon	Wirkung
Hypophyse, Vorderlappen	
Somatotropin	Knochenwachstum, Eiweißsynthese
Thyreotropin (TSH)	Anregung der Schilddrüse zur Thyroxinausschüttung
Corticotropin (ACTH)	regt Nebennierenrinde an
Follikel stimulierendes Hormon (FSH)	Östrogenbildung; Entwicklung von Eizellen und Spermien
Prolactin	Milchproduktion
Luteinisierendes Hormon (LH)	Eisprung, Anregung der Progesteronbildung
Hinterlappen	
Adiuretin	Regelung des Wasserhaushalts
Oxytocin	Auslösen der Wehen
Schilddrüse	
Thyroxin	Wachstum, Steigerung des Grundumsatzes
Nebennieren	
Cortisol (in der Rinde)	Ab- und Umbau von Eiweißen zu Glucose
Adrenalin (im Mark)	Glykogenabbau, Steigerung des Blutzuckerspiegels
Bauchspeicheldrüsen	
Insulin	Glykogenbildung, Senkung des Blutzuckerspiegels
Glukagon	Glykogenabbau, Steigerung des Blutzuckerspiegels
Eierstöcke	
Östrogene	Zyklusregelung, Ausbildung weiblicher Sexualorgane
Progesteron	Erhaltung der Schwangerschaft
Hoden	
Testosteron	Muskelzunahme, Ausbildung männlicher Geschlechtsmerkmale

2 Lage der Hormondrüsen und ihre Aufgaben

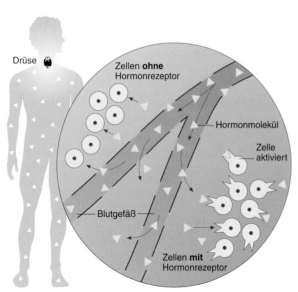

1 Hormonelle Aktivierung der Erfolgsorgane

Die Informationsübertragung durch Hormone erfolgt langsamer als durch Nerven. Da Hormone jedoch längere Zeit im Blutkreislauf verbleiben und nur allmählich abgebaut werden, hält ihre Wirkung wesentlich länger an.

Das *Hormonsystem* besteht aus verschiedenen Drüsen. Die Abbildung zeigt ihre Lage im Körper und nennt einige wichtige Hormone und deren Wirkung im Stoffwechsel. An der Unterseite des Zwischenhirns, dem *Hypothalamus*, sitzt das übergeordnete Organ des Hormonsystems, die *Hypophyse* oder Hirnanhangsdrüse. Sie ist etwa erbsengroß, wiegt $1/2$ Gramm und ist in Vorder- und Hinterlappen gegliedert. Über den Hypothalamus sind Hormon- und Nervensystem miteinander verknüpft.

Funktion der Schilddrüse

Die Schilddrüse sitzt etwas unterhalb des Schildknorpels am Kehlkopf. Sie bildet und speichert das Hormon Thyroxin, das je nach Bedarf freigesetzt werden kann. Die Schilddrüse weist einen hohen Iodgehalt auf. Sie enthält 20 – 25 mg chemisch gebundenes Iod, das für den Thyroxinaufbau benötigt wird. Die Konzentration von Thyroxin im Blut, auch *Thyroxinspiegel* genannt, bestimmt den Grundumsatz, der von der Umgebungstemperatur abhängig ist.

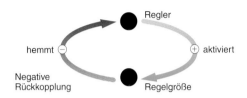

Im Körper wird ständig Thyroxin abgebaut und fortwährend in der richtigen Menge nachgeliefert: Die Thyroxinkonzentration ist geregelt. Daran ist das *Hypophysenhormon TSH* beteiligt. Es regt die Schilddrüse zur Thyroxinabgabe an. Dadurch steigt die Thyroxinkonzentration. Dies messen Zellen der Hypophyse. Sie arbeitet zugleich als Regler, der Istwert und Sollwert vergleicht. Der Sollwert wird vom Hypothalamus an die Hypophyse übermittelt. Erreicht der Istwert den Sollwert, dann wird die TSH-Abgabe verringert und dadurch auch die Thyroxinausschüttung der Schilddrüse. Bei absinkendem Thyroxinspiegel sorgt dieser Regelkreis wieder für die richtige Thyroxinkonzentration im Blut.

ettelkasten

Das Prinzip der Regelung

Regelung ist ein häufig angewandter Vorgang. Beispielsweise soll im Winter in einem Zimmer die Temperatur konstant 20 °C betragen. Dieser *Sollwert* wird von einem *Führungsglied* an den *Regelkreis* übermittelt. Hier ist es eine Person, die eine Temperaturwahl vornimmt. Die Zimmertemperatur ist die zu regelnde Größe *(Regelgröße)*.

Bei dauerndem Betrieb der Heizung wäre der Sollwert bald überschritten. Die Heizleistung muss den Gegebenheiten angepasst werden. Dazu wird die tatsächliche Raumtemperatur, der *Istwert*, mit einem Thermometer, dem *Messfühler*, gemessen und dem *Regler* übermittelt. Dieser vergleicht Ist- und Sollwert. Ist die Temperatur geringer als der Sollwert, schickt der Regler an die Heizung ein Signal. Dieser *Stellwert* erhöht die Heizleistung. Der Heizkörper, das *Stellglied*, passt durch vermehrte Wärmeabgabe *(Stellgröße)* die Regelgröße an den Sollwert an. Steigt die Raumtemperatur über den Sollwert, wird durch die Regelung die Heizleistung vermindert. Diese gegensinnige Beeinflussung heißt *negative Rückkopplung*. Durch sie entsteht ein geschlossener Informationskreislauf, der *Regelkreis*. Der Wärmeverlust durch Fenster und Wände sowie die Wärmezufuhr durch Personen, die Körperwärme an den Raum abgeben, sind *Störgrößen*, die im Regelkreis kompensiert werden.

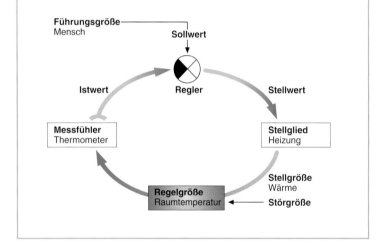

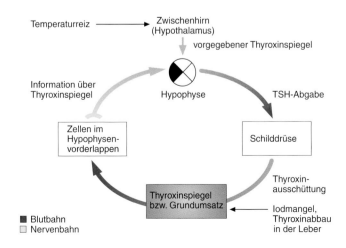

1 Regelkreis zur Thyroxinkonzentration im Blut

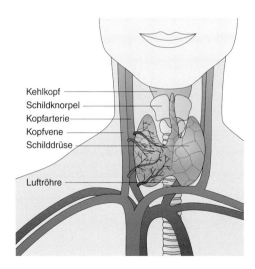

Der Blutzucker muss stimmen!

Große Pause — Pausenbrot. Eine Zwischenmahlzeit nach einigen Stunden Unterricht am Vormittag steigert die bereits absinkende körperliche und geistige Leistungsbereitschaft. Der *Blutzuckerspiegel* wird wieder auf den richtigen Wert angehoben.

Im Blut ist Traubenzucker *(Glucose)* gelöst. Glucose wird mit dem Blutstrom in alle Bereiche des Körpers transportiert und dient der Energieversorgung der Zellen, die nur bei ständiger Zufuhr energiereicher Stoffe leben können. Die Zellen des Zentralnervensystems können nur Glucose verwerten. Sie benötigen davon etwa 75 Gramm täglich, besitzen aber keine Glucosespeicher. Für diese Zellen muss also ständig Glucose verfügbar sein.

produziert, die innerhalb des Gewebes der Bauchspeicheldrüse inselartig verteilt sind *(Langerhans'sche Inseln)*. Insgesamt sind diese nur etwa 2 Gramm schwer.

Nach einer Mahlzeit steigt der Blutzuckerspiegel an, weil im Dünndarm Glucose in den Blutkreislauf aufgenommen wird. Die Inselzellen geben daraufhin das Hormon *Insulin*, einen Eiweißstoff, in den Blutkreislauf ab. Es bewirkt, dass Glucose aus dem Blut in Zellen aufgenommen werden kann. Überschüssige Glucose wird in der Leber und in der Muskulatur in *Glykogen* und *Fett* umgewandelt und steht als gespeicherte Energie zur Verfügung. Dabei sinkt der Blutzuckerspiegel. Fällt er unter den Sollwert, etwa bei sportlicher Aktivität, werden die Speicher

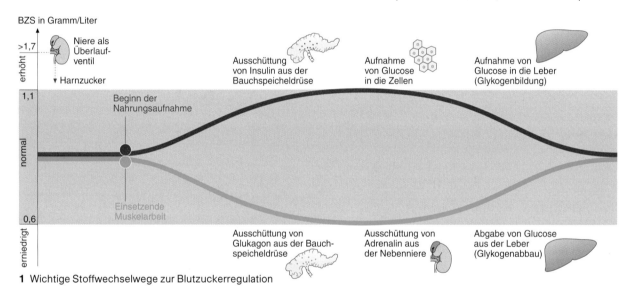

1 Wichtige Stoffwechselwege zur Blutzuckerregulation

Der Glucosegehalt des Blutes *(Blutzuckerspiegel, BZS)* liegt beim gesunden Menschen zwischen 0,6 — 1,1 Gramm/Liter. In der gesamten Blutmenge sind demnach beim Erwachsenen etwa 6 Gramm Glucose enthalten. Damit könnte der Energiebedarf des Körpers bei leichter körperlicher Arbeit für 30 — 40 Minuten gedeckt werden. Durch die Aufnahme kohlenhydratreicher Nahrung wird der Blutzuckerspiegel gesteigert.

Obwohl der Energiebedarf des Körpers und die mit der Nahrung zugeführte Zuckermenge ständig schwanken, muss der Blutzuckerspiegel stets innerhalb derselben Grenzen gehalten werden. An dieser Regelung sind vor allem zwei Hormone der *Bauchspeicheldrüse* beteiligt. Sie werden von Zellgruppen

Der deutsche Mediziner PAUL LANGERHANS (1847 — 1888) entdeckte 1869 die Inselzellen im Gewebe der Bauchspeicheldrüse.

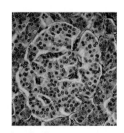

Inselzellen

angezapft. Die Bauchspeicheldrüse gibt dazu das Hormon *Glukagon* ab. Es ist der Gegenspieler *(Antagonist)* zum Insulin, weil es die Umwandlung von Glykogen in Glucose und deren Abgabe ins Blut einleitet. Der Blutzuckerspiegel steigt dadurch an. Dies bewirkt auch das Hormon *Adrenalin*, das im *Nebennierenmark* gebildet wird.

Aufgaben

① Erstelle ein Regelkreisschema für die Regulation des Blutzuckerspiegels und beschrifte es so weit als möglich.
② Insulin wird auch sinnvoll als Speicherhormon bezeichnet. Begründe.
③ Welche Wirkung hat Fasten auf den Insulin- und Glukagonspiegel im Blut?

Störungen bei der Blutzuckerregulation

Ob der Blutzuckerspiegel erhöht ist, kann mit *Urinteststäbchen* kontrolliert werden. Das Testfeld des Stäbchens wird in Urin getaucht. Tritt eine Farbveränderung auf, so ist Glucose im Urin. Dies ist der Fall, wenn der Blutzuckerspiegel einen Wert von 1,7 Gramm/Liter übersteigt. Die Nieren, die brauchbare Stoffe aus dem Blut zurückgewinnen, können dann die übergroße Glucosemenge nicht mehr zurückhalten. Sie geben Glucose aus dem Blut in den Urin ab.

Lässt sich bei mehrfachem Testen Glucose im Urin nachweisen, so besteht der Verdacht, dass die bis heute nicht heilbare Zuckerkrankheit *(Diabetes mellitus)* vorliegt. Hierbei unterscheidet man jedoch grundsätzlich zwischen zwei Formen von Erkrankungen: *Diabetes mellitus Typ I* (10 % – 20 % der Fälle) und *Diabetes mellitus Typ II*.

Der Typ I-Diabetes tritt im Kindes- und Jugendalter auf und ist darauf zurückzuführen, dass die Bauchspeicheldrüse des Betroffenen kein Insulin mehr bildet. Deutliche Anzeichen dieser Krankheit sind ständiges Hunger- und Durstgefühl, Mattigkeit und sinkendes Körpergewicht. Die Anlage dieses *Jugenddiabetes* wird vermutlich vererbt.

An der anderen Form, dem Typ II-Diabetes, erkranken die Menschen meist erst im Alter zwischen 50 und 60 Jahren, weshalb er in der Umgangssprache auch als *Alterszucker* bezeichnet wird. Die meisten dieser Patienten sind übergewichtig und der Diabetes beruht darauf, dass u. a. wegen des Über-

S-GLUKOTEST

Was Sie beim Test beachten sollten:
- Prüfen Sie Ihren Urin mit den Teststreifen zwei Stunden nach einer ausgiebigen, kohlehydratreichen Mahlzeit, z. B. nach einem Frühstück mit zwei bis drei Brötchen, Marmelade oder Honig.
- Da die Verhältnisse am Harn sich von Tag zu Tag ändern können (jahreszeitbedingt), sollten Sie den Test an 3 aufeinanderfolgenden Tagen durchführen.

So wird der Test durchgeführt:
- Schutzhülle an der mit Pfeilen markierten Stelle öffnen. Teststreifen herausnehmen.
- Den Testbereich des Streifens kurz in den Harnstrahl halten oder den Urin in einem sauberen Gefäß auffangen und den Teststreifen kurz eintauchen. Zum Beispiel Urobox verwenden, erhältlich in Ihrer Apotheke.
- Feuchten Teststreifen nicht aus der Hand legen, nach ca. 1 Min. auf Farbveränderungen achten.
- Danach Teststreifen wegwerfen.
- Verfärbt sich der Teststreifen auch nur bei einer Untersuchung gelbgrün oder grau, enthält Ihr Urin Zucker und es besteht Verdacht auf Zuckerkrankheit (Diabetes).
- Gehen Sie in diesem Fall unbedingt zum Arzt. Er wird feststellen, ob sich der Verdacht bestätigt oder ob die Verfärbung durch eine harmlose Ursache hervorgerufen wurde.

diabet (lat.) = hindurchgehen

mellitus (lat.) = mit Honig versüßt

Der Mensch benötigt täglich etwa 2 Milligramm Insulin

gewichtes das zunächst im Übermaß vorhandene, körpereigene Insulin nicht mehr richtig wirken kann. Die Behandlung dieses Diabetes besteht zunächst in einer konsequenten Gewichtsreduktion und einem auf den Patienten abgestimmten *Ernährungsplan*. Im weiteren Verlauf der Behandlung kann es erforderlich werden, dass diese Diabetiker Tabletten einnehmen müssen, die die Insulinproduktion fördern und so den Blutzuckerspiegel senken.

Für Typ-I Diabetiker ist die Tablettentherapie nicht möglich, sie müssen sich das *Eiweißhormon Insulin* mehrmals täglich spritzen. Auch für sie ist, neben der genauen Insulindosis, die Einhaltung eines *Diätplanes* sehr wichtig. Da gerade bei Jugendlichen der Blutzuckerspiegel stark schwanken kann, z. B. durch unerwartete körperliche Belastungen, besteht die Gefahr der *Unterzuckerung*. Werden Symptome, wie Zittern, Herzklopfen, Schweißausbrüche, Schwindel und torkelnder Gang nicht richtig gedeutet, kann der Kranke bewusstlos werden. In diesem Fall droht Lebensgefahr; der Kranke muss dann sofort ärztlich versorgt werden.

Aufgaben

1. Warum kann Insulin nicht in Tablettenform eingenommen werden?
2. Typ-I Diabetiker spritzen sich mehrmals täglich Insulin. Weshalb wird die Insulindosis in mehrere Portionen aufgeteilt?
3. Wie kann der Diabetiker dem Unterzucker rasch entgegenwirken?

ettelkasten

Eine alltägliche Geschichte?

„Zunächst dachte ich, es hängt mit dem heißen Sommer zusammen. Von Tag zu Tag verstärkte sich mein Durst, ich musste ständig eine Flasche mit Sprudel neben mir haben. Selbst wenn ich täglich mehrere Liter trank — das Durstgefühl blieb. Lästig war auch, dass ich so oft zur Toilette musste. Häufig war ich schnell müde und hatte oft Kopfschmerzen. Und dann immer dieser Hunger, ich konnte immerzu essen. Doch trotz bester Ernährung nahm ich ab. Meinem Hausarzt war bald klar, was los war. Er schloss aus meinen Krankheitserscheinungen, ich müsse auf Zuckerkrankheit, ‚Diabetes mellitus', untersucht werden".

Urin- und Blutuntersuchungen im Krankenhaus wiesen einen zu hohen Blutzuckergehalt nach („200 Zucker"). Zweimal pro Tag erhielt Frank eine *Insulinspritze*. Ein Ernährungsplan wurde erstellt, der festlegte, welche Nahrungsmittel Frank in bestimmten Mengen und zu vorgeschriebenen Tageszeiten essen durfte. Er wurde so auf seine *Zuckerkrankheit* eingestellt.

Heute ist Frank 20 Jahre alt und hat es gelernt, mit seiner Krankheit zu leben. Er weiß genau, was und wie viel er essen darf. Geht er auf Reisen, sind Insulin, Einmalspritzen, Blutzuckermessgerät und Urinteststreifen immer im Gepäck.

Die Nebennieren

Die Nebennieren, mit einem Gewicht von 10 – 15 Gramm, sitzen kapuzenförmig auf den Nieren. Ein Querschnitt zeigt, dass etwa 80 % aus gelblicher Rinde und das Innere aus braunrotem Mark bestehen. *Nebennierenrinde* und *Nebennierenmark* sind voneinander unabhängige Hormondrüsen.

Die Nebennierenrinde bildet mehrere Hormone:
— *Mineralkortikoide* regulieren den Wasser- und Salzhaushalt.
— *Glukokortikoide* (z. B. Cortisol) beeinflussen den Kohlenhydrathaushalt. Dies hat Auswirkungen auf den Fett- und Eiweißstoffwechsel. So wird durch Bildung von Glucose aus Eiweiß der Blutzuckerspiegel erhöht. Außerdem wirken diese Hormone hemmend auf das Immunsystem.
— *Geschlechtshormone* (Androgene und Östrogene) regeln die Ausbildung der sekundären Geschlechtsmerkmale.

Die Wirkungen der Hormone aus dem Nebennierenmark zeigen sich in folgender Situation: Man überquert eine Straße nahe einer Kurve. Plötzlich nähert sich ein Fahrzeug mit großer Geschwindigkeit. In dieser Schrecksituation werden vom Nebennierenmark schlagartig *Adrenalin* und *Noradrenalin* ins Blut ausgeschüttet. Der Körper wird dadurch in einen Zustand höchster Leistungsfähigkeit versetzt, sodass man sich schnellstens aus der Gefahrenzone bringen kann. Am Straßenrand angelangt, werden die körperlichen Veränderungen erst spürbar: Das Herz „schlägt bis zum Hals", der Puls

rast, man atmet tief und schnell und Schweiß bricht aus. Weitere Hormonwirkungen sind Steigerung von Blutdruck, Blutzuckerspiegel und Fettgehalt des Blutes. Die Gesamtheit dieser Wirkungen nennt man *Fight-or-Flight-Syndrom*.

Diese schnell eintretenden Anpassungsreaktionen zeigen die Beteiligung des Nervensystems. Ist die Notsituation erkannt, sendet das Gehirn Signale durch das Rückenmark in den Grenzstrang. Von hier aus werden die Signale über sympathische Nerven des vegetativen Nervensystems zum Nebennierenmark geleitet. So wird das Nebennierenmark in Sekundenbruchteilen durch Nerven des vegetativen Nervensystems aktiviert. Die erhöhte Adrenalinmenge zirkuliert noch für längere Zeit mit dem Blut im Körper. Der Körper stellt sich deshalb nach überstandener Gefahr nur allmählich wieder um. Hier zeigt sich die relativ langsame Regelung durch das Hormonsystem.

In Notsituationen werden vom Körper hohe Leistungen gefordert. Zur Deckung des Energiebedarfs nimmt der Gehalt an Fettstoffen im Blut erheblich zu. Bei starker körperlicher Aktivität werden sie in kurzer Zeit verbraucht. Unterbleibt die Anstrengung, kreisen die Fettstoffe lange Zeit und lagern sich an den Arterienwänden ab. Dadurch werden Arterien unelastisch und bei dauerhaft erhöhten Blutfettwerten immer enger *(Arteriosklerose)*. Daran leiden viele Menschen in den Industriestaaten, denn hier paaren sich oft Aufregung und Bewegungsmangel.

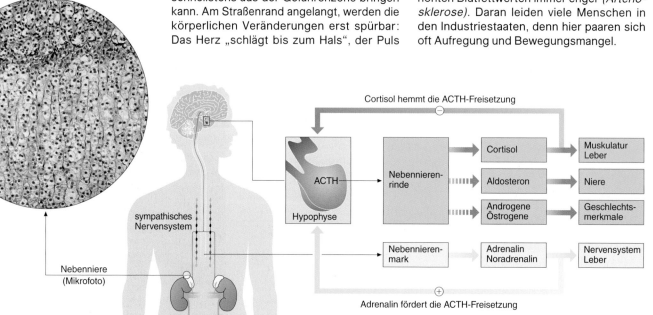

1 Schema Lage der Nebenniere und Auswirkung auf den Hormonhaushalt

Stress — der Körper passt sich an

Andauernde seelische oder körperliche Belastungen, wie etwa Kälte, Hunger, Verletzung oder Krankheit, bewirken eine erhöhte Ausschüttung von Glukokortikoiden. Die Nebennierenrinden werden hierzu durch das vermehrt gebildete Hypophysenhormon *ACTH* angeregt. Die erhöhte Konzentration an Glukokortikoiden wirkt entzündungshemmend, beschleunigt die Wundheilung und verleiht dem Körper für einen gewissen Zeitraum die nötige Widerstandskraft zum Überleben. Diesen Zustand des Körpers bezeichnet man als *Stress*. Die äußeren Umstände, die Stressreize, die zu diesem Zustand führen, heißen *Stressoren*. Stress ist eine langsame Anpassung an ausdauernde Belastungssituationen.

Häufig auftretendes Fight-or-Flight-Syndrom und damit auf Dauer erhöhter Adrenalinspiegel bewirkt über den Hypothalamus eine erhöhte Freisetzung von ACTH. Deshalb führen ständig aufeinander folgende, kurz andauernde Belastungszustände schließlich zum Dauerstress *(Distress)*.

Gelegentlich auftretender Stress mit kurzen Erholungsphasen kann die natürliche Widerstandskraft des Körpers gegen Krankheitserreger steigern *(Eustress)*. Bei dauerndem Stress ist der Körper durch die vermehrt gebildeten Glukokortikoide für einen Zeitraum von einigen Wochen gegen die Belastungen geschützt, indem beispielsweise durch ihre entzündungshemmende Wirkung die Energiereserven weniger zur Abwehr von Krankheitserregern eingesetzt werden. Bei weiter anhaltender Einwirkung der Stressoren treten jedoch Erschöpfung und meist auch Infektionskrankheiten auf. Die Folgen können körperlicher Abbau und — in Extremfällen — Organschäden sein.

Um sich vor lang dauerndem Stress zu schützen, hilft eine ausgeglichene Lebensführung. Dazu gehört neben genügend Schlaf, richtiger Ernährung und regelmäßiger Bewegung in frischer Luft auch die Bewältigung von Problemen, die psychisch belasten. Ein Beispiel hierfür ist „das vor sich Herschieben" von Verpflichtungen, die man ungern erfüllt, die aber dennoch angegangen werden müssen. Schon der Gedanke daran lässt Unbehagen aufkommen. Hier hilft eine richtige Zeit- und Arbeitsablaufplanung, um Stress zu vermeiden. Wenn genau geplant ist, wann und wie man die Arbeit erledigen wird, ist man entlastet.

ACTH =
adreno-
cortico-
tropes
Hormon

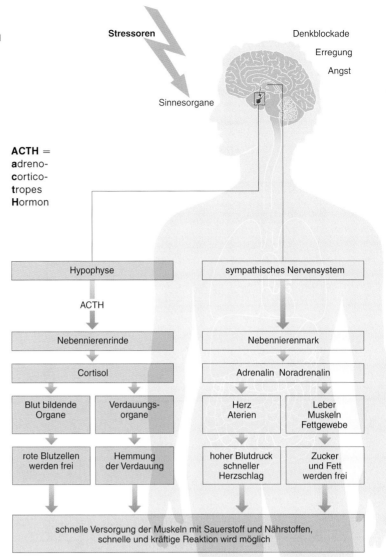

1 Zusammenarbeit von Nerven- und Hormonsystem bei Eustress

Aufgaben

① Beschreibe die Wirkungen von Adrenalin.
② Weshalb sollen Diabetiker Aufregungen und Schrecksituationen meiden?
③ Beschreibe die Zusammenarbeit zwischen Nerven- und Hormonsystem in Notsituationen.
④ Was versteht man unter Stress? Beschreibe, wie es zu diesem Zustand kommen kann.
⑤ Das Fight-or-Flight-Syndrom kann sich innerhalb von Sekunden einstellen, der Stresszustand nur innerhalb von Tagen und Wochen. Erkläre die unterschiedliche Reaktionsdauer des Körpers.
⑥ Ein über längere Zeit erhöhter Adrenalingehalt des Blutes bewirkt eine vermehrte ACTH-Ausschüttung. Warum ist dies biologisch sinnvoll?

Leistungen verschiedener Organsysteme im Dienst der Bewegung

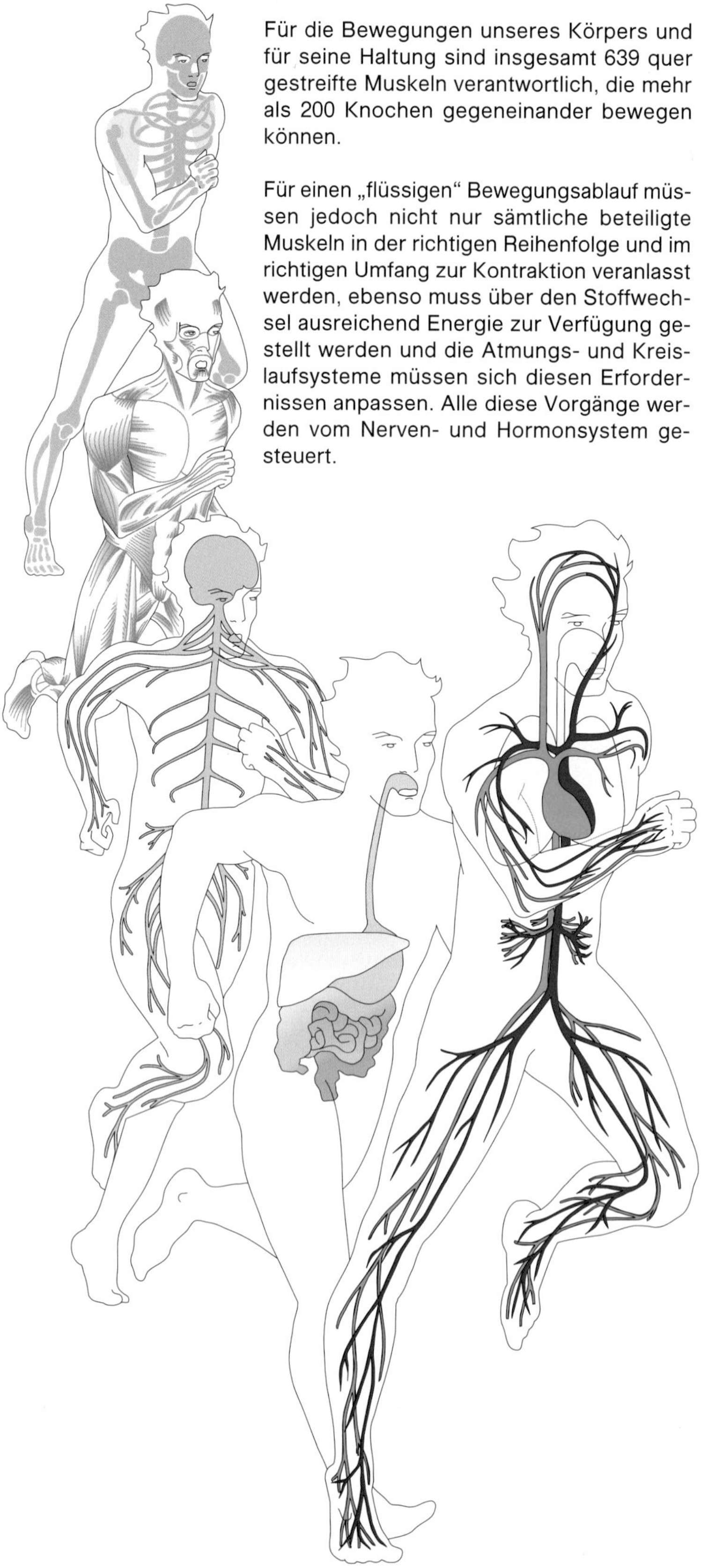

Für die Bewegungen unseres Körpers und für seine Haltung sind insgesamt 639 quer gestreifte Muskeln verantwortlich, die mehr als 200 Knochen gegeneinander bewegen können.

Für einen „flüssigen" Bewegungsablauf müssen jedoch nicht nur sämtliche beteiligte Muskeln in der richtigen Reihenfolge und im richtigen Umfang zur Kontraktion veranlasst werden, ebenso muss über den Stoffwechsel ausreichend Energie zur Verfügung gestellt werden und die Atmungs- und Kreislaufsysteme müssen sich diesen Erfordernissen anpassen. Alle diese Vorgänge werden vom Nerven- und Hormonsystem gesteuert.

Bewegungssteuerung

Durch Dehnungsrezeptoren, die in den Muskeln liegen, wird ständig der jeweilige Spannungszustand der Muskulatur gemessen und an das ZNS gemeldet. Die Messwerte werden dort verrechnet und, zum größten Teil unbewusst, beantwortet. Muskelkontraktionen, die der Aufrechterhaltung einer Körperstellung oder als Schutzreaktion dienen, laufen als *Reflexe* ab.

Die Kontraktionsbefehle für willkürliche Bewegungen werden, nach Auswertung der von den Sinnesorganen kommenden Informationen, von den motorischen Feldern der Großhirnrinde zu den Endplatten an den Muskelfasern geleitet. Gelernte und eingeübte Bewegungsabläufe werden vom Kleinhirn geregelt; sie laufen automatisch ab, ohne dass sie uns bewusst werden.

Betriebsstoff- und Energieversorgung

Bei Muskelkontraktionen wird Energie verbraucht. Diese wird in den Muskelfasern durch „Verbrennung", d. h. also durch den Abbau von Traubenzucker erzeugt. Dabei handelt es sich um eine schrittweise Oxidation von Glucose mithilfe von Sauerstoff zu Kohlenstoffdioxid und Wasser (= Zellatmung).

Der Betriebsstoff Glucose gelangt aus dem Blut in die Muskelzellen. Der Blutzuckerspiegel wird durch die Hormone Glukagon und Insulin aus den Inselzellen der Bauchspeicheldrüse genau reguliert. Sinkt der Blutzuckerspiegel durch Muskeltätigkeit, so wird durch Aktivierung des Glykogenvorrates in Muskeln und Leber dem Blut wieder Glucose zugeführt. In Stresssituationen bewirkt das Nebennierenrindenhormon Adrenalin ebenfalls eine Erhöhung des Blutzuckerspiegels. Dadurch werden Reserven für die Muskeltätigkeit mobilisiert.

Die längerfristige Absenkung des Blutzuckerspiegels ist Auslöser für das Auftreten von Hungergefühl. Durch Nahrungsaufnahme und die Verdauung der in der Nahrung enthaltenen Kohlenhydrate steigt der Blutzuckerspiegel wieder an. So ist die Zuführung von leicht verdaulichen Kohlenhydraten oder Traubenzucker eine Möglichkeit, dem Körper bei Belastung, z. B. beim Sport, rasch Betriebsstoffe zur Verfügung zu stellen.

Stofftransport

Der arbeitende Muskel muss mit Glucose versorgt werden und braucht bis zu 500-mal mehr Sauerstoff als in Ruhe. Gleichzeitig müssen anfallende Abbauprodukte abtransportiert werden. Dies wird durch das Atmungs- und Kreislaufsystem gewährleistet.

Die Glucose gelangt nach der Kohlenhydratverdauung aus dem Dünndarm oder durch den Glykogenabbau aus der Leber ins Blut. Über die Atmungsorgane gelangt der gasförmige Luftsauerstoff in die Lungenbläschen. Dort werden Sauerstoffmoleküle vom Hämoglobin der roten Blutzellen gebunden und über das Blutgefäßsystem an die Verbrauchsorte transportiert. Je nach körperlicher Belastung wird durch die Muskeltätigkeit mehr oder weniger Sauerstoff verbraucht. Die Bereitstellung der entsprechenden Menge erfolgt durch verstärkte beziehungsweise verminderte Atem- und Kreislauftätigkeit.

Die bei der Energieerzeugung im Muskel anfallenden Endprodukte Kohlenstoffdioxid und Wasser müssen aus den Muskelzellen wegtransportiert und aus dem Körper ausgeschieden werden. Neben verstärkter Atemtätigkeit sorgt eine erhöhte Durchblutung für einen möglichst raschen Abtransport. Kohlenstoffdioxid und ein Teil des Wassers werden durch die Lunge ausgeatmet. Das restliche Wasser vergrößert den Wasseranteil im Blut. Dies wirkt anregend auf die Tätigkeit der Nieren, die dem Blut das überschüssige Wasser entziehen und ausscheiden.

Regelung der Körpertemperatur

Bei der Umwandlung von chemischer Energie in Muskelarbeit entsteht Wärme. Diese wird durch das Blut im Körper verteilt und an die Umgebung abgegeben, um einen Wärmestau zu vermeiden. Bei erhöhter Bluttemperatur werden die Blutgefäße der äußeren Körperbereiche erweitert. Die verstärkte Durchblutung der peripheren Gefäße bewirkt eine Wärmeabstrahlung an die Umgebung. Zusätzlich sondern Schweißdrüsen Schweiß ab, der verdunstet und die Haut kühlt. Wenn wir frieren, verengen sich die peripheren Gefäße, um die Wärmeabgabe zu vermindern. Außerdem kontrahieren sich die Muskeln, welche die Haare aufrichten (Gänsehaut), und bei stärkerer Unterkühlung wird durch Muskelzittern (Zähneklappern) verstärkt Wärme produziert.

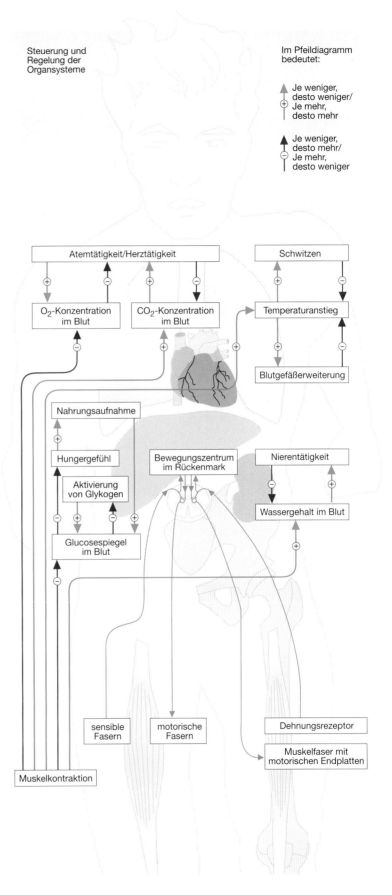

Steuerung und Regelung der Organsysteme

Im Pfeildiagramm bedeutet:

Je weniger, desto weniger/ Je mehr, desto mehr

Je weniger, desto mehr/ Je mehr, desto weniger

Atemtätigkeit/Herztätigkeit

Schwitzen

O_2-Konzentration im Blut

CO_2-Konzentration im Blut

Temperaturanstieg

Blutgefäßerweiterung

Nahrungsaufnahme

Hungergefühl

Aktivierung von Glykogen

Bewegungszentrum im Rückenmark

Nierentätigkeit

Wassergehalt im Blut

Glucosespiegel im Blut

sensible Fasern

motorische Fasern

Dehnungsrezeptor

Muskelfaser mit motorischen Endplatten

Muskelkontraktion

Sexualität, Fortpflanzung Entwicklung und

Freundschaft

Verhütung

des Menschen

Der Begriff „Sexualität" schließt beim Menschen aus biologischer Sicht Fortpflanzung und Entwicklung sowie aus ethischer Sicht Liebe, Partnerschaft und Verantwortung mit ein. Wenn bei der Fortpflanzung ein Spermium in eine Eizelle eindringt, beginnt die Entwicklung eines neuen Lebewesens.

Diskutieren zwei Partner über Themen der Sexualität, so können unterschiedliche Einstellungen und Werte sowie uneinheitliches Rollenverhalten aufeinander treffen. Es kommt darauf an, dass man lernt, offen und fair miteinander zu reden. Jeder und jede sollte versuchen, Toleranz zu üben und eine verantwortungsvolle Einstellung zur eigenen Sexualität, zur Geschlechtspartnerin bzw. zum Geschlechtspartner zu finden.

Spermien und Befruchtung

Liebe

Partnerschaft

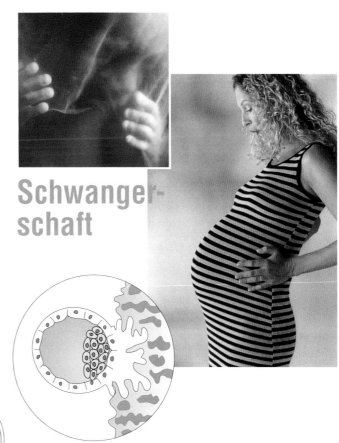

Schwanger-
schaft

Zellteilung

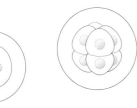

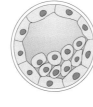

„In der Schule habe ich schon lange ein Auge auf sie geworfen. Sie hat lange blonde Haare und eine Superfigur. Sie heißt Alex. Anfänglich hatte ich keinen Mut zu einem Gespräch mit ihr. Viele Jungen haben sie schon angebaggert. Sie lässt sie immer abblitzen, auch wenn es die coolsten Typen sind. Gestern traf ich sie im Schwimmbad. Ich hab sie angesprochen, weil meine Schwester mir gut zugeredet hat. Später haben wir noch ein Eis zusammen gegessen. Hoffentlich mag sie mich auch, weil ich sie total gern habe."

„Endlich habe ich Ulli kennen gelernt, in den ich schon lange heimlich verliebt bin. Die meisten Jungen, die ich bisher getroffen habe, sind so aufdringlich gewesen, doch Ulli ist eher schüchtern. Und genau das gefällt mir an ihm. Ohne die Hilfe seiner Schwester hätten wir uns nie unterhalten. Das Eisessen war auch noch richtig lustig. Wir haben die ganze Zeit herumgealbert. Ich fände es toll, wenn er mit mir gehen würde."

Willst du mit mir gehen?

So wie Ulli und Alex geht es vielen Jugendlichen und Erwachsenen. Sie sind zu schüchtern, einem anderen Menschen zu gestehen, dass sie ihn mögen. Es gehört auch eine ganze Menge Mut dazu, einem anderen seine Gefühle zu bekennen. Dabei sollte man sich nicht von gesellschaftlichen Rollenerwartungen leiten lassen, dass ein Junge zum Beispiel nur durch forderndes und siegessicheres Auftreten ein Mädchen für sich gewinnen kann. Möglicherweise verschreckt er auch das Mädchen mit diesem Verhalten. Und ein Mädchen sollte die Initiative nicht immer nur von dem Jungen erwarten, es kann auch selbst seine Vorliebe für einen Jungen erkennen lassen. Auf jeden Fall aber kann man auch ohne das Aussehen einer Traumfrau oder eines Traummannes einen Partner finden, den man liebt.

Schön ist es, wenn man mit weichen Knien und Herzklopfen das Gefühl spürt, dass man von einem anderen Menschen geliebt wird. Dies versetzt einen Menschen in eine einmalige Hochstimmung. Man möchte den anderen für sich einnehmen und dauernd mit ihm zusammen sein.

In der *Pubertät*, der Reifezeit, entsteht der Wunsch nach Zärtlichkeit zu und von einem Partner. Liebe ist eine Ausdrucksform der menschlichen Sexualität. Sie schenkt den Partnern Wärme, Zärtlichkeit und Geborgenheit. Zur Liebe gehört auch, dass man in der Lage ist, persönliche Beziehungen und Bindungen einzugehen. Jugendliche müssen in der Pubertät erst lernen, Männer und Frauen zu sein. Dies beeinflusst ihr Fühlen, Denken und Handeln.

Schwärmen, Annäherungsversuche, erste Verabredungen und Verliebtsein gehören zu den neuen Erfahrungen in dieser Entwicklungsphase. Andererseits kann auch die Angst entstehen, von dem anderen nicht angenommen zu werden, oder das Problem, dem Partner eigene Gefühle zu offenbaren und die Schwierigkeit, mit dem anderen Meinungsverschiedenheiten auszutragen. Viele Menschen durchlaufen diese Phase vom Verliebtsein bis zur Liebe und dauerhaften Partnerschaft. Wichtig ist, dass man die Bereitschaft besitzt, die Spielregeln im Umgang mit der Partnerin oder dem Partner sein Leben lang zu lernen und zu verfeinern.

Hormone bewirken die Pubertät

Beginn und Dauer der Pubertät sind nicht eindeutig festzulegen. So kann sie schon im Alter von 8 bis 10 Jahren beginnen, manchmal aber erst mit 16 Jahren. Dies ist durchaus normal. Nach 4 bis 5 Jahren sind die hormonelle Umstellung und die damit verbundenen körperlichen Veränderungen abgeschlossen. Aus Mädchen sind Frauen geworden, die nun selbst Kinder bekommen können, aus den Jungen zeugungsfähige Männer. Auch das Verhalten der Jugendlichen hat sich stabilisiert. Sie sind nicht mehr so wechselhaft und launisch. Sicherer ist auch der Umgang mit Partnern des anderen Geschlechts geworden. Die seelische Reifung ist ebenfalls ein erhebliches Stück vorangekommen.

Bei Mädchen beginnt die Pubertät im Alter von 10 bis 12 Jahren, bei Jungen etwa zwei Jahre später, mit einem Wachstumsschub. Die Mädchen werden also früher größer als die gleichaltrigen Jungen. Danach ist das Wachstum der Jungen stärker, sodass sie die Mädchen bald eingeholt und mit 14 oder 15 Jahren überholt haben.

Daneben finden in der Pubertät weitere körperliche Veränderungen statt. Bei Mädchen und Jungen beginnt die Ausbildung der Achsel- und Schambehaarung. Die Jungen bilden eine kräftigere Muskulatur aus, die Schultern werden breiter, das Becken bleibt schmal. Die Stimme wird tiefer (Stimmbruch), Bartwuchs und Brustbehaarung setzen ein. Bei den Mädchen entwickeln sich die Brüste, das Becken wird breiter, die Schultern bleiben schmal. Diese bei den Jugendlichen nach der Pubertät ausgeprägten Merkmale bezeichnet man als *sekundäre Geschlechtsmerkmale.*

Im Körper der pubertierenden Mädchen und Jungen laufen Entwicklungsvorgänge ab, die von zahlreichen *Hormondrüsen* geregelt werden. Das Zwischenhirn mit seinem *Sexualzentrum* veranlasst die *Hypophyse* durch die Freisetzung von Hormonen, ihrerseits Hormone *(Gonadotropine)* in den Blutkreislauf auszuschütten. Damit beeinflusst sie alle anderen Hormondrüsen: In den Eierstöcken der Mädchen werden weibliche Geschlechtshormone, die *Östrogene* und das *Progesteron,* gebildet, in den Hoden der Jungen entstehen vor allem die *Androgene,* die männlichen Geschlechtshormone. Das wichtigste Androgen ist das *Testosteron.*

Diese Hormone lassen die Keimdrüsen voll funktionsfähig werden, Keimzellen heranreifen und bewirken alle anderen körperlichen Veränderungen während der Pubertät.

Aufgaben

① Jugendliche schließen sich in der Pubertät oft zu Cliquen zusammen. Nenne Vor- und Nachteile der Cliquenbildung.

② Schreibe zwei Listen mit typisch männlichen und weiblichen Verhaltenseigenschaften auf, die in einer Gruppe Jugendlicher gezeigt werden.

③ Erkläre die Wirkung der Hormone auf Jungen oder Mädchen nach Abbildung 1.

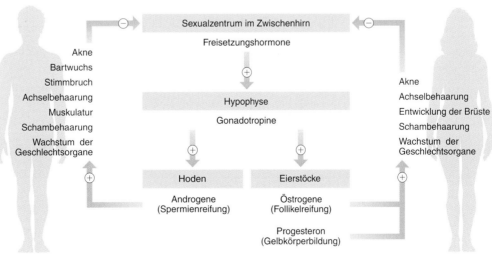

1 Wirkungsweise der Geschlechtshormone in der Pubertät

Die Geschlechtsorgane des Mannes

Schon bei neugeborenen Jungen sind der *Penis* und der *Hodensack* als äußere Geschlechtsmerkmale zu erkennen. Man bezeichnet sie als *primäre Geschlechtsmerkmale*, im Gegensatz zu den sekundären Geschlechtsmerkmalen, die sich erst in der Pubertät ausbilden.

Die Keimdrüsen des Mannes sind die *Hoden*. Sie sind paarig und liegen eingebettet im Hodensack. In den Hoden entstehen die Keimzellen, die *Spermien*, und die Geschlechtshormone. Die Spermien werden in den *Nebenhoden* gespeichert. Dort beginnt je ein *Spermienleiter*. In diese geben die *Vorsteherdrüse* und zwei weitere Drüsen Sekrete ab. Nur mithilfe dieser Sekrete können sich die Spermien in der Scheide, der Gebärmutter und im Eileiter der Frau bewegen.

Spermien und Sekrete bilden zusammen das *Sperma*. Im Bereich der Vorsteherdrüse vereinigen sich die beiden Spermienleiter mit dem Harnleiter aus der Blase zu einem gemeinsamen Ausführgang, der *Harn-Sperma-Röhre*.

Der Penis, auch *Glied* genannt, besteht aus *Schaft* und *Eichel*. Der Schaft enthält *Schwellkörper*, die rasch mit Blut gefüllt werden können, wodurch sich das Glied versteift. Die Harn-Sperma-Röhre führt durch den Schaft und mündet in der Eichel.

Die Eichel ist sehr empfindlich. Sie wird von der verschiebbaren *Vorhaut* bedeckt und geschützt. Unter der Vorhaut sondern Talgdrüsen fettende Stoffe ab, in denen sich Krankheitserreger gut vermehren können. Deshalb muss das Glied täglich gewaschen werden. Dazu wird die Vorhaut zurückgezogen und die Eichel und das übrige Glied werden mit warmem Wasser und Seife gewaschen.

Bei der sexuellen Erregung des Mannes kommt es zur *Erektion,* also der Versteifung des Gliedes. Dabei sind die Schwellkörper mit Blut gefüllt. So kann der steife Penis bei der körperlichen Vereinigung von Mann und Frau, dem *Geschlechtsverkehr,* in die Scheide der Frau eingeführt werden. Auf dem Höhepunkt der gefühlsmäßigen Erregung der Geschlechtspartner, dem *Orgasmus*, wird das Sperma herausgeschleudert. Man nennt dies *Ejakulation*.

① Harnblase	⑥ Penis	⑪ Vorhaut
② Harnleiter	⑦ Schwellkörper	⑫ Eichel
③ Vorsteherdrüse	⑧ Spermienleiter	⑬ Bläschendrüse
④ Leistenkanal	⑨ Nebenhoden	⑭ Cowpersche Drüse
⑤ Harn-Sperma-Röhre	⑩ Hoden	

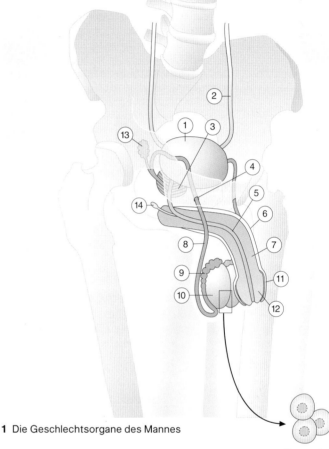

1 Die Geschlechtsorgane des Mannes

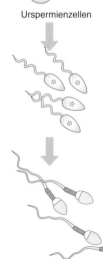

Urspermienzellen

Spermienentwicklung in den Hoden

Der erste, spontan erfolgende Spermaerguss, die *Pollution*, erfolgt in der Pubertät im Schlaf. Dieser natürliche Vorgang zeigt an, dass der Junge geschlechtsreif geworden ist. Durch Reizung des Penis kann ein Spermaerguss auch selbst herbeigeführt werden. Diese *Selbstbefriedigung (Masturbation)* ist eine mögliche Form der menschlichen Sexualität. Sie ist aber keineswegs ein gesundheitsschädliches oder gar unnormales Sexualverhalten.

Aufgabe

① Stelle einander gegenüber: Primäre und sekundäre Geschlechtsmerkmale, innere und äußere Geschlechtsorgane des Mannes.

Die Spermien

Die Spermien gehören mit einer Länge von etwa 0,06 mm zu den kleinsten Zellen des menschlichen Körpers. Sie entstehen im Innern der Hoden aus den *Urspermienzellen* (Spermienmutterzellen). Erst bei Eintritt in die Pubertät beginnen sich diese Zellen zu teilen. Dabei führt jede Urspermienzelle nacheinander zwei sogenannte *Reifeteilungen* durch. So entstehen aus jeder Urspermienzelle vier Spermien.

Im *Kopf* des Spermiums liegt der Zellkern. Von dem *Mittelstück* wird die Energie für die Fortbewegung bereitgestellt. Der *Schwanzfaden* schlägt wie eine Geißel eines Einzellers. Er verleiht dem Spermium eine Schwimmgeschwindigkeit von etwa 3 mm pro Minute. Auf dem Weg zur Eizelle, die sich bereits im Eileiter befindet, werden die Spermien zunächst schnell durch das rhythmische Zu-sammenziehen der Scheide, der Gebärmutter und der Eileiter nach dem Orgasmus der Frau vorwärts bewegt. Langsamer kommen die Spermien durch die Eigenbewegung mit ihren Geißeln ihrem Ziel näher. Sie können sich dabei entlang der steigenden Konzentration eines Lockstoffs orientieren, der von der befruchtungsfähigen Eizelle abgegeben wird.

Bei einer Ejakulation werden 3 bis 5 ml Sperma abgegeben, das bis zu 100 Millionen Spermien enthält. Trotzdem gelangen von dieser riesigen Zahl von Spermien nur einige hundert bis zur Eizelle. Dafür gibt es mehrere Gründe:

— Zahlreiche Spermien sind so verändert, dass sie bewegungsunfähig und nicht mehr befruchtungsfähig sind. Man kennt solche mit zwei und mehr Geißeln, solche ohne Geißel oder mit funktionsuntüchtiger Geißel sowie viele andere Missbildungen.

— Durch das saure Milieu in der Scheide wird die Bewegungsfähigkeit der Spermien gehemmt.

— Im Schleimpfropf am Gebärmuttereingang bleiben viele Spermien stecken.

— Die weißen Blutzellen der Frau vernichten zahlreiche Spermien, da sie für den weiblichen Körper fremde Zellen sind.

— Der Energievorrat vieler Spermien ist verbraucht, bevor die Eizelle erreicht ist.

— Die Strömung einer Flüssigkeit, die durch das Schlagen der Wimpern der Eileiter zur Gebärmutter bewirkt wird, hemmt die Wanderung der Spermien zum Eileitertrichter hin.

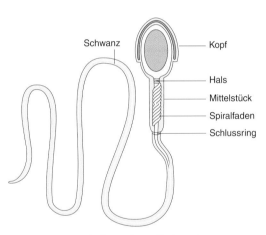

Schwanz — Kopf
Hals
Mittelstück
Spiralfaden
Schlussring

1 Aufbau eines Spermiums (Schema)

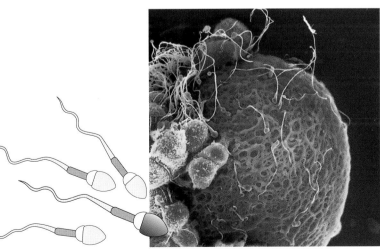

reife Spermien

2 Menschliche Spermien an einer Eizelle

Die im Nebenhoden gespeicherten Spermien bleiben dort in einem inaktiven Zustand etwa vier Wochen lebensfähig. Nach einer Ejakulation sind die Spermien im Gebärmutterhals bis zu mehreren Tagen befruchtungsfähig.

Für die ständige Neubildung von Spermien und deren Speicherung ist es von Bedeutung, dass die Temperatur im Hodensack zwischen 2 °C und 5 °C unter der normalen Körpertemperatur von etwa 37,5 °C liegt. Untersuchungen haben gezeigt, dass schon bei geringfügig höheren Temperaturen die Spermienbildung unterdrückt wird. Ebenfalls nachgewiesen wurde, dass Raucher und Alkoholiker eine deutlich höhere Zahl defekter Spermien haben oder die Gesamtzahl der Spermien geringer ist.

Die Geschlechtsorgane der Frau

Die äußerlich sichtbaren Geschlechtsorgane der Frau bestehen aus verschiedenen Hautfalten, *große* und *kleine Schamlippen* genannt. Es sind Fettpolster, durchsetzt von Bindegewebe und Muskelfasern. Die Schamlippen umschließen schützend den Scheideneingang und die von der *Scheide* getrennte Öffnung der Harnröhre. Im vorderen Bereich zwischen den Schamlippen liegt der *Kitzler* (Klitoris). Er ist ein leicht erregbarer Schwellkörper, der zahlreiche Nervenendigungen enthält und, wie die Eichel des Penis, sehr empfindlich ist. Durch Reizung des Kitzlers können sich Frauen selbst befriedigen. Zwischen Scheide und After liegt der *Damm*, der von der dehnbaren Beckenbodenmuskulatur gebildet wird.

Die Scheide *(Vagina)*, ein 8 – 11 cm langer schlauchförmiger Hohlmuskel, führt nach innen zur *Gebärmutter*. Die Scheidenwände sind mit einer Schleimhaut ausgekleidet, deren abgestoßene Epithelzellen reich an Glykogen sind. Dieses stärkeähnliche Kohlenhydrat wird von den in der Scheide lebenden Milchsäurebakterien *(Scheidenflora)* in Milchsäure umgewandelt. Dadurch entsteht ein saures Milieu, das Krankheitserreger unschädlich machen kann. Ein zusätzlicher Schutz der inneren Geschlechtsorgane besteht darin, dass sich die elastischen Scheidenwände zusammenziehen, sodass sie aufeinander liegen und nur einen schmalen Spalt freilassen. Zum größten Teil wird der Scheideneingang bis zum ersten Geschlechtsverkehr durch das *Jungfernhäutchen* (Hymen) verschlossen. Diese schützende Hautfalte kann allerdings schon vorher, z. B. beim Sport, einreißen.

Der Scheide kommen im Wesentlichen zwei Aufgaben zu: Sie nimmt beim Geschlechtsverkehr den Penis und das von ihm abgegebene Sperma auf und sie ist der natürliche Geburtskanal, durch den das Kind bei der Geburt herausgepresst wird.

Am oberen Ende der Scheide liegt der *Gebärmutterhals*. Er ist die Übergangsstelle von den äußeren zu den inneren Geschlechtsorganen und damit die Verbindung zwischen Gebärmutter und Scheide. Er wird von einem Schleimpfropf verschlossen. Die *Gebärmutter* (Uterus) ist ein faustgroßer, dehnbarer Hohlmuskel, der von einer Schleimhaut ausgekleidet ist. Während der Schwangerschaft vergrößert sich ihr Volumen von

1	Harnblase	6	Trichter des Eileiters	10	innere und äußere Schamlippen
2	Harnleiter	7	Gebärmutterhals (Portio)		
3	Gebärmutter			11	Kitzler
4	Eierstock	8	Scheide	12	Schambein
5	Eileiter	9	Harnröhre		

1 Die Geschlechtsorgane der Frau

Eimutterzellen

wenigen Millilitern auf mehrere Liter. Am oberen, breiten Ende der Gebärmutter münden die beiden *Eileiter* ein. Es sind etwa 15 cm lange, bleistiftstarke Schläuche, die innen mit einer Flimmerschleimhaut ausgekleidet sind. Jeder Eileiter öffnet sich mit fransenbesetzten Trichtern zu je einem *Eierstock* hin. Die Eierstöcke *(Ovarien)* sind die weiblichen Keimdrüsen, die an Bindegewebsbändern in der Bauchhöhle aufgehängt sind. In ihnen reifen die Eizellen heran und sie bilden weibliche Geschlechtshormone.

Aufgabe

① Ordne den Geschlechtsorganen der Frau die jeweils Vergleichbaren des Mannes zu.

Bau und Bildung der Eizellen

Schon während der dritten Schwangerschaftswoche bilden sich im weiblichen Embryo die ersten *Ureizellen*. Durch vielfache Zellteilungen entstehen daraus 5 bis 6 Millionen *Eimutterzellen* in jedem Eierstock des noch ungeborenen Mädchens. Die meisten dieser Eimutterzellen gehen bereits vor der Geburt zugrunde, die Überlebenden wachsen heran und verharren nach einer ersten Reifeteilung in einem Ruhestadium. Bei der Geburt des Mädchens sind etwa 400 000 solcher unreifer Eizellen in den beiden Eierstöcken vorhanden. Von diesen aber kommen im Laufe des Lebens einer Frau, beginnend mit der Pubertät, nur etwa 450 wirklich zur Ausreifung.

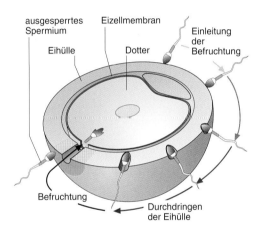

ausgesperrtes Spermium — Eizellmembran — Einleitung der Befruchtung

Eihülle — Dotter

Befruchtung — Durchdringen der Eihülle

1 Menschliche Eizelle und Befruchtung

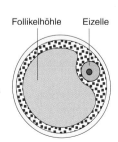

Follikelhöhle — Eizelle

Reifer Follikel

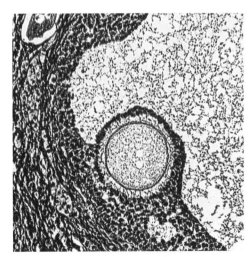

2 Eizelle im Follikel (160 x vergr.)

Die Eizelle, umgeben von einer feinen, schützenden Schicht, reift innerhalb des Eierstocks in einem flüssigkeitsgefüllten Bläschen, dem *Follikel*, heran. Dieser Follikel kann auf eine Größe von bis zu zwei Zentimetern heranwachsen. Ist das Ei reif, wandert der Follikel an die Oberfläche des Eierstocks, platzt auf und das Ei wird mit der Follikelflüssigkeit ausgespült. Diesen Vorgang nennt man *Follikel-* oder *Eisprung* (Ovulation). Die im Eileiter schlagenden Wimpern erzeugen einen zur Gebärmutter gerichteten Flüssigkeitsstrom. Dadurch wird das Ei in den naheliegenden Trichter des Eileiters eingestrudelt. Die im Eierstock zurückbleibenden Follikelreste werden zum *Gelbkörper* umgebaut.

Die reife Eizelle, deren Kern die Erbanlagen enthält, hat einen Durchmesser von etwa 0,2 mm. Sie hat damit ein etwa 250 000-mal größeres Volumen als eine Spermienzelle. Der größte Teil von ihr dient zur Speicherung von Nährstoffen im Dotter. Die Eizelle ist eine der größten Zellen des menschlichen Körpers und mit bloßem Auge bereits sichtbar. Sie kann sich, im Gegensatz zu den Spermien, nicht selbst fortbewegen. Die Flimmerhärchen im Eileiter und Kontraktionswellen der Eileitermuskulatur erzeugen einen Flüssigkeitsstrom, der sie in Richtung Gebärmutter transportiert.

Die Eizelle ist nach dem Eisprung nur vier bis sechs Stunden lang befruchtungsfähig und befindet sich noch im oberen Teil des Eileiters. Damit eine Befruchtung stattfinden kann, müssen sie die Spermien also innerhalb dieses Zeitraums dort erreichen. Dabei kann nur ein einziges Spermium mit seinem Kopf, dem Mittelstück und dem Schwanz in die Eizelle eindringen. Danach wird die Hülle der Eizelle für weitere Spermien undurchdringbar. Der Zellkern im Kopf des eingedrungenen Spermiums quillt im Plasma des Eies auf und vereinigt sich mit dem Zellkern der Eizelle. Der so entstandene neue Zellkern enthält nun die Erbanlagen aus dem Spermium des Vaters und aus der Eizelle der Mutter. Diese befruchtete Eizelle nennt man *Zygote*.

Aufgabe

(1) Stelle in einer Tabelle Gemeinsamkeiten und Unterschiede in der Entwicklung der Spermien und der Eizellen aus ihren jeweiligen Mutterzellen zusammen.

Der weibliche Zyklus

Während im Eierstock eine Eizelle heranreift, verändert sich zeitgleich dazu die Gebärmutterschleimhaut. Beide Vorgänge werden durch Hormone synchronisiert: Follikelwachstum und -reifung werden durch das *Follikel stimulierende Hormon* (FSH) gefördert. Eireifung, Follikelsprung und Gelbkörperbildung stehen unter dem Einfluss des *luteinisierenden Hormons* (LH). FSH und LH werden aus bestimmten Zentren der Hypophyse ausgeschüttet.

Auch der reifende Follikel bildet Hormone, die *Östrogene.* Sie bewirken, dass die Gebärmutterschleimhaut innerhalb von etwa zwei Wochen auf die vierfache Dicke heranwächst. Gleichzeitig hemmen sie die Menge der FSH- und LH-Ausschüttung in der Hypophyse. Bei einem bestimmten Mengenverhältnis von FSH und LH kommt es zum *Eisprung.* Zu diesem Zeitpunkt steigt die Körpertemperatur um etwa 0,5 °C an.

Nach dem Eisprung wandelt sich der entleerte Follikel unter dem Einfluss des LH um. Fettreiche Zellen wachsen in den Bläschenraum ein, der Follikel wird zum Gelbkörper. Dieser bildet nun die Gelbkörperhormone *(Progesterone).* Sie bewirken, dass die Gebärmutterschleimhaut weiterwächst, Nährstoffe speichert und sich so auf die Einnistung einer befruchteten Eizelle vorbereitet. Die Progesterone hemmen gleichzeitig die LH-Ausschüttung der Hypophyse, sodass kein neuer Follikel heranreifen kann.

Das befruchtete Ei teilt sich bereits im Eileiter mehrmals, sodass sich ein aus wenigen Zellen bestehender *Keim* in der Gebärmutterschleimhaut einnistet. Nun wird das *Schwangerschaftshormon* HCG vom Gewebe des Embryos gebildet. Das HCG bewirkt, dass der Gelbkörper erhalten bleibt. Außerdem lässt es die Milchdrüsen der Brust anschwellen und bereitet sie so auf die Milchbildung vor.

Ist die Eizelle nicht befruchtet worden, verkümmert der Gelbkörper und die Progesteronbildung geht zurück. In der Gebärmutterschleimhaut reißen feine Äderchen, die obersten Schichten der Schleimhaut werden abgestoßen und mit etwas Blut durch die Scheide abgegeben. Diesen Vorgang nennt man *Menstruation* (Regel- oder Monatsblutung). Die Blutmenge ist gering, sie beträgt nur etwa 50 – 150 ml in 3 bis 5 Tagen.

Weil die Blutung regelmäßig etwa alle 28 Tage auftritt, bezeichnet man den Zeitraum vom Beginn einer Blutung bis zur nächsten als *Zyklus.* Er dauert bei den meisten Frauen 26 bis 30 Tage. Kürzere oder längere Zyklen können auch auftreten. Frauen sollten darüber einen *Regelkalender* führen und bei Abweichungen einen Frauenarzt oder eine Frauenärztin aufsuchen.

Zwischen dem 11. und 14. Lebensjahr bekommen Mädchen normalerweise ihre erste Menstruation. Sie zeigt an, dass das Mädchen geschlechtsreif geworden ist. Zu Beginn der Pubertät schwanken die Zykluslängen meistens noch stark. Die Regelmäßigkeit der Monatsblutungen stellt sich manchmal erst nach einigen Jahren ein. Aber auch dann können durch Änderung der Lebensweise, Anstrengung, Krankheit oder andere Einflüsse die Eireifung und der Zyklusablauf beschleunigt oder verlangsamt werden. Auch *Menstruationsbeschwerden,* wie Übelkeit, Kopf- und Bauchweh, treten gerade bei Mädchen oder jungen Frauen häufig auf. Bei starken Schmerzen oder wenn sich auch nach Jahren noch keine konstante Zykluslänge eingestellt hat, sollte ein Frauenarzt *(Gynäkologe)* aufgesucht werden.

Während der Menstruation fehlt der Schleimhautpfropf im Gebärmutterhals, sodass Blut und Schleimhautreste abfließen können. Damit fehlt aber auch die Sperre gegen aufsteigende Krankheitserreger, für die das ausfließende Blut mit den Schleimhautzellen ein guter Nährboden ist. Deshalb ist gerade während der Menstruation auf eine besonders gründliche *Hygiene* der äußeren Geschlechtsorgane zu achten: Das ausfließende Blut wird mit saugfähigen *Tampons* oder *Binden* aufgefangen, die regelmäßig gewechselt werden müssen; ferner sollten die äußeren Geschlechtsorgane täglich mehrmals gründlich gewaschen werden.

Durch die hormonelle Regelung reift üblicherweise nur ein Ei heran. Es können aber auch zwei Eier gleichzeitig heranreifen und beim Follikelsprung frei werden. Werden die zwei Eier von je einem Spermium befruchtet, so entwickeln sich *zweieiige Zwillinge.*

Weitaus seltener kommt es vor, dass sich ein Keim in einem frühen Stadium vollständig durchschnürt und sich die beiden Hälften getrennt weiterentwickeln. Es entstehen *eineiige Zwillinge* mit identischer Erbinfor-

Hormone der Hypophyse
FSH = Follikel stimulierendes Hormon
LH = luteinisierendes Hormon

Hormone des Follikels
Östrogene

Hormon des Gelbkörpers
Progesteron

Hormon des Mutterkuchens
HCG = Human chorionic gonadotropine

chorion (gr.) = Zottenhaut

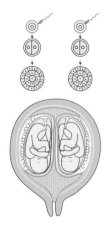

Zweieiige Zwillinge

mation. Sie sind immer gleichen Geschlechts und gleichen sich in vielen anderen erblichen Merkmalen.

Im Alter von etwa 45 – 50 Jahren werden bei der Frau die Zyklen unregelmäßig und die Regelblutungen hören schließlich ganz auf *(Menopause)*. Das bedeutet, dass keine Eizellen mehr heranreifen und die Frau jetzt keine Kinder mehr bekommen kann. Diese Zeit der hormonellen Umstellung nennt man auch *Wechseljahre*.

Aufgaben

① Die Gelbkörperhormone (Progesterone) und die Östrogene beeinflussen die LH- und FSH-Ausschüttung der Hypophyse. Wie geschieht das und welche Bedeutung hat dies bei einer beginnenden Schwangerschaft?

② Welche Folgen hätte es für den Zyklus, wenn das FSH bzw. die Progesterone ausfallen würden?

③ Weshalb ist während der Menstruation die Gefahr einer Gebärmutterinfektion besonders groß?

④ Bei regelmäßiger und exakter Messung der Körpertemperatur *(Basaltemperatur-Methode)* erhält man einen recht genauen Überblick über den Zyklusverlauf. Kann mit dieser Methode der Zeitpunkt angegeben werden, wann ein Eisprung erfolgen wird?

⑤ Begründe, warum jede Frau einen Regelkalender führen sollte.

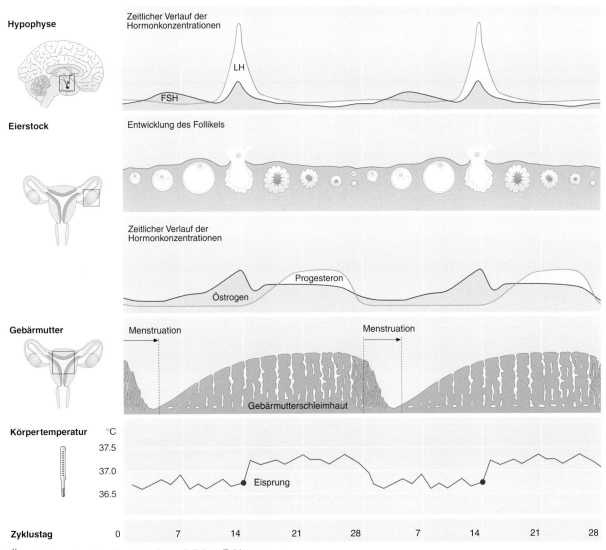

1 Übersicht zu den Vorgängen beim weiblichen Zyklus

Sexualität in einer verantwortungsvollen Partnerschaft

In der Pubertät ändert sich die Art der *Freundschaften* zwischen Jungen und Mädchen. Anders als früher, als Spielen im Vordergrund stand, unterhalten sie sich jetzt mehr, z. B. über ihre Interessen, aber auch über Probleme. Sie versuchen, gegenseitig ihre Gefühle und Wünsche zu verstehen und zu akzeptieren. Gehen ein Junge und ein Mädchen miteinander, steht zunächst das Bedürfnis nach gegenseitiger *Nähe* und *Zärtlichkeit* im Vordergrund. Später sammelt das Liebespaar auch erste sexuelle Erfahrungen miteinander. Dabei muss sich jeder Partner bei jedem Schritt frei entscheiden und auch nein sagen können. Akzeptanz in der *Partnerschaft* heißt Toleranz zu zeigen, d. h. dass beide auf Wünsche und Bedürfnisse des anderen Rücksicht nehmen. Gelingt dies nicht mehr, sollte man sich trennen, auch wenn es sehr schmerzt. Es ist normal in der Entwicklung von Jugendlichen, unterschiedliche Freundschaften und die damit einhergehende Freude, aber auch Enttäuschungen zu erfahren und zu erleben.

Bei einem Liebespaar können sich sexuelle Zärtlichkeiten zum gegenseitigen Küssen, Streicheln und Reizen der Geschlechtsorgane *(Petting)* entwickeln und auch das Bedürfnis nach einer körperlichen Vereinigung kann wachsen. Da es beim ersten Geschlechtsverkehr *(Koitus)* bei beiden bereits zum sexuellen Höhepunkt *(Orgasmus)* und damit auch zur Ejakulation des Mannes kommen kann, sollte sich das Paar vorher verantwortungsbewusst auf eine Methode der *Empfängnisverhütung* verständigen und diese anwenden. Angesichts der Gefahr einer HIV-Infektion bietet sich die Verwendung eines *Kondoms* an. Sexuelles Zusammensein führt bei den Partnern zu einer starken seelischen Bindung, sodass auch der Wunsch nach einer gemeinsamen Zukunft entstehen kann.

Möchten zwei seelisch und sozial reife Partner zusammen bleiben, heiraten sie *(Ehe)* oder bilden eine feste *eheähnliche Gemeinschaft*, aus der mit der Geburt des ersten Kindes eine *Familie* wird. Das Paar lernt, die Probleme des Alltags zu bewältigen und dem Kind die nötige Geborgenheit und Liebe zu geben, da das die Grundvoraussetzung für das körperliche und seelisch gesunde Heranwachsen des Kindes ist. Durch die gemeinsam erlebte Freude und die gemeinsam bewältigten Probleme bei der Entwicklung der Kinder kann sich die Partnerschaft des Paares fortentwickeln und die gemeinsame Liebe kann weiter gefestigt werden.

Aufgaben

1. Was gehört für dich zur Liebe? Schreibe deine Vorstellungen auf und vergleiche sie mit denen deiner Klassenkameraden.
2. Warum sind Zärtlichkeiten und das Miteinander-sprechen-Können für eine dauerhafte Partnerschaft notwendig?
3. Erstelle nach dem Lexikon auf Seite 255 eine Tabelle, in der die Wirkungsweise und Zuverlässigkeit der Verhütungsmethoden aufgeführt sind.

Methoden der Empfängnisverhütung

Jedes Kind hat ein Recht, erwünscht zu sein. Ungewollte Kinder leiden häufig unter der Ablehnung der Eltern. Jedes Paar hat auch das Recht, die Anzahl und den Zeitpunkt des Kinderwunsches zu bestimmen. Deshalb sollten alle Sexualpartner Methoden der Empfängnisverhütung und zur Familienplanung einsetzen. Beratung zu Methoden der Verhütung geben Frauenärzte oder z. B. die Bundeszentrale für gesundheitliche Aufklärung, Köln (Internet-Adresse: www.bzga.de).

Das wichtigste und einzige Mittel der *mechanischen Empfängnisverhütung*, das der Mann anwenden kann, ist das **Kondom**. Dieses Verhütungsmittel aus dehnbarem Latexmaterial wird über das versteifte Glied des Mannes gezogen, ehe dieses in die Scheide eingeführt wird. Bei richtiger Anwendung verhindert das Kondom auch die Ansteckung mit HIV und Geschlechtskrankheiten.
Zuverlässigkeit (Pearl Index): 1—6, d. h. wenn 100 Anwender ein Jahr lang Kondome benutzen, werden 1—6 Frauen schwanger.

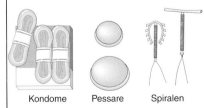

Kondome   Pessare   Spiralen

Eines der mechanischen Verhütungsmittel für die Frau ist das **Scheidendiaphragma** oder **Pessar**. Es verschließt den Muttermund und verhindert so, dass Spermien in die Gebärmutter eindringen, im Eileiter aufsteigen und die Eizelle befruchten können. Ein Arzt passt das Scheidendiaphragma an und

erklärt die Handhabung. Meist wird das Scheidendiaphragma kombiniert mit Cremes verwendet, die Spermien abtöten. (Pearl Index: 2—6)

Eine weitere Möglichkeit für Frauen ist die **Spirale**. Sie wird vom Arzt eingesetzt und regelmäßig kontrolliert. Die Spirale verhindert die Einnistung des Keimes und ist relativ sicher. (Pearl Index: 2—3)

Hormonelle Empfängnisverhütung gewährleistet die größte Sicherheit. Die Hormonpräparate enthalten Mischungen von Östrogenen und Progesteron. Werden sie regelmäßig und genau nach Vorschrift eingenommen, blockieren sie die FSH- und LH-Ausschüttung aus der Hypophyse — ähnlich wie bei einer Schwangerschaft. Der Follikel kann nicht reifen und ein Eisprung wird verhindert. Man nennt sie deshalb auch *Ovulationshemmer*. Da mit der **Pille** dem Körper der Frau Hormone

Pille

zugeführt werden, sollte eine regelmäßige Kontrolluntersuchung durch einen Arzt erfolgen (Pearl Index: 0,5—1). Die *Minipille* und die *Dreimonatsspritze* enthalten nur Progesteron in unterschiedlicher Dosis. Sie sorgen dafür, dass der Schleimpropf im Gebärmutterhals undurchlässig bleibt. Die Dreimonatsspritze ist für junge Mädchen weniger geeignet. Sie hemmt zusätzlich den Eisprung.

Chemische Verhütungsmittel in Form von **Zäpfchen**, **Cremes**, **Tabletten** und **Sprays** müssen eine bestimmte Zeit vor dem Geschlechtsverkehr in die Scheide eingeführt werden, wo sie die Beweglichkeit der Spermien ein-

Salbe/Creme

Zäpfchen

schränken. Da sie sehr unsicher sind, empfiehlt es sich, sie zusammen mit Kondomen oder Pessaren zu verwenden.

Spray   Tabletten

Daneben stehen den Paaren auch *natürliche Empfängnisverhütungsmethoden* zur Wahl. Eine davon ist die Unterbrechung des Geschlechtsverkehrs und das Zurückziehen des Gliedes vor dem Spermienerguss. Von diesem **Koitus interruptus** ist abzuraten, da vor dem Orgasmus bereits unbemerkt Sperma austreten kann.

Bei der **Knaus-Ogino-Methode** bestimmt die Frau die empfängnisfreien Tage anhand eines *Menstruationskalenders*. Die Berechnungen gehen davon aus, dass die Eizelle nur 6 bis 12 Stunden, die Spermien ungefähr 48 Stunden befruchtungsfähig sind. Danach liegen die Tage, an denen die Eizelle befruchtet werden kann, meist zwischen dem 8. und 19. Tag des Zyklus. Die Tage davor und danach wären ohne Risiko, doch können Stresssituationen, Klimawechsel bei Reisen und andere Faktoren auch einen vorzeitigen Eisprung auslösen.

Der Tag des Eisprungs lässt sich nach der **Basaltemperaturmethode** bestimmen. Bei dieser Methode wird die Temperatur täglich zur gleichen Zeit vor dem Aufstehen gemessen und notiert. Sie steigt beim Eisprung um 0,5 °C. Auf diese Weise kann die Frau langfristig die fruchtbaren Tage ermitteln.

Hat sich ein Paar endgültig entschieden, ganz auf Kinder zu verzichten, kann der Mann durch einen Urologen oder die Frau durch einen Frauenarzt oder eine Frauenärztin eine **Sterilisierung** (Durchtrennen der Spermien- bzw. Eileiter) vornehmen lassen.

Sexualität

Jeder sollte auf dem Weg zum Erwachsenwerden seine Form der selbstbestimmten Sexualität finden. Dazu gehört, dass sich jeder Mensch in einer angemessenen Sprache mit anderen über Sexualität unterhalten kann. Dies ist nicht leicht. Diese Seiten sollen dazu Impulse geben.

Das erste Mal

„Irgendwann reizt es mich schon zu wissen, wie es ist!" (Steffi, 15 Jahre)

„Ich habe schon irgendwie versucht, sie zu überreden, aber es war mir auch wichtig, dass wir es beide wollten." (Robert, 17 Jahre)

„Ich habe eigentlich nicht wirklich auf mich gehört, ich hatte eigentlich nur Angst, ihn zu verlieren, wenn ich nicht das tue, was er will." (Michaela, 18 Jahre)

Wie denkst du über das „erste Mal"? Wie kann man sich in einer Partnerschaft darauf einlassen?

Wie entsteht Lust?

Körper und Gehirn beeinflussen sich bei Liebe und Lust gegenseitig. Sexuelle Reize, die über die Sinnesorgane aufgenommen werden, wirken auf das Hormonsystem. Andererseits können Hormone auch die Bereitschaft erhöhen, auf sexuelle Signale zu reagieren.

Das Gehirn und die Sinnesorgane

1. Das *Gehirn* mit seinen 100 Milliarden Nervenzellen koordiniert und bewertet die Informationen. Erotische Fantasien können die Erregung steigern.
2. Die *Augen* nehmen die wichtigsten sexuellen Reize auf.
3. Über die *Ohren* nehmen wir Töne wahr, die unser Gefühl beeinflussen.
4. Unsere *Nase* kann über 10 000 Düfte unterscheiden und erkennt anregende Sexuallockstoffe.
5. Im *Mund* werden beim Kuss auch Geschmacksstoffe ausgetauscht.
6. 3000 *Hautsinneszellen* pro cm² nehmen zarteste Streicheleinheiten wahr.

Welche Fragen zur Partnerschaft stellen sich dir anhand der Materialien?
Welche Zärtlichkeit erwartest du?
Wie würdest du in einem Rollenspiel Liebe und Zärtlichkeit ausdrücken?

Bildlich gesprochen

*„Wär ich ein Baum ich wüchse
Dir in die hohle Hand
Und wärst du das Meer ich baute
Dir weiße Burgen aus Sand.*

*Wärst du eine Blume ich grübe
Dich mit allen Wurzeln aus
Wär ich ein Feuer ich legte
In sanfter Asche dein Haus.*

*Wär ich eine Nixe ich saugte
Dich auf den Grund hinab
Und wärst du ein Stein ich knallte
Dich vom Himmel ab.*

(Ulla Hahn 1981)

Wie interpretierst du das Gedicht?
Stell dir vor, das Gedicht wäre von einem Jungen für einen Jungen oder von einem Mädchen für ein Mädchen geschrieben. Wie siehst du es dann? Kannst du selbst Liebesgedichte und/oder Liebesgeschichten schreiben? Welche Liebesgeschichte möchtest du deiner Klasse vorstellen?

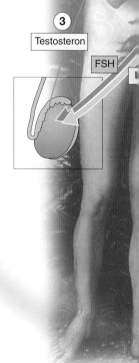

LUCAS CRANACH um 1507

Zum Begriff der Sexualität

Sexualität
ist ein Trieb
ist keine Naturgewalt
ist eine Lebensenergie
drückt sich in Körpersprache aus
ist Lust
gibt Zärtlichkeit
gehört zur Liebe
gibt Geborgenheit
schafft Lebensmut
sorgt für neues Leben …

Über welche Aspekte der Sexualität möchtest du nun weiter sprechen? Was spricht dich gefühlsmäßig an?

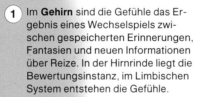

1 Im **Gehirn** sind die Gefühle das Ergebnis eines Wechselspiels zwischen gespeicherten Erinnerungen, Fantasien und neuen Informationen über Reize. In der Hirnrinde liegt die Bewertungsinstanz, im Limbischen System entstehen die Gefühle.

2 In der **Hypophyse** wird durch Freisetzungshormone der Nervenzellen des Hypothalamus die *Lustkaskade* ausgelöst. Sie setzt LSH und LH frei.

3 LH und FSH regen bei der Frau die Eierstöcke und beim Mann die Hoden an, **Geschlechtshormone** (Östrogen, Progesteron und Testosteron) auszuschütten.

4 **Glückssubstanzen** werden als Resultat des Zusammenspiels zwischen sexuellen Reizen, Fantasien und Geschlechtshormonen freigesetzt. **Endorphine**, Botenstoffe zwischen Nervenzellen, lösen Glücksgefühle beim Sex aus. Das Hormon Oxytocin bewirkt die Gebärmutterkontraktion beim Orgasmus und den Spermaerguss beim Mann.

Roy Lichtenstein 1964

(Diagramm-Beschriftungen: 1, 2 Hypophyse, 3 Progesteron und Östrogen, FSH, LH, Endorphine Oxycotin 4)

Sexualität und AIDS

Wie siehst du die Situation eines HIV-Infizierten? Wie sollte die Gesellschaft angemessen mit ihm umgehen? Welche Vorsichtsmaßnahmen ergreifst du, um eine Ansteckung zu verhindern?

Verhütung

In einer Partnerschaft sollte geklärt sein, wer die Verantwortung übernimmt, dass es nicht zu einer ungewollten Schwangerschaft kommt. Wie kannst du über Verhütung mit einem Partner /einer Partnerin sprechen? Wer besorgt wo die Verhütungsmittel?

Sexuelle Selbstbestimmung

Gabi hat einen Freund, den sie liebt. Aber sobald er sie anfasst, wird sie stocksteif. Ein Mal hat sie sogar nach ihm geschlagen. Wenn er zärtlich zu ihr werden will, sieht sie sofort ihren Onkel vor sich. Der hat sie sechs Jahre lang begrapscht und betätschelt. Erst als er vor zwei Jahren weggezogen ist, hat das aufgehört. Was der Onkel mit ihr gemacht hat, weiß sie nicht mehr genau. Sie hat sich immer wie tot gestellt, weil sie sich so ekelte.

Einmal wollte sie mit ihrer Mutter darüber sprechen, aber die hat nur erbost gefragt, ob sie ihrem Onkel etwas anhängen wolle. Der sei doch absolut in Ordnung. Sie solle nie wieder so etwas behaupten. Seitdem schweigt Gabi, obwohl sie ihr Geheimnis entsetzlich belastet.

Wie bewertest du die Reaktion der Mutter? Welche Beratungsstellen in eurem Ort könnten in einem ähnlichen Fall Hilfe geben?

Lexikon

Glossar zur Sexualität

AIDS: Abkürzung für engl. *aquired immune deficiency syndrome* — Vollbild der Infektionskrankheit des erworbenen Immunschwächesyndroms. Das HI-Virus kann beim Geschlechtsverkehr mit dem Sperma oder der Scheidenflüssigkeit auf den Sexualpartner übertragen werden. Ungeschützter Geschlechtsverkehr, d.h. ohne Nutzung von Kondomen, mit wechselnden Partnern ist eine der häufigsten Ansteckungsmöglichkeiten.

Bisexualität (lat. für *Zweigeschlechtlichkeit*) kann bei Lebewesen zur Ausbildung männlicher und weiblicher Merkmale führen. In der Psychologie versteht man darunter den Wunsch eines Menschen, sowohl zu Männern als auch zu Frauen sexuelle Beziehungen einzugehen.

Coming out: Zeitpunkt, zu dem Homosexuelle ihre Liebe zu gleichgeschlechtlichen Partnern vor sich selbst und vor anderen akzeptieren und als etwas für sie Positives zu erleben gelernt haben.

Erogene Zonen: Körperregionen (z.B. Brustwarzen, Geschlechtsorgane, Lippen), die durch Streicheln und Zärtlichkeiten zur sexuellen Erregung führen.

Erotik: Die Kunst der sinnlichen Liebe.

Exhibitionismus: Die vor allem bei Männern auftretende sexuelle Erregung durch das Vorzeigen der Geschlechtsorgane. Der Exhibitionist genießt die verstörten Reaktionen von Kindern, Jugendlichen und Frauen.

Extrakorporale Befruchtung: Dieses Verfahren kann bei bestimmten Formen der weiblichen Sterilität angewendet werden, wenn sich ein Paar Kinder wünscht. Dabei gibt man der Frau gezielt Hormone, sodass mehrere Eizellen gleichzeitig heranreifen. Die reifen Eizellen werden operativ aus dem Körper der Frau entnommen und in einem Glasgefäß mit den Spermien des Mannes vermischt. Die Befruchtung und der Anfang der Keimesentwicklung findet noch außerhalb des Körpers statt, ehe der sich entwickelnde Keim in die Gebärmutter der Frau eingeführt wird. So können Frauen mit bestimmten Formen der Sterilität doch noch ein Wunschkind gebären.

Familienplanung: Viele Paare wünschen sich Kinder. Für diese benötigen Eltern Zeit, Geduld, Liebe und Verständnis, damit sich die Kinder gesund und fröhlich entwickeln können. Familienplanung heißt dabei, gemeinsam mit dem Partner Verantwortung für das Kind zu tragen. Das kann dazu führen, den Kinderwunsch durch angewandte Empfängnisverhütung aufzuschieben, bis sich eine Partnerbeziehung gefestigt hat oder eine Berufsausbildung beendet ist, die starke Belastungen mit sich bringt.

Entscheidet sich das Paar, ein Kind zu wünschen, so kann es die fruchtbaren Tage der Frau mit der Basaltemperaturmethode bestimmen. Sollte die Frau auch nach längerer Zeit nicht schwanger werden, können Ärzte die Zeugungsfähigkeit des Mannes und der Frau untersuchen. Neben körperlichen Schwierigkeiten, bei denen Ärzte teilweise helfen können, können auch seelische Gründe für die Kinderlosigkeit entscheidend sein. Dann besteht noch die Möglichkeit, nach eingehender Beratung ein Kind zu *adoptieren* und als Familie gemeinsam glücklich zu leben.

Geschlechtskrankheiten sind gefährliche Infektionskrankheiten, die vorwiegend durch Geschlechtsverkehr übertragen werden. Die beiden häufigsten sind der *Tripper* und die *Syphilis.* Beide können in frühen Stadien über die Gabe von Antibiotika vom Arzt behandelt werden. Die medikamentöse Behandlung muss bei beiden Partnern erfolgen, da es sonst zur wechselseitigen Wiederansteckung kommt.

Heterosexualität: Sexualität, die auf das andere Geschlecht bezogen ist. Sie gilt in den meisten Kulturen als Norm, da sie Grundlage für Ehe und Familie ist.

HIV: Bezeichnung für das Virus, das AIDS verursacht. Es kommt im Blut, im Sperma und in der Scheidenflüssigkeit in so hoher Konzentration vor, dass es zur Ansteckung führen kann. Gegen die Übertragung beim Geschlechtsverkehr bietet ein *Kondom* bei sachgerechter Anwendung einen guten Schutz.

Homosexualität: Sexualität von Männern und Frauen, die nur von Partnern des gleichen Geschlechts körperlich und seelisch angesprochen werden. Liebe und sexuelle Lust erfahren sie nur mit gleichgeschlechtlichen Partnern.

Lesbisch nennt man homosexuelle Beziehungen zwischen Frauen. Der Name geht auf die griechische Dichterin Sappho zurück, die auf der Insel Lesbos Töchter aus vornehmen Familien auf die musisch kulturellen Inhalte ihrer Zeit vorbereitete. Von ihr sind noch Lieder mit homoerotischem Charakter überliefert.

Masochismus: Sexuelle Lust, die nur durch Erleiden von Schmerzen und Demütigungen erreicht wird.

Orgasmus: Körperlich-seelischer Höhepunkt der sexuellen Erregung und Lust. Vorher ist die sexuelle Erregung durch zärtliches Berühren der erogenen Zonen so stark angewachsen, dass es bei der Frau zum rhythmischen Zusammenziehen des Scheideneingangs und der Gebärmutter und beim Mann zur Ejakulation kommt. Heute wird durch zu starke Gewichtung des Orgasmus der falsche Eindruck erweckt, dass jedes sexuelle Erlebnis mit einem Orgasmus enden muss, um schön und befriedigend zu sein.

Petting: Reizung erogener Zonen, vor allem der Geschlechtsorgane, mit der Hand oder dem Mund, teilweise bis zum Orgasmus.

Pädophilie: Sexuelles Verlangen und die Vorliebe eines Erwachsenen zu Kindern des gleichen oder des anderen Geschlechts. Die Kinder sind noch nicht in der Pubertät.

Prävention: Verhütung

Promiskuität nennt man den Geschlechtsverkehr mit häufig wechselnden Partnern. Durch Promiskuität ohne die Verwendung von Kondomen ist das Risiko einer Ansteckung mit HI-Viren und Geschlechtskrankheiten extrem hoch.

Prostitution: Das gewerbsmäßige Anbieten und Verkaufen des eigenen Körpers zur Befriedigung sexueller Bedürfnisse anderer. Es gibt weibliche und männliche Prostituierte.

Sadismus: Das Empfinden von sexueller Lust, wenn dem Sexualpartner Schmerzen oder Demütigungen zugefügt werden.

Safer Sex: Sexualpraktiken, welche die Gefahr einer Ansteckung mit HIV herabsetzen sollen. Bester Schutz: Beim Geschlechtsverkehr mit unbekannten Partnern auf jeden Fall Kondome verwenden.

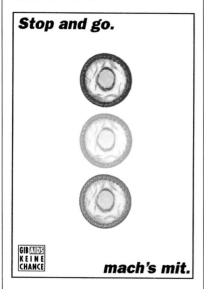

Schwule: Ursprünglich Schimpfwort für männliche Homosexuelle, das heute männliche Homosexuelle zur Kennzeichnung ihrer Sexualität gewählt haben. In allen vergangenen und gegenwärtigen Kulturen gab und gibt es diese gleichgeschlechtlichen Beziehungen.

Selbstbefriedigung *(Masturbation):* Sexuelle Selbstreizung des Penis bzw. des Kitzlers bis zum Orgasmus.

Sexueller Missbrauch sind sexuelle Handlungen, die Erwachsene an Kindern und Jugendlichen oder Männer an Frauen (seltener Frauen an Män-

nern) gegen deren Willen vornehmen. Die Opfer der sexuellen Handlungen gegenüber Kindern und Jugendlichen sind in erster Linie Mädchen, aber auch Jungen. Der Erwachsene nutzt seine Macht über das Opfer zur eigenen Bedürfnisbefriedigung. Die Verwirrung der Opfer in ihrer Ohnmacht ist groß. Sie haben meist umfangreiche Scham- und Schuldgefühle. Diese nutzen die Täter mit Versprechungen und Drohungen, um die Opfer zur Geheimhaltung zu veranlassen. Vertrauensvolle Hilfen können Betroffene bei Beratungsstellen für Kinder, Eltern und Jugendliche, beim Kinderschutzbund oder Familienberatungsstellen der Stadt oder des Kreises erhalten (siehe Telefonbuch oder in der örtlichen Tagespresse).

Sinnaspekte der Sexualität:
1. Der Identitätsaspekt: Männer und Frauen akzeptieren ihre eigene Körperlichkeit und sexuellen Bedürfnisse, Erlebniswelten und Kräfte. Dies bildet die Basis zur Selbst- und Fremdliebe.
2. Der Beziehungsaspekt: Die Fähigkeit, sich intim und emotional auf einen anderen Menschen einzulassen. Die Geschlechtspartner geben und empfangen Wärme, Geborgenheit, Vertrauen und Verantwortung.
3. Der Lustaspekt: Die Lust wird als wichtige Lebensäußerung verstanden. Hierzu gehört nicht nur der Orgasmus, sondern auch eine zärtliche Berührung, Freude an der Schönheit und an erotischer Spannung.
4. Der Fruchtbarkeitsaspekt: Hierzu gehört die Fähigkeit zur Zeugung neuen Lebens.

Sodomie: Sexueller Kontakt mit Tieren.

Syphilis oder *Lues:* Eine Infektionskrankheit, die ohne Behandlung den ganzen Körper schädigt und zum Tode führt. Die Erreger, es handelt sich dabei um spiralförmige Bakterien, dringen beim Geschlechtsverkehr durch winzige Hautverletzungen in den Körper ein. Nach drei Wochen bildet sich an der Infektionsstelle ein kleiner, rötlich verfärbter Knoten. Dieses 1. Stadium verschwindet nach einigen Wochen. Nach zwei bis drei Monaten folgt ein nicht juckender, fleckenartiger Hautausschlag mit winzigen Knötchen. Der Kranke leidet unter Kopfschmerzen, Fieber und Müdigkeit. Spätestens in diesem 2. Stadium, in dem eine Behandlung mit Antibiotika noch möglich ist, muss man zum Arzt gehen. Im 3. Stadium wird das Nervensystem angegriffen.

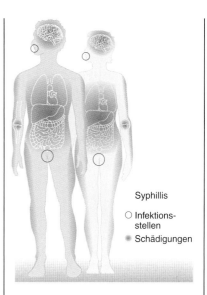

Syphillis

○ Infektions-
stellen
● Schädigungen

Transvestit: Ein Mann, der sich meistens aufgrund seiner sexuellen Neigung wie eine Frau kleidet und verhält.

Tripper oder *Gonorrhoe* ist die häufigste Geschlechtskrankheit. Die Erreger sind Bakterien, sogenannte *Gonokokken.* Nach 2 bis 5 Tagen verspürt man Jucken in der Harnröhre und Brennen beim Wasserlassen. Schon bei ersten Verdachtsmomenten sollte man den Arzt aufsuchen. Die weitere Entwicklung der Krankheit und die Spätfolgen zeigt die Abbildung.

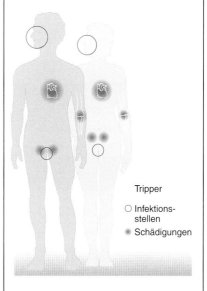

Tripper

○ Infektions-
stellen
● Schädigungen

Voyeur, der *Spanner*: Ein Mensch, der beim heimlichen Beobachten sexueller Handlungen anderer oder bei für ihn sexuell anregenden Situationen (z.B. beim Ausziehen) sexuelle Erregung empfindet.

Die Entwicklung von Embryo und Fetus

Dringt ein Spermium in die Eizelle ein und verschmelzen die Zellkerne der beiden Geschlechtszellen, so ist die *Befruchtung* vollzogen. Aus der befruchteten Eizelle, der *Zygote*, entstehen nun durch fortwährende Teilungen alle Zellen des menschlichen Körpers und auch Versorgungs- und Schutzstrukturen.

Die ersten Teilungen der Zygote erfolgen schon auf dem Weg zur Gebärmutter. Nach 24 Stunden ist das Zweizellstadium erreicht, aus dem sich durch weitere Teilungen ein 4-, 8-, 16- und 32-zelliger Keim entwickelt. Die Zellen bleiben dicht beieinander und bilden einen Zellhaufen *(Maulbeerkeim)*, der noch den Durchmesser der ursprünglichen Zygote hat. Im weiteren Verlauf ordnen sich die Zellen zu einer Hohlkugel *(Blasenkeim)* an, die sich mit Flüssigkeit füllt. An einer Seite der Hohlkugel bildet sich der *Keimschild*, der von Hüllzellen umgeben wird. Der Blasenkeim erreicht etwa am 7. Tag nach der Befruchtung die Gebärmutter und nistet sich nun in der vorbereiteten Schleimhaut ein.

Nach der Einnistung bilden die Hüllzellen kleine Zotten aus, die wie Wurzeln immer tiefer in die Gebärmutterschleimhaut vordringen. Die Zotten stehen im direkten Kontakt mit Blutgefäßen der Mutter. Kindliches Gewebe und Gebärmutterschleimhaut bilden zusammen den Mutterkuchen *(Plazenta)*. Ab diesem Zeitpunkt beginnt die Ernährung des Keimes über den mütterlichen Blutkreislauf und er beginnt zu wachsen.

Nur der Keimschild entwickelt sich zum *Embryo*. Er liegt im Fruchtwasser der *Fruchtblase*. Über die *Nabelschnur* ist der Embryo mit der Plazenta verbunden. Innerhalb der ersten 4 Wochen wächst er auf etwa 6 mm heran. Schon jetzt beginnen sich die Grundrisse eines Menschen deutlich abzuzeichnen: der Kopf, der etwa $1/3$ der ganzen Gestalt einnimmt, die Anlagen des Gehirns, das Rückgrat sowie am Körper des Embryos die Arm- und Beinknospen. Auch das Herz arbeitet schon. Am Ende der 8. Woche sind alle inneren Organe angelegt, das Herzbläschen schlägt bereits 65-mal in der Minute, obwohl das Blutgefäßsystem noch unfertig ist. Der Embryo ist jetzt 3—4 cm lang und 10 — 15 g schwer.

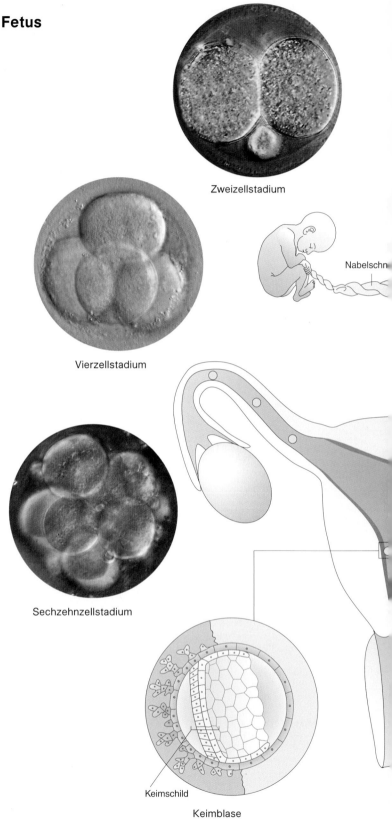

Zweizellstadium

Nabelschn

Vierzellstadium

Sechzehnzellstadium

Keimschild

Keimblase

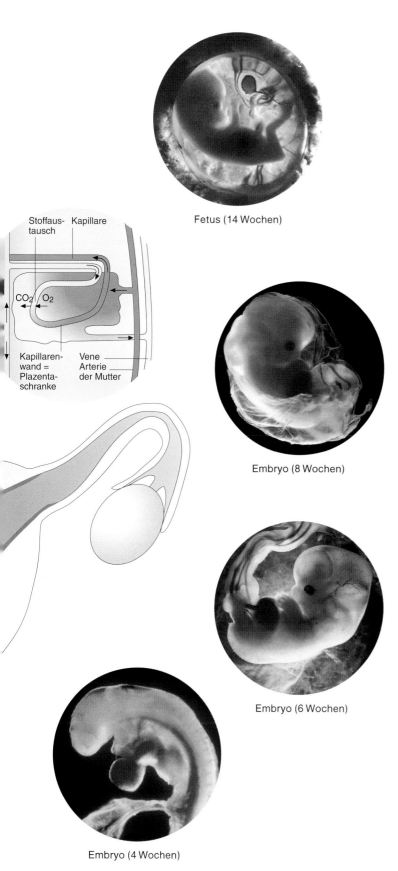

Die *Nabelarterien* des Kindes verästeln sich sehr stark und ragen in die zahlreichen Hohlräume der Plazenta, die mit mütterlichem Blut gefüllt sind. Die dünnen Wände der kindlichen Adern trennen das Blut von Mutter und Kind, sodass kein Blutaustausch und keine Durchmischung erfolgen kann. Dies nennt man die *Plazentaschranke*. Durch diese dünne Zellschicht kann jedoch ein kontrollierter Stoffaustausch erfolgen. Sauerstoff und Nährstoffe werden von den Kapillaren des Kindes aufgenommen, das im Körper des Kindes entstandene Kohlenstoffdioxid und andere Stoffwechselprodukte an das mütterliche Blut abgegeben. Andere Stoffe, z. B. manche Vitamine, müssen aktiv, d. h. durch besondere Transportvorgänge, aufgenommen werden.

Die *Nabelvene* bringt das mit Sauerstoff und Nährstoffen angereicherte Blut in den kindlichen Körper zurück. Rote und weiße Blutzellen sowie Blutplättchen des mütterlichen Blutes können die Plazentaschranke kaum bzw. gar nicht passieren, wohl aber einige Krankheitserreger (z. B. diejenigen, die Röteln auslösen), im Blut befindliche Antikörper der Mutter, Alkohol, Nikotin und andere Drogen sowie Arzneimittel. Diese Stoffe und Erreger, welche die Plazentaschranke überwunden haben, können die Entwicklung der Kinder beeinträchtigen. Man weiß aus Untersuchungen, dass das eingeatmete Nikotin einer Zigarette das Herz des Ungeborenen 20 Schläge pro Minute schneller schlagen lässt. Kinder von Raucherinnen sind bei der Geburt oft kleiner und anfälliger gegen Krankheitserreger. Auch Medikamente, wie das Schlafmittel Contergan, führen zu schweren Missbildungen an Armen und Beinen bei den Kindern.

Mit Beginn des 3. Schwangerschaftsmonats endet die Embryonalzeit. Von nun an nennt man das im Mutterleib heranwachsende Kind *Fetus*. Es beginnt die Entwicklungsphase der bereits angelegten, inneren Organe bis zur Funktionstüchtigkeit, die bis zum Ende des 7. Monats andauert. Diesen Zeitraum nennt man auch *Wachstumszeit*. Der Fetus beginnt nun, die Funktionen mancher Organe zu üben: Arme und Beine werden gestreckt und gebeugt, der Kopf bewegt.

Der Fetus lernt schlucken und trinkt vom *Fruchtwasser*, in dem er schwimmt. Die „Verknöcherung" der knorpeligen Skelettanlagen beginnt, Haare wachsen, Nägel an Zehen und Fingern entstehen. Die äußeren Geschlechtsorgane sind erkennbar.

Fetus (14 Wochen)

Stoffaustausch   Kapillare

CO_2 O_2

Kapillarenwand = Plazentaschranke

Vene
Arterie
der Mutter

Embryo (8 Wochen)

Embryo (6 Wochen)

Embryo (4 Wochen)

Material

Schwangerschafts-abbruch

1. Auszüge aus einem Beratungsbuch

mit dem Ziel, Entscheidungshilfen für einen persönlichen Weg zu finden :
„Ungewollt schwanger zu sein kann eine der schwierigsten und betrüblichsten Erfahrungen im Leben einer Frau sein — eine weitaus häufigere Erfahrung als gemeinhin angenommen. Jede dritte bis vierte Frau hat in ihrem Leben eine Abtreibung. Ungewollte Schwangerschaften sind aber keineswegs ein Phänomen unserer Zeit. In der Vergangenheit wurde jedoch von Frauen einfach erwartet, nicht erwünschte Kinder zu Welt zu bringen und großzuziehen. Im Unterschied zu früher besitzt die Frau von heute mehr persönliche Freiheiten, bessere Berufsaussichten und die Möglichkeit, ihren Kinderwunsch durch Verhütung zu steuern — Faktoren, die ihr mehr Entscheidungsspielraum und mehr Recht auf Selbstbestimmung verleihen. …“
(KLEIN und KAUFMANN: Schwanger — was nun?, Kösel Verlag 1999)

2. Aus einem Brief

„Gestern war ich in der Apotheke, weil mir schon seit ein paar Tagen morgens immer schlecht war. Irgendwie wusste ich, was bei dem Test herauskommen würde — ich war erst mal gar nicht erstaunt. Aber dann, nach einer halben Stunde, hab' ich bloß noch auf meinem Bett gehockt und geheult. Was soll ich denn jetzt machen, ich bin doch erst 16, und das Abi will ich auch. Ich hab' mir vorgestellt, wie ich mit dem Kinderwagen in der Englischstunde sitze und dem Baby den Schnuller 'reinschiebe. … Scheiße, und wir wollten noch Kondome kaufen, aber hatten beide kein Geld mehr. Michi weiß noch gar nichts und meinen Eltern hab' ich auch noch nichts erzählt — die trifft der Schlag. Seit ich mit Michi zusammen bin, haben sie mich belämmert „pass' auf". Als ob das nur an mir hängen würde! Und jetzt ist es passiert, beim ersten Mal ohne Gummi. Was soll ich denn bloß machen, ich hab' keine Ahnung. Du bist die Einzige, die mir helfen kann. …"

3. Erinnerungen

„Es ist jetzt genau drei Jahre her — ich erinnere mich noch genau an den Augenblick, als Anne auf mich zugelaufen kam, freudestrahlend, und mir um den Hals fiel: „Endlich, endlich hat es geklappt!" Sie war damals 35, ich 37, und seit Jahren wollten wir schon ein Kind. Ich glaube, es war unser glücklichster Moment! Wir schmiedeten Pläne — eine größere Wohnung, den Erziehungsurlaub wollten wir uns teilen, stillen — unbedingt. Und natürlich sollte auch noch ein Brüderchen oder Schwesterchen kommen, vielleicht ein oder zwei Jahre später. Endlich würden wir eine richtige Familie sein. Anne ging regelmäßig zu ihrer Frauenärztin, alles lief normal — dachten wir. Weil Anne schon 35 Jahre alt war, riet ihr die Frauenärztin zu einer Fruchtwasseruntersuchung, nur um ganz sicher zu sein. Und das Ergebnis hat alle Träume zerstört: Mit 90%iger Sicherheit würde das Kind schwerste körperliche und geistige Schäden haben! Für uns brach eine Welt zusammen, wir waren ratlos, verzweifelt, wir fühlten uns allein gelassen. … obwohl viele Leute uns gute Ratschläge gaben, uns trösten wollten. Vielleicht war es gut, dass wir nicht allzu viel Zeit hatten, um eine Entscheidung zu treffen — wir waren psychisch am Ende. Wir wussten nur, dass wir uns entscheiden mussten. … Heute ist der Schmerz nicht mehr so stark, aber die Erinnerungen werden nie weggehen. Wir haben uns entschlossen, ein Kind zu adoptieren — und wir werden es lieben wie unser eigenes".

4. Marla

„Wir hatten uns auf meinem Abi-Ball kennen gelernt, sie war die jüngere Schwester einer Mitschülerin. Na ja, es hat gleich gefunkt zwischen uns, obwohl sie drei Jahre jünger war als ich. Bevor ich meinen Zivildienst anfing, blieben uns noch die Sommerferien — und wir haben die sechs Wochen fast rund um die Uhr zusammen verbracht. Wir waren unzertrennlich, so richtig verliebt. Und dieses Gefühl hielt auch noch die nächsten zwei Jahre an, obwohl ich zum Studieren in eine andere Stadt gezogen war. Etwa ein halbes Jahr vor ihrem Abi fing es an zu kriseln zwischen uns, irgendwie passte alles nicht mehr so gut. Immer öfter haben wir uns gezofft — und uns wieder versöhnt, es war ein dauerndes Hin und Her. Bis ich dann Schluss gemacht habe. Ich fühlte mich erst mal frei, ungebunden, ich wollte Bäume ausreißen. Bis ihre Schwester mich anrief: Meine Ex war schwanger — von mir! Von einer Sekunde zur anderen gab es nur noch Wut und Hass in mir. Sie hat mein Leben kaputt gemacht, meine Zukunft, was soll ich mit einem Kind — ich wollte dieses Kind nicht, sie sollte es abtreiben. Ich habe in diesen Wochen nur an mich und mein durch sie verpfuschtes Leben gedacht — kein Gedanke an sie, wie sie mit dieser Situation zurecht kam, was aus ihrem Leben werden sollte. Vor zwei Jahren wurde meine Tochter Marla geboren — dank der Stärke ihrer Mutter. Ich bin heute ein stolzer Vater, der gelernt hat, Verantwortung zu übernehmen. Obwohl ihre Mutter und ich nicht wieder zusammen sind".

5. Rechtliche Grundlagen des Schwangerschaftsabbruchs seit 1.10.1995 (Strafgesetzbuch)

§ 218 Abbruch der Schwangerschaft

(1) Wer eine Schwangerschaft abbricht, wird mit einer Freiheitsstrafe bis zu drei Jahren oder mit Geldstrafe bestraft. Handlungen, deren Wirkung vor dem Abschluss der Einnistung des befruchteten Eies in die Gebärmutter einhergeht, gelten nicht als Schwangerschaftsabbruch im Sinne des Gesetztes.

§ 218a, Straflosigkeit des Schwangerschaftsabbruchs

(1) der Tatbestand des § 218 ist nicht verwirklicht, wenn
   1. die Schwangere den Schwangerschaftsabbruch verlangt und dem Arzt durch eine Bescheinigung nach § 219 Abs. 2 Satz 2 nachgewiesen hat, dass sie sich mindestens drei Tage vor dem Eingriff hat beraten lassen,
   2. der Schwangerschaftsabbruch von einem Arzt vorgenommen wird,
   3. seit der Empfängnis nicht mehr als 12 Wochen vergangen sind.

§ 219 Beratung der Schwangeren in einer Not- und Konfliktlage

(1) Die Beratung dient dem Schutz des ungeborenen Lebens. Sie hat sich von dem Bemühen leiten lassen, die Frau zur Fortsetzung der Schwangerschaft zu ermutigen und ihr Perspektiven für ein Leben mit dem Kind zu eröffnen; sie soll helfen, eine verantwortungsvolle und gewissenhafte Entscheidung zu treffen. Die Beratung soll durch Rat und Hilfe dazu

beitragen, die im Zusammenhang mit der Schwangerschaft bestehende Konfliktlage zu bewältigen und einer Notlage abzuhelfen.

6. Deutschland seit 1871

1871: In der I. Deutschen Reichsverfassung wird im § 218 die Abtreibung mit Zuchthaus bis zu fünf Jahren bestraft.
1943: „Hat der Täter durch Beihilfe zur Abtreibung die Lebenskraft des deutschen Volkes fortgesetzt beeinträchtigt, so ist auf Todesstrafe zu erkennen".
1959: Katholische Kirche: „... Frauen haben die eventuellen Folgen einer ihnen zugefügten Straftat (Vergewaltigung) demütig als Schicksal hinzunehmen".
Mitte der 60er-Jahre: Durch das Schlafmittel Contergan werden zahlreiche Feten schwer geschädigt. Die Frage wird aufgeworfen, ob man Frauen zwingen dürfe, ein mit Sicherheit geschädigtes Kind auszutragen.
1976: Die neuen §§ 218 ff. treten in Kraft. Medizinische, kriminologische und Notlagenindikation führen unter bestimmten Voraussetzungen zur Straffreiheit.

7. Griechen und Römer

Aus dem *Eid des Hippokrates* (460 bis 377 v. Chr.):
„... Ich will weder irgend jemandem ein tödliches Medikament geben, wenn ich darum gebeten werde, noch will ich in dieser Hinsicht einen Rat erteilen. Ebenso will ich keiner Frau ein abtreibendes Mittel geben. In Reinheit und Heiligkeit will ich mein Leben und meine Kunst bewahren ... "

Stoizismus (etwa 250 v. Chr. bis in das 3. Jahrhundert n. Chr.): „Das empfangene Kind ist kein beseeltes, erst recht kein menschliches Wesen. Der Embryo ist Teil der mütterlichen Eingeweide. ... "

Bei den *Spartanern* und *Germanen* war die Kindesaussetzung erlaubt. Sie war bei schwächlichen Neugeborenen sogar staatlich geboten.

Römische Philosophen : „Der Fetus ist ein Teil der Mutter. Die künstliche Fehlgeburt ein belangloser Akt, der wie jeder andere Eingriff zu verstehen ist."

Das *römische Gesetz* befasst sich nicht mit der Abtreibung. Das väterliche Recht der Kindstötung, wie es im römischen Reich noch üblich war, wurde erst von Kaiser KONSTANTIN (270 – 337 n. Chr.) aufgehoben, der das Christentum zur Staatsreligion machte. Er verurteilte Eltern, die ihre Kinder töteten, zum Tod.

8. Wann beginnt menschliches Leben?

Medizinische Sicht: „Der Beginn des Lebens kann mit der Schwangerschaft gleichgesetzt werden, die Einnistung des Keims in die Gebärmutter ist dann der Zeitpunkt des Beginns."

Juristische Sicht: „Die Rechtsfähigkeit des Menschen beginnt mit der Vollendung der Geburt. Das werdende Leben wird in den §§ 218 ff. gesondert geschützt."

Biologische Sicht: „Das Leben beginnt mit der Vereinigung von Spermium und Eizelle."

Theologische Sicht: „... , so ist unzweifelhaft vom Augenblick der Empfängnis an nicht nur ein „Zellknäuel", sondern wirkliches menschliches Leben vorhanden, das schon vom Augenblick der Verschmelzung der Keimzellen an alle Anlagen individueller menschlicher Entwicklung in sich trägt. ... "

Gutachterkommission zum § 218: „Nach dreimonatiger Schwangerschaft kann man sagen, dass das werdende Leben eine feste Gestalt anzunehmen beginnt, dass es als verfestigtes Eigenleben anzusehen ist".

9. Zur Problematik des Schwangerschaftsabbruchs

Die Leibesfrucht spricht (KURT TUCHOLSKY, Schriftsteller, 1890 – 1935): „Für mich sorgen sich alle: Kirche, Staat, Ärzte und Richter. Ich soll wachsen und gedeihen; ich soll neun Monate schlummern; ich soll es mir gut sein lassen — sie wünschen mir alles Gute. Sie behüten mich. Wer mich anrührt, wird bestraft; meine Mutter fliegt ins Gefängnis, mein Vater hinterher; der Arzt, der es getan hat, muss aufhören, Arzt zu sein; die Hebamme, die geholfen hat, wird eingesperrt — ich bin eine kostbare Sache. Für mich sorgen sich alle: Staat, Ärzte und Richter. Wenn aber diese neun Monate vorbei sind, dann muss ich sehen, wie ich weiterkomme. Die Tuberkulose? Kein Arzt hilft mir. Nichts zu essen? Keine Milch? — Kein Staat hilft mir. Qual und Seelennot? Die Kirche tröstet mich, aber davon werde ich nicht satt. Und ich habe nichts zu brechen und zu beißen, und stehle ich: Gleich ist der Richter da und setzt mich fest.
Fünfzig Lebensjahre wird sich niemand um mich kümmern, niemand. Da muss ich mir selbst helfen. Neun Monate bringen sich sich um, wenn mich einer umbringen will.
Sagt selbst: Ist das nicht eine merkwürdige Fürsorge?"

Aufgaben

1. Nenne Gründe für und gegen einen Schwangerschaftsabbruch. Berücksichtige dabei auch das Alter der Schwangeren.
2. Versuche, dich in die jeweilige Situation der Texte 2. bis 4. hinein zu versetzen. Was empfindest du beim Lesen? Wie würdest du reagieren?
3. Welche grundlegenden Rechte stehen bei einer Abtreibung zueinander im Widerspruch? Lässt sich das Problem des Schwangerschaftsabbruchs für alle Seiten zufriedenstellend lösen?
4. Bewerte die Sichtweisen zum Schwangerschaftsabbruch aus der griechischen und römischen Geschichte und stelle sie den Sichtweisen in Deutschland seit 1871 gegenüber.
5. Diskutiert in eurer Klasse die verschiedenen Sichtweisen zum Beginn des menschlichen Lebens. Argumentiert pro und contra.
6. Nimm Stellung zum Text von KURT TUCHOLSKY.
7. Rat der evangelischen Kirche: „Dem Lebensstandard darf kein Leben geopfert werden." Was ist damit gemeint?
8. Bis zu welchem Zeitpunkt der Schwangerschaft ist ein Schwangerschaftsabbruch in der Bundesrepublik Deutschland möglich?
9. Der § 218 in der Fassung von 1976 beinhaltet u. a. die Begriffe Notlagenindikation, medizinische und kriminologische Indikation. Was ist darunter zu verstehen?
10. Vergleiche das heute in der Bundesrepublik Deutschland geltende Schwangerschaftsrecht mit dem eines anderen EU-Landes (z. B. Niederlande, Großbritannien). Welche Unterschiede kannst du feststellen?
11. Wie würdest du dich verhalten, wenn deine Freundin oder ein Mädchen aus deinem Bekanntenkreis schwanger würde?
12. Was wäre, wenn deine Freundin nach einer durchgeführten pränatalen Diagnostik, z. B. nach einer Fruchtwasseruntersuchung, erfahren würde, dass sie ein Kind mit Trisomie 21 erwartet?
13. Wie muss eine Schwangere vorgehen, die in einer Notlagensituation ist und einen Schwangerschaftsabbruch vornehmen lassen möchte?
14. Was bedeutet und beinhaltet das Embryonenschutzgesetz?
15. Welche Beratungsstellen dürfen in der Bundesrepublik Deutschland die sogenannten Beratungsscheine ausstellen?

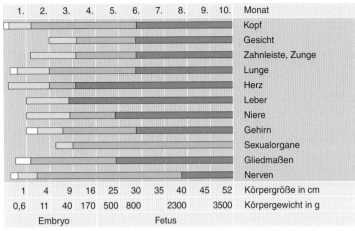

	1.	2.	3.	4.	5.	6.	7.	8.	9.	10.	Monat
											Kopf
											Gesicht
											Zahnleiste, Zunge
											Lunge
											Herz
											Leber
											Niere
											Gehirn
											Sexualorgane
											Gliedmaßen
											Nerven
Körpergröße in cm	1	4	9	16	25	30	35	40	45	52	
Körpergewicht in g	0,6	11	40	170	500	800		2300		3500	

Embryo   Fetus

□ Beginn der Ausprägung ◻ deutlich erkennbar ◼ gut entwickelt ◼ voll entwickelt

1 Ausbildung der Organe

Schwangerschaft und Geburt

Die *Schwangerschaft* dauert durchschnittlich 280 Tage oder 40 Wochen. Für das Vorliegen einer Schwangerschaft sind das Ausbleiben der Menstruation sowie Spannungsgefühle in der Brust für die Frau erste Anzeichen. Letztere stammen von den Brustdrüsen, die — bedingt durch das Schwangerschaftshormon HCG — zu wachsen begonnen haben. Da die Schwangerschaftshormone mit dem Urin ausgeschieden werden, kann die Frau selbst schon bald nach Ausbleiben der Menstruation mit Teststäbchen aus der Apotheke einen *Schwangerschaftstest* durchführen. Drei Wochen nach Ausbleiben der Regel kann der Arzt diesen ersten Test mit Sicherheit bestätigen.

Plazenta
Nabelschnur
Fruchtwasser

Scheide
vorgewölbte Fruchtblase
Damm

2 Dritter und siebter Schwangerschaftsmonat, Eröffnungsphase der Geburt

Eine Schwangerschaft bedeutet nicht nur körperliche und seelische Veränderungen für die Frau, sie übernimmt auch eine große Verantwortung für sich selbst und das in ihr wachsende Kind. Dazu gehört zunächst einmal die Umstellung der Lebensgewohnheiten auf die neue Situation: Aufhören zu rauchen, möglichst kein Alkohol, keine Drogen, ausgewogene Ernährung und viel Bewegung. Darüber hinaus sollten Schwangere *Vorsorgeuntersuchungen* in Anspruch nehmen, bei denen Blut- und Harnuntersuchungen sowie Gewichtskontrollen bei der Mutter, Abhören der Herztöne und Ultraschallaufnahmen des Kindes wichtige Informationen darüber liefern, ob die Schwangerschaft normal verläuft. Zusätzlich können sich werdende Eltern in speziellen Schwangerschaftskursen auf die Geburt vorbereiten.

Die *Geburt* kündigt sich durch krampfartige Kontraktionen der Gebärmuttermuskulatur, die *Wehen*, an. Anfänglich treten sie in regelmäßigen Abständen von etwa 10—20 Minuten auf, dann werden die Abstände kürzer und die Wehen heftiger. Durch die Wehen wird das Kind in der Regel mit dem Kopf voran gegen den Gebärmutterhals gedrückt und dieser dadurch gedehnt *(Eröffnungsphase)*. Dann platzt die Fruchtblase und das Fruchtwasser fließt ab. Kurze, starke und rasch aufeinander folgende *Presswehen* drücken Kopf und Körper durch den natürlichen Geburtsweg, die Scheide, heraus.

Direkt nach der Geburt nehmen die Lungen des Kindes ihre Funktion auf, das Baby atmet von nun an selbstständig. Damit wird die Nabelschnur überflüssig und kann durchgetrennt werden, was absolut schmerzlos für das Neugeborene ist. Kurz darauf wird das Kind der Mutter auf den Bauch gelegt und die Eltern können es streicheln und im Arm halten. Etwa 30 Minuten nach der Geburt lösen sich Plazenta und Nabelschnur ab und werden als *Nachgeburt* ausgestoßen.

Aufgaben

① Warum sind Alkohol, Nikotin, Drogen und andere Gifte gerade in den ersten drei Monaten der Schwangerschaft besonders gefährlich für das Kind?

② Sind in deiner Familie noch Ultraschallaufnahmen vorhanden, die während der Schwangerschaft deiner Mutter aufgenommen wurden? Bringe sie mit und beschreibe, was darauf zu erkennen ist.

③ Warum legt man das Neugeborene auf den Körper der Mutter?

Die Lebensabschnitte

Der erste Abschnitt im langen Leben eines Menschen beginnt mit der *Geburt* und dem sich anschließenden *Säuglings-* und *Kleinkindalter.* In diesen ersten beiden Jahren muss das Kind Greifen, Sitzen, Krabbeln, Stehen, Gehen, Sprechen und Verstehen lernen und ist voll auf die Pflege und Fürsorge seiner Eltern bzw. einer festen Bezugsperson angewiesen. Aus diesen festen Beziehungen in der Anfangsphase des Lebens erwächst für das Kind ein *Urvertrauen,* das eine wesentliche Voraussetzung für die Entwicklung gesunder sozialer Bezüge zu anderen Menschen darstellt.

deren Menschen. Die Zahl der sozialen Kontakte vermehrt sich noch weiter im Kindergarten.

Mit der *Einschulung* beginnt der zweite Lebensabschnitt eines Menschen, die *Schulzeit.* Lesen, Schreiben, Rechnen und Umgang mit dem Computer — die Grundvoraussetzungen, um in unserer Welt zurechtzukommen — werden gelernt. In der weiterführenden Schule steht das Erlernen von Fachinhalten, das Auseinandersetzen mit Ideen und der Gedankenaustausch mit anderen Menschen an erster Stelle. In dieser Zeit beginnt auch die *Pubertät,* in der die *Jugendlichen* ihre Geschlechterrolle und ihre Persönlichkeit finden und entwickeln müssen. Diese teilweise schwer zu durchlebende Zeit endet für die jungen Menschen mit dem Schulabschluss, mit der Berufswahl, der Lehre oder mit dem Studium.

In seinem dritten Lebensabschnitt als *Erwachsener* ist der Mensch geistig und körperlich voll entwickelt. Er ist nun in der Lage, sein Leben eigenverantwortlich und selbstständig zu gestalten, aber auch Verantwortung für Andere zu übernehmen und zum Beispiel eine Familie zu gründen. Die Fähigkeit, Zeit seines Lebens zu lernen, ermöglicht es dem Menschen, bis ins hohe *Alter* hinein geistige Höchstleistungen zu vollbringen.

Im Laufe des Lebens durchlaufen wir Menschen unterschiedliche biologische, kulturelle und soziale Phasen. Sie gehören ebenso unauflöslich zum Leben wie Geburt und Tod, Jugend und Alter.

Im *Kleinkindalter* werden die Bewegungsfähigkeit und die geistigen Fähigkeiten weiter geübt und entfaltet. Gleichzeitig nimmt das Kleinkind wichtige Kontakte mit Gleichaltrigen auf und übt sich im Umgang mit an-

Aufgabe

(1) „Jedes Alter hat Vor- und Nachteile." Nennt Argumente zu dieser Aussage und diskutiert sie.

Verhalten

Immer schon interessierte sich der Mensch für das Verhalten von Tieren. Deshalb gehört die Beobachtung von Tieren und deren Verhaltensweisen zu den ältesten Teilgebieten der Biologie.

Welche Verhaltensweisen zeigen neugeborene Hunde? Was können sie bereits? Was müssen sie noch lernen? Welche Verhaltensweisen zeigen unsere nahen Verwandten, die Schimpansen?

Der Erwerb von Wissen über das Verhalten der verschiedenen Tiere hat schon vor zehntausenden von Jahren darüber entschieden, ob die „Steinzeitjäger"

beim Jagen an Nahrung gelangten oder nicht. Letztendlich hat aber auch die Unkenntnis der Gewohnheiten der Tiere zu dieser Zeit dazu geführt, dass der „Steinzeitjäger" vielleicht selbst als Mahlzeit endete.

Mit Interesse an tierischem und menschlichem Verhalten, Lernen, Wissenserwerb und Überlebenschancen bist du schon mitten im Thema …

Aggression

Gruppenverhalten

Spielverhalten

Lernverhalten

Instinkthandlung

1 Die Jungen werden gesäugt

2 Spielende Welpen

Das Verhalten von jungen Hunden

Es ist immer etwas Besonderes, bei der Geburt von Hundewelpen dabei zu sein. Egal, ob es sich bei der trächtigen Hündin um ein junges Tier vor dem ersten Wurf oder um ein erfahrenes Tier handelt, ist es nicht nötig, dass Menschen helfen. Dennoch möchte fast kein Hundebesitzer diesen Moment verpassen.

Ein Hundezüchter hat in der Regel bereits vor der Geburt der *Welpen* Interessenten für die Tiere aus dem Wurf. Er hat eine Verantwortung für seine Tiere und achtet darauf, dass er seine Hunde in ein gutes neues Zuhause abgibt. Obwohl die Welpen bereits Käufern versprochen sind, lässt er sie noch bis zu acht Wochen bei ihrer Mutter.

Besonders beim Anblick der Neugeborenen fällt es schwer sich vorzustellen, dass aus diesen hilflosen, unselbstständigen und noch blinden „Wollknäueln" mal große, herumtobende Hunde werden. Doch bereits beim Säugen erkennt man, dass alle Neugeborenen einige Verhaltensweisen beherrschen. So stupsen sie, noch blind, ihrer Mutter mit der Nase gegen den Bauch und suchen dort nach den *Zitzen*. Haben sie eine gefunden, nehmen sie die Zitze in ihr Maul und beginnen sofort mit Saugbewegungen. Die herausspritzende Milch wird direkt mit Schluckbewegungen aufgenommen. Auch andere Verhaltensweisen, wie z. B. das *Betteln* um Futter, *Beschwichtigungsgesten* wie das Rol-

len auf den Rücken oder *Lautäußerungen* über Wohl- und Unbehagen zeigen alle Hundewelpen. Dies ist ein Zeitpunkt, bei dem alle Welpen eines Wurfes noch annähernd die gleichen Verhaltensweisen aufweisen.

Nach 10 Tagen öffnen sich die Augen der Welpen, doch immer noch suchen sie die Nähe zu ihrer Mutter. Nach 6 bis 8 Wochen hat ein Welpe die wichtigsten Verhaltensweisen des Lebens in einer Gruppe beim Kampf um mütterliche Zitzen und Fürsorge gelernt. Mit der Entwöhnung von der Muttermilch erwacht in den Welpen die Neugier auf die noch unbekannte Umgebung. Hier zeigen sich schon die ersten charakterlichen Eigenschaften der Welpen. Der Welpe, der als erster neugierig umhertapst, entwickelt sich schnell zum Chef des Welpenrudels. Er wird auch später mit seinem „Herrchen" oder „Frauchen" um die Vorherrschaft kämpfen.

Jetzt ist die Zeit, in der die Welpen in ihr neues Zuhause abgegeben werden. Mit vielen Hundebesitzern bleibt der Züchter in Kontakt und kann miterleben, wie sich aus den tapsigen, ungelenken Welpen freche, herumtollende Junghunde entwickeln.

Andererseits ist es auch überraschend, wie unterschiedlich sich die einzelnen Geschwister eines Wurfes im Laufe der Monate entwickeln.

Während der eine Hund bereits auf eine Vielzahl von Kommandos reagiert, hört sein Bruder gerade mal auf seinen Namen. Auch im Verhalten gegenüber ihrem Herrchen zeigen die Geschwister deutliche Unterschiede.

Ursache für die unterschiedliche Entwicklung der Verhaltensweisen der Hunde ist neben grundlegenden charakterlichen Eigenschaften, wie zum Beispiel verschiedenartiges Angst- oder Neugierverhalten, auch das Sammeln unterschiedlicher Erfahrungen in den verschiedenen Haushalten, in die die Jungtiere kommen.

Besonders in der ersten Phase ihres Lebens erkennt man bei allen Welpen fast gleiche Verhaltensweisen. Diese werden als *genetisch bedingtes Verhalten* bezeichnet, da sie ohne vorheriges Lernen gezeigt werden.

Aber das Verhalten der Hunde ändert sich mit zunehmendem Alter. Die Hunde können immer mehr. Diese Verhaltensänderungen und neuen Verhaltensweisen werden als *erlerntes Verhalten* bezeichnet. Je nachdem, ob ein Hund nur als Spielkamerad für die Kinder oder als Jagd- oder Wachhund angeschafft wurde, muss er von seinen Besitzern anders erzogen und trainiert werden. Die unterschiedlichen Erfahrungen in den einzelnen Haushalten führen zu jeweils anderen Verhaltensänderungen durch Lernen.

Tatsächlich ist es äußerst schwierig zu unterscheiden, ob ein Verhalten genetisch bedingt oder erlernt ist, da beide Verhaltensweisen meistens miteinander verknüpft auftreten.

Aufgaben

1. Was können Hunde bereits zum Zeitpunkt ihrer Geburt? — Was müssen sie noch lernen?
2. Welche Auswirkungen hätte es für einen neugeborenen Welpen, wenn er keine genetisch bedingten Verhaltensweisen besäße?
3. Eine wichtige Regel der Hundezüchter ist, dass die Welpen in den ersten acht Wochen nicht von ihrer Mutter getrennt werden.
   Weshalb beachten die Hundezüchter diese Regel?
4. Beobachte, falls du nicht selbst sogar Hundebesitzer bist, Hunde in deiner Nachbarschaft und erstelle eine Liste der von dir beobachteten Verhaltensweisen.

Konditionieren — einfache Formen des Lernens

Lernen ist eine individuelle Anpassung an neue Umweltbedingungen. Es führt zu einer Veränderung der Wahrscheinlichkeit des Auftretens bestimmter Verhaltensweisen in speziellen Situationen.

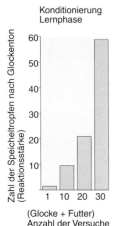

Konditionierung
Lernphase

Zahl der Speicheltropfen nach Glockenton (Reaktionsstärke)

60
50
40
30
20
10

1 10 20 30

(Glocke + Futter)
Anzahl der Versuche

Klassisches Konditionieren

Die Frage, wie zum Beispiel ein Hund lernt, ist nicht so einfach zu klären. Für Beobachter ist der Lernvorgang nur daran zu erkennen, dass ein Hund in der gleichen Situation nach dem Lernen ein anderes Verhalten zeigt als vorher. Um diese Verhaltensänderung messbar zu machen, führte der russische Physiologe IWAN PAWLOW einen Versuch durch: Er zeigte einem hungrigen Hund Futter. Sofort sammelte sich im Maul des Hundes Speichel. Läutete PAWLOW eine Glocke, zeigte der Hund keine Reaktion. Nun begann er damit, kurz vor der Fütterung des Hundes mit der Glocke zu läuten. Nach einigen Tagen und vielen Wiederholungen des Versuches zeigte sich, dass der Hund beim Läuten der Glocke auch ohne Futter Speichel bildete.

Bei der Gabe von Futter, einem *unbedingten Reiz*, zeigte der Hund eine *unbedingte Reaktion* und bildete Speichel. Der Glockenton hatte vor der Versuchsreihe für den Hund keine Bedeutung. Es war für den Hund ein *neutraler Reiz* und führte nicht zur Speichelabsonderung. Bei dem Versuch bestand aufgrund der regelmäßigen räumlichen und zeitlichen Nähe der beiden Ereignisse, Erhalt von Futter und Glockenton, ein Zusammenhang zwischen beiden Reizen. Der Ton konnte schließlich nach der Wiederholungsphase alleine den Speichelfluss auslösen. Der Glockenton wurde zu einem *bedingten Reiz*, der eine *bedingte Reaktion* hervorrief.

Der Lernvorgang des Hundes besteht darin, dass aufgrund seiner Erfahrungen im Versuch aus dem neutralen Reiz ein bedingter Reiz wird. Er hat gelernt, den Glockenton als Vorboten für die nachfolgende Fütterung zu nutzen. Dieses Lernen, bei dem ein neuer Auslöser für ein bereits existierendes Verhalten gelernt wird, bezeichnet man als *klassische Konditionierung*.

Verhaltensänderungen durch Konditionieren sind sinnvolle und effektive Anpassungen eines Individuums an seine Umwelt. Da man davon ausgeht, dass es sich hierbei nicht um einen bewussten Lernvorgang handelt, bei dem der Lernende schlussfolgernd agiert, gehört die Konditionierung zu den einfachen Lernformen.

Aufgaben

① Wie wird sich deiner Meinung nach das Balkendiagramm in der Randspalte nach der Lernphase weiterentwickeln? Begründe deine Entscheidung.

② Wie müsste man vorgehen, damit der Glockenton, der den Speichelfluss auslöst, vom bedingten wieder zu einem neutralen Reiz wird?

③ Nähert man sich einem Aquarium, so sammeln sich die Fische schnell an der Stelle, an der sie gefüttert werden. Erkläre diese Verhaltensweisen, indem du die Fachbegriffe zum Lernverhalten anwendest.

Operante Konditionierung

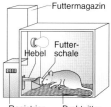

Futtermagazin

Futter-
Hebel schale

Registrier-
einrichtung   Drahtgitter

Der amerikanische Psychologe BURRHUSS SKINNER untersuchte das Lernverhalten von Ratten. Hierzu setzte er eine Ratte in die von ihm entwickelte *Skinnerbox,* einen Versuchskäfig, der u. a. mit einer Futterschale und einem Hebel ausgestattet war. Beim Beschnuppern und Betasten ihrer Umgebung drückte die Ratte auch auf den Hebel, der einen Futterausgabemechanismus in Gang setzte und ein Futterkorn in die Schale fallen ließ. Nach einigen Wiederholungen führte die Ratte das Drücken des Hebels mehrfach hintereinander aus.

**operante Konditio-
nierung**

opera (lat.) = Tätigkeit

conditio (lat.) =
Bedingung

Die Ratte hatte aufgrund ihres ausgeprägten Neugierverhaltens die unbekannte Umgebung untersucht. Dabei führte sie verschiedene Handlungen, z. B. Beschnuppern, Herumlaufen, Betasten und auch Hebeldrücken, aus. Nur nach dem Hebeldrücken er-

folgte eine sofortige Belohnung in Form einer Futterpille. Eine solche Belohnung wird als *positive Verstärkung* bezeichnet. Die Ratte lernte aufgrund der regelmäßigen zeitlichen Nähe zwischen dem Hebeldrücken und dem Erhalt der Futterpille den Zusammenhang zwischen beiden Ereignissen. Sie lernte, dass das Hebeldrücken die Bedingung für die kurz darauf folgende Belohnung war.

Neben dem genetisch bedingten Neugierverhalten der Ratte ist es für diesen Versuch jedoch entscheidend, dass SKINNER die Ratten vor dem Versuch längere Zeit hungern ließ und somit eine hohe *Handlungsbereitschaft* der Ratten erzeugte.

Diese Lernform, bei der eine zufällige Handlung eine nachfolgende Verstärkung bedingt, bezeichnet SKINNER als *operante Konditionierung.*

Zettelkasten

Dressieren von Delfinen — Konditionieren beim Spiel

Der Delfintrainer gibt das Kommando: „Sprung!". Der Delfin beschleunigt mit wenigen Flukenschlägen, durchbricht die Wasseroberfläche und überspringt eine mehr als zwei Meter über dem Wasser gehaltene Stange.

Frei lebende Delfine leben in der Regel in Gruppen zusammen und zeichnen sich durch ein ausgeprägtes Spiel- und Neugierverhalten aus. Hierbei vollführen sie ebenfalls Sprünge, nutzen diese aber nicht zum Überwinden eines Hindernisses. Selbst wenn Delfine mit großen Netzen zusammengetrieben werden, versuchen sie nicht die Netze zu überspringen.

Wenn Delfine sich z. B. an einen Trainer gewöhnt haben, ihn über längere Zeit kennen und ihm vertrauen, schließen sie auch engeren Kontakt mit Menschen. Der Trainer kann ihnen dann im Spiel verschiedene „Kunststücke" beibringen. Vor dem Trainingsbeginn legt der Trainer die Stange ins Delfinbecken. Zunächst meidet der Delfin den unbekannten Gegenstand. Etwas später „siegt die Neugier" und der Delfin nähert sich der Stange und untersucht sie. Schließlich wird die Stange zu einem neutralen Reiz.

Das Sehen eines Fisches führt als unbedingter Reiz zum Anschwimmen der Beute. Der Trainer bringt die Stange im Becken so an, dass der Delfin beim Abholen des hingehaltenen Fisches die Stange überschwimmen muss. Im Moment der Überquerung der Stange ruft er das Kommando „Sprung". Die Stange und das Kommando sind weiterhin neutrale Reize für den

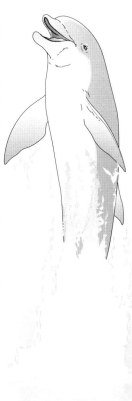

Delfin. Beim häufigen Wiederholen lernt er durch die regelmäßige zeitliche und räumliche Nähe von Kommando und Zeigen des Fisches durch *klassische Konditionierung* das Anschwimmen und Überschwimmen der Stange auf Kommando des Trainers. Der neutrale Reiz „Sprung" wird zum bedingten Reiz. Da der Erhalt des Fisches nach dem Überschwimmen der Stange eine Belohnung für den Delfin ist, gelingt es dem Trainer mit der Zeit, die Handlung des Delfins durch *operante Konditionierung* zu verändern. Indem der Trainer die Stange immer näher zur Wasseroberfläche bringt, wird aus dem anfänglichen Anschwimmen ein Überschwimmen der Stange, dann ein Übergleiten und schließlich ein Überspringen der Stange.

Dieses Beispiel zeigt, wie das Spielverhalten des Delfins das Lernen positiv beeinflusst. Gerade weil beim Spiel kein bestimmter Zweck verfolgt wird, geschieht es, dass neue Bewegungen erfunden, Verhaltensweisen aus bekannten Zusammenhängen gelöst und frei kombiniert werden.

Besonders Jungtiere weisen ein ausgeprägtes Erkundungs- und Spielverhalten auf, welches bei einigen Tiergruppen zeitlebens erhalten bleibt. Durch den spielerischen Vollzug von Handlungen werden die motorischen und geistigen Fähigkeiten gesteigert. Spielverhalten dient dem Gewinn von Erfahrungen über die Umgebung, den eigenen Körper und das Verhalten von Artgenossen.

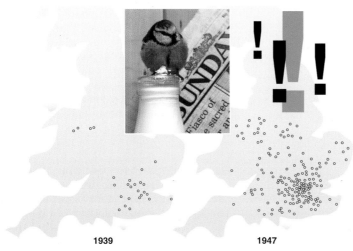

1939   **1947**

1 Nachahmung führt zur Tradition

Komplexes Lernen bei Tieren und Menschen

Bei einer **Tradition** werden neue Verhaltensweisen über Lernen durch Nachahmung von einer Generation einer Population in die nächste übernommen.

In England ist es üblich, dass der Milchmann jeden Morgen seinen Kunden Flaschen mit frischer Milch vor die Haustüre stellt. 1921 wurde erstmals eine *Blaumeise* beobachtet, wie sie den Staniolverschluss einer solchen Milchflasche aufpickte. Anschließend fraß sie von der Rahmschicht, die sich am Flaschenhals abgesetzt hatte.

Wie lässt sich das Verhalten der Blaumeise erklären? Eine Blaumeise wagt sich aus den schützenden Gartenanlagen bis an die Haus-

2 Blaumeise auf Nahrungssuche

tür und die dort stehende Milchflasche. Ihr ausgeprägtes Neugierverhalten führt dazu, dass sie die neue Situation erkundet. Da Blaumeisen bei der Nahrungssuche häufig Rinden anheben, wendet die Meise diese Vorgehensweise am Staniolverschluss der Milchflasche an. Mit dem Öffnen des Milchflaschenverschlusses zeigt sie ein neues Verhalten und gelangt an die nährstoffreiche Rahmschicht. Die Meise wird für ihr neues Verhalten belohnt. Da in diesem Fall eine neue Handlung durch die Belohnung eine *positive Verstärkung* erfährt, handelt es sich um eine *operante Konditionierung*.

Diese operante Konditionierung wird als *Lernen durch Versuch und Irrtum* bezeichnet. Die Meise führt aufgrund von Neugier- oder Spielverhalten eine Handlung aus, z. B. das Picken gegen die Glasflasche. Da diese Handlung nicht zu einer Belohnung führt, wird die Meise dieses Verhalten in Zukunft seltener ausführen. Wird eine Handlung wie das Anheben des Milchflaschendeckels aber durch das Fressen der Rahmschicht belohnt, führt dies dazu, dass dieses Verhalten beim nächsten Kontakt mit Milchflaschen häufiger gezeigt wird.

Bis zu diesem Zeitpunkt war das Phänomen des Milchdeckelöffnens noch durch einfache Lernformen zu erklären. Das Öffnen von Milchflaschendeckeln breitete sich jedoch von 1939 bis 1947 über weite Teile Südenglands aus. In einem ständig wachsenden Gebiet wurden immer mehr Milchflaschen geöffnet. Die Hypothese, dass enorm viele Meisen das Milchdeckelöffnen unabhängig voneinander durch Versuch und Irrtum erlernt haben, erscheint unwahrscheinlich, denn es erklärt nicht, weshalb nur die südenglischen Meisen das Öffnen erlernten. Weiterhin wirft es die Frage auf: Wenn das Flaschenöffnen durch Versuch und Irrtum zwischen den Jahren 1939 und 1949 so häufig erlernt werden kann — weshalb hat es dann keine Meise vor 1921 erlernt?

Eine Erklärung für diese Situation bietet das *Nachahmen* der Artgenossen. Das Beobachten von anderen und das Nachahmen ihres Handelns ermöglicht ein schnelleres Erlernen eines neuen Verhaltens. Neue Erfahrungen müssen nicht mehr durch Versuch und Irrtum selbst gemacht werden, sondern können teilweise durch Nachahmen von anderen übernommen werden. Auf diese Art und Weise entwickelte sich in der Blaumeisenpopulation in Südengland die *Tradition* des Öffnens von Milchflaschen.

Mit einem *Orang-Utan* wird das Öffnen verschiedener Schließsysteme mit den speziell dafür vorgesehenen Schlüsseln trainiert. Beim eigentlichen Versuch steht in einem Raum eine Vielzahl von Kästen mit jeweils unterschiedlichen Schließsystemen. Der durch die Plexiglasdeckel gut sichtbare Inhalt jedes Kastens ist jeweils ein anderer Schlüssel und in einem der Kästen schließlich eine Belohnung.

Nach dem Betrachten der Kästen mit ihren jeweiligen Schließsystemen muss sich der Orang im Vorraum des Versuches für einen von zwei möglichen Schlüsseln entscheiden. Nur bei der Wahl des richtigen Schlüssels gelingt es, nacheinander alle Kisten zu öffnen, um schließlich an die Belohnung zu gelangen. Bei der Wahl des falschen Schlüssels öffnet der Orang zum Schluss den leeren Kasten. Nach ausgiebiger Betrachtung der Kästen entscheidet sich der Orang in der Mehrzahl der Versuchsreihen deutlich häufiger für den richtigen Schlüssel.

Durch die zeitliche und räumliche Trennung von der Situation im Versuchsraum und der Entscheidungssituation im Vorraum gewinnt man den Eindruck, dass der Orang nach einem Plan handelt. Diese Lernform wird als *Lernen durch Einsicht* bezeichnet.

Für Menschen und Tiere hat das Lernen eine große Bedeutung, damit sie in einer sich verändernden Umwelt bestehen können. Besonders intensiv sind die Lernprozesse in der Kindheit bzw. Jugendzeit. Beim Menschen ist gerade sie im Vergleich zu den meisten Tieren stark ausgeweitet. Kinder vervollkommnen im Spiel allmählich ihre motorischen und geistigen Fähigkeiten wie auch die Fähigkeit zu den verschiedenen Spielarten. So ahmt z. B. ein Kleinkind im Illusionsrollenspiel seine Eltern oder andere Personen nach. Nahezu jedes Video- oder Computerspiel wäre unlösbar ohne Versuch und Irrtum — und natürlich dem vorherigen Abspeichern des Spielstands…

Doch diese beim Menschen häufig unbewusst ablaufenden einfachen Lernformen, wie das klassische und operante Konditionieren, sind nicht geeignet, komplizierte Aufgaben zu lösen. *Komplexe Lernformen* sind effektiver als Lernen durch Ausprobieren. Sie führen beim Menschen zu abstrakteren Lernformen, die sich z. B. in der technischen Weiterentwicklung von Werkzeugen oder in kulturellen Entwicklungen, wie Literatur oder Kunst und Musik, zeigen.

Nahezu alle bei Tieren beobachteten Formen des Lernens lassen sich auch beim Menschen nachweisen. Beim Menschen gehen jedoch Komplexität und Qualität dessen, was gelernt werden kann, über die bei Tieren möglichen Lernleistungen hinaus. Speziell das *Lernen durch Einsicht* als einer der wirkungsvollsten Lernprozesse ist beim Menschen besonders stark entwickelt und kann als wesentliche Grundlage seines Denkens angesehen werden. Es ermöglicht, allgemeine Gesetzmäßigkeiten zu erkennen und auf andere Probleme im sogenannten *Transfer* anzuwenden. Durch die Fähigkeit, Bekanntes und bereits Erlerntes in neuen Situationen miteinander zu verknüpfen, gelingt es neue Lösungen zu entwickeln.

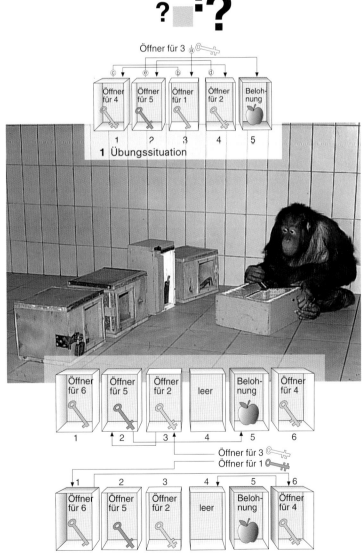

1 Übungssituation

2 Lösungswege

Eine Lernstrategie

In vielen Situationen sind so komplexe Lernprozesse wie das Lernen durch Einsicht oder der Transfer nicht sehr hilfreich. Da helfen verschiedene *Lernstrategien*.

Untersuchungen belegen, dass die Intelligenz eines Schülers und seine Noten bei Prüfungen oft sehr voneinander abweichen. Deshalb sagt das Prüfungsergebnis oft weniger über die Fähigkeiten eines Schülers, sondern mehr über seine eingesetzten *Lernmethoden* und *Lernstrategien* aus.

Manche Schüler vermögen sich nur eine halbe Stunde zu konzentrieren, andere können mehrere Stunden am Stück lernen.

Um Erkenntnisse über die ideale Lernzeit zu erhalten, führten Wissenschaftler folgenden Versuch durch. Sie teilten Studenten wahllos in zwei Gruppen. Die Testpersonen der Gruppe 1 lernten jeden Tag eine Stunde lang. Die der Gruppe 2 lernten zwei mal am Tag für jeweils zwei Stunden. Obwohl die Gruppe 2 viermal soviel Zeit zur Verfügung hatte, lernte sie nur etwa doppelt soviel wie die Gruppe 1. Beschränkt man seine Lernzeit und verteilt den Lernstoff über mehrere Tage, statt am letzten Tag mehrere Stunden zu lernen, kann man also mehr Informationen aufnehmen und anschließend wieder abrufen.

Beim Lesen längerer Texte hilft das Erstellen einer Liste der Hauptpunkte (Lesen mit Papier und Stift) als Gedächtnishilfe. Bei eigenen Büchern eignet sich auch der Buchrand zum Notieren kurzer Bemerkungen. Das Einprägen der Überschriften stellt ebenfalls eine gute Erinnerungshilfe dar. Ist die Reihenfolge der Überschriften von Bedeutung, hilft dir das Bilden von Buchstabenfolgen bzw. Abkürzungen (z. B.: EVA-EVA) oder das Bilden von Sätzen aus den Anfangsbuchstaben.

Es ist wichtig, die eigenen Schwächen in dem zu prüfenden Unterrichtsfach zu erkennen, sodass sie gezielt bekämpft werden können.

Aufgabe

① Lies die Seiten 270 und 271 „Konditionieren — einfache Formen des Lernens" und versuche, mithilfe des EVA-EVA-Systems möglichst viele Informationen zu behalten.

Zettelkasten

Das EVA-EVA-System

Das EVA-EVA-System hilft dir, deine Lernzeit optimal zu nutzen. EVA-EVA steht für sechs Lernstufen.

Keine Konzentration ohne „Arbeitslaune"

Den Inhalt eines Textes kann man nur lernen, wenn man ihn versteht

Lernen wird zur Gewohnheit, wenn du jeden Tag zur gleichen Zeit an den Büchern sitzt. Das Interesse an der Arbeit ist eine Grundvoraussetzung für erfolgreiches Lernen (Neugierverhalten). Je lieber man eine Arbeit macht, umso leichter fällt sie einem. Da Gewohnheiten zu einer positiven Grundeinstellung führen, steht man dem Lernstoff offener gegenüber. Beim Nachlassen der Konzentration sollten Pausen eingelegt werden.

Lies den ganzen Text durch, markiere die schwer verständlichen Abschnitte und arbeite die Stellen, die dir nicht ohne weiteres klar waren, in kleinen Schritten durch — ähnlich wie bei der Dressur.

Überprüfe nach jedem Abschnitt, was du behalten hast. Hierzu solltest du die Hauptpunkte aufschreiben. Überlege dir anschließend, in welchem Zusammenhang sie zueinander stehen. Je häufiger eine Information abgerufen wird, umso besser wird sie behalten.

Gedächtnisspuren vertiefen durch wiederholtes Abrufen

Bereiten dir bestimmte Texte Schwierigkeiten, so besorge dir mehr Informationen und sprich mit anderen darüber. Die Verknüpfung der Lerninhalte mit Situationen des Alltags oder mit Dingen, die dich interessieren, z. B. deine Hobbys, verbessern das Behalten der Informationen.

Das Formulieren von Fragen zum Lernstoff erweitert dein Wissen und verbessert dein Gedächtnis. Fasse die Texte in eigene Worte. Suche Beispiele für im Text erklärte Regeln.

Frage dich selbst ab, indem du aus dem Gedächtnis eine Zusammenfassung oder eine Stichwortliste erstellst und anschließend mit dem Originaltext vergleichst. So erhältst du Einblick in deinen Lernfortschritt.

Es ist sinnvoll, das Gelernte nach einem Tag, einer Woche, einem Monat und vier Monate später zu wiederholen. Dass du einen Großteil des Wissens behalten hast, kann im Sinne der positiven Verstärkung ein Ansporn sein weiter zu lernen.

Gezieltes Nachlesen schließt Wissenslücken

Wissen erweitern durch Anwenden und Beurteilen

Fehler feststellen und falsche Lerngewohnheiten ändern

Lexikon

Prägung und prägungsähnliches Lernen

Prägung

Feldspitzmäuse verbeißen sich beim Verlassen des Nestes im Fell der Mutter oder in der Schwanzwurzel eines Geschwistertieres und bilden somit eine „Karawane".

Um festzustellen, welche Reize die Festbeißreaktion der Spitzmausjungen hervorrufen, plante man einen *Attrappenversuch*. Hierbei wurde der natürliche Reiz, der zum Festbeißen führt, durch eine Nachbildung (Attrappe) ersetzt. Es zeigte sich, dass das Festbeißen bis zum 7. Lebenstag noch in jedem beliebig angebotenem Fell erfolgt. Versuche nach dem 7. Lebenstag belegen, dass der Geruch bereits vorher gelernt wurde und andere Felle jetzt keine Festbeißreaktion mehr auslösen. Die Spitzmausjungen haben gelernt, ihre Mutter oder Geschwister an ihrem Geruch zu erkennen.

Die Zeitspanne, in der das Lernen des Geruchs der Mutter und Geschwister stattfindet, nennt man *sensible Phase*. Ihr Auftreten ist einmalig und in seiner Dauer begrenzt. Diesen zeitlich begrenzten Lernvorgang, der sich durch seine hohe Stabilität des Gelernten auszeichnet, bezeichnet man als *Prägung*.

Die sensible Phase beim Spracherwerb des Menschen

Vom achtzehnten Lebensmonat an lebte das Mädchen Genie, von ihren Eltern ins Schlafzimmer gesperrt, völlig isoliert. Als das Jugendamt Genie mit 13 Jahren von ihren Eltern wegholte, konnte sie nicht sprechen. Obwohl Genies Intelligenz völlig normal war, lernte sie auch nach Jahren intensiver Betreuung und Unterrichtens nur in kurzen knappen Wortstößen zu reden. Der Fall des Mädchen Genie aus Los Angeles verdeutlicht die Folgen, wenn zum Zeitpunkt der sensiblen Phase für den Spracherwerb nicht die nötigen Reize aus der Umwelt auftreten.
Man geht von einer bei allen Kleinkindern vorhandenen Fähigkeit des Erlernens einer beliebigen Sprache aus. Im Umgang mit der Sprache scheint sich das Gehirn eines Kleinkindes die für den Spracherwerb erforderlichen Informationen auszuwählen. Obwohl das Lernen einer Sprache anscheinend in unserem Verhalten vorbereitet ist, bedarf es spezieller Umweltreize, um eine Sprache zu erlernen.

Die sensible Phase für das Erlernen von Sozialverhalten bei Rhesusaffen

Zur Mutter-Kind-Bindung führte der amerikanische Biologe HARRY HARLOW eine lange Versuchsreihe mit Rhesusaffen durch. Neugeborene Rhesusaffen wurden der Mutter weggenommen und von Tierpflegern aufgezogen. Aufgrund der perfekten Hygiene, der ideal abgestimmten Ernährung und der tierärztlichen Aufsicht entwickelten sich diese Tiere sogar körperlich besser als normal aufgewachsene. Besonders auffällig war die Vorliebe der von Pflegern aufgezogenen Tiere für kuschelige Gegenstände und Stoffe, an die sie sich intensiv anschmiegten.

HARLOW bot daraufhin anderen von der Mutter getrennten Affenkindern zwei mögliche Mutter-Attrappen an. Eine „Ersatzmutter" bestand nur aus Draht, die zweite „Ersatzmutter" war mit einem fellähnlichen Stoff überzogen und beheizt. Aber nur an der Draht-Ersatzmutter waren Milchfläschchen befestigt. Obwohl die Stoff-Attrappe keine Nahrung bot, wurde sie von den Rhesusaffen deutlich bevorzugt. Nur zum Trinken wechselten die Affenkinder kurzfristig zur „Draht-Ersatzmutter.

Die Ergebnisse des Attrappenversuches führten HARLOW zunächst zu dem Schluss, dass Anklammern und Körperkontakt zu einer idealen Attrappen-Mutter ausreichen, um eine normale Entwicklung der Affenkinder zu ermöglichen. Im weiteren Verlauf der Versuche zeigte sich, dass nicht nur die Affen, die ausschließlich mit der Draht-mutter aufwuchsen, sondern auch die Affen, die mit beiden Attrappen aufwuchsen, deutliche Verhaltensauffälligkeiten aufwiesen: Tiere beider Gruppen blieben nach einiger Zeit apathisch sitzen, verhielten sich aggressiv und wiesen weitere Entwicklungsstörungen im Spiel-, Lern- und Sozialverhalten auf, wobei die zweite Gruppe zunächst nicht so auffällig war. Mit zunehmender Dauer der Trennung von der leiblichen Mutter und anderen Affen nahmen die Verhaltensauffälligkeiten deutlich zu. Wurden die Tiere nach höchstens sechs Monaten Isolation zur Mutter zurückgegeben, bildeten sich die Verhaltensstörungen zum Teil zurück. Nach mehr als sechs Monaten Trennung von der Mutter blieben die Tiere auf Dauer in ihrem Sozialverhalten gestört.

Für andere Säugetierarten liegen inzwischen vergleichbare Versuchsergebnisse vor. Wie bei der Prägung, scheint es auch für das Erlernen des Sozialverhaltens von Säugetieren eine sensible Phase zu geben. Das Fehlen der entsprechenden Reize führt auch hier zu Entwicklungsstörungen und Verhaltensauffälligkeiten, die später kaum ausgeglichen werden können.

Was ist
Intelligenz ?

Roger   Lucy

Die Schimpansendame Lucy, die sich in Zeichensprache verständigen kann, hat, statt wie gewohnt auf die Toilette zu gehen, ins Wohnzimmer gemacht. Als ihr Betreuer Roger sie fragt „Was das?" entsteht folgender Dialog:

L.: „Lucy nicht wissen"
R.: „Du wissen. Was das?"
L.: „Schmutzig, Schmutzig"
R.: „Wessen Schmutzig Schmutzig?"
Lucy beschuldigt eine Betreuerin „Sue"
R.: „Das nicht Sues. Wessen das?"
L. „Roger"
R.: „Nein. Das nicht Rogers. Wessen das?"
L.: „Lucy Schmutzig Schmutzig, Entschuldigung Lucy".

Zwei Schimpansen aus einer sozialen Gruppe – links der dominante **(A)**, in der Rangordnung weiter oben angesiedelte, rechts der mit niedrigerem Rang **(B)** – erhalten gleichzeitig Zugang zu zwei Früchten.

Wenn **A** und **B** jeweils beide Früchte sehen, erhält in der Mehrheit der Fälle **A** beide Früchte.

Sieht aber **A** nur eine der beiden Früchte, weil die zweite Frucht hinter einer Barriere verborgen ist, so wartet **B** ab, bis sich **A** die sichtbare Frucht genommen hat und sich abwendet. Jetzt erst sichert sich **B** die Frucht.

Weiß **B**, was **A** sieht?

Was soll das Affentheater?

Gibt man Schimpansen über längere Zeit die Möglichkeit, sich im Spiegel zu sehen, so entfernen sie z. B. Farbflecken, die man ihnen zuvor im Schlaf aufgemalt hat.

Spielt man Schimpansen, die sich anscheinend in Versuchen im Spiegel selber erkennen, ein Videoband ihres Verhaltens von vor einer Stunde ab, so erkennen sie sich selber nicht. Kleinkinder sehen sich mit zwei Jahren im Spiegel und sagen: „Ich!"

Spiel nicht rum . . . – lern' lieber was!

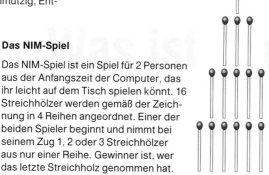

Das NIM-Spiel

Das NIM-Spiel ist ein Spiel für 2 Personen aus der Anfangszeit der Computer, das ihr leicht auf dem Tisch spielen könnt. 16 Streichhölzer werden gemäß der Zeichnung in 4 Reihen angeordnet. Einer der beiden Spieler beginnt und nimmt bei seinem Zug 1, 2 oder 3 Streichhölzer aus nur einer Reihe. Gewinner ist, wer das letzte Streichholz genommen hat.

Der Todesstein

Zwölf Streichhölzer und der Todesstein liegen hintereinander aufgereiht. Abwechselnd müssen die beiden Spieler bei ihrem Zug 1, 2 oder 3 Streichhölzer wegnehmen. Wer als Letzter den Todesstein nehmen muss, hat verloren.

Wer ist hier intelligent?

Der amerikanische Psychologieprofessor und Hundetrainer STANLEY COREN führte eine Untersuchung an 133 Hunderassen durch.
Seine Ergebnisse lauten: Die afghanischen Windhunde bilden das Schlusslicht auf der IQ-Liste. Pudel gehören zu den Allerklügsten im Hundereich. Sie sind sogar noch etwas gescheiter als Deutsche Schäferhunde, Dobermänner und Rottweiler.

.... geprüft wurde, wie gut sie auf die üblichen Abrichtbefehle „Sitz", „bei Fuß", „Platz" und „hol" reagierten.

Die zehn intelligentesten Hunderassen

1. Border Collie
2. Pudel
3. Deutscher Schäferhund
4. Golden Retriever
5. Dobermann
6. Shetland-Schäferhund
7. Labrador (Neufundländer)
8. Papillon
9. Rottweiler
10. Australischer Hirtenhund

Quelle: *DIE WELT*, 22. Februar 1994

Aus einem Ursprungsstamm hatte man über lange Zeit in einer „normalen Umgebung" zwei Rattenstämme gezüchtet. Die Tiere des ersten machten enorm wenige Fehler in Labyrinthversuchen (die Intelligenten), die des zweiten fielen durch häufige Fehler im Labyrinth auf (die Dummen).

Wurden aber beide Rattenstämme in einer strukturreichen, mit vielen stimulierenden Reizsituationen ausgestatteten Umwelt gehalten, zeigten die „dummen" und die „intelligenten" Ratten kaum einen auffälligen Unterschied in ihrer Fehlerzahl im Labyrinthversuch. Bei einer Aufzucht in einer reizarmen Umgebung hingegen waren die Versuchsergebnisse sogar identisch.

Doof geborn ist keiner,
doof wird man gemacht
Und wer behauptet
doof bleibt doof
der hat nicht nachge-
dacht

Liedertext

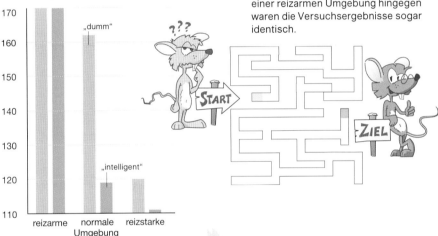

Mittlere Anzahl der Fehler: 170, 160, 150, 140, 130, 120, 110 — „dumm" / „intelligent" — reizarme, normale, reizstarke Umgebung

Künstliche Intelligenz

Mit großem Aufwand arbeiten Wissenschaftler und Computertechniker an der Entwicklung künstlicher Intelligenz, aber immer noch scheinen Probleme, die für uns simpel erscheinen, unlösbar für die „Computergehirne".
Würde man einen Computer mit künstlicher Intelligenz vor die Entscheidung stellen, sich zwischen zwei Uhren zu entscheiden, von der eine fünf Minuten nachgeht und die andere stehen geblieben ist, so würde er die kaputte Uhr wählen …

Mit welcher Begründung?

„Ein geselliger Automat, der Stimmungen hat, aber weniger Grips als ein Säugling".

Der „kluge Hans"

Der Lehrer WILHELM VON OSTEN erregte um das Jahr 1900 mit seinem Pferd, dem „klugen Hans", großes Aufsehen. Der kluge Hans war in der Lage, im Zahlenraum bis 20 einfache Aufgaben zu lösen. Das Ganze erschien durchaus glaubhaft, da VON OSTEN nicht nur bereit war, jemand anderen eine beliebige Rechenaufgabe stellen zu lassen, sondern auch den klugen Hans für die Bearbeitung der Aufgabe — z. B. 15 minus 8 — alleine ließ und aus dem Raum ging. 15 minus acht ergab sieben Hufschläge auf den Boden.

**Was war der Grund für die offensichtliche mathematische Begabung des Pferdes?
Ein Tipp: Der kluge Hans nutzte zur Beantwortung der Aufgaben nicht die Mathematik, sondern die Psychologie.**

Beutefang bei der Erdkröte — eine Instinkthandlung

Beobachtet man eine Erdkröte beim Beutefang, so stellt man fest, dass sie auf Bewegungen von Insekten in ihrer unmittelbaren Nähe reagiert. Die Kröte wendet ihren Körper jeweils zur Beute und blickt sie an. Sobald sich das Insekt, z. B. eine Fliege, in günstiger Entfernung befindet, schnellt die Erdkröte ihre Zunge vor, fängt und verschluckt die Beute. Diese Bewegungsfolge läuft bei allen Erdkröten immer in dieser gleichen Weise ab. Da alle Kröten, unabhängig davon, wie und wo sie aufgezogen wurden, das gleiche Verhalten zeigen, geht man davon aus, dass dieses Verhalten nicht individuell erlernt wurde, sondern bei jeder Kröte von Beginn an als genetische Information vorliegt. Ein solches Verhalten bezeichnet man als *genetisch bedingtes Verhalten*.

Der **Schlüsselreiz** ist ein Reiz, der ohne vorherige Lernvorgänge von einem Individuum mit einem genetisch bedingten Verhalten beantwortet wird.

Die Orientierungsbewegung **(Taxis)** als Teil der Instinkthandlung ist flexibel und richtet sich auf den jeweiligen Reiz hin aus. Fällt der Reiz weg, wird die Orientierungsbewegung nicht mehr ausgeführt.

Handlung, der Ausführung des Zungenschlages, so läuft die Bewegung bis zum Ende ab. Dieser Teil der Beutefanghandlung, die *Endhandlung*, ist nicht mehr aufzuhalten.

Bei Versuchen zur Auslösung eines genetisch bedingten Verhaltens zeigt sich manchmal, dass Tiere in gleichen Situationen unterschiedlich intensiv reagieren. Erklärt wurde das mit einer unterschiedlichen *Handlungsbereitschaft*. Je höher die Handlungsbereitschaft eines Tieres ist, umso heftiger reagiert es auf einen Reiz.

Die Handlungsbereitschaft hängt von inneren und äußeren Faktoren ab. Die Handlungsbereitschaft der Erdkröte zum Beutefang ist z. B. sowohl von der Jahres- und

Handlungsbereitschaft

äußere Faktoren

ökologische Einflüsse
Wetter, Jahreszeit, ...

Schlüsselreize
Größe, Art der Beute ...

Je höher die Handlungsbereitschaft bei gleichem Reiz, umso heftiger die Reaktion.

innere Faktoren

Reifezustand
Kaulquappe / Kröte

Hormone
Blutzuckerspiegel

vorherige Handlung
Beutefang

mögliche Rückwirkung

mögliche Rückwirkung

Instinkthandlung

Versuche mit unterschiedlichen Beutenachbildungen ergeben, dass Kröten sie nur dann als mögliche Beute ansehen, wenn die Objekte so groß wie Insekten sind und sich bewegen. Die *Attrappenversuche* klären, welcher Reiz z. B. das Beutefangverhalten der Kröten auslöst. Der Auslöser eines genetisch bedingten Verhaltens heißt *Schlüsselreiz*. Nur eine Attrappe mit ganz bestimmten Eigenschaften kann ein spezielles Verhalten auslösen.

KONRAD LORENZ und NIKOLAAS TINBERGEN bezeichneten eine solche Handlung, wie das Beutefangverhalten der Erdkröte, als *Instinkthandlung* und unterteilten sie in zwei Teilhandlungen. Ein Schlüsselreiz löst eine *Orientierungsbewegung* zur Beute aus. Bewegt sich das Insekt bzw. eine entsprechende Attrappe weiter, so richtet sich die Erdkröte jeweils erneut auf die Beute aus. Beginnt die Kröte mit dem zweiten Teil der

Die **Endhandlung** besteht aus einer festen Folge von Einzelbewegungen. Sie verläuft relativ formstarr und artspezifisch. Einmal ausgelöst, wird sie fast unabhängig von Außenreizen beendet. Endhandlungen beruhen auf genetischen Informationen und sind nicht durch Lernvorgänge veränderbar.

Tageszeit als auch vom Wetter abhängig. Genauso entscheidet ihr körperlicher Zustand, z. B. Blutzuckerspiegel, Menge der Fettreserven, Gesundheitszustand oder Erschöpfungszustand, ob sie mit dem Beutefang beginnt. Aber auch ihr hormoneller Zustand, z. B. während der Paarungszeit, hat Einfluss auf ihr Verhalten. Dies ist nur ein kleiner Ausschnitt der möglichen Einflussfaktoren, die dazu führen, dass ein Tier sich so verhält, wie es sich verhält.

Viele Tiere sind durch ihre genetisch bedingten Verhaltensweisen gut an die Bedingungen ihrer natürlichen Umwelt angepasst. Im Laufe ihres Lebens werden genetisch bedingte Verhaltensweisen oftmals aufgrund von neuen Erfahrungen durch Lernen modifiziert. Denn besonders in neuartigen und unbekannten Situationen können die relativ starren genetisch bedingten Verhaltensweisen versagen oder von Nachteil sein.

Zum Verhalten der Amsel

Eine Vielzahl von Verhaltensbeobachtungen haben zunächst unter kontrollierten Bedingungen im Experiment oder in Gefangenschaft stattgefunden. Eine komplexe und dementsprechend schwierige Situation ist die Beobachtung von Tieren im Freiland.

Die Amsel ist durch ihr häufiges Auftreten in Siedlungsnähe und ihre Toleranz gegenüber Menschen in unmittelbarer Nähe ein ideales Tier zur Freilandbeobachtung. Erwachsene Amselweibchen und -männchen sind leicht voneinander zu unterscheiden. Das Weibchen ist einfarbig erdbraun mit einer heller gefleckten Kehle. Der Schnabel ist braun.

Männliche Amseln besitzen ein einfarbiges kohlschwarzes Gefieder. Im ersten Winter färbt sich der Schnabel der männlichen Jungvögel orangegelb und der Augenring wird auffallend gelb.

Das Verhalten der Amsel ist nicht zu jeder Jahreszeit gleich. Wenn du vorhast das Verhalten der Amseln im Garten zu studieren, ist es wichtig vorher zu überlegen, welche besonderen Verhaltensweisen in der jeweiligen Jahreszeit zu erwarten sind.

Neben einigen besonderen Verhaltensweisen im Jahresverlauf zeigen die Amseln jedoch auch einige Verhaltensweisen über das ganze Jahr hinweg.

Folgendes Material kann bei den Beobachtungen hilfreich sein: Großformatige Grundstückskarte; Schreibunterlage, Stift (Einzeichnen von Revieren, Nist- und Gesangsplätzen), Notizblock, Uhr, Fotoapparat, Tonbandgerät, Feldstecher.

① Betrachte die Grafik zum Jahresverlauf und nenne besondere Verhaltensweisen, die du zur Zeit bei der Amsel beobachten könntest.

② Beobachte mehrmals zu unterschiedlichen Zeiten und Tagen die Amseln deiner Umgebung und fülle die Tabelle aus.

Datum:			
Start-/Endzeit:	—	—	—
Temperatur:	....	....	....
Wetter:	....	....	....
♂ gesamt:	....	....	....
♀ gesamt:	....	....	....
♂,♀ gesamt:	....	....	....

Gesangsverhalten

Von Februar bis Juli erklingt der Frühlingsgesang der Amseln und von September bis Oktober kann man den deutlich leiseren Herbstgesang hören.

③ Welches Geschlecht haben die singenden Amseln?

④ Markiere die Stellen, an denen du eine singende Amsel beobachtet hast. Haben diese Stellen etwas gemeinsam?

Nahrungssuche/-aufnahme

Große Rasenflächen (z. B. Sportplätze), Beete und fruchttragende Bäume und Sträucher bieten gute Möglichkeiten, Amseln bei der Nahrungsaufnahme zu beobachten.

⑤ Welche Nahrung nimmt die Amsel zu sich?

⑥ Wie bewegt sich die Amsel bei der Nahrungsaufnahme?

⑦ Wie behandelt die Amsel ihre Nahrung oder die Beute?

⑧ Wie erfolgt die Nahrungssuche, z. B. in Laubhaufen?

Eine besondere Situation zur Beobachtung der Amsel bei der Nahrungsaufnahme ergibt sich im Winter an einem Vogelbrett oder Vogelhäuschen, da dies die einzige Stelle sein kann, an der die Amsel etwas zu fressen finden.

Bei allen Beobachtungen ist es wichtig, dass du deine Ergebnisse mit denen deiner Mitschüler vergleichst. Unterschiedliche Ergebnisse lassen sich erklären, wenn man vorher die Probleme aufgeschrieben hat, die sich bei der Beobachtung der Amseln ergeben haben.

nur Rufe — aufgeplustert bei Kälte — Frühlingsgesang beginnt — Revier wird besetzt — Paarbildung Nestbau, Paarung — Eiablage — Brüten — Jungvögel schlüpfen — 2. Gelege — Jungvögel der 2. Brut verlassen das Nest — Mausern — gelegentlicher Herbstgesang

Herbstgesang — Frühlingsgesang

NOV DEZ JAN FEB MRZ APR MAI JUN JUL AUG SEP OKT

Die Gemeinschaft der Schimpansen

Schimpansen leben meist in Gruppen bis zu 50 Tieren in einem Wohngebiet zusammen. Das Leben in Gruppen bietet Vor- und Nachteile (*Nutzen* und *Kosten*). Einerseits bietet es einen besseren Schutz vor Fressfeinden. Andererseits haben Schimpansen, da sie Obst, Blüten und junge Blätter fressen, hohe Ansprüche an ihre Nahrung, die nur zu bestimmten Zeiten an unterschiedlichen, weit verteilten Stellen im Wohngebiet wächst. Da die Tiere, unabhängig von ihrer Gruppenrolle, stets in Konkurrenz um Nahrung stehen, ist das Leben als Einzelgänger oder in Kleingruppen von Vorteil. In Zeiten eines reichhaltigen Nahrungsangebotes bilden die Schimpansen größere Gruppen mit mehreren Weibchen. Ändern sich die ökologischen Bedingungen, trennen sich Weibchen und Jungtiere wieder von der Gruppe

Zettelkasten

Kooperatives Verhalten

Das Leben in der Schimpansengruppe ist bestimmt durch verschiedene kooperative Verhaltensweisen. So bilden Schimpansen immer wieder größere Jagdgruppen und stellen z. B. roten Stummelaffen, Buschschweinen oder jungen Antilopen nach. Die bei Jagden häufig anzutreffende Kooperation zwischen mehreren Gruppenmitgliedern erklärt sich anhand der relativ geringen Erfolgsrate der Einzeljagd von nur ca. 16 % im Vergleich zur Erfolgsrate der Gruppenjagd von über 80 %.

Bei erfolgreicher Jagd erhält derjenige, der das Tier erlegt hat, die Beute. Egal welchen Rang er in der Gruppe hat, darf er bestimmen, mit wem er teilt.

Fütterungsversuche im Freiland ergaben, dass ca. 86 % des Teilens mit Verwandten erfolgt (meistens teilten Mütter mit ihren Kindern). In den restlichen 14 % der Fälle teilten meist erwachsene Männchen mit erwachsenen Weibchen, was ihre Chancen bei der Paarung mit dem entsprechenden Weibchen verbesserte. Diese Nahrungstoleranz kann aber auch durch spätere soziale Fellpflege oder Unterstützung bei Rangkämpfen innerhalb der Gruppe erwidert werden.

und die Männchen schließen sich entweder einem Weibchen an oder bilden reine Männertrupps. Diese Form der Gruppe nennt man *Sammlungs-Trennungs-Gesellschaft*.

Das Wohngebiet der Schimpansengruppe

Das aus mehreren Kerngebieten der Weibchen bestehende Wohngebiet wird von einer Männchengruppe verteidigt. Die Männchen versuchen, möglichst viele Weibchen zu begatten und erreichen so eine hohe *Fitness*. Da die Weibchen meist als Einzelgänger oder in Kleingruppen leben, könnten die Männchen maximal ein Weibchen verteidigen. Der Zusammenschluss zur Gruppe hilft den oft untereinander verwandten Männchen zu einer größeren Anzahl an Weibchen und zur besseren Verteidigung ihres wichtigsten Besitzes: paarungsbereite Weibchen.

Die Schimpansenmännchen bleiben nach Erreichen der Geschlechtsreife bei der Gruppe, die geschlechtsreifen Weibchen verlassen sie und schließen sich anderen Gruppen an. Dieses Verhalten verhindert, dass es zur Inzucht innerhalb der Gruppe kommt.

Schimpansenweibchen kopulieren in der Regel mit wechselnden Partnern, sodass alle Partner Vater des Kindes sein könnten. Ein Verhalten, das dazu beiträgt, dass der Nachwuchs von allen Partnern der Mutter beschützt wird. Häufig findet aber auch eine individuelle Partnerwahl statt, bei der sich das paarungsbereite Weibchen mit ihrem Partner zur „Hochzeitsreise" absetzt.

Die Rangordnung regelt das Zusammenleben in der Schimpansengruppe

Die Schimpansenforscherin JANE GOODALL berichtete: „Figan zeigte eine wilde Imponierveranstaltung im Geäst, schüttelte heftig Zweige, sprang und schwang sich von einer Seite des Baumes auf die andere. Chaos brach aus, als Schimpansen kreischend vor ihm flüchteten . . . . . . und dann, als er sich richtig in Rage gearbeitet hatte, sprang er von oben auf Humphrey in seinem Nest hinunter. Ineinander verkrallt fielen die beiden rund neun Meter tief hinab. Humphrey riss sich los und floh kreischend. Figans Sieg über Humphrey, das Männchen mit dem bis dahin höchsten sozialen Rang, dem *Alpha-Tier*, leitete eine Veränderung in den sozialen Stellungen der Männchen in der Schimpansengruppe ein".

Die *Rangordnung* der Schimpansenmännchen ist linear. Die Ranghöheren dominieren über sämtliche rangniedere Tiere. Das ranghöchste Tier wird als *Alpha-Tier* bezeichnet, dann folgt das *Beta-Tier* und am Ende der Rangordnung steht das *Omega-Tier*. Bei der Rangordnung der Schimpansenweibchen besetzt das älteste Weibchen in der Regel die Alpha-Position, aber die Beta-Position teilen sich häufig mehrere Weibchen.

Im Regelfall darf das Alpha-Männchen bevorzugt mit paarungsbereiten Weibchen zum Zeitpunkt deren größter Fruchtbarkeit kopulieren. Dementsprechend bietet die Alpha-Position eine gewisse Wahrscheinlichkeit für eine hohe Fitness. Andererseits muss es die Position als Ranghöchster immer wieder gegen junge aufstrebende Männchen verteidigen und die Weibchen vor Übergriffen der Konkurrenten schützen. Bei diesem hohen Aufwand liegt es nahe, dass das Alpha-Tier diese Position nur für eine begrenzte Zeit einnehmen kann. *Koalitionen* mit anderen Männchen bieten eine Möglichkeit, die Position über längere Zeit zu sichern.

Auch im beschriebenen Falle des Machtwechsels gab es eine Koalition vom Alpha-Tier Humphrey mit einem anderen Schimpansenmännchen Evered. Figan wartete mit seinem Angriff, bis Humphrey ohne die Hilfe von Evered, seinem Partner, war. Gleichzei-tig hatte er sich die Unterstützung seines Bruders Faben gesichert, mit dem er einige Tage später gemeinsam Evered anfiel.

Rangordnungen gibt es in vielen sozialen Gruppen. Ihr Bestehen führt letztendlich zu einer Verminderung der Kämpfe und hat für alle Tiere einer Gruppe Vorteile. Einerseits nutzen Rangniedere den Schutz, den die Gruppe vor Feinden bietet, andererseits gehen Verlierer weniger Kosten und Risiken zu Zeiten ein, wo ein Kampferfolg unwahrscheinlich ist. Sie warten ab, sodass sie später vielleicht einmal die Führungsrolle übernehmen können.

Zitat von JANE GOODALL aus: Ein Herz für Schimpansen, Rowohlt-Verlag Reinbek bei Hamburg 1993; Seite 64

Aufgaben

①　Betrachte die Abbildung zur Sozialstruktur der Schimpansengemeinschaft.

②　Beschreibe das Verhalten der einzelnen Gruppenmitglieder fremden Schimpansen gegenüber.

③　Wo ist in der Abbildung ein Pärchen auf Hochzeitsreise?

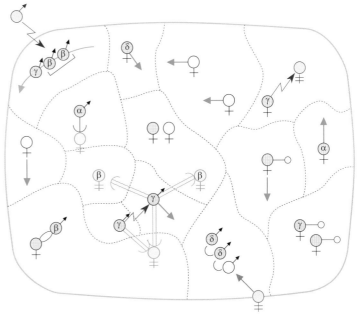

Wohngebiet je nach Biotop: 5–278 km² Kerngebiet (♀): 20 % des Wohngebietes	Individuen:	Sozialbeziehungen:

Wohngebiet je nach Biotop: 5–278 km²
Kerngebiet (♀): 20 % des Wohngebietes

Individuen:
♂♀ erwachsen
♂♀ jugendlich
♀ brünstig
♂♀ fremd

Aktionsraum:
— Wohngebiet
···· Kerngebiet (♀)

Wanderungsmuster:
← Grenzpatrouille
← Nahrungssuche
← Einwanderung

Sozialbeziehungen:
o— Mutter-Kind
⊔ Bündnis
⌣ soziale Fellpflege
⤢ Aggression
◠ Monogamie
rangabhängiges Paarungsverhalten
situationsabhängiges Paarungsverhalten
α,β,γ,δ Dominanzebenen

1 Sozialstruktur einer Schimpansengemeinschaft

Kooperation und Aggression

Ein Stamm der Netsilik-Inuits umfasste ca. 200 Personen. Bis vor wenigen Jahren lebten sie noch wie ihre Vorfahren als Sammler und Jäger vom Lachsfang im Sommer sowie von der Robbenjagd im Winter. Abhängig von Jahreszeit und Jagdbedingungen, lebten sie im Sommer in einzelnen kleinen Familiengruppen. Im Winter hingegen, wenn die Netsilik die Robben in der zugefrorenen Bucht jagten, schlossen sie sich mit mehreren Familien zu größeren Verbänden zusammen.

Der Lachsfang war für die Netsilik eine relativ sichere Nahrungsquelle. Wenige Fischer erlegten nahezu jeden Tag genügend Lachse, um ihre Familie zu ernähren. Im Gegensatz dazu gestaltete sich der Robbenfang um einiges komplizierter. Robben müssen in gewissen Abständen an die Wasseroberfläche, um dort Luft zu holen. Wenn im Winter die Bucht zufriert, verhindert das die dicke Eisdecke auf dem Wasser. Deshalb durchbrechen die Robben zu Beginn der Eisbildung die noch dünne Eisschicht an 6 – 8 Stellen in ihrem Revier und halten die Löcher weiterhin frei. Eines der lebenswichtigen Atemlöcher wird alle 15 Minuten in unregelmäßiger Reihenfolge von der Robbe zum Luftho-

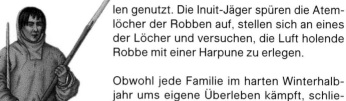

len genutzt. Die Inuit-Jäger spüren die Atemlöcher der Robben auf, stellen sich an eines der Löcher und versuchen, die Luft holende Robbe mit einer Harpune zu erlegen.

Obwohl jede Familie im harten Winterhalbjahr ums eigene Überleben kämpft, schließen sich die Netsilik zu größeren Jagdverbänden zusammen und kooperieren bei der Jagd. Selbst Jäger, die über längere Zeit in der Gruppe keine Robbe erlegt haben, bekommen für sich und ihre Familie einen Anteil von der Beute der erfolgreichen Jäger.

Die *Kooperation* mehrerer Jäger ermöglicht es, eine Vielzahl der nahe beieinander liegenden Atemlöcher gleichzeitig zu bewachen. Damit erhöht sich die Wahrscheinlichkeit, dass einer der Jäger die Robbe in dem kurzen Moment des Luftholens erlegt. Alle Mitglieder der Gruppe, die ein Atemloch bewachen, erhalten einen Anteil vom erfolgreichen Jäger. Das Teilen der Beute ist allerdings keine Mildtätigkeit des Erfolgreichen, sondern die *Investition* in die Zukunft. Denn jeder verhungerte Jäger fehlt der Gruppe bei der nächsten Jagd als Wache an den Atemlöchern.

1 Inuit-Jäger (nach einer historischen Abbildung)

Es ist aber anscheinend eine Ironie des Schicksals, dass beim Menschen als dem kooperativsten aller Lebewesen aggressive Zusammenstöße gefährlicher verlaufen als bei allen Tieren.

Aggressives Verhalten ist bei vielen Primaten ein Hilfsmittel, um dem vielschichtigen Sozialleben gewachsen zu sein. Am Beispiel der Kooperation zeigt sich, dass eine Zusammenarbeit nur dann funktioniert, wenn alle Beteiligten die getroffenen Vereinbarungen einhalten. Als Schutz vor Betrügern, die ohne persönlichen Einsatz nur den Nutzen aus der Gemeinschaft ziehen, muss das Kollektiv, also die Gemeinschaft, aggressive Vergeltungsmaßnahmen für Betrug androhen und durchführen.

Aggressionsverhalten schließt alle Verhaltensweisen von Drohen, Angriff und Verteidigung ein. Das Ziel eines aggressiven Verhaltens ist das Verletzen oder Beschädigen einer Person oder eines Objektes. Beim Menschen tritt aggressives Verhalten in unterschiedlichen Funktionszusammenhängen auf, z. B. zur Verteidigung des Eigentums, beim Rivalisieren um Rangordnungspositionen und Sexualpartner oder zur Selbstverteidigung. Soziologen, Psychologen und auch Biologen haben aggressives Verhalten erforscht und verschiedene Theorien zu den Ursachen aufgestellt.

In der *Frustrations-Aggressions-Theorie* wird angenommen, dass Frustrationen immer zu aggressivem Verhalten führen. Unter *Frustration* versteht man den emotionalen Zustand, wenn eine Person durch eine unangenehme Erfahrung am Erreichen eines Zieles gehindert wird. Das Ausführen einer aggressiven Handlung verringert nach Ansicht der Frustrations-Aggressions-Theorie die Aggressionsbereitschaft. Auch länger zurückliegende Frustrationen können sehr viel später zu Aggressionen führen. Da Menschen mit ähnlichen Frustrationserlebnissen unterschiedlich aggressiv reagieren, trifft diese Theorie wohl nur teilweise zu.

In der *Lerntheorie* wird ausgesagt, dass aggressives Verhalten ausschließlich erlernt wird. Aggressives Verhalten, das ein Bedürfnis befriedigt, wirkt wie eine Belohnung beim Konditionieren. Auch durch Nachahmungslernen kann aggressives Verhalten übernommen werden. Untersuchungen zeigen jedoch, dass Aggressionsverhalten auch genetische Grundlagen aufweist.

KONRAD LORENZ vertrat, basierend auf seinem an Tieren entwickelten Instinktmodell, die *Triebtheorie der Aggression*. Danach besitzt der Mensch einen Aggressionstrieb, der von selbst eine Bereitschaft zur Aggression aufbaut. Zumindest bei Tieren konnte ein solcher Trieb nie nachgewiesen werden.

Aggression

1 Aggression auf der Straße

Untersuchungen zum menschlichen Aggressionsverhalten

In einer Studie wurden Kinder aus drei unterschiedlichen Familiensituationen untersucht: In Gruppe 1 stritten sich die Eltern selten vor ihren Kindern. In Gruppe 2 gab es permanent offene Streitigkeiten zwischen ihnen. In Gruppe 3 gab es zwar auch häufig Konflikte, doch die Eltern versöhnten sich im Beisein der Kinder wieder. Die Kinder aus Gruppe 3 zeigten im Test ein deutlich besseres Sozialverhalten als die übrigen Kinder. Demnach scheint die wichtigste soziale Fähigkeit, die man lernen muss, nicht das Vermeiden von Konflikten zu sein, sondern die Fähigkeit, richtig damit umzugehen.

Inwieweit wird aber aggressives Verhalten, das Kinder in ihrer Umgebung wahrnehmen, nachgeahmt und übernommen? Um zu prüfen, ob Gewaltdarstellungen und Erziehungsmethoden das Aggressionsverhalten von Kindern beeinflussen, wurde ein Experiment durchgeführt. Dazu wurden Kindergartenkinder zufällig auf drei gleich große Gruppen verteilt. Die Anzahl der Mädchen und Jungen pro Gruppe war gleich. Alle Kinder sahen den gleichen Film, der aber in den drei Gruppen jeweils eine unterschiedliche Endszene hatte. In der Handlung des Films ging die Hauptperson Rocky auf eine lebensgroße Plastikpuppe zu, schlug und trat sie. Zuletzt warf er Gummibälle auf die Puppe. Ergänzt wurden seine aggressiven Handlungen durch aggressive Äußerungen.

Die Gruppe 1 sah als Endszene des Films, wie Rocky von einem Erwachsenen belohnt wurde. Die Gruppe 2 sah, wie Rocky von Erwachsenen bestraft und als brutal bezeichnet wurde. In Gruppe 3 gab es für Rockys Aggressionen keine Konsequenzen, weder positive noch negative.

In Phase 2, nach dem Film, konnten die Kinder einzeln in verschiedenen Räumen spielen, in denen sich Spielzeug und Gegenstände aus dem Film befanden. Das Verhalten der Kinder wurde 10 Minuten lang durch eine Einwegscheibe von einer Person beobachtet, die nicht wusste, aus welcher Gruppe das jeweilige Kind stammte. Wenn die Kinder dort Rockys aggressive Handlungen nachahmten, wurde es notiert und später nach Gruppen und Geschlechtern ausgewertet.

In Phase 3 wurden die Kindern aller Gruppen mit dem Versprechen einer Belohnung dazu aufgefordert, Rockys Verhalten zu imitieren.

Aufgaben

1. Beschreibe die im Balkendiagramm dargestellten Ergebnisse des Experiments zum Nachahmungslernen aus Phase 2 und 3.
2. Welche Schlüsse ziehst du anhand dieser Ergebnisse bezüglich des Aggressionsverhalten des Menschen.
3. Diskutiere auf der Grundlage dieser Ergebnisse, welche Gefahren in brutalen Filmen liegen, die sich Kinder in Abwesenheit von Erwachsenen anschauen können.

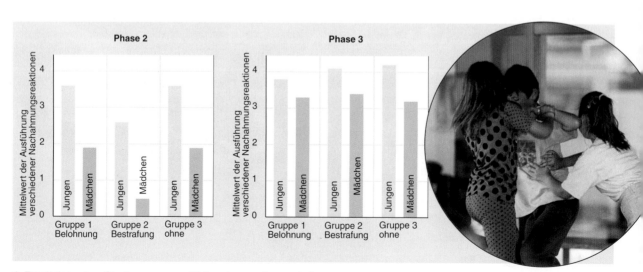

1 Ergebnisse einer Studie zum menschlichen Aggressionsverhalten

Konfliktschlichtung

Der Täter-Opfer-Ausgleich

Mit wachsender Unzufriedenheit in Deutschland über die beschränkten Möglichkeiten der Strafjustiz wurde der Ruf laut nach einer Alternative. Bloße Bestrafung der Schuldigen führt in den meisten Fällen weder zur Resozialisierung der Täter, noch zur Befriedigung der Interessen des Geschädigten. Im Beisein eines unparteiischen Vermittlers bietet der Täter-Opfer-Ausgleich eine Chance zu einem klärenden Gespräch zwischen Täter und Opfer. Im Dialog besteht die begründete Hoffnung auf einen beide Seiten befriedigenden Schadensausgleich.

Konfliktschlichtung in der Schule

Diese Form der Konfliktschlichtung wird bereits erfolgreich an einigen Schulen praktiziert. Dabei besteht einerseits die Möglichkeit, dass Vertrauenslehrer als Vermittler auftreten, andererseits können auch Schüler aus höheren Jahrgangsstufen innerhalb eines mehrtägigen Ausbildungsseminars als sogenannte *Konfliktlotsen* geschult werden. Speziell die Möglichkeit der Konfliktbewältigung mit einem Schüler als Vermittler findet an den jeweiligen Schulen bei den Betroffen großen Anklang.

Grundsätze der Konfliktschlichtung

Wenn du als Konfliktlotse einen Täter-Opfer-Ausgleich anstrebst, musst du auf folgende Grundsätze achten:

Freiwilligkeit:

Erzwungene Entschuldigungen führen in keinem Fall zur Einsicht. Druck erzeugt nur Widerstand und Heuchelei. Deshalb ist die freiwillige Teilnahme bei der Vermittlung für Täter und Opfer unverzichtbare Voraussetzung für eine friedliche und faire Auseinandersetzung. Besonders für die Konfliktschlichtung in der Schule ist die Freiwilligkeit zum gemeinsamen Gespräch eine heikle Sache.

Unparteilichkeit:

Es ist absolut notwendig, dass du als Vermittler in deiner Schiedsrichterfunktion völlig neutral bleibst, da verständlicherweise beide Parteien versuchen werden, dich für sich und ihre Position zu vereinnahmen.

Sicherheit:

Bevor das eigentliche Gespräch stattfindet, musst du beide Beteiligte in Einzelgesprächen über den grundsätzlichen Ablauf einer Konfliktschlichtung informieren. In diesem Vorgespräch triffst du auch Absprachen über mögliche Abbruchkriterien oder über die Mitnahme einer Vertrauensperson.

Atmosphäre:

Du hast als Vermittler nicht nur die Verantwortung für ein faires Gespräch, sondern bemühst dich auch um die Schaffung einer möglichst entspannten Atmosphäre während des Treffens. Das Darbieten von Getränken und ein wenig Smalltalk können dir helfen das Eis zu brechen.

Verantwortung abgeben:

Zu Beginn der Konfliktschlichtung musst du die beiden Beteiligten über ihre Verantwortung für das Zustandekommen eines für beide Seiten befriedigenden Schadensausgleich informieren.

Akzeptieren und Kontrollieren:

Als Vermittler lässt du beide Parteien berichten. Dir muss dabei klar sein, dass es nicht nur „eine" Wahrheit gibt. Die Frage nach Recht und Unrecht oder die Frage nach Schuld führt in der Regel in eine Sackgasse aus Vorwürfen und Rechtfertigungen. Zur erfolgreichen Vermittlung gehört es, dass man bereit ist beide Geschichten zu akzeptieren.

Ausgewogenheit des Dialogs:

Sollten Unterschiede in der Selbstsicherheit oder der Fähigkeit, sich sprachlich auszudrücken bestehen,

so ist es deine Aufgabe, der schwächeren Seite bei der Formulierung und Darstellung ihrer Ansichten und Wünsche zu helfen.

Dampf ablassen:

Den Darstellungen beider Parteien folgt eine Phase, in der du beiden Parteien Raum bietest, ihre Emotionen frei zu lassen. Der Dampf soll und muss heraus!

Gesicht wahren:

Trotz direkter Konfrontation und emotionaler Auseinandersetzung musst du beiden Parteien die Möglichkeit geben, zumindest einen Teil ihrer Interessen bei der abschließenden Einigung mit einfließen zu lassen. So wahren Opfer und Täter ihr Gesicht und gelangen wesentlich leichter zu einer tragfähigen Einigung. Beiden sollte hier möglichst klar werden, was der Jeweilige zum Entstehen und zur Verschärfung des Konfliktes beigetragen hat, und welche Möglichkeit die jeweiligen Parteien besitzen den Konflikt zu beenden.

Denn das ist der zentrale Punkt beim Täter-Opfer-Ausgleich:
Die aus dem Gespräch resultierende Absprache ist das Produkt beider Parteien im Ringen um eine gemeinsame Lösung.

Prozess- und Ergebnisorientierung:

Dein Augenmerk sollte auf die Kommunikation der Beteiligten gerichtet sein. Eine vorher von dir ausgedachte Schadensregelung versperrt den Blick auf sinnvolle alternative Möglichkeiten, die sich eventuell erst im Dialog anbahnen.

Subjektive Gerechtigkeit:

Was fordert der Geschädigte? Was bietet der Beschuldigte? Welche Form des Ausgleichs können sich beide Seiten vorstellen? Jetzt ist von dir äußerste Zurückhaltung gefragt. Nicht deine Vorstellung eines gerechten Ausgleichs sind maßgebend, sondern wichtig ist, dass die Beteiligten zu einem gemeinsam erstrittenen Ausgleich gelangen.

Festhalten der erzielten Ergebnisse:

Damit beide Parteien nach dem Verlassen des Raumes an ihre Absprachen erinnert werden, ist es wichtig, dass du die erzielten Ergebnisse in Form eines Vertrages schriftlich festhältst.

Impulse

Formen der Gewalt

Krieg

Frankreich 1915. In einem morastigen Schützengraben nahe der Stadt Armentières trinkt der britische Fernmeldeoffizier J. R. WILTON geruhsam eine Tasse Tee. Der erste Weltkrieg hat sich zu einem Stellungskrieg entwickelt, bei dem in den Schützengräben in wochenlangen, blutigen Schlachten lediglich um ein paar Meter unfruchtbaren Ackerbodens gestritten wird. Hin und wieder gibt es aber auch ein paar ruhige Momente, und Wilton genießt gerade einen solchen, als plötzlich eine Granate kreischend über seinen Kopf hinwegfliegt und in der Nähe explodiert. Die englischen Soldaten flüchten in die Gräben, entsichern ihre Waffen und verfluchen die deutschen Soldaten. Plötzlich steht oben auf dem Wall ein deutscher Soldat und ruft herüber: „Tut uns leid, und wir hoffen, dass niemand verletzt wurde. Es war nicht unsere Schuld, das war die verdammte Preußische Artillerie!"…

Wie viele Kriege haben seit deiner Geburt in Europa stattgefunden?

Aggression

Menschliche Gewalttätigkeiten sind selten echte tierische Aggression, sondern meist ein pervertierter Jagdersatz, bei dem das Opfer die Beute ist. Zwischen dem blutrünstigen Pöbel und dem Lynchopfer gibt es keinen persönlichen Streit.

DESMOND MORRIS, britischer Verhaltensforscher

Aggressionsfördernde Faktoren
- Hormonelle Zustände
- Schmerzen in Verbindung mit Angst
- Sozialfaktoren
- Die Aussicht anonym bleiben zu können
- Ärger
- Extreme Außentemperaturen

Aggressionsmindernde Faktoren
- Geschlecht/ Sexualität
- persönliches Bekanntsein mit dem Aggressor
- Emotionen wie Fröhlichkeit, Trauer, Freude, Sympathie und Mitleid

Suche Beispiele für aggressionsfördernde und -hemmende Faktoren!

Fremdenhass

Was hat dieses Experiment mit „Fremdenhass" zu tun?

In einem Experiment wurden Studenten auf einer Leinwand verschiedene Gesichter, unbekannte Worte oder fremde Schriftzeichen projiziert. Bestimmte Gesichter, Wörter und Zeichen wurden einer Studentengruppe häufiger, einer anderen Gruppe seltener gezeigt. Abschließend beantworteten die Studenten beider Gruppen einzeln folgende Fragen: Ist Ihnen dieses Gesicht sympathisch oder unsympathisch? Bedeutet dieses Wort etwas Positives oder etwas Negatives? Bedeutet dieses Zeichen etwas Positives oder etwas Negatives? Wurde ein Gesicht häufiger gesehen, so empfanden es die Studenten als sympathischer. Ebenso wurde den oft gesehenen Wörtern und Zeichen häufiger eine positive Bedeutung zugemessen.

Gewalt in der Schule

Welche der folgenden Handlungen würdest du als Aggression bezeichnen?

1. Der Schüler Willi verweigert das Bereitlegen von notwendigen Arbeitsmaterialien. Der Fachlehrer brüllt ihn an: „Du wirst schon merken, was du davon hast!"
2. Nadines Schularbeiten sehen unordentlich aus. Ihr Vater ohrfeigt sie dafür.
3. Eine Lehrerin kommt in die gut besetzte Mensa und beschwert sich lautstark beim Klassenlehrer über den Schüler „Willi" und seinen unmöglichen Umgangston ihr gegenüber.
4. Bernd foult seinen Gegenspieler durch Beinstellen.
5. Ein Polizist schießt einen flüchtenden Bankräuber ins Bein.
6. Ein Lehrer gibt einem Schüler im Aufsatz eine schlechte Note.
7. Ein Schüler wirft einen Mitschüler zu Boden, um ihn daran zu hindern, dass er einen kleinen Jungen verprügelt.
8. Im Clubraum stehen mehrere Schüler am Billardtisch und sehen Stefan und Peter beim Spiel zu. Willi möchte auch spielen, mag aber nicht warten. Um das Spiel von Stefan und Peter zu verkürzen, rollt er je eine Kugel vom Tisch.

Menschen können einander auf sehr subtile Weise psychische Schäden zufügen ...

Mobbing von Mitschülern gegen einen Kameraden soll in den letzten Jahren deutlich zugenommen haben.

Autorität und Gehorsam

STANLEY MILGRAM führte folgendes Experiment durch. Männer zwischen 20 und 50 Jahren wurden zufällig — angeblich für eine Untersuchung über Gedächtnisleistung und Lernvermögen — von der Yale-Universität ausgesucht. Ein streng wirkender Versuchsleiter bat die eingeladenen Versuchspersonen („Lehrer"), einem angeblichen Schüler (ein Mitarbeiter MILGRAMS) Wortpaare zu lehren. Bei einem Fehler sollte dem Schüler, jeweils steigernd, ein Elektroschock verabreicht werden. Zum Kennenlernen erhielten alle „Lehrer" einen schmerzhaften Probeschock von 45 Volt Stärke. Man schnallte den Schüler an einen Stuhl fest, der an einen elektrischen Stuhl erinnerte. Die „Lehrer" wurden in den Nebenraum geführt. Sie stellten ihre Aufgaben und konnten in 30 Schockstufen von 15 bis 450 Volt Strafen geben. Schilder kennzeichneten die Stufen 15 V leichter, 75 V gemäßigter, …, 195 V sehr starker, …, 375 V ernster Schock, Gefahr! Über ein Tonband wurden standardisierte Reaktionen des Opfers eingespielt: Ab 75 V Stöhnen, ab 150 V verlangt das Opfer befreit zu werden, ab 180 V Aufschrei, der Schmerz sei unerträglich, ab 300 V verweigert das Opfer Antworten auf Testfragen und besteht darauf, freigelassen zu werden. In Wirklichkeit erhielt der Schüler keine Schocks. Wollte der „Lehrer" keine Schocks mehr verabreichen, reagierte der Versuchsleiter sehr bestimmt: „Das Experiment erfordert, dass Sie weitermachen!" — „Sie haben keine Wahl, Sie müssen weitermachen."

Ergebnis: Während der Versuche gaben bis zu 64 % der Versuchspersonen aus der Ferne Elektroschocks bis zu 450 V.

Kette der Gewalt

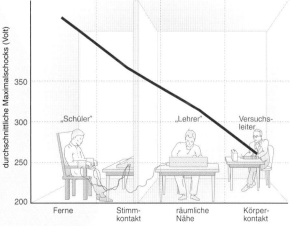

Verhalten des „Lehrers" bei unterschiedlichen „Schüler"-Entfernungen

Genetik

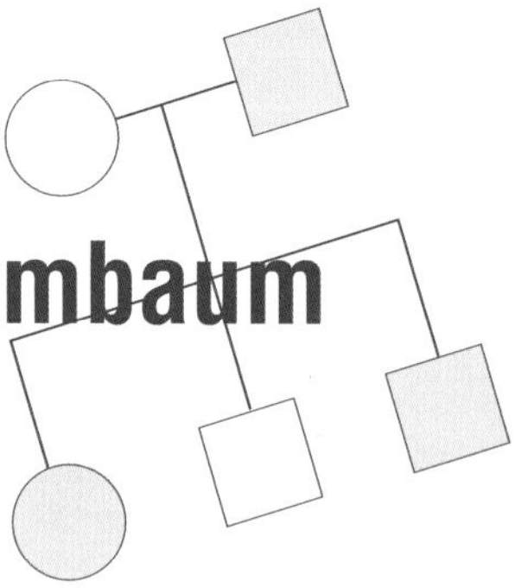

Bevor man begann, sich wissenschaftlich mit den Vererbungsvorgängen zu beschäftigen, herrschten höchst eigenartige Vorstellungen bezüglich des Erbgeschehens. Zum Beispiel sollte das Geschlecht eines Schafes vom Stand des Mondes und von der Windrichtung zum Zeitpunkt seiner Zeugung abhängen. Und das eigenartige Aussehen des Vogels Strauß konnte man sich nur als Folge einer Kreuzung zwischen einem Kamel und einem Spatz erklären. Es war zwar schon gelungen, einige Haustiere und Pflanzenarten zu züchten, die Ergebnisse waren jedoch eher zufällig zustande gekommen.

Wir wissen heute dank intensiver Forschung Vieles über die tatsächlichen Abläufe. Wir kennen Gesetzmäßigkeiten bei der Vererbung und auch den chemischen Aufbau der Erbsubstanz. Es gelingt sogar, durch Methoden der Gentechnik Erbanlagen verschiedener Tierbzw. Pflanzenarten neu zu kombinieren. In der Zukunft gilt es, mit diesem Wissen verantwortungsvoll umzugehen.

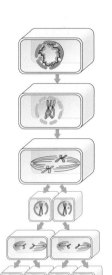

Meiose

Stammbaum

Mendel

Phänotyp

X

dominant-rezessiv

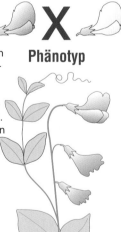

Merkmal

Chromosomen
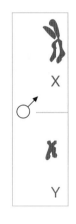

Desoxyribonukleinsäure

Wege zur Genetik

Fortpflanzung und Merkmale

ARISTOTELES, 384 – 322 v. Chr.

„Denn das, was wird, z. B. eine Pflanze oder ein Tier, hat eine gewisse Natur; und ebenso das, durch das es wird, nämlich die Naturform . . ., die schon in einem Einzelwesen vorhanden ist. Denn der Mensch erzeugt wieder einen Menschen. Auf diese Weise vollzieht sich das Werden in der Natur."

LOUIS PASTEUR

„Es ist auch zu wissen, das also menschen mögen geboren werden ohne natürliche veter und mütter . . ., sondern durch kunst und eines erfarnen spagirici geschiklichkeit mag ein mensch wachsen und geboren werden."

PARACELSUS, 1493 – 1541

Das Geheimnis der Sexualität

Nach der Lehre von ARISTOTELES entwickelt sich ein Kind durch eine formende Kraft, die aus dem Blut des Mannes in seinen Samen übergeht. Die Mutter liefert „nur" den Stoff und ernährt den Keim durch das Menstrualblut. PARACELSUS lieferte sogar ein Rezept für die künstliche Herstellung eines Menschen: Gibt man Sperma eines Mannes und Pferdemist in eine Retorte,

„wird ein recht lebendig menschlich kint daraus mit allen glitmaßen wie ein ander kint, das von einem weib geboren wird, doch vil kleiner, dasselbig wir ein homunculum nennen".

Urzeugung oder Fortpflanzung?

Der griechische Philosoph ARISTOTELES lehrte, dass „ein Mensch . . . wieder einen Menschen" erzeugt, vertrat aber auch die Ansicht, dass Würmer oder Frösche spontan aus unbelebtem Schlamm entstehen können.

In diesem Glauben hielt PARACELSUS, der berühmteste Arzt des Mittelalters, die Erschaffung eines „Homunculus" in der Retorte für möglich und noch im 19. Jahrhundert wurde die Hypothese der „Urzeugung" für Schimmelpilze oder Mikroorganismen ernsthaft diskutiert. Man wusste zwar schon, dass in abgekochten Nährlösungen keine Schimmelpilze entstehen, wenn sie in verschlossenen Gläsern aufbewahrt werden. Diesen Umstand schrieb man aber einer geheimnisvollen lebensspendenden Kraft, der „vis vitalis" zu, die angeblich die Gefäßwand nicht durchdringen konnte.

Diese Ansicht widerlegte 1860 der französische Bakteriologe LOUIS PASTEUR mit einem Versuch in einer Schwanenhalsretorte: Die abgekochte Nährlösung blieb steril, obwohl die „vis vitalis" hätte eindringen können. Lebewesen entstehen also unter den heute herrschenden Bedingungen auf der Erde immer nur durch *Fortpflanzung* aus bereits Vorhandenem und nie spontan.

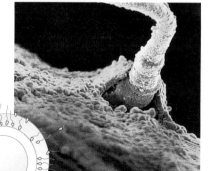

1677 entdeckte ANTONIE VAN LEEUWENHOEK, Pionier der Mikroskopie, im Sperma von Mensch und Tieren die beweglichen Spermien. Er nannte sie „Dierkens" und stellte die Hypothese auf, dass diese „Samentierchen" bereits die neuen Lebewesen seien. Seine Schüler glaubten sogar, in menschlichen Spermien winzige Homunculi zu erkennen. Im Gegensatz dazu hatte WILLIAM HARVEY (1578 – 1657), Hofarzt des englischen Königs, die Ansicht vertreten, dass das neue Lebewesen in dem größeren Ei sein müsste.

Die endgültige Klärung brachten 1875 die Untersuchungen des deutschen Biologen OSCAR HERTWIG an durchsichtigen Eiern des Seeigels. Er beobachtete die *Befruchtung* und fand damit den entscheidenden Vorgang bei der geschlechtlichen Fortpflanzung.

Merkmale und Gene

Die Ähnlichkeit von Eltern und Kindern erklärte ARISTOTELES durch die formende Kraft des männlichen Samens. Er bringt aus dem formlosen Stoff die „Naturform" des Kindes hervor. Die Naturforscher der beginnenden Neuzeit gestanden in der „Säftelehre" sowohl dem Vater als auch der Mutter einen Einfluss auf die Merkmale zu und lehrten, dass bei „Ungleichheit der beiden Säftemengen" die Nachkommen mehr das Aussehen des Vaters oder der Mutter haben. So berichtete JOSEF KÖLREUTER 1766 über ein Kreuzungsexperiment mit Tabakpflanzen: „Alle diese Pflanzen haben sich überhaupt ihrer Mutter, … wieder genähert, einige mehr, andere weniger." Solche Beobachtungen waren viel zu ungenau, um die Gesetzmäßigkeiten der Vererbung erkennen zu können.

Gregor Mendel.

Der Durchbruch in der Frage der Weitergabe von Erbmerkmalen gelang dem Augustinermönch JOHANN GREGOR MENDEL. Er experimentierte mit Saaterbsen und veröffentlichte 1866 seine „Versuche über Pflanzenhybriden". Darin gibt er exakte „numerische Verhältnisse" an, mit denen konkrete Einzelmerkmale unter den Nachkommen auftreten. Diese *experimentell* beobachteten Zahlenverhältnisse erklärte er *theoretisch* mit „Regeln der Combination".

Die Theorie MENDELS wurde von Genetikern im 20. Jahrhundert weiterentwickelt. Man erkannte, dass bei der Fortpflanzung in den Keimzellen nicht die „Form" der Nachkommen, sondern die *Erbanlagen (Gene)* als Bauplan für bestimmte Merkmale weitergegeben werden. Diese Erkenntnis wurde die Grundvoraussetzung für alle Fortschritte der modernen *Genetik*.

Erblich bedingt oder erworben?

In der „Spermatologia" des Naturforschers SCHURIG aus dem Jahr 1720 ist zu lesen: „Blauäugige stammen von Blauäugigen und Lungensüchtige von Lungensüchtigen." Zwischen der erblich bedingten Augenfarbe und der durch Ansteckung erworbenen Infektionskrankheit Tuberkulose wird nicht unterschieden. Maßgebend dafür war die Idee, dass der männliche Samen aus dem Blut die Form *aller* Organe übernimmt.

Alle Körpermerkmale — einschließlich der bis zur Zeugung des Kindes erworbenen Eigenschaften — müssen daher erblich sein. Dieser Logik folgend forderte man lange Zeit, dass auch Organverstümmelungen, die durch Verletzungen entstanden waren, bei den Nachkommen wieder auftreten, obwohl ARISTOTELES selbst zugegeben hatte, dass auch von Verstümmelten normale Kinder stammen könnten.

Für die Aufklärung der Gesetzmäßigkeiten der Vererbung ist die Unterscheidung „erblich bedingt oder erworben" jedoch sehr wichtig, weil nur erbliche Merkmale zu den richtigen Schlussfolgerungen führen können. So sind beispielsweise die Blutgruppen für Vater-

schaftsgutachten geeignet, weil ihre Erbanlagen nach eindeutigen Regeln von den Eltern an die Kinder weitergegeben werden.

Eine klare Abgrenzung zwischen „erblich" und „erworben" ist allerdings nicht immer einfach. So hatte STURTEVANT 1940 die Fähigkeit mancher Menschen, die seitlichen Ränder der Zunge so nach oben zu rollen, dass eine Röhre entsteht, als „zumindest teilweise durch

> „The ability to turn up the edges of the tongue, . . . is conditioned at least in part by heredity."
> STURTEVANT, 1940
>
> „If a gene for tongue rolling exists, it obviously just gives the potential to learn this skill."
> PATEFIELD and MOORE, 1986

Vererbung" bedingt angesehen. Weitere Untersuchungen zeigten jedoch, dass viele „Nichtroller" durch Übung diese Fähigkeit auch erlernen können. Das Zungenrollen ist also ein sehr komplexes Merkmal, das von verschiedenen Faktoren abhängen kann.

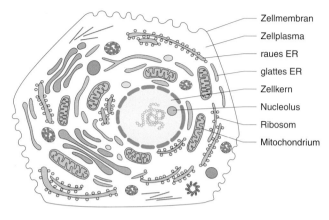

- Zellmembran
- Zellplasma
- raues ER
- glattes ER
- Zellkern
- Nucleolus
- Ribosom
- Mitochondrium

1 Schema einer Tierzelle

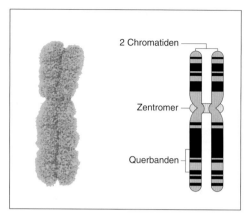

- 2 Chromatiden
- Zentromer
- Querbanden

2 Chromosom (REM-Aufnahme/schematisch)

Chromosomen — Träger der Erbinformation

Chromosom
gr. *chromatos* = Farbe
gr. *soma* = Körper

Chromosomentheorie
Chromosomen sind
die Träger der Erbin-
formation

In der Mitte des 19. Jahrhunderts war durch die Entwicklung des Mikroskops die Möglichkeit gegeben, neben den Zellbestandteilen den **Zellkern** näher zu betrachten. Man entdeckte in ihm nach dem Anfärben fädige Strukturen, die *Chromosomen*. Jedes Chromosom besteht aus zwei identischen Halbchromosomen, den *Chromatiden*. Eine charakteristische Einschnürung, das *Zentromer*, verbindet die Chromatiden miteinander. Man spricht von Zwei-Chromatiden-Chromosomen (s. Abb. 2).

Der Zusammenhang zwischen dem Auftreten von bestimmten Merkmalen bei den Nachkommen und den Chromosomen wurde

vor etwa hundert Jahren gefunden. Die große Leistung, die 1903 von VON BOVERI und SUTTON dabei erbracht wurde, bestand in der gedanklichen Verknüpfung von Kenntnissen aus der Zellforschung und der klassischen Genetik. Man war sich sicher, dass bei der Befruchtung nur der Zellkern des Spermiums in die Eizelle eindringt und anschließend beide Kerne miteinander verschmelzen. Diese Beobachtung führte zu der Annahme, dass die Erbinformation im Zellkern zu finden sein muss. Aus dieser Vermutung und den Ergebnissen von Kreuzungsversuchen bei Pflanzen und Tieren leiteten VON BOVERI und SUTTON die Wahrscheinlichkeit ab, dass Merkmale an die Chromosomen im Zellkern gebunden sein müssen. Unabhängig voneinander stellten sie die *Chromosomentheorie der Vererbung* auf. Sie besagt, dass Chromosomen die Träger der Erbanlagen sind.

Im 20. Jahrhundert wurde die Theorie durch viele genetische Experimente bestätigt. Beispielsweise 1911 durch MORGANS Arbeiten über *Drosophila* (Taufliege, Fruchtfliege). Bei diesem Tier konnten die Riesenchromosomen der Speicheldrüsen besonders gut beobachtet werden. Auch heute noch wird mit Drosophila gearbeitet, weil sie viele Vorteile besitzt. So ist sie nur wenige Millimeter groß, demzufolge in kleinen Gefäßen zu halten und ihre Ernährung mit Griesbrei ist billig. Die Weibchen legen bis zu 500 Eier und diese Nachkommen entwickeln sich in nur 12 Tagen vom Ei bis zum geschlechtsreifen Tier.

Zettelkasten

Was ist Genetik?

Wie kommt es, dass Lebewesen ihren Eltern in vielen Merkmalen gleichen oder zumindest ähnlich sind? Warum sind Kinder des gleichen Elternpaares dennoch in vielen Eigenschaften untereinander verschieden? Die Wissenschaft, die sich mit solchen und ähnlichen Fragestellungen beschäftigt, heißt *Vererbungslehre* oder *Genetik*. Bei der Suche nach möglichen Antworten haben sich im Laufe der Zeit mehrere Forschungsrichtungen entwickelt.

Die *klassische Genetik* untersucht das Aussehen eines Lebewesens und es werden Regeln aufgestellt, die verständlich machen, in welcher Form dafür Merkmale der Eltern bei den Nachkommen wieder auftreten. Die Ursachen lassen sich in den Zellen finden. Damit beschäftigt sich die *Molekulargenetik*, die nach den stofflichen Grundlagen der Vererbung fragt. Mit dem Erbgeschehen speziell beim Menschen befasst sich die *Humangenetik*, während das Hauptziel der *angewandten Genetik* die Züchtung von ertragreichen Pflanzen und Tieren ist.

Chromosomensätze in Körper- und Keimzellen

Jedes Lebewesen besitzt in den Zellkernen seiner Körperzellen eine gleich bleibende Anzahl von Chromosomen. Die Chromosomenzahl ist artspezifisch und wird als *Chromosomensatz* bezeichnet (Abb. 1). Man kann feststellen, dass sich in den Körperzellen jeweils zwei Chromosomen in Form und Größe gleichen. Diese beiden nennt man *homolog*. Im Aussehen stimmen die homologen Chromosomen überein. Aufgrund des Vorhandenseins von homologen Chromosomen in den *Körperzellen* kann man auch sagen: Körperzellen enthalten zwei Chromosomensätze (2n). Zellen mit zwei Chromosomensätzen werden als **diploid** bezeichnet (Taufliege: 2n = 8; Erbse: 2n = 14).

Bei der Untersuchung von *Keimzellen* wurde dagegen festgestellt, dass diese nur einen Chromosomensatz besitzen. Von jedem der beiden homologen Chromosomen ist exakt eines vorhanden. Solche Zellen nennt man **haploid** (Taufliege: n = 4; Erbse: n = 7).

Über die Anzahl der menschlichen Chromosomen herrschte lange Unklarheit, da sie dicht beieinander liegen und deshalb einzeln nur schwer zu erkennen sind. 1956 wurde eine Methode entwickelt, mit der die Chromosomen identifiziert und gezählt werden können. Die geordnete bildliche Darstellung aller Chromosomen nennt man *Karyogramm* (Abb. 5).

Das Karyogramm einer menschlichen Körperzelle hat 46 Chromosomen (2n = 46). 44 dieser Chromosomen sind sowohl in männlichen als auch in weiblichen Zellen vorhanden *(Autosomen)* und können zu 22 Paaren aus je zwei homologen Chromosomen zusammengestellt werden. Im verbleibenden Chromosomenpaar, den beiden Geschlechtschromosomen *(Gonosomen)*, unterscheiden sich die Zellen von Männern und Frauen. Frauen besitzen zwei relativ große X-Chromosomen als homologes Chromosomenpaar (XX), Männer nur ein X-Chromosom und ein sehr kleines Y-Chromosom (XY). Es ist das einzige Paar, bei dem sich das Aussehen unterscheidet. Man spricht von einem *heterologen Chromosomenpaar.*

Im Karyogramm werden die Chromosomen nach ihrer Größe und Gestalt geordnet. Die Autosomen erhalten Ziffern von 1 bis 22 (Abb. 5).

Tiere	Chromosomensätze	
	in Körperzellen (diploid=2n)	in Geschlechtszellen (haploid=n)
Stubenfliege	12	6
Schimpanse	48	24
Kaninchen	44	22
Hund	78	39
Katze	104	52

Pflanzen	Chromosomensätze	
	in Körperzellen (diploid=2n)	in Geschlechtszellen (haploid=n)
Tomate	24	12
Wein	38	19
Natternzunge	480	240
Kartoffel	48	24
Erdbeere	14	7

1 Chromosomensätze einiger Organismen

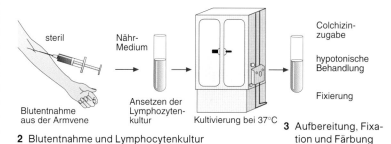

2 Blutentnahme und Lymphocytenkultur

3 Aufbereitung, Fixation und Färbung

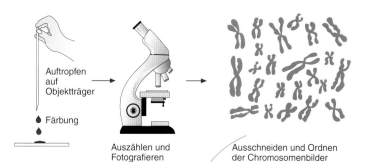

4 Arbeitsschritte bei der Chromosomenuntersuchung

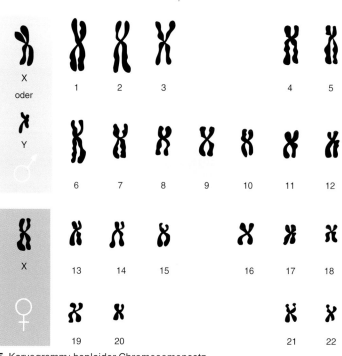

5 Karyogramm: haploider Chromosomensatz

DNA
engl. **d**eoxyribo-
nucleic **a**cid
acid = Säure

Gen
Abschnitt der DNA,
der ein Eiweiß ver-
schlüsselt

Bau der DNA

Die *Chromosomen* sind die Träger der Erbanlagen. In ihnen muss sich der Stoff, aus
dem sie aufgebaut sind, finden lassen. Chemische Untersuchungen haben ergeben,
dass vor allem zwei Stoffgruppen im Zellkern vorkommen: Eiweiße *(Proteine)* und
Kernsäuren *(Nucleinsäuren)*. Lange hielt man
die Proteine für das genetische Material,
denn ihre vielfältigen Wirkungsmöglich-
keiten, zum Beispiel als Enzyme,
waren bekannt.

Aber 1944 hatte OSWALD AVERY nachweisen
können, dass eine Kernsäure das informati-
onstragende Molekül ist, und zwar die *Desoxyribonucleinsäure* (DNA).

Die gesamte DNA im Zellkern des Menschen ist etwa 2 m lang und so dünn, dass
sie mit dem Lichtmikroskop nicht sichtbar
wird. Trotzdem befindet sie sich innerhalb
eines Zellkerns, der nur wenige tausendstel
Millimeter groß ist.

Wie ist das möglich? Um diese Frage zu
klären, müssen wir den Bau der DNA kennen lernen.

FRANCIS CRICK und JAMES WATSON haben
1953 mithilfe der Röntgenstrukturanalyse
den räumlichen Bau der DNA aufgeklärt und
erhielten dafür den Nobelpreis für Medizin.
Sie erkannten, dass DNA-Moleküle einen
langen unverzweigten Doppelstrang bilden.
Man kann ihn mit einer Strickleiter vergleichen, die ganz regelmäßig um sich gedreht
ist. Der prinzipielle Bau dieser Doppel-
schraube *(Doppelhelix)* ist bei allen Lebewesen gleich.

Die beiden „Seile" der Strickleiter zeigen einen Wechsel zwischen einem Molekül *Phosphorsäure* und einem Zuckermolekül, der
Desoxyribose. Die „Sprossen" der Leiter
werden von organischen Basen gebildet.
Am Aufbau der DNA sind vier verschiedene
Basen beteiligt: *Adenin* (A), *Thymin* (T), *Cytosin* (C) und *Guanin* (G). Dabei ist Adenin
immer mit Thymin bzw. Cytosin mit Guanin
gepaart. Man bezeichnet sie als *komple-
mentäre Basenpaare*. Die Basen der beiden
Stränge sind durch lockere Wasserstoffbrücken miteinander verbunden. Jeweils eine
Desoxyribose, Phosphorsäure und Base bilden ein *Nucleotid*, den Grundbaustein der
DNA.

Die Informationen des Lebens, die *Erbinfor-
mationen*, sind in der Abfolge der Nucleotide längs eines Stranges „niedergeschrie-
ben". Die vier Basen sind die „Buchstaben
des genetischen Alphabets". Ihre Reihenfolge bestimmt die Informationen der Gene eines Lebewesens. *Gene* sind Abschnitte auf
einem DNA-Doppelstrang, die die Erbinformation enthalten, d. h. sie verschlüsseln jeweils die Information für den Aufbau eines
Eiweißmoleküls. Sie stellen also die Erbanlagen dar und bestimmen somit die Merkmale
eines Lebewesens.

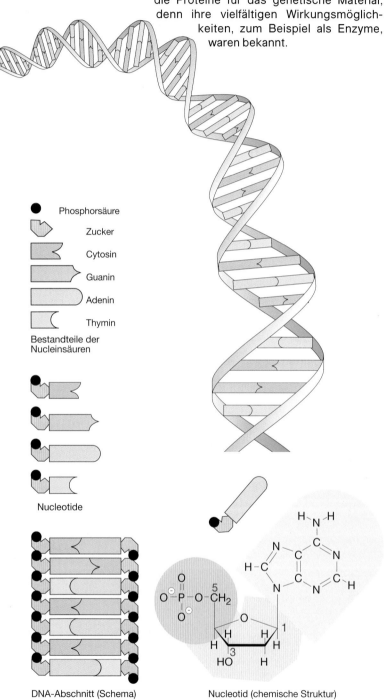

Phosphorsäure

Zucker

Cytosin

Guanin

Adenin

Thymin

Bestandteile der
Nucleinsäuren

Nucleotide

DNA-Abschnitt (Schema)

Nucleotid (chemische Struktur)

1 Aufbau der DNA und Vorgang der Verdopplung

Identische Verdopplung der DNA — Replikation

Bei der Zellteilung ist es notwendig, dass jede Tochterzelle das gleiche genetische Material erhält. Das bedeutet, dass vor jeder Teilung der Zelle das Erbmaterial kopiert, also originalgetreu verdoppelt werden muss. Dieser Vorgang muss sehr präzise ablaufen, denn jeder Fehler würde eine Änderung im Erbgut bedeuten.

Die eindeutige Paarung der Basen ermöglicht es, von diesem Molekül ein Duplikat herzustellen. Dazu wird das DNA-Molekül wie ein Reißverschluss mithilfe von Enzymen an den Wasserstoffbrückenbindungen gespalten.

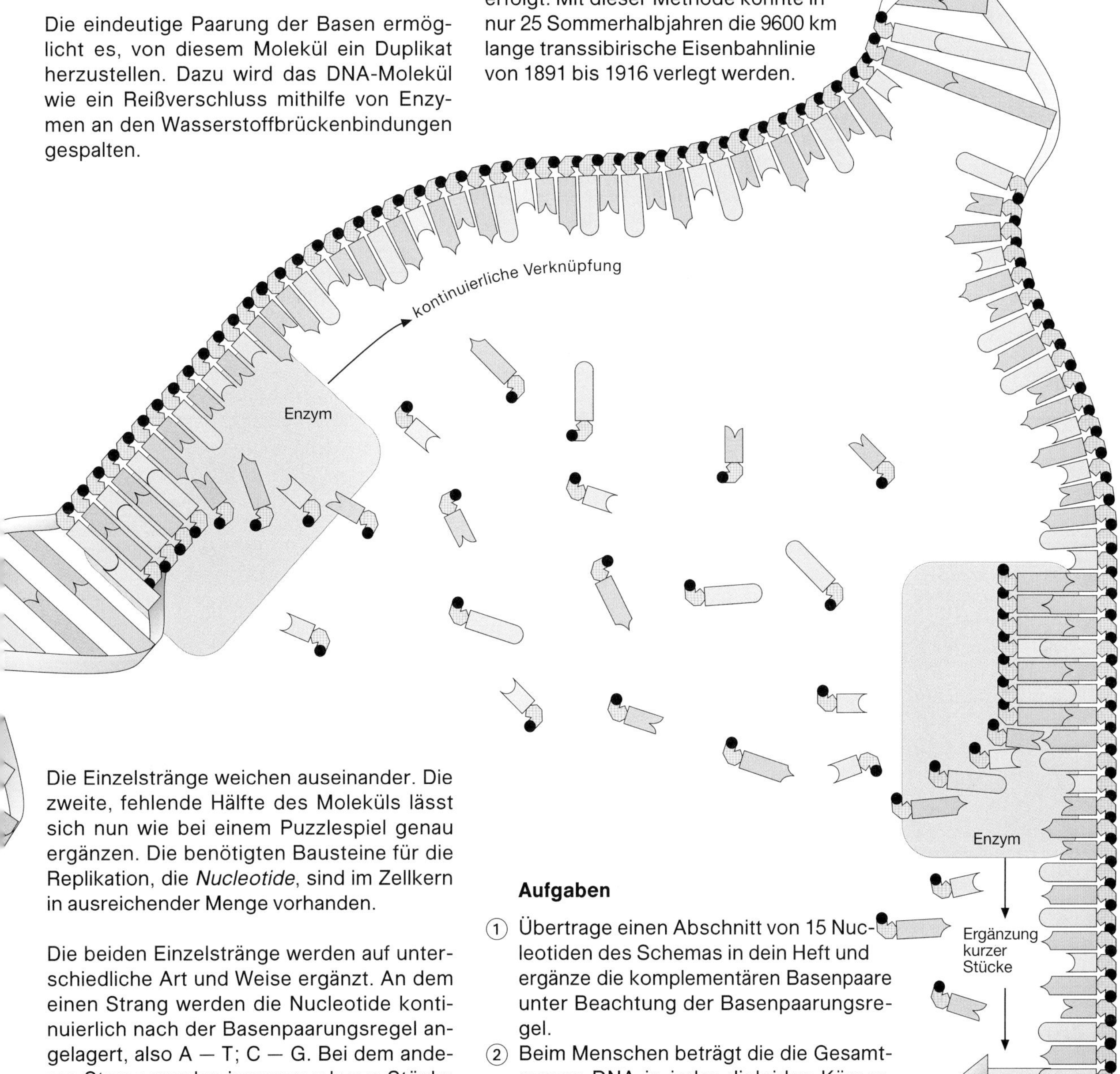

klärung geben. Die DNA jedes Chromosomensatzes einer menschlichen Zelle besitzt ca. 2 x 3 Milliarden Basenpaare, sodass bei 46 Chromosomen im Mittel 130 Millionen Basenpaare pro Einfachchromosom neu zu bilden sind. Vergleichbar ist dieser Prozess mit dem Bau einer langen Bahnstrecke, wobei der Bau gleichzeitig an vielen Stellen erfolgt. Mit dieser Methode konnte in nur 25 Sommerhalbjahren die 9600 km lange transsibirische Eisenbahnlinie von 1891 bis 1916 verlegt werden.

kontinuierliche Verknüpfung

Enzym

Die Einzelstränge weichen auseinander. Die zweite, fehlende Hälfte des Moleküls lässt sich nun wie bei einem Puzzlespiel genau ergänzen. Die benötigten Bausteine für die Replikation, die *Nucleotide*, sind im Zellkern in ausreichender Menge vorhanden.

Die beiden Einzelstränge werden auf unterschiedliche Art und Weise ergänzt. An dem einen Strang werden die Nucleotide kontinuierlich nach der Basenpaarungsregel angelagert, also A — T; C — G. Bei dem anderen Strang werden immer nur kurze Stücke ergänzt, die anschließend durch Enzyme zu einem langen Molekül verknüpft werden.

Auf diese Weise wird das DNA-Molekül gleichzeitig an vielen Stellen verdoppelt. Das folgende Zahlenbeispiel soll dafür eine Er-

Enzym

Ergänzung kurzer Stücke

Aufgaben

1. Übertrage einen Abschnitt von 15 Nucleotiden des Schemas in dein Heft und ergänze die komplementären Basenpaare unter Beachtung der Basenpaarungsregel.

2. Beim Menschen beträgt die die Gesamtmenge DNA in jeder diploiden Körperzelle $6,4 \times 10^9$ Nucleotidpaare. Ein Nucleotidpaar hat die Länge von 0,34 nm in der Doppelhelix. Der Mensch hat 23 Chromosomenpaare in jeder Körperzelle. Wie lang ist die DNA je Chromosom im Durchschnitt?

Die Mitose

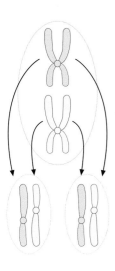

Der Zellkern ist ein wesentlicher Bestandteil von Zellen. In ihm lassen sich zu Beginn jeder Zellteilung leicht anfärbbare Strukturen erkennen, die man als *Chromosomen* bezeichnet. Die Chromosomen wurden zwar schon im letzten Jahrhundert beobachtet, aber das meiste, was wir heute über sie wissen, wurde erst in den vergangenen drei Jahrzehnten erforscht (vgl. auch S. 292 / 293).

Jedes Chromosom besteht aus zwei Hälften, den *Chromatiden.* Diese liegen eng nebeneinander und sind nur an einer Stelle, dem *Zentromer,* miteinander verbunden. Wenn man die Chromosomen nach einem besonderen Verfahren anfärbt, lassen sich deutlich Querstreifen *(Querbanden)* erkennen. Sie zeigen auf beiden Chromatiden das gleiche Verteilungsmuster. Daraus kann man schließen, dass die zwei Chromatiden eines Chromosoms den gleichen Bau besitzen.

Bei genauer Untersuchung hat man festgestellt, dass jedes Lebewesen in seinen Zellkernen eine gleich bleibende Anzahl von Chromosomen besitzt. In ihren Körperzellen besitzen beispielsweise die Fruchtfliege 8, die Erbse 14, die Taube 16, der Mensch 46, die Kartoffel 48, der Hund 78 und der Karpfen 104 Chromosomen.

Weiterhin fällt auf, dass sich jeweils zwei Chromsomen in der Größe und Form gleichen. Diese beiden Chromosomen nennt man *homolog.* Auch homologe Chromosomen besitzen jeweils das gleiche Querbandenmuster.

Aus dieser Individualität der Chromosomen ergibt sich ein grundlegendes Problem: Wie bleibt bei einer Zellteilung diese artspezifische Chromosomenanzahl und -form erhalten?

Aus der Betrachtung vieler mikroskopischer Präparate und aus der Lebendbeobachtung sich teilender Zellen weiß man gut über diesen Vorgang Bescheid. Er läuft bei allen Organismen im Wesentlichen gleich ab. Zunächst läuft mit größer Präzision eine Kernteilung, die *Mitose,* ab. Daran schließt sich die mehr zufällige Aufteilung des übrigen Zellplasmas an. Die Abbildungen der folgenden Seite zeigen diesen Vorgang bei einer Pflanzenzelle. Durch Anfärben treten die Chromosomen deutlich hervor.

Der Ablauf der Mitose ist in seinen Einzelheiten nicht leicht zu verstehen. Die wichtigsten Fakten kann man folgendermaßen zusammenfassen: Zu Beginn der Mitose besitzt jedes Chromosom bereits zwei gleichwertige Chromatiden. Durch Längsteilung entstehen daraus zwei *Tochterchromosomen* mit jeweils nur einem Chromatid. Diese Tochterchromosomen werden in gleicher Anzahl auf zwei gegenüber liegende Seiten der Zelle, die *Zellpole,* verteilt. Damit ist im Kern der beiden Tochterzellen die gleiche Chromosomenzahl vorhanden wie in der Ausgangszelle. Jedes besteht allerdings jetzt nur aus einem Chromatid.

Mitotische Zellteilungen sind auch die Grundlage für die ungeschlechtliche *(vegetative)* Vermehrung. Alle Nachkommen, die auf ungeschlechtlichem Weg entstehen, besitzen die gleiche Chromosomenausstattung.

Aufgabe

1. Baue aus verschiedenfarbigen Klingeldrahtstücken (ca. 30 — 50 cm lang) und großen Druckknöpfen mehrere Chromosomenmodelle, wie es in Abbildung 1 dargestellt ist.
   a) Was entspricht den Modellteilen in der Wirklichkeit?
   b) Wie viel Meter Klingeldraht kannst du einschichtig auf eine Stricknadel (30 cm lang, Durchmesser 3,0 mm) aufwickeln? Versuche deine Feststellung auf die Verhältnisse bei der Mitose zu übertragen.
   c) Erläutere den Ablauf der Mitose an

Zentromer

Chromatid

Querbande

1 Chromosomenmodell und Schema (vgl. Aufgabe 1)

Der Ablauf der Mitose

Bei einer Zelle, die sich nicht in Teilung befindet, sind im Kern keine Chromosomen zu erkennen. Die anfärbbaren Bestandteile des Kerns bilden ein fädiges *Chromatingerüst* ohne deutlich erkennbare Struktur. In diesem Zustand betreibt die Zelle intensiven Stoffwechsel und wächst *(Interphase)*.

Der Beginn der Kernteilung ist daran zu erkennen, dass sich das Chromatingerüst zu fädigen Strukturen zusammenzieht. Die Fäden winden sich spiralig auf, sie verkürzen und verdichten sich. Nun sind die Chromosomen gut zu erkennen. Gleichzeitig werden Kernmembran und Kernkörperchen *(Nucleolus)* aufgelöst. An den Zellpolen bilden sich die Spindelfasern aus *(Prophase)*.

Es kommt nun zu einer extremen Verkürzung der Chromosomen. Die beiden Chromatiden, die nur noch am Zentromer miteinander verbunden sind, werden jetzt sehr deutlich sichtbar. Die Spindelfasern verbinden sich mit den Zentromeren der Chromosomen. Diese setzen sich in Bewegung und werden in einer Ebene zwischen den beiden Zellpolen, der *Äquatorialebene*, angeordnet *(Metaphase)*.

Die Zentromerregion wird nun getrennt, die Spindelfasern verkürzen sich. Von jedem Chromosom wird ein Chromatid als Tochterchromosom zu den Zellpolen befördert. Damit ist das Ziel der Kernteilung erreicht: An jedem Zellpol befindet sich die gleiche Zahl von Tochterchromosomen, die aber jeweils nur aus einem Chromatid bestehen *(Anaphase)*.

Nun entspiralisieren sich diese Chromosomen und bilden ein neues Chromatingerüst. Kernmembran und Kernkörperchen werden wieder sichtbar. Gleichzeitig verschwinden die Spindelfasern *(Telophase)*.

An diese Kernteilung, die Mitose, schließt sich die eigentliche Zellteilung an. Zwischen den neu entstandenen Zellkernen bildet sich eine Plasmamembran und bei Pflanzenzellen außerdem eine Zellwand aus. Das Cytoplasma und die anderen Zellorganellen werden dabei zufallsmäßig auf die beiden entstandenen identischen, d. h. auch *erbgleichen Tochterzellen* verteilt.

Vor der nächsten Zellteilung müssen die jungen Zellen heranwachsen. Außerdem muss im Zellkern das Material der Ein-Chromatid-Chromosomen verdoppelt werden, damit für die nächste Teilung wieder zwei gleiche Chromatiden pro Chromosom zur Verfügung stehen. Damit ist der sich stets wiederholende Lebenszyklus einer teilungsaktiven Zelle geschlossen.

Zur Vereinfachung ist in der Abbildung rechts nur ein homologes Chromosomenpaar abgebildet.

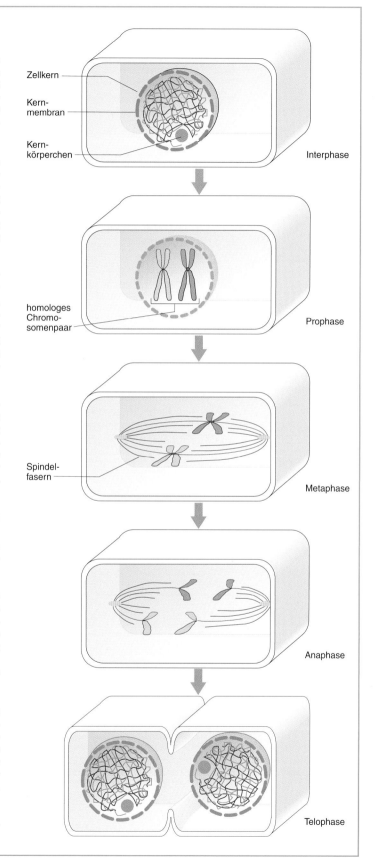

Zellkern
Kernmembran
Kernkörperchen
Interphase

homologes Chromosomenpaar
Prophase

Spindelfasern
Metaphase

Anaphase

Telophase

Die Meiose

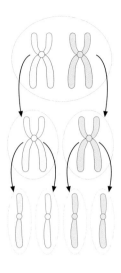

Die Befruchtung einer weiblichen Keimzelle durch eine männliche ist der Beginn eines neuen Lebewesens. Bei dieser *sexuellen* Fortpflanzung verschmilzt der Kern einer Spermienzelle mit dem einer Eizelle. Das Verschmelzungsprodukt der beiden Keimzellen ist die *Zygote*.

Wenn die Zellkerne der Keimzellen bei einem Menschen wie die Körperzellen ebenfalls 46 Chromosomen enthielten, dann müssten in den Zellen der Kinder 92 Chromosomen vorhanden sein, 46 von der Mutter und 46 vom Vater. In der 10. Generation wäre die Zahl auf 23 552 angewachsen. Da die Kinder aber auch nur 46 Chromosomen besitzen, muss spätestens bei der Bildung der Keimzellen die Chromosomenzahl reduziert worden sein.

In den Körperzellen eines Lebewesens befindet sich stets eine konstante Anzahl von Chromosomen, die paarweise homolog sind. Oder anders ausgedrückt: Körperzellen enthalten den doppelten Satz an Chromosomen. Bei der Untersuchung von Keimzellen stellt man dagegen fest, dass sie nur einen einfachen Chromosomensatz besitzen. Von jedem der beiden homologen Chromosomen ist exakt eines vorhanden. Man bezeichnet Zellen, in denen ein einfacher Chromosomensatz vorliegt, als *haploid*, solche mit dem doppelten Satz als *diploid*. Die Frage nach der Verminderung der Chromosomenzahl lässt sich auch folgendermaßen formulieren: Wie entstehen aus diploiden Körperzellen haploide Keimzellen?

Der Vorgang, der den haploiden Chromosomensatz entstehen lässt, heißt *Meiose*. Er ist bei der Reifung der Keimzellen zu beobachten und läuft in zwei aufeinander folgenden Teilungsschritten ab. Diese Abschnitte bezeichnet man als 1. bzw. 2. *Reifeteilung*. Auf der folgenden Seite ist der Ablauf der Meiose genauer dargestellt.

Das Wesentliche daran ist Folgendes: In der 1. Reifeteilung werden zunächst die homologen Chromosomen paarweise angeordnet. Die Paare werden anschließend so voneinander getrennt, dass ganze Chromosomen zu den Zellpolen gezogen werden. Die so entstandenen haploiden Zellen werden in der 2. Reifeteilung, die wie eine Mitose verläuft, nochmals geteilt. Das Ergebnis sind vier Zellen mit einfachem Chromosomensatz.

Die Kerne haploider Keimzellen verschmelzen bei der Befruchtung miteinander. Das so entstehende Lebewesen ist somit wieder diploid. Um sich weiter geschlechtlich fortpflanzen zu können, müssen wieder haploide Keimzellen gebildet werden und so fort.

Nehmen wir beispielweise einen Organismus mit n = 2 Chromosomen im haploiden Satz. In den diploiden Körperzellen (2n = 4) sind dann je zwei Chromosomen vom Vater und zwei von der Mutter vorhanden. Bei der ersten Reifeteilung werden die homologen Chromosomen gepaart und als ganze Chromosomen auf die neuen Zellen verteilt. Da dies zufällig geschieht, gibt es vier verschiedene Möglichkeiten, wie die Chromosomen in den Keimzellen kombiniert werden können. Abbildung 1 zeigt diese $2^2 = 4$ gleich wahrscheinlichen Verteilungen.

Man kann sich nun leicht überlegen, dass für einen Chromosomensatz mit n = 3 insgesamt $2^3 = 8$ Möglichkeiten der Kombination existieren. Beim Menschen mit seinen n = 23 Chromosomen ergibt sich — konsequent weitergedacht — eine Zahl von $2^{23} = 8\ 388\ 608$ verschiedene Keimzellen.

Die Wahrscheinlichkeit, dass zwei Kinder eines Elternpaares die gleiche Chromosomenausstattung erhalten, ist damit äußerst gering, zumal Vater und Mutter diese große Zahl verschiedener Keimzellen bilden können. Bei der sexuellen Fortpflanzung kommt es also — im Gegensatz zur vegetativen Vermehrung — zu einer ständigen *Neukombination* des Chromosomensatzes.

| 2. Reifeteilung | 1. Reifeteilung | 1. Reifeteilung | 2. Reifeteilung |

1 Die vier Möglichkeiten der Keimzellen bei 2n = 4 Chromosomen

Der Ablauf der Meiose

Die Erkenntnisse über den gesamten Ablauf der Meiose wurden durch die sorgfältige Auswertung von Mikropräparaten gewonnen. Weil es schwierig ist, diesen Ablauf darzustellen, soll hier nur auf die wichtigsten Vorgänge eingegangen werden.

Die erste Phase beginnt ähnlich wie bei der Mitose. In den Zellkernen der Keimzellen bilden sich aus dem Chromatingerüst die Chromosomen in typischer Form und Anzahl. Noch sind diese Zellen diploid. Die Chromosomen liegen der Länge nach gespalten vor. Die Chromatiden werden nur noch durch das Zentromer zusammengehalten.

Zu Beginn der Meiose zeigen die *homologen* Chromosomen ein eigenartiges Verhalten. Wie von einer unsichtbaren Kraft angezogen, beginnen sie, aufeinander zuzuwandern. Sie legen sich aneinander, wobei es zu einer Überkreuzung der Chromatiden kommen kann. Man spricht von der *Paarung* der homologen Chromosomen.

Nach einiger Zeit trennen sich die Partnerchromosomen wieder und ordnen sich in der Mitte der Zelle *(Äquatorialebene)* an. In der Zwischenzeit ist die Kernmembran aufgelöst und der Spindelapparat gebildet worden.

Während in der Mitose einzelne Chromatiden zu den Polen der Zelle gezogen werden, sind es bei der Meiose zunächst die Chromosomen. Dabei bleibt es dem Zufall überlassen, welcher Partner der beiden homologen Chromosomen zu welcher Seite der Zelle wandert.

Zum Abschluss dieses Vorgangs liegt der gesamte, ursprünglich diploide Chromosomensatz halbiert vor. Mit der Bildung von zwei haploiden Zellkernen ist die erste Reifeteilung — auch *Reduktionsteilung* genannt — beendet.

Nach einer kurzen Ruhepause tritt die Zelle in die *zweite Reifeteilung* ein. Sie trennt die Chromatiden der einzelnen Chromosomen voneinander und verläuft wie die Mitose. Die Meiose ist mit der Bildung von 4 Zellkernen mit einem einfachen Chromosomensatz abgeschlossen.

Beim Menschen verläuft die Meiose bei Mann und Frau verschieden. Während beim Mann als Ergebnis der Reifeteilung vier Spermien mit je einem haploiden Chromosomensatz entstehen, beginnt bei der Frau die erste Reifeteilung der Ureizellen im dritten Embryonalmonat und wird etwa mit der Geburt „eingefroren". Erst im Verlauf des Monatszyklus geht jeweils die zum Follikel heranreifende Eizelle in die nächsten Teilungsstadien über.

Zur Vereinfachung wird in der Abbildung nur von einem homologen Chromosomenpaar ausgegangen.

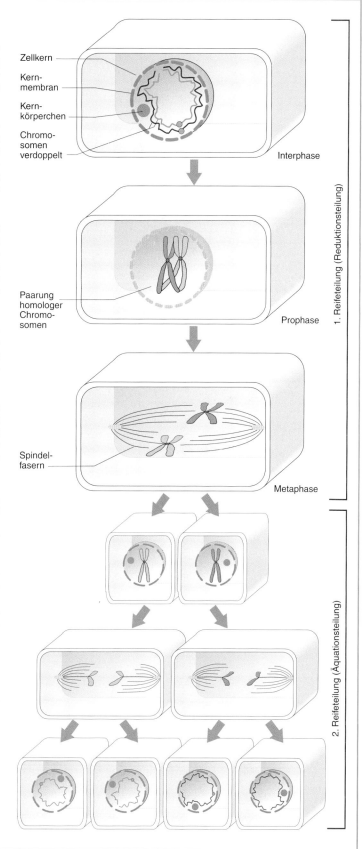

Zellkern

Kern-
membran

Kern-
körperchen

Chromo-
somen
verdoppelt

Interphase

Paarung
homologer
Chromo-
somen

Prophase

1. Reifeteilung (Reduktionsteilung)

Spindel-
fasern

Metaphase

2. Reifeteilung (Äquationsteilung)

Bau und Bedeutung der Proteine

Bau der Proteine

Das Leben ist an das Vorhandensein von *Proteinen* gebunden. Proteine sind in der Natur vorkommende Eiweißstoffe mit unterschiedlicher Struktur und Funktion, die aus den Elementen Kohlenstoff, Wasserstoff, Sauerstoff und typischerweise Stickstoff sowie zum Teil auch Schwefel bestehen.

Grundbaustein aller Eiweiße sind *Aminosäuren*, die über die Peptidbindung kettenartig miteinander verknüpft sind. Es gibt unendlich viele verschiedene Möglichkeiten für die Reihenfolge *(Sequenz)* und die räumliche Anordnung *(Faltung)* der verschiedenen Aminosäuren. Daraus resultiert die Vielfalt der Eiweiße im Organismus. Am Aufbau aller lebenswichtigen Proteine sind allerdings nur bis zu 20 verschiedene Aminosäuren beteiligt. Diese *proteinogenen Aminosäuren* werden in pflanzlichen Zellen synthetisiert.

Da Menschen und Tiere die für sie notwendigen Aminosäuren nicht alle selbst bilden können, müssen sie die sogenannten *essenziellen Aminosäuren* (z. B. Leucin) mit der Nahrung in Form von Eiweißen aufnehmen. Die Eiweiße werden im Verdauungskanal in Aminosäuren zerlegt. Diese essenziellen Aminosäuren können vom Blut resorbiert und so in alle Bereiche des Körpers transportiert werden. In den verschiedenen Zellen werden dann körpereigene Proteine durch die typische Verknüpfung der Aminosäuren aufgebaut.

Bedeutung der Proteine

Proteine haben für den Menschen vielfältige Bedeutung. Sie halten die Zellen am Leben, sie ermöglichen die Muskelkontraktion, sogar die Verdauung wäre ohne Proteine nicht denkbar — Verdauungsenzyme sind Proteine. Hormone, die Wachstum, Entwicklung oder den Blutzuckerspiegel kontrollieren, sind Proteine. Selbst das Erbmaterial (die Chromosomen als Träger der Gene) besteht zum Teil aus Proteinen. Man unterteilt Proteine in *faserartige* und *globuläre Proteine*.

Die wichtigsten *faserartigen Proteine* sind Kollagen, Fibrinogen, Keratin und Muskelprotein:
— *Kollagen* ist das häufigste Protein der Wirbeltiere. Knochen, Haut, Sehnen und Knorpel besitzen dieses Eiweiß.
— *Fibrinogen* kommt im Blutplasma vor und ist für die Blutgerinnung verantwortlich.
— *Keratin* bildet die äußere Schicht der Haut, Haare und Nägel.
— Die Muskelproteine *Aktin* und *Myosin* ermöglichen uns die Bewegung.

Globuläre Proteine sind kugelförmig und immer löslich. Zu ihnen gehören Enzyme, Hormone und Antikörper. Enzyme katalysieren die verschiedensten chemischen Reaktionen im Körper. Hormone sind chemische Botenstoffe, die Stoffwechselvorgänge und auch die Synthese von Enzymen regulieren. Antikörper haben bei der Immunabwehr die Aufgabe, Fremdkörper *(Antigene)* unschädlich zu machen.

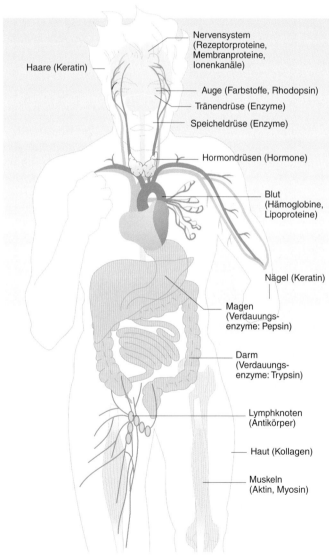

Haare (Keratin)

Nervensystem
(Rezeptorproteine,
Membranproteine,
Ionenkanäle)

Auge (Farbstoffe, Rhodopsin)
Tränendrüse (Enzyme)
Speicheldrüse (Enzyme)

Hormondrüsen (Hormone)

Blut
(Hämoglobine,
Lipoproteine)

Nägel (Keratin)

Magen
(Verdauungs-
enzyme: Pepsin)

Darm
(Verdauungs-
enzyme: Trypsin)

Lymphknoten
(Antikörper)

Haut (Kollagen)

Muskeln
(Aktin, Myosin)

1 Wichtige Proteine und ihre Wirkorte

Transkription — erster Schritt der Proteinsynthese

Gen
Teil der Erbinformation, verschlüsselt ein Eiweiß (Protein)

Transkription
Kopieren der Information der DNA in die RNA

Basensequenz
Reihenfolge der Nucleotidbasen

Wie werden die körpereigenen Proteine hergestellt?

Die „Rezeptur" für den spezifischen Aufbau der Eiweiße befindet sich im Zellkern im genetischen Material, der *DNA*. Die DNA ist ein sehr langes Molekül und enthält viele Gene. Der genaue Bauplan der einzelnen Eiweiße liegt in jeweils einem Gen der DNA verschlüsselt vor. Diese Verschlüsselung spiegelt sich in einer bestimmten Reihenfolge der organischen Basen *(Basensequenz)* wider. Proteine werden aber nicht im Zellkern, sondern an den Ribosomen im Cytoplasma gebildet.

Daraus ergibt sich die Frage: Wie kommt die Information der DNA zum Ribosom? Wenn der Körper zum Beispiel Insulin benötigt, wird nur die Information entschlüsselt, die für die Bildung des Insulins gebraucht wird. Der DNA-Strang wird in diesem Bereich entspiralisiert und die Wasserstoffbrücken aufgespalten. Anschließend weichen die Einzelstränge auseinander. Damit die Information auch weiterhin erhalten bleibt, wird von einem der beiden Stränge eine Kopie erstellt. Dazu lagern sich die komplementären Nucleotide an. Anstelle von Thymin wird die ähnliche Base *Uracil* gebunden.

Durch Verknüpfung der Nucleotide entsteht ein kurzes einsträngiges Molekül, das als „Bote" *(messenger-RNA)* durch die Poren der Kernmembran ins Zellplasma wandert. Durch dieses Umschreiben *(Transkription)* eines Abschnittes der DNA auf ein Botenmolekül kann die Information zu den Ribosomen gelangen.

Das Botenmolekül ist eine *Ribonucleinsäure* (RNA). Die RNA unterscheidet sich in einigen Merkmalen von der DNA:
— Sie besteht nur aus einem Einzelstrang von Nucleotiden.
— Sie ist viel kürzer, da sie nur die Information eines Gens trägt.
— Die RNA besitzt als Zuckermolekül die Ribose.
— Anstelle der Base Thymin kommt eine ähnlich gebaute, sich ebenfalls mit Adenin paarende Base, das Uracil, vor.

Im Ergebnis der Transkription entsteht also eine Boten-RNA *(messenger-RNA, m-RNA)* die die benötigte Information zu den Ribosomen bringt.

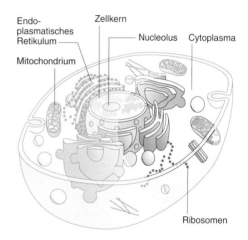

1 Lokalisation der Ribosomen in der Zelle

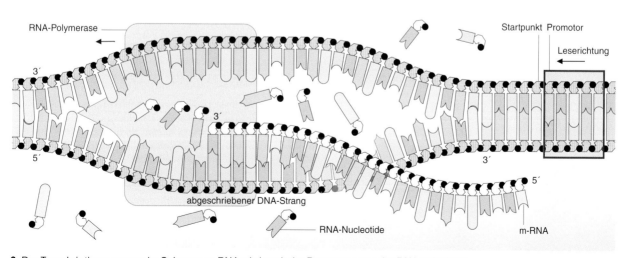

2 Der Transkriptionsvorgang im Schema: m-RNA wird nach der Basensequenz der DNA aufgebaut

Genetischer Code und Translation

Der genetische Code

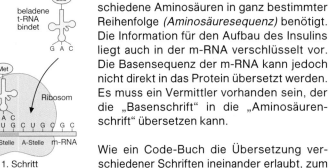

beladene
t-RNA
bindet

Met

Ribosom

U A C
G A A U G C U G C G C

P-Stelle A-Stelle m-RNA

1. Schritt

Für den Aufbau des Insulins werden verschiedene Aminosäuren in ganz bestimmter Reihenfolge *(Aminosäuresequenz)* benötigt. Die Information für den Aufbau des Insulins liegt auch in der m-RNA verschlüsselt vor. Die Basensequenz der m-RNA kann jedoch nicht direkt in das Protein übersetzt werden. Es muss ein Vermittler vorhanden sein, der die „Basenschrift" in die „Aminosäurenschrift" übersetzen kann.

Wie ein Code-Buch die Übersetzung verschiedener Schriften ineinander erlaubt, zum Beispiel das Morsealphabet in „normale" Buchstaben, so ist der genetische Code die Übersetzungsvorschrift auch für das Insulin.

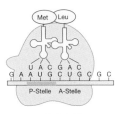

Met Leu

U A C G A C
G A A U G C U G C G C

P-Stelle   A-Stelle

2. Schritt

Wie ist es nun möglich, mit den 4 Nucleotidbasen die 20 lebensnotwendigen Aminosäuren zu verschlüsseln *(codieren)*? Würde jede der 4 Basen jeweils eine Aminosäure codieren, so könnten nur 4 Aminosäuren verschlüsselt werden, d. h. es könnten 16 Aminosäuren nicht codiert werden ($4^1 = 4$).

Durch Zweiergruppen von Nucleotiden, zum Beispiel AT, AC, AG, ... könnten schon 16 Aminosäuren verschlüsselt werden. Es fehlen aber noch 4 Codierungsmöglichkeiten für Aminosäuren ($4^2 = 16$). Erst durch Dreiergruppen, zum Beispiel AAA, AAC, AAG, CCA, usw. sind ausreichend Verschlüsselungsmöglichkeiten gegeben ($4^3 = 64$). Das heißt sogar, dass es für einzelne Aminosäuren mehrere Möglichkeiten der Codierung gibt. Diese Dreiergruppe von Nucleotiden wird als *Basentriplett* bezeichnet. Die Transkription der m-RNA nennt man *Codieren*.

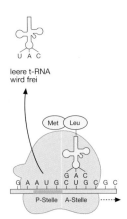

U A C

leere t-RNA
wird frei

Met Leu

G A C
G A A U G C U G C G C

P-Stelle   A-Stelle

Mithilfe eines Verschlüsselungsmodells, einer sogenannten *Codesonne*, kann man die unterschiedlichen Codierungsmöglichkeiten für die einzelnen Aminosäuren ablesen (siehe nächste Seite). Die einzelnen Aminosäuren werden mit 3 Buchstaben abgekürzt, so steht zum Beispiel Ala für Alanin oder Leu für Leucin. Um die Codierungsmöglichkeiten zu ermitteln, wird die Codesonne von innen nach außen gelesen. So stehen UUA, UUG, CUU, CUC, CUG, CUA für Leucin. Leucin kann also 6-mal verschlüsselt werden.

Der genetische Code wird meist als m-RNA-Code angegeben, er lässt sich aber auch in die DNA übertragen.

Einige m-RNA-Codons haben spezielle Bedeutung: AUG gibt als *Startcodon* den Anfangspukt für die Übersetzung an. UAG ist ein mögliches *Stoppcodon*. Startcodon und Stoppcodon begrenzen das verschlüsselte Protein.

Durch zahlreiche Untersuchungen hat man herausgefunden, dass die einzelnen Codons bei nahezu allen Lebewesen die gleiche Bedeutung haben, also die gleiche Aminosäure verschlüsseln. Das bedeutet, dass eine bestimmte m-RNA in fast allen Organismen in das gleiche Protein übersetzt wird. Der genetische Code ist praktisch universell.

Translation

Durch die Transkription wurde die Information von der DNA auf die m-RNA übertragen. Die m-RNA wandert nun mit dieser Abschrift aus dem Zellkern heraus in Richtung Ribosomen. Gemäß dieser Information wird an den Ribosomen ein Protein mit einer bestimmten Aminosäurenreihenfolge zusammengebaut. Diesen Vorgang bezeichnet man als *Translation*.

Die m-RNA verbindet sich mit den Ribosomen zum m-RNA-Ribosomenkomplex. Die im Plasma befindlichen Aminosäuren werden mithilfe von speziellen Transportmolekülen, den t-RNAs *(transfer-RNAs)*, zum m-RNA-Komplex transportiert und dort entsprechend der passenden Basenpaarung angelagert. Jede t-RNA transportiert nur eine bestimmte Aminosäure. Dadurch wird gewährleistet, dass nur die von der m-RNA vorgegebene Aminosäure angelagert wird (1. Schritt).

Nun lagert sich an der zweiten Bindungsstelle erneut eine mit einer Aminosäure beladene t-RNA an die passende m-RNA an (2. Schritt). Unter Energieverbrauch werden die Aminosäuren verbunden und die t-RNA geht ins Plasma zurück und holt die nächste Aminosäure heran, sodass die Aminosäurekette verlängert wird (3. Schritt). Dieser Vorgang wiederholt sich so lange, bis das Protein fertig zusammengesetzt ist.

Die Aminosäuren, die zum Aufbau eines Proteins gebraucht werden, müssen mit der Nahrung aufgenommen werden. Transkription und Translation werden als *Proteinsynthese* zusammengefasst.

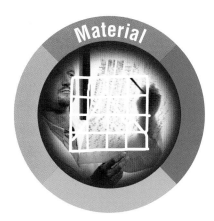

Genetischer Code

Codesonne

Durch den genetischen Code werden alle lebenswichtigen Aminosäuren zum Aufbau der Proteine verschlüsselt. Der genetische Code ist ein Triplettcode, d. h. eine Dreierkombination von Nucleotiden verschlüsselt jeweils eine Aminosäure.

Aufgaben

① Suche aus der Codesonne alle Verschlüsselungsmöglichkeiten für Valin (Val), Prolin (Pro), Serin (Ser) und Methionin (Met) heraus.
② Welcher Vorteil ergibt sich aus einer Mehrfachverschlüsselung für den Organismus?

Codierung der Proteine

Jedes Protein ist durch eine ihm eigene Reihenfolge der Aminosäuren gekennzeichnet. Diese Sequenz kennt man heute bereits von vielen Proteinen.

Aufgaben

③ Insulin besteht aus zwei Aminosäureketten. Die längere der beiden Ketten im Protein Insulin beginnt mit den Aminosäuren Phenylalanin — Valin — Asparagin — Glutaminsäure — Histidin — Leucin. Gib die Nucleotidreihenfolge (Basensequenz) der m-RNA an.
④ Wie müsste die Nucleotidreihenfolge der DNA lauten?
⑤ Aus wie vielen Nucleotiden besteht diese Kette?
⑥ Die kürzere Kette des Insulins endet mit den Aminosäuren Leucin — Tyrosin — Asparagin — Tyrosin — Cystein — Asparagin. Mit welcher Nucleotidreihenfolge der m-RNA endet das Insulin?

Leseraster

Wir können aus einem Text nur dann Informationen herauslesen, wenn die Buchstaben in einer bestimmten Reihenfolge (Sequenz) Worte ergeben und ein uns bekanntes Leseraster zugrunde liegt. So ergibt die Buchstabenfolge „MAXHATWUTAUFINA" auf den ersten Blick keinen Sinn. Legt man jedoch ein Leseraster an, können wir die Information verstehen: „MAX HAT WUT AUF INA"

Anders sieht es aus, wenn ein Buchstabe ausfällt, das Leseraster aber beibehalten wird. Sofort verändert sich die Information, zum Beispiel folgendermaßen: „MAX ATW UTA UFI NA_"

Aufgaben

⑦ In der m-RNA AUG CCA ACA GAC ... fällt das 5. Nucleotid aus. Wie verändert sich das Beispiel?
⑧ Gib die Reihenfolge der Aminosäuren vor und nach dem Ausfall an.
⑨ Wie kann sich solch ein Ausfall auf den Organismus auswirken?
⑩ In der gleichen m-RNA wird nach dem 4. Nucleotid Uracil eingeschoben. Wie verändert sich das Beispiel? Können sich die Veränderungen auf den Organismus auswirken?

Entschlüsselung von DNA-Molekülen

Ein Protein ist in allen Nucleinsäuren verschlüsselt, in der DNA, der m-RNA und der t-RNA. Bei allen Formen trifft die Triplettnatur des genetischen Codes zu.

Aufgaben

⑪ Die Nucleotidsequenz der DNA lautet: AGG GTC CGA GGG TTA GCT TTC ... Wie sind die m-RNA und die t-RNA verschlüsselt? Welche Aminosäurereihenfolge ergibt sich für das Protein?
⑫ Ein Abschnitt eines Gens hat folgenden Aufbau: AAT ATA GGT CGC CCC GTT ... Bestimme die Reihenfolge der Aminosäuren im Protein.
⑬ Wie verändert sich die Reihenfolge, wenn das 5. und 9. Nucleotid ausfallen?
⑭ Gib ein Beispiel dafür an, dass ein Einschub und Ausfall je eines Nucleotids sich nicht nachteilig auf den Organismus auswirken.
⑮ Gib die Nucleotidreihenfolge der DNA an, wenn folgende Aminosäuren im Protein aneinandergereiht sind: Leu - Asp - Pro - Val - Leu - Ser - ... Achte dabei darauf, dass es mehrere Möglichkeiten der Verschlüsselung für die einzelnen Aminosäuren gibt.

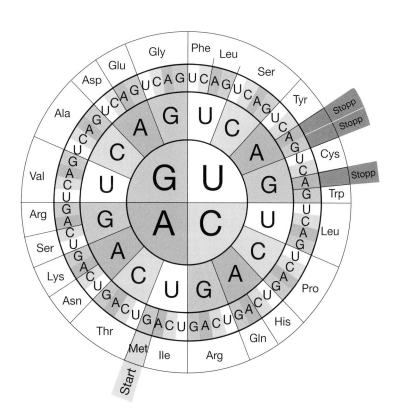

Mutationen

In der Natur treten manchmal zunächst unerklärliche Phänomene auf, wie z. B. dackelbeinige Schafe, Albinos oder Zwergwuchs beim Menschen. Diese veränderten äußeren Erscheinungsbilder entstehen meist ohne erkennbare Ursache. Sie treten plötzlich und spontan auf und beruhen auf Veränderungen im genetischen Material.

Man bezeichnet solche sprunghaften Änderungen des Erbgutes als *Mutationen*. Treten die Mutationen in den Autosomen, also den Körperzellen, auf, werden sie nicht vererbt. Sind jedoch die Geschlechtszellen, die Gonosomen, von den Mutationen betroffen, werden diese an die Nachkommen weitergegeben.

Mutationen sind häufig nur erkennbar, wenn sie das äußere Erscheinungsbild betreffen. Allerdings sind mutierte Tiere, wie zum Beispiel Albinos, in freier Wildbahn sehr selten. Das heißt jedoch nicht, dass Mutationen an sich seltene Ereignisse sind. Gewöhnlich haben sie aber nachhaltige Wirkungen auf ihre Träger. Albino-Tiere beispielsweise werden von ihren Fressfeinden oder ihren Beutetieren leichter gesehen und haben deshalb geringere Überlebenschancen.

Immer wieder kann man bei Tieren *Kurzbeinigkeit* beobachten. Die Ursache dieses Phänomens sind Veränderungen im Knochenbau. So trat zum Beispiel 1791 in den USA ein „dackelbeiniges" Schaf auf. Im Grunde genommen ist diese Erscheinung negativ für den Organismus, da sie im Vergleich zu den normalbeinigen Artgenossen eine Beeinträchtigung oder Verhinderung der für das Tier typischen Verhaltensweisen bedeutet. Die US-Farmer aber machten sich diese Normabweichung zunutze und züchteten aus dem „Dackelschaf" eine eigene Rasse, die in niedrigeren Umzäunungen gehalten werden konnte und damit eine Kosteneinsparung brachte.

Bei Pflanzen nehmen Staubblätter durch Mutationen manchmal die Form von Blütenblättern an, es entstehen „gefüllte" Blüten. Eine solche Form war einem aufmerksamen Gärtner vor etwa 200 Jahren bei der Rosskastanie aufgefallen. Heute gibt es viele Kastanienalleen mit diesen Bäumen. Ihre Weiterzucht war jedoch nur durch Eingreifen des Menschen möglich, da diese Pflanzen keine Samen bilden, also steril sind und vegetativ vermehrt werden müssen.

Wildeinkorn: Genom AA, 2n=14 Chromosomen, nur ca. 20 Körner pro Ähre, brüchige Ährenspindel, Körner fest in den Ähren

Wildgras Genom BB

Emmer: Genom AABB, 4n=28 Chromosomen, viel Protein, krankheitsresistent, Ähren brüchig, Vorform des Hartweizens (feste Ähren hoher Ertrag)

Wildgras Genom DD

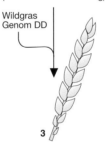

Dinkel: Genom AABBDD, 6n=42 Chromosomen, feste Ähren, Körner nur schwer herauszudreschen, gedeiht in verschiedenstem Klima, gut backfähig

Genmutationen

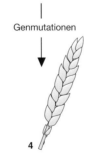

Saatweizen: Genom AABBDD, 6n=42 Chromosomen, feste Ähren, gut zu dreschen, sehr hoher Ertrag

Entstehung des Saatweizens

Es gibt verschiedene Möglichkeiten, wie das Erbgut verändert sein kann. *Genommutationen* sind gekennzeichnet durch eine Veränderung der Gesamtchromosomenzahl eines Zellkerns. Es können einzelne Chromosomen fehlen oder überzählig sein. Sogar ein ganzer Chromosomensatz kann zusätzlich auftreten *(Polyploidie)*.

Diese Mutationen lassen sich beim Aufstellen eines Karyogrammes erkennen. Wenn der ganze Chromosomensatz bzw. ganze Chromosomen betroffen sind, ist das für Tier und Mensch meist nachteilig, z. B. bei *autosomalen Trisomien* — also der Anwesenheit von drei homologen Chromosomen statt normal von zwei. Bei Pflanzen jedoch kann eine Vervielfachung des Chromosomensatzes sogar von Vorteil sein, wie es in der Mittelspalte gezeigt wird.

Chromosomenmutationen, d. h. Veränderungen an einem einzelnen Chromosom, sind für Tier sowie Mensch in jedem Fall negativ. Sie sind unter dem Mikroskop feststellbar, zum Beispiel kann man Chromosomen finden, von denen kurze Stücke abgebrochen sind. Beim *Katzenschreisyndrom*, das katzenähnliches Schreien bei Säuglingen und schwere körperliche Missbildungen zur Folge hat, fehlt ein Stück des kurzen Arms am Chromosom Nummer 5.

Genmutationen beruhen auf einer nicht sichtbaren chemischen Veränderung der Erbsubstanz. Dabei wird zum Beispiel eine Base der DNA gegen eine andere ausgetauscht. Die Transkription läuft fehlerhaft ab und ein nicht funktionsfähiges Protein wird aufgebaut. Die *Albinos* sind ein Beispiel für solch eine Mutation.

Man vermutet, dass es Gene gibt, bei denen häufiger Mutationen auftreten als bei anderen. So verhalten sich beim Menschen die Erbanlagen für die Blutgruppen oder die Papillarlinien der Hände und Füße sehr stabil. Deshalb werden sie in der Gerichtsmedizin zur Klärung strittiger Abstammungsverhältnisse herangezogen. Die Gene für die Pigmentierung von Haut und Haaren sind dagegen sehr labil. Mutationen bewirken also auch die *Variabilität* von Artgenossen.

Aufgabe

① Informiere dich über Polyploidie bei weiteren Kulturpflanzen.

Modifikationen

Nicht jede Veränderung im Erscheinungsbild ist auf eine Mutation zurückzuführen. So kann das äußere Erscheinungsbild eines Lebewesens trotz unveränderten Erbgutes sehr unterschiedlich sein. Bedingt ist das durch die Wirkung verschiedener Umwelteinflüsse auf ein Individuum. Diese Anpassungsfähigkeit eines Lebewesens an die Wirkung von Umweltfaktoren nennt man *Modifikation*.

Teilt man z. B. eine *Löwenzahnstaude* in zwei Teile und verpflanzt diese in unterschiedliche Lebensräume, etwa in die Tiefebene und in das Hochgebirge, verändern beide Pflanzen ihr Aussehen. Während die Tieflandpflanze im Allgemeinen einen kräftigen Wuchs zeigt, bleibt die Pflanze im Hochgebirge infolge der ungünstigen Umweltbedingungen klein und kümmerlich. In das Flachland zurückversetzt, stellt sich nach einiger Zeit das ursprüngliche Erscheinungsbild dieses Korbblütlers wieder ein.

Bei einigen *Petunienrassen* beeinflussen sowohl Temperatur als auch Belichtung die Färbung und Zeichnung der Blüten. Hält man diese beliebten Balkonpflanzen längere Zeit unter starker Sonnenbestrahlung bei ca. 15 °C bis 20 °C, so blühen sie rein weiß. Wird die Belichtungsdauer und Belichtungsstärke herabgesetzt und die Temperatur gleichzeitig auf etwa 30 °C erhöht, so erscheinen einfarbig violette bis dunkelblaue Blüten.

Zwischen diesen beiden Extremvarianten gibt es, in Abhängigkeit von den beiden wirksamen Außenfaktoren, alle möglichen Übergänge und Muster, wie es die Abbildung in der Mitte zeigt. Bei Petunien werden Blütenfärbung und -zeichnung also nicht nur durch die Erbanlagen bestimmt, sondern auch durch die Fähigkeit der Pflanzen, bei unterschiedlichen Temperaturen und Lichtverhältnissen verschiedene Farben und Zeichnungen auszubilden.

Auch beim Säugetier kann die Temperatur modifizierend wirken: Beim *Russenkaninchen* (einer beliebten Zuchtrasse unserer Hauskaninchen) tragen alle Hautstellen, deren Temperatur unter 34 °C liegen (Ohren, Pfoten, Schwanz und Schnauzenspitze) ein schwarzes Fell. Die übrigen gut durchblute-

abgeschwächtes Licht

Temperaturzunahme

30 °C

Lichtzunahme

15 °C

helles Sonnenlicht

ten Körperteile mit einer höheren Oberflächentemperatur bedeckt ein weißes Fell. Hält man die Russenkaninchen bei einer Temperatur über 30 °C, sinkt infolge geringeren Wärmeverlustes die Körpertemperatur auch an den weniger gut durchbluteten Stellen nicht unter 34 °C und die Tiere werden rein weiß. Kühlt man andererseits bestimmte Körperpartien längere Zeit, bilden sich dort schwarze Haare und es entsteht im Fell ein schwarzer Fleck.

Ein bekanntes Beispiel für den Einfluss der Umwelt auf die Entwicklung eines tierischen Organismus zeigt sich bei der *Honigbiene*. Hier entscheidet die Ernährung der Larven darüber, ob sich aus einer befruchteten Eizelle eine fortpflanzungsunfähige Arbeiterin oder eine Königin entwickelt.

Noch deutlicher wird der Einfluss der Ernährung auf Körperform und Entwicklung bei den *Termiten*. Die einzelnen Kasten dieser Staaten bildenden Insekten entstehen, von der Verschiedenheit der Geschlechter abgesehen, unter dem Einfluss des Vitamins T *(Termitin)*. Ohne diesen Wirkstoff entwickeln sich nur kleinköpfige Arbeiterinnen. Enthält das Futter der Larven während eines bestimmten Entwicklungsstadiums neben einer Mindestmenge an Stickstoff (Eiweiß) das Vitamin T, so entstehen je nach der aufgenommenen Menge die verschiedenen Soldaten mit vergrößerten Kopforganen.

Bei einigen Termitenarten, bei denen Soldaten normalerweise nicht auftreten, konnten diese durch Beimischung von Vitamin T zur Nahrung künstlich erzeugt werden. Dieser hormonartige Wirkstoff wird von den Termiten übrigens nicht selbst erzeugt, sondern befindet sich in verschiedenen Faden- und Hefepilzen. Er gelangt mit der Larvennahrung in den Tierkörper, wird dort abgelagert und gespeichert.

Aufgaben

① „Der Mensch nutzt Modifikationen, um günstige Bedingungen für maximale Erträge zu schaffen". Finde Beispiele für diese Aussage.

② Wiederhole, welches die unterschiedlichen Formen der Honigbiene sind und wie sie entstehen.

Mutagene

Die Häufigkeit von Mutationen kann stark ansteigen, wenn bestimmte Chemikalien *(mutagene Stoffe)* oder Strahlung, z. B. radioaktive Strahlung, auf Zellen einwirken. Die Erforschung mutagener Einflüsse und ihrer Wirkung ist für die Gesundheitsbehörden und Gesetzgeber wichtig, um die nötigen Schutzmaßnahmen für Bevölkerung und Umwelt anzuordnen und zu überwachen.

Nitrosamine, die z. B. beim Grillen von zu fettem oder gepökeltem Fleisch entstehen, sind als gefährliche Stoffe bekannt. Ihre Krebs auslösende Wirkung könnte auf Mutationen in Körperzellen beruhen. Sie bewirken eine chemische Veränderung der DNA-Basen. Dadurch erhalten diese neue Paarungseigenschaften. Ein Modell für ihre Wirkung liefert die salpetrige Säure. Aus Cytosin bildet sie Uracil, das nicht komplementär zu Guanin, sondern zu Adenin ist. Bei einer Replikation wird nach einer solchen Mutation in einem neuen Doppelstrang also ein CG-Basenpaar durch ein UA-Paar ersetzt.

Dass die *Teerstoffe* des Zigarettenrauchs mutagen wirken und Krebs auslösen können, ist bekannt. Es sind Moleküle mit Ringsystemen, die sich zwischen die Basen der DNA schieben und eine Base zu viel vortäuschen. Bei einer Replikation der DNA wird an diese vermeintliche Base eine beliebige andere angelagert. Damit ist dieser DNA-Einzelstrang — und alle , die nach seinem Muster später aufgebaut werden — um ein Nucleotid länger geworden.

Energiereiche Strahlung, d. h. Röntgen-, radioaktive und ultraviolette Strahlung, wirkt ebenfalls mutagen. Natürliche Strahlenquellen sind beispielsweise radioaktive Stoffe im Boden (Uran), C-14 in Lebewesen und unserer Nahrung, Radon (z. B. auch aus Beton) in der Luft. Künstliche Strahlenbelastungen stammen vor allem aus Röntgenuntersuchungen sowie der Anwendung radioaktiver Stoffe in Diagnostik und Therapie in der Medizin.

Kurzwellige *ultraviolette Strahlung*, wie sie z. B. in der Sonnen- und Höhenstrahlung vorkommt, wird von der DNA gut absorbiert. Die Basen der DNA werden dabei durch die ionisierende Wirkung der UV-Strahlung verändert. Am häufigsten ist die Vernetzung zweier benachbarter Thyminmoleküle in demselben Einzelstrang. Dadurch sind keine Wasserstoffbrücken zu dem komplementären Basen mehr möglich. Die DNA wird nicht mehr richtig transkribiert und repliziert.

Der größte Teil der gefährlichen ultravioletten Strahlung wird durch die Ozonschicht der Stratosphäre absorbiert und in ungefährliches Blaulicht umgewandelt. Die zunehmende Zerstörung der Ozonschicht durch die von uns produzierten Schadstoffe erfordert Gegenmaßnahmen, um das Risiko für Mutationen zu mindern.

Radioaktive Strahlung und Röntgenstrahlung wirken nicht unmittelbar auf die DNA. Sie erzeugen aber in den Zellen eine Vielzahl von *Radikalen*, chemisch sehr reaktionsfähigen Teilchen. Diese gehen chemische Reaktionen mit der DNA ein und schädigen sie dadurch. Aufgrund ihrer Einwirkung kann es z. B. zu Brüchen in der DNA kommen.

Lebewesen haben verschiedene Reparaturmechanismen entwickelt, die Fehler in der DNA erkennen und beseitigen. Bestimmte Enzymkomplexe wandern dauernd an der DNA entlang und kontrollieren sie auf Unregelmäßigkeiten. Auffällige Stellen werden direkt repariert oder herausgeschnitten und nach dem Muster des komplementären DNA-Einzelstrangs neu aufgebaut.

Ohne diese Reparatursysteme wäre eine erheblich höhere Mutationsrate zu erwarten. So schätzt man, dass bei einem Raucher pro Zigarette in der Lunge ca. 30 000 Mutationen verursacht werden. Die meisten werden wieder repariert. Treten allerdings zu viele Schäden auf, so wird die DNA nur ungenau repariert. Mutationen bleiben, die auch später nicht mehr erkannt werden. Dadurch geschädigte Zellen werden aber oft vom Immunsystem zerstört. Versagen alle Schutzmaßnahmen, ist Krebs die Folge. Ursache von Krebs dürften Mutationen in den Genen sein, die Zellteilung und -differenzierung kontrollieren. Leider lassen sich nur schwer neue Behandlungsmethoden entwickeln, denn gezielte Eingriffe in die Erbinformation sind nicht möglich. Man kann die gestörten Steuerungsfunktionen der Krebszellen nicht reparieren, man kann nur die Krebszellen bekämpfen (Abb. unten).

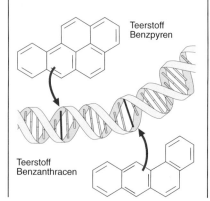

Teerstoff
Benzpyren

Teerstoff
Benzanthracen

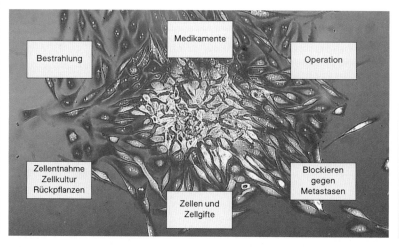

Bestrahlung

Medikamente

Operation

Zellentnahme
Zellkultur
Rückpflanzen

Zellen und
Zellgifte

Blockieren
gegen
Metastasen

Material

Mutationen und Modifikationen

Ordne die unter den Punkten a) bis e) aufgeführten Beispiele den Mutationen oder Modifikationen zu. Begründe deine Entscheidung.

a) Verschiedene Farben bei Erbsensamen einer Pflanze.

b) Weißkohl, Rotkohl und Rosenkohl sind aus dem Wildkohl hervorgegangen.

c) Die Blüten der Chinesischen Primel bleiben bei Zuchtbedingungen unter 30 °C rot, wird die Chinesische Primel bei Temperaturen über 30 °C gezüchtet, entstehen weiß blühende Pflanzen.

d) Unterschiedliches Körpergewicht bei eineiigen Zwillingen.

e) Gitarrenspieler haben Hornhaut an den Fingern.

Textarbeit

Erkläre die in den folgenden Texten 1 bis 5 beschriebenen Phänomene. Gib für jedes Phänomen den jeweils entsprechenden Fachausdruck an und begründe deine Meinung.

Text 1: Der Trauermantel, ein Schmetterling, kommt bei uns in zwei verschiedenen Ausfärbungen vor: zum einen braun mit gelb, zum anderen braun mit gelbblauem Muster. Wenn eine bestimmte kurze Phase des Puppenstadiums bei niedriger Außentemperatur abläuft, wird die Musterbildung des Schmetterlings verhindert.

Text 2: In den Alpen fand man erstmals 1760 eine Erdbeerpflanze, die gleichzeitig Blüten und Früchte ausbildete.

Vergleiche Mutationen und Modifikationen. Nutze für die Unterschiede die unten stehende Tabelle. Übertrage diese in dein Heft.

	Modifikation	Mutation
Art der Veränderung	....	....
Ursache	....	....
Vererbbarkeit	....	....
Zeitraum der Wirkung	....	....
Bedeutung für das Individuum	....	....
Bedeutung für die Evolution	....	....

Text 3: Keimt eine Kartoffelknolle bei Dunkelheit aus, so entwickeln sich lange, dünne Sprossachsen mit sehr kleinen, weißlichen Blättchen. Im Licht bildet die Kartoffelpflanze dagegen kurze Sprossachsen mit größeren grünen Blättern aus.

Text 4: Misst man die Länge aller Nadeln eines Tannenzweiges, so zeigen sich bei einzelnen Nadeln erhebliche Längenunterschiede.

Text 5: Rotblättrige Formen von Laubbäumen sind heute keine Seltenheit. Eine Buche mit roten Blättern wurde erstmals im Jahre 1190 in Zürich erwähnt.

gut ernährt

schlecht ernährt

beide Tiere stammen aus einem Wurf

① Erkläre das unterschiedliche Erscheinungsbild der Schweine aus einem Wurf.

② Warum werden Antibiotika in das Schweinefutter gegeben?

Zum Knobeln

In den Mittelmeerländern findet man oft riesige Sonnenblumenfelder. Die einzelnen Pflanzen eines Feldes unterscheiden sich beim näheren Betrachten zum Teil sehr stark in Merkmalen wie Wuchshöhe, Blütengröße und Anzahl und Länge der Samen. Im Folgenden werden die drei

Felder A, B, C mit jeweils einer reinen Linie A, B oder C betrachtet. Im Feld A wird zum Beispiel eine Sonnenblume als Mutterpflanze A für Untersuchungen zur Samenlänge ausgewählt und vermehrt. Bei ihren Nachkommen sind folgende Samenlängen anzutreffen (vgl. Tabelle unten).

③ Fertige für die in der unten stehenden Tabelle angegebenen Werte eine geeignete Grafik an.

④ Worauf ist die unterschiedliche Samenlänge zurückzuführen? Welche Faktoren beeinflussen dieses Merkmal?

⑤ Warum sind die mittleren Samenlängen am häufigsten?

⑥ Von den Sonnenblumenkernen (siehe Tabelle) werden drei ausgesät: ein kleiner (8 mm), ein mittlerer (11 mm) und ein großer (14 mm). Begründe deine Vermutungen über die Samenlänge der Nachkommen.

Größenvariation von Kartoffelknollen

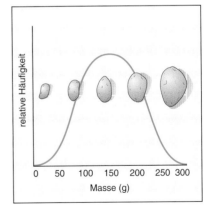

⑦ Interpretiere die Kurve!

⑧ Erfasse Möglichkeiten der Ertragssteigerung bei Kulturpflanzen!

Anzahl der Samen	1	3	10	19	28	48	72	86	83	50	18	14	9	2	1
Samenlänge in mm	7	8	8,5	9	9,5	10	10,5	11	11,5	12	12,5	13	13,5	14	15

Johann Gregor Mendel entdeckt die Vererbungsregeln

Der Augustinermönch JOHANN GREGOR MENDEL arbeitete bei seiner Suche nach den Regeln der Vererbung vor allem mit einer Pflanzenart, nämlich der *Saaterbse*. Diese Pflanze ist im Mittelmeerraum beheimatet und wird dort von relativ schweren Insekten bestäubt. In Mitteleuropa fehlen diese Insekten. Hier kommt es deshalb zur *Selbstbestäubung*, wobei die Pflanzen in gleicher Weise fruchtbar sind und Samen entwickeln. MENDEL konnte bei seinen Untersuchungen also sicher sein, dass keine unerwünschte Fremdbestäubung erfolgte.

Zu Beginn seiner Arbeit besorgte sich MENDEL in mehreren Samenhandlungen 34 verschiedene Erbsensorten. Er säte die Erbsen aus und züchtete die Pflanzen zwei Jahre lang im Klostergarten. Dabei stellte er fest, dass auf einigen Beeten ausschließlich gleich aussehende Erbsen wuchsen. Solche Pflanzen, die ohne Ausnahme ein bestimmtes Merkmal über mehrere Generationen beibehalten, heißen *reinerbig*. Diese Sorten schienen MENDEL besonders geeignet, sein Ziel zu erreichen, nämlich ein „allgemeingültiges Gesetz für die Bildung und Entwicklung der Hybriden aufzustellen".

JOHANN GREGOR MENDEL
(1822 – 1884)

Als **Sorte** bezeichnet man die Angehörigen einer Art, die sich in einem (oder mehreren) Merkmalen konstant von den anderen Artangehörigen unterscheiden.

Hybride nennt man Mischlinge, die bei der Kreuzung von zwei Pflanzensorten entstehen. Bei Tieren heißen die Mischlinge *Bastarde*.

Eine erste, wichtige Voraussetzung für das Gelingen seiner Untersuchungen war, dass MENDEL mit solchen reinerbigen Sorten experimentierte. Darüber hinaus liegt seine besondere Leistung in dem methodischen Ansatz, in dem MENDEL drei grundlegende Ideen vereinigt hat:

1. Er beschränkte sich bei seinen Untersuchungen zunächst auf ein einziges Merkmal. Das heißt, dass er bei einer Versuchsreihe mit Erbsenpflanzen beispielsweise nur auf die *Farbe der Blüten* achtete; zu allen anderen Merkmalen, wie Wuchsform oder Samenfarbe, machte er in diesem Fall keine Aussage.
2. MENDEL überließ seine Kreuzungen nicht dem Zufall, sondern setzte gezielt ganz bestimmte Experimente ein. Seine Versuche konnten deshalb jederzeit wiederholt und die Ergebnisse von anderen Forschern überprüft werden.
3. Schließlich wertete er seine Ergebnisse *statistisch* aus. Dieser Sachverhalt brachte es mit sich, dass MENDEL sehr viele Experimente durchführen musste, um möglichst umfangreiches und abgesichertes Zahlenmaterial zu erhalten. Denn

ettelkasten

Mendels Lebenslauf

JOHANN GREGOR MENDEL wurde am 22. Juli 1822 in Heinzendorf an der mährisch-schlesischen Grenze in der heutigen Tschechischen Republik geboren. Seine Eltern waren Kleinbauern. Nach dem Abitur trat MENDEL in das Augustinerkloster zu Brünn ein. 1847 wurde er zum Priester geweiht. Neben der Seelsorge widmete er sich besonders der Botanik und begann im Jahre 1851 ein zweijähriges Studium der Naturwissenschaften in Wien.

Nach seiner Rückkehr nach Brünn lehrte er Naturgeschichte und Physik an der dortigen Oberrealschule. In dieser Zeit (1853 – 1868) führte er im Garten des Klosters (s. Abb.) seine später berühmt gewordenen Experimente mit Erbsenpflanzen durch. Seine Ergebnisse trug er im Jahr 1865 vor dem „Naturforschenden Verein" in Brünn vor. Sie wurden in ihrer Bedeutung nicht verstanden, sondern nur belächelt. Dennoch veröffentlichte MENDEL seine Arbeit 1866 unter dem Titel „Versuche über Pflan-

zen-Hybriden". Um die Bestätigung eines anerkannten Wissenschaftlers zu erhalten, sandte er seine Ergebnisse an den Schweizer Botaniker VON NÄGELI. Dieser hielt nicht viel von MENDELS „Erbsenzählerei". MENDEL war enttäuscht. Er widmete sich von nun an mehr seinen Aufgaben als Abt des Klosters in Brünn. Hier starb er am 6. Januar 1884.

Ein Jahr vor seinem Tod hatte MENDEL prophezeit: „Mir haben meine wissenschaftlichen Arbeiten viel Befriedigung gebracht und ich bin überzeugt, dass die Welt die Ergebnisse dieser Arbeit anerkennen wird."

Im Jahr 1900 war es dann soweit! Die Botaniker HUGO DE VRIES, ERICH VON TSCHERMAK und CARL ERICH CORRENS hatten unabhängig voneinander die gleichen Gesetzmäßigkeiten wie MENDEL gefunden. Jetzt war die Zeit reif für eine wissenschaftliche Vererbungslehre, deren Begründer MENDEL ist.

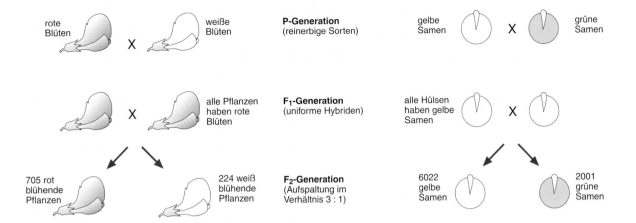

1 Mendels Versuche mit verschiedenen Saaterbensorten und deren Nachkommen

die von ihm entdeckten Regeln sind Wahrscheinlichkeitsaussagen, die nur für eine große Anzahl von Nachkommen gelten. Welches Merkmal im Einzelfall auftritt, lässt sich dabei nicht sicher vorhersagen.

Für seine ersten Experimente wählte MENDEL eine Erbensorte mit grünen Samen aus und bestäubte sie künstlich mit dem Pollen von gelbsamigen Pflanzen. Diese Elterngeneration, die *Parentalgeneration* (P), erbrachte in ihren Hülsen ausschließlich gelbe Erbsen. Alle Nachkommen in der Tochtergeneration, der ersten *Filialgeneration* (F$_1$), sahen also gleich *(uniform)* aus.

Man könnte vermuten, dass die Herkunft des Pollens den Ausschlag für die Samenfarbe gibt. Zur Kontrolle führte MENDEL die umgekehrte *(reziproke)* Kreuzung durch: Pollen der grünsamigen Sorte wurde auf die Narbe von gelbsamigen Erbsenpflanzen übertragen. Auch jetzt traten wieder ausschließlich gelbe Samen in der F$_1$-Generation auf.

In gleicher Weise untersuchte MENDEL sechs weitere Merkmale, zum Beispiel *Samenform* (rund bzw. kantig), *Länge der Sprossabschnitte* (kurz bzw. lang), *Form* und *Farbe der Hülsen*. In allen Fällen stellte sich heraus, dass die Mischlinge der F$_1$-Generation uniform für das jeweilige Merkmal waren. Beispielsweise ergab die Kreuzung von rot blühenden mit weiß blühenden Erbsenpflanzen stets rote Blüten; kreuzte er Pflanzen mit runden Samen mit solchen, die kantige Samen hatten, so waren die Erbsen in der F$_1$-Generation immer rund. Diese Ergebnisse werden heute so zusammengefasst:

Mendels Methode der Fremdbestäubung:

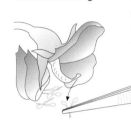

Entfernen der Staubblätter aus einer roten Blüte

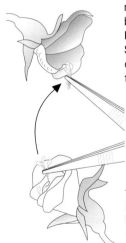

Übertragen von Pollen aus Staubblättern einer weißen Blüte auf die Narbe der roten Blüte

1. mendelsche Regel:
Kreuzt man zwei Individuen einer Art miteinander, die sich in einem Merkmal reinerbig unterscheiden, so sind die Nachkommen in der F$_1$-Generation in Bezug auf dieses Merkmal untereinander gleich. Das gilt auch bei der reziproken Kreuzung *(Uniformitätsregel)*.

MENDEL bezeichnete das in der ersten Filialgeneration unterdrückte Merkmal als *rezessiv*, das auftretende als *dominat*. Das führte zu der Frage, ob das rezessive Merkmal völlig verloren gegangen sei. MENDEL brachte deshalb die gelben F$_1$-Erbsen zum Keimen, vermehrte diese Pflanzen durch Selbstbestäubung weiter und untersuchte das Aussehen der nächsten, also der zweiten Filialgeneration (F$_2$). Von 258 Pflanzen erntete er 8023 Samen, davon waren 6022 gelb und erstaunlicherweise 2001 grün. Das entspricht recht genau einem Verhältnis von gelb : grün wie 3 : 1.

MENDEL kontrollierte dieses Ergebnis bei allen sieben untersuchten Merkmalen. Stets tauchte in der F$_2$-Generation das zweite Merkmal der Eltern wieder im gleichen Verhältnis auf. Die zweite von ihm entdeckte Regel lautet damit:

2. mendelsche Regel:
Kreuzt man die Mischlinge der F$_1$-Generation untereinander, so treten in der F$_2$-Generation auch die Merkmale der Elterngeneration P in einem festen Zahlenverhältnis wieder auf. Beim dominant-rezessiven Erbgang erfolgt die Aufspaltung im Verhältnis 3 : 1 *(Spaltungsregel)*.

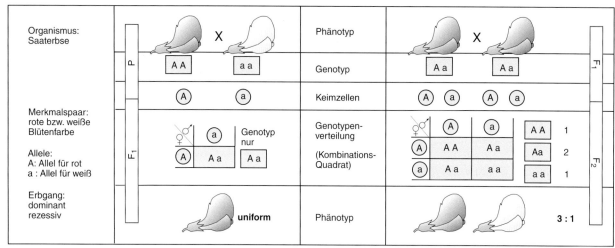

Organismus: Saaterbse			Phänotyp		

1 Kreuzungsschema zur 1. und zur 2. mendelschen Regel

Das Kreuzungsschema — ein Modell erklärt die Versuche

Gen
Anlage für ein Merkmal

Allel
Zustandsform eines Gens

A, a:
Allelbezeichnungen bei einem dominant-rezessiven Merkmals-paar

Die von MENDEL entdeckten Regeln kann man anhand eines Kreuzungsschemas erklären. Diese Modellvorstellung soll am Beispiel der Saaterbse für die Vererbung des Merkmals „Blütenfarbe" vorgestellt werden.

Wesentlich für das Verständnis des Modells ist Folgendes: Man geht davon aus, dass nicht das beobachtbare Merkmal — also die weiße Blütenfarbe — an die Nachkommen weitergegeben wird, sondern nur eine Anlage für das Merkmal. Diese Anlage ist nicht sichtbar und wird als *Gen* bezeichnet. Da es weiße und rote Erbsenblüten gibt, gibt es auch zwei Anlagen, die nebeneinander (parallel) vorkommen können. Diese zwei Zustandsformen eines Gens heißen *Allele*. Es gibt also das Allel für die Ausbildung der roten Blütenfarbe und das Allel für weiße Blütenfarbe. Man kennzeichnet das Allel für das dominante Merkmal durch einen großen, das für das rezessive Merkmal durch den gleichen kleinen Buchstaben.
A: Allel für rote Blütenfarbe,
a: Allel für weiße Blütenfarbe.

Da sich die reinerbigen, rot blühenden Pflanzen der Parental-Generation in ihrem Verhalten bei Kreuzungsexperimenten von denen in der F_1-Generation unterscheiden, geht man davon aus, dass jede Pflanze in ihren Zellen nicht nur ein, sondern zwei Allele eines Gens besitzt. Es bestehen demnach drei Möglichkeiten:
AA: reinerbig dominant (rot blühend),
aa: reinerbig rezessiv (weiß blühend) und
Aa: mischerbig (rot blühend).

Diese typische Allelkombination bezeichnet man als den *Genotyp* der Erbsenpflanze. Dieser Genotyp legt eindeutig das Erscheinungsbild, den *Phänotyp*, fest. Dem gleichen Phänotyp kann aber ein unterschiedlicher Genotyp zugrunde liegen, wie am Beispiel der rot blühenden Erbsen zu erkennen ist.

In den Keimzellen wird immer nur ein Allel eines Gens weitergegeben. Nach der Befruchtung besitzt das sich entwickelnde Lebewesen dann wieder zwei Allele, eines vom Vater und eines von der Mutter. Dieser Vorstellung entsprechend lässt sich ein *Kreuzungsschema* aufstellen (s. Abb.1). Dadurch ist es möglich, das Ergebnis eines Kreuzungsversuches zu erklären bzw. statistisch vorherzusagen.

Aufgaben

1. Eine reinerbig gelbsamige Erbsensorte wird mit einer reinerbig grünsamigen gekreuzt.
   a) Erstelle ein Kreuzungsschema für die F_1- und die F_2-Generation.
   b) Nenne die Verhältniszahlen der Genotypen bzw. Phänotypen.
2. Aus der Kreuzung zweier mischerbig rot blühender Erbsen der F_1-Generation erhält man zufällig vier Nachkommen. Welche Phänotypen können sie haben?
3. Bei einer rot blühenden Erbsenpflanze weiß man nicht, ob sie rein- oder mischerbig ist. Beschreibe ein Experiment, das geeignet ist, eine Entscheidung über den Genotyp zu fällen.

Die Rückkreuzung

Die Kreuzung zwischen reinerbigen Lebewesen liefert nach der 1. mendelschen Regel gleich aussehende Nachkommen. Kreuzt man zwei Mischlinge miteinander, so besagt die 2. mendelsche Regel, dass beim dominant-rezessiven Erbgang zwei verschiedene Merkmalsausprägungen im Verhältnis 3:1 auftreten. Es gibt noch eine weitere wichtige Kreuzungsmöglichkeit, nämlich die zwischen einem mischerbigen und einem rezessiv-reinerbigen Lebewesen. Sie wird als *Rückkreuzung* bezeichnet. Welches Ergebnis ist hier zu erwarten?

Am Beispiel der Farbe von Erbsenblüten liefert das Kreuzungsschema folgende Aussage (s. Abb. 1): Die Nachkommen einer mischerbigen, rot blühenden Pflanze und einer weiß blühenden müssten sich in beide Merkmale aufspalten, und zwar im Verhältnis 1:1.

MENDEL stellte genau diese Berechnungen an und führte danach auch die entsprechende Kreuzung durch. Das experimentelle Ergebnis stimmte mit seiner Vorhersage überein. Damit war die Richtigkeit seiner Überlegungen bestätigt.

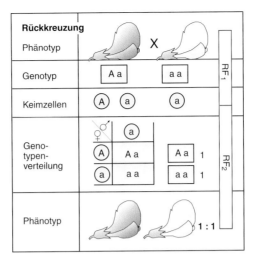

1 Kreuzungsschema zur Rückkreuzung

Aufgaben

① Die Rückkreuzung wird auch als „Testkreuzung" bezeichnet. Begründe!
② Zu welchem Ergebnis führt die Kreuzung einer mischerbig roten mit einer reinerbig roten Erbse? Erstelle ein Kreuzungsschema. Unterscheide zwischen Genotyp und Phänotyp.

ℤettelkasten

Der intermediäre Erbgang

Der Tübinger Botaniker CORRENS benutzte um 1900 für seine Versuche die *Wunderblume*. Die Kreuzung zweier Sorten, einer rot und einer weiß blühenden, ergab in der F₁-Generation ausschließlich Pflanzen mit rosa Blüten. Die Nachkommen waren also uniform, die Merkmalsausprägung lag aber zwischen den beiden elterlichen Erscheinungsbildern. Dieser Erbgang, der wesentlich seltener zu beobachten ist als der dominant-rezessive, heißt *intermediär*.

Kreuzt man die F₁-Individuen untereinander, so treten in der F₂-Generation neben den rosa Hybridformen — entsprechend der Spaltungsregel — die Erscheinungsbilder der Parentalgeneration in einem bestimmten Verhältnis wieder auf. Beim intermediären Erbgang erfolgt die Aufspaltung jedoch im Verhältnis 1 : 2 : 1, wie das Kreuzungsschema zeigt. Hierbei benutzt man allerdings zwei verschiedene kleine Buchstaben für die entsprechenden Allele eines Gens.

Aufgaben

① Erstelle für die Wunderblume ein Kreuzungsschema, das einer Rückkreuzung entspricht, und werte es aus.
② Der Kunde eines Gärtners bestellte tausend rosa Wunderblumen. Um diesen Wunsch möglichst schnell zu erfüllen, kreuzte der Gärtner mehrere rosafarbene Pflanzen untereinander. War das sinnvoll?

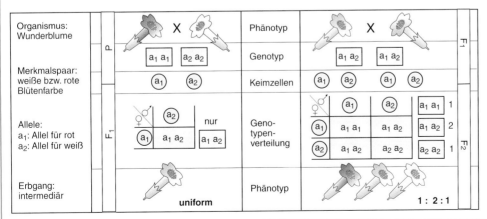

Mendels dritte Regel zur Vererbung

MENDEL führte auch Kreuzungen durch, bei denen er auf zwei Merkmalspaare achtete, z. B. auf *Farbe* und *Form* der Erbsensamen. Seine Ausgangssorten waren gelbe, runde bzw. grüne, kantige Erbsen. Die F_1-Generation war erwartungsgemäß uniform. Es traten nur gelbe, runde Samen auf, weil gelb bzw. rund gegenüber grün bzw. kantig dominant sind. Eine solche Kreuzung zwischen Sorten mit zwei unterschiedlichen Merkmalen nennt man *dihybrid*, im Gegensatz zur *monohybriden* mit nur einem Merkmalspaar.

Bei der Kreuzung von Mischlingen der F_1-Generation untereinander erhielt MENDEL 556 Samen in der F_2-Generation. Davon waren 315 gelb und rund, 101 gelb und kantig, 108 grün und rund sowie 32 grün und kantig. Das entspricht recht genau einem Zahlenverhältnis von 9 : 3 : 3 : 1, wie es nach dem zugehörigen Kreuzungsschema zu erwarten ist.

Es fällt auf, dass bei dieser Kreuzung in der F_2-Generation auch Erbsen mit neuen Merkmalskombinationen auftreten, nämlich gelbe, kantige und grüne, runde Erbsen. Das ist nur möglich, wenn die einzelnen Gene unabhängig voneinander sind. Dann können die Allele in neuen Kombinationen zusammentreten. Genau dieses besagt die

3. mendelsche Regel: Kreuzt man zwei Lebewesen einer Art, die sich in mehr als einem Merkmal reinerbig unterscheiden, so können die Merkmalspaare in neuen Kombinationen auftreten. Die Gene werden also unabhängig voneinander verteilt (*Unabhängigkeits-* und *Neukombinationsregel*).

Diese Tatsache hat zum Beispiel in der Tier- und Pflanzenzüchtung große Bedeutung.

Aufgaben

1. Bestätige anhand des Kreuzungsschemas, dass für die Merkmale Samenfarbe bzw. Samenform die ersten beiden mendelschen Regeln zutreffen, wenn man jedes Merkmal für sich alleine betrachtet.
2. Eine Erbsenpflanze aus der F_1-Generation mit gelb-runden Samen wird mit einer grün-kantigen gekreuzt (Rückkreuzung in zwei Merkmalspaaren). Entwickle das zugehörige Kreuzungsschema und werte es aus.
3. Ein Züchter hat eine süße, aber reblausanfällige Traubensorte und außerdem eine reblausfeste Sorte mit sauren Früchten. Mache einen Vorschlag, wie eine süße, reblausfeste Rebsorte zu züchten ist. Die Allele für sauer bzw. für reblausanfällig sind jeweils dominant.
4. In der F_2-Generation tauchen im Kreuzungsschema (s. Abb.1) auch grün-runde Samen auf. Welche Genotypen können sie haben? Gib an, wie man die reinerbigen herausfinden kann.
5. Eine Pflanzensorte mit großen Blättern und roten Blüten wird mit einer zweiten gekreuzt, die kleine Blätter und weiße Blüten besitzt. In der F_1-Generation tauchen nur mittelgroße Blätter und rosa Blüten auf. Wie viele Phänotypen sind in der F_2-Generation zu erwarten?

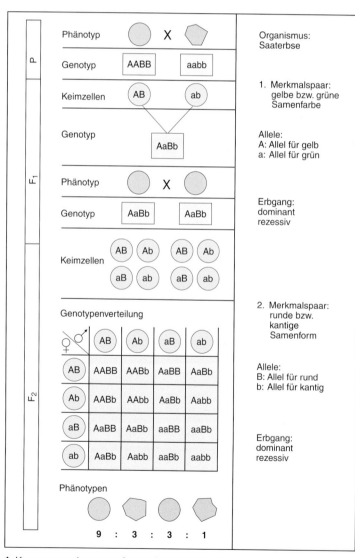

1 Kreuzungsschema zur 3. mendelschen Regel

Modellversuche zu den Vererbungsregeln

Jedes Elternteil besitzt für ein bestimmtes Merkmal genau zwei Anlagen. Von den Anlagen des Vaters und von denen der Mutter wird für dieses Merkmal immer nur eine an die Nachkommen weitergegeben. Welche Anlage das ist, hängt vom Zufall ab.

Zufallsereignisse lassen sich experimentell simulieren, zum Beispiel durch Münzwurf oder durch verdecktes Ziehen aus einer Urne. Für die folgenden Versuche bildet ihr am besten Dreiergruppen.

Urnenversuch

Material:
Für jede Schülergruppe zwei undurchsichtige Behälter (Tüte oder Leinensäckchen), vierzig gleich große Perlen, davon jeweils 20 von gleicher Farbe, z. B. 20 rote und 20 weiße, Protokollmaterial.

Durchführung:
In jeden der beiden Behälter werden zehn rote und zehn weiße Perlen eingefüllt. Ein Schüler mischt die Perlen, ein Zweiter zieht, ohne hinzusehen, jeweils eine Perle aus jedem der beiden Behälter und legt sie auf den Tisch.

Der Dritte ist Protokollant und notiert das Ergebnis in Form der abgebildeten Liste. Danach werden die Perlen in den

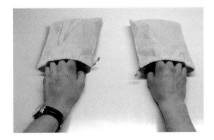

zugehörigen Behälter zurückgelegt, gemischt und der Vorgang wird insgesamt zwölfmal durchgeführt.

Die Rollen werden gewechselt, damit jeder einmal alle drei Aufgaben übernommen hat.

Versuchs-nummer	Perlenfarben (Genotyp)	zugehöriger Phänotyp
1	rot/rot	
2	weiß/rot	
3	weiß/weiß	
4	rot/rot	
5		

Auswertung:

① Gib an, warum das Spiel als Modellversuch zur zweiten mendelschen Regel angesehen werden kann. Was bedeuten dabei:
— die zwei Behälter mit den Perlen;
— die Perlen als solche;
— die Verschiedenfarbigkeit der Perlen;
— die gleiche Anzahl der Perlen;
— das blinde Herausgreifen und Nebeneinanderlegen von zwei Perlen?

② Warum müssen die Perlen nach dem Ziehen wieder in den Behälter zurückgelegt werden?

③ Ordne nun jedem Ergebnis den Phänotyp der gedachten Nachkommen zu, wie es einem dominant-rezessiven Erbgang entspricht, zum Beispiel bei der Vererbung der Blütenfarbe von Erbsen.

④ Vergleiche deine Versuchsergebnisse mit den Vorhersagen nach der zweiten mendelschen Regel. Falls sich Abweichungen ergeben, nenne mögliche Gründe.

⑤ Addiert nun die Ergebnisse eurer Gruppe und dann alle Ergebnisse der ganzen Klasse. Wie verhält es sich jetzt mit der Genauigkeit?

Phänotyp	rot	weiß
Erwartung	9	3
Ergebnis		

⑥ Entwerft eine Versuchsanordnung zur 1. mendelschen Regel. Warum lohnt sich die Durchführung in diesem Fall nicht?

⑦ Entwerft eine Versuchsanordnung, die der Rückkreuzung entspricht. Wie müssen die Perlen nun auf die Behälter verteilt werden? Spielt entsprechend.

Münzwurfversuch

Bei diesem Modellversuch kann die dritte mendelsche Regel für dominant-rezessive Erbgänge simuliert werden.

Material:
Zwei verschiedene Münzen, jede doppelt vorhanden, evtl. ein Tuch, um die Geräusche beim Münzwurf zu vermindern, Protokollmaterial.

Durchführung:
Zwei Schüler erhalten je zwei verschiedene Münzen und lassen sie aus geringer Höhe auf den Tisch fallen. Man verabredet zum Beispiel, dass „Zahl" jeweils der Weitergabe des dominanten Allels entspricht, „Wappen" sei das rezessive Allel dieses Gens. Der Protokollführer notiert in einer Strichliste sofort die zugehörigen Phänotypen, zum Beispiel gelb/grün oder rund/kantig. Es werden insgesamt 48 Würfe durchgeführt.

Auswertung:

Beispiel:

1. Schüler	Ⓐ	ⓑ	Genotyp Aabb
2. Schüler	ⓐ	ⓑ	Phänotyp gelb kantig

Phänotyp	gelb, rund	gelb, kantig	grün, rund	grün, kantig
Erwartung	27	9	9	3
Ergebnis				

⑧ Warum ist es günstig, den Münzwurf z. B. 48-mal zu protokollieren und nicht 50-mal?

⑨ Wie sind die Erwartungswerte entsprechend der 3. mendelschen Regel? Vergleiche mit deinem Versuchsergebnis. Begründe mögliche Abweichungen.

⑩ Fasst alle Ergebnisse der Klasse zusammen und vergleicht nun das Versuchsergebnis mit den erwarteten Werten.

⑪ Es hat sich beim Werfen ergeben, dass achtmal hintereinander eine gelbe Erbse erzeugt wurde. Erläutere, ob sich dadurch die Wahrscheinlichkeit erhöht hat, dass beim nächsten Wurf eine grüne Erbse entsteht.

1 Kinder verschiedener Hautfarbe

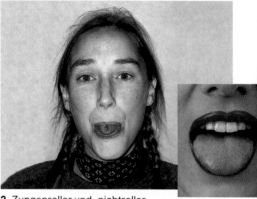

2 Zungenroller und -nichtroller

3 Verschiedene Haarfarben

Methoden der Humangenetik

Menschen unterscheiden sich in einer Vielzahl von Merkmalen. Einige davon, wie Haut- und Haarfarbe oder die Fähigkeit, die Zunge einzurollen, lassen sich leicht beschreiben. Bei anderen, etwa bei Merkmalen des Gesichts oder bei Begabungen, fällt es schon schwerer, sie exakt zu erfassen.

Man schätzt, dass jeder Mensch etwa zehntausend Gene besitzt. Trotz solcher Schwierigkeiten weiß man heute schon einiges über die Vererbung beim Menschen. Das hat man allerdings nicht durch Kreuzungsversuche herausbekommen. Zum einen verbieten sie sich für den Menschen schon aus ethischen Gründen. Andererseits wären solche Versuche wenig sinnvoll, denn der Mensch besitzt nur eine geringe Zahl an Nachkommen. Außerdem dauert es viel zu lange, bis man z. B. die F_2-Generation untersuchen könnte.

Deshalb werden in der Humangenetik folgende Verfahren benutzt:
— Bei der *Familienforschung* werden Stammbäume aufgestellt, an denen die Gültigkeit von Erbgesetzen für ein bestimmtes Merkmal untersucht werden kann.
— *Massenstatistische Verfahren* erlauben es, Aussagen über die Häufigkeit, Verteilung und Veränderung eines Merkmals in der Bevölkerung zu machen.
— Die *Zwillingsforschung* untersucht — besonders bei eineiigen Zwillingen — den Zusammenhang zwischen Genen und Umwelteinflüssen.
— *Mikroskopische* und *biochemische Untersuchungen* lassen Rückschlüsse auf Veränderungen von Genen zu.
Häufig wird nicht nur eines dieser Verfahren eingesetzt, sondern mehrere, die sich in ihren Aussagen ergänzen.

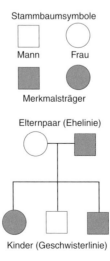

Stammbaumsymbole

Mann   Frau

Merkmalsträger

Elternpaar (Ehelinie)

Kinder (Geschwisterlinie)

Familienstammbäume lassen Erbgänge erkennen

Statistische Untersuchungen und Stammbaumforschung sind zwei Methoden, die es erlauben, sichere Aussagen über den Erbgang eines bestimmten Merkmals zu machen. Folgende Beispiele verdeutlichen das.

Als dreieckigen Haarschwund („Witwenspitz", vom englischen widows peak) bezeichnet man das Auftreten eines dreieckigen Haaransatzes, wie in Abbildung 1 dargestellt. Aus statistischen Untersuchungen weiß man, dass dieses Merkmal genetisch bedingt ist. Im nebenstehenden Stammbaum sind die betroffenen Personen angegeben. Der Erbgang ist dominant-rezessiv, da keine Zwischenformen auftreten.

Das Merkmal „Witwenspitz" könnte dominant oder rezessiv sein. Am Stammbaum erkennt man, dass das Merkmal in jeder Generation auftritt. Das ist ein Hinweis darauf, dass „Witwenspitz" *dominant* ist, also als Allelbezeichnung A im Genotyp einzutragen ist. Ein sicherer Anhaltspunkt für diese Art des Erbganges liegt immer dann vor, wenn zwei Merkmalsträger ein nicht betroffenes Kind bekommen. Das ist in diesem Stammbaum der Fall. Die Genotypen lassen sich widerspruchsfrei angeben.

Das Fehlen von Pigmenten in der Haut, den Haaren und der Iris bezeichnet man als *Albinismus*. Die Häufigkeit ist regional recht unterschiedlich, z. B. in der Bundesrepublik Deutschland 1 : 40 000, bei bestimmten Indianerstämmen 1 : 200. In Abbildung 2 ist der Stammbaum einer Familie dargestellt, in der Albinismus gehäuft vorkommt. Das ist bei der Seltenheit ein deutlicher Hinweis darauf, dass z. B. eine Krankheit, wenn sie nicht ansteckend ist, nur durch Vererbung weitergegeben werden kann. Es handelt sich beim Albinismus um einen dominant-rezessiven Erbgang, allerdings ist in diesem Fall das Merkmal *rezessiv*, denn Albinismus tritt nicht in jeder Generation auf.

Aufgabe

(1) Übertrage den Stammbaum zum Albinismus in dein Heft.
   a) Stelle sinnvolle Allelbezeichnungen auf und gib zu jeder Person die möglichen Genotypen an.
   b) Begründe, weshalb Ehen zwischen nahe verwandten Personen ein genetisches Risiko bergen können.

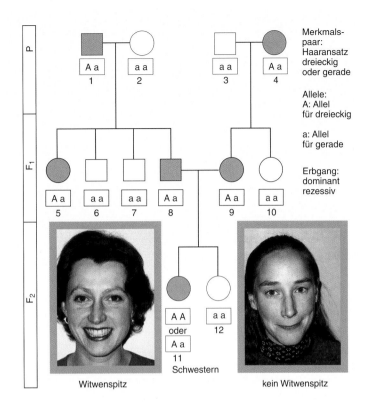

1 Erbgang zum dreieckigen Haaransatz („Witwenspitz")

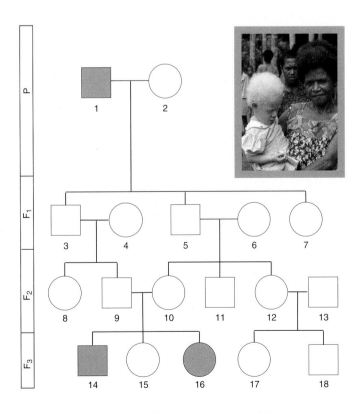

2 Familenstammbaum, in dem Albinismus mehrfach auftritt

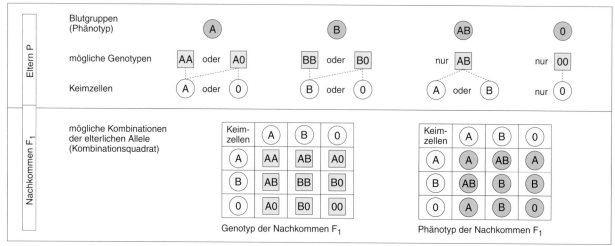

1 Vererbung der Blutgruppen im AB0-System

Vererbung der Blutgruppen

Man kennt beim Menschen mehr als 20 verschiedene Blutgruppensysteme. Die Unterschiede beruhen auf über 130 verschiedenen Proteinen der roten Blutzellen. Jeder Mensch besitzt aber eine charakteristische Blutgruppe, die er sein ganzes Leben lang unverändert behält.

Die Ausbildung der Blutgruppeneigenschaften wird von Genen gesteuert. Die zugehörigen Erbgänge sind weitgehend bekannt. Aus der Medizin ist nämlich ausreichend statistisches Material vorhanden, wodurch die Vererbung der Blutgruppe von den Eltern auf die Kinder geklärt werden konnte.

Das AB0-System

Bei der Vererbung dieser Blutgruppen begegnet uns etwas Neues. Das zugehörige Gen liegt nicht in zwei, sondern in drei verschiedenen Allelen vor, die man als A, B und 0 bezeichnet. Durch sie werden die vier Blutgruppen A, B, AB und 0 bestimmt. Diese Bezeichnung des Phänotyps darf man nicht mit den Allelbezeichnungen verwechseln!

In seinen Körperzellen hat jeder Mensch natürlich nur zwei dieser Allele. Sind die beiden Allele gleich, so ist der Mensch reinerbig für diese Blutgruppe. Treffen zwei verschiedene Allele aufeinander, so sind A und B beide dominant über das rezessive Allel 0. Da A und B auch gleichzeitig vorkommen können und beide dominant wirken, spricht man in diesem besonderen Fall von *codominanten Allelen*.

Den sechs möglichen Allelkombinationen entsprechen deshalb vier Blutgruppen mit folgenden Genotypen:

Blutgruppe A   — Genotyp AA oder A0
Blutgruppe B   — Genotyp BB oder B0
Blutgruppe AB — Genotyp AB
Blutgruppe 0   — Genotyp 00

Aufgaben

(1) Vervollständige die folgende Tabelle für alle denkbaren Blutgruppenkombinationen von Mutter und Vater.

Blutgruppe der Mutter		Blutgruppe des Vaters		(A)		(B)
	Genotyp ♂		AA		A0	
	♀ Keimzellen		(A)	(A)	(A)	(0)
(A)	AA	(A)	(A)	(A)	(A)	(A)
	A0	(A)	(A)	(A)	(A)	(A)
		(0)	(A)	(A)	(A)	(0)
(B)	BB	(B)	(AB)	(AB)	(AB)	(B)
	B0	(B)	(AB)			
		(0)	↑	↑	↑	↑

mögliche Blutgruppen der Kinder

(2) Auf einer Säuglingsstation liegen vier Kinder mit den Blutgruppen A, B, AB und 0. Die Phänotypen der Eltern sind 0/0, A/B, AB/0 und B/B. Kann man die Kinder eindeutig den Elternpaaren zuordnen?

An den Chromosomen erkennt man das Geschlecht

In allen Körper- und Keimzellen des Menschen, mit Ausnahme der roten Blutzellen, befindet sich ein Zellkern. Er enthält normalerweise 46 Chromosomen; nur die haploiden Keimzellen besitzen 23. Es ist möglich, die Chromosomen der Körperzellen zu homologen Paaren zu ordnen. Das Ergebnis heißt *Karyogramm*. Dabei geht man folgendermaßen vor: Einige Tropfen Blut werden in eine geeignete Nährlösung gebracht. Im Brutschrank werden die weißen Blutzellen bei 37 °C zur Teilung angeregt. Mit Colchizin, dem Gift der Herbstzeitlosen, lassen sich die Zellteilungen in einem Stadium unterbrechen, in dem die Chromosomen mikroskopisch gut zu erkennen sind (vgl. Seite 293).

37 °C

Anregen der Zellteilung im Brutschrank

Blut und Nährlösung

Stoppen der Zellteilung mit Colchizin

Anfärben der Chromosomen

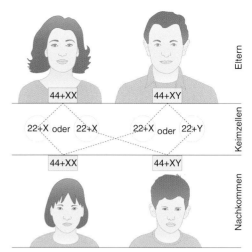

2 Vererbung des Geschlechts

Nach dem Anfärben werden sie unter dem Mikroskop betrachtet und fotografiert. Die einzelnen Chromosomen werden aus dem Foto ausgeschnitten und jeweils paarweise geordnet. Dabei vergleicht man
— die absolute Länge eines Chromosoms,
— den *Armindex* (Längenverhältnis des langen Chromosomenarms zum kurzen),
— das Vorkommen von Einschnürungen am Ende einiger Chromosomen *(Satelliten)*
— und das *Muster der Querbanden*.
Nach ihrer Ähnlichkeit werden die Chromosomen in Gruppen zusammengefasst (Kennbuchstaben A — G) und paarweise durchnummeriert.

Bei dieser Zuordnung stellt sich ein wichtiger Unterschied im Karyogramm von Frau und Mann heraus: Im männlichen Geschlecht

findet man ein ungleiches Chromosomenpaar. Das kleinere der beiden, das nur der Mann besitzt, wird als *Y-Chromosom* bezeichnet. Das größere heißt *X-Chromosom*. Es kommt beim Mann einfach, bei der Frau jedoch doppelt vor. Jeder Mensch besitzt also ein Paar *Geschlechtschromosomen* und 22 Paare *Körperchromosomen*.

Abbildung 2 zeigt, wie die Geschlechtschromosomen in den Keimzellen von Mann und Frau verteilt sind. Die Frau kann nur Eizellen mit einem X-Chromosom bilden. Beim Mann gibt es zwei verschiedene Spermienzellen: solche mit einem X- und solche mit einem Y-Chromosom. Das Geschlecht des Kindes wird bei der Befruchtung also allein durch die Spermienzelle bestimmt.

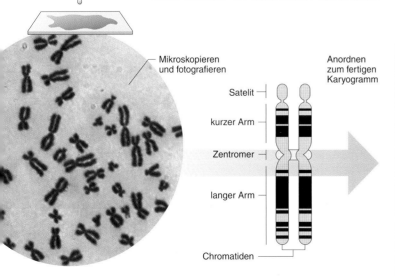

Mikroskopieren und fotografieren

Anordnen zum fertigen Karyogramm

Satelit

kurzer Arm

Zentromer

langer Arm

Chromatiden

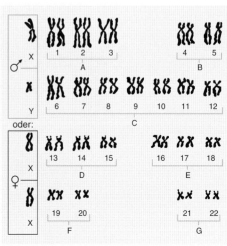

1 Chromosomen des Menschen (700 x vergr.)

3 Karyogramm

Trisomie 21 — ein Chromosom zu viel

Syndrom
Gruppe von mehreren
Krankheitsanzeichen,
die gleichzeitig auftre-
ten können.

Die beiden unten abgebildeten Kinder besitzen ein Erscheinungsbild, das man nach einem englischen Kinderarzt als *Down-Syndrom* bezeichnet. Unbedachter Weise nennt
man es leider auch manchmal *Mongolois-
mus.* Diese Bezeichnung bezieht sich auf
den Verlauf des oberen Augenlides, klingt
aber auch abwertend. Man sollte deshalb
nur die fachsprachliche Bezeichnung verwenden.

Seit 1959 kennt man den Ausgangspunkt des
Down-Syndroms. Im Karyogramm der Betroffenen findet man ein zusätzliches Chromosom: das Chromosom Nr. 21 ist nicht nur
doppelt, sondern dreifach vorhanden *(Trisomie 21).* Die Auswirkungen dieses überzäh-
ligen Chromosoms beschränken sich nicht
auf das Aussehen. Es kommt auch zu einer
Fehlentwicklung innerer Organe, zu größerer Anfälligkeit gegen Infektionskrankheiten
und zu einer Verminderung der geistigen
Fähigkeiten. Durch eine früh einsetzende
pädagogische Betreuung können die Auswirkungen abgeschwächt werden. Wegen
der häufig auftretenden Herzfehler starben
früher viele Betroffene schon im Kindesalter, die Fortschritte der modernen Medizin
ermöglichen heute eine höhere Lebenserwartung.

Die Ursache der Trisomie 21 liegt in einem
Fehler bei der Meiose. Durch Nichttrennung
zweier Chromosomen gelangt bei der ersten oder zweiten Reifeteilung ein zusätzliches Chromosom in eine der Keimzellen,
die andere erhält kein Chromosom 21.

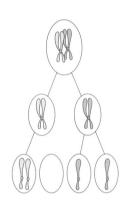

Trisomie 21 tritt in der Regel spontan auf.
Das heißt, dass Eltern, in deren Familien-
stammbaum das Down-Syndrom noch nicht
vorgekommen ist, ein betroffenes Kind zeu-
gen. Dabei ist bei Müttern, die im Alter von
über fünfunddreißig Jahren ein Kind bekommen, statistisch ein Anstieg des Risikos festzustellen (s. Abb. 2). Auch Fehler bei der
Keimzellenbildung des Vaters können die
Ursache für das Down-Syndrom sein.

Die Trisomie 21 tritt bei Geburten mit einer
Häufigkeit von 1 : 550 auf. Eigentlich ist zu
erwarten, dass jedes Chromosom von einer
Nichttrennung und Fehlverteilung während
der Meiose betroffen sein kann. Dennoch
hat man nur noch die *Trisomie 18* und die
Trisomie 13 bei Neugeborenen festgestellt.
Die Organschäden sind in diesen Fällen so
groß, dass die Lebenserwartung weit unter
einem Jahr liegt. Wahrscheinlich wirken andere Trisomien ebenso wie ein nur einmal
vorkommendes Chromosom *(Monosomie)*
schon während der Embryonalentwicklung
tödlich. Eine Ausnahme bilden offenbar die
Geschlechtschromosomen. Von ihnen sind
verschiedene Fehlverteilungen bekannt.

Es gibt beispielsweise Frauen, die nur ein
einziges X-Chromosom besitzen *(X0-Typ).*
Sie sind kleinwüchsig und besitzen keine
funktionsfähigen Eierstöcke. Andererseits
kommen Männer vor, die neben dem Y-
noch zwei X-Chromosomen in ihren Zellen
aufweisen *(XXY-Typ).* Diese Männer sind etwa 10 cm größer als der Durchschnitt. Auch
sie sind nicht fortpflanzungsfähig.

1 Kinder mit dem Down-Syndrom

Ausschnitt aus dem
Karyogramm

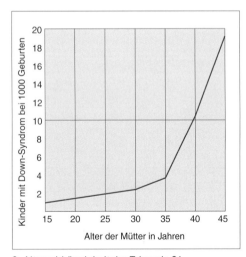

2 Altersabhängigkeit der Trisomie 21

Menschen mit einem Handicap

Material 1

Beratung nach der Geburt und Früh-förderung

„Nach einer normalen und glücklichen Schwangerschaft wurde Marina, unser viertes Kind, am 4. Dezember 1989 geboren. Als der Kinderarzt bei ihr das Down-Syndrom diagnostizierte, betraten wir als Eltern ein völlig unbekanntes Terrain. Wir fühlten uns verloren, unsere erste Reaktion war Traurigkeit und Unsicherheit über ihre Zunkunft. ... Wir begannen, alle möglichen Informationen zu sammeln, um mehr darüber zu erfahren, was während der Schwangerschaft schief gegangen war und was man nun tun könnte, um ihre Entwicklung zu fördern. So hörten wir zum ersten Mal von „Frühförderung" und „Integration" und, Gott sei Dank, entdeckten wir sie früh im Leben unserer Tochter".
(aus: UNRUH, JOHN F.: Down-Syndrom, Berlin 1998, Seite 141)

Das deutsche Down-Syndrom-Infocenter bietet Beratung für Eltern, die gerade ein Baby mit Down-Syndrom bekommen haben. Das Infocenter will Anlaufstelle für ein erstes ausführliches Beratungsgespräch sein. Die Hilfe erhalten die Eltern von kompetenten Gesprächspartnern sensibel und praxisorientiert, denn alle Berater/-innen sind selbst Eltern eines Kindes mit Down-Syndrom.
(Deutsches Down-Syndrom-Infocenter, Lauf a. d. Pegnitz)

Material 2

Leben mit dem Down-Syndrom

Palbo Pineta, Student der Pädagogik in Malaga, ein Mensch mit dem Down-Syndrom: „Ich bin ein Mensch und keine Unzulänglichkeit"!

Ruth Cromer: „Ich bin ein Mensch mit einem Handicap. An erster Stelle bin ich Mensch".

1997 auf dem Down-Syndrom-Weltkongress in Madrid: „Als ich noch kleiner war, wurde ich von meinen Klassenkameraden akzeptiert. Ich ging zu vielen Partys und wurde oft eingeladen, auch zum Übernachten. Aber als ich Teenager wurde, veränderte sich alles. Meine Art, mein Aussehen waren nicht so, wie es meine Schulfreunde gerne gehabt hätten. Sie plagten mich und lachten mich aus. Da fing ich wirklich an zu merken, dass ich anders war".
(GABRIELLE JANE CLARK. In: Leben mit dem Down-Syndrom Nr. 28, Mai 1998)

Material 3

Was kommt nach dem integrativen Unterricht?

Wesel. Sarah war immer die Erste. Was nicht immer ein Glück war. Denn sie und ihre Eltern mussten stets kämpfen. Dass die heute 17-Jährige mit Down-Syndrom mit nicht behinderten Kindern in den Kindergarten, später in die Grundschule und dann in die Hauptschule nach Borth gehen konnte. Jetzt ist Sarah mit der Schule fertig. Und mit dem Thema Integration auch. Denn Ausbildungsplätze für Behinderte sind rar in der Welt der Gesunden. ... Heute lernt sie (Sarah) ... mit zehn anderen Behinderten in der Werkstufe der Schule in Bergerfurth, das ist der berufsbildende Zweig der Schule für geistig Behinderte. ...

Sarah, die gerne am PC sitzt und in der Küche steht, ist von einer Art Kantine hellauf begeistert. Vom Einkaufen der Lebensmittel bis hin zum Servieren gehört alles dazu. Praktisches Lernen fürs Leben, denn wenn das Kotelett im Einkauf mehr kostet als später beim Verkauf, dann kann was nicht stimmen. ... In Hamburg betreiben beispielsweise geistig Behinderte ein Hotel. Und in Wesel wahrscheinlich bald eine Möbel-Restaurierungswerkstatt".
(NRZ, 9.9. 2000)

„Nach der Schulzeit steht der Wechsel in die Arbeitswelt an. Die meisten Erwachsenen mit dem Down-Syndrom arbeiten in einer Werkstatt für Behinderte. In den letzten Jahren setzt sich jedoch auch im Bereich der Arbeitsmöglichkeiten der Integrationsgedanke allmählich durch. Immer mehr junge Menschen finden einen Arbeitsplatz auch außerhalb einer beschützenden Werkstatt und gehen einer Tätigkeit in der ganz „normalen" Arbeitswelt nach. Menschen mit dem Down-Syndrom arbeiten zum Beispiel im Gastronomie-Gewerbe, in Altersheimen, in Kindergärten oder auch in Krankenhäusern.

Wichtig ist dabei aber in jedem Fall die Unterstützung durch eine Arbeitsassistenz, die bei der Suche nach einem geeigneten Arbeitsplatz vermittelt, anschließend bei der Vorbereitung auf die auszuübende Tätigkeit hilft und den jungen Menschen auch so lange begleitet, wie dies nötig ist".
(Deutsches Down-Syndrom Infocenter, Lauf a. d. Pegnitz)

Aufgaben

① Erkläre, warum es für Kinder mit dem Down-Syndrom besonders wichtig ist, dass sie schon sehr früh, möglichst ab der Diagnosestellung, eine individuelle Förderung erhalten.
② Welche Möglichkeiten zur Integration behinderter Menschen in Kindergärten und in den Schulen bestehen in deiner Gemeinde?
③ Erläutere, worauf viele Vorurteile gegenüber Menschen mit dem Down-Syndrom beruhen?
④ Wie wirken die Gefühle von jungen Menschen mit dem Down-Syndrom auf dich?
⑤ Nimm zu den zwei Zitaten von Menschen mit dem Down-Syndrom in Material 2 Stellung!
⑥ Warum ist es auch für Menschen mit dem Down-Syndrom so wichtig, eine Arbeit zu finden?
⑦ Erkläre, warum die frühere „Aktion Sorgenkind" sich heute „Aktion Mensch" nennt!

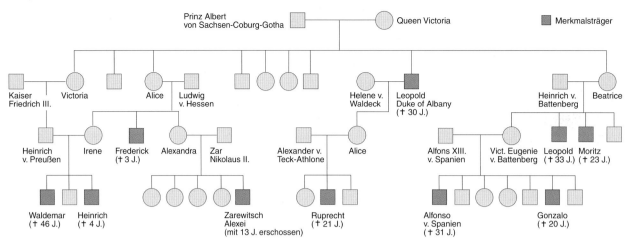

1 Historischer Stammbaum der Bluterkrankheit in europäischen Fürstenhäusern

Der Erbgang der Bluterkrankheit

Bei den meisten Menschen gerinnt aus einer Wunde austretendes Blut in 4 bis 7 Minuten. Ist die Gerinnungszeit auf über 15 Minuten verzögert, so spricht man von *Bluterkrankheit*. Sie ist in europäischen Fürstenhäusern gehäuft anzutreffen. Es fällt auf, dass ausschließlich Männer in diesem Stammbaum Bluter sind. Sollte der Erbgang in irgendeiner Weise mit der Weitergabe der Geschlechtschromosomen zusammenhängen?

Geht man davon aus, dass das Gen, das für die Blutgerinnung verantwortlich ist, auf dem Y-Chromosom liegt, so müsste die Krankheit immer vom Vater auf den Sohn vererbt werden. Der Stammbaum zeigt aber, dass das nicht der Fall ist. Man weiß heute, dass das Gen auf dem X-Chromosom liegt. Das wesentlich kleinere Y-Chromosom besitzt gar kein entsprechendes Gen.

Man muss also drei Fälle unterscheiden:
— X-Chromosomen mit dem Allel A für normale Blutgerinnung,
— X-Chromosomen mit dem Allel a für bluterkrank und
— das hierfür genleere Y-Chromosom.

X-Chromosomen kommen bei beiden Geschlechtern vor. Da ein Mann nur ein X-Chromosom besitzt, ist er krank, wenn dieses das entsprechende Allel trägt. Eine mischerbige Frau ist gesund; sie kann das Allel a jedoch auf ihre Söhne übertragen *(Konduktorin)*, selbst wenn der Ehemann gesund ist. Diesen besonderen Erbgang nennt man *geschlechtschromosomengebunden*.

Aufgaben

① Überlege, ob es auch bluterkranke Frauen geben kann. Begründe.

② Lies den folgenden Brief, den Mr. J. Scott am 26. Mai 1777 schrieb, genau durch. Stelle danach den Stammbaum der Familie Scott auf und erkläre den Erbgang. Wie heißt diese Krankheit?

„Es ist ein altes Familienleiden: mein Vater hat genau dieselbe Anomalie; meine Mutter und eine meiner Schwestern konnten alle Farben fehlerfrei sehen, meine andere Schwester und ich in der gleichen Weise unvollkommen. Diese letzte Schwester hatte zwei Söhne, beide betroffen, aber sie hat eine Tochter, die ganz normal ist. Ich habe einen Sohn und eine Tochter, und beide sehen alle Farben ohne Ausnahme; so ging es auch ihrer Mutter. Meiner Mutter Bruder hatte denselben Fehler wie ich, obgleich meine Mutter, wie schon erwähnt, alle Farben gut kannte.
Ich kenne kein Grün in der Welt; eine rosa Farbe und ein blasses Blau sehen gleich aus, ich kann sie nicht unterscheiden. Ein kräftiges Rot und ein kräftiges Grün ebenfalls nicht, ich habe sie oft verwechselt; aber Gelb und alle Abstufungen von Blau kenne ich absolut richtig und kann Unterschiede zu einem erheblichen Grad von Feinheit erkennen; ein kräftiges Purpur und ein tiefes Blau verwirren mich.
Ich habe meine Tochter vor einigen Jahren einem vornehmen und würdigen Mann vermählt. Am Tage vor der Hochzeit kam er in einem weinroten Mantel aus bestem Stoff in mein Haus. Ich war sehr gekränkt, dass er (wie ich glaubte) in Schwarz kam. Aber meine Tochter sagte, die Farbe sei sehr vornehm; es seien meine Augen, die mich trögen."

Humangenetische Beratung

Jährlich werden in der Bundesrepublik Deutschland etwa 600 000 Kinder geboren. Man schätzt, dass etwa 35 000 von ihnen eine genetisch bedingte körperliche oder geistige Behinderung besitzen. In ihrer überwiegenden Zahl sind diese Abweichungen unauffällig. In manchen Fällen, wie bei der Trisomie 18, kann das Auftreten einer genetisch bedingten Krankheit zu schweren Belastungen des Kindes und der betroffenen Eltern führen. Auch Angehörige werden in dieses Leid mit einbezogen, weil es Außenstehende gibt, die solche Krankheiten als eine Schuld der Familie ansehen. Solchen Vorurteilen muss man entgegenwirken, vor allem im Hinblick auf das betroffene Kind.

Wie kann die Medizin den betroffenen Menschen helfen? Veränderungen in den Genen können noch nicht behoben werden. Man kann möglicherweise den Zustand der betroffenen Person durch medizinische Maßnahmen und entsprechende Betreuung bessern. Vielleicht kann man einen auf Trisomie 21 beruhenden Herzfehler durch eine Operation korrigieren. Manche genetisch bedingten Stoffwechselerkrankungen lassen sich durch Medikamente behandeln, so zum Beispiel bei der Bluterkrankheit.

Bei der *Phenylketonurie*, einer genetisch bedingten Veränderung im Eiweißstoffwechsel, hilft schon eine Diät ab dem Säuglingsalter. Dabei entwickeln sich die Kinder gesund weiter und die sonst auftretenden Hirnschäden unterbleiben. Für die Betroffenen ist das zwar eine „Heilung", das veränderte Gen wird dadurch aber nicht beseitigt. Es wird nach den Gesetzmäßigkeiten der Vererbung an die Nachkommen weitergegeben und kann bei ihnen erneut zur Krankheit führen.

Dennoch sind genetisch bedingte Leiden kein unabwendbares Schicksal, wenn man in verantwortungsvoller Weise Vorsorge trifft. Ein Paar, das sich ein Kind wünscht, sollte sorgfältig prüfen, ob in der eigenen Familie schon einmal entsprechende Krankheiten vorgekommen sind. In solchen Fällen kann ein Arzt über ein mögliches Risiko aufklären. Falls er selbst keine Entscheidung treffen kann, wird er die Ratsuchenden an eine *genetische Familienberatungsstelle* verweisen, die es in vielen Großstädten gibt.

Hat sich ein Paar trotz eines gewissen Risikos für ein Kind entschieden, so sind Untersuchungen des ungeborenen Kindes schon

im Mutterleib möglich. Eine inzwischen verbreitete Form dieser *vorgeburtlichen Diagnose* zeigt die Abbildung. Diese *Fruchtwasseruntersuchung* wird in der 14. bis 16. Schwangerschaftswoche durchgeführt. Veränderungen im Chromosomensatz und etwa 50 verschiedene Stoffwechselerkrankungen des werdenden Kindes können damit relativ sicher erkannt werden. In begründeten Fällen lässt der Gesetzgeber auch zu diesem Zeitpunkt noch einen Abbruch der Schwangerschaft zu. Die persönliche Entscheidung darüber kann aber niemandem abgenommen werden.

Ist es nicht humaner, die Zeugung solcher Kinder zu vermeiden, als die betroffenen Feten abzutreiben? Mit solchen und ähnlichen Fragen muss man sich auseinander setzen und eine eigene Einstellung dazu entwickeln. Darf man Menschen wirklich von der Fortpflanzung ausschließen, nur weil sie Gene tragen, die nicht einer bestimmten Norm entsprechen? In der Zeit des Nationalsozialismus ging man sogar so weit, die Tötung sogenannter „erbkranker" Menschen mit ähnlichen Argumenten zu begründen. Insassen von Heilanstalten wurden in Gaskammern umgebracht, um das „Erbgut des deutschen Volkes zu reinigen". Man rechtfertigte dieses Vergehen als Sterbehilfe *(Euthanasie)*.

An den Genen können jederzeit spontan Veränderungen *(Mutationen)* auftreten. Sie werden durch verschiedene Faktoren bewirkt. So besitzen einige chemische Stoffe *(Nikotin, Unkrautvernichtungsmittel, manche Medikamente)* sowie radioaktive und ultraviolette Strahlung *mutagene*, d. h. genverändernde Wirkung. Solchen mutagenen Faktoren sollte man sich möglichst wenig aussetzen. Wenn durch eine solche Mutation teilungsfähige Körperzellen betroffen sind, kann es zu schwerwiegenden Erkrankungen, zum Beispiel Krebs, kommen. Wenn aber die Keimzellen durch eine Mutation verändert sind, dann wirkt sich das bei den Nachkommen aus.

Fruchtwasser wird entnommen und zentrifugiert

Überstand

Zellen des Fetus

Zellkultur

Biochemische Untersuchungen

Nachweis von Stoffwechselstörungen

Mikroskopische Untersuchungen

Feststellung von Chromosomenschäden

Ablauf einer Fruchtwasseruntersuchung

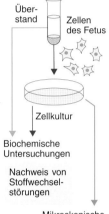

Aufgabe

① Eine Frau möchte einen Mann heiraten, in dessen Familie Kurzfingrigkeit auftritt. Welche Wahrscheinlichkeit besteht für Kinder aus dieser Ehe, wenn
   a) der Mann selbst gesund ist,
   b) der Mann kurzfingrig, aber seine Mutter gesund ist?

Gentechnik — was ist das?

Schon in der Frühzeit machten sich unsere Vorfahren die Stoffwechselleistungen von Bakterien und Pilzen beim Bierbrauen oder bei der Herstellung von Käse zunutze, ohne jedoch zu wissen, wie das im Einzelnen funktioniert. Die Nutzung biologischer Prozesse ist also fast so alt wie die Menschheit selbst. Nach und nach wurden solche, auf Zufallsentdeckungen beruhende Verfahren gezielt weiter entwickelt. Das nennt man *Biotechnik*.

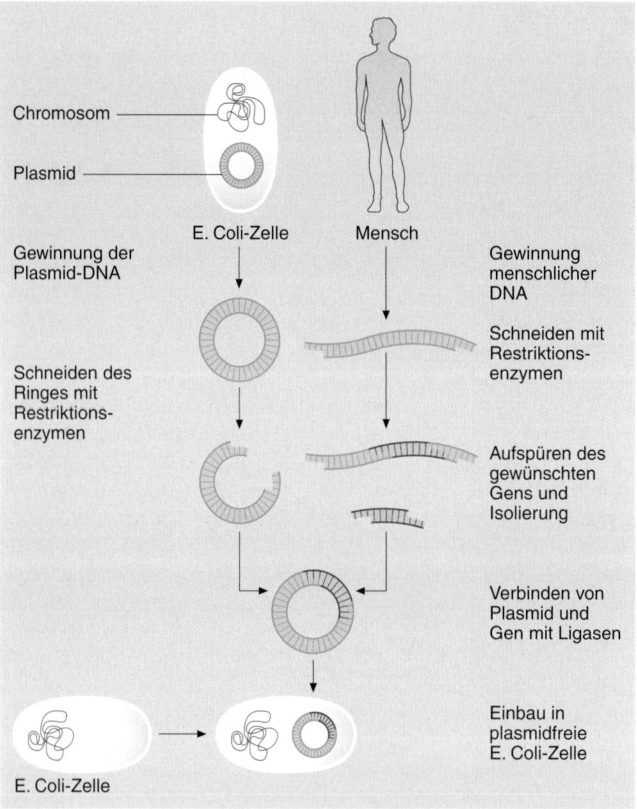

Chromosom
Plasmid
E. Coli-Zelle
Mensch
Gewinnung der Plasmid-DNA
Gewinnung menschlicher DNA
Schneiden mit Restriktionsenzymen
Schneiden des Ringes mit Restriktionsenzymen
Aufspüren des gewünschten Gens und Isolierung
Verbinden von Plasmid und Gen mit Ligasen
Einbau in plasmidfreie E. Coli-Zelle
E. Coli-Zelle

1 Einbau eines menschlichen Gens in ein Bakterium

Die *Gentechnik* geht noch einen Schritt weiter. Sie verändert Lebewesen in ihren Erbanlagen künstlich so weit, dass die Organismen bestimmte und gewünschte Stoffwechselvorgänge zeigen. Grundlage dafür waren die Arbeiten von WATSON und CRICK, die es ermöglichten, die stofflichen Träger der Gene in Form von DNA-Abschnitten zu identifizieren. Das Zeitalter der Gentechnik begann, als man in der Lage war, Gene auch zu isolieren und dann gezielt auf andere Organismen zu übertragen.

Wichtige Werkzeuge eines Gentechnikers sind unter anderem:
- „Scheren" *(Restriktionsenzyme)*, mit denen die DNA-Moleküle an genau festgelegten Basenabfolgen geschnitten werden können.
- „Kleber" *(Ligasen)*; das sind Enzyme, die die DNA-Bruchstücke an den Schnittstellen wieder verbinden.
- „Schmuggler" *(Vektoren* oder *Genfähren)*, die in Zellen eindringen und dabei die in ihnen eingebauten Fremdgene mitnehmen.
- „Detektive" *(Sonden)*, durch die bestimmte Gene gekennzeichnet und entdeckt werden können.

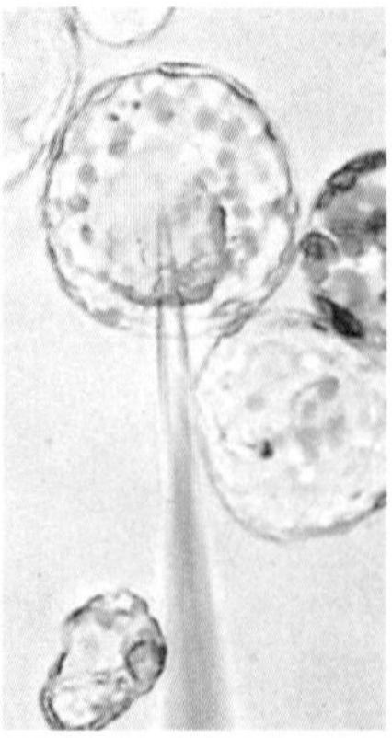

Sogar mit Glaskanülen lassen sich Gene (hier gelb markiert) in fremde Zellen einspritzen.

Das im Zusammenhang mit der *Zuckerkrankheit* wichtige Hormon *Insulin* soll als Beispiel für die Anwendung gentechnischer Methoden dienen. Bei uns benötigen 300 000 Zuckerkranke täglich Insulin, das früher in einem aufwändigen Verfahren aus der Bauchspeicheldrüse vor allem von Schweinen gewonnen wurde. Der Bedarf konnte damit jedoch kaum gedeckt werden. Ziel der Gentechnik war es nun, Insulin von einem anderen Organismus, einem *Bakterium,* herstellen zu lassen. Der daraus gezüchtete Bakterienstamm sollte dann menschliches Insulin in beliebiger Menge herstellen.

Die Fähigkeit, Insulin herzustellen, beruht auf einem *Gen.* Es ist gelungen, dieses Gen mit entsprechenden Schnittstellen aus dem Erbgut von Menschen zu isolieren. Bei Bakterien, die keinen Zellkern besitzen, benutzt man als Vektor für das Fremdgen ringförmige DNA-Moleküle, die *Plasmide.* Sie schwimmen außerhalb der Bakterien-DNA im Zellplasma und gelangen auch durch die Zellmembran hindurch. Diese Ringe werden mithilfe der Restriktionsenzyme passend aufgeschnitten, das Fremdgen wird durch die Ligase eingesetzt und mit in die Wirtszelle eingeschleust. Diese Manipulation bewirkt, dass die betroffene Zelle die Anweisung zur Produktion von Insulin, die ja in dem neuen Gen enthalten ist, in die Tat umsetzt: Sie stellt neben eigenen Produkten auch das vom Fremdgen codierte Protein her.

Damit ist die Gentechnik in der Lage, Eigenschaften in einem Lebewesen neu zu kombinieren. Die „Sprache" der Gene ist nämlich bei allen Lebewesen gleich und wird auch von einem Bakterium „verstanden".

Gentechnik — Möglichkeiten und Folgen

Beim Menschen sind gentechnische Methoden in erster Linie im Zusammenhang mit der Diagnose und Behandlung (Therapie) genetisch bedingter Krankheiten interessant. Am Beispiel der Bluterkrankheit wollen wir uns die theoretischen Möglichkeiten einer Behandlung überlegen.

Nehmen wir an, dass einem Menschen, der Bluter ist, der Blutgerinnungsfaktor VIII fehlt. Das ist ein Eiweiß, das für die Blutgerinnung unentbehrlich ist. Fehlt dieses Eiweiß, so führt jeder Stoß zu inneren Blutungen und damit zu einem Bluterguss. Jede offene Wunde kann zum Verbluten führen.

Man kann dieses Protein aus dem Blut gesunder Menschen isolieren und den Betroffenen als Medikament verabreichen. Das wäre die klassische Form der Behandlung.

Die Gentherapie

Wir wissen aber, dass der Faktor VIII als Protein durch ein Gen codiert ist. Dieses fehlt bei einem Bluter oder es ist so verändert, dass kein funktionsfähiges Eiweiß hergestellt werden kann. Leider führt in diesem Fall die Übertragung auf ein Bakterium nicht zu dem gewünschten Ergebnis, denn das Protein des Faktors VIII muss noch mit einem Zucker verknüpft werden, damit es funktionsfähig wird. Diese Verbindung kann aber von Bakterienzellen nicht durchgeführt werden. Deshalb hat man in diesem Fall Hefezellen gentechnisch verändert. Heute gewinnt man diesen Faktor weitgehend aus entsprechend veränderten Hamsterzellkulturen.

Man könnte sich aber auch überlegen, die Zellen des Erkrankten zu verändern. Bei einer Therapie durch gen-

technische Verfahrensweisen müssten diejenigen Körperzellen, in denen der Faktor VIII normalerweise hergestellt wird, das funktionsfähige Gen von einem Spender erhalten. Die Schwierigkeit liegt in diesem Fall vor allem darin, das Gen genau in jede dieser Zellen „einzuschmuggeln".

Eine letzte Überlegung schließlich gilt den Kindern des betroffenen Bluters. Es wäre durchaus denkbar, seine Keimzellen so zu manipulieren, dass sie das intakte Gen enthalten und somit die Nachkommen nicht belastet wären. Diese *Keimzelltherapie* ist gesetzlich allerdings untersagt.

„Der genetische Fingerabdruck"

An diesem Beispiel soll eine völlig andere Anwendung gentechnischer Verfahrensweisen vorgestellt werden.

Der Brite ALEC JEFFREY entdeckte, dass jeder Mensch unverwechselbare Stücke Erbsubstanz besitzt. Das sind Bereiche auf den Chromosomen, die zwischen den eigentlichen Genen liegen. Diese Abschnitte lassen sich mit einer Gensonde, einem extra dafür hergestellten Molekül, auffinden. Es gelingt, dieses Erbmaterial aufzutrennen und die Bruchstücke der Größe nach zu ordnen. Bei diesem Trennungsverfahren entsteht ein *Bandenmuster*, das wie der Fingerabdruck eines Menschen unverwechselbar ist. Dieses Verfahren ist in der Kriminaltechnik weiter entwickelt worden und wird von Gerichten als Beweismittel anerkannt.

Man kann diesen „genetischen Fingerabdruck" aus einem winzigen Blut-, Speichel- oder Spermafleck, einer Hautabschürfung oder einigen Haaren gewinnen. Man schätzt, dass von einer Milliarde Menschen nicht zwei den gleichen „genetischen Fingerabdruck" besitzen. Durch dieses Verfahren werden zunehmend Straftäter identifiziert.

Wo liegen die Grenzen?

Es ist nicht nur möglich, Menschen anhand ihres genetischen Materials zu identifizieren. In zunehmendem Maß gelingt es, einzelne Gene zu analysieren und auf Defekte hin zu untersuchen. Man weiß beispielsweise, dass ein Gen auf dem Chromosom 2 Veränderungen an Blutgefäßen hervorruft und den Herzinfarkt fördert. Ein anderes Gen auf Chromosom 3 begünstigt die Entstehung von Nierenkrebs.

Hieraus ergibt sich manches Problem: Darf man zum Beispiel bei einer Fruchtwasseruntersuchung solche Gene analysieren und den werdenden Eltern das Ergebnis mitteilen? Was fängt ein Mensch an, der selbst um Risikofaktoren in seinem Erbgut weiß? Darf ein Arbeitgeber einen Bewerber vor der Einstellung genetisch untersuchen lassen und ihm dann möglicherweise die Anstellung verweigern?

Wie geht es weiter?

Mit der Übertragung von Genen von einem Organismus auf einen anderen beschäftigt sich inzwischen ein ganzer Industriezweig. Bakterien mit besonders „gelungenen" Eigenschaften

werden zum Patent angemeldet. Dabei ergeben sich viele Fragen: Was geschieht, wenn die genetisch veränderten Lebewesen in die Umwelt gelangen? Kann und darf man auch fremde Gene in menschliches Erbgut einschleusen?

Wissenschaftler, Juristen, Theologen und Politiker versuchen, auf die vielen Fragen, die durch die Gentechnologie aufgeworfen werden, verbindliche Antworten zu finden.

Viele Fragen warten heute noch auf eine Antwort und ebenso viele werden in den nächsten Jahren neu gestellt werden. Bei der Manipulation des genetischen Materials liegen Nutzen und Gefahren eng beieinander. Die Zukunft muss zeigen, ob der Mensch mit seinem Wissen und seinen Möglichkeiten verantwortungsvoll umzugehen versteht.

Bei der Züchtung werden verschiedene Methoden angewandt

Kulturweizen
AABBDD

Wildgras 2
DD

Kulturemmer
AABB

Wildgras 1
BB

Wildeinkorn
AA

Bis zum Beginn dieses Jahrhunderts war die *Auslesezüchtung* die einzige Methode, die konsequent angewandt werden konnte. Sie beruht darauf, dass in einer Population zufällig Mutanten auftauchen, deren Eigenschaften man erhalten möchte. Diese Pflanzen oder Tiere werden ausgelesen und ausschließlich zur Weiterzucht benutzt.

Erst durch die Wiederentdeckung der mendelschen Regeln wurde die *Kombinationszüchtung* möglich. Aus verschiedenen Rassen einer Art, die gewünschte Eigenschaften besitzen, werden durch gezielte Kreuzungen neue Merkmalskombinationen erzielt.

Beispiele für diese Züchtungsmethoden findet man bei Haustieren, die durch *Domestikation* aus wild lebenden Vorfahren entstanden sind. Aus dem *Wildkaninchen* wurde lange vor MENDEL das *Angorakaninchen* ausgelesen. Die ersten Tiere, die 1777 nach Deutschland eingeführt wurden, waren schon weiß und langhaarig, wie sie auch heute noch gezüchtet werden. Das *Fehkaninchen* dagegen entstand 1912 zunächst „im Kopf" des englischen Genetikers ONSLOW, der es dann nach einem Kreuzungsschema aus vorhandenen Rassen kombinierte.

Bei der *Mutationszüchtung* versucht man, die Mutationsrate auf künstlichem Weg zu steigern. Zum Beispiel erhalten Pollenkörner oder Pflanzensamen eine hohe Dosis Röntgenstrahlung. Unter den daraus entstehenden Pflanzen werden dann brauchbare Mutanten ausgelesen.

Eine Mutation der Chromosomenzahl lässt sich bei Pflanzen durch das Herbstzeitlosengift *Colchizin* erreichen. Die Vervielfachung des Chromosomensatzes *(Polyploidie)* bewirkt einen kräftigeren Wuchs und bessere Erträge. Zum Beispiel beim *Kulturweizen*, der vom *Wildeinkorn* abstammt, sind die Chromosomensätze von zwei weiteren Wildgrasarten hinzugekommen (s. Seite 304).

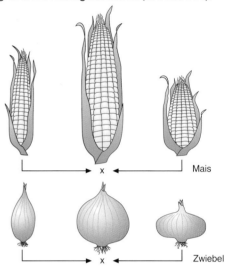

3 Kreuzung von Mais- und Zwiebelsorten

Mais

Zwiebel

Bei der Kreuzung reinerbiger Pflanzensorten hat man festgestellt, dass Hybridformen die gewünschten Merkmale oft noch besser ausbilden als die reinen Sorten. Diese Erscheinung wird bei der *Hybridzüchtung* ausgenutzt. Diese Hybridpflanzen eignen sich aber nicht zur Weiterzucht, da sie nicht reinerbig sind. Deshalb müssen die Samen fortwährend in Saatgutbetrieben durch Kreuzung der beiden reinerbigen Stammformen gewonnen werden.

Die Hybridzüchtung spielt bei vielen Nutzpflanzen, wie Tomate, Blumenkohl und Zwiebel, eine wichtige Rolle. Besonders erfolgreich wird sie beim Mais eingesetzt. Hier wird durch Doppelkreuzung eine mehrfache Hybridisierung erreicht. Das Ergebnis ist eine Ertragssteigerung bis zu 37 %.

Auch bei Tieren sind die Bastarde manchmal in ihren Eigenschaften günstiger als die reinen Rassen. Die entsprechende Kreuzung, die zu den gewünschten Mischlingsformen führt, nennt man *Gebrauchskreuzung*. Auch hier führt die Weiterzucht der Bastarde wieder zu einer Verminderung der Qualität.

1 Wildkaninchen

2 Angorakaninchen

Neue Methoden in der Züchtung

Um 1900 konnte ein Bauer mit seiner Arbeit 5 Menschen ernähren; 1980 waren es in der Bundesrepublik Deutschland 64. Dennoch reicht das nicht aus, um die Ernährung auch in Zukunft zu sichern. Neue Techniken in der Pflanzen- und Tierzüchtung lassen es möglich erscheinen, dass die Produktivität sich noch steigern lässt.

Ein ganz neuer Ansatz in der Pflanzenzüchtung ist die Methode, genetisches Material artüberschreitend neu zu kombinieren. So existiert bereits ein *Gattungshybrid* aus Weizen und Roggen, der in seiner Qualität dem Weizen entspricht; in seiner Genügsamkeit, was Bodenverhältnisse und Witterung angeht, hat er die Eigenschaften des Roggens. Solche Hybride lassen sich heute auch mit anderen Süßgräsern herstellen, weil man die Samen der Hybride auf besonderen Nährböden in Petrischalen zum Wachsen bringen kann. Unter natürlichen Bedingungen keimen solche Samen nämlich äußerst

selten. Das zweite Problem ist, dass diese Hybride steril sind. Sie können keine Keimzellen bilden, da in der Meiose keine homologen Chromosomen vorhanden sind. Deshalb setzt man Colchizin zu, das die Bildung des Spindelapparates verhindert. Damit werden die Chromosomensätze der Kreuzungspartner bei einer Mitose verdoppelt.

Eine andere Methode, gewünschte Eigenschaften bei Pflanzen herauszuzüchten, liefert die *Gewebekultur*. Dazu wird ein Stück pflanzliches Gewebe entnommen und in einem Glasgefäß zur Teilung angeregt. Der entstehende Zellhaufen *(Kallus)* kann bei Bedarf später wieder zu einer vollständigen Pflanze heranwachsen. Man hat zum Beispiel nach einer Kartoffelsorte gesucht, die gegen die *Kartoffelfäule*, eine häufige Pilzkrankheit, resistent ist. Gewebeproben von 42 000 Kartoffelstückchen wurden in der Kalluskultur dem Gift dieses Pilzes ausgesetzt. 173 überlebten. Daraus konnten 36 Pflanzen gezogen und zur Weiterzucht im Freiland eingesetzt werden.

In manchen Fällen gelingt es auch, Einzelzellen von Pflanzen zu gewinnen, indem man durch Enzyme die Zellwände auflöst. Ruft man nun Mutationen hervor, die man auf Resistenz gegen bestimmte Gifte untersucht, so kann man im Reagenzglas wesentlich schneller zum Ziel kommen als bei der Freilandkultur. Dabei ersetzt eine Petrischale eine Anbaufläche von einem Hektar.

Bei Tieren werden in der Regel andere Methoden eingesetzt, um Hochleistungsrassen zu züchten. Da ein Rind

nur wenige Nachkommen hat, muss man überlegen, ob eine „Superkuh" ihr Erbgut nicht häufiger weitergeben kann. Eine Möglichkeit ist der *Embryotransfer*. Dabei werden bei der Kuh durch Hormongaben möglichst viele Eizellen gleichzeitig zur Reife gebracht. Sie werden künstlich mit Spermien eines besonders wertvoll erscheinenden Zuchtbullen besamt und aus der Gebärmutter ausgespült. Diese Embryonen werden anderen Muttertieren eingesetzt und von ihnen ausgetragen. So kann man bis zu 50 Kälber im Jahr von einer Kuh erzeugen. Durch künstliche Besamung wurde es möglich, dass ein Bulle über 100 000 Kälber zeugt.

Man kann auch die ausgespülten Embryonen in bestimmten Zellteilungsstadien (8 – 16 Zellen) unter dem Mikroskop nochmals teilen. Dieser Vorgang dauert etwa 20 Minuten. Man hat damit eineiige Zwillinge hergestellt, die dann von verschiedenen Muttertieren ausgetragen werden.

Eine neuere Form der Züchtung ist das *Klonen*. Dabei wird aus einer teilungsfähigen Körperzelle eines Spenders der diploide Zellkern entnommen. Dieser wird dann in eine unbefruchtete, entkernte Eizelle übertragen. Wenn es gelingt, dieses Ei zu Zellteilungen anzuregen, entwickelt sich ein Embryo, der mit dem Spender genetisch identisch ist.

Man muss sich allerdings fragen, ob es nicht auch im Bereich der Tierzüchtung Grenzen gibt, die man nicht überschreiten sollte, und ob man das technisch Mögliche auch tatsächlich immer tun soll.

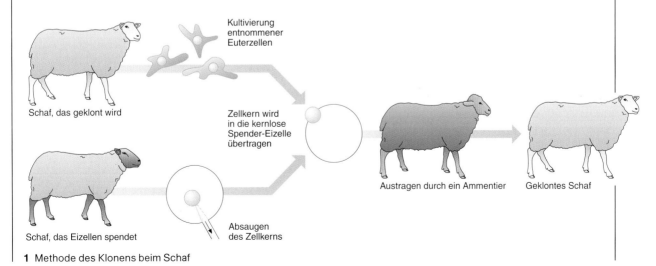

Kultivierung entnommener Euterzellen

Schaf, das geklont wird

Zellkern wird in die kernlose Spender-Eizelle übertragen

Schaf, das Eizellen spendet

Absaugen des Zellkerns

Austragen durch ein Ammentier

Geklontes Schaf

1 Methode des Klonens beim Schaf

Gentechnisch veränderter **Mais**

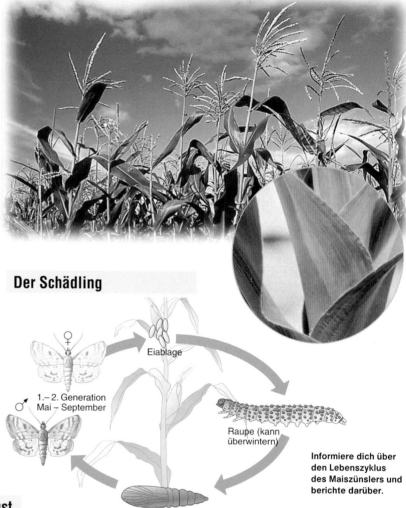

Man schätzt, dass im Jahre 2025 etwa 8 Milliarden Menschen die Erde bevölkern werden. Deren gesunde und ausreichende Ernährung ist ein wichtiges Ziel der Landwirtschaft. Die Produktion von Nahrungsmitteln lässt sich durch Methoden der Gentechnik möglicherweise deutlich steigern.

— Wie könnte das gelingen?
— Welche Folgen ergeben sich?

Das soll an einem Beispiel, nämlich beim Mais, untersucht werden.

Der Schädling

Eiablage

1.– 2. Generation
Mai – September

Raupe (kann überwintern)

Puppe (Frühjahr)

Informiere dich über den Lebenszyklus des Maiszünslers und berichte darüber.

Das Problem: hoher Ernteverlust

Mais ist neben Weizen und Reis das wichtigste Getreide. Weltweit werden knapp 600 Millionen Tonnen geerntet. Es könnten aber noch 7 — 8 % mehr sein, wenn nicht Schädlinge schon vor der Ernte einen Teil vernichtet hätten. Der wichtigste Verursacher des Schadens ist der *Maiszünsler*.

Mais wird zwar zu fast 80 % als Tiernahrung für Schweine, Rinder bzw. Hühner genutzt, aber in verarbeiteter Form findet er sich auch in Lebensmitteln für den Menschen, zum Beispiel in Backwaren, Saucen und Suppen, in Mayonnaise, Öl und Margarine sowie in Kaugummi, Glasuren und angedickten Getränken.

Alle 3,6 Sekunden stirbt ein Mensch an Hunger;

75 % davon sind Kinder unter fünf Jahren!

Der Maiszünsler *(Ostrinia nubilalis)* ist ein Schmetterling, dessen Größe 2,6 bis 3 cm beträgt. Die Raupen bohren sich in die Stängel verschiedener Pflanzen ein. Sie ernähren sich von dem Pflanzengewebe und die Stängel knicken ab.

— Der Maiszünsler ist ursprünglich eine rein europäische Schmetterlingsart.
— Der Mais ist eine Kulturpflanze, deren wilde Vorfahren in den Anden beheimatet sind.
— Der Maiszünsler ist heute weltweit in allen Maisanbaugebieten verbreitet.

Welche Erklärung kannst du dafür angeben?

Wo liegen die Hungergebiete der Erde?
Wovon ernähren sich die Menschen dort hauptsächlich?

Bt-Mais – die Lösung?

Das Bakterium *Bacillus thuringiensis*, abgekürzt Bt, besitzt eine Eigenart, die bereits 1911 entdeckt wurde: Wenn bestimmte Schmetterlingslarven, z. B. die Raupen des Kohlweißlings oder des Maiszünslers, diese Bakterien mit ihrer Nahrung aufnehmen, so sterben sie wenig später. Woran kann das liegen?

Bt besitzt in seinen Zellen Eiweißkristalle, die im Darm der Larve aufgelöst werden. Verdauungsenzyme spalten diese Eiweiße weiter auf und so entsteht ein Gift, das die Darmwand des Insekts durchlöchert. Die Larve hört auf zu fressen und stirbt. Es ist gelungen, das Bt-Gen des Bakteriums auf Maispflanzen zu übertragen. Dieser Bt-Mais stellt in seinen Zellen also die gleichen Eiweißkristalle her wie Bacillus thuringiensis. Dem Bt-Mais kann der Maiszünsler nichts anhaben.

Inwiefern ist das die Lösung?

— Ein Eiweiß wird durch ein Gen, also durch einen bestimmten DNA-Abschnitt, verschlüsselt. Es wird entsprechend dieser Information im Organismus bei Bedarf in mehreren Schritten hergestellt.
— Gene lassen sich mit Methoden der Gentechnik von einem Organismus auf einen anderen übertragen. Wiederhole diese Vorgänge und berichte, wie das jeweils geschieht!

Maispflanze, von der Maiszünsler-Raupe befallen

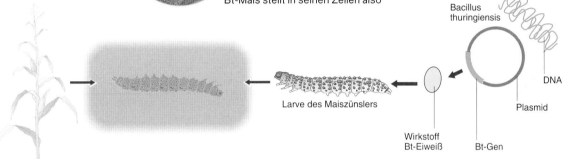

Larve des Maiszünslers

Bacillus thuringiensis

DNA

Plasmid

Wirkstoff Bt-Eiweiß

Bt-Gen

Zur Diskussion: Thesen zu möglichen Folgen

— Im Bt-Mais befindet sich ein Protein, das natürlicherweise dort nicht vorkommt. Eiweiße können Allergien hervorrufen. Es besteht also ein Gesundheitsrisiko für den Menschen.
— „Gentechnische Methoden sind sicher und gut kontrollierbar." Das behaupten Gentechniker und Industrie.
— Das Problem des Welthungers ist ein Verteilungsproblem. Das kann auch durch Bt-Mais nicht gelöst werden.
— Länder der dritten Welt werden wirtschaftlich von Großkonzernen abhängig, weil sie das Saatgut teuer kaufen müssen.
— Durch Bt-Mais kann der Ernteertrag um etwa 40% gesteigert werden.
— Bt-Mais vernichtet ausschließlich Schadinsekten, die vom Gewebe der Pflanze fressen.
— Florfliegen, die Larven des Maiszünslers fressen, nehmen auf diesem Weg ebenfalls das Bt-Eiweiß auf und sterben. Florfliegen sind aber sehr nützliche Insekten.
— Pollen von Bt-Mais wird durch den Wind auf „normale" Maispflanzen übertragen. Er verbreitet sich dadurch unkontrolliert.

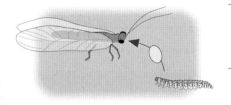

Dieses Produkt enthält gentechnisch modifizierten Mais

— Für gentechnisch hergestellte Nahrungsmittel besteht eine Kennzeichnungspflicht. Der Verbraucher kann selbst entscheiden, ob er solche Produkte kaufen möchte.
— Die landwirtschaftlich nutzbare Fläche lässt sich nicht beliebig vergrößern. Also muss man neue Produktionsmethoden einsetzen.
— Bt-Mais ist wesentlich umweltschonender und billiger als der Einsatz von Schädlingsbekämpfungsmitteln.

Wieso gibt es so unterschiedliche Aussagen zum Nutzen bzw. Risiko der Gentechnik?

Welche gesetzlichen Regelungen kennst du in diesem Zusammenhang? Erfrage sie bei zuständigen Ämtern.

Stelle dir vor, du solltest als Politiker an Gesetzen zur Gentechnik mitarbeiten. Worauf würdest du besonderen Wert legen? Begründe!

Es gibt noch andere Nutzpflanzen (Reis, Tomaten, ...), die gentechnisch verändert sind. Auch Gene von Tieren und Menschen werden auf andere Organismen übertragen.

Sammle Berichte über solche Pflanzen und Tiere! Suche im Internet nach weiteren Beispielen!

Darwin

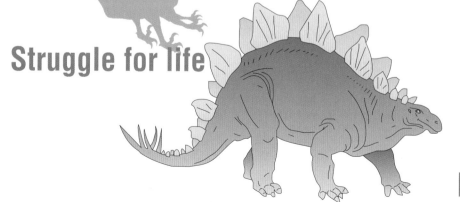

Struggle for life

Leitfossilien

Evolution

Hominiden

Brückentiere

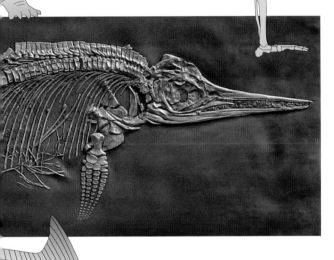

Wie alt ist die Erde?
Wie ist das Leben auf der Erde entstanden?
Wer waren die Vorfahren der heute lebenden Pflanzen, Tiere und auch des Menschen?
Sind sich Saurier und Menschen jemals
begegnet?
In welcher Weise haben sich die heute
existierenden Lebewesen entwickelt?

Mit der Frage nach der Entstehung der
Lebewesen beschäftigen sich die Menschen seit alters her. In allen Religionen
gibt es eine Schöpfungsgeschichte, die
auf solche Fragen eingeht. Heute stehen
Erforschung der Entstehung und Entwicklung der Lebewesen durch die Naturwissenschaften im Vordergrund. In der
heute allgemein anerkannten naturwis-
senschaftlich begründeten *Evolutionstheorie* sind Erkenntnisse aus der Biologie, Geologie, Physik, Chemie und
Paläontologie vereinigt. Wissenschaftler
versuchen mithilfe ihrer Forschungsergebnisse, die Entwicklung der Lebewesen aus einfachen Vorfahren bis hin zu
der heute existierenden Vielfalt an Lebensformen einschließlich des Menschen
zu erklären.

Stammes-
geschichte

1 Versteinertes Skelett eines Fischsauriers

Fossilien — Spuren aus der Vergangenheit des Lebens

In einem Steinbruch wird aus grauem Schiefergestein eine Platte herausgelöst. Mit feinen Meißeln werden die versteinerten Knochen eines riesigen Tieres Stück für Stück aus dem Schiefer herausgeschält. Nach vielen Wochen sorgfältiger Arbeit legen Wissenschaftler das Skelett eines *Fischsauriers* frei. Ein glücklicher Zufall, denn meist sind die *Versteinerungen* nicht so groß und gut erhalten wie in unserem Beispiel.

Versteinerungen geben uns Auskunft über Lebewesen, die in der Vergangenheit gelebt haben. Häufig gibt es diese heute nicht mehr. Dies trug mit zur Entstehung des Evolutionsgedankens bei. Danach haben sich nämlich Lebewesen im Verlauf der Erdgeschichte allmählich verändert. Viele davon sind heute ausgestorben.

Zeugnisse aus der Vergangenheit müssen aber nicht immer Versteinerungen von Fußspuren, Pflanzenresten, Knochen ausgestorbener Tiere oder deren Kot sein. Einschlüsse von Organismen in Bernstein, Mumien in Wüstengebieten oder tiefgefrorene Mammuts aus dem Dauerfrostboden Sibiriens gehören ebenso dazu. In der Gesamtheit nennt man solche Fundstücke aus der Vergangenheit **Fossilien**.

Oft sind Fossilien nicht gut erhalten und nur sehr unvollständig oder als Bruchstücke weit verteilt. Dann beginnt die schwierige Aufgabe, ein solches Fossilienpuzzle richtig zusammenzusetzen, um Informationen über die Art und das Aussehen eines ausgestorbenen Lebewesens zu erhalten. Kennt man außerdem das Alter der Gesteinsschicht, in der das Fossil gefunden wurde, dann weiß man auch, wann dieser Organismus gelebt hat.

Fossilien, wie zum Beispiel die Versteinerung des oben abgebildeten Fischsauriers, konnten dadurch entstehen, dass nach seinem Tod das Tier in kurzer Zeit von abgelagertem Sand oder Schlick überdeckt wurde und es wegen Sauerstoffmangels nicht vollständig zersetzt werden konnte. Im Laufe der folgenden Jahrmillionen verdichteten sich die darüber liegenden Ablagerungen zu Gestein *(Ablagerungs- oder Sedimentgestein)*. **Hartteile**, wie Knochen, konnten so lange Zeit erhalten bleiben und versteinerten später.

Fischsaurier lebten, wie der Name andeutet, im Wasser — ihre Versteinerungen findet man heute aber auf dem Land, z. B. auf der Schwäbischen Alb. Wie ist so etwas möglich? Die Ursache für diesen „Ortswechsel" ist, dass sich im Verlauf der Jahrmillionen über dem Fossil langsam weitere Gesteinsablagerungen bilden konnten. Wenn sich durch diese Ablagerungen oder durch Erdverschiebungen ein solches Gebiet langsam hebt und schließlich über den Meeresspiegel herausragt, ist das abgelagerte Gestein den Klimaeinflüssen ausgesetzt und kann durch Wind und Wasser abgetragen werden *(Verwitterung)*. Auf diese Weise werden immer wieder Fossilien freigelegt, die dann nur noch gefunden werden müssen.

1 Das geologische Profil des Grand Canyon, USA, ein „offenes Buch" der Erdgeschichte

Methoden der Altersbestimmung

Zu welcher Zeit als Fossil gefundene Lebewesen existierten, kann man heute mithilfe verschiedener Methoden ermitteln.

Viele Gesteine, z. B. Sandstein oder Muschelkalk, entstehen aus Ablagerungen *(Sedimenten)*. Aus heute noch ablaufenden Sedimentationsvorgängen kann man schließen, wie viel Zeit für die Ablagerung einer bestimmten Schichtdicke etwa erforderlich ist und dann auf das ungefähre Alter der verschiedenen Gesteinsschichten schließen. Je dicker eine Schicht ist, desto längere Zeit war normalerweise zu ihrer Ablagerung erforderlich. Je weiter unten sie liegt, desto älter ist sie daher. Das ist die Grundlage der *indirekten Altersbestimmung*. Manchmal helfen Fossilien, deren Alter man bereits kennt, das Alter bestimmter Schichten genauer einzugrenzen. Bedingung dafür ist, dass solche *Leitfossilien* häufig zu finden sind, sie möglichst weltweit verbreitet waren und nicht sehr lange auf der Erde gelebt haben. Findet man neben bestimmten Leitfossilien weitere noch unbekannte Fossilien, müssen sie zur gleichen Zeit gelebt haben. So kann man indirekt auf das Alter des neuen Fundes schließen. Als wichtige Leitfossilien gelten heute z. B. bestimmte Ammonitenarten.

Allerdings ist man bei der Methode der indirekten Altersbestimmung vergleichsweise ungenau. Eine genauere Methode liefert uns die moderne Physik: Seit der Entdeckung der Radioaktivität wurden Bildung und Zerfall radioaktiver Stoffe intensiv erforscht. Ein Beispiel für die *direkte Altersbestimmung*

ist die *Radiokarbonmethode.* In den höheren Schichten der Erdatmosphäre entsteht unter dem Einfluss der intensiven Strahlung *radioaktiver Kohlenstoff* (^{14}C). Dieser ist mit einem bestimmten Anteil neben nicht radioaktivem Kohlenstoff im Kohlenstoffdioxid enthalten und gelangt bei der Fotosynthese in die Pflanzen. Über die verschiedenen Nahrungsketten nehmen auch Tiere und Menschen ^{14}C auf. Da beim Stoffwechsel eines Lebewesens ständig Kohlenstoffverbindungen aufgenommen und abgegeben werden, ist die ^{14}C-Menge in Lebewesen und ihrer Umgebung konstant, solange sie leben. Nach dem Tod wird jedoch kein ^{14}C mehr aufgenommen. Durch den radioaktiven Zerfall wird der Anteil des ^{14}C nun immer kleiner. Das vorhandene ^{14}C zerfällt so, dass nach ca. 5570 Jahren nur noch die Hälfte der ursprünglichen Menge vorhanden ist. Man nennt dies *Halbwertszeit.* Nach weiteren ca. 5570 Jahren ist nur noch die Hälfte der Hälfte, d. h. ein Viertel der ^{14}C-Atome vorhanden usw. Misst man nun die in den Tier- oder Pflanzenresten noch vorhandene Menge an radioaktivem Kohlenstoff, so ist bestimmbar, wann das Lebewesen gestorben ist. Mit der Radiokarbonmethode gewinnt man direkte Altersangaben, die bis etwa 50 000 Jahre zurückliegen.

Darüber hinaus benutzen Wissenschaftler radioaktive Elemente mit größerer Halbwertszeit, mit denen man das Alter von Fossilien und Gesteinen bestimmen kann, die mehrere hundert Millionen Jahre, ja sogar fast 4 Milliarden Jahre alt sind.

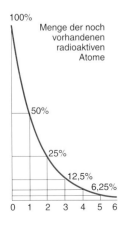

Stufen des Zerfalls nach Halbwertszeiten

100%

Menge der noch vorhandenen radioaktiven Atome

50%

25%

12,5%

6,25%

0 1 2 3 4 5 6

Die Entwicklung des Lebens auf der Erde — ein Überblick

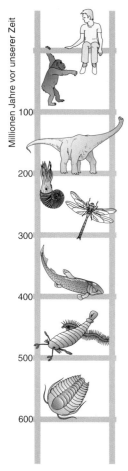

Millionen Jahre vor unserer Zeit

100

200

300

400

500

600

Aufgabe

① Wie lang müsste die Leiter bei dem angegebenen Maßstab gezeichnet werden, wenn sie bis zur Entstehung der Erde zurückreichen sollte?

Das Alter der Erde wird auf 4,6 bis 4,8 Mrd. Jahre geschätzt. In der **Frühzeit** war die Erde unbelebt. Sie musste zunächst abkühlen, bis sich an der Oberfläche eine feste Kruste gebildet hatte. Später entstanden Meere, in denen dann die Bedingungen herrschten, unter denen Leben möglich wurde.

Die ältesten Lebensspuren, die zur Zeit bekannt sind, stammen aus Gesteinen, deren Alter auf mehr als 3,5 Milliarden Jahre geschätzt wird. Es sind mikroskopisch kleine, kugelförmige Einzeller, in denen auch Reste von Chlorophyll gefunden wurden. Diese *Blaualgen* waren also pflanzliche Organismen und konnten Fotosynthese betreiben. Da die Zellen schon einen relativ komplexen Aufbau zeigen, muss man annehmen, dass es vorher bereits einfachere Lebensformen gab. Es waren wahrscheinlich bakterienähnliche Organismen, die ebenfalls im Meer lebten. Diese *Urbakterien* sind sicherlich schon mehrere Millionen Jahre vorher entstanden. Deshalb kann man den Beginn des Lebens und damit die Urzeit der Erde vor rund 3,5 bis 4 Milliarden Jahren annehmen.

Aus dem **Präkambrium**, das erst 600 Millionen Jahre vor unserer Zeit endete, sind nur wenige Fossilien erhalten. Neben einzelligen Organismen haben aber mit Sicherheit schon einfach gebaute vielzellige Pflanzen und Tiere, z. B. *Algen* und *Quallen*, in den Urmeeren dieses Erdzeitalters gelebt.

Mit dem **Kambrium** (vor 600—500 Mio. Jahren) beginnt die Zeit der Ablagerungen von Fossilien in größerer Zahl. Man weiß daher, dass damals alle Tierstämme außer den Wirbeltieren bereits vorhanden waren.

Im **Ordovizium** (vor 500—440 Mio. Jahren) traten mit den kieferlosen *Panzerfischen* die ersten Wirbeltiere auf.

Ein wichtiger Schritt in der Entwicklung der Lebewesen fand im **Silur** (vor 440—400 Mio. Jahren) statt: Erste Pflanzen *(Nacktfarne)* und Tiere *(urtümliche Skorpione* und *Tausendfüßer)* besiedelten das Land.

Im **Devon** (vor 400—350 Mio. Jahren) traten neben vielen Fischen auch die Vorläufer der Landwirbeltiere auf. Erste *Insekten* eroberten den Luftraum. In Gesteinen des späten Devon wurden die Überreste von *Ichthyostega*, einem fischähnlichen Amphibium gefunden.

In der Pflanzenwelt hatten nun *Farne, Schachtelhalme* und *Bärlappgewächse* die Nacktfarne abgelöst. Sie bildeten im **Karbon** (vor 350—270 Mio. Jahren) die riesigen Wälder, aus denen unsere heutige Steinkohle entstand. Unter den Tieren sind *Dachschädler, Riesenlibellen* mit bis zu 80 cm Flügelspannweite und erste *Reptilienformen* typisch.

Reptilien und Nacktsamer waren bei ihrer Fortpflanzung vom Wasser unabhängig geworden. Sie konnten deshalb im **Perm** (vor 270—225 Mio. Jahren) auch trockenere Lebensräume besiedeln.

Für die **Trias** (vor 225—180 Mio. Jahren) ist die starke Verbreitung und Zunahme der Artenvielfalt der Reptilien charakteristisch. *Nadelbäume* traten an die Stelle der urtümlichen Pflanzengruppen. Vorläufer der Säugetiere nahmen eine Zwischenstellung zwischen Reptilien und den erst später auftretenden Säugern ein.

Fischsaurier, Flugsaurier und *Landsaurier* beherrschten im **Jura** (vor 180—135 Mio. Jahren) alle Lebensräume. Die *Dinosaurier* entwickelten sich zu den größten Landwirbeltieren aller Zeiten. Wie unscheinbar waren dagegen die kleinen *Urvögel* und *Ursäuger!* Feder- bzw. Haarkleid deuten auf eine gleichmäßige Körpertemperatur hin. Dadurch konnten sie sogar in der Kühle der Nacht auf Nahrungssuche gehen, wenn Feinde, wie z. B. die wechselwarmen unter den Sauriern, fast starr vor Kälte waren.

In der **Kreide** (vor 135—65 Mio. Jahren) lebten die ersten echten *Vögel*. Durch Beuteltiere, Halbaffen und Insektenfresser waren die *Säugetiere* vertreten. Vorherrschende Tiergruppe blieben nach wie vor die *Saurier*, die allerdings aus noch nicht sicher geklärter Ursache am Ende der Kreidezeit von der Erdoberfläche verschwanden.

Nach dem Aussterben vieler Tiergruppen am Ende der Kreide entwickelten sich Säugetiere und Vögel während des **Tertiärs** (vor 65 bis 2 Mio. Jahren) zu großer Formenvielfalt. Gegen Ende dieser Zeit begann die Evolution menschenähnlicher Lebewesen.

Das **Quartär** (seit 2 Mio. Jahren) ist die Epoche, in der wir heute leben. Sie ist gekennzeichnet durch Wechsel von Warm- und Eiszeiten. Erst im Quartär beginnt mit der Gattung *Homo* die Entwicklung des *Menschen*.

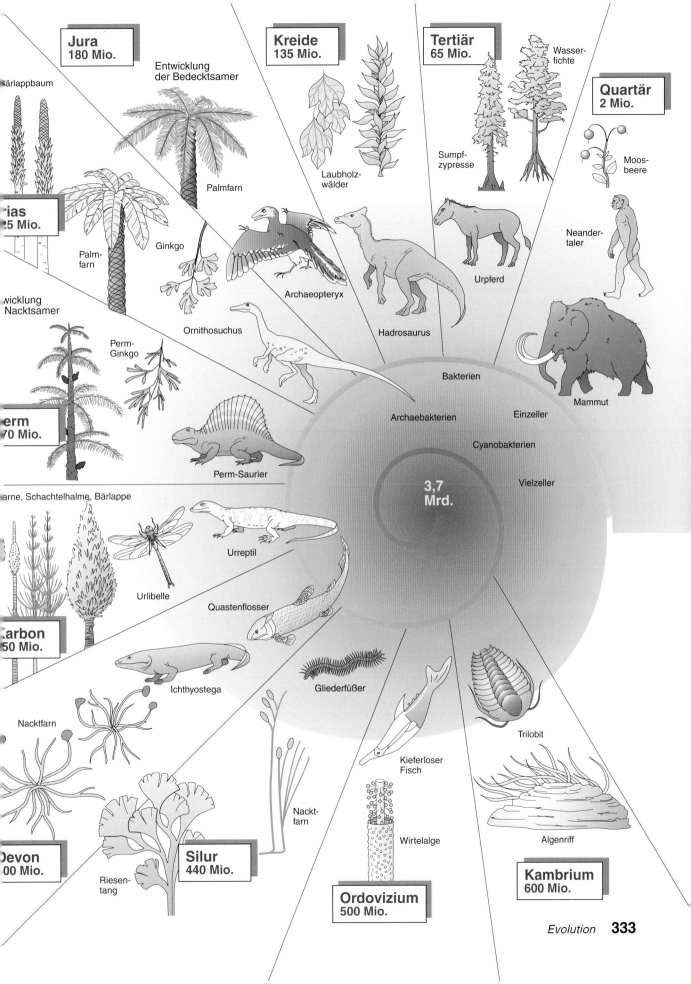

Jura
180 Mio.

Bärlappbaum

Entwicklung
der Bedecktsamer

Palmfarn

Palmfarn

Ginkgo

ias
5 Mio.

wicklung
Nacktsamer

Perm-
Ginkgo

erm
70 Mio.

Perm-Saurier

arne, Schachtelhalme, Bärlappe

Urlibelle

Urreptil

Quastenflosser

Karbon
50 Mio.

Ichthyostega

Gliederfüßer

Nacktfarn

Devon
00 Mio.

Riesen-
tang

Silur
440 Mio.

Nacktfarn

Kreide
135 Mio.

Laubholz-
wälder

Archaeopteryx

Ornithosuchus

Hadrosaurus

Kieferloser
Fisch

Nacktfarn

Ordovizium
500 Mio.

Wirtelalge

Tertiär
65 Mio.

Wasser-
fichte

Sumpf-
zypresse

Urpferd

Bakterien

Archaebakterien

Einzeller

Cyanobakterien

Vielzeller

3,7
Mrd.

Quartär
2 Mio.

Moos-
beere

Neander-
taler

Mammut

Trilobit

Algenriff

Kambrium
600 Mio.

1 Wie auf der frühen Erde

2 Stromatolithen bei Ebbe

Chemische und frühe biologische Evolution

Nach der Entstehung unseres Sonnensystems durch Zusammenballung kosmischer Materie war die Erde vor über 4,5 Mrd. Jahren ein brodelnder, heißer und lebensfeindlicher Himmelskörper, der sich erst nach und nach beruhigte. Die äußeren Schichten kühlten ab und es bildete sich die Erdkruste. Dabei entstand die *Uratmosphäre.* Sie war völlig anders zusammengesetzt als die heutige Luft: Vermutlich enthielt sie Methan, Kohlenstoffmonooxid und -dioxid, Schwefelwasserstoff, Ammoniak, Wasserstoff und Wasserdampf, aber keinen Sauerstoff. Nach weiterer Abkühlung kondensierte der Wasserdampf zu riesigen Wolkentürmen. Gewitterstürme und Wolkenbrüche beherrschten nun lange Zeit die Erde. Dabei entstanden die Urozeane, in denen sich etwa 1 Milliarde Jahre nach Entstehung der Erde das erste Leben entwickelt haben könnte.

Dass die Entstehung des Lebens unter solch extremen Bedingungen grundsätzlich möglich scheint, zeigte bereits 1953 das berühmte Experiment des amerikanischen Studenten STANLEY MILLER. In einer Apparatur mit den vermutlichen Bestandteilen der Uratmosphäre ließ er elektrische Entladungen („Gewitter") auf diese einwirken. In einem anderen Teil der Apparatur kondensierte er den Wasserdampf, sodass sich dort ein kleiner „Urozean" bildete: Dieser enthielt organische Moleküle, z. B. Aminosäuren, die Bausteine der Lebewesen! Diese Entwicklung, bei der aus anorganischen Verbindungen organische Moleküle entstanden, nennt man *chemische Evolution.* Damit waren die Voraussetzungen für die frühe *biologische Evolution* gegeben, bei der sich erste einfache Lebensformen und daraus erste einfache Zellen bildeten. Wie dies genau ablief, ist bis heute allerdings weitgehend unklar.

Fest scheint jedoch zu stehen, dass die ersten einfachen, bakterienähnlichen Organismen vor mehr als 3,5 Mrd. Jahren gelebt haben. So alt ist offensichtlich das Gestein, in dem man diese als Fossilien gefunden hat. Diese ersten Lebensformen lebten ohne Sauerstoff und ernährten sich von den energiereichen Verbindungen, die sie aus ihrer Umgebung aufnahmen. Aus den ersten Lebensformen entstanden verschiedene Bakteriengruppen. Darunter waren auch blaugrüne Bakterien *(Cyanobakterien),* welche durch ihr Chlorophyll zur Fotosynthese befähigt waren. Diese Cyanobakterien bildeten Stromatolithen, das sind kissenförmige Abscheidungen von Kalk. Fossilien belegen, dass sie bereits vor über 3,5 Milliarden Jahren existierten. Stromatolithen gibt es aber auch heute noch.

Die Tätigkeit der Cyanobakterien führte zu einer allmählichen Anreicherung der Ozeane und später auch der Atmosphäre mit Sauerstoff. Das war die Voraussetzung dafür, dass später Organismen entstehen konnten, die zur Zellatmung befähigt waren, bei der Sauerstoff benötigt wird. Diese Organismen können die in den energiereichen Kohlenhydraten enthaltene Energie durch Umsetzung mit Sauerstoff sehr viel wirkungsvoller für ihren Stoffwechsel nutzen.

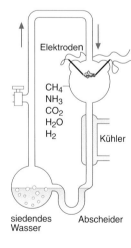

Elektroden

CH$_4$
NH$_3$
CO$_2$
H$_2$O
H$_2$

Kühler

siedendes Wasser   Abscheider

CH$_4$ = Methan
NH$_3$ = Ammoniak
CO$_2$ = Kohlenstoffdioxid
H$_2$O = Wasser
H$_2$ = Wasserstoff

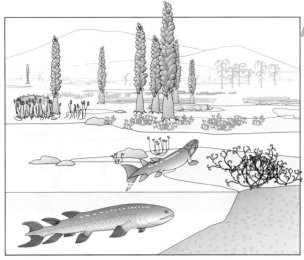

1 Quastenflosser

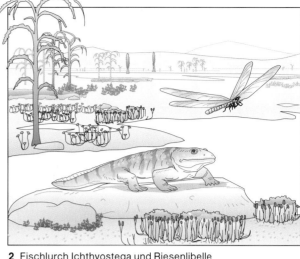

2 Fischlurch Ichthyostega und Riesenlibelle

Fische und Amphibien — vom Wasser zum Landleben

Karpfen

Quastenflosser

Fossiler Quastenflosser

Ichthyostega

Aus den ersten Einzellern entstanden allmählich einfache Vielzeller, über die man allerdings nur wenig weiß. Mit dem Beginn des Kambrium bildete sich eine erstaunliche Artenvielfalt aus. Bis auf die Wirbeltiere entstanden damals alle heutigen Tierstämme.

Wenig später traten auch die Wirbeltiere auf. Zu den ursprünglichen Vertretern gehörten die *Kieferlosen Fische* und *Panzerfische*. Wahrscheinlich eroberten ihre Vorfahren vom Meer aus den Lebensraum Süßwasser. Später entstanden Lungenfische und *Quastenflosser*. Diese bildeten bereits ein knöchernes Innenskelett mit einer Wirbelsäule aus. Lungenfische und Quastenflosser besaßen neben ihren Kiemen bereits einfach gebaute Lungen, sodass sie in sauerstoffarmen Gewässern zusätzlich Sauerstoff aus der Luft aufnehmen konnten. Quastenflosser trugen außerdem durch Knochen gestützte Brustflossen, mit denen sie sich möglicherweise kurzzeitig über Land bewegen und neue, für das Überleben geeignete Gewässer aufsuchen konnten.

Zu dieser Zeit eroberten die ersten Pflanzen und wenig später Vertreter anderer Tiergruppen, z. B. Insekten, das Land. Ihnen folgten vor etwa 380 Mio. Jahren die ersten Landwirbeltiere, die *Amphibien*. Sie entstanden wahrscheinlich aus Quastenflosservorfahren. Der Sauerstoffgehalt war damals bereits hoch genug, damit sich in 30 bis 50 Kilometer Höhe die vor UV-Strahlen schützende Ozonschicht in ausreichender Stärke ausbilden konnte.

Dass sich die Amphibien aus Fischen gebildet haben, beweisen uns Fossilfunde von Tieren, die Merkmale beider Tiergruppen zeigen. Ein solches **Brückentier** ist der Fischlurch *Ichthyostega*. Er besaß einerseits Hautschuppen, ein Seitenlinienorgan und einen Flossensaum am Schwanz, also typische Fischmerkmale. Andererseits hatte er vier Beine wie ein heutiges Amphibium.

Amphibien sind bis heute sehr stark vom Wasser abhängig. Die meisten Amphibienarten sind bei ihrer Fortpflanzung auf das Wasser angewiesen. In ihm entwickeln sich ihre Larven. Erst nach der Metamorphose können sie an Land leben. Aus Amphibien entstanden vor etwa 330 Mio. Jahren die ersten *Reptilien*. Sie sind weitgehend vom Wasser unabhängig. In der Geschichte der Lebewesen waren sie zu dieser Zeit die bedeutsamste Wirbeltiergruppe.

Aufgaben

① Erkläre, weshalb das Land nur nach und nach von Pflanzen und dann von verschiedenen Tieren besiedelt werden konnte.

② Erläutere, aufgrund welcher Merkmale die Reptilien im Gegensatz zu den Amphibien weitgehend unabhängig vom Wasser sind. Zeige dies jeweils an einem Beispiel.

③ Vergleiche Karpfen, Fischlurch und Quastenflosser. Stelle Unterschiede und Gemeinsamkeiten heraus. Fertige dazu eine Tabelle an.

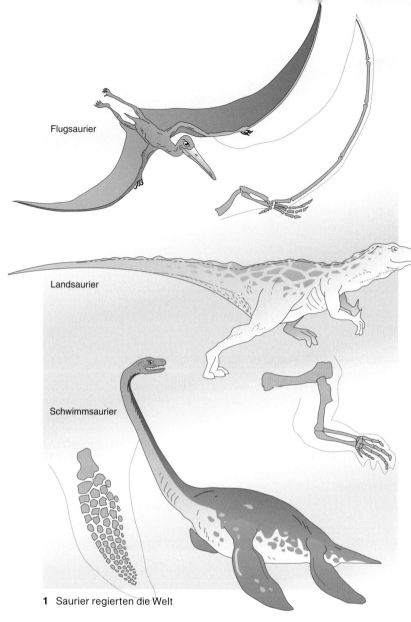

Flugsaurier

Landsaurier

Schwimmsaurier

1 Saurier regierten die Welt

sich über alle Erdteile ausbreiten, weil diese damals noch zusammenhingen und einen einzigen Urkontinent bildeten. Deshalb können wir heute die Spuren der ersten Saurier in allen Erdteilen finden. Später zerbrach der zusammenhängende *Urkontinent* in die heutigen Kontinente, die sich langsam auseinander bewegten.

Diese riesigen Lebensräume boten den Sauriern vielfältigste Umweltbedingungen und Lebensmöglichkeiten. Das ermöglichte die Entstehung ganz unterschiedlich angepasster Saurier. Aus relativ wenigen Arten entstand eine große Anzahl von Saurierarten, die fast alle Lebensräume besiedelten. Es gab neben den land- auch wasser- und luftlebende Saurierarten mit den vielfältigsten Ernährungsweisen, zum Beispiel Allesfresser oder spezialisierte Pflanzen- und Fleischfresser. Die jeweiligen Angepasstheiten an die unterschiedlichen Fortbewegungs- und Ernährungsweisen erkennt man an Merkmalen im Körperbau. So hat sich die ursprüngliche Form des Arm- bzw. Beinskeletts mehr oder weniger deutlich abgewandelt, zum Beispiel zu flossenförmigen Fortbewegungsorganen.

Am Ende der Kreidezeit, vor etwa 65 Mio. Jahren, starben die Saurier innerhalb relativ kurzer Zeit aus. Das ist erstaunlich, immerhin hatten die Saurier doch zuvor über 150 Mio. Jahre lang die Erde bevölkert und beherrscht. Viele Wissenschaftler gehen heute von einer furchtbaren Naturkatastrophe durch einen Meteoriteneinschlag im heutigen Mexiko aus. Er soll einen Großteil des damaligen Lebens ausgelöscht haben. Unabhängig davon, ob diese oder eine andere Hypothese über das Aussterben der Saurier richtig ist, steht fest, dass auch andere Organismenarten das Ende der Kreidezeit nicht überlebten. An die neuen Umweltbedingungen waren diese, wie auch die Saurier, nicht mehr angepasst. Der Niedergang der bis dahin die Erde beherrschenden Saurier schuf die Voraussetzungen dafür, dass die Säugetiere neue Lebensräume besiedeln und die große Vielfalt ausbilden konnten, wie wir sie heute kennen.

Reptilien der Kreidezeit

Im Erdmittelalter, vor allem in der *Kreidezeit* vor 135 bis 65 Millionen Jahren, hatten die Reptilien mit den *Sauriern* den Höhepunkt ihrer Entwicklung erreicht. Sie waren die beherrschenden Organismen auf dem Land, in der Luft und auch im Wasser. Die Zahl der verschiedenen Saurierarten war größer als die der heute lebenden Säugetiere. Säugetiere und Vögel gab es damals zwar auch schon, aber sie spielten noch eine untergeordnete Rolle.

Alle Saurier gehen auf kleine, eidechsenartige Vorfahren zurück, die im Karbon lebten. Vor 180 bis 225 Mio. Jahren, in der Trias, gab es die ersten Saurier. Die Saurier konnten

Aufgabe

① Informiere dich über die Vielfalt der Saurier. Stelle in einer Tabelle Daten zu mehreren Sauriern übersichtlich zusammen (Größe, Vorkommen, Angepasstheiten an Fortbewegung, Lebensweise und Lebensraum, Zeitalter …).

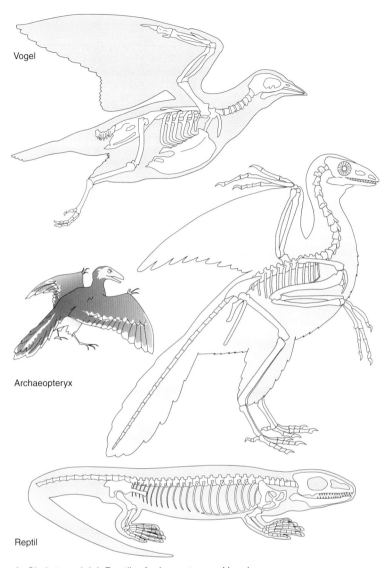

Vogel

Archaeopteryx

Reptil

1 Skelettvergleich Reptil — Archaeopteryx — Vogel

merkmale, wie das Gabelbein, die Umwandlung des Armskeletts zu einem Flügel und die Ausbildung von Vogelbeinen, verstärkten die Ähnlichkeit mit einem Vogel. Daneben waren aber weitere Reptilienmerkmale erkennbar, z. B. die lange Schwanzwirbelsäule, nicht verwachsene Beckenknochen, ein nicht verwachsenes Schien- und Wadenbein und Finger- und Zehenkrallen.

Dem Vorkommen von Federn maß man eine so große Bedeutung zu, dass das Fossil den Namen *Archaeopteryx* (*griech.:* alte Feder) bekam. Archaeopteryx besaß sowohl Merkmale der Reptilien als auch der Vögel, er ist also eine Mosaikform und steht bezüglich der Merkmale zwischen zwei Tiergruppen. Das muss aber nicht bedeuten, dass nun aus dem Archaeopteryx die heute lebenden Vögel entstanden sind. Er zeigt uns aber, wie sich Reptilienmerkmale in Richtung Vogelmerkmale verändern konnten.

Archaeopteryx kann kein guter Flieger gewesen sein. Seine Knochen waren nicht hohl wie die der heutigen Vögel. Er hatte kein Brustbein mit großem Kiel, an dem bei Vögeln die starken Flugmuskeln ansetzen. Vermutlich bewegte Archaeopteryx sich meist laufend als Insektenjäger vorwärts, ähnlich wie seine vermutlichen Vorfahren, schnell laufende, kleinere Saurier. Das Federkleid war ein guter Wärmeschutz, das das wahrscheinlich gleichwarme Tier vor Auskühlung schützte. Mit seinen scharfen Krallen an Fingern und Zehen konnte Archaeopteryx wahrscheinlich aber auch auf Bäume klettern und sich geschickt im Geäst bewegen. Vermutlich war er durch Schwungfedern — wie sie für flugfähige Vögel typisch sind — in der Lage, im kurzen Gleitflug den Boden oder andere Bäume zu erreichen.

Die Entstehung der Vögel und Säuger

Vögel und Säugetiere gehen auf Reptilienvorfahren zurück, was verschiedene Fossilfunde zeigen. Bereits im Jahr 1861 fand man das erste Exemplar eines fossilen Tieres, das vor mindestens 150 Mio. Jahren gelebt hat. Es konnte aber nicht ohne weiteres einer bestimmten Tiergruppe zugeordnet werden, denn es besaß eindeutig Federn wie ein Vogel, dagegen aber einen Kiefer mit vielen kegelförmigen Zähnen, wie er für Reptilien typisch ist. Vögel besitzen einen Hornschnabel und Reptilien haben als Körperbedeckung Hornschuppen. Obwohl der Kiefer des Fossils Zähne besaß, war der Schädel sonst eher vogelähnlich. Weitere Vogel-

Über Zwischenformen entstanden wahrscheinlich auch die heute lebenden Säuger. Auch für diese Tiergruppe gibt es ein fossiles Tier, das als *Brückentier* gelten kann: *Cynognathus,* der Hundszahnsaurier, besaß ein Gebiss mit unterschiedlichen Zahntypen und wahrscheinlich auch ein Haarkleid. Beides sind typische Säugermerkmale. Heute geht man davon aus, dass die ersten Säugetiere vor etwas mehr als 200 Mio. Jahren entstanden sind. Bis zum Aussterben der Saurier waren sie nur durch kleine, wahrscheinlich nachtaktive Arten vertreten, bevor sie dann nach dem Aussterben der Saurier ohne Konkurrenz zu diesen die große Vielfalt ausbilden konnten, die wir heute kennen.

Wirbeltiere

Anpassung an den Lebensraum

Trotz ihrer äußerlich starken Verschiedenartigkeit weisen Fische, Amphibien, Reptilien, Vögel und Säuger ein gemeinsames Merkmal auf, die *Wirbelsäule*. Man fasst sie deshalb zum *Stamm der Wirbeltiere* zusammen.

Die Entwicklung dieser fünf *Wirbeltierklassen* war verbunden mit der Besiedlung neuer Lebensräume. Ausgehend vom Wasser, haben sich über ufernahe Feuchtgebiete schließlich land- bzw. luftlebende Wirbeltiere entwickelt. Der Weg zurück ins Wasser war allerdings nicht unmöglich, wie das Beispiel der Pinguine, Robben und Wale zeigt. Die Besiedlung neuer Lebensräume war gekoppelt mit der Entstehung neuer Merkmale, durch die der Körperbau der Tiere an den jeweiligen Lebensraum angepasst ist.

Aufgaben

1. Fische sind vollständig an den Lebensraum Wasser gebunden. Ihre Fortbewegungsorgane, die Atmung, Fortpflanzung, Körperform und Körperbedeckung sind dem Leben im Wasser angepasst. Zeige dieses an einem selbst gewählten Beispiel.
2. Die Amphibien haben das Land erobert, sind aber bei der Fortpflanzung noch auf das Wasser angewiesen. Erläutere, in welcher Weise.
3. Einige wenige Lurcharten leben dauerhaft im Wasser oder sind weitgehend von Gewässern unabhängig. Schlage in einem Lexikon o. ä. nach. Stelle ihre Besonderheiten heraus.
4. Reptilien, Säuger und Vögel sind weitgehend vom Lebensraum Wasser unabhängig geworden. Vergleiche diese drei Tierklassen in diesem Punkt und stelle die wesentlichen Anpassungen heraus.
5. Säuger und Vögel besitzen hoch entwickelte Herz-Kreislauf-Systeme und Lungen. Vergleiche zunächst Vögel und Säugetiere miteinander und diese dann jeweils mit den übrigen Wirbeltierklassen.
6. Vögel und Säugetiere sind im Gegensatz zu den übrigen, wechselwarmen Wirbeltieren gleichwarm. Erkläre, in welcher Weise sie durch Schutzeinrichtungen gegen zu starke Auskühlung und Erwärmung angepasst sind.
7. Die Gliedmaßen der Vögel und Säugetiere sind an die jeweilige Art der Fortbewegung angepasst. Diese und andere Angepasstheiten haben es ihnen ermöglicht, fast alle Lebensräume der Erde zu besiedeln. Suche dir jeweils zwei Beispiele aus, an denen du die Spezialisierungen gut darstellen kannst.
8. Fertige eine Tabelle an, in der die fünf Wirbeltierklassen in folgenden Merkmalen miteinander verglichen werden: Fortbewegungsorgane, Körperbedeckung, Atmung, Temperaturregulation und Fortpflanzung.

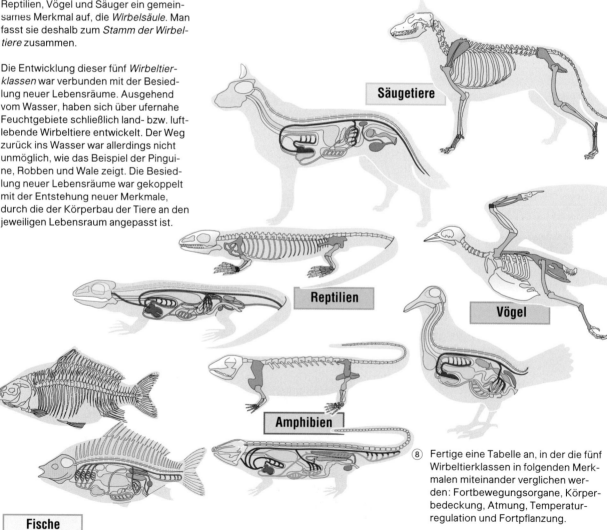

Säugetiere

Reptilien

Vögel

Amphibien

Fische

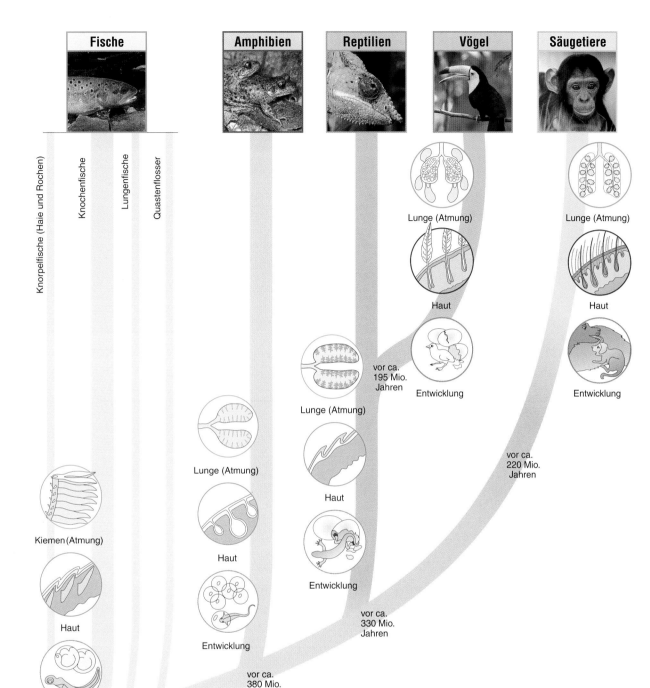

Fische

Amphibien

Reptilien

Vögel

Säugetiere

Knorpelfische (Haie und Rochen)

Knochenfische

Lungenfische

Quastenflosser

Lunge (Atmung)

Haut

Entwicklung

Lunge (Atmung)

Haut

Entwicklung

vor ca.
195 Mio.
Jahren

Kiemen (Atmung)

Haut

Entwicklung

Lunge (Atmung)

Haut

Entwicklung

Lunge (Atmung)

Haut

Entwicklung

vor ca.
220 Mio.
Jahren

vor ca.
330 Mio.
Jahren

vor ca.
380 Mio.
Jahren

vor ca.
410 Mio.
Jahren

Der **Stammbaum** der Wirbeltiere
nach heutigem Kenntnisstand

Mithilfe von Stammbäumen versucht man, den zeitlichen Ablauf der Evolution von Lebewesen und ihre Verwandtschaftsbeziehungen zueinander darzustellen. Grundlage dafür sind Fossilfunde und der Vergleich heute lebender Organismen. Mithilfe der verschiedenen Methoden zur Altersbestimmung ordnet man Fossilien in zeitlicher Reihenfolge.

Andererseits ermöglicht der Vergleich wichtiger Merkmale, z.B. die Art des Gebisses und der Gliedmaßen, die Zuordnung zu einer der fünf Wirbeltierklassen. Auf diese Weise hat man den Stammbaum der Wirbeltiere rekonstruiert. Er zeigt übersichtlich die zeitlichen Abläufe und die Verwandtschaftsbeziehungen nach heutigem Kenntnisstand.

Der Stammbaum der Pferde

Der Wirbeltierstammbaum vermittelt nur einen allgemeinen Überblick über die Herkunft und Verwandtschaftsbeziehungen der 5 Wirbeltierklassen. Der Stammbaum der Pferde dagegen ist ein Beispiel für einen gut rekonstruierten Stammbaum für eine Tierfamilie. Er ist ein Ausschnitt aus dem Stammbaum der Säugetiere.

Fossilfunde zeigen, dass die frühen Vorfahren unseres Pferdes bereits vor etwa 55 Mio. Jahren existierten und kleine, im Wald lebende Tiere waren. Ihr Gebiss deutet nämlich darauf hin, dass sie sich wahrscheinlich von weichen Laubblättern ernährten: Die Backenzähne besitzen Höcker, zwischen denen keine harte Nahrung zerrieben werden konnte. Diese sogenannten *Urpferdchen* der Gattung *Hyracotherium* besaßen 4 Zehen, mit denen sie sich gut auf dem relativ weichen Waldboden fortbewegen konnten.

Aus Hyracotherium entstanden im Laufe von Jahrmillionen größere Arten, die weniger und längere Zehen besaßen. Die harten Schmelzfalten der Backenzähne wirkten wie eine Raspel. Man schließt daraus, dass Pferdevorfahren mit solchen Backenzähnen harte Pflanzen, z. B. Gräser, gut verwerten konnten. Diese sind aber charakteristisch für steppenartige Landschaften. Dazu passt, dass gleichzeitig offensichtlich größere Tiere mit längeren Gliedmaßen durch die Selektion begünstigt wurden. Außerdem kam es zu einer Reduktion der Zehenzahl von vier auf drei Zehen und schließlich auf nur eine Zehe, die infolge ihrer stabilen Konstruktion das ganze Tier tragen kann. Pferde können sich deshalb schnell und ausdauernd fortbewegen. Voraussetzung für diese Entwicklung war eine Klimawechsel vor etwa 20 Mio. Jahren. Es wurde trockner, die Wälder wurden zu großen Teilen verdrängt durch steppenartige Landschaften.

Viele der in der Vergangenheit lebenden Pferdearten starben aus. Heute gibt es nur eine einzige Pferdeart, aus der die Menschen in den letzten 6000 bis 8000 Jahren die heutigen Hauspferdearten züchteten. Die Wildform unserer Hauspferdearten, das *Przewalskipferd*, war fast ausgestorben. Doch Zucht- und Auswilderungsprogramme verschiedener Zoos haben es ermöglicht, dass heute einige Wildpferdeherden auf den mongolischen Hochebenen wieder frei leben.

Aufgaben

1. Beschreibe mithilfe der Abbildung und des Textes die Veränderungen von Gliedmaßen und Zähnen beim Pferd.
2. Erkläre, weshalb sich diese Veränderungen erfolgreich durchsetzten.

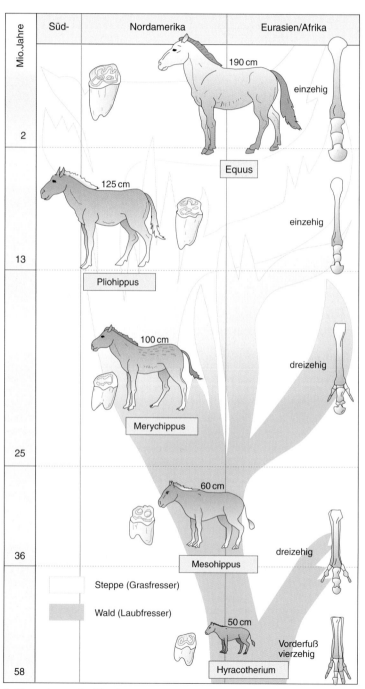

1 Stammbaum der Pferde

Lebende Zeugen der Evolution

Quastenflosser und Lungenfisch — zwei lebende Fossilien

Bis 1938 war man der Meinung, dass **Quastenflosser** vor ca. 65 Mio. Jahren, etwa gleichzeitig mit den Sauriern, ausgestorben seien, bis ein Fischkutter vor der Ostküste Südafrikas einen bisher nicht gesehenen Fisch mitbrachte. Der Fang war für die Biologen eine Sensation, hatten sie doch nun ein echtes Exemplar der Fischgruppe in den Händen, aus der die Amphibien hervorgegangen sein sollten. Seine Körperbaumerkmale glichen denen der fossilen Quastenflosser sehr stark. Offenbar hatte sich die gefundene Art der Gattung *Latimeria* seit Jahrmillionen fast gar nicht verändert, man hatte ein *lebendes Fossil* entdeckt. Latimeria ist allerdings mit einer Länge von 1,8 Metern größer als viele der fossilen Formen, lebt im Meer und nicht im Süßwasser. Fossile Quastenflosser besaßen eine Lunge, während Latimeria eine mit Fett gefüllte Lunge besitzt.

Zu den lebenden Fossilien zählt ein weiterer Fisch, der **Australische Lungenfisch**. Dieser besitzt eine Lunge, die an der Stelle entspringt, an der

sich die Schwimmblase der später entstandenen Knochenfische befindet. Da seine Kiemen für die Atmung nicht ausreichen, muss der Fisch in regelmäßigen Abständen an der Wasseroberfläche seine Lunge mit Luft füllen.

Das Schnabeltier — ein Säugetier

1791 tauchte zum ersten Mal in Europa ein Tier mit einem Fell und einem Schnabel auf. Man dachte zunächst an einen Scherz, denn Säugetiere mit dem sie kennzeichnenden Fell kannte man bisher nicht mit einem Schnabel. Erst Untersuchungen an vollständigen Tieren und Beobachtungen dieser **Schnabeltiere** in ihrer australischen Heimat brachten Licht ins Dunkel. Das Schnabeltier besitzt noch sehr ursprüngliche Merkmale, die denen von Reptilien ähneln. Kot, Harn und beim Weibchen die Eier verlassen den Körper durch eine einzige Öffnung, die *Kloake*. Die Eier sind zudem dotterreich und weichschalig. Auch an verschiedenen Stellen des Skeletts konnte man Ähnlichkeiten mit Reptilien nachweisen. Dies deutet man als einen Hinweis auf die Abstammung der Säugetiere von Reptilien. Andererseits besitzen Schnabeltiere jedoch eindeutig Merkmale der Säuger: ein Fell, Milchdrüsen (allerdings ohne Zitzen) und eine gleich bleibende Körpertemperatur. Die aus den Eiern schlüpfenden,

sehr kleinen Jungtiere klammern sich im Bereich der Milchdrüsen im dichten Haar fest und wachsen schnell heran.

Der Schlammspringer — ein Grenzgänger zwischen Wasser und Land

Die **Schlammspringer** besiedeln die tropischen Küsten Afrikas, Asiens und Australiens. Ihr Lebensraum ist den Gezeiten ausgesetzt. Während der Ebbe fällt der Schlickboden trocken. In dieser Zeit sind die Schlammspringer aktiv und suchen ihre Nahrung. Während der Flut wird der Boden wieder vom Meerwasser und darin enthaltener Nahrung überspült. In dieser Zeit halten sich viele Arten an Land auf. Manche besitzen zu einem Saugnapf umgewandelte Bauchflossen, mit dem sie sich auf dem Untergrund festsetzen. Während der Aktivitätsphase robben Schlammspringer auf dem Schlick hin und her, indem sie ihre verstärkten Brustflossen als „Gehwerkzeuge" benutzen. Ab und zu machen sie Luftsprünge, indem sie sich mit der Schwanzflosse vom Boden abdrücken. Oder sie wälzen ihren Körper in Gezeitenpfützen und halten ihn dadurch feucht.

Schwimmt der Schlammspringer unter Wasser, erkennt man, dass er trotz seiner amphibischen Lebensweise ein Fisch ist. Flossen und Kiemendeckel sind gut zu erkennen. An Land verkleben die Kiemenblättchen, sodass die Atmung nicht mehr hinreichend möglich ist. Diese Schwierigkeit meistert der Fisch, weil er einen geringen Feuchtigkeitsvorrat in seiner Kiemenhöhle mitnehmen kann. In dieser befinden sich sackartige Kammern, die stark durchblutet sind und auch ständig feucht gehalten werden. Neben dem Problem der Austrocknung und Fortbewegung hat der Schlammspringer somit auch das Problem der Atmung an Land gelöst. Er ist zwar nicht der Vorfahr der Landtiere, zeigt aber, wie beim Übergang vom Wasser- zum Landleben Anpassungen entstehen können.

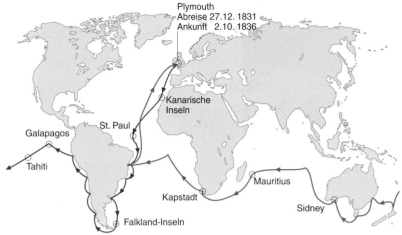

Plymouth
Abreise 27. 12. 1831
Ankunft 2. 10. 1836

Kanarische
Inseln

St. Paul

Galapagos

Tahiti

Mauritius

Kapstadt

Sidney

Falkland-Inseln

Darwin — der Wegbereiter der modernen Evolutionstheorie

CHARLES DARWIN (1809–1882) veröffentlichte 1859 sein bahnbrechendes Werk „Die Entstehung der Arten durch natürliche Zuchtwahl". Es löste zwischen den Verfechtern der Schöpfungslehre und den Anhängern seiner Lehre einen heftigen wissenschaftlichen Streit aus, der zum Teil noch heute andauert. Dennoch zählt die *Evolutionstheorie* heute zu den am besten fundierten Theorien in der Biologie überhaupt. Sie beruht auf Ergebnissen aus sehr verschiedenen biologischen Bereichen, wie Anatomie, Paläontologie, Embryologie und Tiergeografie, aber auch der Molekularbiologie und Genetik.

Die entscheidenden Impulse für seine späteren Arbeiten erhielt DARWIN auf einer fast fünfjährigen Forschungsreise mit einem Vermessungsschiff der britischen Marine, der *Beagle*. Die Reise dauerte vom 27. 12. 1831 bis zum 2. 10. 1836 (Abb.1). Die wissenschaftliche Ausbeute war so umfangreich, dass DARWIN zur Auswertung seiner geologischen, botanischen und zoologischen Daten und Funde Jahrzehnte benötigte. Dabei gelangte er zu Ergebnissen, die mit der damals herrschenden Vorstellung von der „Unveränderlichkeit der Arten" nicht in Einklang zu bringen waren. Ab 1837 versuchte er, Belege für die Veränderlichkeit der Arten zu finden und die Ursachen des Artenwandels zu klären. Dazu wertete er nicht nur das umfangreiche Material seiner Forschungsreise aus, sondern arbeitete insbesondere auch eng mit Tierzüchtern und Gärtnern zusammen. Er verglich heute lebende Organismen

einerseits untereinander und andererseits mit Fossilien, die ähnliche Merkmale im Körperbau zu den heutigen Lebewesen zeigten. Er folgerte, dass die Ähnlichkeiten im Körperbau, z. B. im Bau der Gliedmaßen bei Wirbeltieren, auf Verwandtschaft und Abstammung von gemeinsamen Vorfahren zurückzuführen sind. Bestätigt wurde dies durch die Beobachtung, dass die Fossilien ausgestorbener Lebewesen um so ähnlicher mit heute lebenden Vertretern der untersuchten Organismengruppe sind, je jünger sie entwicklungsgeschichtlich sind. DARWIN erkannte außerdem, dass Tierzüchter durch Auslese der gewünschten Formen z. B. neue Taubenrassen züchten konnten. Er fragte sich, welche Faktoren in der Natur eine solche Auslese bewirken, sodass sich Arten verändern und sogar neue Arten entstehen können.

Die grundlegenden Aussagen der Theorie DARWINS sind noch heute gültig. Sie lauten:
— Lebewesen aller Arten erzeugen mehr Nachkommen, als zur Erhaltung der Art notwendig sind *(Überproduktion)*. Die Individuenzahl einer Art bleibt trotzdem langfristig konstant.
— Die Nachkommen eines Elternpaares sind untereinander verschieden *(Variation)* und dadurch unterschiedlich für das Überleben tauglich.
— Lebewesen stehen untereinander in einem ständigen Wettbewerb um Nahrung, Lebensraum, Geschlechtspartner usw. *(Konkurrenz)*.

Diesen Wettbewerb nannte DARWIN „*struggle for life*". Lebewesen, die gut an ihre Umwelt angepasst sind, haben höhere Überlebenschancen als weniger gut angepasste („*survival of the fittest*"). Räuber, die schneller und kräftiger sind als ihre Artgenossen, werden öfter Beute machen als diese. Andererseits werden die Beutetiere, die schneller und früher flüchten kann als andere, dem Beutegreifer eher entkommen und länger leben. Damit ist auch die Häufigkeit größer, dass gut angepasste Individuen sich öfter fortpflanzen und ihre Erbanlagen häufiger an die nächste Generation weitergeben können. Andere mit weniger guten Angepassteiten sterben früher oder sogar, bevor sie Nachkommen haben. Durch diese natürliche Auslese *(„natural selection")* kommt es zu einer immer besseren Angepasstheit der Lebewesen an ihre Umwelt und zu einer allmählichen Veränderung der Arten.

In der Zeit vor DARWIN galt fast nur eine Vorstellung über die Entstehung der Pflanzen, der Tiere und des Menschen: *Die Schöpfungsgeschichte* der Bibel. Allerdings gab es auch damals bereits Wissenschaftler, welche die Veränderlichkeit von Pflanzen und Tieren annahmen und Hypothesen zu möglichen Ursachen dafür formulierten. Zu ihnen gehörte JEAN BAPTISTE DE LAMARCK (1744 – 1829). Er war Professor der Zoologie am naturhistorischen Museum von Paris und verglich den Bauplan lebender Tiere mit dem von Fossilien. Dabei fand er Abstufungen im Bau von Organen. Er vermutete deshalb, dass sich die Arten im Laufe der Zeit verändern können. Nach seiner Überzeugung waren alle Lebewesen miteinander verwandt und höher entwickelte Arten waren aus einfacheren entstanden.

LAMARCKS Vorstellungen über die Entwicklung der Lebewesen lassen sich in wenigen Aussagen zusammenfassen:
— Die Veränderung der äußeren Umstände *(Umweltbedingungen)* schafft in den Organismen eine physiologische Notwendigkeit *("inneres Bedürfnis")*, sich ihrer Umwelt anzupassen.
— Lebewesen passen sich durch Gebrauch oder Nichtgebrauch von Organen an ihre Umwelt an.
— Werden bestimmte Organe in einer bestimmten Umwelt nicht gebraucht, so verkümmern sie. Regelmäßiger Gebrauch führt zu ihrer Verbesserung.
— Diese *erworbene Anpassung* vererben Lebewesen an ihre Nachkommen.

So einleuchtend sich LAMARCKS Theorie auch anhören mag, sie ließ sich nicht beweisen. Die Vererbung erworbener Eigenschaften konnte trotz intensiver Forschung an keinem einzigen Beispiel nachgewiesen werden.

Heute gelten DARWIN's Aussagen grundsätzlich als richtig. Auf ihrer Basis und aufgrund neuer Erkenntnisse vor allem aus der Molekularbiologie und Genetik wurde DARWINS Theorie zur *synthetischen Evolutionstheorie* weiterentwickelt. Sie befasst sich z. B. mit Befunden, die darauf hinweisen, dass Evolution stattgefunden hat, und mit der Frage nach den Ursachen für die Evolution.

Aufgabe

① Erkläre die Entstehung der langen Hälse bei Giraffen mithilfe der Randspaltenabbildung und unter Verwendung der Evolutionstheorie nach DARWIN.

Zettelkasten

Die Biogenetische Grundregel

ERNST HAECKEL (1834 — 1919) war Professor für Zoologie an der Universität Jena und einer der wichtigsten Wegbereiter für DARWINS Theorie. Er lieferte durch eigene Untersuchungen weitere Befunde dafür und verhalf der Evolutionstheorie durch sein vehementes Eintreten dafür zu einer schnellen Verbreitung. Während einer Forschungsreise im Jahr 1859 erhielt er die deutsche Übersetzung von DARWINS Werk „On the Origin of Species". Die Beschäftigung damit machte ihn zu einem überzeugten Verfechter des Darwinismus. Für die im Golf von Messina gefundenen Strahlentierchen *(Radiolarien)*, darunter viele neue Arten, stellte er sofort Verwandtschaftsbeziehungen auf, indem er typische Gruppen durch Zwischenformen miteinander verband und sie auf eine einfachste Urform zurückführte. HAECKEL zögerte auch nicht, die Evolutionstheorie auch auf den Menschen anzuwenden. Er formulierte bereits damals, dass Affen und Menschen gemeinsame Vorfahren gehabt hätten.

Im Jahr 1866 formulierte HAECKEL die *„Biogenetische Grundregel"*: Die Embryonalentwicklung sei eine kurze Wiederholung der Stammesgeschichte. Das heißt, es treten während der Embryonalentwicklung Merkmale auf, welche die frühen Vorfahren besaßen, die dann aber wieder verschwinden. So bildet ein menschlicher Embryo in einem sehr frühen Stadium Kiemenbögen aus, wie sie Fische besitzen. Die Biogenetische Grundregel hat ihre Grundlage in der Beobachtung, dass die Embryonen verschiedener Organismen, z. B. der Wirbeltiere, sich im frühen Stadium sehr ähneln. Diese Ähnlichkeit führte er auf einen gemeinsamen stammesgeschichtlichen Ursprung zurück.

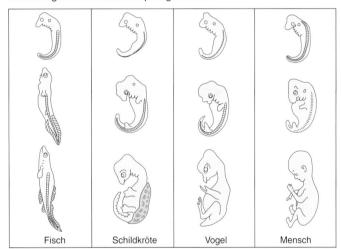

| Fisch | Schildkröte | Vogel | Mensch |

Der Kreationismus — die etwas andere Theorie

Zu Beginn des 20. Jahrhunderts entstand diese Weltanschauung, die die wissenschaftliche Evolutionstheorie zu widerlegen versucht. Sie hat heute vor allem in den USA großen Einfluss. Der Kreationismus versucht, die Schöpfung der Organismen zu begründen:
— Die in der Bibel beschriebenen groben Umrisse der Schöpfung seien historische Tatsachen.
— In der ersten Schöpfungswoche seien sämtliche Grundarten der Organismen entstanden. Danach seien keine weiteren Arten entstanden.
— Bei der Schöpfung seien Prozesse wirksam gewesen, die es heute nicht mehr gibt, die deshalb auch nicht mehr erforschbar seien.
— Die vielen Ähnlichkeiten zwischen vielen Organismen seien keine Beweise für Evolution, sie seien vielmehr auf gleichartige Lebensweisen bzw. auf gleichartige Einflüsse aus der Umwelt zurückzuführen. Diese Ähnlichkeiten seien zudem Produkt eines meisterhaften Grundbauplans eines meisterhaften Planers. …..

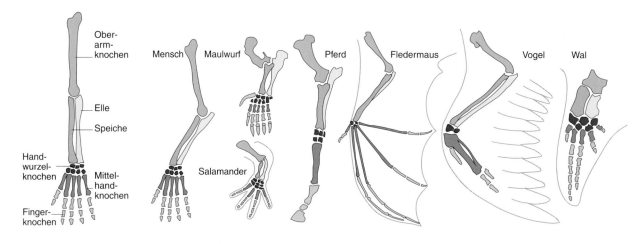

1 Vergleich der Vordergliedmaßen von verschiedenen Wirbeltieren

Befunde zur Evolutionstheorie — Homologie und Analogie

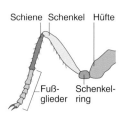

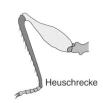

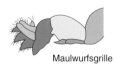

Die Beine verschiedener *Insekten* ermöglichen unterschiedlichste Fortbewegungsarten: Laufkäfer können sich mit ihren *Laufbeinen* rasch bewegen und so ihre Beute fangen. Heuschrecken entziehen sich mithilfe der *Sprungbeine* durch weite Sprünge ihren Feinden. Maulwurfsgrillen durchwühlen mit den *Grabbeinen* den Erdboden. Gelbrandkäfer bewegen sich mit *Schwimmbeinen* im Wasser gewandt fort. Beim Vergleich der Beine stellt man Übereinstimmungen in ihrem Aufbau fest, selbst wenn sie eine ganz unterschiedliche Funktion haben und sich auf den ersten Blick äußerlich deutlich voneinander unterscheiden: Insektenbeine bestehen nämlich stets aus Hüfte, Schenkelring, Schenkel, Schiene und Fußgliedern.

Eine ähnliche Vielfalt der Fortbewegungsweisen und der Extremitäten findet man auch bei den *Wirbeltieren,* z. B. *Flügel* bei Vögeln und Fledermäusen, *Flossenhände* (Flipper) bei Delfinen, *Grabbeine* beim Maulwurf. Der Bauplan jedoch ist bei den Vordergliedmaßen der Wirbeltiere gleich: Oberarmknochen, zwei Unterarmknochen (Elle und Speiche), mehrere Handwurzelknochen, eine fünfgliedrige Mittelhand und fünf Finger. Zwar können manchmal z. B. einzelne Finger zurückgebildet sein wie bei den Vögeln, die Abfolge der einzelnen Abschnitte der Vordergliedmaße bleibt jedoch erhalten.

Diese Beispiele für die Gliedmaßen der Wirbeltiere und Insekten zeigen, dass jeweils aus einer Stammform äußerlich unterschiedlich aussehende Formen entstanden sind, die

eine unterschiedliche Funktion besitzen. Man deutet die Unterschiede in der Ausbildung der Gliedmaßen jeweils als Anpassung an verschiedene Umweltbedingungen. Man nennt solche Organe bzw. Merkmale, die sich auf einen *Grundbauplan* zurückführen lassen, **homologe Organe** bzw. *homologe Merkmale*. Treten bei verschiedenen Arten homologe Organe auf, stammen diese Arten wahrscheinlich von gemeinsamen Vorfahren ab, die diese Organe bereits besaßen und über die Erbanlagen die Information dafür an ihre Nachkommen weiter gegeben haben.

Vergleicht man die Grabbeine von Maulwurf und Maulwurfsgrille miteinander, so fällt zwar die Ähnlichkeit in ihrer Funktion und in ihrem äußeren Erscheinungsbild auf, in ihrem Grundbauplan gibt es jedoch keinerlei Übereinstimmungen. Es entstanden also aus verschiedenen Grundbauplänen ähnlich aussehende Organe, welche die gleiche Funktion haben. Man nennt sie **analoge Organe**. Diese Ähnlichkeiten lassen deswegen keine Aussagen über die Verwandtschaft zu. Das Vorhandensein analoger Organe zeigt jedoch eine spezielle *Angepasstheit* an einen Lebensraum.

In den Wüstengebieten Amerikas und Afrikas leben Pflanzen, die an das trockenheiße Klima angepasst sind. Sie zeigen besondere Merkmale, durch die sie an ihren Standort angepasst sind: Laubblätter fehlen, die Fotosynthese erfolgt durch chlorophyllhaltige Zellen im grünen Stamm. Eine dicke Kutikula schützt vor starker Verdunstung.

Lange Wurzeln sichern eine wirkungsvolle Ausnutzung des vorhandenen Wassers. In großvolumigen Zellen werden große Mengen an Wasser gespeichert *(Sukkulenz)*. Trotz dieser Ähnlichkeiten zeigt ihr Blütenbau, dass sie unterschiedlichen Pflanzenfamilien angehören: Die in Amerika vorkommenden Pflanzen sind *Kakteen*, die afrikanischen Formen sind *Wolfsmilchgewächse*.

Offensichtlich haben gleichartige Umweltbedingungen in verschiedenen Gebieten eine gleichartige Anpassung bei nicht näher verwandten Arten bewirkt. Den Prozess, der zur Ausbildung solcher Ähnlichkeiten führt, nennt man **Konvergenz**.

Auch im Tierreich gibt es zahlreiche Beispiele für Konvergenzen. Die *Stromlinienform* bei Fischen, Pinguinen und Delfinen vermindert den Strömungswiderstand bei der Fortbewegung im Wasser. Maulwurf, Nacktmull und Beutelmull sind in ähnlicher Weise an das *Leben im Boden* angepasst. Der Maulwurf ist als *Insektenfresser* mit Spitzmäusen und Igeln eng verwandt. Der in Afrika vorkommende Nacktmull gehört zur Familie der Biber, ist also ein *Nagetier*. Der Beutelmull ist als *Beuteltier* ein Verwandter von Känguru und Koalabär.

Aufgabe

① Vergleiche anhand der Abb. 344.1 die Vordergliedmaßen der Wirbeltiere miteinander. Stelle heraus, in welcher Weise sich jeweils Abwandlungen vom Grundbauplan ergeben. Verknüpfe die Abwandlungen mit der jeweiligen Funktion.

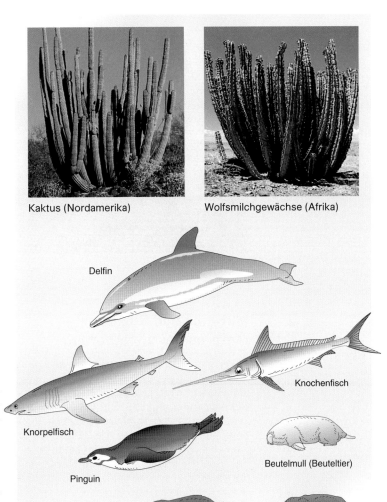

Kaktus (Nordamerika)

Wolfsmilchgewächse (Afrika)

Delfin

Knochenfisch

Knorpelfisch

Pinguin

Beutelmull (Beuteltier)

Maulwurf (Insektenfresser)

Goldmull (Nagetier)

1 Konvergenz bei Pflanzen (oben) und Tieren (unten)

Zettelkasten

Rudimentäre Organe

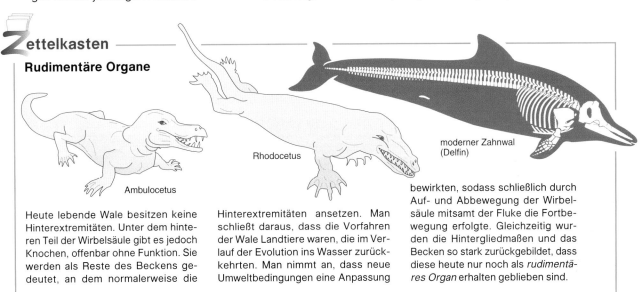

Ambulocetus

Rhodocetus

moderner Zahnwal (Delfin)

Heute lebende Wale besitzen keine Hinterextremitäten. Unter dem hinteren Teil der Wirbelsäule gibt es jedoch Knochen, offenbar ohne Funktion. Sie werden als Reste des Beckens gedeutet, an dem normalerweise die Hinterextremitäten ansetzen. Man schließt daraus, dass die Vorfahren der Wale Landtiere waren, die im Verlauf der Evolution ins Wasser zurückkehrten. Man nimmt an, dass neue Umweltbedingungen eine Anpassung bewirkten, sodass schließlich durch Auf- und Abbewegung der Wirbelsäule mitsamt der Fluke die Fortbewegung erfolgte. Gleichzeitig wurden die Hintergliedmaßen und das Becken so stark zurückgebildet, dass diese heute nur noch als *rudimentäres Organ* erhalten geblieben sind.

1 Birkenspanner (dunkle und helle Form)

Mutation und Selektion — Motoren der Veränderung

Birkenspanner sind Schmetterlinge, die durch ihre helle Flügelfarbe mit nur wenigen dunklen Flecken gut getarnt sind. Ruhen die Birkenspanner tagsüber z. B. auf hellen Birkenstämmen, sind sie für Vögel fast nicht zu erkennen. Im Laufe des 19. Jahrhunderts kam es in vielen Gegenden Englands zu einer raschen Industrialisierung. Durch das Verschwinden empfindlicher Flechten und durch Rußablagerung wurden in dieser Zeit die Rinden der Bäume dunkler. 1848 wurde in der Nähe Manchesters erstmals ein dunkel gefärbter Birkenspanner gefangen. Bereits 1895 waren 95 % aller Birkenspanner in den englischen Industrierevieren dunkel gefärbt. Da die Flügelfarbe der Schmetterlinge vererbt wird, hatten sich die Anlagen der Birkenspanner offensichtlich verändert.

Ursachen dafür sind **Mutationen**. Das sind Veränderungen der Anlagen, die entweder spontan auftreten oder durch äußere Einflüsse, z. B. durch Röntgenstrahlung, ausgelöst werden können. Es ist weder vorhersehbar, welche Erbanlagen und wie sie durch eine Mutation verändert werden. Mutationen sind somit zufällig und ungerichtet. In unserem Fall gab es in der Birkenspannerpopulation einige wenige dunkel gefärbte Birkenspannermutanten neben einer Vielzahl an heller gefärbten Varianten.

Mutationen alleine können aber noch keine Anpassung an bestimmte Umweltbedingungen bewirken. Erst die *natürliche Auslese*, **Selektion**, gibt den Evolutionsprozessen ei-

Amselalbino

ne Richtung. Die Träger *nachteiliger* Merkmale — das waren nach Beginn der Industrialisierung die hell gefärbten Birkenspanner auf der nun dunkleren Rinde — wurden leichter von Feinden erkannt und häufiger gefressen. Die Träger vorteilhafter Merkmale — das waren nun dunkle Birkenspanner auf dunkler Rinde — waren dagegen begünstigt, da sie weniger häufig gefressen wurden. Dies bewirkte, dass die dunkel gefärbten Birkenspannervarianten häufiger zur Fortpflanzung kamen als die hellen Formen. Die Zusammensetzung der Birkenspannerpopulation veränderte sich dadurch allmählich. Nicht mehr die hellen Formen waren in der Mehrzahl, sondern die dunkel gefärbten Varianten. In der Verteilung der Flügelfarbe innerhalb der Population stellte sich somit ein neues Gleichgewicht ein.

Lebewesen sind, neben anderen Lebewesen, aber auch Umweltfaktoren wie Temperatur, Feuchtigkeit, Wind, pH-Wert oder Salzgehalt des Bodens ausgesetzt. Diese wirken als *Selektionsfaktoren*. Diejenigen Individuen einer Art, welche die Umweltbedingungen infolge ihrer günstigeren Erbanlagen besser vertragen als andere, haben bessere Überlebenschancen. Sie kommen häufiger zur Fortpflanzung und können ihr Erbgut in die nächste Generation einbringen. Dadurch setzen sich ihre Erbanlagen langfristig über viele Generationen durch. Ein Beutetier, das sich z. B. seinen Feinden durch rasche Flucht besser entziehen kann als andere oder sich mithilfe geeigneter Waffen oder Verhaltensweisen besser verteidigen kann als andere in seiner Population, wird länger überleben und häufiger einen Geschlechtspartner finden. Organismen mit einer hohen Nachkommenzahl oder — bei geringerer Nachkommenzahl — mit intensiver Brutpflege werden ebenso begünstigt sein.

Diese Beispiele zeigen, dass der Begriff „Kampf ums Dasein" nicht wörtlich zu nehmen ist, sondern nur bedeutet, dass die Träger vorteilhafter Merkmale wahrscheinlich mehr Nachkommen erzeugen als die Träger nachteiliger Merkmale. Selbst kleine Unterschiede können über viele Generationen hinweg starke Auswirkungen haben. Mutation und Selektion sind also wichtige *Evolutionsfaktoren*. Das Zusammenwirken beider führt zur Angepasstheit der Arten an ihre Umwelt.

Aufgabe

① Weshalb sind Albinos in der Natur kaum verbreitet? Erkläre.

Isolation

Die *Rabenkrähe* hat am ganzen Körper ein schwarz glänzendes Gefieder. Die *Nebelkrähe* dagegen weist einen grauen Rumpf auf. Westlich der Elbe finden wir die Rabenkrähe, östlich die Nebelkrähe. Wo sich die Verbreitungsgebiete überschneiden, kommt es zur Bildung von *Mischlingen*.

Die Trennung der ursprünglich einheitlichen Krähenpopulation in zwei getrennte Teilpopulationen wurde wahrscheinlich durch die Klimaveränderung der letzten Eiszeit verursacht. Mit dem Vorstoß der Gletscher nach Mitteleuropa verschlechterten sich die Lebensbedingungen drastisch und die Krähen wurden in südlich liegende Gebiete verdrängt. Durch Mutationen und unterschiedliche Selektionsbedingungen bildeten die Tiere in den getrennten Gebieten unterschiedliche, bleibende Merkmale aus. So kam es zur Bildung der heutigen *Unterarten*. Nach der Eiszeit besiedelten die Krähen von Süden her wieder Mitteleuropa. An der Elbe trafen die beiden Unterarten der Krähen wieder aufeinander.

Das Beispiel zeigt, dass sich aus einer Population, die z. B. durch Klimaänderungen, Gebirgsbildungen oder Vulkanausbrüche in zwei räumlich getrennte Teilpopulationen zerrissen wird, neue Unterarten entwickeln können *(geografische Isolation)*.

Ein anderes Beispiel gibt uns die Tierwelt der Galapagos-Inseln, die etwa 1000 km westlich der südamerikanischen Küste liegen. Die Inseln sind vulkanischen Ursprungs, d. h. erst nach dem Erkalten der Lava konnten sich Lebewesen ansiedeln. Schon DARWIN hatte dort während seiner Forschungsreise 13 verschiedene Finkenarten beobachtet. Sie unterscheiden sich voneinander in Schnabelform und Lebensweise. So bevorzugt z. B. der *Große Grundfink* pflanzliche Nahrung, *Spechtfink* und *Mangrovenfink* verzehren außer Früchten und Mangrovenblättern auch Insekten. Ähnlich wie Spechte, suchen sie in morschem Holz nach ihrer Beute. Dazu benutzen sie allerdings nicht nur ihren Schnabel, sondern auch Kaktusdornen oder kleine Stöckchen.

Das Auftreten dieser verschiedenen Finkenarten nebeneinander erklärte DARWIN durch die Abstammung von einer gemeinsamen *Ursprungsart*, dem bodenlebenden, Körner fressenden Fink *Geospiza*. Dieser besiedelte vermutlich vom südamerikanischen Festland

1 Verbreitungsgebiet von Nebel- und Rabenkrähe

aus die Galapagos-Inseln. Seine Nachkommen konnten sich rasch verbreiten, da es zunächst keine anderen Vogelarten und damit keine Konkurrenz auf den Inseln gab. Nach und nach entstanden so einzelne Inselpopulationen.

Die in einiger Entfernung zueinander liegenden Inseln bieten auch heute noch unterschiedliche Umweltbedingungen, die als Selektionsfaktoren wirken. Diese können sich außerdem infolge veränderter Meeresströmungen (El Niño) in kurzer Zeit ändern, sodass trockene Phasen von niederschlagsreichen Phasen abgelöst werden.

Die ursprünglichen Finkenpopulationen waren wenig spezialisiert, aber offensichtlich sehr variabel im Bau des Schnabels. Harte Nahrung, wie z. B. bestimmte Pflanzensamen, bewirkte die Selektion kräftiger Schnäbel, weiche Insektennahrung die Selektion dünner, pinzettenartiger Schnäbel. So erfolgte eine Anpassung an die verschiedenen Lebensräume und Nahrungsquellen der einzelnen Inseln. Zudem unterscheiden sich die einzelnen Inselpopulationen in ihrem Gesang. Aus der gemeinsamen Ursprungsart haben sich insgesamt 13 Arten entwickelt, die sich nicht mehr vermischen. Sie werden heute als *Darwinfinken* bezeichnet.

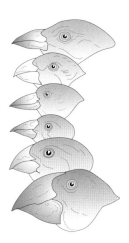

Schnabelformen bei Darwinfinken

Aufgaben

1. Begründe, weshalb Rabenkrähe und Nebelkrähe zu einer Art gehören.
2. Warum ist gerade die Besiedlung vulkanischer Inseln für die Evolutionstheorie besonders interessant?

Spechtfink auf Galapagos

Unsere nächsten Verwandten

Vergleichende Untersuchungen haben gezeigt, dass sich die DNA des Menschen von der des Schimpansen nur zu etwa 1,4 % unterscheidet. Kein anderer Organismus besitzt darin mit dem Menschen mehr Übereinstimmungen, Schimpansen sind sogar mit dem Menschen näher verwandt als mit Gorillas, was bedeutet, dass beide gemeinsame Vorfahren gehabt haben. In der zoologischen Systematik werden die Menschen gemeinsam mit den Schimpansen und den übrigen Affen in die Ordnung der Herrentiere *(Primaten)* eingeordnet (Abb. 349.1).

Mensch und Schimpanse im Vergleich

Das Skelett des *Menschen* ist an den aufrechten Gang angepasst. Der gewölbeförmige Fuß erlaubt einen federnden Gang und dämpft so die Erschütterungen beim Gehen und Laufen. Die Wirbelsäule ist doppelt S-förmig gekrümmt. Der Bau der Kniegelenke ermöglicht einen ständig aufrechten Gang. Das Hinterhauptsloch liegt in der Mitte der Schädelunterseite, sodass sich der Schädel bei aufrechter Körperhaltung in einer günstigen Schwerpunktlage befindet. Der Körperschwerpunkt liegt auf der Körperachse. Das schüsselförmige Becken kann die Last der Eingeweide gut aufnehmen. Die im Vergleich zu den Beinen kürzeren Arme tragen Hände, die universell einsetzbare Greifwerkzeuge sind. Der Unterarm ist um seine Längsachse

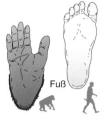

Fuß

Schimpanse   Mensch

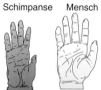

Hand

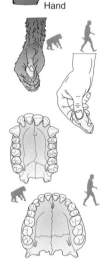

drehbar. Da der Daumen jedem Finger der Hand gegenüber gestellt werden kann, ist ein *Präzisionsgriff* möglich.

Schimpansen sind Waldbewohner. Sie schwingen oder klettern geschickt von Ast zu Ast, manchmal springen sie auch. Die Arme können dabei gut in alle Richtungen bewegt werden. Am Boden gehen sie meist auf allen Vieren, wobei sie die längeren Arme mit den Fingerknöcheln abstützen *(Knöchelgang)*. Der Kopf wird von der kräftigen Nackenmuskulatur gehalten. Das Hinterhauptsloch liegt weit hinten am Schädel. Selten erheben sich

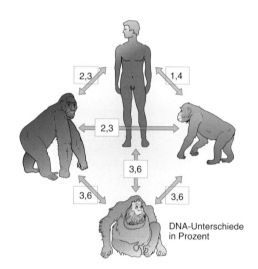

DNA-Unterschiede in Prozent

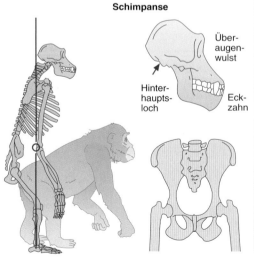

Schimpanse

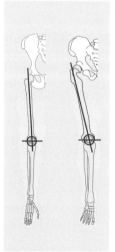

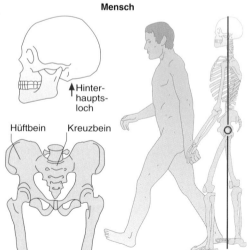

Mensch

1 Vergleich von Skelettmerkmalen von Schimpanse und Mensch

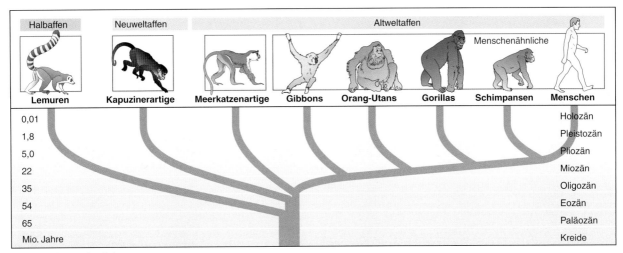

1 Stammbaum der Primaten

Halbaffen	Neuweltaffen		Altweltaffen						
Lemuren	Kapuzinerartige	Meerkatzenartige	Gibbons	Orang-Utans	Gorillas	Schimpansen	Menschen		

0,01	Holozän
1,8	Pleistozän
5,0	Pliozän
22	Miozän
35	Oligozän
54	Eozän
65	Paläozän
Mio. Jahre	Kreide

2 Schimpansen

Schimpansen zum aufrechten, zweibeinigen Gehen *(Bipedie)*, es sei denn, sie bringen Früchte mit den Händen an einen anderen Ort. Beim Laufen auf zwei Beinen ist der Körper gebeugt. Knie- und Hüftgelenk sind dabei abgeknickt. So bleiben die Füße unterhalb des Körperschwerpunktes und ein Umkippen wird verhindert. Beim Klettern stellen Schimpansen nicht nur den Daumen den anderen Fingern, sondern auch die große Zehe den anderen Zehen gegenüber. So können sie mit Händen und Füßen Äste umgreifen *(Greifhand* und *Greiffuß)*. Dadurch sind Schimpansen an das Leben in Bäumen angepasst, auf denen sie Früchte und Blätter suchen und Schutz finden. Kleinere Gegenstände werden zwischen Daumen, Zeige- und Mittelfinger gefasst. Im Unterschied zum Menschen halten Schimpansen den Gegenstand dabei nur seitlich am Daumen, nicht mit der Daumenkuppe (Abb. 348 Mitte). Die Hände eignen sich zum einfachen *Werkzeuggebrauch*. So angeln wild lebende Schimpansen mittels eines passenden Halmes zum Beispiel Termiten.

Charakteristisch für den Schädel des Schimpansen sind die vorspringende Schnauze und die *Überaugenwülste*. Am Unterkiefer und den Schläfen findet man Ansatzstellen für die kräftige Kaumuskulatur. Im Gebiss ragen die großen und spitzen Eckzähne heraus, wobei jeweils im gegenüber liegenden Kiefer eine Zahnlücke vorhanden ist. Die Eckzähne sind gefährliche Waffen.

Das Gehirn des Schimpansen ist mit etwa 400 cm³ im Vergleich zu anderen Säugetieren gleicher Größe groß und weit entwickelt — eine Voraussetzung für das komplexe Sozialverhalten dieser Tiere. Sie leben in Gruppen, in denen sich alle Mitglieder persönlich kennen und in denen es eine Rangordnung gibt. Der Verständigung dienen differenzierte Laute und Gebärden. Das Verhalten des Schimpansen setzt sich aus angeborenen und einem sehr großen Teil erlernter Elemente zusammen. Das zeigt die lange Kinder- und Jugendzeit von etwa 8 Jahren, in der viele Verhaltensweisen erlernt werden.

Aufgabe

① Vergleiche mithilfe des Textes und den Abbildungen die Merkmale von Mensch und Schimpanse. Stelle sie in einer Tabelle gegenüber.

Lucy—ein Vorfahr des Menschen

Einen der bedeutendsten Funde zur Stammesgeschichte des Menschen machte der Amerikaner DONALD JOHANSON. Er entdeckte mit seiner Arbeitsgruppe im Jahre 1974 im Wüstengebiet des Afar-Dreiecks im südlichen Äthiopien einen Schädel und in nächster Nähe weitere Knochen, die alle von demselben Skelett stammten. Das Alter der Knochen von über 3 Mio. Jahren und der Bau des Skeletts ließen vermuten, dass dieses Lebewesen wahrscheinlich zu unseren ältesten Vorfahren gehörte. Die Forscher tauften ihren Fund nach einem Beatles-Song *Lucy*. Mit einer Beschreibung der Knochenfunde gibt sich ein Wissenschaftler aber nicht zufrieden. Er stellt weitere Fragen:

— Wie sah Lucy aus?
— Ging sie aufrecht?
— Wovon ernährte sie sich?
— Zu welchen Leistungen war sie fähig?
— Benutzte sie Werkzeuge?

Bei der *Rekonstruktion* eines fossilen Lebewesens bringt man die gefundenen Skelettteile zunächst in die richtige Lage zueinander. Fehlende Knochen werden durch nachgebildete Teile aus plastischem Material ergänzt. Aus Lage und Größe der Muskelansatzstellen auf dem Knochen kann die Muskulatur rekonstruiert werden. Binde- und Fettgewebe werden ergänzt, die vermutliche Farbe der Haut und die Art der Behaarung hinzugefügt. Je mehr Funde es von einer Art gibt, desto weniger Fehler enthält die Rekonstruktion. Weitere Untersuchungen ergänzen das Bild: Die Messung des Schädelvolumens gibt Hinweise auf die Gehirngröße, das Gebiss lässt Rückschlüsse auf die Ernährung zu, Baumerkmale des Beckens und Kniegelenks sowie die Lage des Hinterhauptsloches sind Indizien für die Art der Fortbewegung. Gibt es außerdem Bearbeitungsspuren an Knochen oder Funde von Werkzeugen und Waffen, sind genauere Rückschlüsse auf die Leistungen unserer Vorfahren möglich.

Lucy hatte bereits den ersten Schritt zur Menschwerdung vollzogen: Sie ging aufrecht und hatte ein etwas größeres Gehirnvolumen als der heute lebende Schimpanse. Lucy ist ein früher Vertreter der Menschenartigen *(Hominiden)* und wird heute der Art *Australopithecus afarensis* zugeordnet. Neben Lucy wurden viele weitere Fossilien früher Hominiden entlang des ostafrikanischen Grabenbruchsystems gefunden, die unseren Vorfahren zugeordnet werden können.

gefundene Skelettteile von Lucy

gefundene Stücke

Rekonstruktion von Lucy

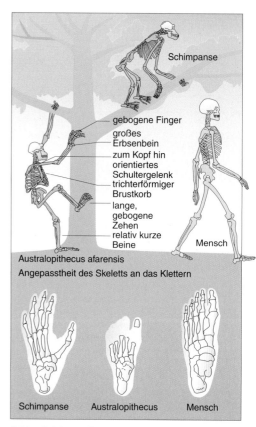

Schimpanse

gebogene Finger
großes Erbsenbein
zum Kopf hin orientiertes Schultergelenk
trichterförmiger Brustkorb
lange, gebogene Zehen
relativ kurze Beine

Mensch

Australopithecus afarensis
Angepasstheit des Skeletts an das Klettern

Schimpanse   Australopithecus   Mensch

1 Vergleich von Skelettmerkmalen

Weißer Nil

Hadar
ÄTHIOPIEN

Nariokoteme
Lomekwi   Koobi Fora
UGANDA   KENIA
Victoria-See
Olduvai
Laetoli
Ngorogoro-Krater
Dar es Salaam
Tankanjika-See   TANSANIA
Uraha   Malawi-See
Sambesi
SIMBABWE
BOTSWANA
Sterkfontain
Johannésburg
Taung
SÜDAFRIKA

Schimpansen

Hominiden

afrikanischer Grabenbruch

2 Fundstellen der frühen Hominiden

Die Vorfahren des Menschen

Am Beginn der Entwicklung der Hominiden stehen verschiedene Arten der Gattung **Australopithecus**. Entlang des ostafrikanischen Grabenbruchsystems waren offenbar geeignete Umweltbedingungen für die Entstehung der ersten Hominiden vorhanden. In diesem Bereich bricht seit ca. 6 Mio. Jahren der afrikanikanische Kontinent langsam auseinander. Damit einhergehende Klimaveränderungen bewirkten dort die Entstehung savannenartiger Landschaften, während westlich davon nach wie vor Wälder existieren. In diesen sind aus den gemeinsamen Vorfahren die heutigen Schimpansen entstanden.

Aus Vertretern der Gattung Australopithecus entwickelten sich Hominiden mit sehr robustem Körperbau, die heute der Gattung *Paranthropus* zugeordnet werden. Ein Mitglied dieser Gattung ist **Paranthropus bosei**. Charakteristisch sind der Scheitelkamm als Indiz für seine kräftige Kaumuskulatur und sein an die Verwertung harter Nahrung angepasstes „Nussknackergebiss". Die Gattungen Australopithecus und Paranthropus verbreiteten sich nicht über Afrika hinaus. Sie starben später wieder aus.

Bereits vor mehr als 2 Mio. entstanden die ersten Menschen mit verschiedenen Arten der Gattung Homo, *Homo habilis* und *Homo rudolfensis*. **Homo**

habilis (der „geschickte" Mensch) benutzte nachweislich einfache, selbst hergestellte Werkzeuge aus Stein und hatte bereits ein deutlich größeres Gehirn (600 — 800 cm^3) als seine Vorfahren.

Vor etwas weniger als 2 Mio. Jahren trat **Homo ergaster**, eine Menschenart mit noch größerem Gehirn, in Ostafrika auf, die das Feuer und eine bestimmte Art von Faustkeilen nutzte.

1,6 bis 1,8 Mio. Jahre alte Fossilfunde aus Asien werden der Art **Homo erectus** zugeordnet. Diese Menschenart war über große Teile Asiens verbreitet. Europa wurde erst vor etwa 1 Mio. Jahren, ebenfalls von Afrika aus, zum ersten Mal von Menschen besiedelt. Diese wurden in der Vergangenheit Homo erectus zugeordnet.

Inzwischen werden sie von vielen Wissenschaftlern wegen abweichender Merkmale einer weiteren Art zugeordnet, nämlich **Homo heidelbergensis**

(in Anlehnung an den Unterkieferfund in der Nähe von Heidelberg). Diese Menschenart war auch im westlichen Asien und nördlichen Afrika verbreitet.

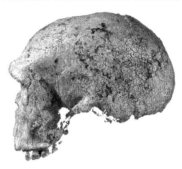

Der an das Eiszeitalter angepasste **Homo neanderthalensis** entstand im Nahen Osten und Teilen Europas vor mehr als 200 000 Jahren. Charakteristisch für ihn ist der kräftige und gedrungene Körperbau. Sein Gehirn war bereits so groß wie das des heutigen Menschen. Vor ca. 30 000 Jahren verschwanden die Neandertaler.

Erst vor 40 000 Jahren tauchten in Mitteleuropa die ersten Vertreter des heutigen Menschen, des **Homo sapiens**, auf. Er entstand vor ca. 150 000 bis 200 000 Jahren in Ostafrika, das er vor 100 000 bis 70 000 Jahren verließ. Von dort aus besiedelte er nach und nach die ganze Erde. In allen bekannten Merkmalen war Homo sapiens bereits damals mit dem heutigen Menschen weitgehend identisch. Homo sapiens ist die einzige heute noch lebende Menschenart.

Wie der Mensch zum Menschen wurde

Beim Vergleich der Evolution des Menschen mit anderen Evolutionsprozessen wird deutlich, dass die Entwicklung zum Menschen mit einer vergleichsweise rasanten Geschwindigkeit abgelaufen ist. Innerhalb weniger Millionen Jahre entwickelte sich aus affenähnlichen Vorfahren der Mensch. Die heute lebende Menschenart *Homo sapiens* gibt es sogar erst seit höchstens 150 000 Jahren. Die ersten Säugetiere entstanden dagegen bereits vor ca. 225 Millionen Jahren.

Ein besseres Verständnis dieser schnellen Entwicklung zum Menschen bringt die Beantwortung folgender Fragen:
— Was hat die enorme Größenzunahme des Gehirns bewirkt?
— Warum ist Ostafrika die Wiege der Menschheit?
— Was hat unsere Vorfahren dazu veranlasst, Afrika zu verlassen?

Einige Annahmen *(Hypothesen)* stützen sich auf Überlegungen zum Werkzeuggebrauch und Sozialverhalten des Menschen, andere mehr auf ökologische Zusammenhänge.

Die *Zunahme des Hirnvolumens* wird mit der Wechselwirkung verschiedener Faktoren erklärt. Der aufrechte Gang ermöglichte den Gebrauch der Hände. Das förderte einerseits die Entwicklung des Werkzeuggebrauchs, andererseits auch die Höherentwicklung des Sozialverhaltens. So ist zum Beispiel das Handausstrecken eine freundschaftliche, besänftigende Geste.

Vorfahren mit einem zufällig größeren Gehirn waren zu komplexerem Sozialverhalten und differenzierterem Werkzeuggebrauch befähigt. Wenn sie dadurch Überlebensvorteile hatten, förderte das im Laufe der Zeit die evolutive Entwicklung größerer Gehirne. Diese wurden dadurch noch leistungsfähiger, was nun umgekehrt positive Auswirkungen auf den Werkzeuggebrauch und das Sozialverhalten hatte. Das förderte wieder die Entwicklung größerer Gehirne usw. Die Zunahme der Gehirngröße bewirkte, dass sich menschliche Gesellschaften mit einer geordneten und komplizierten Sozialstruktur entwickelten, in denen Arbeitsteilung praktiziert wurde *(Jagen* und *Sammeln)*. Die Weiterentwicklung von Kooperation und Arbeitsteilung sowie die Entwicklung einer abstrakten Wortsprache förderte die Fähigkeit unserer Vorfahren, Großtiere zu jagen. Die Sprache war außerdem die Voraussetzung dafür, dass sich die menschliche Kultur so entwickeln konnte, wie wir sie heute kennen.

Andererseits könnten *ökologische Bedingungen* in Ostafrika zum Menschwerdungsprozess und der damit verbundenen Vergrößerung des Gehirns beigetragen haben. So könnten die Großtierherden Ostafrikas (Gnus, Zebras, ...) ideale Lebensbedingungen für unsere Vorfahren geboten haben, da immer hinreichend tote Tiere als Nahrungsgrundlage vorhanden waren. Dabei mussten unsere Vorfahren mit anderen Aasfressern konkurrieren. In der Luft kreisende Geier zeigten an, wo Nahrung zu finden war. Es kam also darauf an, möglichst schnell am Aas zu sein. Die Fortbewegung auf zwei Beinen verschaffte einen besseren Überblick und war energiesparend. Bei der Nahrungssuche waren ausdauernde Läufer im Vorteil. Durch Schwitzen können Menschen im Gegensatz zu vielen anderen Tieren Wärme abführen, sodass der Körper bei Dauerbelastung nicht überhitzt wird. Das könnte ein Grund dafür gewesen sein, dass sich bei unseren Vorfahren wahrscheinlich schon vor über 3 Mio. Jahren das ursprünglich vor-

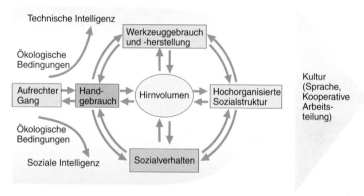

	Australo-pithecus-Arten	Homo habilis	Homo erectus	Homo neander-thalensis	Homo sapiens
Schädel					
Gehirn-volumen	400 – 550 cm³	600 – 800 cm³	800 – 1200 cm³	1500 – 1700 cm³	≈1450 cm³
Zeitraum des Vor-kommens	3,5 Mio. bis ≈1,5 Mio. Jahre	ca. 2,5 Mio. bis ≈1,2 Mio. Jahre	2 Mio. bis ≈150 000 Jahre	ca. 200 000 bis ca. 30 000 Jahre	ca. 150 000 bis heute Jahre

1 Modell zu Menschwerdung

handene Fell weitgehend zurückgebildet hat. Ein nackter Körper führt die Wärme noch besser ab.

Unsere Vorfahren verzehrten nicht nur das Fleisch, sondern auch das phosphatreiche Knochenmark der Beute. Eiweiß und Phosphat sind wichtige Stoffe für die Gehirnentwicklung. Diejenigen Vorfahren, die zum ersten Mal mithilfe von primitiven Steinwerkzeugen in der Lage waren, die Haut des Tieres zu öffnen und es zu zerlegen, erwarben damit weitere Überlebensvorteile. Sie konnten so leichter frische Tiere verwerten, deren Haut noch sehr widerstandsfähig ist. Dadurch verminderte sich die Gefahr der Vergiftung durch Leichengifte, die für Geier keine Gefahr darstellen. Zum anderen war es möglich, mithilfe von Werkzeugen auch Großtiere als Nahrungsgrundlage zu verwerten, da sie nun zerlegt und abtransportiert werden konnten. In der weiteren Entwicklung hat sich später die Jagd als wirkungsvollere Art des Nahrungserwerbs herausgebildet, was unsere Vorfahren vielleicht ortsunabhängiger machte.

Eine Verschlechterung der Lebensbedingungen in Afrika durch *Klimaveränderungen* könnte der Grund für die Auswanderungswellen aus Afrika gewesen sein. In Europa und Asien fanden die Auswanderer in der damaligen Eiszeit-Tundra ebenfalls Großtierherden vor, sodass die Nahrungsgrundlage ähnlich der in Afrika war. Die ersten Auswanderer waren wahrscheinlich bereits in der Lage, Großtiere zu jagen. Ganz sicher konnten das die Neandertaler und Homo sapiens. Die Neandertaler Europas und Asiens waren vermutlich optimal an die Lebensbedingungen der Eiszeit angepasst. Sie waren spezialisierte Eiszeitjäger, die anscheinend der Konkurrenz durch den vor 40 000 Jahren nach Europa vordringenden, flexibleren Homo sapiens nicht gewachsen waren.

Die Neandertaler starben jedoch aus, obwohl sie eine hoch entwickelte Werkzeugkultur besaßen. Sie fertigten Schmuck an und bestatteten wahrscheinlich ihre Toten. Aber erst Homo sapiens hinterließ umfangreiche und eindrucksvolle Zeugnisse seines kulturellen Schaffens. Das belegen die 15 000 bis 30 000 Jahre alten Höhlenmalereien im heutigen Frankreich und Spanien. Belege in Deutschland sind Tierfiguren aus fast 40 000 Jahre altem Elfenbein aus der Vogelherd-Höhle im Lonetal (Ostalbkreis). Sie zeigen, welch große Bedeutung die jagdbaren Tiere für Homo sapiens hatten.

Zettelkasten

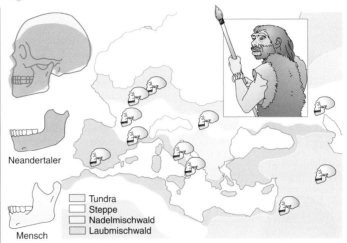

Neandertaler

Mensch

▢ Tundra
▢ Steppe
▢ Nadelmischwald
▨ Laubmischwald

Neandertaler und heutige Menschen

Der Neandertaler ist der erste fossile Mensch, von dem Skelettteile gefunden wurden. Seine Reste wurden bereits 1856 im Neandertal bei Düsseldorf entdeckt. Der Neandertaler und der heutige Mensch zeigen charakteristische Unterschiede in ihrem Körperbau. Den heutigen Menschen bezeichnet man in der Evolutionsbiologie auch als „anatomisch modernen Menschen". Neandertaler waren kräftig gebaute, etwa 1,60 Meter große Menschen, deren Gehirngröße etwas über der des Jetztmenschen lag. Ihr Schädel unterscheidet sich zu dem des heutigen Menschen durch seine fliehende Stirn, die ausgeprägten Überaugenwülste und das nicht vorspringende Kinn.

Da der Neandertaler und Homo sapiens etwa 40 000 Jahre lang im heutigen Israel gemeinsam vorkamen, wurde von mehreren Forschern die Meinung vertreten, dass der Neandertaler als Vorfahre des heutigen Menschen in Frage kommt. Auch Funde aus Spanien wurden so interpretiert. Ein Vergleich des Erbmaterials beider Menschenarten mithilfe der modernen Gentechnik ergab größere Unterschiede. Danach ist der Neandertaler also nicht unser direkter Vorfahre, sondern eine Menschenart, die ausgestorben ist.

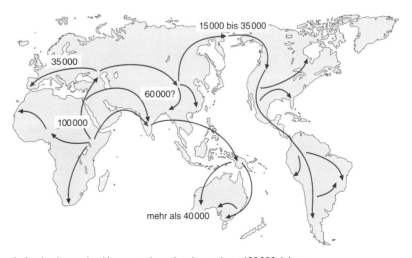

1 Ausbreitung des Homo sapiens, beginnend vor 100 000 Jahren

Die Vielfalt der heutigen Menschen

Afro-Amerikanerin

ungeschminkt

geschminkt als Asiatin

geschminkt als
Afrikanerin

geschminkt als
Europäerin

Ein außerirdischer Betrachter würde die Erd-bevölkerung auf den ersten Blick wohl als bunt zusammengewürfelte, sehr unterschiedliche Lebewesen sehen. Die genauere Betrachtung zeigt aber, dass die Vielfalt der auf der Erde lebenden Menschen nicht zufällig ist. Sie ist offensichtlich abhängig von der geografischen Region, in der die Menschen leben. Man deutet sichtbare äußerliche Unterschiede vor allem als Anpassungsmerkmal an unterschiedliche klimatische Gegebenheiten in den einzelnen Verbreitungsgebieten.

Typisches Merkmal der meisten *Bewohner Afrikas* sind die sehr dunkle Haut-, Augen- und Haarfarbe, geringe Gesichts- und Körperbehaarung, wulstige Lippen und eine breite Nase mit kräftigen, geblähten Nasenflügeln. Diese Menschen haben durch ihre melaninreiche Haut einen sehr wirksamen Schutz vor der intensiven, Krebs erregenden UV-Strahlung in tropischen Gebieten. Ihre gekräuselte Kopfbehaarung wird als Schutz vor zu starker Erwärmung gedeutet.

Europäer haben in der Regel eine helle bis dunkelbraune Haut, eine schmale Nase, dünne Lippen und starke Körperbehaarung. Haar- und Augenfarbe variieren von hell bis dunkel, auch die Körpergröße kann sehr unterschiedlich sein. Das Kopfhaar ist dünn und glatt bis wellig. Die helle Haut der Europäer ist als Anpassung an Erfordernisse des Vitaminstoffwechsels erklärbar: In der Haut wird unter dem Einfluss ultravioletter Strahlung aus Vorstufen Vitamin D gebildet.

Mangel an Vitamin D führt zu Knochenerweichung, Knorpelschwellung und Rachitis. Die melaninarme Haut lässt aber so viel UV-Strahlung durch, dass sie trotz der vergleichsweise geringen Strahlung in den gemäßigten Klimazonen genügend Vitamin D bilden kann. Nordeuropäer haben deswegen in der Regel eine sehr helle Haut. In ähnlicher Weise lässt sich die Verteilung der Hautpigmentierung bei den übrigen Menschengruppen erklären.

Trotz dieser Verschiedenartigkeit sind alle Menschen auf einen Ursprung zurückzuführen. Das haben die Forschungsergebnisse der Genetik, der Verhaltensforschung und der Fossilienforschung mit großer Sicherheit gezeigt. Die erblich bedingten Unterschiede sind nur äußerst gering. Das gilt nicht nur innerhalb einer Bevölkerungsgruppe, z. B. den Deutschen, sondern auch zwischen den Mitgliedern verschiedener Menschengruppen, z. B. Deutschen und Schwarzafrikanern. Daraus ergibt sich die Schlussfolgerung, dass man von menschlichen Rassen nicht sprechen sollte. Dafür sind die erblich bedingten Unterschiede zwischen den Menschen dieser Erde viel zu klein. Rassismus hat also keine biologische Grundlage.

Aufgaben

1. Erkläre den in Abbildung 1 dargestellten Zusammenhang.
2. Erläutere unter Einbeziehung der Randabbildung, weshalb äußere Merkmale für die Einteilung von Menschen nicht tauglich sind.

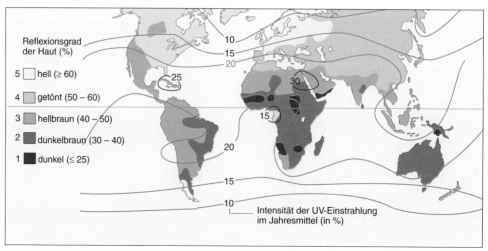

1 UV-Strahlung und Verteilung der Hautpigmentierung

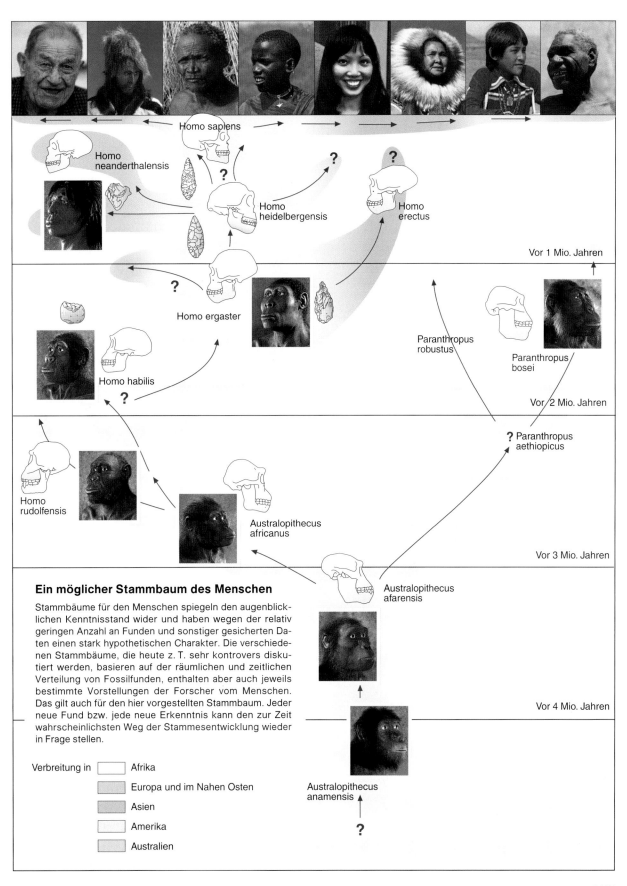

Homo sapiens

Homo
neanderthalensis

Homo
heidelbergensis

?

?

Homo
erectus

?

Vor 1 Mio. Jahren

?

Homo ergaster

Homo habilis

?

Paranthropus
robustus

Paranthropus
bosei

Vor 2 Mio. Jahren

? Paranthropus
aethiopicus

Homo
rudolfensis

Australopithecus
africanus

Vor 3 Mio. Jahren

Australopithecus
afarensis

Ein möglicher Stammbaum des Menschen

Stammbäume für den Menschen spiegeln den augenblicklichen Kenntnisstand wider und haben wegen der relativ geringen Anzahl an Funden und sonstiger gesicherten Daten einen stark hypothetischen Charakter. Die verschiedenen Stammbäume, die heute z. T. sehr kontrovers diskutiert werden, basieren auf der räumlichen und zeitlichen Verteilung von Fossilfunden, enthalten aber auch jeweils bestimmte Vorstellungen der Forscher vom Menschen. Das gilt auch für den hier vorgestellten Stammbaum. Jeder neue Fund bzw. jede neue Erkenntnis kann den zur Zeit wahrscheinlichsten Weg der Stammesentwicklung wieder in Frage stellen.

Vor 4 Mio. Jahren

Verbreitung in | | Afrika
| | Europa und im Nahen Osten
| | Asien
| | Amerika
| | Australien

Australopithecus
anamensis

?

Der **Mensch** – auch ein **Kultur**wesen

Spurensuche

Die einzigartige Stellung des Menschen innerhalb der Lebewesen beruht vor allem auf seinem hoch entwickelten Gehirn, der Fähigkeit Werkzeuge zu benutzen und herzustellen und der abstrakten Symbolsprache, die Voraussetzung für seine enorme Kommunikationsfähigkeit. Der Mensch konnte sich vor allem in den letzten 100 Jahren sehr stark vermehren. Er veränderte seine Umwelt derart, dass er sich heute durch sein Wirken selbst bedroht.

Einen großen Teil unseres Wissens über die weiter zurückliegende Vergangenheit des Menschen verdanken wir den Paläontologen. Mithilfe ihrer fossilen Funde konnten die Wissenschaftler ein Puzzle zusammensetzen, das uns inzwischen ein recht gutes Bild unserer Vorfahren liefert.

Archäologe — ein interessanter Job? Informiere dich über seine Arbeit. Versuche an einem Beispiel nachzuvollziehen, wie er Informationen über unsere Vorfahren bekommt.

Nahrung und Überleben

Es ist doch gar nicht so lange her, dass Mammutjäger in Mitteleuropa unterwegs waren. Ihr Erbe steckt noch in uns. Es gibt viele Beispiele im Verhalten der heutigen Menschen, die das zeigen. Oder?

Man kann davon ausgehen, dass unsere frühen Vorfahren, ähnlich wie heute noch lebende Naturvölker, einen großen Teil ihrer Zeit für den Nahrungserwerb aufwenden mussten. Pflanzliche Nahrung konnte vergleichsweise einfach gesammelt werden. Der Erwerb von eiweißreicher, fleischlicher Nahrung war dagegen sicherlich schwieriger.

Wenn du dich in die Rolle eines Aasessers der afrikanischen Savanne oder eines Mammutjägers hineinversetzt, kannst du dir sicher vorstellen, welche Schwierigkeiten sie hatten und welche Taktik sie beim Nahrungserwerb anwandten. Berichte.

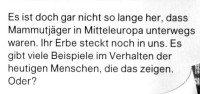

Schon früh begannen die Menschen, Pflanzen und Tiere gezielt für ihre Zwecke zu nutzen und durch Züchtung und Auslese zu verändern. Die Verfügbarkeit von Nahrung verbesserte sich dadurch drastisch.

Weißt du, wann und wo die ersten Nutzpflanzen und Haustiere entstanden? Nenne mehrere Beispiele.

In den modernen Industrieländern sammelt und jagt der Mensch im Supermarkt, im Fast-Food-Restaurant usw. Grundlage dafür ist die industrielle Landwirtschaft, die Nahrung im Überfluss produziert.

Einerseits prima, aber nicht ohne Probleme für die Umwelt und den Menschen selbst. Erläutere.

Zusammenleben

Auf der Suche nach Nahrung werden unsere frühen Vorfahren in kleineren Familienverbänden ein größeres Gebiet ständig durchstreift haben. Neandertaler und auch unsere direkten Vorfahren benutzten Höhlen als zeitweisen Unterschlupf, der ihnen Schutz bot.

Im Verlauf der Sesshaftwerdung errichteten die Menschen Hütten. Heute findet man an deren Stelle in den Ballungszentren Hochhäuser. Die Menschen leben dort weitgehend anonym.

Weißt du, wann und wo die ersten Menschen sesshaft wurden bzw. die ersten Städte entstanden?

Entwicklung der Werkzeuge

Kommunikation

Sprache und Mimik sind für die Menschen im Zusammenleben die wichtigsten Kommunikationsmittel. Die auf diese Weise übermittelten Informationen werden jedoch nicht dauerhaft gespeichert. Erst die Erfindung von Informationstechniken, die Informationen dauerhaft speichern, brachte einen gewaltigen Entwicklungsschub für die kulturelle Evolution des Menschen.

Recherchiere, in welcher Weise und wann dieses geschah. In einem Schema mit einer Zeitachse lässt sich diese Entwicklung gut veranschaulichen.

Technik und Wissenschaft

Die Beherrschung einfacher Werkzeugtechniken ist bereits über 2 Mio. Jahre alt. Infolge der zahlreichen Funde kann man heute die Abfolge immer höher entwickelter Werkzeugkulturen nachweisen. Erst aus jüngerer Zeit wurden auch andere Materialien als Stein für die Herstellung von Werkzeugen benutzt. Damit setzte eine immer schnellere Entwicklung der Technik ein, die heute immer noch andauert.

Erstaunlich, welch präzise Werkzeuge aus Stein unsere Vorfahren herstellen konnten. Kannst du erläutern, wie sie dieses angestellt haben könnten?

Die Entwicklung der Technik trug mit zur industriellen Revolution bei. Informiere dich darüber.

Welche Erfindungen haben den technischen Fortschritt besonders stark beschleunigt? Was meinst du?

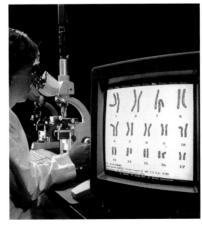

Der enorme Zuwachs an Wissen ermöglichte es, mithilfe der modernen Naturwissenschaft und Medizin die Ursachen für viele Phänomene genau zu erklären, z.B. für erblich bedingte Krankheiten. Die Medizin half, viele Krankheiten erfolgreich zu bekämpfen. Heute denkt der Mensch daran, Krankheiten mithilfe der Gentechnik zu heilen und sogar Menschen nach Maß zu schaffen.

Der Mensch greift heute aktiv in die Evolution ein. Kannst du erklären, warum?

Register

Bildnachweis

Fotos: 8.1 Corbis Stock Market (Ted Horowitz), Düsseldorf — 8.2, 9.1 Okapia, Frankfurt — 10.1 Deutsches Museum, München — 10.2 Okapia (Norbert Lange) — 10.3 Okapia (NAS, J. R. Factor) — 10.4 Lichtbild-Archiv Dr. Keil, Neckargemünd — 11.1 Focus (John Durham, Science Photo Library), Hamburg — 11.2 Okapia (E. Reschke, P. Arnold, Inc.) — 12.1, 2, 4 Nature + Science (Aribert Jung), Vaduz — 12.3 Lichtbild-Archiv Dr. Keil — 13.1, 3, 4 Johannes Lieder, Ludwigsburg — 13.2 Focus (Astrid & Hanns Frieder Michler, Science Photo Library) — 14.2, 3 H. Wolburg, Tübingen — 14.5 P. Hofschneider, München — 15.1 W. Wehrmeyer, Bonn — 15.3 H. Wolburg — 16.S Bruce Coleman (Sauer), Uxbridge — 18.1 Lichtbild-Archiv Dr. Keil — 19.1 Okapia (Biophoto Ass., Science Source) — 19.2, 20.1 Joachim Wygasch, Paderborn — 21.1 Hans-Dieter Frey, Rottenburg — 22.1-3, 23.S, 1, 4 Georg Quedens, Norddorf/Amrum — 23.2 Okapia (Naturbild AG, Schacke) — 23.3 Rudolf König, Kiel — 23.5 Okapia (Frieder Sauer) — 23.6 Okapia (Eckart Pott) — 24.1 Okapia (Manfred P. Kage) — 24.2 Hans Reinhard, Heiligkreuzsteinach — 24.3 Silvestris (U. Gross), Kastl — 25.1 Hoffmann La Roche AG, Basel (U. Schachemann) — 25.2 Greiner + Meyer (Schrempp), Braunschweig — 25.3 Okapia (K. G. Vock) — 27.S, 2 Focus (Science Photo Library) — 27.1 Okapia (Institut Pasteur, CNRI) — 28.1 Ralph Grimmel, Stuttgart — 29.S Okapia (Photri Inc.) — 30.1a Hans Oberhollenzer, Tübingen — 30.1b Ingrid Kottke, Eberhard-Karls-Universität, Tübingen — 31.1 Okapia (Hans Reinhard) — 32.1 Rudolf König — 33.S Okapia (Hans Reinhard) — 33.1, 2 Hans Oberhollenzer — 34.S Okapia (Hans Reinhard) — 34.1 Silvestris (Egly) — 34.2 Otto Ronnefeld — 34.3 Silvestris — 34.4 Silvestris (Frank Hecker) — 34.5 Hans Reinhard — 34.6 Eckart Pott, Stuttgart — 35.1 Silvestris (U. Gross) — 35.2 Achim Bollmann, Stutgart — 35.3, 5, 7, 8 Ewald Kajan, Duisburg — 35.4 Silvestris — 35.6, 9 Gerhard Fuchs, Flein — 36.1 Okapia (H. P. Fröhlich, Naturbild) — 36.2a Okapia (Gary Gaugler) — 36.2b Okapia (NAS, R. Simons) — 36.3 Stock Food (S. & P. Eising), München — 37.1 Mauritius (Ducatez), Stuttgart — 37.2 Okapia (D. Scharf, Peter Arnold) — 37.3 Mauritius (age) — 38.1 Bildarchiv Preussischer Kulturbesitz, Berlin — 38.2, 39.S Okapia (Manfred P. Kage) — 39.1a/b Stock Food (S. & P. Eising) — 39.2 Okapia (Gerhard Stief) — 39.3 Stock Food (Z. v. Okolicsanyi) — 40.1 Okapia (Jürgen Vogt) — 40.2 Okapia (Frank Hecker) — 41.S Okapia (K. G. Vock) — 41.1-5 Hans Oberhollenzer — 42.1a Hans Reinhard — 42.1b Okapia (K. G. Vock) — 42.2, 43.1 Hans Reinhard — 43.2 Okapia (B. Singler) — 43.3 Sigurd Fröhner, Nossen — 44.1-3 Hans Reinhard — 45.2 Hans-Dieter Frey, Rottenburg — 46.1 Hans Reinhard — 46.2, 4 Helmut Länge, Stuttgart — 46.3 Otto Ronnefeld — 47.S, 1 Okapia (Hans Reinhard) — 47.2 Toni Angermayer, Holzkirchen — 47.3 Hans Reinhard — 47.4, 5 Helmut Länge — 47.6a Okapia (Ernst Schacke, Naturbild) — 47.6b Okapia (Herbert Schwind) — 52.1, 2 Okapia — 52.3 ZEFA (M. Ruckszio), Düsseldorf — 53.1 Jürgen Wirth — 53.2 IFA-Bilderteam (J. L. Larton) — 54.1 Claus Kaiser, Stuttgart — 56.2, 3 Johannes Lieder — 57.1a Nature + Science (Aribert Jung) — 57.1b Rainer Bergfeld, Freiburg — 58.S Hans Reinhard — 58.4 Nature + Science (Aribert Jung) — 60.1 Klett-Archiv — 60.Rd. Deutsches Museum — 61.1a/b, 2a/b Frithjof Stephan, Backnang — 61.Rd. Ralph Grimmel, Stuttgart — 62.S Jürgen Wirth — 63.1 Lichtbild-Archiv Dr. Keil — 63.2, 3 Hans-Dieter Frey, Rottenburg — 64.1 Silvestris (Hans Heitmann) — 64.2 Silvestris (S. Kerscher) — 64.3 Silvestris (Colordia Rauch) — 64.4 Okapia (G. Büttner, Naturbild) — 64.5 Silvestris (Hans Heitmann) — 66.S, 2 Okapia (Colin Milkins) — 69.S Okapia (Manfred P. Kage) — 69.2 Nature + Science (Phako) — 70.1 Hermann Eisenbeiss, Egling — 70.2 Okapia (Jeff Foott) — 71.1 Okapia (Eddi Böhnke) — 71.2 Silvestris (Werner Layer) — 71.3

Silvestris (Heitmann) — 72.1 Okapia (Hapo H. P. Oetelshofen) — 72.2, 3, 7 Silvestris (TH Foto-Werbung) — 72.4 Okapia (G. Büttner, Naturbild) — 72.5 Thomas Raubenheimer, Stuttgart — 72.6 Silvestris (Heppner) — 72.8 Okapia (Hans Reinhard) — 72.Rd. Silvestris (Günter Roland) — 73.S, 1 Bruce Coleman (Kim Taylor) — 73.2 Okapia (Hapo H. P. Oetelshofen) — 73.4 Hans Reinhard — 74.1 Deutsches Museum — 74.2 Silvestris (S. Kerscher) — 74.3 Bildarchiv Preuss. Kulturbesitz, Berlin — 74.4 Okapia (Breck P. Kent) — 75.1 dpa (epa afp Nasa), Frankfurt — 75.2 dpa (Werner Baum) — 75.3 Silvestris (Genson) — 75.4 Okapia (K. G. Vock) — 78.1 Hans Reinhard — 79.S Okapia (Colin Milkins) — 79.3 Okapia (Ernst Schacke, Naturbild) — 82.1 Okapia (M. Schneider, UNEP, Still Pictures) — 82.2 ZEFA (Lenz) — 82.3 IFA-Bilderteam (BCI) — 82.4 Okapia (F. Marquez, BIOS) — 83.1 Okapia (Bengt Lundberg, BIOS) — 83.2 Okapia (NAS, T. McHugh) — 83.3 Okapia (Neil Bromhall, OSF) — 84.1 Okapia (Klaus Wanecek) — 84.2, 3, 86.1 Hans Reinhard — 87.1 Eckart Pott — 87.2 Nature + Science (Aribert Jung) — 88.2a Johannes Lieder — 89.S, 3 Archiv für Kunst und Geschichte, Berlin — 89.5 Schutzgemeinschaft deutscher Wald, Bonn — 90.S, 3a/b Okapia (Hans Reinhard) — 90.1, 2b Hans Reinhard — 90.2a, 4a Okapia (J. L. Klein u. M. L. Hubert) — 90.4b Nature + Science (Krieger) — 91.1a/b, 2a/b, 3b, 5a/b, 6a/b Hans Reinhard — 91.3a Silvestris (Hecker) — 91.4a Silvestris (Karl-Heinz Jakobi) — 91.4b Okapia (Wilhelm Irsch) — 93.1 Umweltbild (R. Ulrich), Frankfurt — 93.2 Toni Angermayer — 93.3 Toni Angermayer (Hans Pfletschinger) — 94.1a Okapia (Björn Svensson) — 95.1, K. Toni Angermayer (Hans Pfletschinger) — 96.S Okapia (K. G. Vock) — 97.S, 3 Manfred Danegger, Owingen — 97.1 Toni Angermayer (Hans Reinhard) — 97.2 Toni Angermayer (R. Schmidt) — 97.4 Hans Reinhard — 97.5-8 Toni Angermayer (H. Pfletschinger) — 98.2 Silvestris (Walter Rohdich) — 98.3 Okapia (W. Graf) — 99.2 Okapia (Hans-Dieter Brandl) — 100.Rd. Dieter Schmidtke — 101.1 Okapia (Norbert Lange) — 101.2 Okapia (K. G. Vock) — 101.3 Hans Reinhard — 101.4 Okapia (NAS, T. McHugh) — 101.5 Okapia (Manfred P. Kage) — 101.6, 8 Frank Hecker (Frieder Sauer) — 101.7 Manfred Kage, Lauterstein — 101.9 Okapia (Norbert Lange) — 101.10 Toni Angermayer (Hans Pfletschinger) — 101.11 Jürgen Wirth — 102.S Okapia (NAS, T. McHugh) — 106.S Okapia (Hans Reinhard) — 106.1 Silvestris (Erich Thielscher) — 106.2, 3 Eckart Pott — 106.4 Alfred Limbrunner, Dachau — 107.1 Frank Hecker (Frieder Sauer) — 107.2 Visum (Gerd Ludwig), Hamburg — 107.3 Okapia (Cyrill Ruoso, BIOS) — 107.4 Dorling Kindersley Ltd., London (erschienen beim Gerstenberg Verlag unter dem Titel „Sehen, Staunen, Wissen: Bäume", Hildesheim) — 108.1 Okapia (Berthold Singler) — 108.2 Okapia (Björn Svensson) — 109.1 Picture Press (Willig) — 109.2 Mauritius (Corbis Stock Market) — 111.1 Mauritius (Cupek) — 111.2 Helga Lade (Lorenz), Frankfurt — 112.1 Realfoto (Altemüller), Weil der Stadt — 112.2, 4, 7 Bernhard Wagner, Breisach — 112.3 Silvestris (J. Kuchelbauer) — 112.5 Okapia (Axel Grambow) — 112.6 Ingrid Kottke — 114.1 Toni Angermayer (Günter Ziesler) — 114.2, 3 Focus (Hans Silvester) — 114.4 Focus (Michael K. Nichols) — 114.5 Okapia (M. Wendler) — 116.1 Okapia — 116.2 Okapia (M. Edwards) — 116.3 Okapia (A. Greth) — 116.4 Okapia (Michael Leach, OSF) — 117.1 Okapia — 117.2 ZEFA (J. Jaemsen, Wildlife) — 120.3 Mauritius (Bodenbender) — 125.3 Hans Reinhard — 125.Rd.1 Toni Angermayer — 125.Rd.2 Mauritius (W. Harstrick) — 125.Rd.3, 4 Eckart Pott — 126.1 Harald Lange Naturbild, Bad Lausick — 126.2 Bruno Dittrich, Hamburg — 127.1 Mauritius (Hänel) — 129.S, 8 Frank Hecker (Frieder Sauer) — 129.1, 3 Toni Angermayer (Hans Pfletschinger) — 129.6 Dieter Schmidtke — 130.S Silvestris (Herbert Kehrer) — 130.1 Mauritius (Mehlig) — 131.1 Superbild (Werner Fiedler), Grünwald — 133.K vividia AG (Helbing), Puchheim — 134.1, 3 Hans Reinhard — 134.2 Roland Wolf, Herrenberg — 136.1 Frithjof Stephan — 136.2, 3 BASF Agrarzentrum, Limburgerhof — 137.1 Toni Angermayer (Hans Pfletschinger) — 137.2 Roland Herdtfelder — 137.3 Toni Angermayer (Hans Pfletschinger) — 138.1, 3, 6, 8, 9 Hans Reinhard — 138.2 Mauritius (Poehlmann) — 138.4 Eckart Pott — 138.5 Mauritius (Pott) — 138.7 Bildarchiv Sammer, Neuenkirchen — 142.1a argus-Fotoarchiv (Thomas Raupach), Hamburg — 142.1b dpa (Bernd Wüstneck) — 144.1, 2 Regierung von Oberfranken, Bayreuth — 144.3a Okapia (Gerhard Schulz) — 144.3b Okapia (Hans-Dieter Brandl) — 144.4 Toni Angermayer (Rudolf Schmidt) — 145.1, 2 Lausitzer und Mitteldeutsche Bergbau-Verwaltungsgesellschaft, Bitterfeld (René Bär) — 145.3 Okapia (Martin Wendler) — 145.4 Regierung von Oberfranken — 146.1 Mauritius (AGE) — 147.2 Joachim Wygasch — 149.1, 3 Bildarchiv Sammer, Neuenkirchen — 149.2 Hans Reinhard — 152.1 Editions Pierre Charron, Tanguy de Rémur, Draeger, Imp. — 152.2 IFA-Bilderteam (Hunter) — 152.3 IFA-Bilderteam (Bail & Spiegel) — 152.4 Mauritius (Thonig) — 152.5 Mauritius (Poehlmann) — 153.1 Silvestris (Norbert Pelka) — 153.2 Okapia — 153.3 IFA-Bilderteam (Wisniewski) — 154.1 Okapia (Bruno Meier) — 154.2 Corbis Stock Market (Joe Bator) — 154.3 Corbis Stock Market (Frank Rossotto) — 155.1 Corbis Stock Market (Eric Perlman) — 155.2 Corbis Stock Market (Jose Luis Pelaez Inc.) — 159.K Focus (David Burnett) — 160.S getty images Bavaria (Benelux Press), Gauting — 161.S, 1 Mauritius (Rosenfeld) — 161.2 Okapia — 165.1 Okapia (Biophoto Ass., Science Source) — 166.1 Bonnier Alba (L. Nilsson), Stockholm — 174.2, 3 Boehringer Ingelheim (Lennart Nilsson) — 175.Rd. Ullstein Bilderdienst, Berlin — 176.1a Archiv f. Kunst und Geschichte, Berlin — 177.1 Fa. E. Merck, Darmstadt — 177.Rd. Deutsches Museum — 179.1 Manfred Kage — 182.Rd. Medina, Hamburg — 184.S, 2 Focus (Science Photo Library) — 184.1 Okapia (Institut Pasteur, CNRI) — 184.3 Focus (CNRI, Science Photo Library) — 184.4 Okapia (J. L. Carson, CMSP) — 185.1 Focus (EOS) — 185.3 Focus (Science Photo Library, G. Murti) — 185.4 Okapia (L. Georgia, PR Science Source) — 185.5 Okapia (Hans Reinhard) — 186.S Okapia (Hans Reinhard) — 186.1 Frank Hecker (Frieder Sauer) — 186.2 Archiv für Kunst und Geschichte — 187.1 Mauritius (Torino) — 187.2 Bildarchiv Preuss. Kulturbesitz, Berlin — 187.3 Focus (EOS) — 190.1 Manfred Ruppel, Frankfurt — 190.K Okapia (Manfred P. Kage) — 191.K Okapia (Ulrich Zillmann) — 192.2 Okapia (Lond. Sc. Films, OSF) — 195.1 B. Brill — 196.3 Focus (EOS, O. Meckes, N. Ottawa) — 199.K Okapia (Jan Zimmermann) — 200.1a Bildarchiv für Medizin, München — 201.4 Okapia (NAS, Paviz M. Pour) — 201.5 Focus (Science Photo Library) — 202.1c Lichtbildarchiv Dr. Keil — 202.1d Norbert Cibis, Lippstadt — 204.S Okapia (SIU/NAS) — 204.3 aus: „U. Drews, Taschenatlas der Embryologie", Thieme Verlag, Stuttgart — 204.4 JMS Edition, Gandria — 205.1 Okapia (S. Camazine, NAS) — 205.2 Geo Wissen 5/94, S. 67 (Praxis Drs. Broemel, Buchard, Vahldig, Karpovicz) — 205.4 Okapia (Roger Luft, Positive Images) — 205.5 Okapia (Manfred P. Kage) — 206.S getty images Bavaria (Benelux Press) — 206.1 Manfred Kage — 206.2 Okapia (D. H. Thompson, OSF) — 206.3 Focus (Oscar Burriel, Science Photo Library) — 206.4 Corbis Stock Market (Ed Bock) — 206.5 Corbis Stock Market (Mark A. Johnson) — 207.1 Corbis Stock Market (Gerhard Steiner) — 207.2 Okapia (Michael F. Havelin) — 208.1 Jürgen Wirth — 208.2 Okapia (Biophoto Ass., Science Source) — 208.3 Corbis Stock Market (Chuck Keeler) — 208.4, 5 Okapia (G. I. Bernard), OSF) — 209.1 Jürgen Wirth — 209.2 Okapia (G. I. Bernard, OSF) — 210.2 Bonnier Alba (L. Nilsson) — 211.1a Johannes Lieder — 215.2 M. Montkowski — 216.1 Christa Winkler, Stuttgart — 218.3a, 219.K Johannes Lieder — 220.S Jürgen Wirth — 221.S Okapia (G. I. Bernard, OSF) — 222.S, 2a Okapia (NAS, Tim Davis) — 222.1 Mauritius (Arthur) — 222.2b Wildlife (P. Ryan), Hamburg — 223.3 Mauritius (Rauschenbach) — 226.1 Okapia (S. Camazine, NAS) — 2227.K Volker Steger (M. Raichle, St. Louis), Stuttgart — 231.1 Stern 7/81 (Hinz) — 233.1 Mauritius (Ley) — 233.2 a/b Ruth Hammelehle, Kirchheim/Teck — 233.3 Bilderberg (Stefan Enders), Hamburg — 233.4 Mauritius (Pega) — 234.1 Okapia — 234.2 Mauritius (Mitterer) — 234.3 Bilderberg (Stefan Enders) — 234.4 Okapia — 234.5 Bilderberg (M. Kirchgessner) — 234.6 Bilderberg (Frank Peterschröder) — 234.7 Mauritius (SST) — 234.8 Mauritius (World Pictures) — 235.K.1 Mauritius (Schmidt) — 235.K.2 Archiv für Kunst und Geschichte — 235.K.3 Mauritius (K. Paysan) — 238.Rd. Okapia (Manfred P. Kage) — 239.K Mauritius (C. Bayer) — 240.1 Okapia (E. Reschke, P. Arnold) — 244.1 Okapia (People) — 244.2 Okapia (Frauke Friedrichs) — 244.3 Okapia (Jim Corwin, NAS) — 244.4 Okapia (Manfred P. Kage) — 245.1 Corbis Stock Market (Michael Keller) — 245.2 Okapia (Neil Bromhall, OSF) — 245.3 Corbis Stock Market (Larry Williams) — 246.1, 2 IFA-Bilderteam — 249.2 Mosaik Verlag (L. Nilsson), München — 251.2 Greiner + Meyer (Ahrens) — 254.1 Mauritius (Keyphoto International) — 255.S Bundeszentrale für gesundheitliche Aufklärung, Köln — 256.S Corbis Stock Market (Tom and Dee Ann Mc Carthy) — 256.1 Corbis Stock Market (Tom Stewart) — 256.2 Corbis Stock Market (C. B. P.) — 256.3 Archiv für Kunst und Geschichte (Erich Lessing) — 257.1 Museum für moderne Kunst (Rudolf Nagel), Frankfurt (ehem. Sammlung Ströher, Darmstadt) — 257.2 Corbis Stock Market — 258.S Bundeszentrale für gesundheitliche Aufklärung — 258.1 Mauritius (Superstock) — 259.1 Bundeszentrale für gesundheitliche Aufklärung — 260.1 Bonnier Alba (Lennart Nilsson) — 260.2 Focus (Pascal Goetgeluck, Science Photo Library) — 260.3, 261.1, 3, 4 Mosaik-Verlag (Lennart Nilsson) — 261.2 Focus (Science Pictures, Science Photo Library) — 262.S Corbis Stock Market (Tom and Dee Ann McCarthy) — 265.1 John Fox Images — 265.2 Jürgen Wirth — 265.3 Corbis Stock Market (Ariel Skelley) — 265.4, 5, 7 MEV — 265.6 Corbis Stock Market — 265.8 PhotoDisc — 266.1 aus: M. u. P. Fogden, Farbe und Verhalten im Tierreich", Herder Verlag, Freiburg — 266.2 Okapia — 266.3 Corbis Stock Market (William Manning) — 266.4 Corbis Stock Market (Lester Lefkowitz) — 267.1 Corbis Stock Market (Gerhard Steiner) — 267.2 aus „J. Goodall, Wilde Schimpansen", Rowohlt Verlag, Hamburg — 267.3 Okapia (Manfred Danegger) — 267.4 Heinz Schrempp, Breisach — 268.1 IFA-Bilderteam (BCI) — 268.2, Rd. Okapia (NAS, Rence Lynn) — 269.1 Wildlife (E. Geduldig) — 269.2 Okapia (Klein & Hubert, BIOS) — 269.3 Okapia (Christine Steimer) — 269.4 Hans Reinhard — 269.5 Greiner + Meyer (Greiner) — 272.1a Ardea (B. Berron), London — 272.2 IFA-Bilderteam (Schulze) — 273.1 Jürgen Lethmate, Ibbenbüren — 275.S, 2 Klett-Film — 275.1 Hanna-Maria Zippelius, Mechernich-Kommern — 276.S, 1 Focus (Paul Fusco) — 276.2 Jürgen Lethmate — 277.1 Focus (Sam Ogden, Science Photo Library) — 278.1 Okapia (Oxford Scientific Films, J. A. L. Cooke) — 279.S Okapia (Manfred Danegger) — 279.1 Wildlife (Delpho) — 279.2 Wildlife (J. Mallwitz) — 280.1, 2 Hans Reinhard — 281.Rd. Okapia (NAS, T. McHugh) — 283.1 dpa (Oliver Berg) — 284.1, 285.1 dpa (Stephan Jansen) — 286.1 dpa (Nordfoto, Asger Carlsen) — 286.2a-d aus „Grzimeks Tierleben" Bd. 11 (Säugetiere 2), S. 76/77 (Abb. 19, 13, 32, 10), dtv, München — 287.1 Corbis Stock Market (Michael Keller) — 288.1 Silvestris (Wilmshurst) — 288.2 Deutsches Museum — 288.3 Silvestris (Daniel Bühler) — 288.4 Silvestris (U. Lochstampfer) — 289.1 Silvestris (Werner Layer) — 289.2 Silvestris (Usher) — 289.3 Okapia (Biophoto, NAS) — 289.4 aus „Koolman/Röhm, Taschenatlas Biochemie", Thieme Verlag — 290.1-3 Archiv für Kunst und Geschichte, Berlin — 290.4 Mosaik Verlag (Lennart Nilsson), München — 291.1 Deutsches Museum — 291.2 Focus (William Habbell, Woodfin Camp) — 303.S Aventis, Frankfurt — 304.1a aus: „A. Müntzing, Vererbungslehre", G. Fischer Verlag, Stuttgart — 304.1b Silvestris (A. N. T.) — 306.S Aventis — 306.2 Okapia (C. H. Fox, PR Science Source) — 307.S Silvestris (Brockhaus) — 308.K F. Weiling, Bonn — 308.Rd. Deutsches Museum — 313.1 Jürgen Wirth — 314.1 Helga Lade (BAV) — 314.2a Thomas Raubenheimer — 314.2b Mauritius (Arthur) — 314.3 Mauritius (AGE) — 315.1a Peter Anselment, Tübingen — 315.1b Thomas Raubenheimer — 315.2a Silvestris (Heiner Heine) — 317.1a FWU, Grünwald — 318.1 Marlies Grieb-Bubbel, Düsseldorf — 319.S Okapia (Biophoto, NAS) — 319.1, 2 Aktion Mensch, Bonn — 322.Rd. Bayer AG, Leverkusen — 323.S, 1 Aventis — 323.2 Helga Lade (H. R. Bramaz) — 324.1 Okapia (Manfred Danegger) — 324.2 Okapia (Hans Reinhard) — 325.S. dpa — 326.1 Greiner + Meyer (Greiner) — 326.2, 327.1 Monsanto, St. Louis, USA (aus: „M. Regenass-Klotz, Grundzüge der Gentechnik", Birkhäuser-Verlag, S. 118 (Abb. 39a) — 327.2 agrar-press — 328.1 Archiv für Kunst und Geschichte —328.2 Jürgen Wirth — 328.3 aus „Museumsführer Senckenberg", Verlag W. Kramer, Frankfurt — 329.1 aus Geo-Wissen „Die Evolution des Menschen" 9/98 — 330.1 Staatliches Museum für Naturkunde, Stuttgart — 331.1 Eckart Pott — 334.1 Okapia (Jeff Foott) — 334.2 Okapia (F. Gohier) — 338.S Okapia (NAS, Tim Davies) — 339.1 Toni Angermayer (Hans Reinhard) — 339.2 Wildlife (B. Stein) — 339.3 Wildlife (Pete Oxford) — 339.4 Wildlife (M. Harvey) — 339.5 Okapia (NAS, Tim Davies) — 341.S, 3 Okapia (Alan Root) — 341.1 J. Schauer/Fricke, Max-Planck-Institut, Seewiesen — 341.2 Klaus Paysan, Stuttgart — 341.4 Okapia (Konrad Wothe) — 345.1, 2 Eckart Pott — 346.1 Spektrum der Wissenschaft (J. A. Bishop, L. M. Cook), Heidelberg — 346.Rd. Silvestris (Brandl) —

347.Rd. Okapia (Root) — 349.2 Okapia (NAS, Tim Davies) — 350.Rd.1 Focus (John Reader, SPL, Photo Researchers) — 351.1-4, 7 David Brill, Fairburn, USA — 351.5 Staatliches Museum für Naturkunde — 351.6 Focus (John Reader, Science Photo Library) — 354.Rd. Focus (Heiner Müller-Elsner) — 355.1 Bilderberg (Tino Soriano) — 355.2 Arenok (Patrick Landmann), Romeny-sur-Marne — 355.3 getty images Bavaria (Pic) — 355.4 Silvestris (GDT-Tierfoto: Brandl) — 355.5 Sperber — 355.6 Mauritius (Crader) — 355.7 Mauritius (Weyer) — 355.8 Mauritius (Fritz) — 355.9-16 Bilderberg (Rekonstruktion von Wolfgang Schnaubelt u. Nina Kieser, Wildlife Art Germany / Hessisches Landesmuseum) — 356.S Mauritius (fm) — 356.1 Archiv für Kunst und Geschichte — 356.2 aus Geo-Wissen 26/2000 — 356.3 Jürgen Wirth — 356.4 Okapia (Francois Gohier) — 356.5 Mauritius (Habel) — 356.6 Mauritius (S. & M. Herzog) — 356.7 Mauritius (J. Beck) — 357.1 Mauritius (fm) — 357.2 Mauritius (Macia) — 357.3 Archiv für Kunst und Geschichte — 357.4 Jürgen Wirth — 357.5 Okapia (M. P. Gadomski, NAS) — 357.6 Corbis Stock Market (Tim Davis) — 357.7 Corbis Stock Market (Frank Rossotto)

Grafiken: Prof. Jürgen Wirth, Fachhochschule Darmstadt (Fachbereich Gestaltung) unter Mitarbeit von: Matthias Balonier, Lützelbach; Ruth Hammelehle, Kirchheim / Teck und normal industriedesign, Schwäbisch Gmünd

Nicht in allen Fällen war es möglich, den uns bekannten Rechteinhaber der Abbildungen ausfindig zu machen. Berechtigte Ansprüche werden selbstverständlich im Rahmen der üblichen Vereinbarungen abgegolten.